Dr. Martin Burgi
Vergaberecht

D1670716

Vergaberecht

Systematische Darstellung für Praxis und Ausbildung

von

Dr. Martin Burgi

o. Professor an der Ludwig-Maximilians-Universität München

2. Auflage 2018

C.H.BECK

www.beck.de

ISBN 978 3 406 72456 5

© 2018 Verlag C.H.Beck oHG
Wilhelmstraße 9, 80801 München
Druck und Bindung: Nomos Verlagsgesellschaft
In den Lissen 12, 76547 Sinzheim

Satz: Konrad Triltsch, Print und digitale Medien GmbH
Ochsenfurt-Hohestadt

Umschlaggestaltung: Druckerei C.H. Beck, Nördlingen

Gedruckt auf säurefreiem, alterungsbeständigem Papier
(hergestellt aus chlorfrei gebleichtem Zellstoff)

Vorwort

Das Vergaberecht ist seit Mitte der 1990er Jahre zu einer praktisch wie dogmatisch großen Herausforderung geworden, die mit der EU- und der GWB-Reform im April 2016 einen gewissen Höhepunkt erreicht hat. Daher erscheint der Zeitpunkt gekommen, erstmals aus einer Hand eine systematische Erschließung und Darstellung zu unternehmen, die wissenschaftliche Ambition mit Nutzwert für Praxis und Ausbildung verbindet. In diesem Werk sind Beobachtungen und Erfahrungen aus rund 20 Jahren intensiver Beschäftigung mit dem Vergaberecht gebündelt. Wichtige Stationen hierbei waren bzw. sind die von 2000 bis 2015 durchgeführten „Düsseldorfer Vergaberechtstage", der zweimalige Aufenthalt als Gastprofessor im „Government Contracts Law Program" der George Washington University Law School in Washington D.C. und die Mitwirkung im Kreis der „European Procurement Law Professors" (www.eplgroup.eu). Seit langem verdanke ich dem Forum Vergabe e.V. Einblicke aus verschiedenen Funktionen, ebenso den Studierenden und den Teilnehmern zahlreicher Weiterbildungsveranstaltungen, zuletzt im Rahmen der Ausbildung zum neu geschaffenen „Fachanwalt für Vergaberecht". Rechtspraktische Expertise verdankt sich der gutachterlichen Tätigkeit für Akteure der Auftraggeber- wie der Bieterseite, die rechtspolitische Perspektive eröffnete die Mitwirkung in der Expertenkommission beim Bundeswirtschaftsministerium für die Umsetzung der EU-Vergaberichtinien 2014 bis 2016.

Dieses Buch ist in Alleinautorenschaft entstanden, meine Wiss. Mitarbeiter Dr. *Christoph Krönke* (§ 23) und *Daniel Wolff* (§ 24) haben aber zu jeweils einem Abschnitt einen wertvollen Vorentwurf verfasst. Erfreulicherweise hat die große Nachfrage bereits nach 18 Monaten eine Neuauflage erforderlich gemacht. Sie bringt das Werk auf den aktuellen Stand (dabei wurden v. a. mehr als 200 Nachweise eingearbeitet) und bezieht auch die zwischenzeitlich erlassene Unterschwellenvergabeordnung (UVgO) ein. Der größte Teil der redaktionellen Arbeiten oblag Frau *Edith Bätza*, der ich wiederum von Herzen danken möchte. Wertvolle Unterstützung haben die studentischen Hilfskräfte *Lisa Hagen* und *Kim Schlemmer* geleistet.

Hinweise auf Fehler und Ungenauigkeiten erreichen mich unter der Adresse martin.burgi@jura.uni-muenchen.de oder unter der Anschrift der Forschungsstelle für Vergaberecht und Vewaltungskooperationen an der Juristischen Fakultät der LMU München, Ludwigstraße 28 (Rgb.), 80539 München.

München, Februar 2018   *Martin Burgi*

Inhaltsübersicht

Drittes Kapitel: Weitere EU-Vergaberegimes im Überblick

Viertes Kapitel: Haushaltsvergaberecht
(Vergaberegime für Aufträge unterhalb der EU-Schwellenwerte)

Inhaltsverzeichnis

Zweites Kapitel: GWB-Vergaberecht
(als EU-Vergaberegime für Aufträge)

Drittes Kapitel: Weitere EU-Vergaberegimes im Überblick

**Viertes Kapitel: Haushaltsvergaberecht
(Vergaberegime für Aufträge unterhalb der EU-Schwellenwerte)**

Literaturverzeichnis

I. Kommentare und Handbücher

Althaus, Stefan/Heindl, Christian (Hrsg.), Der öffentliche Bauauftrag – Handbuch für den VOB-Vertrag, 2. Auflage, München 2013

BeckOK Vergaberecht (Hrsg. *Gabriel* u. a.), 4. Edition, ab 2016

Burgi, Martin/Dreher, Meinrad (Hrsg.), Beck'scher Vergaberechtskommentar, GWB (Teilband 1), 3. Auflage, München 2017; VgV, VOB/A-EU u. a.(Teilband 2), 2018

Byok, Jan/Jaeger, Wolfgang (Hrsg.), Kommentar zum Vergaberecht, 3. Auflage, Frankfurt am Main 2011

De Koninck, Constant/Pelzer, Werner/Ronse, Thierry, Europäisches Vergaberecht. 25 Jahre Rechtsprechung durch den Europäischen Gerichtshof, Wien 2009

Dreher, Meinrad/Stockmann, Kurt, Kartellvergaberecht – Wettbewerbsrecht. Kommentar, Auszug aus Immenga/Mestmäcker, 4. Auflage, München 2008

Franke, Horst/Kemper, Ralf/Zanner, Christian/Grünhagen, Matthias, VOB-Kommentar, 6. Auflage, Köln 2017

Frenz, Walter, Handbuch Europarecht. Beihilfe- und Vergaberecht, Band 3, Heidelberg 2007

Gabriel, Marc/ Krohn, Wolfram/Neun, Andreas (Hrsg.), Handbuch des Vergaberechts, 2. Auflage, München 2017

Goede, Matthias/Stoye, Jörg/Stolz, Bernhard (Hrsg.), Handbuch des Fachanwalts Vergaberecht, 2017

Hattig, Oliver/Maibaum, Thomas (Hrsg.), Praxiskommentar Kartellvergaberecht, 2. Auflage, Köln 2014

Heiermann, Wolfgang/Zeiss, Christopher/Kullack, Andrea Maria/Blaufuß, Jörg (Hrsg.), Vergaberecht. juris Praxiskommentar, 5. Auflage, Saarbrücken 2016

Herig, Norbert, Praxiskommentar VOB, 5. Auflage, Köln 2012

Heuvels, Klaus/Höß, Stefan/Kuß, Matthias/Wagner, Volkmar (Hrsg.), Vergaberecht. Gesamtkommentar, Stuttgart 2012

Höfler, Heiko/Bayer, Wolfgang (Hrsg.), Praxishandbuch Bauvergaberecht, 3. Auflage, München 2012

Immenga, Ulrich/Mestmäcker, Ernst-Joachim (Hrsg.), Wettbewerbsrecht Band 2. GWB/ Teil 2 (Vergaberecht), 5. Auflage, München 2014

Ingenstau, Heinz/Korbion, Hermann/Leupertz, Stefan/von Wietersheim, Klaus, VOB – Teile A und B. Kommentar, 20. Auflage, Köln 2017

Kapellmann, Klaus Dieter/Messerschmidt, Burkhard (Hrsg.), VOB Teile A und B. Kommentar, 6. Auflage, München 2018

Kulartz, Hans-Peter/Kus, Alexander/Portz, Norbert (Hrsg.), Kommentar zum GWB-Vergaberecht, 4. Auflage, Köln 2016

Kulartz, Hans-Peter/Marx, Fridhelm/Portz, Norbert/Prieß, Hans-Joachim (Hrsg.), Kommentar zur VgV, Köln 2017

Lampe-Helbig, Gudrun/Jagenburg, Inge/Baldringer, Sebastian (Hrsg.), Handbuch der Bauvergabe, 3. Auflage, München 2014

Leinemann, Ralf (Hrsg.), Die Vergabe öffentlicher Aufträge, 6. Auflage, Köln 2016

Loewenheim, Ulrich/Meessen, Karl M./Riesenkampff, Alexander (Hrsg.), Kartellrecht. Kommentar, 3. Auflage, München 2016

Montag, Frank/Säcker, Franz Jürgen (Hrsg.), Münchener Kommentar zum Europäischen und Deutschen Wettbewerbsrecht (Kartellrecht). Band 3: Beihilfen- und Vergaberecht, 2. Auflage, München 2015

Müller-Wrede, Malte (Hrsg.), GWB-Vergaberecht, Köln 2016

ders. (Hrsg), VgV/UVgO, Kommentar, Köln 2017

Noch, Rainer, Vergaberecht kompakt. Handbuch für die Praxis, 7. Auflage, Köln 2016

Prieß, Hans-Joachim/Hausmann, Friedrich Ludwig/Kulartz, Hans-Peter (Hrsg.), Beck'sches Formularbuch Vergaberecht, 2. Auflage, München 2011

Prieß, Hans-Joachim/Lau, Niels/Kratzenberg, Rüdiger (Hrsg.), 15 Jahre GWB Vergaberecht (FS Fridhelm Marx), München 2013

Pünder, Hermann/Schellenberg, Martin (Hrsg.), Vergaberecht. Handkommentar, 2. Auflage, Baden-Baden 2015

Reidt, Olaf/Stickler, Thomas/Glahs, Heike (Hrsg.), Vergaberecht. Kommentar, 4. Auflage, Köln 2018

Schabel, Thomas/Ley, Rudolf, Öffentliche Auftragsvergabe im Binnenmarkt, Loseblatt seit 1994

Seidel, Ingelore/Mertens, Susanne, Öffentliches Auftragswesen, in: Dauses (Hrsg.), Handbuch des EU-Wirtschaftsrechts, Stand: Oktober 2014, H. IV

Steinicke, Michael/Vesterdorf, Peter L. (Hrsg.), Brussels Commentary on EU Public Procurement Law, 2018 (i.E.).

Voppel, Reinhard/Osenbrück, Wolf/Bubert, Christoph, VgV – Abschnitt 6, 4. Auflage 2018

Weyand, Rudolf, Praxiskommentar Vergaberecht, 4. Auflage, München 2013

Willenbruch, Klaus/Wieddekind, Kristina (Hrsg.), Kompaktkommentar Vergaberecht, 4. Auflage, Köln 2017

Ziekow, Jan/Völlink, Uwe-Carsten (Hrsg.), Vergaberecht. Kommentar, 3. Auflage, München 2018

II. Lehrbuchdarstellungen

Arrowsmith, Sue, The law of public and utilities procurement, Volume 1, 3rd edition, London 2014

Bovis, Christopher H., Research Handbook on EU Public Procurement Law, 2nd edition, Cheltenham 2016

Bungenberg, Marc, Das primäre Binnenmarktsrecht der öffentlichen Auftragsvergabe, in: Müller-Graff (Hrsg.), Enzyklopädie Europarecht, Band 4: Europäisches Wirtschaftsordnungsrecht, Baden-Baden 2015, § 16

Dageförde, Angela, Einführung in das Vergaberecht, Berlin 2013

Dobmann, Volker, Das neue Vergaberecht, 2016

Dreher, Meinrad/Hoffmann, Jens/Kling, Michael, Das sekundäre Binnenmarksrecht der öffentlichen Auftragsvergabe, in: Müller-Graff (Hrsg.), Enzyklopädie Europarecht, Band 4: Europäisches Wirtschaftsordnungsrecht, Baden-Baden 2015, § 17

Egger, Alexander, Europäisches Vergaberecht, Baden-Baden 2008

Fuchs, Claudia, Öffentliche Vergabe, in: Kirchhof/Korte/Magen (Hrsg.), Öffentliches Wettbewerbsrecht: Neuvermessung eines Rechtsgebiets, Heidelberg 2014

Hertwig, Stefan, Praxis der öffentlichen Auftragsvergabe, 6. Auflage, München 2016

Horn, Lutz, Public Procurement in Germany, München 2001

Müller-Wrede, Malte (Hrsg.), Kompendium des Vergaberechts. Systematische Darstellung, 2. Auflage, Köln 2013

Pünder, Herrmann, Vergaberecht in: Ehlers/Fehling/Pünder (Hrsg.), Besonderes Verwaltungsrecht. Band 1, 3. Auflage, Heidelberg 2012

Rechten, Stephan/Röbke, Marc, Basiswissen Vergaberecht, 2. Auflage 2017

Rittner, Fritz/Dreher, Meinrad, Europäisches und deutsches Wirtschaftsrecht, 3. Auflage, Heidelberg 2007, § 30

Ruthig, Josef/Storr, Stefan, Öffentliches Wirtschaftsrecht, 4. Auflage, Heidelberg 2015, § 10

Schmidt, Reiner/Wollenschläger, Ferdinand (Hrsg.), Kompendium Öffentliches Wirtschaftsrecht, 4. Auflage 2015, § 7

Solbach, Markus/Bode, Henning, Praxiswissen Vergaberecht, Berlin 2015

Trepte, Peter, Public Procurement in the EU, second edition, Oxford 2007

Trybus, Martin/Caranta, Roberto/Edelstam, Gunilla (Hrsg.), EU Public Contract Law, Bruxelles 2014

v. Wietersheim, Mark, Vergaberecht. PraxisWissen, 2. Auflage, München 2017

Wollenschläger, Ferdinand, Europäisches Vergabeverwaltungsrecht, in: Terhechte (Hrsg.), Verwaltungsrecht der Europäischen Union, Baden-Baden 2011, § 19

Ziekow, Jan, Öffentliches Wirtschaftsrecht, 4. Auflage, München 2016, § 9

Abkürzungsverzeichnis

a.A.	andere(r) Ansicht/andere(r) Auffassung
a.a.O.	am angegebenen Ort
ABl.	Amtsblatt
Abs.	Absatz
AEUV	Vertrag über die Arbeitsweise der Europäischen Union
a.F.	alte(r) Fassung
AG	Aktiengesellschaft
allg.	allgemein
a.M.	andere(r) Meinung
ANBest	Allgemeine Nebenbestimmungen
ANBest-I	Allgemeine Nebenbestimmungen für Zuwendungen zur institutionellen Förderung
ANBest-P	Allgemeine Nebenbestimmungen für Zuwendungen zur Projektförderung
apf	Fachzeitschrift für Ausbildung, Prüfung und Fortbildung
ARGE	Arbeitsgemeinschaft
Art.	Artikel
AsylG	Asylgesetz
Aufl.	Auflage
AußenwirtschaftsG	Außenwirtschaftsgesetz
BAnz	Bundesanzeiger
BAnz AT	Amtlicher Teil des Bundesanzeigers
BauGB	Baugesetzbuch
BauR	Zeitschrift für das gesamte öffentliche und zivile Baurecht
BauRB	Bau-Rechts-Berater
BayBürgermeister	Der Bayerische Bürgermeister – Zeitschrift für kommunale Selbstverwaltung
BayGO	Bayerische Gemeindeordnung
BayVBl.	Bayerische Verwaltungsblätter
BayVerf	Verfassung des Freistaates Bayern
BayVerfGH	Bayerischer Verfassungsgerichtshof
befürw.	befürwortend
BGBl.	Bundesgesetzblatt
BGB	Bürgerliches Gesetzbuch
BGH	Bundesgerichtshof
BGHZ	Entscheidungen des Bundesgerichtshofes in Zivilsachen, Amtliche Sammlung
BHO	Bundeshaushaltsordnung
BMI	Bundesministerium des Inneren
BR-Drs.	Bundesrats-Drucksache

BT-Drs.	Bundestags-Drucksache
BVerfG	Bundesverfassungsgericht
BVerfGE	Entscheidungen des Bundesverfassungsgerichts, Amtliche Sammlung
BVerwG	Bundesverwaltungsgericht
BVerwGE	Entscheidungen des Bundesverwaltungsgerichts, Amtliche Sammlung
bzw.	beziehungsweise
CCZ	Corporate Compliance Zeitschrift
CDU	Christlich Demokratische Union Deutschlands
c.i.c.	culpa in contrahendo
CMLRev.	Common Market Law Review
CPV	Common Procurement Vocabulary/Gemeinsames Vokabular für öffentliche Aufträge
CSU	Christliche-Soziale Union in Bayern e.V.
dens.	denselben
ders.	derselbe
dies.	dieselbe(n)
d.h.	das heißt
DIN	Deutsche Institut für Normung
DJT	Deutscher Juristentag
DÖV	Die Öffentliche Verwaltung
DurchführungsVO	Durchführungsverordnung
DVAL	Deutscher Vergabe- und Vertragsausschuss für Lieferungen und Dienstleistungen/früher: Deutscher Verdingungsausschuss für Leistungen – ausgenommen Bauleistungen
DVBl.	Deutsches Verwaltungsblatt
EEG	Gesetz für den Ausbau erneuerbarer Energien (Erneuerbare-Energien-Gesetz)
EG	Europäische Gemeinschaft
E-Government	E-Regierung/Elektronische Regierung
EGV	Vertrag zur Gründung der Europäischen Gemeinschaft
endg.	endgültig
EnWG	Energiewirtschaftsgesetz
EnWZ	Zeitschrift für das gesamte Recht der Energiewirtschaft
EPPPL	European Procurement and Public Private Partnerships Law Review
Erw.	Erwägung
etc.	et cetera
EU	Europäische Union
EuG	Gericht der Europäischen Union
EuGH	Europäischer Gerichtshof
EuR	Zeitschrift Europarecht
EUV	Vertrag über die Europäische Union

EuZW	Europäische Zeitschrift für Wirtschaftsrecht
e. V.	eingetragener Verein
E-Vergabe	Elektronische Vergabe
EWG	Europäische Wirtschafsgemeinschaft
EWS	Europäisches Wirtschafts- und Steuerrecht
f.	folgende
ff.	fortfolgende
FIDE	Fédération Internationale pour le Droit Européen
Fn.	Fußnote
FS	Festschrift
GATS	General Agreement on Trade in Services/Allgemeines Abkommen über den Handel mit Dienstleistungen
GATT	General Agreement on Tariffs and Trade/Allgemeines Zoll- und Handelsabkommen
GbR	Gesellschaft bürgerlichen Rechts
GewArch	Gewerbearchiv
GewO	Gewerbeordnung
GG	Grundgesetz für die Bundesrepublik Deutschland
ggf.	gegebenenfalls
GmbH	Gesellschaft mit beschränkter Haftung
GMBl.	Gemeinsames Ministerialblatt
GPA	Agreement on Government Procurement
G. v.	Gesetz vom
GVBl.	Gesetz- und Verordnungsblatt
GWB	Gesetz gegen Wettbewerbsbeschränkungen
HaushaltsO	VO EU 966/2012 über die Haushaltsordnung und über den Gesamthaushaltsplan der Union
HdbBauvergabe	Handbuch der Bauvergabe
HdbStR	Handbuch des Staatsrechts
HdbVergabeR	Handbuch des Vergaberechts
HessVergTVG	Hessisches Vergabe und Tariftreuegesetz
HGB	Handelsgesetzbuch
HGrG	Haushaltsgrundsätzegesetz
Hrsg.	Herausgeber
IBR	Immobilien- & Baurecht
i.E.	im Erscheinen
i.e.S.	im engeren Sinne
IHK	Industrie- und Handelskammer
IHK-Gesetz	Gesetz zur vorläufigen Regelung des Rechts der Industrie- und Handelskammern
i.H.v.	in Höhe von
ILO	International Labour Organization
INI	Initiativverfahren des EU-Parlaments
inkl.	inklusive

i.S.d.	im Sinne des
i.S.v.	im Sinne von
IT	Informationstechnik
i.V.m.	in Verbindung mit
i.w.S.	im weiteren Sinne
Jura	Juristische Ausbildung
JuS	Juristische Schulung
JZ	Juristenzeitung
KAG	Kommunalabgabengesetz
Kap.	Kapitel
KG	Kammergericht
km	Kilometer
KMU	Kleine und mittlere Unternehmen
KOM	Kommission der Europäischen Union/Europäische Kommission
KommJur	Kommunaljurist
KonzVgV	Verordnung über die Vergabe von Konzessionen/Konzessionsvergabeverordnung
krit.	kritisch
KrV	Kranken- und Pflegeversicherung
LHO	Landeshaushaltsordnung
lit.	Littera
LKV	Landes- und Kommunalverwaltung
LVG LSA	Gesetz über die Vergabe öffentlicher Aufträge in Sachsen-Anhalt/Landesvergabegesetz
m	Meter
m. Anm.	mit Anmerkung
max.	maximal
m.E.	meines Erachtens
Mill.	Million
MiLoG	Gesetz zur Regelung eines allgemeinen Mindestlohns/Mindestlohngesetz
m. krit. Anm.	mit kritischer Anmerkung
m.w.N.	mit weiteren Nachweisen
NA	News and Analysis
Nachw.	Nachweise
NJW	Neue Juristische Wochenschrift
Nr.	Nummer
n. rkr.	nicht rechtskräftig
NRW	Nordrhein-Westfalen
NVwZ	Neue Zeitschrift für Verwaltungsrecht
NVwZ-RR	Neue Zeitschrift für Verwaltungsrecht – Rechtsprechungs-Report
NWVBl.	Nordrhein-Westfälische Verwaltungsblätter

NZBau	Neue Zeitschrift für Baurecht und Vergaberecht
NZS	Neue Zeitschrift für Sozialrecht
OECD	Organisation for Economic Cooperation and Development
OLG	Oberlandesgericht
ÖPNV	Öffentlicher Personennahverkehr
OVG	Oberverwaltungsgericht
PBefG	Personenbeförderungsgesetz
PPLRev.	Public Procurement Law Review
PPP	Public-private-Partnership/öffentlich-private Partnerschaft
PreußGS	Gesetzessammlung für die königlichen preußischen Staaten
RdE	Recht der Energiewirtschaft
Rh.-Pf.	Rheinland-Pfalz
Rn.	Randnummer(n)
Rs.	Rechtssache
Rspr.	Rechtsprechung
RuP	Recht und Politik
S.	Satz/Seite
SächsOVG	Sächsisches Oberverwaltungsgericht
SächsVergG	Sächsisches Vergabegesetz
SEK	Interne Arbeitsdokumente der EU-Kommission
SektVO	Sektorenverordnung
SGB II	Sozialgesetzbuch Zweites Buch – Grundsicherung für Arbeitssuchende
SGB III	Sozialgesetzbuch Drittes Buch – Arbeitsförderung
SBG IV	Sozialgesetzbuch Viertes Buch – Gemeinsame Vorschriften für die Sozialversicherung
SGB V	Sozialgesetzbuch Fünftes Buch – Gesetzliche Krankenversicherung
SGB VIII	Sozialgesetzbuch Achtes Buch – Kinder- und Jugendhilfe
SGB IX	Sozialgesetzbuch Neuntes Buch – Rehabilitation und Teilhabe behinderter Menschen
SGB XII	Sozialgesetzbuch Zwölftes Buch – Sozialhilfe
Slg.	Sammlung (der Rechtsprechung des Gerichtshofes und des Gerichts Erster Instanz)
SKR	Sektorenkoordinierungsrichtlinie
SME	Small and Medium-sized Enterprises/kleine und mittlere Unternehmen (KMU)
sog.	sogenannt(e)
SPD	Sozialdemokratische Partei Deutschlands
stellv.	stellvertretend
StGB	Strafgesetzbuch
StPO	Strafprozessordnung
st. Rspr.	ständige Rechtsprechung
StVG	Straßenverkehrsgesetz

StVO	Straßenverkehrsordnung
TED	Tenders Electronic Daily/tägliche elektronische Ausschreibungen
ThürVgG	Thüringer Vergabegesetz
TTIP	Transatlantic Trade and Investment Partnership/ Transatlantische Handels- und Investitionspartnerschaft
TVgG NRW	Gesetz über die Sicherung von Tariftreue und Sozialstandards sowie fairen Wettbewerb bei der Vergabe öffentlicher Aufträge (Tariftreue- und Vergabegesetz Nordrhein-Westfalen)
u.	und
u. a.	unter anderem
UAbs.	Unterabsatz
UmsetzungsG	Umsetzungsgesetz
UMTS	Universal Mobile Telecommunications System
UNCITRAL	United Nations Commission on International Trade Law/ Kommission der Vereinten Nationen für internationales Handelsrecht
US	United States/Vereinigte Staaten
USA	United States of America/Vereinigte Staaten von Amerika
u. U.	unter Umständen
U. v.	Urteil vom
UVgO	Unterschwellenvergabeordnung
UWG	Gesetz gegen den unlauteren Wettbewerb
v.	von/vom
v. a.	vor allem
verb.	verbunden
Verf.	Verfasser
Verf NRW	Verfassung für das Land Nordrhein-Westfalen
VergabeR	Vergaberecht – Zeitschrift für das gesamte Vergaberecht
VergRModVO	Verordnung zur Modernisierung des Vergaberechts/ Vergaberechtsmodernisierungsverordnung
VergStatVO	Verordnung zur Statistik über die Vergabe öffentlicher Aufträge und Konzessionen/Vergabestatistikverordnung
VerwArch	Verwaltungsarchiv
VGH BW	Verwaltungsgerichtshof Baden Württemberg
vgl.	vergleiche
VgV	Verordnung über die Vergabe öffentlicher Aufträge/ Vergabeverordnung
VK	Vergabekammer
VKR	EU-Vergabekoordinierungsrichtlinie
VO	Verordnung
VOB	Vergabe- und Vertragsordnung für Bauleistungen
VOB/A	Vergabe- und Vertragsordnung für Bauleistungen – Teil A/ Allgemeine Bestimmungen für die Vergabe von Bauleistungen

VOB/A-EG .... Vergabebestimmungen im Anwendungsbereich der Richtlinie 2004/18/EG

VOB/A-EU .... Vergabebestimmungen im Anwendungsbereich der Richtlinie 2014/24/EU

VOB/A-VS .... Vergabebestimmungen im Anwendungsbereich der Richtlinie 2009/81/EG

VOB/B .... Vergabe- und Vertragsordnung für Bauleistungen – Teil B

VOF .... Vergabeordnung für freiberufliche Leistungen

VOL .... Vergabe- und Vertragsordnung für Leistungen

VOL/A .... Vergabe- und Vertragsordnung für Leistungen – Teil A/ Allgemeine Bestimmungen für die Vergabe von Leistungen

VOL/A-EG .... Bestimmungen für die Vergabe von Leistungen im Anwendungsbereich der Richtlinie 2004/18/EG

VOL/B .... Vergabe- und Vertragsordnung für Leistungen – Teil B

VRL .... EU-Vergaberichtlinie

VSVgV .... Vergabeverordnung für die Bereiche Verteidigung und Sicherheit zur Umsetzung der Richtlinie 2009/81/EG des Europäischen Parlaments und des Rates vom 13. Juli 2009 über die Koordinierung der Verfahren zur Vergabe bestimmter Bau-, Liefer- und Dienstleistungsaufträge in den Bereichen Verteidigung und Sicherheit und zur Änderung der Richtlinien 2004/17/EG und 2004/18/EG

VV-BHO .... Allgemeine Verwaltungsvorschriften zur Bundeshaushaltsordnung

VVDStRL .... Veröffentlichungen der Vereinigung der Deutschen Staatsrechtslehrer

VwGO .... Verwaltungsgerichtsordnung

VwVfG .... Verwaltungsverfahrensgesetz

WRegG .... Wettbewerbsregistergesetz

WiVerw .... Wirtschaft und Verwaltung

WM .... Zeitschrift für Wirtschafts- und Bankrecht

WRP .... Wettbewerb in Recht und Praxis

WTO .... World Trade Organization

WuW .... Wirtschaft und Wettbewerb

z.B. .... zum Beispiel

ZfBR .... Zeitschrift für deutsches und internationales Bau- und Vergaberecht

ZHR .... Zeitschrift für das gesamte Handelsrecht und Wirtschaftsrecht

ZIP .... Zeitschrift für Wirtschaftsrecht

ZPO .... Zivilprozessordnung

ZRP .... Zeitschrift für Rechtspolitik

ZVgR .... Zeitschrift für deutsches und internationales Vergaberecht

ZWiR .... Deutsche Zeitschrift für Wirtschafts- und Insolvenzrecht

Erstes Kapitel: Grundlagen

§ 1. Einführung und Zielsetzung

Übersicht

Im Vergaberecht geht es um die Beschaffung von Dienstleistungen, Bauleistungen 1 oder Lieferungen durch öffentliche Auftraggeber, d.h. vorwiegend durch staatliche, kommunale oder von diesen beherrschte Verwaltungseinheiten. Dabei kommt die Handlungsform des Vertrages zum Einsatz und die im Anschluss an das Vergabeverfahren ausgewählten privaten Vertragspartner erhalten entweder ein Entgelt (dann spricht man von „öffentlichen Aufträgen") oder ein ausschließliches Nutzungsrecht, d.h. die Möglichkeit, sich gegenüber den Nutzern zu refinanzieren (dann spricht man von „Konzessionen").

Insbesondere bei der Beschaffung von Dienstleistungen wird deutlich, dass der Be- 2 schaffungsvorgang **mit der** jeweiligen **Verwaltungsaufgabe,** zu deren Erfüllung etwas beschafft wird, **verknüpft** ist. Wenn eine Kommune beispielsweise ein privates Sicherheitsunternehmen beim Betrieb einer Flüchtlingsunterkunft beschafft, dann hängen Qualität und Rechtmäßigkeit der Aufgabenerbringung gegenüber den Bewohnern zentral vom Verhalten des „beschafften" Unternehmens und dessen Mitarbeitern ab. Aber auch bei der Beschaffung von Waren oder Bauleistungen (z.B. beim Bau eines Rathauses, in dem anschließend Verwaltungsleistungen erbracht werden) kann der Beschaffungsvorgang ungeachtet des fehlenden „Publikumskontakts" der beschafften Personen nicht getrennt von den vorausliegenden Verwaltungsaufgaben betrachtet werden. Diese gelingen auch hier in dem Maße besser und werden rechtskonformer erbracht, indem dies bereits bei der Gestaltung des Vergabeverfahrens und vor allem bei der Auswahl des privaten Vertragspartners bedacht worden ist. Hinzu kommt, dass „bei Gelegenheit" der Beschaffung zunehmend ökologische (Beispiel: CO_2-freundliche Busse für den Stadtverkehr) bzw. soziale Zwecke (Beispiel: Sicherstellung der Vereinbarkeit von Familie und Beruf beim Busunternehmer) verwirklicht werden.

Das Vergaberecht erlebt in Deutschland seit 1998 eine **stürmische Entwicklung.** 3 Dies lag und liegt in erster Linie daran, dass oberhalb bestimmter Auftragswerte (den sog. Schwellenwerten; → § 10 Rn. 8f.) infolge europarechtlicher Vorgaben ein subjektives Recht aller Bieter darauf eingeräumt wurde, dass die Auftraggeber die Vergabevorschriften einhalten (vgl. § 97 Abs. 6 GWB). Die damit verbundene Flut von Nachprüfungsverfahren hat gleichsam prospektiv bei den Auftraggebern das Bewusstsein für die Bedeutung des Vergaberechts geschärft, mit Auswirkungen auch außerhalb jenes Bereichs. So sind seither mehr als 10.000 Entscheidungen (!)[1] durch die Nachprüfungsinstanzen bzw. Gerichte getroffen worden, es gibt eine Vielzahl von Kommentaren und Handbüchern (die in dem eingangs abgedruckten Verzeichnis enthalten sind), mehrere Fachzeitschriften (hervorgehoben seien die NZBau und die Zeitschrift „Vergaberecht") und neben einer Vielzahl von Dissertationen[2] sind in neuerer Zeit vier Habilitationsschriften erschienen.[3] Sie alle erfüllen jeweils unterschiedliche Funktionen.

4 In Gestalt des *Forum Vergabe e.V.* gibt es ein über Mitgliedsbeiträge finanziertes Forum (mit über 500 Mitgliedern), in dem Vertreter sämtlicher mit dem öffentlichen Auftragswesen befasster Kreise zum fachlichen Austausch, u. a. über Tagungen, verbunden sind.[4] Ein anregendes Kompendium des Gesamtspektrums bietet auch die im Jahre 2013 erschienene Festschrift mit dem Titel „Wettbewerb – Transparenz – Gleichbehandlung. 15 Jahre GWB-Vergaberecht"[5]. In vergleichsweise deutlich kleinerer Zahl und vergleichsweise knappem Umfang wird das Vergaberecht bislang lehrbuchartig erfasst. So gibt es im Anschluss an den Klassiker von *Hertwig*[6] mittlerweile zwei weitere kleinere Praxisleitfäden.[7] Daneben wird das Vergaberecht in Großlehrbüchern zum Verwaltungsrecht[8] miterfasst und es wird im Kontext des (europäischen) Wirtschaftsrechts durch *Rittner/Dreher*[9] ebenso wie in den Studienbüchern von *Ruthig/Storr*[10], *Schmidt/Wollenschläger*[11] und *Ziekow*[12] zum Wirtschaftsverwaltungsrecht mitbehandelt.

5   Demgegenüber versteht sich das hier vorgelegte Buch als sog. **Großes Lehrbuch,** das insoweit vergleichbar mit dem für das Vergaberecht im Vereinigten Königreich (einschließlich EU-Recht) vorgelegten Werk von *Sue Arrowsmith*[13], indem es (insoweit einem besonders in Deutschland wirkmächtigen und erfolgreichen Ansatz verpflichtet) die dogmatische Grundlegung mit Anwendungsorientierung und Studierbarkeit verbinden möchte. Der Zeitpunkt hierfür erscheint passend, da die erwähnte stürmische Entwicklung mit den neuen EU-Vergaberichtlinien 2014 (→ eingehend dazu § 3 Rn. 43 ff.) und dem im Frühjahr 2016 abgeschlossenen deutschen Umsetzungsprozess einen gewissen Konsolidierungsstand erreicht hat.

---

[1] Davon sind die meisten verzeichnet bei *Weyand* Praxiskommentar Vergaberecht.

[2] Viele von ihnen sind in den „Schriften zum Vergaberecht" (vormals Schriften zum Wirtschaftsverwaltungs- und Vergaberecht) unter der Herausgeberschaft des *Verf.* und *Pünder* erschienen (gegenwärtiger Stand: 46. Band).

[3] Im Anschluss an die bereits zuvor publizierten Arbeiten von *Pietzcker*, Der Staatsauftrag als Instrument des Verwaltungshandelns, 1978, und *Wallerath*, Öffentliche Bedarfsdeckung und Verfassungsrecht, 1988: *Bultmann*, Beihilferecht und Vergaberecht, 2004; *Bungenberg*, Vergaberecht im Wettbewerb des Systeme, 2007; *Wollenschläger*, Verteilungsverfahren, 2010 (teilweise); *Bitterich*, Vergabeverfahren und Bürgerliches Recht, 2013.

[4] Mehr Informationen hierüber und zahlreiche Dokumente aus allen Bereichen des Vergaberechts unter www.forum-vergabe.de.

[5] *Fridhelm Marx*, dem langjährigen verantwortlichen Ministerialbeamten für die konzeptionelle Neuordnung des Vergaberechts ab 1999 im Bundeswirtschaftsministerium, gewidmet; Hrsg. Prieß/Lau/Kratzenberg.

[6] Praxis der öffentlichen Auftragsvergabe, 6. Aufl. 2016.

[7] Von *von Wietersheim*, Vergaberecht Praxiswissen, 2013, und von *Rechten/Röbke*, Basiswissen Vergaberecht, 2. Aufl. 2017. Als Einführungsaufsatz: *Pünder/Buchholtz* Jura 2016, 1246 ff. und 1358 ff.

[8] *Wollenschläger*, Vergabeverwaltungsrecht, in Terhechte, Verwaltungsrecht der Europäischen Union, 2011; *Pünder*, Vergaberecht, in: Ehlers/Fehling/Pünder, Besonderes Verwaltungsrecht I, 3. Aufl. 2012, § 17.

[9] In ihrem Werk „Europäisches und deutsches Wirtschaftsrecht, 3. Aufl. 2008, § 30.

[10] Öffentliches Wirtschaftsrecht, 4. Aufl. 2015, § 9.

[11] Hrsg., Kompendium Öffentliches Wirtschaftsrecht, 4. Aufl. 2015, § 7.

[12] Öffentliches Wirtschaftsrecht, 4. Aufl. 2016, § 9.

[13] The Law of Public and Utilities Procurement, 3. Aufl. 2014, Volume 1.

I. Auftrag und Funktionen eines modernen dogmatischen Zugriffs

1. Auftrag

Trotz, ja gerade wegen der immer leichteren Verfügbarkeit großer Datenmengen aus 6
Rechtsprechung und Schrifttum, die auch im Vergaberecht in vorzüglicher Weise
durch verschiedene Datenbanken ermöglicht wird,[14] sind Ordnung und Systembildung als klassische Anliegen des dogmatischen Zugriffs wichtiger denn je; wenn jeder einzelne Rechtsanwender ohne großen Aufwand Jäger und Sammler sein kann, müssen Publikationen Pfadfinder- bzw. Lotsendienste erfüllen.

Aus verwaltungsrechtlicher Perspektive ist die Rechtsdogmatik (in der klassischen 7
Formulierung *Brohms*)[15] „ein innersystematisch erarbeitetes Gefüge juristischer Begriffe, Institutionen, Grundsätze und Regeln …, die als Bestandteil der positiven Rechtsordnung unabhängig von einer gesetzlichen Fixierung allgemein Anerkennung und Befolgung beanspruchen."[16] Während der Praktiker primär am Einzelfall orientiert ist und in den Zwängen des täglichen Entscheidenmüssens Dogmatik primär in ihrer rechtstechnischen Bedeutung, vor allem bei der Auslegung unbestimmter Rechtsbegriffe, benötigt und einsetzt, zielt der (moderne) **rechtswissenschaftliche Ansatz** überdies auf die Erschließung und Integration theoretischer, rechtsvergleichender und interdisziplinärer Erkenntnisse.[17] Hierbei möchte dieses Lehrbuch explizit die im Zuge der Entwicklung der sog. „Neuen Verwaltungsrechtswissenschaft"[18] entfalteten Ansätze für das Gebiet des Vergaberechts fruchtbar machen. Die Leistungsfähigkeit des dogmatischen Zugriffs[19] kann, ja muss sich gerade auch beim Umgang mit ganz neu entstandenen bzw. konfigurierten Rechtsgebieten erweisen.

Als sog. Referenzgebiet[20] bietet das Vergaberecht die Gelegenheit, die gesetzlichen 8
Regelungen und das Urteilsmaterial im Hinblick auf die Beschaffungsaufgaben der
Verwaltung zu erfassen sowie nach Verfahren und Instrumenten zu analysieren. Dies verspricht zugleich weiterführende Erkenntnisse für die Dogmatik des allgemeinen Verwaltungsrechts. Bemerkenswerterweise ist das Vergaberecht **als Referenzgebiet**

---

[14] Zu nennen sind aus dem Verlag *C.H. Beck* neben der allgemeinen Datenbank Beck-online die Modulangebote „Vergaberecht plus" und „Vergaberecht Premium", ferner die vom Bundesanzeiger betreute Datenbank „veris", die in Zusammenarbeit mit dem Forum Vergabe e.V. alle Entscheidungen mit vergaberechtlichem Bezug dokumentiert.

[15] VVDStRL 30 (1972), 245 (246).

[16] Aus neuerer Zeit u. a. *Möllers* in: Hoffmann-Riem/Schmidt-Aßmann/Voßkuhle, Grundlagen des Verwaltungsrechts I, 2 Aufl. 2012, § 3 Rn. 35, und *Eifert*, VVDStRL 67 (2008), 286 (302). Weiterführend, auch zu den historischen und methodischen Hintergründen, u. a. *Bumke* JZ 2014, 621, und *Kaiser* DVBl. 2014,1102.

[17] Zur Unterscheidung zwischen „Gebrauchs- und der Wissenschaftsdogmatik" grundlegend *Würtenberger* in: Stürner, Die Bedeutung der Rechtsdogmatik für die Rechtsentwicklung, 2010, S. 3 (7); *Stürner* JZ 2012, 10; *Kaiser* DVBl. 2014, 1105 f.

[18] Insbesondere in den drei von Hoffmann-Riem/Schmidt-Aßmann/Voßkuhle herausgegebenen Bänden „Grundlagen des Verwaltungsrechts", 2. Aufl. ab 2012.

[19] Die in jüngerer Zeit teilweise infrage gestellt und mit dem Vorwurf konfrontiert wird, dass sie interdisziplinäre und internationale Anschlussfähigkeit erschwere, ja verhindere (stellvertretend *Lepsius* in: Kirchhof/Magen/Schneider, Was weiß Dogmatik?, 2012, S. 39; vgl. auch *Jestaedt* in: Depenheuer/Grabenwarter, Verfassungstheorie, 2010, § 1 Rn. 20 ff.; weiterführend *Burgi*, in: *ders.* (Hrsg.), Zur Lage der Verwaltungsrechtswissenschaft, 2017, S. 33 ff.

[20] Ausführlich hierzu im Anschluss an *Schmidt-Aßmann*, Das allgemeine Verwaltungsrecht als Ordnungsidee, 2. Aufl. 2004, Erstes Kapitel, Rn. 12 ff. und Drittes Kapitel, Rn. 1 ff., *Burgi* in: Hoffmann-Riem/Schmidt-Aßmann/Voßkuhle, Grundlagen des Verwaltungsrechts I, 2. Aufl. 2012, § 18 Rn. 96 ff.

des allgemeinen Verwaltungsrechts anzusehen, obgleich es ganz überwiegend (näher hierzu → § 2 Rn. 9 f.) dem Privatrecht, und nicht dem Öffentlichen Recht zugeordnet worden ist; hierbei zeigt sich wiederum, dass das Verwaltungsrecht als „Recht der Verwaltung" jene beiden Regimes umgreift, indem es um Rechtsmaßstäbe für das Handeln von Verwaltungseinheiten geht.[21] Daneben bestehen Überschneidungen mit anderen Rechtsgebieten, für die das Vergaberecht teilweise Vorfrage ist bzw. die umgekehrt in Bezug auf das Vergaberecht als Vorfrage wirken (dazu näher → § 2 Rn. 16 ff.). Gerade den Schnittstellen mit jenen anderen Rechtsgebieten (zu nennen sind vor allem das EU-Beihilferecht, das Kartellrecht und das kommunale Wirtschaftsrecht, aber auch das Recht der Gebühren und Beiträge und das Zuwendungsrecht) soll im Rahmen dieses Lehrbuchs besondere Aufmerksamkeit gelten.

9   Im Zuge der Modernisierung des dogmatischen Zugriffs auf das Verwaltungsrecht ist der früher vorherrschende sog. rechtsaktsbezogene Ansatz, der vor allem die Handlungsform des Verwaltungsakts und dessen Beurteilung anhand der Parameter rechtmäßig/rechtswidrig in den Mittelpunkt gestellt hatte, um eine stärker **verhaltensbezogene Sichtweise** ergänzt worden.[22] Während ein rechtsaktbezogener Ansatz im Vergaberecht sich vor allem mit der Beurteilung getroffener Zuschlagsentscheidungen, und dies zudem mit deutlichem Schwerpunkt auf der Rechtsschutzperspektive (Zulässigkeit und Begründetheit von Nachprüfungsanträgen) befassen würde, bezieht ein verhaltensbezogener Ansatz überdies das Vorgehen des zentralen und zunächst zum Handeln berufenen Akteurs (die jeweilige Vergabestelle) ein. Für diese bietet jede Beschaffung ein Moment der rechtlichen Gestaltung mit teilweise erheblicher Autonomie (sog. Beschaffungsautonomie; dazu → § 12 Rn. 4 f.) und der Möglichkeit zur zusätzlichen Verwirklichung weiterer politischer Zwecksetzungen ökologischer oder sozialer Art (→ § 7); die EU spricht insoweit mittlerweile von „strategischer Beschaffung". Dass das Vergaberecht und der Vergaberechtler bereits in diesem Stadium (und nicht erst bei eingereichtem Nachprüfungsantrag gegen eine Zuschlagsentscheidung) Wirkungen entfaltet bzw. als Berater gefordert ist, ist eine Erkenntnis, die sich in den vergangenen Jahren immer mehr durchgesetzt hat.

10   Ein weiteres Kennzeichen eines modernen dogmatischen Zugriffs ist selbstredend die Bearbeitung der verfassungsrechtlichen und (im Vergaberecht) insbesondere der europarechtlichen **Impulse und Grenzen,** hat man es hier doch mit einem in seltener Intensität seit langem europäisch geprägten Rechtsgebiet (→ § 3) zu tun. Das wissenschaftliche Erkenntnisinteresse gilt überdies der Rechtsvergleichung (→ § 5), die interessanterweise im Falle des Vergaberechts seit langem und mit bemerkenswerten Ergebnissen betrieben wird; dies hat seinen Grund auch darin, dass die Strukturen der Beschaffungsvorgänge und ihrer rechtlichen Determinierung innerhalb, aber auch außerhalb Europas, sehr gut vergleichbar und weniger kontextabhängig sind als in vielen anderen Rechtsgebieten des Öffentlichen Rechts (etwa im Baurecht oder im Kommunalrecht). Soweit vorhanden, sollen und müssen auch Erkenntnisse ande-

---

[21] Dazu, dass im Vergaberecht primär Verwaltungseinheiten und nur unter bestimmten Umständen privatwirtschaftliche Unternehmen als öffentliche Auftraggeber qualifiziert werden, vgl. → § 8 Rn. 5.
[22] Vgl. nur *Bumke,* Relative Rechtswidrigkeit, 2004, S 255 ff.; daran anknüpfend *Appel,* VVDStRL 67 (2008), 226, (252); *Schmidt-Aßmann,* Verwaltungsrechtliche Dogmatik, 2013, 14 ff.

rer Disziplinen, die sich mit dem Beschaffungswesen beschäftigen, verarbeitet werden.

Am ehesten stößt man in der Ökonomie auf interessante Erkenntnisse über das Beschaffungs-   11
wesen. Dabei geht es aus volkswirtschaftlicher Perspektive stärker um die wettbewerbs- und
institutionenbezogene Aspekte[23], während sich die Betriebswirtschaftslehre mit Verfahren und
Kriterien (etwa dem der „Wirtschaftlichkeit" in § 127 Abs. 1 GWB), vielfach aus der vergleichenden Perspektive des „Einkaufs" in der Privatwirtschaft, befasst.[24] Insoweit können zahlreiche interessante Anregungen, etwa zur Nutzung des Beschaffungswesens zur Förderung von
Innovationen (dazu → § 7 Rn. 24 f.), gewonnen werden. An der Universität der Bundeswehr
in München befasst sich unter der Leitung von *Michael Eßig* das „Forschungszentrum für Recht
und Management öffentlicher Beschaffung" mit diesen Fragen. Die dortigen Forschungsprojekte zeigen eine ganze Reihe von Potenzialen zur Effizienzsteigerungen auf.

2. Funktionen

Die Funktionen des dogmatischen Zugriffs bestehen hier wie auch in anderen Mate-   12
rien in der Stabilisierung des Rechts, der Entlastung der Rechtsanwendung von der
Bewältigung immer neuer Einzelfälle vermittelst der Orientierung an bereits (eben
dogmatisch) entwickelten Grundlagen und schließlich auch in der Begleitung bzw.
Anregung der **Rechtspolitik.**[25] Diese Funktion ist gerade in einem Rechtsgebiet,
das einem permanenten politischen Reformdruck (sei es auf europäischer, sei es auf
nationaler Ebene) ausgesetzt ist, von erheblicher Bedeutung. Der rechtswissenschaftliche Zugriff erschöpft sich mithin nicht im Ordnen und Systematisieren des vorhandenen Materials, sondern erhebt darüber hinaus den Anspruch, rechtspolitische Vorschläge daraufhin zu analysieren, ob sie die selbstgesetzten Ziele erreichen, ob die
einmal getroffene Grundentscheidung kohärent umgesetzt worden ist und ob für etwaige Ausnahmen sachliche Gründe ersichtlich sind.[26]

II. Bedeutung des Vergaberechts für Staat und Wirtschaft, Berufspraxis und Studium

Die Bedeutung des Vergaberecht für den **Staat** erschließt sich über die eingangs be-   13
reits angedeuteten (→ in § 6 näher erläuterten) Zwecke der öffentlichen Beschaffung: Ermöglichung der Aufgabenerfüllung, schonender Einsatz von Haushaltsmitteln, Verfolgung zusätzlicher politischer Zwecke; selbstverständlich ist dem Staat des
Grundgesetzes auch die Herstellung von Wettbewerbs- und Verteilungsgerechtigkeit
im Hinblick auf die an öffentlichen Aufträgen interessierten Wirtschaftsteilnehmer
ein Anliegen (dazu sogleich). Freilich beinhaltet jegliche vergaberechtliche Regle-

---

[23] Vgl. insoweit das im Jahr 2007 durch den Wissenschaftlichen Beirat des Bundesministeriums für Wirtschaft und Technologie vorgelegte Gutachten „Öffentliches Beschaffungswesen"; näher→ § 6 Rn. 8 f.

[24] Vgl. hierzu *Weber* IR 2010, 323 m.w.N., und verschiedene Beiträge im führenden „Journal of Purchasing and Procurement"; allg. *Schapper* u. a. Journal of Public Procurement 2006, 1 ff.; *van Weele/Eßig,* Beschaffung und Suppy Management, 2016.

[25] Zu den Funktionen der Dogmatik im Verwaltungsrecht stellvertretend *Schmidt-Aßmann*, Verwaltungsrechtliche Dogmatik, 2013, S. 4 f., mit zahlreichen Nachweisen.

[26] Vgl. im Anschluss an die Überlegungen bei der Jahrestagung der Vereinigung der Deutschen Staatsrechtslehrer 2011 zu „Rationalitätsanforderungen" an Gesetzgebung *Grzeszick,* VVDStRL 71 (2012), 49, begleitend hierzu *Cornils* DVBl. 2011,1053 (1054), sowie *Wallerath* in: Ruffert, FS Schröder, 2012, 399 (403 ff.); sowie bereits im Hinblick auf das Vergaberecht *Burgi* NZBau 2012, 601.

mentierung zunächst einmal eine Einschränkung sonst bestehender Entscheidungsspielräume. Wie in allen anderen Teilgebieten des Verwaltungsrechts bedeutet eine
Zunahme von Regeln auch hier eine Reduktion des Raumes der politischen, ja demokratisch legitimierten Dezision. Könnten beispielsweise Gemeinderat und Bevölkerung in einer kleinen Gemeinde unreglementiert über die Vergabe eines Auftrags
entscheiden, würden sie aller Voraussicht nach regionale Anbieter bevorzugen, weniger aus Gründen der persönlichen Verbundenheit, aber im Interesse der lokalen
Wirtschaftsförderung. Ein weiterer Nachteil aus der Sicht der öffentlichen Hand ergibt sich aus den erheblichen Verfahrenskosten, die in dem Maße zunehmen, in dem
die rechtlichen Anforderungen und damit der Bedarf nach speziell qualifiziertem
Personal und rechtlicher Beratung (im Vorfeld wie in Nachprüfungsverfahren)
wächst. Freilich gilt hier, wie auch im Hinblick auf die nachfolgenden Absätze, die
in der Begründung des Regierungsentwurfs zum Vergaberechtsmodernisierungsgesetz
2015[27] getroffene resignative Feststellung, dass derzeit „keine belastbare Statistik zum
öffentlichen Auftragswesen in Deutschland" existiert.[28]

14   Aus der Sicht der einzelnen **Wirtschaftsteilnehmer** (gleichgültig, ob es sich um
große internationale Unternehmen oder um kleine und mittelständische Unternehmen handelt) besteht die Bedeutung des Vergaberechts darin, dass hierdurch ein großer Sektor des gesamten Wirtschaftskreislaufes speziellen Regelungen unterworfen
wird. Dadurch erhöht sich aufs Ganze gesehen die Chancengerechtigkeit, und zwar
besonders dort, wo der Staat der wichtigste oder gar der einzige infrage kommende
Auftraggeber ist (wie etwa in Teilen des Straßenbauwesens oder im Verteidigungssektor). Für den einzelnen Wirtschaftsteilnehmer kann dies je nach Ausgang des Verfahrens zu Erfolgen, aber natürlich auch zu Misserfolgen führen, wobei in beiden
Fällen erhebliche Transaktionskosten entstehen.[29] In der Begründung des Regierungsentwurfs der Bundesregierung zum Vergabemodernisierungsgesetz 2015 wird
allein im Hinblick auf den mit dem Aufbereiten und Einreichen der Bewerbungs-
unterlagen verbundenen Aufwand bei der bislang noch vorherrschenden Vergabe
ohne elektronische Unterstützung von einer Gesamtbelastung der Wirtschaft von
1.082.457.675 EUR ausgegangen.[30] Unternehmen, die überdies von der durch die
EU-Richtlinien ja intendierten europaweiten Öffnung der Beschaffungsmärkte profitieren wollen, erhöht sich dieser Aufwand infolge der dadurch ermöglichten Teilnahme an Vergabeverfahren in anderen Mitgliedstaaten um ein Vielfaches.

15   In der Summe bildet das Vergaberecht eine Rechtsmaterie, die mit prägender
Kraft einen Ausschnitt im Umfang von einem Fünftel der Gesamtwirtschaft determiniert. Gebündelt zeigt sich die Bedeutung all dessen in der allgemein kolportierten
Zahl, wonach der Anteil des öffentlichen Beschaffungswesens innerhalb des Brutto-
inlandsprodukts (BIP) europaweit 18 % beträgt.[31] In Deutschland dürfte der Anteil
aufgrund der Breite und Tiefe des öffentlichen Sektors eher noch darüber liegen.

---

[27] BT-Drs. 367/15, S. 4 f.
[28] Daher sieht § 114 GWB künftig umfangreiche Statistikpflichten vor.
[29] Vgl. insoweit die Untersuchung der Wirtschaftsprüfungsgesellschaft PWC, Public Procurement in Europe
– Costs and Effectiveness, 2011.
[30] BR-Drs. 367/15, S. 4.
[31] EU-Kommission, Public Procurement Indicators, Jahreszahl 2014; verfügbar unter http://ec.europa.eu/in
ternal_market/scoreboard/performance_per_policy_area/public_procurement/ (abgerufen am 09.01.2018).

Aus dem Vorstehenden ergibt sich zwanglos die große und permanent wachsende 16 Bedeutung des Vergaberechts für die **berufliche Praxis.** Dies gilt für die öffentliche Verwaltung in Bund, Ländern, Kommunen und bei den zahllosen weiteren Einrichtungen des öffentlichen Sektors ebenso wie für die Unternehmen und insbesondere die Anwaltskanzleien. Nach langjähriger Beobachtung verfügen die meisten im Vergaberecht tätigen Rechtsberater entweder über einen Hintergrund im klassischen Verwaltungsrecht oder im Kartellrecht, teilweise auch im Bau- und Architektenrecht. Seit 2015 kann man sich zum „Fachanwalt für Vergaberecht" qualifizieren. Die meisten mit dem Vergaberecht beschäftigten Akteure sind mit der Konzeption und Begleitung von Vergabeverfahren befasst und nicht nur dann gefragt, wenn es zu einem Nachprüfungsverfahren kommt. Die (ihrerseits durchaus beeindruckenden) Zahlen über die in Deutschland in den vergangenen Jahren geführten Nachprüfungsverfahren belegen daher nur einen Ausschnitt der praktischen Bedeutung.[32] Beeindruckend zu sehen ist, wie die Veränderung einzelner rechtlicher Parameter zum Entstehen ganzer Märkte mit entsprechendem wirtschaftlichen Potenzial und sodann auch rechtlichem Beratungsaufwand führt.

So hat etwa die Qualifikation der gesetzlichen Krankenkassen als öffentliche Auftraggeber nach 17 § 99 Nr. 2 GWB zusammen mit der Qualifikation der von ihnen mit den Arzneimittelherstellern abgeschlossenen sog. Rabattverträgen als „öffentliche Aufträge" i.S.v. § 103 GWB dazu geführt, dass das bis dato rein sozialrechtlich verfasste Verhältnis zwischen den Kassen und den Arzneimittelherstellern Teil des Wettbewerbsgeschehens um die hier jeweils entstehenden neuen Märkte geworden ist. Bei den Kassen hat dies intensive konzeptionelle und organisatorische Umstellungen sowie einen großen Bedarf nach vergaberechtlicher Begleitung, für die Unternehmen einen enormen Zuwachs an Wettbewerbschancen und ebenfalls einen Bedarf nach juristischer Begleitung ausgelöst.[33]

Im **Studium** spielt das Vergaberecht an den Fachhochschulen (für Wirtschaft oder 18 für öffentliche Verwaltung) und an den Universitäten eine wichtiger werdende Rolle. An vielen Universitäten bildet es einen Bestandteil innerhalb des Schwerpunktstudiums, sei es im Zusammenhang mit einem primär wettbewerbs- und kartellrechtlichen, sei es im Zusammenhang mit einem primär dem Öffentlichen Wirtschaftsrecht gewidmeten Schwerpunktbereich. Im Referendariat eröffnen die beschriebenen beruflichen Perspektiven zahlreiche Weiterbildungsmöglichkeiten.

III. Zum Arbeiten mit diesem Buch

Im Kapitel über die „Grundlagen" wird der zersplitterte Normbestand systematisch 19 entfaltet und sollen Standort und Auftrag des Vergaberechts beschrieben werden. Den Schwerpunkt des Buches bildet sodann das GWB-Vergaberecht (als EU-Vergaberegime für öffentliche Aufträge), dem das gesamte Zweite Kapitel gewidmet ist. Das Dritte Kapitel behandelt (im Überblick) weitere EU-rechtlich geprägte Vergabe-

---

[32] So gab es etwa im Jahr 2016 880 Verfahrenseingänge bei den Vergabekammern und eine Beschwerdequote von rund 20% (zu den Oberlandesgerichten). Einzelheiten sind den „Weiterführenden Informationen" über die diesbezüglichen Statistiken auf der Seite www.forum-vergabe.de zu entnehmen.

[33] Zur Illustration: Im „Handbuch des Vergaberechts" (herausgegeben von *Gabriel/Krohn/Neun*) befasst sich ein ganzes Kapitel mit den „Auftragsvergaben im Bereich der gesetzlichen Krankenversicherung: Krankenkassenausschreibungen (SGB V)" im Umfang von rund 150 Seiten; inhaltlich hierzu noch → § 15.

regimes, während das Vierte Kapitel dem nationalen Haushaltsvergaberecht (Vergaberecht unterhalb der Schwellenwerte einschließlich UVgO) gewidmet ist.

20   Das Buch folgt durchgehend dem zu I beschriebenen modernen dogmatischen
Zugriff, d.h. es zielt auf die Sichtbarmachung der Strukturen, bei Konzentration auf
das Wesentliche, verbunden mit der Anregung zum Nachdenken und zur Vertiefung
anhand des gelieferten Materials. Im Interesse der Transparenz wird bisweilen mit
Aufzählungen gearbeitet. In Kleindruckabsätzen werden Streit- und Entwicklungs-
stände vertieft. Die wichtigsten Entscheidungen v.a. von Oberlandesgerichten und
der europäischen Gerichtsbarkeit sind ebenso in Fußnoten dokumentiert wie weiterführende oder besonders prägnante Beiträge aus dem Schrifttum. Am Ende der einzelnen Paragrafen-Abschnitte finden sich umfangreiche zusätzliche Literaturhinweise,
während das allgemeine Literaturverzeichnis zu Beginn des Buches die Kommentare,
Handbücher und Lehrbuchdarstellungen dokumentiert. Für die Studierenden findet
sich am Ende des Buches ein Abschnitt mit Übungsfällen (sortiert nach den Paragra-
fen-Abschnitten) mit Lösungshinweisen.

§ 2. Standort des Vergaberechts

Übersicht

I. Geschichtliche Entwicklung bis 1999

Strukturen und Regeln eines öffentlichen Beschaffungswesens lassen sich bereits im   **1**
antiken Rom nachweisen wo Bauaufträge für Tempel oder Wasserleitungen im Rahmen einer „auctio licitatio" zugeschlagen wurden.[1] In Deutschland bildeten sich
nach bestimmten Grundsätzen ablaufende Vergabeverfahren nach dem dreißigjähri-
gen Krieg heraus, allerdings lange Zeit in Gestalt eines **„Hoflieferantentums".** Zudem konnte sich ein Preiswettbewerb in Folge des vorherrschenden Zunftwesens
nur selten entwickeln. Im 19. Jahrhundert wurden die mündlichen „lizitationen"
durch ein Verfahren abgelöst, bei dem die Angebote schriftlich einzureichen und bis
zu einem Eröffnungstermin geheim zu halten waren. Damit war das sog. Submissi-
onsverfahren (von lateinisch submissio, Unterwerfung) etabliert, dessen Abläufe bis
heute in den Vergaberegeln des GWB (→ § 13) erkennbar sind. Verschiedene Ansätze, das Beschaffungswesen zu kodifizieren scheiterten, die einschlägigen Regeln erga-
ben sich aus einer Mischung von haushaltsgesetzlichen Vorgaben (vgl. z.B. § 37
Abs. 1 des Preußischen Gesetzes über den Staatshaushalt vom 11.5.1898)[2] und Erlassen.

   In den Jahren 1926 bzw. 1932/36 wurden durch den sog. Reichsverdingungsaus-   **2**
schuss, einem Gremium mit Vertretern aus Staat, Industrie, Handwerk und Gewerkschaften, erstmals eine „Verdingungsordnung für Bauleistungen" (VOB) bzw. eine
„Verdingungsordnung für Leistungen – ausgenommen Bauleistungen" (VOL) erlassen. Deren Teile B enthalten bis heute sog. Allgemeine Vertragsbedingungen, wäh-

---

[1] ,Vgl. *Ries,* Bauaufträge im römischen Recht, 1989, 53 ff.
[2] PreußGS, 77 ff.

rend im jeweiligen Teil A eingehende Bestimmungen über das Vergabeverfahren normiert sind. Diese Regelungen wurden für das Beschaffungsverhalten der einzelnen Vergabestellen im Bund dadurch anwendbar, dass die Haushaltsgesetzgeber in Bund und in den Ländern auf die **Verdingungsordnungen** verwiesen haben, so wie es teilweise heute noch für das Beschaffungswesen unterhalb der europarechtlich festgelegten Schwellenwerte der Fall ist (→ eingehend § 25). Jahrzehntelang gehörte das Vergaberecht somit durchgehend zum Haushaltsrecht.[3]

II. Die Zweiteilung in GWB-Vergaberecht und Haushaltsvergaberecht

1. Entstehung und Bedeutung

3 **a) Das Vergaberechtsänderungsgesetz 1999.** Das heute gültige Vergaberechtsregime oberhalb der EU-Schwellenwerte beruht in seinen zentralen Elementen auf dem Vergaberechtsänderungsgesetz, das am 1.1.1999 in Kraft getreten ist.[4] Mit diesem Gesetz wurden in Deutschland nach mehreren vergeblichen Anläufen die beiden zentralen Anforderungen der seinerzeit geltenden EU-Vergabekoordinierungsrichtlinien[5], nämlich die Einräumung subjektiver Rechte zugunsten der unterlegenen Bieter und die Durchsetzbarkeit dieser Rechte in einem ausgebauten Rechtsschutzsystem umgesetzt. Es handelte sich mithin um einen **Quantensprung.**[6] Die Einschätzung, dass in Deutschland erst damit der Wandel „vom Vergabewesen zum Vergaberecht" stattgefunden habe, ist zwar nicht in kategorialer Hinsicht, wohl aber im Hinblick auf die Dimension und die veränderten Inhalte zutreffend.[7] Die Bundesrepublik hat damit sowohl der im August 1995 durch den EuGH unmissverständlich formulierten Aufforderung, dass der von den europäischen Richtlinien vorgegebene Bieterrechtsschutz nur dann gegeben sei, wenn die Bieter ihre Rechte auch vor nationalen Gerichten geltend machen können,[8] als auch dem seitens der USA (!) formulierten politischen Druck[9] entsprochen.

4 Zunächst hatte sich der deutsche Gesetzgeber für eine Umsetzung weiterhin im Haushaltsrecht, wenngleich an anderer Stelle (§§ 57a – 57c HGrG) entschieden, um in der Tradition des deutschen Vergaberechts verbleiben zu können. Der Rechtsschutz lag bei Vergabeprüfstellen (Verwaltungsbehörden), in zweiter Instanz entschieden bis 2001 die sog. Vergabeüberwachungsausschüsse, die beim Bundeskartellamt und in den Ländern eingerichtet waren. Gestützt auf die §§ 57a ff. HGrG wurde erstmals eine Vergabeverordnung erlassen, die ihrerseits auf die bereits damals existierenden Verdingungsordnungen verwiesen hatte. Um den EG-rechtlichen Vorga-

---

[3] Zur Vertiefung der geschichtlichen Entwicklung vgl. *Wallerath* Die Verwaltung 20 (1987) 137 ff.; *Grau,* Historische Entwicklung und Perspektiven des Rechts der öffentlichen Aufträge, 2004; ferner *Lampe-Helbig* und *Schubert* in: FS Korbion, 1986, 250, und 389.

[4] BGBl. 1998 I S. 2552.

[5] Vgl. → § 3 Rn. 40.

[6] So ist es auch in der zeitgenössischen Literatur aufgenommen worden; vgl. *Pietzcker* ZHR 162 (1998), 427; zur (natürlich auch durch Personen) geprägten unmittelbaren Entstehungsgeschichte, vgl. *Prieß* in: FS Marx, 571 (572 f.).

[7] Näher *Dreher* in: Immenga/Mestmäcker, vor §§ 97 ff. GWB, Rn. 102 ff.

[8] EuGH C-433/93, Slg.1995, I_2303 (2311; Kommission/Deutschland); näher → § 20 Rn. 8.

[9] Stellungnahme der US-Botschaft vom 4.3.1998, VgR 3/1998, S. 17; Auslöser waren die negativen Erfahrungen eines US-amerikanischen Bieters, der aufgrund eines Beschaffungsabkommens zwischen der EG (heute: EU) und den USA seinerzeit den mitgliedstaatlichen Bietern gleichgestellt war und damit die europarechtliche Problematik in Deutschland buchstäblich am eigenen Leibe erfahren musste (nachzuverfolgen anhand der Rechtssache vor dem KG, in NVwZ 1996, 413).

ben auch in inhaltlicher Hinsicht entsprechen zu können, wurden in dieser Zeit die VOB/A und die VOL/A in die beiden ersten Abschnitte unterteilt; die sog. Basisparagrafen (erster Abschnitt) führten die bereits bis dahin bestehenden Regelungen fort, während für die Vergabe von Aufträgen oberhalb der Schwellenwerte, d. h. zur Umsetzung der Richtlinienanforderungen, die sog. a-Paragrafen als neuer, zweiter Abschnitt geschaffen worden sind (→ § 4 Rn. 26). Diese haushaltsrechtliche Lösung entsprach weder verfassungsrechtlichen (wegen Art. 19 Abs. 4 GG) noch europarechtlichen Anforderungen.[10]

Indem das Vergaberechtsänderungsgesetz 1999 die europäischen Richtlinienvorga- 5 ben im Verhältnis eins-zu-eins umgesetzt hat, also nur für den Bereich oberhalb bestimmter Schwellenwerte (hier nur als Faustformel: bei Bauaufträgen rund 5 Mio. EUR, bei anderen Aufträgen rund 200.000 EUR) gilt, hat es freilich die bis heute bestehende **Zweiteilung** des Vergaberechts bewirkt:

- Oberhalb der Schwellenwerte ergibt sich das Vergaberechtsregime aus den §§ 97 ff. 6 GWB und weiteren, kaskadenförmig auf diese gestützten Vorschriften insbesondere auf Verordnungsebene (→ zu den Einzelheiten § 4 Rn. 14 ff.). Diesem Vergaberegime sind das 2. und 3. Kapitel dieses Buches gewidmet.
- Unterhalb der Schwellenwerte erschließt sich das geltende Vergaberegime weiterhin über die Haushaltsgesetze von Bund, Ländern und Kommunen: Darum geht es im 4. Kapitel.

b) Terminologie: GWB-Vergaberecht. Aufgrund der erheblichen inhaltlichen 7 Unterschiede zwischen diesen beiden Vergaberegimes und der vor dem Hintergrund der Entstehungsgeschichte als programmatisch zu verstehenden Verortung im „Gesetz gegen Wettbewerbsbeschränkungen" (GWB), das bis dahin ausschließlich Sitz des kartellrechtlichen Regimes gewesen ist, wird vielfach zur Bezeichnung des GWB-Vergaberechts der Begriff „Kartellvergaberecht" verwendet.[11] M. E. sollte diese Begriffszuschreibung mit zunehmender Entfernung von jener Umbruchsituation überwunden sein.[12] Sachlich sprechen mehrere Gründe gegen den Begriff „Kartellvergaberecht" und zugunsten des neutralen Begriffs „GWB-Vergaberecht", der daher in diesem Buch zugrunde gelegt wird: Obgleich die Herstellung von Wettbewerb ein das Regime zentral prägender Zweck ist und bleibt (→ § 6 Rn. 8 f.), ist doch der **Basiszweck** jeglichen vergaberechtlichen Regelungsbemühens die Sicherung der Erfüllung derjenigen Verwaltungsaufgaben, um derentwillen der Staat gezwungen ist etwas zu beschaffen. Beschließt beispielsweise eine Gemeinde den Bau eines neuen Krankenhauses, so hat dies in der Tat erhebliche Auswirkungen auf das Wettbewerbsgeschehen in der Bauwirtschaft; Auslöser und Bezugspunkt sämtlicher nachfolgender Abläufe ist aber die demokratisch legitimierte Entscheidung des zuständigen öffentlichen Auftraggebers, die Krankenhausversorgung der Bevölkerung verbessern zu wollen.

Somit geht es im GWB-Vergaberecht *auch,* und (um dies nochmals zu betonen) 8 mit unverminderter Konsequenz, um die Vermeidung von „Wettbewerbsbeschrän-

---

[10] Vgl. u. a. *Pietzcker* in: FS Redeker, 1993, 501; *Faber* DÖV 1995, 403; *Ruffert* DVBl. 1998, 69 (75).

[11] Vgl. *Dreher* WuW 1999, 246, sowie *dens.* in: Immenga/Mestmäcker, vor §§ 97 ff. GWB, Rn. 64 f. m.w.N.

[12] In neueren Werken wird sie auch nicht mehr verwendet, etwa im Handbuch VergabeR (Hrsg. Gabriel/ Krohn/Neun).

kungen", darin aber erschöpft sich der Regelungsgehalt bei weitem nicht. Von vornherein wäre es auch unzulässig, die demokratisch legitimierten Vergabestellen in Deutschland mit den Primäradressaten des Kartellrechts, den Kartellbrüdern und -schwestern, in einen Topf zu werfen (was freilich nicht ausschließt, dass auch Vergabestellen sich im Einzelfall wettbewerbswidrig verhalten). Ein Letztes: Während die kartellrechtlichen Bestimmungen im GWB seit 2016 von § 1–96 (mit § 185) zählen, umfasst das Vergaberecht mit den §§ 97–184 mittlerweile annähernd gleich viele Paragrafen. Es hätte daher den Gesetzesinhalt durchaus zutreffender zum Ausdruck gebracht, wenn man die Gesetzesbezeichnung in „Gesetz gegen Wettbewerbsbeschränkungen und über das Beschaffungswesen (GWBB)" verändert hätte.

2. Zuordnung zum Privatrecht (jedoch als Teil des Wirtschaftsverwaltungsrechts)

9   Mit dem Vergaberechtsänderungsgesetz wurde das Vergaberecht oberhalb der Schwellenwerte (zur Situation unterhalb der Schwellenwerte vgl → § 4 Rn. 30 f.) durch **autonome Entscheidung des Gesetzgebers** nicht dem Öffentlichen Recht, sondern dem Privatrecht zugeordnet. Dies ist im Ergebnis unumstritten[13] und hat den bis dato bestehenden Streit um die etwaige Anwendbarkeit der sog. Zwei-Stufen-Theorie (wonach auf der ersten Stufe öffentlich-rechtlich über die Auswahl des Vertragspartners und erst auf der zweiten Stufe, privatrechtlich, über die einzelnen Vertragsinhalte durch privatrechtlichen Vertrag entschieden werde) beendet.[14] Der Gesetzgeber hat sich für die privatrechtliche Lösung entschieden, da diese Zuordnung der Tradition entsprach und zugleich versprach, deutlich machen zu können, dass der Staat (wie vom EU-Recht gefordert) nun wie ein privater Marktteilnehmer, d. h. unter Orientierung an rationalen, insbesondere preisbezogenen Vorgaben des Marktes einkaufen werde.[15] Dies deckt sich mit der Vorgehensweise anderer EU-Länder wie Großbritannien und den Niederlanden, es gibt aber auch wichtige EU-Mitgliedstaaten (wie namentlich Frankreich und Spanien), die von einer öffentlich-rechtlichen Zuordnung ausgehen und deren Vergaberechtsregime ebenfalls europarechtskonform ist.[16]

10 Rechtsdogmatisch hat der Gesetzgeber hiermit von seiner Kompetenz zur Wahl des Rechtsregimes (Öffentliches Recht oder Privatrecht) Gebrauch gemacht (der Begriff „Regime" ist gegenüber dem verbreiteten Begriff der „Formenwahlfreiheit" vorzugswürdig, da es eben nicht um Formen, sondern um den Ordnungsrahmen geht). Er hat damit die bestehende Vermutungsregel zu Gunsten der Qualifizierung staatsadressierter Vorschriften als öffentlich-rechtlich durchbrochen und die Verwaltungstätigkeit innerhalb dieses bestimmten Bereichs aus den genannten Gründen dem Privatrecht unterworfen.[17] Entgegen der teilweise bis heute aufrechter-

---

[13] *Pietzcker* ZHR 162 (1998), 427 (456 f.); *Buhr,* Die Richtlinie 2004/28/EG und das deutsche Vergaberecht, 2009.

[14] Vgl. u. a. *Hermes* JZ 1997, 990 (995); *Triantafyllou* NVwZ 1994, 943 (946).

[15] u. a. zurückgehend auf *Rittner* ZHR 152 (1988), 318; näher *Pietzcker* ZHR 162 (1998), 456 f.

[16] Näher hierzu → § 5 Rn. 11.

[17] Weitere Beispiele für eine solche Vorgehensweise des Gesetzgebers finden sich etwa bei *Ehlers,* Verwaltung in Privatrechtsform, 1994, 251 ff; als weiterführende Darstellung zur Regimewahlkompetenz vgl. *Burgi* in: Hoffmann-Riem/Schmidt-Aßmann/Voßkuhle, Grundlagen des Verwaltungsrechts I, 2. Aufl. 2012, § 18 Rn. 61 f ; zur früher noch teilweise notwendigen (analogen) Anwendung einzelner Bestimmungen des VwVfG vgl. *Kahl* in: Aschke/Haase/Schmidt-De Caluwe, FS von Zezschwitz, 2005, 158 (164 ff.).

haltenen Kritik[18] ist die Hoffnung des Gesetzgebers auf eine zeitnahe Rechtsschutzgewährung durch die als insoweit leistungsfähiger eingeschätzten ordentlichen Gerichte jedenfalls eindrucksvoll erfüllt worden; rechtsstaatlich befriedigendere Zustände als seit 1999 haben in diesem Gebiet zu keinem der (öffentlich-rechtlich geprägten) Zeitpunkte davor bestanden. Forderungen nach einer Revision dieser Entscheidung sind somit weder überzeugend noch aussichtsreich, da der Gesetzgeber mit der Zuordnung zum Privatrecht die verfassungsrechtlichen Grenzen nicht überschritten und sich seine Einschätzung angesichts der spezifischen Gegebenheiten der Beschaffungsmärkte nicht als dysfunktional erwiesen hat. Allerdings ist beim Umgang mit diesem Regime darauf zu achten, dass der Basiszweck jeglicher staatlichen Beschaffungstätigkeit, die Erfüllung von Verwaltungsaufgaben (→ § 6 Rn. 2 f.), nicht infolge einer übermäßigen Fixierung auf die wettbewerblichen und vertraglichen Aspekte aus dem Blick gerät.

Aus der Zuordnung zum Regime des Privatrechts folgt allerdings nicht, dass das Vergaberecht nun ein Bestandteil des Wirtschaftsrechts (ebenso wie etwa das Kartellrecht oder das Recht des unlauteren Wettbewerbs) geworden sei.[19] Denn zum weit überwiegenden Teil sind es staatliche Einheiten bzw. dem Staat zuzurechnende Einheiten (insbesondere die öffentlichen Unternehmen) an die sich die Regeln des GWB-Vergaberechts richten. Dies zeigt der Blick in die die Auftraggebereigenschaft konstituierende Vorschrift des § 99 GWB. Teil des privaten Wirtschaftsrechts ist das GWB-Vergaberecht somit lediglich in dem (äußerst geringen) Umfang, indem echte private Unternehmen betroffen sind, was im Wesentlichen nur im Bereich der Sektorenvergabe (→ § 23) anzutreffen ist.[20] Im Übrigen (und damit zum überwiegenden Teil) bildet das Vergaberecht einen Teil des **Wirtschaftsverwaltungsrechts.** Denn das Verwaltungsrecht des Wirtschaftslebens erschöpft sich nicht in den Regelungen, die dem Regime des Öffentlichen Rechts zuzuordnen sind. Vielmehr ergibt sich das Recht der Verwaltung aus der Anwendung der jeweils einschlägigen Rechtssätze des Öffentlichen Rechts und des Privatrechts, und damit u. a. eben auch aus dem GWB-Vergaberecht.[21] **11**

Folgerichtig sind für die Gewährung des Rechtsschutzes in diesem Bereich gemäß §§ 171 Abs. 3 S. 1 und 179 Abs. 2 GWB ausschließlich die ordentlichen Gerichte zuständig, und zwar in Gestalt der Oberlandesgerichte und (unter bestimmten Voraussetzungen) des BGH (§ 179 Abs. 2; näher → § 20 Rn. 9). Das dem gerichtlichen Rechtsschutz vorgeschaltete Nachprüfungsverfahren vor den Vergabekammern nach §§ 160 ff. GWB, die bei den Verwaltungsbehörden angesiedelt sind, schließt allerdings mit einem Verwaltungsakt (so explizit § 168 Abs. 3 S. 1 GWB). Mithin ist das Verfahren vor der Vergabekammer als Verwaltungsverfahren anzusehen, für das allerdings die speziellen Vorschriften der §§ 160 ff. GWB gelten (näher hierzu → § 20). Hier zeigt sich wiederum, dass sich der Gesetzgeber (unter Ausschöpfung der ihm zustehenden Autonomie) beider Rechtsregimes bedient hat, von denen er sich jeweils unterschiedliche Leistungen erhofft. **12**

---

[18] Vgl. *Regler,* Das Vergaberecht zwischen öffentlichem Recht und privatem Recht, 2007, 130 ff; *Dörr* in: Burgi/Dreher, GWB, Einleitung, Rn. 125 ff.
[19] So aber *Dreher* in: Immenga/Mestmäcker, vor §§ 97 ff. GWB, Rn. 110 f.
[20] Ebenso *Stelkens,* Verwaltungsprivatrecht, 2005, 419.
[21] Eingehender hierzu *Burgi* in: Grundlagen, a.a.O., § 18 Rn. 4.

13   Da der Staat durchgehend dem öffentlichen Interesse verpflichtet sein muss, führt auch die
     früher vielfach vertretene Zuordnung zu einem angeblich existierenden „Verwaltungsprivat-
     recht" ins Leere.[22] Sie ist Ausprägung einer verfassungsrechtlich überholten Abstufung der Ver-
     fassungsgebundenheit nach Aufgabenkategorien. Überdies bleibt sie einer ebenfalls überwunde-
     nen Trennungsperspektive verhaftet, indem sie das Verwaltungsrecht nicht als Summe von
     zwei differenzierten Teil-Rechtsordnungen, sondern das Öffentliche Recht einseitig als Recht
     der Bindungen begreift, und daher die angebliche „Flucht ins Privatrecht" vereiteln möchte.[23]

3. Fortbestehende Zweiteilung: Vergaberecht und Vertragsrecht

14   Im Zuge der Schaffung des GWB-Vergaberechts hätte sich dem deutschen Gesetzge-
     ber auch die Gelegenheit geboten, in horizontaler Hinsicht aus einem Guss zu ge-
     stalten, d.h. nicht nur Regeln für das Verfahren und die Kriterien bei der Auswahl
     Privater zu schaffen, sondern zugleich den Vertragsabschluss und die spätere Vertrags-
     ausführung mit zu regeln. Diese Gelegenheit wurde nicht ergriffen, weshalb es bei
     der in Deutschland seit jeher bestehenden Zuordnung der Rechtsfragen beim Ver-
     tragsabschluss und bei der Vertragsausführung zu dem für alle privatrechtlichen Ver-
     trägen geltenden **BGB** bleibt. Hinzu kommen die ja bekanntlich die vertragsrechtli-
     che Seite betreffenden Bestimmungen der VOB/B bzw. der VOL/B.

15   Dies bedeutet, dass das Zustandekommen des Vertrages, die Formvorschriften, das
     Gewährleistungsrecht oder Fragen wie Verjährung oder Rückabwicklung anhand der
     allgemeinen zivilrechtlichen Grundsätze zu bestimmen sind. Demgegenüber enthal-
     ten nicht wenige andere Rechtsordnungen gesonderte Bestimmungen für Verträge
     unter staatlicher Beteiligung, etwa in Frankreich das „Droit des contrats publics"
     oder in den USA das „Government contracts law", bei dem es sich um ein eigen-
     ständiges Rechtsgebiet handelt, das wiederum durch umfangreiche Kodifikationen
     reglementiert ist.[24] Über die Rechtslage in Europa informiert das von *Noguellou* und
     Stelkens herausgegebene Werk „Droit comparé des Contrats Publics" (Comparative
     law on public contracts).[25] Allerdings haben im Laufe der Entwicklung einzelne Ele-
     mente des Rechts der Vertragsausführung Eingang in das GWB-Vergaberecht gefun-
     den. Seit der Neufassung 2016 gibt es erstmals einen eigenständigen normativen
     Rahmen für die im Zusammenhang mit der Verfolgung ökologischer und sozialer
     Zwecke wichtige Kategorie der „Ausführungsbedingungen" (§§ 128 und 129
     GWB), kodifiziert ist ferner der Umgang mit Auftragsänderungen während der Ver-
     tragslaufzeit (§ 132 GWB) und § 133 GWB sieht in besonderen Fällen Kündigungs-
     möglichkeiten vor. Hierauf ist an der jeweils einschlägigen Stelle einzugehen.

III. Vergaberecht und andere Rechtsgebiete

1. Andere Rechtsgebiete als Vorfrage im Vergaberecht

16   Im Rahmen eines Vergabeverfahrens stellen sich für die Vergabestelle (und sodann
     ggf. im nachfolgenden Rechtsschutzverfahren) nicht selten Fragen nach der Verein-

---

[22] Insoweit zutreffend *Dreher* in: Immenga/Mestmäcker, vor §§ 97 GWB, Rn. 113.
[23] Mit eingehender Kritik *Burgi* in: Grundlagen, a.a.O. § 18 Rn. 66.
[24] Vgl. hierzu das Lehrbuch von *Cibinic/Nash/Yukins,* Formation of government contracts, 4th edition
     (2011), Washington D.C.
[25] Brüssel, 2010; vgl. auch die Besprechung von *Fehling* Die Verwaltung 45 (2012), 612.

barkeit des Geschehens mit den Vorgaben anderer Rechtsgebiete. So kann der Vorwurf im Raum stehen, dass mehrere Bieter ihre Angebote unter Verstoß gegen das Verbot von Kartellabsprachen kalkuliert haben, oder dass ein Bieter sich deswegen nicht bewerben dürfe, weil dies gegen Vorschriften des kommunalen Wirtschaftsrechts verstoßen würde (wenn etwa ein gemeindliches Unternehmen sich in einer weit entfernt gelegenen anderen Gemeinde um einen Auftrag über die Stromversorgung des dortigen Rathauses bewirbt). Schließlich kann ein Angebot möglicherweise deswegen auszuschließen sein, weil es mit einem außergewöhnlich niedrigen Preis kalkuliert ist, der nur deswegen zustande kam, weil jener Bieter zuvor Beihilfen unter Verstoß gegen das EU-Beihilferecht empfangen hatte. Schon an dieser kurzen Aufzählung wird deutlich, dass die Einbeziehung jener Rechtsgebiete als Vorfragen in das Vergaberecht die mit dessen Anwendung befassten Stellen vor große Probleme stellen kann.

Voraussetzung dafür, dass ein anderes Rechtsgebiet eine rechtlich relevante Vorfrage im Vergaberecht bildet und somit inzident dort zu prüfen ist, ist das Bestehen einer normativen Grundlage, d. h. das Vorhandensein einer sog. Anknüpfungsnorm.[26] Als Anknüpfungsnormen wurden im Hinblick auf die soeben genannten drei wichtigsten anderen Rechtsgebiete die Bestimmungen über die „Grundsätze des Vergabeverfahrens" in § 97 Abs. 1 und 2 GWB identifiziert. So könne beispielsweise ein Verstoß gegen den dort normierten „Wettbewerbsgrundsatz" vorliegen, wenn ein Bieter nach den Regeln des kommunalen Wirtschaftsrechts erst gar nicht am Vergabewettbewerb teilnehmen dürfte. Ob dies im Hinblick auf jedes der drei Teilrechtsgebiete so zutreffend ist, soll im Zweiten Kapitel bei der Erörterung jener Vergabegrundsätze näher behandelt werden (→ § 6 Rn. 14 f.). 17

2. Vergaberecht als Vorfrage in anderen Rechtsgebieten

Mit dem Bedeutungszuwachs des Vergaberechts entstehen vermehrt Situationen, in denen in einem anderen Rechtsgebiet an das Ob oder Wie eines Vergabeverfahrens Rechtsfolgen ausgelöst werden. Fälle dieser Art hatten ihren Ausgangspunkt in einem anderen Rechtsgebiet, führen aber durch eine dort bestehende Anknüpfung in das Vergaberecht.[27] Die drei wichtigsten Rechtsgebiete, in denen das Vergaberecht eine Vorfrage bildet, sind das EU-Beihilferecht, das Recht der öffentlichen Abgaben (Gebühren und Beiträge) und das Zuwendungsrecht, in dem es um finanzielle Unterstützungsleistungen institutioneller oder projektbezogener Art an typischerweise privatwirtschaftliche Unternehmen oder gemeinnützige Träger geht, die gemeinwohlwichtige Leistungen erbringen (Beispiel: Ein Unternehmen der Diakonie betreibt eine Pflegestation und erhält hierfür von der Gemeinde Zuschüsse; in den 18

---

[26] So etwa OLG Düsseldorf VergabeR 2009, 905 m. Anm. *Reuber* (im Hinblick auf das kommunale Wirtschaftsrecht) bzw. OLG Düsseldorf NZBau 2012, 255 (im Hinblick auf das Kartellrecht; vgl. zum Ganzen auch *Dicks* in: Ziekow/Völlink, Vergaberecht, § 107 GWB Rn. 2). Weitergehend möchte *Dreher* (NZBau 2013, 665) die Lösung in § 104 Abs. 2 GWB (a.F.) suchen, indem er darauf abstellt, ob sich aus jenem anderen Rechtsgebiet ggf. ergebenden Ansprüche auf die „Vornahme oder das Unterlassen einer Handlung in einem Vergabeverfahren gerichtet" seien. Dies bedeutete im Ergebnis eine deutliche Ausweitung des Kreises der infrage kommenden anderen Rechtsgebiete und des Umfangs der sodann relevanten Vorfragen.

[27] Eingehend hierzu *Burgi* NZBau 2013, 601.

Nebenbestimmungen zum Zuwendungsbescheid wird die Anwendung des Vergaberechts beim Ausbau der Pflegestation angeordnet). Entsteht Streit um die Beachtung
dieser Pflichten, dann hängen die Rechtmäßigkeit ihrer Auferlegung und die aus ihrer Missachtung ggf. folgenden Sanktionen (beispielsweise die Rückforderung der
Zuwendung wegen Nichterfüllung der Nebenbestimmung) von der Beantwortung
der vergaberechtlichen Vorfrage ab. Auf diese Weise spielt das Vergaberecht in
Rechtsschutzverfahren jener ganz anderer Bereiche eine wichtige Rolle (im Beispiel:
Im Rahmen der Anfechtungsklage gegen den Zuwendungs-Widerrufsbescheid).

19 Daher ist auf das Verhältnis zum Recht der öffentlichen Abgaben und zum Zuwendungsrecht
im Vierten Teil des Zweiten Kapitels, bei der Behandlung des Rechtsschutzes im Vergaberecht
zurückzukommen (→ § 22). Das EU-Beihilferecht ist seinerseits ein den Fragen einer gerech-
ten Verteilung begrenzter Mittel gewidmetes Rechtsgebiet, das nach den Grundsätzen der sog.
„Altmark Trans"-Rechtsprechung des EuGH teilweise an das Vergaberecht anknüpft; hierauf
ist im nächsten Abschnitt bei der Erörterung des Vergaberechts als Rechtsrahmen für Vertei-
lungsvorgänge außerhalb des Beschaffungswesen (→ Rn. 25 f.) zurückzukommen.

3. Vergaberecht und Preisrecht

20 Das sog. Preisrecht ist ein Rechtsgebiet mit Wurzeln in der Nachkriegszeit. Rechts-
grundlage ist das Preisgesetz aus dem Jahre 1948, dessen § 2 die Ermächtigung für
den Erlass von Rechtsverordnungen bildet.[28] Heute gibt es noch zwei Verordnungen:
Die VO PR Nr. 30/53 über die Preise bei öffentlichen Aufträgen[29] und die VO PR
Nr. 4/72 über die Bemessung des kalkulatorischen Zinssatzes.[30] Die letztgenannte
Verordnung betrifft die Preisbildung in Fällen, in denen sich kein Wettbewerbspreis
bildet und wird ergänzt durch die Leitsätze für die Preisermittlung aufgrund von
Selbstkosten. Nach § 2 Abs. 5 der VO Nr. 30/53 sind Bauleistungen ausdrücklich
vom Preisrecht ausgenommen.

21 Inhaltlich zielt das Preisrecht darauf, die Kalkulation der Preise sowohl mit Blick auf den Auftraggeber als auch mit Blick auf die Bieter zu reglementieren. Dabei verweist die VO Nr. 30/
53 vermittels einer sog. Preistreppe primär auf den Marktpreis (ein Preis mit Preisfindung im
Wege eines Ausschreibungsverfahrens, typischerweise nach dem Vergaberecht), sodann (sekun-
där) auf die Preise für vergleichbare Leistungen, während (drittens) Selbstkostenpreise nur ausnahmsweise zulässig sind. Als Sanktionsmechanismus gibt es die sog. Preisprüfung nach §§ 9 ff.
der VO Nr. 30/53. Sie wird wahrgenommen durch die Preisbehörden. Verträge, die unter
Verstoß hiergegen zustande gekommen sind, sind grundsätzlich nach § 134 BGB nichtig, preis-
rechtlich modifiziert wird diese Rechtsfolge allerdings dahingehend, dass das jeweilige Rechts-
geschäft als zu zulässigen Preisen wirksam zustande gekommen betrachtet wird.[31] Wenn ein
Vergabeverfahren stattfindet und mehrere Angebote eingegangen sind, spielt das Preisrecht mithin eine geringe Rolle. Es ist v. a. dort relevant, wo Ausschreibungen nicht zu mehreren Geboten geführt haben bzw. (beispielsweise wegen des Eingreifens von Ausnahmen) kein Vergabeverfahren durchgeführt worden ist. Allerdings sind die aus Anlass einer Ausschreibung
gebildeten Wettbewerbspreise nicht automatisch zugleich Marktpreise im Sinne der Verordnung. Vielmehr ist zu prüfen, ob der im Ausschreibungswert zustande gekommene Anschaf-

---

[28] Nach grundgesetzkonformer Auslegung durch BVerfGE 8, 274.
[29] Bundesanzeiger BAnz 1953, Nr. 244 vom 18. 12. 1953, zuletzt geändert durch Gesetz vom 8. 12. 2010
(BGBl. 2010 I S. 1864).
[30] BAnz 1972, Nr. 78 vom 25. 4. 1972.
[31] BGH WM 1977, 345 (346).

fungspreis tatsächlich dem verkehrsüblichen Preis entspricht und zwar durch den ggf. vom Auftragnehmer zu führenden Nachweis, dass er den in der Ausschreibung gebotenen und erzielten Preis auch bei gleichen oder vergleichbaren Aufträgen auf dem allgemein relevanten Markt erzielt. Typischerweise dient als Nachweis der bisherige Erfolg im Markt.

Das Preisrecht teilt mithin mit dem Vergaberecht das Ziel der Ermöglichung einer 22 marktnahen Preisbildung, in der näheren Ausgestaltung handelt es sich aber um ein eigenständiges Rechtsgebiet. Nichtsdestoweniger besteht Reformbedarf im Hinblick auf seine tatbestandlichen Voraussetzungen (u. a. ist das Preisrecht nur auf die klassischen öffentlichen Auftraggeber beschränkt). Im Auftrag des Bundeswirtschaftsministeriums haben daher *Dörr* und *Hoffjan* im März 2015 eine umfangreiche Studie mit Reformvorschlägen vorgelegt,[32] hatte § 2 Abs. 4 VOL/A noch ein Beachtensgebot normiert, so erklärt § 2 Abs. 5 UVgO nunmehr das Preisrecht für „unberührt". Hinsichtlich der Einzelheiten des Preisrechts und seines Verhältnisses zum Vergaberecht sei auf die Spezialliteratur verwiesen.[33] Insgesamt liefert das Preisrecht nützliche und vielfach unterschätzte Konkretisierungen für den im Vergaberecht selbst eher zurückhaltend ausgestalteten Umgang mit dem ja doch zentralen Zuschlagskriterium des Preises (vgl. hier nur § 127 GWB; näher → § 17 Rn. 9).

IV. Vergaberecht als Rechtsrahmen für Beschaffung und Verteilung

Beschaffung (von Gütern und Leistungen) und Verteilung (der damit verbundenen 23 unternehmerischen Chancen) bilden zwei unverzichtbare Elemente des Vergaberechts. Indem der Staat i.w.S. sich dafür entscheidet, eine bestimmte Leistung extern, d. h. durch Vertrag zu beschaffen, eröffnet er zugleich einen Markt. Allerdings darf nicht außer Acht geraten, dass es auch **andere Möglichkeiten der staatlichen Bedarfsdeckung** gibt, nämlich die Eigenproduktion der betreffenden Dienstleistungen (Beispiel: Durchführung von Baumaßnahmen durch den städtischen Bauhof, Benutzung eines landeseigenen Rechenzentrums statt Zusammenarbeit mit IT-Dienstleistern etc.) und sodann die zwangsweise Beschaffung, wie sie insbesondere bei der Vornahme von Enteignungen im Sinne von Art. 14 Abs. 3 GG geschieht.[34] Die Entscheidung darüber, ob eine Beschaffung am Markt stattfinden oder eine Eigenproduktion erfolgen soll, ist durch das Vergaberecht nicht determiniert, sie liegt grundsätzlich im politischen Ermessen des Staates. Daran wird das Europarecht auch in Zukunft nichts ändern, wie ausdrücklich in Art. 1 Abs. 4 S. 2, Abs. 5 und Abs. 6 der (neuen) Richtlinie 2014/24/EU (VRL) festgestellt wird.

---

[32] Veröffentlicht unter www.forum-vergabe.de.

[33] Zum Einstieg: BVerwG NZBau 216, 577 m. Anm. *Hoffjan/Mengis* ZfBR 217, 439; *Berstermann* in: Pünder/Schellenberg, Vergaberecht, Abschnitt 8: Preisrecht; *Fickelscher* in: Gabriel/Krohn/Neun, HdbVergabeR, § 21; *Ebisch/Gottschalk* u. a., Preise und Preisprüfungen bei öffentlichen Aufträgen, 8. Aufl. 2010; *Müller* NZBau 2011, 720; *Roth* NZBau 2015, 209, jeweils m.w.N.; *Brüning* DVBl. 2016, 1349; *Hoffjan* DÖV 2017, 977.

[34] Das Gesamtspektrum staatlicher Beschaffungstätigkeit ist eindrucksvoll entfaltet bei *Wallerath*, Öffentliche Bedarfsdeckung, 39 ff.

1. Beschaffungszweck als Anwendungsvoraussetzung

24 Aus dem größeren Kreis sämtlicher Verteilungsentscheidungen des modernen Staates fallen mithin nur diejenigen Entscheidungen, mit denen zugleich ein Beschaffungszweck verfolgt wird, in den Anwendungsbereich des Vergaberechts. Umgekehrt ist dieses nicht anwendbar, wenn der Beschaffungszweck fehlt. Die Gerichte erhalten immer wieder Gelegenheit, sich mit diesem Grundsatz zu beschäftigen. So hat etwa das Kammergericht[35] zu Recht festgestellt, dass der Abschluss eines Pachtvertrages für die Nutzung der Waldbühne in Berlin mangels Beschaffungsabsicht des Berliner Senats weder einen Dienstleistungsauftrag noch eine Dienstleistungskonzession bildete. Der EuGH hat in seiner Rechtsprechung zu keinem Zeitpunkt auf das Erfordernis eines Beschaffungszwecks verzichtet,[36] und in der VRL wird ausdrücklich in Art. 1 Abs. 2 das Erfordernis eines „Erwerbs" (von Leistungen) festgeschrieben; nach Erwägungsgrund vier fällt darunter „die Erlangung des Nutzens der jeweiligen Bauleistungen, Lieferungen oder Dienstleistungen". Fälle, in denen alle Wirtschaftsteilnehmer, die bestimmte Voraussetzungen erfüllen, zur Wahrnehmung einer bestimmten Aufgabe „ohne irgendeine Selektivität" berechtigt sind, können demnach nicht als Auftragsvergabe verstanden werden.[37]

2. Die Bedeutung des Vergaberechts für andere Verteilungs- bzw. Ausschreibungsverfahren

25 **a) Wichtige Beispiele.** Der moderne Staat schafft natürlich auch außerhalb des Beschaffungswesens Verteilungssituationen, in denen sich die Frage nach einer funktionsgerechten und rechtmäßigen Verfahrensabwicklung und nach den Entscheidungskriterien stellt, ferner besteht auch im Hinblick auf diese Situationen ein Bedürfnis nach Gewährung effektiven Rechtsschutzes. Vielfach bestehen erhebliche **Überschneidungen** im Hinblick auf den primärrechtlichen (→ § 3 Rn. 21 f.) bzw. den grundrechtlichen Rahmen (§ 4 Rn. 3 f.). Nachfolgend werden einige Beispiele für wichtige und aktuell diskutierte Verteilungssituationen aus verschiedenen Bereichen des Wirtschaftslebens genannt:[38]

26 Vergabe von öffentlichen Ämtern; hierbei liegt neben dem Verteilungs- auch ein Beschaffungszweck vor, infolge der spezialgesetzlichen Erfassung dieser Verteilungssituationen durch das Beamten- bzw. (öffentliche) Arbeitsrecht vermag das Vergaberecht insoweit aber keine Bedeutung zu entfalten.
  – Veräußerungen bzw. Vermögensnutzungen; die Veräußerung von Grundstücken im vormals kommunalen oder staatlichen Eigentum bildet ein wichtiges Beispiel einer Verteilungssituation für Beschaffungen. Grundsätzlich ist das Vergaberecht in Ermangelung des Fehlens eines „öffentlichen Auftrags" i.S.d. § 103 GWB nicht anwendbar (→ § 10 Rn. 3 f.). Das Gleiche gilt auch für Verpachtungen oder für Wegenutzungsverträge, die ungeachtet ihrer Bezeich-

---

[35] KG VergabeR 2015, 423 m. Anm. *Mutschler-Siebert/Dorschfeldt*; ähnlich EuGH C-458/14 u. C-67/15, EuZW 2016, 657 (Promoimpresa).
[36] Ebenso *Pietzcker* NZBau 2008, 293 (296); *Losch* VergabeR 2008, 239 (240).
[37] Dies wirkt sich gegenwärtig v. a. bei der Anwendbarkeit des Vergaberegimes im Zusammenhang mit der Zulassung von Arzneimitteln aus (sog. open-house-Verfahren vgl. → § 15 Rn. 7).
[38] Für Verteilungssituationen außerhalb des Wirtschaftslebens, beispielsweise bei der Vergabe von Studienplätzen, würde das Vergaberecht selbst bei größerer argumentativer Anstrengung allenfalls in sehr geringem Maße als Orientierungsrahmen dienen können.

nung als „Konzessionsverträge" (wie beispielsweise im Energierecht nach § 46 EnWG) mangels Beschaffungszweck weder dem Auftrags- noch dem Konzessionsvergaberecht unterfallen (→ dazu § 24 Rn. 6). Schließlich ist auch der bloße Verkauf von Anteilen an einer Gesellschaft (beispielsweise beim Rückzug des Bundes aus einer vormals gemeinsam mit Privaten und anderen Verwaltungsträgern gehaltenen Hafeninfrastrukturgesellschaft) mangels Beschaffungszweck kein dem Vergaberecht unterfallender Vorgang, wohl aber eine rechtlich zu bewältigende Verteilungssituation.

– Die Zulassung zu öffentlichen Einrichtungen mit wirtschaftlicher Bedeutung, insbesondere zu Märkten (etwa beim Münchener Oktoberfest) oder Messen; die dabei entstehende Verteilungssituation wird rechtlich nach den Grundsätzen für die Zulassung und Benutzung öffentlicher Einrichtungen (typischerweise auf der Grundlage der einschlägigen Vorschriften in den Gemeindeordnungen)[39] bewältigt; unter den dort genannten Voraussetzungen können auch die §§ 69 und 70 GewO einschlägig sein (vgl. noch → § 24 Rn. 5). Weitere Verteilungsregime bilden das straßenrechtliche Sondernutzungsregime und jüngst das Carsharing-Gesetz.[40]

– Eine eigene Fallgruppe mit durchaus wachsender Bedeutung bilden Versteigerungsverfahren, wie sie in den vergangenen Jahren etwa im Telekommunikationsrecht (besonders prominent bei der Versteigerung der sog. UMTS-Frequenzen im Jahre 2000 und zuletzt im Frühjahr 2015 betreffend die Breitband-Frequenzen, jeweils veranlasst durch die Bundesnetzagentur), aber auch im Rundfunkrecht, durchgeführt worden sind. Auch das Emissionshandelsrecht kennt Versteigerungsverfahren.[41]

– Im Personenbeförderungsrecht, im Glücksspielrecht[42] oder bei der letztlich nur aufgrund politischer Vorentscheidungen außerhalb des Vergaberechts angesiedelten Vergabe der Bodenabfertigungsdienstleistungen[43] auf den Flughäfen bietet das Wirtschaftsverwaltungsrecht weitere wichtige Beispiele von Verteilungssituationen, die jeweils mit einer Mischung aus spezialgesetzlichen Vorgaben und von der Rechtsprechung aus allgemeinen Grundsätzen destillierten Vorgaben zu bewältigen versucht werden.

– Besonders reich an Verteilungssituationen ist schließlich das Gesundheitsrecht, soweit es dabei etwa um die Aufnahme in einen Krankenhausplan oder den Abschluss von Versorgungsverträgen im Vertragsarzt-, Krankenhaus- oder auch Pflegerecht geht; teilweise sind in den vergangenen Jahren infolge der Annahme des Vorliegens eines Beschaffungszwecks vertragliche Gestaltungen aus diesem Sektor aber auch in das Vergaberecht überführt worden (→dazu § 15 Rn. 3).[44]

b) Durch normative Anknüpfungen (Vergaberecht als Vorfrage). In bestimm-   27
ten Rechtsmaterien für Verteilungsfragen ist die Orientierung am Vergaberecht bereits so weit gediehen, dass die Rechtsprechung bzw. die Verwaltungspraxis explizit die Beachtung vergaberechtlicher Grundsätze zur Voraussetzung für das Eingreifen bestimmter Rechtsfolgen in jenem anderen Rechtsgebiet macht. Dies ist der Fall bei der sog. „Altmark Trans"-Rechtsprechung betreffend die finanzielle Förderung der Erbringung

---

[39] Eingehend hierzu *Burgi,* Kommunalrecht, 5. Aufl. 2015, § 16 Rn. 224 ff.

[40] Zu beiden *Burgi* NVwZ 2017, 257.

[41] Zu den sich gerade bei diesem Verfahrenstyp stellenden rechtlichen Herausforderungen, *Leist,* Versteigerungen als Regulierungsinstrument, 2004; *Martini,* Der Markt als Instrument hoheitlicher Verteilungslenkung, 2008.

[42] Nach OVG NRW BeckRS 2017, 112407 sind glücksspielrechtliche Erlaubnisse für den Betrieb von Spielhallen keine Dienstleistungskonzessionen; a.A. OLG Hamburg, VergabeR 2018, 35 m. Anm. *v. Donat/Plauth.*

[43] Zur Unanwendbarkeit des Vergaberechts EuGH C-701/15, NZBau 2017, 616 (Malpensa); zu den hierbei maßgeblichen Grundsätzen vgl. BVerwG NVwZ 2013, 507 m. Anm. *Giesberts/Kleve; Boldt* VergabeR 2015, 758; *Kämper/Brüggemann/Bothe* NZBau 2017, 9.

[44] Einen Gesamtüberblick über diese und weitere Beispiele auf dem Stand des Jahres 2010 gibt *Wollenschläger,* Verteilungsverfahren, S. 272 ff.

von Dienstleistungen „von allgemeinem wirtschaftlichem Interesse", wo eine von vier Voraussetzungen zur Annahme der Nicht-Erfüllung des Beihilfetatbestands nach Art. 107 Abs. 1 AEUV in der Durchführung eines „offenen, transparenten und diskriminierungsfreien Ausschreibungsverfahrens" besteht. Ein vergleichbares Vorgehen besteht im Falle der Veräußerung von Grundstücken oder Unternehmensanteilen nach den Grundsätzen der früheren sog. Grundstücksmitteilung der EU-Kommission (näher zu beidem → § 22 Rn. 4 f.) und bei der Übertragung der sog. Grundzuständigkeit des Messstellenbetriebs in intelligenten Energienetzen.[45] Hier ist mithin das Vergaberecht als Vorfrage in anderen Rechtsgebieten relevant (vgl. bereits III 1).

28 **c) Als dogmatischer Orientierungsrahmen.** In den vergangenen Jahren sind im Schrifttum mehrere Versuche zur typologischen Erfassung und vergleichenden Entfaltung des Rechtsrahmens für diese und andere Verteilungssituationen unternommen worden.[46] Dabei ist es eine Frage der Perspektive, ob man sich dieser Thematik primär unter dem Aspekt der „Verteilung"[47] nähert, oder ob eher der Umstand hervorgehoben wird, dass sich für die verteilende Stelle (den jeweiligen staatlichen oder kommunalen Träger) hiermit ein großes Potenzial zur Gestaltung der nach „Ausschreibung" entstehenden Situation verbindet. Am treffendsten dürfte es sein, die Thematik unter den Begriff „Verteilungssituationen" zu erörtern, aber mit einzubeziehen, dass der Staat hiermit zugleich ein Steuerungsinstrument in den Händen hält, dass neben die herkömmlichen Instrumente der staatlichen Eingriffe einerseits und der staatlichen Leistungsgewährung andererseits tritt. Diese Perspektive ermöglicht überdies Anschluss an die institutionenökonomische Sichtweise des sog. principal-agent-Modells (mit der staatlichen Ausschreibungsverwaltung als „principal" und den sich um die von ihm verteilten Güter und Dienstleistungen bemühenden Bietern als „agents")[48]. Jedenfalls ist es denkbar, dass sich in der Zukunft gleichsam als Klammer für die verschiedenen fachverwaltungsrechtlichen Materien, in denen es um die Vergabe von Aufträgen und Konzessionen, Grundstücken und Vermögensanteilen, Nutzungsrechten öffentlicher Einrichtungen etc. geht, ein **Allgemeiner Teil** eines „Verteilungsverwaltungsrechts" entwickelt[49].

29 Ein aktuelles Beispiel zur Nutzung des Vergaberechts als Baukasten für den Gesetzgeber bzw. bei der Rechtsanwendung in Verteilungssituationen außerhalb des Vergaberechts bildet der Rechtsrahmen für die finanzielle Förderung der Erzeugung erneuerbarer Energien. Während früher den EEG-Anlagenbetreibern (beispielsweise den Windparkbetreibern) feste Vergütungssätze gezahlt wurden, wird seit 2017 die Förderhöhe für Strom im Wege einer durch die Bundesnetzagentur (der Regulierungsbehörde) durchgeführten Ausschreibung ermittelt (vgl. §§ 28 ff. EuWG)[50]. Gleichsam als Pilotprojekt fungierte zuvor ein entsprechendes Verfahren im

---

[45] Dazu *Wagner/Brockhoff* RdE 2016, 54; *Schröder* NZBau 2017, 532.

[46] Genannt sei die Arbeit des *Verf.* DVBl. 2003, 949, sodann *Kupfer*, Die Verteilung knapper Ressourcen im Wirtschaftsverwaltungsrecht, 2005, *Röhl* in: Hoffmann-Riem/Schmidt-Aßmann/Voßkuhle, Grundlagen des Verwaltungsrechts II, 2. Aufl. 2012, § 30 Rn. 10 ff., und *Wollenschläger*, Verteilungsverfahren, 2010.

[47] Wie es insbesondere *Wollenschläger* und *Röhl*, jeweils a.a.O., tun. Vgl. ferner *Wolswinkel* PPLRev. 2015, 137.

[48] Vgl. hier nur *Richter/Furubotn*, Neue Institutionenökonomik, 4. Aufl. 2010, 173 ff.

[49] Vgl. zu dieser Einschätzung *Burgi* in: Hoffmann-Riem/Schmidt Aßmann/Voßkuhle, Grundlagen des Verwaltungsrechts I, 2. Aufl. 2012, § 18 Rn. 114; *Wollenschläger*, Vergabeverteilungsverfahren, 19 f.

[50] Vgl. dazu *Frenz* RdE 2016, 433; *Salje* RdE 2017, 437; *Bahmer/Loers* GewArch 2017, 406; analysierend *Knauff* NVwZ 2017, 1591. Ein weiteres Beispiel bildet § 23 Verpackungsgesetz betreffend die Vorgabe von sog. Sammelleistungen (restentleerte Verpackungen).

Hinblick auf die finanzielle Förderung von sog. Freiflächenanlagen bei der Photovoltaik.[51] Hier gibt es in terminologischer wie sachlicher Hinsicht verschiedene Ähnlichkeiten mit dem Vergaberecht.

V. Potenzielle Zwecke der staatlichen Beschaffungs- und Verteilungstätigkeit

Wie bereits festgestellt (→ Rn. 24), handelt es sich bei der Vergabe von Aufträgen bzw. Konzessionen um Entscheidungen von zugleich beschaffendem und verteilendem Charakter. Schon daraus ergibt sich, dass die Zweckeorientierung des Vergabewesens nicht „eindimensional" sein kann, sondern dass stets mehrere Zwecke verfolgt werden bzw. infrage kommen. Die nachfolgend skizzierten Zwecke liegen staatlichen Entscheidungen bei der Vergabe von Aufträgen und Konzessionen in den verschiedensten Vergaberechtssystemen **weltweit** zugrunde; welche von Ihnen vorrangig zu verfolgen sind bzw. welche nur unter bestimmten Voraussetzungen verfolgt werden dürfen, hängt von dem jeweils geltenden Rechtsrahmen ab. In → § 6 Rn. 12 f. wird der diesbezügliche Rechtsrahmen des GWB-Vergaberechts beschrieben, der sich gerade im Hinblick auf die Zwecke vom Rechtsrahmen für die Auftragsvergabe unterhalb der Schwellenwerte (im Haushaltsvergaberecht) unterscheidet (→ dazu § 25 Rn. 7).

Im Einzelnen kommen die folgenden Zwecke in Betracht:

– Basiszweck jeglicher Beschaffungstätigkeit ist die Ermöglichung der **Erfüllung von Verwaltungsaufgaben.** Die Vergabe von Aufträgen findet nur statt, wenn die Auftraggeber zur Erfüllung ihrer Verwaltungsaufgaben etwas benötigen, über das sie nicht schon selber verfügen. Der staatliche Einkauf dient entweder einer bestimmten einzelnen Verwaltungsaufgabe (z. B. bei der Beschaffung eines Betreiberunternehmens für die der Kommune obliegende Hausmüllentsorgung) oder er dient mehreren, sich vielfach erst im Laufe der Zeit ergebenden Verwaltungsaufgaben, etwa bei der Beschaffung von Liefergegenständen wie Büro-PCs oder beim Bau des Rathauses, in dem dann über Jahrzehnte die verschiedensten Verwaltungsaufgaben erfüllt werden. Hinter der Entscheidung für die Vergabe eines öffentlichen Auftrages steckt mithin stets der Wunsch bzw. die Notwendigkeit einer erfolgreichen und rechtmäßigen Erfüllung einer Verwaltungsaufgabe und sodann der Entschluss, sich zur Erfüllung dieser Verwaltungsaufgabe Dritter als Leistungserbringer bedienen zu wollen. Dieser Basiszweck wird trefflich mit der Formulierung „best value for public money" (synonym: „for taxpayers money") zum Ausdruck gebracht.[52]

– Da die Beschaffung von Waren oder Leistungen auf dem Markt zwecks Erfüllung von Verwaltungsaufgaben stets etwas kostet, ist der Zweck der Schonung des jeweiligen öffentlichen Haushalts ein weiterer klassischer Zweck des Vergabewesens:

---

[51] Auf der Grundlage der seit 2015 in Kraft befindlichen Verordnung zur Einführung von Ausschreibungen der finanziellen Förderung von Photovoltaik-Freiflächenanlagen vom 28.1.2015 (BGBl. 2015 I S. 108); vgl. hierzu *Kohls/Wustlich* NVwZ 2015, 313; *Huerkamp* EnWZ 2015, 195. Aus vergaberechtlicher Perspektive: *Haak* NZBau 2015, 64.

[52] Der im amerikanischen Vergaberecht als Rechtsprinzip verankert ist; vgl. nur *Burgi/Gölnitz* DÖV 2009, 829.

Wenn schon keine Eigenerbringung möglich ist, dann sollen möglichst wenig Haushaltsmittel eingesetzt werden **(fiskalischer Zweck).** Hierzu sind sämtliche öffentliche Stellen in Deutschland allein schon durch den im jeweiligen Haushaltsrecht verankerten Grundsatz der Wirtschaftlichkeit und Sparsamkeit (vgl. z.B. § 7 Abs. 1 BHO) verpflichtet, welcher wiederum die verfassungsrechtliche Vorgabe des Art. 114 Abs. 2 Satz 1 GG konkretisiert.[53]

– Einen weiteren, an das Verteilungselement anknüpfenden Zweck bildet die **Gewährleistung wettbewerblicher Verhältnisse.** Hier geht es um Gleichbehandlung, Diskriminierungsfreiheit, Transparenz und Verteilungsgerechtigkeit; dabei hat die Herstellung von Wettbewerb einerseits eine subjektive Komponente (Verbesserung der Chancen der an der Erteilung von Aufträgen interessierten Bieter) und andererseits eine objektive, institutionelle Komponente. Diese Komponente besteht in mikroökonomischer Hinsicht darin, dass der Staat durch Ausschreibungen günstigere Preise erzielen (und damit wirtschaftlicher handeln) kann als durch direkte Leistungsbeziehungen. Aus makroökonomischer Sicht geht es um Marktöffnung und Marktzugang in Anbetracht der bestehenden Gefahr, dass der Staat bei der Auftragsvergabe geneigt wäre, eher aus politischen als aus ökonomischen Erwägungen heraus zu entscheiden (→ vgl. dazu bereits § 1 Rn. 2).[54] Je nach zugrunde liegender ordnungspolitischer Sichtweise steht dahinter die Hoffnung, dass ein Mehr an Wettbewerb bessere Verteilungsergebnisse erzeugen wird, vielleicht aber auch die unter dem Schlagwort „more economic approach" diskutierte neuere Vorstellung einer Steigerung der Verbraucherwohlfahrt und anderer öffentlicher Interessen vermittels der Schaffung von Wettbewerb.[55]

– Sodann bietet die Vergabe eines öffentlichen Auftrags gleichsam die **Gelegenheit** weitere öffentliche Interessen jenseits der Erfüllung der unmittelbar betroffenen Verwaltungsaufgaben zu verfolgen. Solche Interessen können wirtschaftspolitischer Natur sein (Mittelstands- oder Konjunkturförderung), vor allem aber geht es hier um die in den vergangenen Jahren in den Vordergrund gerückte „strategische" Nutzung der Auftragsvergabe für die Verfolgung ökologischer und sozialer Zwecke (Beispiel: Verpflichtung der Auftragnehmer zur Zahlung von Tariflöhnen jenseits des allgemeinen Mindestlohns).

Vertiefungsliteratur:

Wallerath, Öffentliche Bedarfsdeckung und Verfassungsrecht, 1988; *Bungenberg,* Vergaberecht im Wettbewerb der Systeme, 2007; *Burgi,* Die Zukunft des Vergaberechts, NZBau 2009, 609; *Wollenschläger,* Verteilungsverfahren, 2010, 197 ff.; *Frister,* Entrechtlichung und Vereinfachung des Vergaberechts, VergabeR 2011, 295; *Braun,* Ausschreibungen vor dem Verwaltungsgericht, in: FS Marx, 39; *Burgi,* Die erfolgreiche Aufgabenerfüllung als Basiszweck des GWB-Vergaberechts, in: FS Marx, 73; *Fuchs,* Öffentliche Vergabe, in: Kirchhof/Korte/Magen, Öffentliches Wettbewerbsrecht, 2014, § 15; *Dörr* in: Burgi/Dreher, GWB, Einleitung, Rn. 8 ff.

---

[53] Übergreifend zum Grundsatz der Wirtschaftlichkeit im Verwaltungsrecht vgl. *Burgi* in: Butzer u. a., Wirtschaftlichkeit durch Organisations- und Verfahrensrecht, 2004, 53 ff; näher → § 6 Rn. 22 f.

[54] Vgl. *Bungenberg,* Vergaberecht im Wettbewerb der Systeme, 134 ff.; *Dreher* in: Immenga/Mestmäcker, vor § 97 ff. GWB Rn. 2; *Fuchs* in: Kirchhof/Korte/Magen, Öffentliches Wettbewerbsrecht, § 15.

[55] Vgl. hierzu *Möschel* JZ 2009, 1040; *Thomas* JZ 2011, 485.

§ 3. Normenbestand und Systematik des EU-Rechts

Übersicht

Das EU-Vergaberecht besteht zum einen aus Regelwerken des sog. Sekundärrechts **1** (Verordnungen, Richtlinien etc.), und zum anderen lassen sich dem Primärrecht (konkret dem AEU-Vertrag; ex EG-Vertrag) verschiedene vergabebezogene Regelungsgehalte entnehmen. Im Mittelpunkt stehen in beiden Fällen die Mitgliedstaaten in ihrer Eigenschaft als Träger der Beschaffungsstellen, d. h. es geht um den **mitgliedstaatlichen Einkauf,** nicht um die Beschaffungstätigkeit der EU selbst (→ § 5 Rn. 5 f.). Ob die Mitgliedstaaten selbst bzw. von ihnen getragene öffentliche Unternehmen auch als Bieter (etwa in anderen Mitgliedstaaten) auftreten können, betrifft demgegenüber ebenso einen Sonderfall wie die etwaige Einbeziehung von Auftragsvergaben durch privatwirtschaftliche Unternehmen (den sog. Sektorenauftraggebern; → § 23).

I. Bedeutung und Verhältnis zum nationalen Recht

1. Motor der Vergaberechtsentwicklung

2   Das Europarecht bildet im Vergabewesen nicht „nur" einen Rahmen, der bei der Schaffung und Anwendung des nationalen Rechts Beachtung finden muss. Vielmehr fungiert es seit Ende der 1980er Jahre als Motor der Vergaberechtsentwicklung. Dem Vergabe-Europarecht liegt mithin ein **programmatischer Ansatz** zugrunde, dem mitgliedstaatliche Reformpolitik und wissenschaftliche Systembildung Rechnung tragen müssen, ohne dass freilich Grund zur Resignation bestünde.

3   Das europäische Vergaberecht ist ein wichtiger Bestandteil der europäischen Binnenmarktpolitik. Anknüpfend an Art. 3 Abs. 2 EUV (ex: Art. 3 Abs. 1 lit. c) EGV) umfasst die Tätigkeit der Gemeinschaft u. a. „einen **Binnenmarkt**", der durch die Beseitigung der Hindernisse für den freien Waren-, Personen-, Dienstleistungs- und Kapitalverkehr zwischen den Mitgliedstaaten gekennzeichnet ist. Beruhend auf eindeutigen Zahlen über die Öffnung der Märkte in Europa und unter Zusammenfassung zahlreicher Teilstudien ist mit dem sog. Cecchini-Bericht im Jahre 1988 der eigentliche Startschuss für das politische Projekt der Schaffung eines europäischen Binnenmarktes gefallen.[1] Dies zielte auf die weitestgehende Beseitigung von Diskriminierungen nach Staatszugehörigkeit bzw. Herkunft von Wirtschaftsteilnehmern, auf die ordnungspolitisch einem System „unverfälschten Wettbewerbs" (vgl. Art. 3 Abs. 1 lit. g) EGV) zugeschriebenen positiven Effekte, und konkret im Hinblick auf das Beschaffungswesen auf die Senkung der Beschaffungskosten zugunsten der Mitgliedstaaten.[2] Das Vergaberecht spielt innerhalb des Binnenmarktprojekts aus zwei Gründen eine Schlüsselrolle. Erstens, weil hier in gesteigertem Maße die Gefahr der Bevorzugung eigener Unternehmen (Protektionismus i.w.S.) besteht und zweitens, weil der öffentliche Beschaffungsmarkt eine besondere Sichtbarkeit besitzt und sich daher gleichsam als Demonstrationsobjekt für eine Politik des Abbaus von Barrieren für den grenzüberschreitenden Wirtschaftsverkehr eignet (Beispiel: Die Beschaffung von Polizeifahrzeugen für ein ganzes Bundesland ist regelmäßig von einer Diskussion über die Berücksichtigung heimischer Automobilunternehmen begleitet). Hinzu kommt, dass die Mitgliedstaaten gerade bei der Beschaffung innovativer Produkte, etwa im Hochtechnologiebereich, als Träger von Forschungs- und medizinischen Einrichtungen als Auftraggeber agieren.

4   Die Protektionismusgefahr ist auf dem Beschaffungsmarkt deswegen erhöht, weil die staatlichen Auftraggeber regelmäßig keinem Wettbewerbsdruck ausgesetzt sind, so dass sie geneigt sein könnten, Kostenüberlegungen in den Hintergrund zu rücken. Im Vordergrund steht für sie (legitimerweise) die Verwirklichung öffentlicher Interessen, die vielfach außerhalb des eigentlichen Auftrags gesehen werden: Erhaltung von Arbeitsplätzen in der Region, Fortsetzung der Zusammenarbeit mit bewährten Bietern, soziale bzw. ökologische Aspekte (sog. Verfolgung vergabefremder Zwecke; → § 7).[3]

---

[1] Kommentiert und näher gewürdigt bei *Ehlermann* CMLRev. 24 (1987), 361; *Müller-Graff* EuR 1989, 107.
[2] So erhoffte sich die EG-Kommission von ihrem zuletzt verabschiedeten Legislativpaket im Vergaberecht (→ Rn. 38 ff.) Einsparungen für die Steuerzahler in Europa in Höhe von bis zu 50 Milliarden Euro (Mitteilung der Kommission vom 11. 4. 2002 (KOM 2002) 171 endg., 12).
[3] Ausführlich *Arrowsmith*, Procurement, Ziffer 3.2 ff.

Vor diesem Hintergrund sind die zuletzt veröffentlichten Zahlen, wonach die durch- 5
schnittliche Quote von direkten grenzüberschreitenden Auftragsvergaben lediglich
3% des Gesamtvolumens aller Auftragsvergaben betrifft,[4] eher ernüchternd. In ihnen
schlägt sich m. E. in gewisser Hinsicht eine Überschätzung der Wechselbereitschaft
von Unternehmen in ausländische Märkte und eine Unterschätzung sprachlicher
oder auch kultureller Hindernisse (seitens der EU) nieder. Trotzdem ist der Gesamt-
eindruck positiv,[5] weil die europäisch veranlasste Regulierung der Beschaffungsmärkte durchgehend für mehr Transparenz und für mehr Chancengleichheit zugunsten
aller Unternehmen und zu **mehr Rationalität** in der Beschaffungspolitik der Mitgliedstaaten geführt hat, ganz abgesehen davon, dass gerechterweise auch die Auftragsvergaben an Tochtergesellschaften ausländischer Unternehmen mit hinzugerech-
net werden müssten.[6] Man kann mithin sagen, dass das europäische Vergaberecht
unverändert und zu Recht den Motor der Vergaberechtsentwicklung bildet und
nicht etwa „stottert". Die teilweise bestehende Euphorie der Anfangsjahre weicht
aber zunehmend einer nüchternen Betrachtungsweise, die sich sowohl im Umgang
mit dem Anwendungsbereich als auch mit einzelnen Bestandteilen des Vergaberegimes auswirkt.

2. Primärrecht und Sekundärrecht

Das **Primärrecht** der Europäischen Union (EU) besteht aus völkerrechtlichen Ver- 6
trägen zwischen den Mitgliedstaaten. Während der Vertrag über die Europäische
Union (EUV) nach der Änderung durch den Vertrag von Lissabon vom 13. 12. 2007[7]
für das Vergaberecht lediglich in kompetenzieller Hinsicht von Bedeutung ist
(→ Rn. 19 f.), enthält der Vertrag über die Arbeitsweise der Europäischen Union
(AEUV)[8] die relevanten materiellen und prozessualen Regelungen. Diese Regelungen sind zum größten Teil hervorgegangen aus dem jahrzehntelang das Vergaberecht
bestimmenden EG-Vertrag, auf dessen Normen sich daher die wichtigsten EuGH-
Entscheidungen und literarischen Stellungnahmen bis heute beziehen. In der nachfolgenden Darstellung werden daher in Klammern jeweils die vormaligen Artikel
mitzitiert.

Unter **„Sekundärrecht"** versteht man demgegenüber die von den zuständigen 7
Gemeinschaftsorganen auf der Grundlage dieser Verträge erlassenen Rechtsakte. Die
wichtigsten sind in Art. 288 AEUV (ex: Art. 294 EGV) genannt: Verordnungen,
Richtlinien, Beschlüsse, Empfehlungen und Stellungnahmen. Dort, wo es einschlägige Regelungen des Sekundärrechts gibt, gehen diese nach der lex specialis-Regel
vor; ihre Auslegung hat im Lichte des Primärrechts zu erfolgen (sog. Pflicht zur ge-
meinschafts- bzw., nunmehr, unionskonformen Auslegung; → vgl. noch Rn. 11 f.).[9]

---

[4] Vgl. *EU-Kommission – GD Binnenmarkt und Dienstleistungen,* Wirkung und Wirksamkeit des EU-Rechts für
das öffentliche Auftragswesen: Zeit für Ergebnisse 2011, S. 15 ff. Weitere Zahlen enthält der „Länderbe-
richt Deutschland" der Kommission v. 26. 2. 2016.
[5] Ähnlich *Egger,* Europäisches Vergaberecht, Rn. 26 ff.
[6] Nach der soeben erwähnten Studie liegt der Anteil am Volumen dann schon bei 13,4%.
[7] ABl. 2007 C 306 S. 1.
[8] Nach der Änderung durch den Vertrag von Lissabon vom 13. 12. 2007 (ABl. 2007 C 306 S. 1).
[9] Gerade im Vergaberecht ist die Pflicht zur primärrechtskonformen Auslegung von Richtlinienbestimmungen vom EuGH immer wieder betont worden (so etwa hinsichtlich der Verwendung von Umweltschutz-

Des Weiteren erschöpfen die Sekundärrechtsakte der EU den Anwendungsbereich der staatlichen Beschaffungstätigkeit nicht vollständig (insbesondere gelten sie nur oberhalb der sog. Schwellenwerte bzw. sehen sie Ausnahmetatbestände vor (→ als aktuelles Beispiel: Rettungsdienstwesen; → §15 Rn. 11 f.)) bzw. trotz ihrer Anwendbarkeit lassen sie bestimmte Fragen des Vergaberegimes offen. In solchen Situationen ist dann auf die primärrechtlichen Grundsätze zurückzugreifen.

3. Verpflichtungen der mitgliedstaatlichen Gesetzgeber

8   Die Mitgliedstaaten als „Herren der Verträge" der EU[10] sind in ihrer Eigenschaft als Träger der nationalen Gesetzgebung selbstverständlich dazu verpflichtet, die primär- und die sekundärrechtlichen Vorgaben zu beachten. Das Recht der EU bildet angesichts eines von Freiwilligkeit und gemeinsamer Überzeugung geprägten politischen Hintergrundes unverändert das wichtigste Instrument der europäischen Integration. Dabei hat sich eine autonome Rechtsordnung herausgebildet, die wiederum auf vielfältigste Weise mit dem Recht der Mitgliedstaaten verzahnt ist. Die EU wird insoweit zutreffend beschrieben als **„supranationale Gemeinschaft"**, d.h. sie steht zwischen dem Nationalstaat und den internationalen Organisationen und bildet die am weitesten entwickelte Form der politischen Idee eines gemeinsamen Europas. Dies zeigt sich an der Reichweite der EU-Kompetenzen, an ihrer institutionellen und finanziellen Ausstattung und an der Existenz eines ausgebauten Rechtsschutzsystems. Noch bedeutsamer als diese Elemente ist die innerstaatliche Beachtlichkeit weiter Teile des EU-Rechts (→ vgl. sogleich Rn. 10 f.).[11] Durch den Vertrag von Lissabon, der infolge des UmsetzungsG vom 8.10.2008 (BGBl. 2008 II S. 1038) und nach der grundlegenden Entscheidung des BVerfG vom 30.6.2009[12] Anfang 2009 endgültig in Kraft getreten ist, ist die Bedeutung des Unionsrechts für die Rechtsräume in den Mitgliedstaaten noch verstärkt worden.[13]

9   Die Richtlinien der EU verlangen gemäß Art. 288 AEUV (ex: Art. 294 EGV) über die „normale" Pflicht zur Beachtung hinaus ein spezielles Umsetzungsgesetz, durch das die „Form" und die „Mittel" zur Erreichung des Richtlinien-Ziels festgelegt werden. So schließt sich an jede Änderung der Vergaberichtlinien auf nationaler Ebene ein Umsetzungsprozess an, vielfach begleitet von darüber hinausgehenden, d.h. nicht unmittelbar durch die Richtlinie veranlassten Reformdiskussionen.

4. Innerstaatliche Beachtlichkeit durch unionsrechtskonforme Auslegung und durch unmittelbare Wirkung

10 Auf zwei Pfaden erlangt das Unionsrecht innerstaatliche Bedeutung, d.h. es ist dann unmittelbar an die Unionsbürger und/oder an sämtliche staatliche Stellen (Behörden, Gerichte etc.) **in** den Mitgliedstaaten adressiert, indem diesen Rechte gewährt bzw.

---

kriterien als Zuschlagskriterien (EuGH C-513/99, Slg. 2002, I_7213, Rn. 57; Concordia Bus Finnland). Allgemein zu diesem Erfordernis vgl. *Streinz,* Europarecht, 10. Aufl. 2016, Rn. 615).
[10] BVerfGE 75, 223 (242).
[11] Vgl. statt vieler *Streinz* in: Streinz, EUV/AEUV, 2. Aufl. 2012, Art. 4 EUV Rn. 25 ff., mit zahlreichen Nachweisen aus Literatur und Rechtsprechung.
[12] BVerfG NJW 2009, 2267.
[13] Vgl. hierzu *Hatje/Kindt* NJW 2008, 1761; *Pache/Rösch* NVwZ 2008, 473; *Mayer* JuS 2010, 189.

Pflichten auferlegt werden, ohne dass es einer näheren Umsetzung durch den jeweiligen Mitgliedstaat bedarf:

a) Unionsrechtskonforme Auslegung. Nach gefestigter Rechtsprechung des 11 EuGH sind die Behörden und Gerichte *in* den Mitgliedstaaten zur unionsrechtskonformen Auslegung des nationalen Rechts verpflichtet. Dies dient der bestmöglichen Erreichung der jeweiligen Normziele und soll die Behörden und Gerichte zu einer aktiven Beteiligung bei der Verwirklichung des Unionsrechts auffordern. Mittels der unionsrechtskonformen Auslegung sind Widersprüche zu Geboten und Verboten des Unionsrechts zu vermeiden. Ihr wichtigster Unterfall ist die **Pflicht zur richtlinienkonformen Interpretation** des nationalen Rechts. Eine unionsrechtskonforme Auslegung ist nur möglich, wenn die unionsrechtskonform auszulegende Norm des nationalen Rechts Auslegungsspielräume eröffnet. Dies ist konkret im Vergaberecht im Hinblick auf die zahlreichen unbestimmten Rechtsbegriffe (vgl. z.B. § 122 GWB: „Leistungsfähigkeit" oder § 127 Abs. 1 GWB: „Wirtschaftlichkeit") ebenso möglich wie bei den Ermessensnormen auf der Rechtsfolgenseite (→ § 18 Rn. 14). Die Pflicht zur unionsrechtskonformen Auslegung des nationalen Rechts wird durch alle unionsrechtlichen Normen ausgelöst, unabhängig davon, ob diese unmittelbare Wirkung entfalten (vgl. sogleich bb). Im Vergaberecht beruht die Intensität des Europäisierungsschubes zum weitaus überwiegenden Teil nicht auf etwaigen Vorrangregeln, sondern auf eben dieser Pflicht zur unionsrechtskonformen Auslegung.

Vor Ablauf der jeweiligen Umsetzungsfrist (z.B. 18. April 2016 für die reformierte Richtlinie 12 2014/24 betreffend das Vergaberecht (→ Rn. 48)) besteht keine Pflicht zur richtlinienkonformen Auslegung des nationalen Rechts. Nach allgemeinen europarechtlichen Grundsätzen ist es den nationalen Gerichten aber verwehrt, das nationale Recht „in einer Weise auszulegen, die die Erreichung des mit der Richtlinie verfolgten Ziels nach Ablauf der Umsetzungsfrist ernsthaft gefährden würde"[14] (sog. Frustrationsverbot)[15]. Unter bestimmten Voraussetzungen sind die Gerichte befugt, eine Richtlinie bei der Auslegung des nationalen Rechts bereits zu berücksichtigen.[16]

b) Unmittelbare Wirkung. Nach der Rechtsprechung des EuGH kommt einem 13 erheblichen Teil der Normen des Unionsrechts unabhängig hiervon eine unmittelbare Wirkung zu, und zwar dann, wenn sie unbedingt formuliert, in sich vollständig und rechtlich vollkommen sind, d.h. keiner weiteren Handlungen der Unionsorgane und der Mitgliedstaaten bedürfen. Auf Normen dieser Art können sich die Unionsbürger unmittelbar gegenüber allen mitgliedstaatlichen[17] Stellen berufen. Eine der Entscheidungen, in denen dieses Rechtsinstitut durch den EuGH begründet worden ist, entstammt sogar dem Vergaberecht (die Rechtssache „Fratelli Costanzo").[18] **Richtlinien** entfalten nur **ausnahmsweise** unmittelbare Wirkung, weil sie bestim-

---

[14] EuGH C-212/04, Slg. 2006, I_6057, Rn. 122f. (Adeneler u.a.).

[15] Vgl. *Weiß* DVBl. 1998, 568 (573).

[16] Und zwar dann, wenn die nationale Norm Auslegungsspielräume eröffnet und durch die Auslegung im Vorgriff Rechte einzelner nicht beeinträchtigt werden (näher *Müller/Klostermann* ZfBR 2014, 347 (352ff.)).

[17] Und auch gegenüber öffentlichen Unternehmen, und unter bestimmten Voraussetzungen sogar gegenüber Sektorenauftraggebern (dazu EuGH C-425/12, NZBau 2014, 182 (Portgás) m. Anm. *Röbke*, NZBau 2014, 609).

[18] EuGH C-103/88, Slg. 1990, I_1839.

mungsgemäß auf eine mitgliedstaatliche Umsetzungsgesetzgebung angelegt sind. Wenn allerdings die Frist zur Umsetzung abgelaufen ist (1), dennoch die Umsetzung ausgeblieben ist oder mangelhaft war (2), die entsprechende Richtlinienbestimmung inhaltlich unbedingt und hinreichend genau ist (3) und schließlich keine rechtliche Belastung anderer Unionsbürger durch das Richtlinienrecht entsteht (4), kann auch ihnen unmittelbare Wirkung zukommen.[19] Das Bestehen einer unmittelbaren Wirkung stärkt die Durchsetzungsfähigkeit des Unionsrechts und es mobilisiert gleichsam die einzelnen Unionsbürger für die Sache der europäischen Integration.[20]

14 Im Hinblick auf die **Vergaberichtlinien** spielt die unmittelbare Wirkung dann eine Rolle, wenn es nach Ablauf der Frist für die Umsetzung einer Änderungsrichtlinie nicht gelungen ist, rechtzeitig ein Umsetzungsgesetz zu erlassen. Dies war in Deutschland zuletzt im Jahre 2006 nach Ablauf der Umsetzungsfristen für die Richtlinien 2004/17/EG (Vergabekoordinierungsrichtlinie; → Rn. 39) und 2004/17/EG (Sektorenkoordinierungsrichtlinie; → Rn. 41) der Fall. Dies betraf inhaltlich u. a. die Festlegung und Bekanntmachung der konkreten Gewichtung der Zuschlagskriterien sowie die Pflicht, Unternehmen zwingend vom Vergabeverfahren auszuschließen, die wegen Beteiligung an Subventionsbetrug oder Geldwäsche rechtskräftig verurteilt worden waren. In dieser Situation hatte das zuständige Bundeswirtschaftsministerium in zwei Rundschreiben (veröffentlicht im Internet und in Fachzeitschriften) explizit mitgeteilt, welche der Richtlinienbestimmungen nun bis zum Erlass des Umsetzungsgesetzes als unmittelbar wirksam anzusehen seien.[21] Mit dem Inkrafttreten von GWB, VgV und VOV/A-EU zum 18. 4. 2016 konnte eine solche Situation im Hinblick auf das Richtlinienpaket aus 2014 erfreulicherweise vermieden werden; anders übrigens in einer ganzen Reihe von Mitgliedstaaten, u. a. in Spanien und Österreich, wo der Umsetzungsprozess bis Ende 2017 noch nicht abgeschlossen war.

15 Von dem Fall, in dem ein nationales Umsetzungsgesetz fehlt, ist die Situation zu unterscheiden, dass nationale Gesetze explizit eine andere Rechtsfolge vorsehen als dies eine tatbestandlich ebenfalls einschlägige Norm des Unionsrechts (im Primär- oder Sekundärrecht) tut. In einem solchen Fall greift die Regel vom **Anwendungsvorrang** des Unionsrechts.[22] Dies bedeutet, dass alle staatlichen Instanzen (Behörden und Gerichte) dazu verpflichtet sind, die betroffene Norm des nationalen Rechts solange nicht anzuwenden, wie deren Kollision mit der vorherigen Norm des Unionsrechts fortbesteht.[23] Im Hinblick auf das deutsche Vergaberecht ist es zu einer solchen Situation erfreulicherweise bislang noch nicht gekommen.

5. Vertragsverletzungs- und Vorabentscheidungsverfahren

16 a) **Vertragsverletzungsverfahren.** Die zahlreichen Entscheidungen des EuGH in Vergaberechtssachen sind zum großen Teil entweder im Anschluss an ein Vertragsverletzungsverfahren oder im Anschluss an ein Vorabentscheidungsersuchen eines na-

---

[19] Vgl. mit zahlreichen Nachweisen aus der EuGH-Rechtsprechung *Streinz,* Europarecht, 10. Aufl. 2016, Rn. 448 ff.; *Ruffert* in: Hoffmann-Riem/Schmidt-Aßmann/Voßkuhle, Grundlagen des Verwaltungsrechts, 2. Aufl. 2012, § 17 Rn. 135 ff.

[20] Näher *Masing,* in: Grundlagen, § 7 Rn. 91 ff.; vgl. auch schon *Burgi,* Verwaltungsprozeß und Europarecht, 1996, 18 ff.

[21] Vgl. *Steinberg* NZBau 2007, 150 (154); zu früheren Situationen vgl. *Dreher* in: Dreher/Stockmann, vor § 97 ff., Rn. 20 ff.

[22] EuGH C-224/97, Slg. 1999, I_2517, Rn. 30 (Ciola).

[23] Näher hierzu *Burgi,* Verwaltungsprozeß und Europarecht, 1996, 21 f.; *Ruffert* in: Grundlagen a.a.O., § 17 Rn. 121 ff.

tionalen Gerichts ergangen. Das Vertragsverletzungsverfahren kann entweder nach Art. 258 AEUV auf Antrag der Kommission oder nach Art. 259 AEUV auf Antrag eines Mitgliedstaats eingeleitet werden. In beiden Fällen erlässt die Kommission eine „mit Gründen versehene Stellungnahme" und erhält der Mitgliedstaat, gegen den sich die Vorwürfe richten, die Gelegenheit zur Stellungnahme. Die Bieter in einem Vergabeverfahren können kein Vertragsverletzungsverfahren einleiten. Es steht ihnen aber frei, sich bei der EU-Kommission über eine bestimmte Verfahrensgestaltung oder ein Verfahrensergebnis zu beschweren und die Einleitung eines Vertragsverletzungsverfahrens nach Art. 258 AEUV anzuregen. Die Kommission hat ein **Online-Beschwerdeformular** für Beschwerden dieser Art erstellt und verspricht im Rahmen ihrer Möglichkeiten vertrauliche Behandlung.[24] Insbesondere aus Anlass von Auftragsvergaben in Deutschland wird hiervon außerordentlich rege Gebrauch gemacht. Da EU-rechtlich die föderale bzw. kommunale Struktur der Bundesrepublik irrelevant ist, muss letzten Endes die Bundesrepublik für das Verhalten aller öffentlicher Auftraggeber (Bund, Länder, Kommunen, weitere Verwaltungseinheiten des öffentlichen oder privaten Rechts) einstehen.

Das Vertragsverletzungsverfahren schließt mit einem **Feststellungsurteil** (vgl. 17 Art. 260 AEUV). Trifft ein Mitgliedstaat die Maßnahmen, die sich aus diesem Urteil ergeben, weiterhin nicht, so kann nach erneuter Anrufung durch die Kommission der Gerichtshof gemäß Art. 260 AEUV die Zahlung eines Pauschalbetrags oder Zwangsgelds verhängen.[25] Dieses richtet sich in der Höhe nach den Umständen (Beispiel: Wegen Verstoßes gegen eine bestehende Ausschreibungspflicht für den Bereich der Abwassersammlung in Bockhorn und die Abfallbeseitigung in Braunschweig wurde die Zahlung eines Zwangsgelds in Tagessätzen zu 31.680,00 EUR (Bockhorn) bzw. 126.720,00 EUR (Braunschweig) beantragt).[26] Die Vertragsverletzungsklage vor dem EuGH vermag weder die Zuschlagserteilung in einem laufenden Vergabeverfahren zu hindern, noch wird sie durch eine solche erledigt. Das im Frühjahr 2016 in Kraft getretene neue GWB-Vergaberecht sieht in § 133 Abs. 1 Nr. 3 ein Kündigungsrecht für den Fall einer vom EuGH nach Vertragsverletzungsverfahren festgestellten Pflichtenverletzung vor (→ § 19 Rn. 5).

b) Vorabentscheidungsverfahren. Ausschließlich durch die mitgliedstaatlichen 18 Gerichte kann eine sog. Vorabentscheidung des EuGH gemäß Art. 267 AEUV erwirkt werden. Danach entscheidet der Gerichtshof bei Zweifeln über die „Auslegung der Verträge" sowie dann, wenn die Gültigkeit bzw. die Auslegung von Akten und Maßnahmen auf der Sekundärrechtsebene in Frage stehen. Letztinstanzliche Gerichte (im Vergaberechtsschutz oberhalb der Schwellenwerte in Deutschland die Oberlandesgerichte; → § 20 Rn. 9) sind bei Vorliegen der Voraussetzungen zur Vorlage an den EuGH verpflichtet (Art. 267 Abs. 3 AEUV); die in „erster Instanz"

---

[24] http://ec.europa.eu/atwork/applying-eu-law/complaint_form_de.htm.
[25] Zu den Einzelheiten vgl. die Kommentierungen zu den Art. 258, 259 AEUV, sowie *Egger,* Europäisches Vergaberecht, Rn. 1691 ff.; *Burgi* in: Rengeling/Middeke/Gellermann, Handbuch des Rechtsschutzes in der EU, 3. Aufl. 2014, § 6 Rn. 49 ff; *Gundel* BayVBl. 2017, 437, erörtert den etwaigen Regress des Bundes bei einem für das Fehlverhalten zuständigen Land (vgl. Art. 104a Abs. 6 GG) bzw. (bei entsprechender landesgesetzlicher Grundlage) Kommune.
[26] EuGH C-503/04, Slg. 2007, I_6153; *Heinemann* VerwArch 87 (2012), 87 (89 ff.).

(→ zu den Einzelheiten § 20 Rn. 9) zuständigen Vergabekammern sind vorlage*berech-tigt*, da sie als „Gerichte" im weiten, unionsrechtlichen Sinne von Art. 267 Abs. 2 AEUV anzusehen sind.[27] Das Vorabentscheidungsverfahren soll es dem EuGH er-möglichen, effektiv der Gefahr abweichender oder sich widersprechender Auslegun-gen des Unionsrechts durch die zahlreichen Gerichte der Mitgliedstaaten zu begeg-nen. Der EuGH entscheidet in diesem Verfahren lediglich über die ihm vorgelegte **Gültigkeits- bzw. Auslegungsfrage.** Die sodann nach Maßgabe des nationalen Rechts zu treffende Entscheidung im jeweiligen Ausgangsverfahren bleibt dem vorle-genden mitgliedstaatlichen Gericht vorbehalten. Obwohl die Entscheidung im Vor-abentscheidungsverfahren nur für die am Verfahren Beteiligten Bindungswirkung entfaltet, kommt ihm infolge der raschen Rezeption über die Fachdiskussionen in den Mitgliedstaaten eine das betroffene Rechtsthema de facto vielfach abschließende Funktion zu.[28]

II. Das Vergabeprimärrecht: EUV und AEUV

1. Grundlagen der EU-Kompetenz

19 Die lange Zeit wichtigste Sekundärrechtsnorm des europäischen Vergaberechts, die Vergabekoordinierungsrichtlinie (VKR; → dazu Rn. 39) und die aktuelle Richtlinie 2014/24 EU (→ Rn. 44), sind gestützt worden auf die Art. 47 Abs. 2 EGV (bzw. Art. 53 AEUV; Niederlassungsfreiheit), 55 EGV (bzw. Art. 62 AEUV; Dienstleis-tungsfreiheit) und 95 EGV (bzw. Art. 114 AEUV; Binnenmarkt). In den vorange-stellten Erwägungsgründen finden sich überdies Hinweise auf die Außenkompetenz der EU für die Handelspolitik (Ziffer 7), auf die sog. Querschnittsklausel für den Umweltschutz in Art. 6 EG (Art. 11 AEUV (in Ziffer 5)) und über die Notwendig-keit der Korruptionsbekämpfung (Ziffer 43). Nicht ausdrücklich erwähnt, aber infol-ge der mehrfachen Bezugnahme auf das Ziel der „Öffnung des öffentlichen Beschaf-fungswesens für den Wettbewerb (Ziffer 2)" fraglos als weitere Grundlagen des europäischen Vergaberechts anzusehen sind die Bestimmungen über die anderen **Grundfreiheiten** (betreffend den Waren- und den Kapitalverkehr in Art. 34 AEUV (Art. 28 EGV) bzw. Art. 63 AEUV (Art. 56 EGV)) sowie die Wettbewerbsvorschrif-ten der Art. 106 AEUV (Art. 86 EGV; öffentliche Unternehmen), Art. 107 AEUV (Art. 87 EGV; Beihilfen) sowie Art. 101 u. 102 AEUV (Art. 81 u. 82 EGV; Wettbe-werbsregeln i. e. S.)).[29] Die Reichweite der EU-Kompetenz für das Vergaberecht hängt inhaltlich im Wesentlichen von der Reichweite der Grundfreiheitsbestimmun-

---

[27] Da sie auf gesetzlicher Grundlage (§§ 155 ff. GWB) unabhängig (§ 157 Abs. 1 GWB) und bindend in einem justizähnlichen Verfahren entscheiden (vgl. zunächst betreffend die Vergabeüberwachungsausschüsse alten Rechts (→ § 20 Rn. 11) EuGH C-54/96, NJW 1997, 3365 (Dorsch Consult) sowie das österreichi-sche Bundesvergabeamt EuGH C-315/01, Slg. 2003, I_6351)), weswegen es gleichgültig ist, dass ihre Entscheidungen keine Urteile, sondern gemäß § 168 Abs. 3 Satz 1 GWB Verwaltungsakte sind (so aber VK Sachsen, 26. 8. 2008, 1/SVK/042-08, Rn. 114). Mittlerweile hat der EuGH C-549/13, NZBau 2014, 647 (Bundesdruckerei) die Vorlageberechtigung der Vergabekammern ausdrücklich festgestellt.
[28] Vgl. auch insoweit die Kommentierungen zu Art. 267 AEUV, sowie *Egger*, Europäisches Vergaberecht, Rn. 1670 ff.
[29] Vgl. *Arrowsmith*, Procurement, Ziffer 4.01. ff. In Anknüpfung an das eingangs verwendete Bild (→ Rn. 2 ff.) verfügt der „sekundärrechtliche Motor" der Vergaberechtsentwicklung somit über eine solide An-triebsgrundlage im Primärrecht; ähnlich *Marx* WiVerw 2007, 193 (200).

gen ab. Je breiter und tiefer deren Anwendungsbereich definiert wird (→ dazu sogleich Rn. 21 f.), desto stärker ist die kompetenzielle Absicherung etwaiger Weiterentwicklungen des europäischen Sekundärvergaberechts durch die europäischen Rechtsetzungs- oder die Rechtsprechungsorgane.

Funktionell betrachtet, geht es um die Außenperspektive zwischen den beschaf- 20 fenden Mitgliedstaaten und den an Aufträgen interessierten Unternehmen, hingegen nicht um die Binnenperspektive der sparsamen Verwendung von **Haushaltsmitteln der Mitgliedstaaten.** Dafür besitzt die EU grundsätzlich keine Kompetenz[30], ebenso wenig wie für die Grundstrukturen der nationalen Verwaltungsorganisation.[31] Das im nationalen Recht klassische vergaberechtliche Politikziel einer wirtschaftlichen Auftragsvergabe im Interesse des Staatshaushalts (→ § 6 Rn. 11) findet im EU-Primärrecht keine Grundlage, soweit es um die Auftragsvergabe durch die Mitgliedstaaten geht.[32]

2. Grundfreiheiten

Die Grundfreiheiten des AEUV (EGV) bilden die wichtigste primärrechtliche 21 Rechtsgrundlage des Vergaberechts. Im Anwendungsbereich der europäischen Vergaberichtlinien sind sie im Wege der unionskonformen Auslegung beachtlich. Dies wirkt sich v. a. beim Umgang mit ökologischen bzw. sozialen Interessen bei der Beschaffungstätigkeit (z. B. bei dem Verlangen einer sog. Tariftreueerklärung aus; → § 19 Rn. 15 f.). Außerhalb von deren Anwendungsbereich, d. h. insbesondere unterhalb der sog. Schwellenwerte (→ § 25) und lange Zeit bei der Vergabe von Dienstleistungskonzessionen (→ § 24), kommt ihnen unmittelbare Wirkung zu. Wie der EuGH seit der Rechtssache „Telaustria" wiederholt betont hat, bedeutet dies, dass die öffentlichen Auftraggeber auch in solchen Situationen bestimmte, unmittelbar aus den Grundfreiheiten abgeleitete primärrechtliche Vorgaben zu beachten haben.[33]

a) Schutzwirkungen. Von besonderer Bedeutung sind die Warenverkehrsfreiheit 22 (Art. 34 AEUV), die Dienstleistungsfreiheit (Art. 56 ff. AEUV) und die Niederlassungsfreiheit (Art. 49 ff. AEUV). Nach mittlerweile gefestigter Rechtsprechung bieten sie zunächst Schutz gegenüber mitgliedstaatlichen **Diskriminierungen,** d. h. gegenüber Maßnahmen, die unmittelbar an die Staatsangehörigkeit oder mittelbar an Umstände anknüpfen, die vorwiegend von Staatsangehörigen verwirklicht werden können. Des Weiteren verpflichten die Grundfreiheiten die Mitgliedstaaten dazu, auch nichtdiskriminierende Maßnahmen (bloße **Beschränkungen**) rechtfertigen zu müssen, wenn diese mittelbar oder potenziell freiheitsbeschränkende Wirkung haben

---

[30] Freilich ein Druckpotenzial mittelbar über die Verschuldungsgrenzen im Rahmen der Wirtschafts- und Währungsunion.

[31] Diff. *v. Danwitz,* Europäisches Verwaltungsrecht, 2008, 302 ff.

[32] Zur Bedeutung des Grundsatzes der „Wirtschaftlichkeit" für die Vergabe von Aufträgen durch EU-Organe vgl. *Bungenberg,* Vergaberecht, 2007, 141 f.

[33] EuGH C-324/98, Slg. 2000, I_10745 (10794), Rn. 62; vgl. ferner EuGH C-231/03, Slg. 2000, I_7287, Rn. 17 (Coname); EuGH C-507/03, Slg. 2007, I_9777, Rn. 26 (Kommission/Irland), sowie zuletzt EuGH C-376/08, Slg. 2009, I_12169, Rn. 22 ff. (Consorzio stabile).

können (nach der sog. Dassonville-Formel).[34] Eine Rechtfertigungsmöglichkeit ist zum einen eröffnet durch explizite Vorschriften (Art. 36 AEUV, Art. 51 AEUV und 52 AEUV). Wo diese nicht eingreifen, kommt eine Rechtfertigung aus „zwingenden Gründen des Allgemeininteresses" (etwa Umweltschutz oder Verbraucherschutz) in Betracht. Voraussetzung hierfür ist ferner, dass die jeweilige mitgliedstaatliche Maßnahme verhältnismäßig ist.

23   – Die Warenverkehrsfreiheit verbietet mengenmäßige Einfuhrbeschränkungen sowie „Maßnahmen gleicher Wirkung". Dies betrifft im Vergaberecht insbesondere Leistungsbeschreibungen, die auf Produkte ganz bestimmter, ortsansässiger Hersteller bezogen sind, anstatt den Zusatz „gleichwertige Art" zu verwenden,[35] ferner die Vorgabe, einen bestimmten Anteil des Materialeinkaufs von Unternehmen zu beziehen, die ihre Betriebsstätte in einer bestimmten Region des Auftraggeberstaats haben.[36]
   – Die Dienstleistungsfreiheit schützt das Recht zur vorübergehenden selbständigen Wirtschafts- tätigkeit ohne Niederlassung in einem anderen Mitgliedstaat und betrifft somit sowohl das grenzüberschreitende Anbieten von Dienstleistungen als auch das grenzüberschreitende Abrufen von Dienstleistungen. Ebenso wie die Niederlassungsfreiheit ist sie in besonderem Maße herausgefordert, wenn gar keine Informationen über die beabsichtigte Vergabe öffentlicher Aufträge gegeben werden (während ortsansässige Unternehmen vielfach auf informalem Wege Kenntnis erhalten haben); auch das Verlangen bestimmter Zuverlässigkeits- und Befähigungsnachweise (Beispiel: Diplom aus dem betreffenden Mitgliedstaat) kann mit einer dieser beiden personenbezogenen Grundfreiheitsbestimmungen in Konflikt geraten.

24   **b) Reichweite.** Bedeutet das Vorstehende nun, dass bei jeder einzelnen Auftragsvergabe in einem Mitgliedstaat die Grundfreiheiten zu beachten sind? Dies hängt angesichts der Weite der Anwendungsbereiche aller drei Grundfreiheitsbestimmungen davon ab, wie das jeweils zusätzlich, als gleichsam ungeschriebene Voraussetzung mitschwingende Merkmal der **„grenzüberschreitenden Wirkung"** zu interpretieren ist. Diesbezüglich ist der EuGH über viele Jahre hinweg nicht übermäßig streng gewesen, was dazu geführt hat, dass die Kommission teilweise auch bei Beschaffungsvorgängen in der Größenordnung von 100.000,00 EUR auf mitgliedstaatlicher Ebene den Vorwurf der Verletzung von Primärrecht erheben konnte, dies mit der Begründung, dass die inkriminierte Maßnahme eine zumindest „potenziell" handelsbeschränkende Wirkung entfalten könne.[37] Dieser Praxis hat der EuGH mit der Entscheidung vom 13.11.2007 betreffend die Irische Post (An Post) ein Ende bereitet.[38] Darin verlangt der EuGH, dass
   – an Aufträgen „doch ein eindeutiges grenzüberschreitendes Interesse" bestehen müsse;
   – und dass der Kommission der Nachweis darüber obliegt, dass der fragliche Auftrag für ein in einem anderen Mitgliedstaat niedergelassenen Unternehmen tatsächlich von eindeutigem Interesse ist und dieses nicht in der Lage war, sein Interesse an

---

[34] EuGH C-8/74, Slg. 1974, I_837; vgl. zum aktuellen Stand der grundfreiheitsrechtlichen Dogmatik *Ehlers* in: ders., Europäische Grundrechte und Grundfreiheiten, 4. Aufl. 2014, § 7; *Cremer* Jura 2015, 39.
[35] EuGH C-359/93, Slg. 1995, I_157 (Unix).
[36] EuGH C-21/88, Slg. 1990, I_889 (Mezzogiorno I).
[37] So z.B. EuGH C-321–324/94, Slg. 1997, I_2343, Rn. 45 (Pistre).
[38] EuGH C-507/03, Slg. 2007, I_9777, Rn. 32 ff. m. Anm. *Bitterich,* EuZW 2008, 14; *Hübner* VergabeR 2008, 58; konkretisierend EuGH C-226/09, Rn. 31 f. (Europäische Kommission/Irland).

dem Auftrag zu bekunden, weil es vor dessen Vergabe keinen Zugang zu angemessenen Informationen hatte. Der bloße Eingang einer Beschwerde bei der
Kommission reiche insoweit nicht (Rn. 32–34).

– Hinzuzuziehen sind objektive Kriterien wie ein gewisses Volumen in Verbindung
  mit dem Leistungsort. Bei einem Auftrag von „wirtschaftlich sehr geringer Bedeutung" kann das Bestehen eines Interesses ausgeschlossen werden.[39]
– Schließlich sei es Sache der mitgliedstaatlichen Vergabegerichte unter Berücksichtigung aller relevanten Umstände abschließend zu entscheiden, ob ein solches Interesse besteht.[40]

Mit anderen Worten: Während oberhalb der Schwellenwerte deren Überschreiten
ohne Weiteres das Vorliegen des grenzüberschreitenden Bezugs indiziert, muss bei
Auftragsvergaben unterhalb der Schwellenwerte sorgfältig auf das Vorliegen dieses
wiederentdeckten Merkmals geachtet werden. Ist es erfüllt, profitieren davon auch
die inländischen Bieter, d.h. auch sie haben ein Recht auf die Beachtung der nachfolgend beschriebenen Konsequenzen.[41]

c) Konsequenzen. Muss dann, wenn nach alldem der Anwendungsbereich einer 25
der Grundfreiheiten eröffnet ist, in jedem Einzelfall (durch den Auftraggeber bzw.
durch die in Vergabeverfahren angerufenen Gerichte) die eingangs skizzierte Recht-
fertigungsprüfung durchgeführt werden? Die Antwort lautet nein, weil der EuGH in
der bereits erwähnten „Telaustria"-Entscheidung aus den Grundfreiheiten bereits
verschiedene **Grundsätze für die Gestaltung von Vergabeverfahren** (außerhalb
des Anwendungsbereichs des Vergabesekundärrechts!) abgeleitet hat, die seither in
ständiger Rechtsprechung bestätigt worden sind.[42] Diese Grundsätze lauten:

– Diskriminierungsverbot, d.h. Gleichbehandlung aller Bieter ungeachtet der Staatsangehörigkeit bzw. Ortsansässigkeit;[43]
– Transparenz (weil fehlende Transparenz für nicht in der Nähe des Auftraggebers
  angesiedelte Unternehmen anderer Mitgliedstaaten (mittelbar) diskriminierenden
  Charakter trägt);[44]
– verhältnismäßige Beziehung zwischen der Definition des Beschaffungsgegenstandes
  und den Anforderungen an die Auftragsinteressenten[45] und
– Nachprüfbarkeit.

Damit ist es dem EuGH immerhin gelungen, aus den abstrakten Grundfreiheiten
konkrete Pflichten abzuleiten, die dem Inhalt nach in die Systematik des Vergabesekundärrechts passen, indem sie die Parameter Kriterien, Verfahren und Rechtsschutz

---

[39] EuG T-384/10, NZBau 2013, 648 (Königreich Spanien/Europäische Kommission). Allein, dass der Aus-
führungsort 200 km von der Staatsgrenze entfernt liegt, reicht nicht aus (EuGH C-318/15, NZBau 2016,
781 (Tecnoedi Costruzioni)).

[40] EuGH C-147/06 und 148/06, Slg. 2008, I_3565, Rn. 30 u. 34 (SECAP).

[41] EuGH C-221/12, EuZW 2014, 69 m. Anm. *Kern u. Gabriel/Voll* NZBau 2014, 155.

[42] Systematische Erfassung bei *Frenz,* Handbuch, Rn. 1829 ff.; *Deling* NZBau 2012, 17 u. 725; *Vavra* VergabeR 2013, 384. In neuerer Zeit: EuGH C-231/03, Slg. 2005, I_7287 (Coname); EuGH C-91/08,
Slg. 2010, I_2815 (Wall AG).

[43] Damit unvereinbar ist die Forderung, dass das Plasma, aus dem zu liefernde Arzneimittel hergestellt sind,
aus dem ausschreibenden Mitgliedstaat stammen muss (EuGH C-318/15, EuZW 2017, 895 m. Anm.
Gundel (Medisanns)).

[44] Eingehend hierzu *Brown* PPLRev. 2007, 1 ff.

[45] EuGH C-458/03, Slg. 2005, I_8585, Rn. 31 (Parking Brixen); EuGH C-358-12, EuZW 2014, 738
m. Anm. *Gabriel/Voll* (Consortio Stabile Libor Lavori Pubblici/Commune di Milano).

betreffen. Nichtsdestoweniger sind jene Vorgaben aber weniger detailliert als die konkreten Einzelverpflichtungen, die beispielsweise in der VKR bzw. der VRL (für deren Anwendungsbereich) normiert sind. In dieser Situation hat die EU-Kommission versucht, in einer „**Mitteilung zu Auslegungsfragen** in Bezug auf das Gemeinschaftsrecht, das für die Vergabe öffentlicher Aufträge gilt, „die nicht oder nur teilweise unter die Vergaberichtlinien fallen" (vom 23.6.2006)[46] der Praxis einige Anhaltspunkte zu geben. Dieses Vorgehen hat das EuG mit Urteil v. 20.5.2010[47] in kompetenzieller (→ vgl. noch Rn. 54) und inhaltlicher Hinsicht bestätigt.

26 Folgendes ist hier zu beachten:
- Die Praxis ist weiterhin mit erheblicher Rechtsunsicherheit konfrontiert:[48] Müssen Aufträge beispielsweise unterhalb der Schwellenwerte nun europaweit ausgeschrieben werden bzw. genügt eine Verlautbarung im Internet oder in einer Zeitung, die auch jenseits der Grenze des Kreises gelesen wird, in dem sich der Auftraggeber befindet? Welche Anstrengungen sind auf judizieller Ebene notwendig, um dem Gebot der Nachprüfung entsprechen zu können etc.?
- Fest steht, dass nicht einfach eins zu eins (methodisch im Wege der Analogie) die Anforderungen aus den Richtlinien auf jenen Bereich des nur primär reglementierten Vergaberechts übertragen werden können.[49] Dies würde dem Willen des europäischen Vergabegesetzgebers widersprechen und zumindest teilweise auch die Rechtsfortbildungskompetenz von EuGH und EU-Kommission überschreiten.
- Immerhin hat der EuGH ausdrücklich anerkannt, dass der Unionsgesetzgeber für die sog. Unterschwellenvergabe eben die Grundsatzentscheidung getroffen hat, Aufträge unterhalb eines bestimmten Schwellenwertes von den Bekanntmachungsregeln der Richtlinie auszunehmen.[50]
- Ein zu weit gehendes Pflichtenprogramm würde die Auftraggeber der Mitgliedstaaten in unverhältnismäßiger, da nicht mehr mit dem Binnenmarktinteresse zu rechtfertigender Weise mit Verfahrenskosten belasten.

In dieser Situation ist es unverändert Aufgabe der mitgliedstaatlichen Gerichte und der Rechtswissenschaft, die bestehende Lücke zwischen den beschriebenen Merkmalen und den konkreten Anforderungen in einem einzelnen Vergabeverfahren zu schließen. Hierbei bildet sich immer mehr der Bestand eines „Vergaberechts light" heraus.[51] Dieses ist näher dargestellt in den das Vergaberecht jenseits des EU-Sekundärrechts erörternden §§ 25 u. 26 dieses Buches.

27 **d) Adressaten.** Adressaten jener primärrechtlichen Verpflichtungen aus den Grundfreiheiten sind zunächst (und unzweifelhaft) die Mitgliedstaaten. Über Art. 106 AEUV wird die Bindungswirkung darüber hinaus auf „öffentliche Unternehmen" (im Sinne der Transparenzrichtlinie der EU[52]) und auf „Unternehmen, denen sie besondere oder ausschließliche Rechte gewähren" ausgedehnt. Eine Ausnahme hiervon statuiert wiederum **Art. 106 Abs. 2 AEUV,** für den Fall, dass die betreffenden Un-

---

[46] ABl. 2000 C 179 S. 2; dazu, dass die Mitteilung aus kompetenziellen Gründen nicht konstitutive Bedeutung entfalten kann, vgl. → Rn. 54.
[47] EuG T-258/06 (n. rkr.), NZBau 2010, 510 m. Anm. *André,* NZBau 2010, 611.
[48] Dies kritisieren auch *Hordijk/Mellenbelt* PPLRev. 2005, 123 ff., und *Brown* PPLRev. 2007, 1 (21).
[49] Vgl. statt vieler *Frenz,* Handbuch, Rn. 1862.
[50] EuGH C-412/04, Slg. 2008, I_619, Rn. 65 (Kommission/Italien); EuGH T-258/06, Slg. 2010, II_2027, Rn. 80 (Bundesrepublik Deutschland/Kommission).
[51] Begriff erstmals eingeführt von *Burgi* NZBau 2005, 610 (615); vgl. im Anschluss daran u. a. *Hattig/Ruhland* NZBau 2005, 626 (630); *Frenz,* Handbuch, Rn. 1835 ff.
[52] Richtlinie 2006/111/EG vom 16.11.2006 (Abl. 2000 L 318 S. 17).

ternehmen mit „Dienstleistungen von allgemeinem wirtschaftlichen Interesse betraut" sind und durch die Anwendung der Grundfreiheitsbestimmungen bei der „Erfüllung der ihnen übertragenen besonderen Aufgabe rechtlich oder tatsächlich verhindert" würden. Diese Bestimmungen sind von grundlegender Bedeutung, weil gerade im Hinblick auf diese dem Staat (einschließlich der Kommunen; z.B. Stadtwerke) besonders nahestehenden Unternehmen die Gefahr einer Umgehung der primär vergaberechtlichen Vorgaben besteht. Ist damit der Adressatenkreis des Vergabeprimärrechts mit dem Auftraggeberbegriff der Vergaberichtlinien identisch (zu diesem vgl. § 8 Rn. 3f.)? Richtigerweise ja, weil die staatlichen bzw. staatlich beherrschten Auftraggeber nach Art. 2 Abs. 1 Nr. 1 bis 4 VRL (bzw. § 99 GWB) als Gebietskörperschaften bzw. öffentliche Unternehmen über Art. 106 Abs. 1 AEUV dem Grundfreiheiten-Vergaberecht unterfallen, während die nichtstaatlich beherrschten, jedoch monopolartig bzw. sonst privilegierten privatwirtschaftlichen Unternehmen, die das Sekundärvergaberecht als sog. Sektorenauftraggeber erfasst (vgl. § 100 GWB; → § 23), über das Tatbestandsmerkmal „Unternehmen, denen sie besondere oder ausschließliche Rechte gewähren" in Art. 106 Abs. 1 AEUV erfasst werden können.[53] Der Anwendungsbereich von Primär- und Sekundärvergaberecht ist mithin in personeller Hinsicht identisch.[54]

Bei der Interpretation der Ausnahmebestimmung des Art. 106 Abs. 2 AEUV ist Art. 14 AEUV **28** zu beachten, der den besonderen Stellenwert jener Dienste von „allgemeinem wirtschaftlichen Interesse" innerhalb der gemeinsamen Werte der Union betont. Dem Lissabonner Vertrag[55] ist überdies ein „Protokoll über Dienste von allgemeinem Interesse" beigefügt worden, das in Art. 1 die gemeinsamen Werte der Union in Bezug auf ebensolche Dienste konkretisiert. Demnach zählen hierzu insbesondere, „die wichtige Rolle und der weite Ermessensspielraum der nationalen, regionalen und lokalen Behörden in der Frage, wie Dienste von allgemeinem wirtschaftlichen Interesse auf eine den Bedürfnissen der Nutzer so gut wie möglich entsprechende Weise zur Verfügung zu stellen, in Auftrag zu geben und zu organisieren sind, die Vielfalt der jeweiligen Dienstleistungen von allgemeinem wirtschaftlichen Interesse und die Unterschiede bei den Bedürfnissen und Präferenzen der Nutzer, die aus unterschiedlichen geografischen, sozialen oder kulturellen Gegebenheiten folgen können", sowie „ein hohes Niveau in Bezug auf Qualität, Sicherheit und Bezahlbarkeit, Gleichbehandlung und Förderung des universellen Zugangs und der Nutzerrechte". Diese Bestimmungen bzw. Protokollaussagen haben sich bislang vor allem beim Umgang mit den beihilferechtlichen Bindungen des AEUV ausgewirkt;[56] sie spielen aber auch bei der unionskonformen Auslegung des Sekundärvergaberechts (namentlich bei der sog. Inhouse-Thematik; → § 11 Rn. 13ff.) eine Rolle.

3. EU-Kartellrecht

Nach den Art. 101, 102 AEUV besteht im Zusammenwirken mit dem Kartellrecht **29** des GWB (v. a. §§ 19, 20) gegenüber „Unternehmen" ein Kartellverbot und ein Verbot des Missbrauchs marktbeherrschender Stellungen.[57] Beide **Verbote** werden

---

[53] Insoweit a.A. *Gabriel* VergabeR 2009, 7 (12f.).
[54] So auch die Kommission in ihrer Mitteilung vom 23.6.2006 (ABl. 2006 C 179 S. 2), Fn. 4 und EuGH C-91/08, Slg. 2010, I_2815, Rn. 44ff. (Wall AG).
[55] → Rn. 6.
[56] Vgl. nur die Kommentierungen zu den einschlägigen Vorschriften. Grundlegend zum Verhältnis der „Public Procurement and the EU Competition Rules" *Sanchez-Graells,* 2011.
[57] Ebenso *Dreher* in: Immenga/Mestmäcker, GWB, vor §§ 97ff. Rn. 115ff.

durch die (in Deutschland ja ebenfalls im GWB, nämlich in den §§ 97 ff.) niedergelegten vergaberechtlichen Bestimmungen nicht verdrängt, sondern sind – bei Erfüllung der jeweiligen Anwendungsvoraussetzungen – auch auf den Beschaffungsmärkten anwendbar.[58] § 156 Abs. 3 GWB erklärt die „Befugnisse der Kartellbehörden zur Verfolgung von Verstößen insbesondere gegen §§ 19 und 20" für unberührt.

30   Verstöße gegen das Kartellrecht sind im Vergaberecht auf beiden Marktseiten denkbar. So kann es auf der **Auftraggeber-Seite** zu einer übermäßig großen Bündelung von Nachfragemacht, insbesondere im Zuge des verbreiteten Trends zur Schaffung zentralisierter Beschaffungseinheiten, kommen (→ § 8 Rn. 19). Besondere Aufmerksamkeit ist in Märkten geboten, in denen schon ein einzelner öffentlicher Auftraggeber „marktbeherrschend" ist, wie etwa bei der Beschaffung von Ampelanlagen. Die Art. 101, 102 AEUV greifen nur dann ein, wenn es sich bei der fraglichen Beschaffungstätigkeit um die Tätigkeit eines „Unternehmens" handelt; nach der kartellrechtlichen Rechtsprechung des EuGH umfasst dies grundsätzlich „jede eine wirtschaftliche Tätigkeit ausübende Einheit, unabhängig von ihrer Rechtsform und der Art ihrer Finanzierung".[59] Daran hat das EuG[60] in der Rechtssache „Fenin" gerade im Hinblick auf die staatliche Beschaffungstätigkeit angeknüpft.

31   Demnach könne bei der Beurteilung der Art der Tätigkeit der Kauf bestimmter Güter nicht von deren späterer Verwendung getrennt werden. Kaufe eine Einrichtung ein bestimmtes Gut ein, um es im Rahmen einer Tätigkeit *nichtwirtschaftlicher* Natur zu verwenden (etwa bei der unmittelbaren Ausübung polizeilicher oder militärischer Gewalt), könne sie nicht als Unternehmen angesehen werden, gleichgültig, dass sie auch in einem solchen Fall eine erhebliche Wirtschaftsmacht ausübt. Diese Rechtsprechung bewirkt eine Akzessorietät zwischen der beschaffenden und der die jeweiligen Verwaltungsaufgaben erfüllenden Tätigkeit des Staates: Wirtschaftlicher Charakter der erledigten Verwaltungsaufgabe (weit zu verstehen!), dann Kartellrechtspflicht der Beschaffungstätigkeit (Beispiele: Abfallentsorgung, Straßenunterhaltung); ausnahmsweise nichtwirtschaftlicher Charakter der Verwaltungsaufgabe, dann auch keine Kartellrechtspflicht.

32   Auf der **Marktseite der Bieter** setzt das europäische Kartellrecht sog. Submissions- bzw. Bieterkartellen Grenzen. Die Unterscheidungsformen reichen von der Verabredung, in konkreten Verfahren nicht gegeneinander anzutreten, über die räumliche Aufteilung ganzer Territorien, bis hin zur Absprache der Preise.[61] Zusätzlich zu etwa kartellrechtlichen Sanktionen kann ein solches Verhalten im Rahmen der Prüfung der Eignung der Bieter eine Rolle spielen und zu deren Ausschluss nach § 124 GWB führen (→ § 16 Rn. 23). Ferner wird teilweise dem Kartellrecht eine Relevanz für das Vergabeverfahren, und zwar über den Wettbewerbsgrundsatz nach § 97 Abs. 1 S. 1 GWB zugeschrieben (→ § 6 Rn. 21).

---

[58] Zu Anwendungsvoraussetzungen und Rechtsfolgensystem *Egger,* Europäisches Vergaberecht, Rn. 234 ff.; *Ahnen,* Nachfragetätigkeit der öffentlichen Hand im Spannungsverhältnis zwischen Kartellrecht, Grundfreiheiten und Grundrechten, 2010; *Dreher* in: Immenga/Mestmäcker, GWB, vor §§ 97 ff. Rn. 115 ff.
[59] Vgl. nur EuGH C-159/91, Slg. 1995 I_637 (Poucet).
[60] EuG T-319/99, Slg. 2003, II_357, Rn. 36 f., bestätigt durch den EuGH C-205/03-R, EuZW 2006, 600.
[61] Ausführlich zum Ganzen *Opitz,* Marktmacht und Bieterwettbewerb, 2003, 126 ff.; zu den weiteren Tatbestandsmerkmalen und Rechtsfolgen *Bungenberg,* Vergaberecht, 182 ff; *Dreher* in: Immenga/Mestmäcker, GWB, vor §§ 97 ff. Rn. 116 ff.

4. EU-Beihilferecht

Ein besonders scharfes Schwert der Wettbewerbspolitik bildet das Beihilferecht der **33** Art. 107, 108 AEUV. Insoweit sind zwei Konstellationen auseinander zu halten: (1) In einem Vergabeverfahren treten Bieter auf, die infolge zuvor erhaltener Beihilfezahlungen nun besonders günstige Angebote machen können; dies betrifft das Zuschlagskriterium des „Preises" und ist in → § 17 Rn. 16 zu erörtern. (2) Bereits in der Vergabe von Aufträgen als solcher könnte eine Beihilfe liegen, wenn das vom Auftraggeber zu zahlende Entgelt marktunüblich überhöht ist. Dann könnte eine **„Begünstigung"** i.S.v. 107 Abs. 1 AEUV vorliegen; würde hierdurch der Markt verfälscht und der Handel zwischen den Mitgliedstaaten beeinträchtigt, dann müsste dies gemäß Art. 108 Abs. 3 AEUV der EU-Kommission mitgeteilt werden (sog. Notifizierung), die anhand der in Art. 107 Abs. 2 u. 3 AEUV aufgestellten Maßstäbe entscheiden müsste.[62]

Dies wird von mehreren Autoren insbesondere dann angenommen, wenn der Auftraggeber **34** zusätzlich politische Zwecke (etwa sozialer oder ökologischer Natur) verfolgt, womit sich regelmäßig eine Verteuerung des Einkaufs verbindet (Beispiel: Verpflichtung zur Beachtung zusätzlicher Umweltstandards beim Produktionsprozess).[63] Diese Sichtweise würde die Anwendungspraxis vor die kaum lösbare Herausforderung stellen, den langwierigen Weg eines Notifizierungsverfahrens unter vollkommen unklaren Voraussetzungen einschlagen zu müssen, während parallel das seinerseits nicht unaufwendige Vergabeverfahren abläuft.

Richtigerweise weisen das Vergabe- und das Beihilferecht zwar eine weitgehende **35** Konvergenz der Zielsetzungen auf (*Bultmann* spricht von „funktionaler Äquivalenz"),[64] sie beinhalten aber zwei verschiedene Mechanismen zur Zielverwirklichung. Dies bedeutet, dass immer dann, wenn ein öffentlicher Auftrag i.S.d. europäischen Vergaberechts vorliegt, nicht zugleich der Beihilfetatbestand des Art. 107 Abs. 1 AEUV erfüllt ist. Diese **Ausschlusswirkung** ergibt sich aus den Grundfreiheiten in ihrer sekundärrechtlichen Konkretisierung entweder durch die Vergaberichtlinien oder durch die Rechtsprechung des EuGH im Bereich der nicht von den Richtlinien erfassten öffentlichen Aufträge. Mit der den öffentlichen Auftrag kennzeichnenden Pflicht zur Erbringung einer Leistung wird für Fälle dieser Art das Beihilfemerkmal der „Begünstigung" ausgeschlossen; die Auftragnehmer sind nicht begünstigt, weil sie eine Leistung erbringen müssen. Ob dieses überhöht ist, muss im Vergabeverfahren (einschließlich der dort eröffneten Rechtsschutzwege) geklärt werden. Bezeichnenderweise hat deswegen der EuGH in Jahrzehnten der Beschäftigung mit dem europäischen Vergaberecht soweit ersichtlich in keiner einzigen Entscheidung zugleich das Beihilferecht für anwendbar gehalten.

---

[62] In diese Richtung (im Einzelnen mit vielen Unklarheiten behaftet) *Middelschulte,* Öffentliche Aufträge als Gegenstand des EG-Beihilferechts, 2004; *Lipka,* Beihilferechtliche Anforderungen an Vergabeverfahren, 2005; *Egger,* Europäisches Vergaberecht, Rn. 199f. (bei Rn. 216 heißt es dann aber, dass dem Beihilferecht „nur eine marginale Rolle" zukomme); *Bungenberg,* Vergaberecht, 194 ff.

[63] Dabei wird freilich übersehen, dass nicht einfach nur mehr bezahlt, sondern dafür auch mehr an Leistung eingekauft und mehr an Kosten auf Seiten der Auftragnehmer generiert wird, worauf zutreffend *Prieß,* Handbuch, S. 28 f., aufmerksam macht. Dennoch für die Heranziehung des Beihilferechts in Fällen dieser Art: *Dreher/Haas/von Rintelen,* Vergabefremde Regelungen und Beihilferecht, 2002; *Schardt,* Öffentliche Aufträge und das Beihilferegime des Gemeinschaftsrechts, 2003; *Eilmannsberger* EuZW 2004, 384.

[64] Vergaberecht und Beihilferecht, 2004, 112 ff., 139 ff.

36 Die Fähigkeit des Vergaberechts, zu ermitteln, ob Leistung und Gegenleistung in einem angemessenen Verhältnis stehen, ob also (in der Terminologie des Beihilferechts) auch ein privater Investor die gleichen hohen finanziellen Aufwendungen getätigt hätte wie der Staat (sog. market investor Test) wird durch das Vergaberecht mit so hoher Trefferquote beantwortet, dass der EuGH hierauf sogar dann setzen möchte, wenn es sich *nicht* um einen Fall der Vergabe öffentlicher Aufträge handelt, sondern schlicht um andere Verteilungskonstellationen, wie etwa bei der Veräußerung von Grundstücken oder Geschäftsanteilen durch den Staat oder um Ausgleichszahlungen für bei einzelnen Privaten entstandene gemeinwirtschaftliche Mehrkosten (etwa im ÖPNV). Hier wird dann das Vergaberecht zur Vorfrage im Beihilferecht (→ § 2 Rn. 18; § 22 Rn. 4).[65]

5. EU-Grundrechte

37 Die seit 2002 in der Charta der Grundrechte der EU feierlich programmierten und durch den EuGH in seiner Rechtsprechung in Bezug genommenen Grundrechte[66] enthalten zwar einige Gewährleistungen mit Relevanz für das Wirtschaftsleben (v. a. Art. 15 und Art. 16: Berufsfreiheit bzw. unternehmerische Freiheit), die auch die Mitgliedstaaten bei der Durchführung des Unionsrechts (hier: bei der Durchführung der Vergaberichtlinien) binden würden (Art. 51 Abs. 1 Satz 1 Grundrechtecharta). Sie haben aber bislang **keine praktische Bedeutung** im Vergaberecht erlangt. Dies dürfte sich auf Grund der hochdifferenzierten sekundärrechtlichen Erfassung dieser Materie und der Intensität der inhaltlichen Vorgaben, die der EuGH den europäischen Grund*freiheiten* entnommen hat, auf absehbare Zeit auch nicht ändern.

III. Richtlinien der EU

38 Die meisten und wichtigsten Regelungsgehalte des europäischen Vergaberechts sind in mehreren Richtlinien enthalten, die nach Art. 288 Abs. 3 AEUV jeweils durch die Mitgliedstaaten umgesetzt werden müssen. Dabei wird das materielle Vergaberecht konstituiert durch die auf die klassischen Aufträge bezogenen Richtlinien, durch die für die Sektoren Wasser, Energie, Verkehr und Post geltende Sektorenrichtlinie und durch zwei neuere für den Verteidigungssektor geltende Richtlinien (1 u. 2). Das Prozessrecht findet seine normative Basis in den beiden hierauf bezogenen Rechtsmittelrichtlinien (3).

1. Vergabekoordinierungsrichtlinie VKR und weitere Richtlinien aus 2004

39 Die Vergabekoordinierungsrichtlinie 2004/18/EG (VKR)[67] konnte bis zur Reform 2014–2016 (→ Rn. 43) als Herzstück des europäischen Vergaberechts bezeichnet werden. Ihr Anwendungsbereich umfasste all diejenigen Bereiche der öffentlichen Beschaffungstätigkeit, die nicht der Sektorenrichtlinie oder den Verteidigungsrichtlinien unterfallen. Die VKR ist am 30. 4. 2004 nach Abschluss einer langwierigen politischen Diskussion (ausgehend vom Grünbuch zum öffentlichen Auftragswesen aus

---

[65] Sog. „Altmark Trans"-Rechtsprechung; EuGH C-280/00, Slg. 2003, I_7747, Rn. 74ff.; hierzu *Koenig/Kühling* NVwZ 2003, 779; *Boysen/Neukirchen,* Europäisches Beihilferecht und mitgliedstaatliche Daseinsvorsorge, 2007.

[66] ABl. 2000 C 364/1; feierlich proklamiert am 7. 12. 2000.

[67] ABl. 2004 L 134 S. 114.

dem Jahre 1996[68] und einer Mitteilung zum öffentlichen Auftragswesen der Union aus dem Jahre 1998[69] erlassen worden. Sie bildete den wichtigsten Bestandteil des sog. **Legislativpakets** zur Reform sämtlicher Bereiche des europäischen Vergaberechts und verfolgt drei übergeordnete Ziele (ausweislich der über 51 Ziffern unmittelbar vor Art. 1 niedergelegten Erwägungsgründe): Vereinfachung (v.a. durch die Zusammenfassung der vormals bestehenden getrennten Richtlinien für die Beschaffung von Bau-, Dienst- und anderen Leistungen); Modernisierung (u.a. durch den Einsatz elektronischer Mittel) und Flexibilisierung (u.a. durch die neuen Verfahrensarten des wettbewerblichen Dialogs (→ § 13 Rn. 25 f.) und der Rahmenvereinbarungen (→ § 13 Rn. 27 f.)).[70]

Die durch die VKR abgelösten drei bereichsspezifischen Richtlinien bilden mit ihren vielfach **40** inhaltlich unverändert übernommenen Verfahrens- und Kriterienregelungen den Maßstab vieler älterer, noch heute relevanter EuGH-Entscheidungen. Es handelt sich im Einzelnen um die Baukoordinierungsrichtlinie 93/37/EWG,[71] um die Lieferkoordinierungsrichtlinie 93/36/EWG[72] und die Dienstleistungsrichtlinie 92/50/EWG.[73] Diese Richtlinien bildeten ihrerseits das Produkt einer bis in die 60er Jahre zurückreichenden historischen Entwicklung.[74]

Die Richtlinie 2004/17/EG[75] des Europäischen Parlaments und des Rates zur Ko- **41** ordinierung der Zuschlagserteilung durch Auftraggeber im Bereich der Wasser-, Energie- und Verkehrsversorgung sowie der Postdienste richtete sich ausschließlich an Auftraggeber (SKR), die in diesen Sektoren tätig sind. Dies betrifft neben den sowieso durch das europäische Vergaberecht verpflichteten staatlichen Auftraggebern (i.w.S.) auch privatwirtschaftliche Unternehmen, die in diesen Märkten tätig sind. Die hierfür aufgestellten Voraussetzungen werden überblicksweise in § 23 dieses Lehrbuchs dargestellt, ebenso die in diesen **Sektoren** geltenden, in mehrfacher Hinsicht modifizierten Verfahrensregeln und die deutsche Umsetzungsgesetzgebung. Dadurch, dass diese auf der Basis der §§ 97 ff. GWB seit 2009 nun in einem gesonderten Rechtsakt, der SektorenVO (→ § 4 Rn. 27) erfolgt ist, ist hier endgültig ein Sonderregime entstanden. Die SKR hat im Jahr 2004 die Sektorenrichtlinie 90/351/EWG[76] abgelöst.[77]

Für Beschaffungen im **Verteidigungssektor** besteht von vornherein ein anderer **42** primärrechtlicher Hintergrund, und zwar dadurch, dass Art. 346 AEUV den Mitgliedstaaten „für die Wahrung ihrer wesentlichen Sicherheitsinteressen" die Aufrechterhaltung bzw. Schaffung von Vorbehaltsregeln ermöglicht. In dem sich daraus im Hinblick auf den Binnenmarkt ergebenden Spannungsfeld gibt es als Bestandteil des sog. Defence Package seit 2007 bzw. 2009 zwei wiederum sektorenspezifische Richtlinien: Die sog. Transferrichtlinie (zur innergemeinschaftlichen Verbringung

---

[68] Vom 27.11.1996, KOM (1999) 538 endg.
[69] KOM (1998) 143 endg.
[70] Vgl. zu den Einzelheiten *Knauff* EuZW 2004, 141. Zu Umsetzungsproblemen beim Übergang auf die VKR vgl. *Frenz*, Handbuch, Rn. 1929 ff.
[71] ABl. 1993 L 199 S.54, zuletzt geändert durch Richtlinie 97/52/EG (ABl. 1997 L 328 S. 1).
[72] ABl. 1993 L 109 S. 1, zuletzt geändert durch Richtlinie 97/52/EG (ABl. 1997 L 328 S. 1).
[73] ABl. 1992 L 209 S. 1, zuletzt ebenfalls geändert durch die Richtlinie 97/52/EG (ABl. 1997 L 328 S. 1).
[74] Detailliert geschildert bei *Egger,* Europäisches Vergaberecht, Rn. 42 ff. m.w.N.
[75] Vom 31.3.2004 (ABl. 2004 L 134 S. 1).
[76] ABl. 1990 L 297 S.1.
[77] Zu ihrer Vorgeschichte vgl. *Prieß,* Handbuch, 80 f.

von Verteidigungsgütern), die den grenzüberschreitenden Handel mit Verteidigungsgütern innerhalb der EU erleichtern soll,[78] und die Richtlinie 2009/81/EG des Europäischen Parlaments und des Rates vom 13.7.2009 über die Koordinierung der
Verfahren zur Vergabe bestimmter Bau-, Liefer- und Dienstleistungsaufträge in den
Bereichen Verteidigung und Sicherheit,[79] die bis zum 21.8.2011 in nationales Recht
umgesetzt werden musste.[80] Auf diese Richtlinie wird überblicksartig ebenfalls in
§ 23 eingegangen (→ Rn. 28 f.). Das Defence Package wird vervollständigt durch
eine „Mitteilung der Kommission über die Anwendung von Art. 296 (ex) EG im
Verteidigungssektor" vom 7.12.2006.[81]

2. Die Richtlinien auf dem Stand der EU-Vergaberechtsreform 2014, insbesondere VRL

43 Ab Anfang der 2010er-Jahre hat sich die Europäische Union erneut auf den Weg für
eine grundlegendere Modernisierung des Vergaberechts gemacht. Einen ersten Ausgangspunkt bildete dabei das Grünbuch der EU-Kommission vom 27.1.2011[82], das
in einer umfassenden Konsultationsphase in ganz Europa zur Diskussion gestellt worden ist.[83] Deren Abschluss bildeten am 20.12.2011 die amtlichen Vorschläge der
EU-Kommission für eine neue Richtlinie für die klassischen Aufträge und für eine
neue Sektorenrichtlinie.[84] Parallel wurde erstmals ein Vorschlag für eine Richtlinie
betreffend die Vergabe von Dienstleistungskonzessionen vorgelegt[85] Dieses **Moder-
nisierungspaket** soll der Beitrag des öffentlichen Auftragswesens zur Verwirklichung
der „Strategie Europa 2020 für intelligentes, nachhaltiges und integratives Wachs-
tum" sein.[86] Die Vorschläge der Kommission haben im Verlaufe eines gleichermaßen
konzentrierten wie intensiven Rechtsetzungsverfahrens unter bemerkenswerter Beteiligung des Europäischen Parlaments (wobei Abgeordnete aus Deutschland in mehreren Fraktionen sehr tatkräftig mitgewirkt haben) zahlreiche nennenswerte Änderungen erfahren, bevor sie am 28.3.2014 im Amtsblatt der EU veröffentlicht und
am 17.4.2014 in Kraft getreten sind. Primäre Aufgabe der Wissenschaft ist seither
nicht mehr die Formulierung von Reformforderungen[87], sondern die konstruktiv-
kritische Begleitung der Umsetzungsprozesse in den jeweilgen Mitgliedstaaten.[88]

---

[78] Richtlinie 2009/43/EG (ABl. 2009 L 146 S. 1).
[79] ABl. 2009 L 216 S. 76; eingehend hierzu *Otting* in: FS Marx, 527.
[80] Zur Vorgeschichte vgl. hier nur *Wagner/Bauer* VergabeR 2009, 856 ff., sowie die Kommentarliteratur.
[81] KOM (2006) 779 endg.
[82] KOM (2011) 15 endg.
[83] Die Entstehungsgeschichte ist anschaulich dokumentiert unter www.forum-vergabe.de in der Rubrik
„Modernisierung des Vergaberechts".
[84] KOM (2011) 896 endg. bzw. KOM (2011) 895 endg.; vgl. hierzu *Brauser-Jung* VergabeR 2013, 285.
[85] KOM (2011) 897 endg.
[86] Mitteilung der Kommission vom 3.3.2010, KOM (2010) 2020.
[87] Als Belege hierfür: *Burgi* NZBau 2009, 609; *Arrowsmith* PPLRev. 2012, 71, die einen radikalen Vorschlag
dahingehend unterbreitet hat, nur eine einzige Richtlinie zu schaffen mit einigen elementaren Verfahrensanforderungen, in erster Linie unter Orientierung am (flexibleren) Regelwerk der bisherigen Sektorenrichtlinie. Auf dieser Grundlage sollten die Mitgliedstaaten dann ihre eigenen Beschaffungssysteme ausbau-
en können. Wie sich sogleich zeigen wird, ist es deutlich anders gekommen.
[88] Der *Verf.* dankt den Verantwortlichen im Bundeswirtschaftsministerium dafür, eine wichtige Gelegenheit
hierzu durch die Berufung in die Expertenkommission erhalten zu haben, die das Ministerium bei der
Erarbeitung der deutschen Umsetzungsvorschriften zwischen Herbst 2014 und Frühsommer 2016 begleitet hat.

Maßgeblich sind nunmehr die folgenden Richtlinien: 44

– Richtlinie **2014/24/EU** über die öffentliche Auftragsvergabe und zur Aufhebung der VKR[89];
– Richtlinie **2014/25/EU** über die Vergabe von Aufträgen durch Auftraggeber im Bereich der Wasser-, Energie- und Verkehrsversorgung sowie der Postdienste und zur Aufhebung der bisherigen Sektorenrichtlinie;[90]
– Richtlinie **2014/23/EU** über die Konzessionsvergabe,[91] die erstmals eine geschlossene Kodifikation für diesen Bereich des Beschaffungswesens bewirkt.

Bei der Beurteilung der Richtlinie als Ganzes und einzelner darin geregelter Normenkomplexe muss man sich darüber im Klaren sein, dass es sich um das Ergebnis komplexer politischer Aushandlungsprozesse handelt. Neben der bereits erwähnten Wachstumsstrategie „Europa 2020" hat sich ausgewirkt, dass die Europäische Union mit den Lissaboner Verträgen im Jahre 2009 eine inhaltliche Erweiterung um Politikfelder wie Soziales bzw. (teilweise) Umwelt erfahren hat[92], wie überhaupt die oben (→ Rn. 21 ff.) dargestellten **primärrechtlichen Rahmenbedingungen** unverändert fortbestehen; auch die neuen Richtlinien sind selbstverständlich in Zweifelsfällen primärrechtskonform auszulegen. Eine nicht unerhebliche Rolle bei der Entstehung der Richtlinien und bei einzelnen Inhalten spielte insbesondere aus der Perspektive der EU-Kommission ein in der Finanzkrise gewachsenes stärkeres Bewusstsein dafür, dass das Vergaberecht *auch* (zu den anderen Zwecksetzungen → § 6 Rn. 2 ff.) ein Instrument der Haushaltspolitik und der Korruptionsvermeidung sein kann. Beide Aspekte hatten bei den doch primär auf den Ausbau des Binnenmarkts und den Abbau von Protektionismus zielenden Vorgängerrichtlinien eine deutlich geringere Rolle gespielt. 45

Die **Zielsetzungen** der RiLi 2014/24/EU sind (in gewohnter Weise) in einem Katalog der Erwägungsgründe zusammengestellt, der 138 Ziffern (!) umfasst. Sie bilden eine wichtige Quelle bei der historischen Auslegung einzelner Richtlinienbestimmungen. Danach geht es vor allem um: 46

– Einfache und flexiblere Vergabeverfahren (Verfahrenseffizienz);
– mehr Rechtssicherheit, insbesondere durch (teilweise angebliche) Kodifizierung der EuGH-Rechtsprechung;
– die stärkere Nutzung als strategisches Instrument zur Verwirklichung ökologischer und sozialer Zielsetzungen;
– die Verbesserung des Zugangs von kleinen und mittelständischen Unternehmen zu öffentlichen Aufträgen und schließlich
– die Verbesserung der sog. Governance, d.h. der Mechanismen zur Durchsetzung der rechtlichen Vorgaben im Zusammenwirken zwischen EU und Mitgliedstaaten.

Ob diese Zielsetzungen jeweils erreicht wurden, muss sich bei der Erörterung der jeweils einzelnen inhaltlichen Aspekte zeigen.[93] Die EU-Vergaberechtsreform des 47

---

[89] ABl. 2014 L 94 S. 65.
[90] ABl. EU 2014 L 94 S 243. Vgl. zur Einführung zunächst *Prieß/Stein* NZBau 2014, 323; → näher § 23.
[91] ABl. EU 2014 L 94 S. 1; vgl. hierzu zunächst *Knauff* NZBau 2014, 395; → näher § 24.
[92] Näher hierzu *Oppermann/Classen/Nettesheim,* Europarecht, 6. Aufl. 2014, § 29 Rn. 4 ff. (Sozialpolitik) und § 33 Rn. 13 ff. (Umweltpolitik).
[93] Bündig zum Katalog der Ziel gleichsam aus erster Hand (da von zwei hochrangigen Kommissionsbeamten verfasst): *Wiedner/Spiegel* in: FS Marx, 819 ff.

Jahres 2014 hat im Ergebnis **keine Revolution** bewirkt (und sollte dies auch nicht). Wohl aber löst sie einen quantitativ wie qualitativ großen Reformbedarf an zahlreichen einzelnen Parametern und Regelungen aus.[94] Unberührt von der Reform sind die Richtlinien betreffend die Rechtsmittel und im Verteidigungssektor geblieben.

48 Gemäß § 90 Abs. 1 der RiLi 2014/24 ist diese bis 18. April 2016 von den Mitgliedstaaten umzusetzen. Besonderheiten bestehen im Hinblick auf die Vorgaben für die elektronische Vergabe (→ § 13 Rn. 31 f.). Sollte in einem Mitgliedstaat diese Frist versäumt werden, so werden einzelne Bestimmungen nach den oben (→ Rn. 13) dargestellten Grundsätzen dort unmittelbare Wirkung entfalten.[95] Überdies ist mit der Einleitung eines Vertragsverletzungsverfahrens durch die EU-Kommission zu rechnen (→ dazu oben Rn. 16 f.).

3. Rechtsmittelrichtlinien

49 Die Notwendigkeit und nähere Ausgestaltung von Nachprüfungsverfahren im Vergaberecht ist in zwei Richtlinien geregelt. Im Anwendungsbereich der VKR gilt die Richtlinie des Rates zur Koordinierung der Rechts- und Verwaltungsvorschriften für die Anwendung der Nachprüfungsverfahren im Rahmen der Vergabe öffentlicher Liefer-, Bau- und Dienstleistungsaufträge 89/665/EWG,[96] sodann, und zwar grundlegend, geändert durch die **Richtlinie 2007/66/EG** vom 11.12.2007.[97] Die dadurch bewirkten Änderungen sind in Deutschland durch das VergaberechtsmodernisierungsG vom 13.2.2009 umgesetzt worden, worauf in → §§ 20 u. 21 eingegangen wird.[98] Für den Sektorenbereich gibt es eine eigene Rechtsmittelrichtlinie (92/13/EWG), die ebenfalls durch die Richtlinie 2007/66 EG vom 11.12.2007[99] geändert worden ist. Für Streitigkeiten im Anwendungsbereich der Verteidigungsrichtlinien gilt das Rechtsschutzregime der allgemeinen Rechtsmittelrichtlinie.

IV. Weitere Rechtsakte der EU

1. Verordnungen betreffend das Gemeinsame Vokabular (CPV) und delegierte Rechtsakte

50 Verordnungen haben nach Art. 288 Abs. 2 AEUV allgemeine Geltung und sind unmittelbar in den Mitgliedstaaten beachtlich (ohne dass es eines Umsetzungsaktes des

---

[94] Zur ersten Orientierung über den Umsetzungsbedarf: *Burgi* ZHR 178 (2014), 2; *Gröning* VergabeR 2014, 339; *Jaeger* NZBau 2014, 259; sowie die einzelnen Abschnitten der Richtlinie 2014/24/EU gewidmeten Beiträge in Pünder/Prieß, Vergaberecht im Umbruch II: Die neuen EU-Vergaberichtlinien und ihre Umsetzung, 2015.

[95] Nach dem vom EuGH C-576/10, NZBau 2013, 645 (Europäische Kommission/Königreich der Niederlande; wenngleich im Hinblick auf die Anwendbarkeit der VKR) formulierten Grundsätzen ist die neue Richtlinie für die Beurteilung von Vorgängen in einzelnen Vergabeverfahren zu dem Zeitpunkt anwendbar, zu dem der öffentliche Auftraggeber die Art des Verfahrens ausgewählt und endgültig entschieden hat, ob die Verpflichtung zu einem vorherigen Aufruf zum Wettbewerb für die Vergabe eines öffentlichen Auftrags besteht. Maßgeblich ist also nicht das (oft deutlich später liegende) Datum der Auftragsvergabe. Zum Übergangsregime des GWB → näher § 4 Rn. 21.

[96] ABl. 1989 L 395 S. 33.

[97] ABl. 2007 L 335 S. 31.

[98] Zu den im Jahr 2007 bewirkten Änderungen vgl. *Schwab* VergabeR 2007, 659; *Costa-Zahn/Lutz* NZBau 2008, 22.

[99] ABl. EU 2007 L 335 S. 31.

Mitgliedstaats bedarf). Die **CPV-Verordnung**[100] normiert das sog. Common Procurement Vocabulary (CPV), das bei der Bekanntmachung öffentlicher Aufträge im Amtsblatt der EU sowie bei der Erstellung der in den Richtlinien vorgeschriebenen Statistiken anzuwenden ist. Das einheitliche Vokabular erleichtert automatische Übersetzungen sowie die Vergleichbarkeit der Daten, insbesondere auch im Interesse der grenzüberschreitenden Bewerbungen um öffentlichen Aufträge.[101] Mit Art. 87 VRL sind der EU-Kommission verschiedene Befugnisse zum Erlass sog. delegierter Rechtsakte übertragen worden. Dies betrifft die Anpassung der Schwellenwerte im 2-Jahres-Rhythmus nach Art. 6 VRL[102] und die Formate bzw. Standardformulare bei der Kommunikation (Art. 22 VRL), die Änderung der CPV-Nomenklatur (Art. 23 VRL) und weitere Inhalte nach Art. 56 und 68 der VRL. **„Delegierte Rechtsakte"** sind konkretisierende Verlautbarungen der EU-Kommission nach näherer Maßgabe des Art. 290 AEUV.

2. ÖPNV-Verordnung

Neben der Sektorenrichtlinie und den Richtlinien für den Verteidigungsbereich gibt **51** es ein drittes Regelwerk, durch das ein bestimmter Sektor der Beschaffungstätigkeit einem Sonderregime zugeordnet wird, nämlich der Bereich der öffentlichen Personenverkehrsdienste. Dies geschah nicht nur durch Richtlinien, sondern in Gestalt der VO (EG) Nr. 1370/2007 vom 23. 10. 2007 über öffentliche Personenverkehrsdienste auf Schiene und Straße,[103] die zum 24. 12. 2017 durch die VO 2016/2338 geändert worden ist.[104] Dies stellt die nationale Rechtsordnung vor neue Herausforderungen entlang einer Reihe von Gesetzen, die in → § 23 (Rn. 15 ff.) gebündelt dargestellt werden sollen.[105]

3. Geplante Verordnung über den Zugang von Drittstaaten

Seit dem 21. 3. 2012 gibt es einen Vorschlag der EU-Kommission für eine „Verord- **52** nung über den Zugang von Waren und Dienstleistungen aus Drittländern zum EU-Binnenmarkt für das öffentliche Beschaffungswesen und über die Verfahren zur Unterstützung von Verhandlungen über den Zugang von Waren und Dienstleistungen aus der Union zu den öffentlichen Beschaffungsmärkten von Drittländern"[106]. Er zielt darauf ab, die Bedingungen für EU-Unternehmen bei der Teilnahme in Vergabeverfahren außerhalb der EU zu verbessern – und zwar dadurch, dass die Mitgliedsstaaten bzw. die EU Befugnisse zum Ausschluss von Angeboten aus solchen Drittländern erhalten, die sich ihrerseits keinen Marktzugangsverpflichtungen unterworfen haben bzw. nachweislich EU-Angebote diskriminieren. Damit soll Druck gegenüber

---

[100] VO (EG) Nr. 2195/2002 vom 5. 11. 2002 (ABl. 2002 Nr. L 340 S.1), zuletzt geändert durch VO Nr. 213/2008 (ABl. 2008 L 74 S. 1).

[101] Das CPV kann im Internet auf der Seite http://simap.europa.eu eingesehen werden.

[102] Zum gegenwärtiger Stand vgl. → § 10 Rn. 8; zuvor bildete die Schwellenwert-Verordnung EU 1336/2013 (ABl. 2013 L 335 S. 17) die diesbezügliche Grundlage.

[103] ABl. 2007 L 315 S. 1.

[104] ABl. EU L 354 S. 22.

[105] Vgl. hier nur *Hübner* VergabeR 2009, 363.

[106] KOM (2012) 124 endg.; dazu *Williams* PPLRev. 2013, NA 91; *Schäfer* VergabeR 2014, 266. Eine geänderte Version wurde am 29. 1. 2016 vorgelegt (KOM (2016) 34 endg.).

diesen Staaten aufgebaut werden. Dies wird nicht zuletzt aus der besonders exportab-
hängigen deutschen Wirtschaft kritisiert. Bislang können sich Bieter aus Ländern, die
dem Government Procurement Agreement (→ § 5 Rn. 1 ff.) beigetreten sind, in der
EU bewerben; das GWB-Vergaberecht sieht überhaupt keine Beschränkung des Bie-
terkreises vor (→ § 9 Rn. 2).

4. Mitteilungen und Erläuterungen

53 Mitteilungen und Erläuterungen sind Manifestationen des politischen Willens der
EU-Kommission. In der die Rechtsakte der Union zusammenfassenden Vorschrift
des Art. 288 AEUV kommen in Absatz 5 nur „nicht verbindliche Empfehlungen und
Stellungnahmen" vor. So entsteht aus Anlass insbesondere einzelner Mitteilungen in
verschiedenen Politikfeldern (außer im Vergaberecht auch im Kartellrecht) immer
wieder Streit über die diesbezügliche Kompetenz der EU (und dort namentlich der
Kommission), über Ob und ggf. Reichweite rechtlicher Bindungen und über etwaige Rechtsschutzmöglichkeiten der Mitgliedstaaten bzw. der in den Mitgliedstaaten
betroffenen Unternehmen. Konkret aus Anlass der bereits skizzierten Mitteilung für
den Unterschwellenbereich hatte die Bundesrepublik Deutschland im Jahr 2006 ein
Verfahren vor dem EuG anhängig gemacht (→ vgl. bereits Rn. 25).[107] Die Kommission bezweckt mit ihren Mitteilungen die **Klärung noch offener Auslegungsfragen** und sieht hierin eine erläuternde Dokumentation der jeweils einschlägigen bisher erfolgten Rechtsprechung des EuGH. Auf Grund ihrer Autorität wird diesen
Verlautbarungen natürlich mehr Beachtung geschenkt als etwa Kommentierungen
aus der Feder wissenschaftlicher Autoren.

54 Das EuG hat es in seinem die deutsche Klage abweisenden Urteil v. 20.5.2010[108] abgelehnt,
abstrakt vom u.U. autoritativem Charakter bzw. dem Umstand der Veröffentlichung im Amtsblatt der EU auf die Anfechtbarkeit einer Mitteilung zu schließen. Vielmehr komme es für die
Zulässigkeit einer Nichtigkeitsklage (durch einen Mitgliedstaat) – unabhängig von Rechtsnatur
oder Form (st. Rspr.) – allein darauf an, ob „verbindliche Rechtswikungen" erzeugt werden.
Bei Mitteilungen muss daher jede einzelne inhaltliche Feststellung daraufhin überprüft werden,
ob sie lediglich bestehende Bestimmungen (hier: des Primärrechts) „erläutert", oder ob sie „gegenüber diesen Bestimmungen" sowie den „Grundsätzen und Regeln" (früherer EuGH-Entscheidungen) „spezifische oder neue Verpflichtungen festlegt". Dies wurde nach eingehender
Prüfung im Falle der sog. Unterschwellen-Mitteilung verneint.

55 **„Mitteilungen"** der Kommission im Vergaberecht betreffen die Vergabe von öffentlichen Aufträgen, die nicht oder nur teilweise unter die Vergaberichtlinien fallen (sog. Unterschwellenwert-Mitteilung; → § 25 Rn. 9), Vergabefragen bei der Zusammenarbeit mit Privaten (Public Private Partnership; → § 11 Rn. 14), die Vergabe
von Konzessionen (→ § 24 Rn. 1), die Möglichkeiten zur Berücksichtigung von
Umweltbelangen sowie von sozialen Belangen (→ § 7) sowie den bereits erwähnten
Verteidigungssektor. Bisher erfolgte **„Erläuterungen"** der Kommission beziehen

---

[107] Vgl. hierzu *Lutz* WuW 2006, 890, sowie den damaligen Leiter der Unterabteilung „öffentliche Aufträge"
im Bundesministerium für Wirtschaft, *Marx* (WiVerw 2007, 193 ff.).
[108] EuG T-258/06, (n. rkr.), NZBau 2010, 510; vgl. hierzu *Knauff* EuZW 2010, 612; weiterführend zu den
allgemein-europarechtsdogmatischen Komplikationen *Brohm,* Die „Mitteilungen" der Kommission im
Europäischen Verwaltungs- und Wirtschaftsraum, 2012.

sich auf „Rahmenvereinbarungen" und auf die Verfahrensart des „wettbewerblichen Dialogs" (→ vgl. § 13 Rn. 23 ff.) sowie auf Einzelfragen der Anwendbarkeit der Sektorenrichtlinie (→ § 23 Rn. 1 ff.).

Am 3. 10. 2017 hat die Kommission ein neues „Vergabepaket" vorgelegt.[109] Darin **56** fordert sie einmal die Verabschiedung des zu Rn. 52 skizzierten Legislativvorschlags und v. a. eine Verbesserung der Effizienz und Professionalität des Auftragswesens. Grundstürzende legislative Vorschläge macht sie nicht. Dennoch hat der Bundesrat diesem Paket mit Beschluss vom 24. 11. 2017 erst einmal eine Absage erteilt (im Wege der sog. Subsidiaritätsrüge).[110]

Vertiefungsliteratur:

Schwarze (Hrsg.), Die Vergabe öffentlicher Aufträge im Lichte des europäischen Wirtschaftsrechts, 2000; *Bultmann,* Beihilfenrecht und Vergaberecht, 2004; *Bungenberg,* Vergaberecht im Wettbewerb der Systeme, 2007; *Marx,* Freiheitsgrundrechte des GG und Grundfreiheiten der EU im Verhältnis zu mitgliedstaatlichen Einkaufsregeln, WiVerw 2007, 193; *Buhr,* Die Richtlinie 2004/18/EG und das deutsche Vergaberecht, 2009; *Deling,* Kriterien der Binnenmarktrelevanz und ihre Konsequenzen unterhalb der Schwellenwerte, NZBau 2012, 17 u. 725; *Masing,* Der Rechtsstatus des Einzelnen im Verwaltungsrecht, in: Hoffmann-Riem/Schmidt-Aßmann/Voßkuhle (Hrsg.), Grundlagen des Verwaltungsrechts I, 2. Aufl. 2012, § 7; *Ruffert,* Rechtsquellen und Rechtsschichten des Verwaltungsrechts, in: Grundlagen I, aaO, § 17; *Dörr,* Vergabeprimärrecht, in: Müller-Wrede, Kompendium, Kap. 2; Soudry/Hettich (Hrsg.), Das neue Vergaberecht, 2014; Pünder/Prieß (Hrsg.), Vergaberecht im Umbruch II, 2015; *Prieß/Simonis,* Die künftige Relevanz des Primärvergabe- und Beihilfenrechts, NZBau 2015, 731, sowie die im Literaturverzeichnis genannten Lehrbuchdarstellungen von *Bungenberg, Dreher/Hoffmann/Kling, Trybus/Caranta/Edelstam* und *Wollenschläger* und (am aktuellsten) *Lichère/Caranta/Treumer* (Hrsg.), Modernising Public Procurement: The New Directive, 2014; *Dörr* in: Burgi/Dreher, GWB, Einleitung, Rn. 140 ff.

---

[109] Mitteilung COM (2017) 572 endg.
[110] BR-Drs. 667/17.

§ 4. Normenbestand und Systematik des nationalen Rechts

Übersicht

I. Grundgesetz

1. Verteilung der Gesetzgebungskompetenzen

1 Gemäß Art. 70 Abs. 1 GG haben im Bundesstaat grundsätzlich die Länder das Recht der Gesetzgebung, dem Bund werden Gesetzgebungsbefugnisse u. a. unter den Voraussetzungen des Art. 74 Abs. 1 Nr. 11 („Recht der Wirtschaft"), Nr. 16 („Verhütung des Missbrauchs wirtschaftlicher Machtstellung") und Art. 109 Abs. 4 („gemeinsam geltende Grundsätze für das Haushaltsrecht") verliehen. Auf diese **Kompetenztitel** ist dann auch im Jahre 1999 das Vergaberechtsänderungsgesetz, durch das die §§ 97 ff. GWB geschaffen worden sind (→ Rn. 20), gestützt worden.[1] Dessen Kompetenzkonformität ist bis heute unangefochten. Auch in der Begründung zur GWB-Reform 2016 zwecks Umsetzung des EU-Richtlinienpakets 2014 beruft sich der Gesetzgeber (zutreffend) auf diese Kompetenztitel.[2]

2 Sollte der Bund künftig gesetzliche Regelungen im Bereich unterhalb der Schwellenwerte erlassen wollen, bestünde freilich in Anbetracht **neuerer verfassungsgerichtlicher Rechtsprechung** und der mit der Föderalismusreform I im Jahr 2006 bewirkten zusätzlichen Stärkung der Länderkompetenzen Anlass, sich vertiefter mit der Kompetenzfrage zu beschäftigen (→ § 26 Rn. 9 f.).

---

[1] BT-Drs. 13/9340, S. 13.
[2] Regierungsentwurf, BR-Drs. 367/15, S. 66 f. Hierbei kann er sich auch auf die Entscheidung des BVerfG zum Berliner Tariftreuegesetz (NZBau 2007, 53) stützen.

2. Grundrechte

Welche Bedeutung entfalten die Grundrechte der Art. 1 bis 19 GG für das Vergabe- 3
recht? Beeinflussen sie die Vergabeentscheidung als solche einschließlich ihrer Kriterien und das hierauf bezogene Verfahren (materielle Ebene), und welche Impulse gehen für die prozessuale Ebene der Durchsetzung etwaigenfalls begründeter Rechte aus? Voraussetzung für die Beantwortung beider Fragen ist die Bindung der Auftraggeber an die Grundrechte, die nach Art. 1 Abs. 3 GG zu ermitteln ist.

a) Grundrechtsbindung. Gemäß **Art. 1 Abs. 3 GG** ist die „vollziehende Gewalt" 4
an die Grundrechte als unmittelbar geltendes Recht gebunden. Dies gilt ohne weiteres für den Bund, die Länder, die Kommunen und sämtliche öffentlich-rechtliche Körperschaften und Anstalten. Unumstritten ist auch die Grundrechtsbindung juristischer Personen des Privatrechts, die zu 100 % einem staatlichen Träger gehören (sog. Eigengesellschaften). Wenn es sich um sog. gemischt-wirtschaftliche Unternehmen handelt, bei denen der Staat aber die Mehrheit der Anteile hält, gilt nach zutreffender Auffassung Entsprechendes.[3] Das BVerfG hat wiederholt[4] die Grundrechtsfähigkeit solcher Unternehmen verneint, was den Umkehrschluss zulässt, dass es deren Grundrechtsbindung bejahen würde;[5] mit der sog. Fraport-Entscheidung hat es dies explizit getan.[6]

Die Grundrechtsbindung entfällt auch nicht deswegen, weil in den Rechtsformen des Privat- 5
rechts gehandelt wird (durch Kaufverträge etc.) und auch nicht deswegen, weil es nicht unmittelbar um die Erledigung von Verwaltungsaufgaben, sondern um hierauf gerichtete Beschaffungstätigkeit geht. Auch wenn der BGH bis heute zwischen „erwerbswirtschaftlich-fiskalischem" und sog. verwaltungsprivatrechtlichem Handeln differenziert (dabei teilweise sogar die Beschaffungstätigkeit als bloßes „fiskalisches Hilfsgeschäft" qualifizierend),[7] hat das BVerfG immerhin im Hinblick auf Art. 3 Abs. 1 GG explizit die Grundrechtsbindung der staatlichen Beschaffungstätigkeit angenommen.[8] In der Rechtssache „Watzmanntherme" hat das Gericht am 19. 7. 2016 endgültig die Grundrechtsgebundenheit jeglichen staatlichen Handelns in den Handlungsformen des Privatrechts festgestellt.[9] In der Wissenschaft wird seit langem ganz überwiegend davon ausgegangen, dass die Grundrechtsbindung des Staates aus Art. 1 Abs. 3 GG unabhängig davon, zu welchem Zwecke und in welcher Rechtsform er agiert, durchgehend besteht.[10] Die Argumente gegen die sog. Fiskustheorie sind so altbekannt wie richtig: Der Staat ist immer ausschließlich dem öffentlichen Interesse verpflichtet und die Abgrenzung verschiedener Aufgabenkategorien danach, ob öffentliche Zwecke unmittelbar oder bloß mittelbar verwirklicht werden, ist weder durchführbar noch in Art. 1 Abs. 3 GG terminologisch oder systematisch angelegt.[11]

---

[3] BVerwGE 113, 208 (211); *Jarass* in: Jarass/Pieroth, GG, 13. Aufl., 2014, Art. 1 Rn. 40.
[4] Im Anschluss an die Kammerentscheidung betreffend die Hamburgische Electricitäts-Werke AG (NJW 1990, 1783) zuletzt BVerfG NVwZ 2009, 1282 f.
[5] Vgl. aber auch BVerfGE 115, 167 (227 f.), allerdings betreffend die infolge von Art. 87 f GG als Sonderfall einzustufende Telekom AG.
[6] BVerfGE 128, 226.
[7] So in der sog. Gummistrümpfe-Entscheidung; BGHZ 36, 91 (95 ff.); vgl. ferner BGH NJW 2003, 1658; NJW 2004, 1031.
[8] BVerfG NZBau 2006, 791 (794); ebenso BVerwG NVwZ 2007, 820 (822).
[9] BVerfG NJW 2016, 3153, Rn. 29 ff.
[10] Vgl. u. a. *Pünder* VerwArch 95 (2004), 38; *Burgi* in: Grundlagen, § 18 Rn. 45.
[11] Grundlegend bereits *Pietzcker,* Staatsauftrag, 366 ff.

6 **b) Materiellrechtliche Situation.** Da der Staat bei der Vergabe öffentlicher Aufträge den Unternehmen gegenüber nicht Ver- oder Gebote erlässt, sondern etwas verteilt, nämlich die Möglichkeit gegen Entgelt für ihn tätig zu werden, also Geschäfte
machen zu können, kann nicht ohne weiteres das sachlich im Vordergrund stehende
Grundrecht der **Berufsfreiheit** nach Art. 12 Abs. 1 GG angewendet werden. Der
Staat könnte nämlich, anstatt etwas auf dem Markt, d.h. bei den berufsfreiheitsrechtlich geschützten Unternehmen zu beschaffen, die betreffenden Güter auch selbst herstellen. Insbesondere im Bereich der Dienstleistungen (wenn man einmal rein äußerlich etwa das, was bei der Polizei oder in staatlichen Schulen gemacht wird, „nur" als
Dienstleistung begreift) ist bis zu etwaigenfalls erfolgenden Privatisierungen (→ § 11
Rn. 22 ff.) der Staat selbst der Dienstleistungserbringer; die Grundrechte kommen
dann grundsätzlich gar nicht zur Anwendung, d.h. die durch sie geschützten Unternehmer müssen ihrer Tätigkeit durch Geschäfte mit anderen privaten Unternehmern
nachgehen. Trotzdem ist nicht zu leugnen, dass in nicht wenigen Märkten der Staat
zu den wichtigen Auftraggebern gehört und sowohl die Nichtberücksichtigung
durch ihn als auch, und oftmals noch viel mehr, die stattdessen erfolgende Bevorzugung eines Konkurrenten, massive wirtschaftliche Nachteile zur Folge haben kann.

7   Mit einem Fall dieser Art hatte es das BVerfG in seinem Beschluss vom 13.6.
2006[12] zu tun. Dabei ging es um ein Unternehmen der Verkehrssicherungsbranche,
welches seinen gesamten Umsatz überhaupt nur mit öffentlichen Aufträgen erwirtschaftete. Das Gericht hat sich hiervon aber nicht beeindrucken lassen. Es stellt ausdrücklich klar, dass es **keinen Anspruch auf Erfolge im Wettbewerb** und die Sicherung künftiger Erwerbsmöglichkeiten gebe. Bei der Vergabe öffentlicher Aufträge
bewege sich der Staat innerhalb des Marktes und beeinflusse den Wettbewerb nicht
von außen. Daher liege selbst bei vollständiger Abhängigkeit von öffentlichen Aufträgen kein Eingriff in die Berufsfreiheit vor. Das Gericht prüft somit Art. 12 GG gar
nicht weiter, sondern wendet sich unmittelbar der Prüfung des allgemeinen Gleichheitssatzes nach Art. 3 Abs. 1 GG zu. Insoweit gelte jedoch nur der Maßstab des
Willkürverbotes, nicht etwa eine strenge Bindung an Verhältnismäßigkeitserfordernisse. Zu beachten sei allerdings der Grundsatz der Selbstbindung der Verwaltung.

8   Dieser Beschluss lässt sich durchaus in die lange Reihe neuerer Entscheidungen
zur Relevanz der Grundrechte bei staatlichen Verteilungsentscheidungen einfügen.[13]
In all diesen Situationen (Besetzung hauptamtlicher Notar- bzw. Beamtenstellen,
Zuteilung von Marktplatzständen, Aufnahme in den Krankenhausplan, Vorauswahl
von Insolvenzverwalterkandidaten, Vergabe von Subventionen bzw. von Emissionszertifikaten) kommen drei **verschiedene grundrechtsdogmatische Zuordnungen in Betracht:** Die Grundrechte können als Eingriffsabwehrrechte betroffen sein
oder als Teilhaberechte in Form einer Kombination aus Art. 12 Abs. 1 GG i.V.m.
Art. 3 Abs. 1 GG (wie von der sog. Numerus-Clausus-Rechtsprechung bezüglich der

---

[12] BVerfG NZBau 2006, 791; befürwortend *Pietzcker* ZfBR 2007, 131; *Marx* WiVerw 2007, 193 f.; diff.
Wollenschläger DVBl. 2007, 589; bestätigt durch BVerfG NZBau 2009, 464.
[13] Grundlegend hierzu: *Huber,* Konkurrentenschutz im Verwaltungsrecht, 1991, S. 441 ff.; *Voßkuhle* Die Verwaltung 32 (1999), 21; *Kupfer,* Die Verteilung knapper Ressourcen im Wirtschaftsverwaltungsrecht, 2005,
S. 108 ff.; *Burgi* WiVerw 2007, 173 ff.; *Malaviya,* Verteilungsentscheidungen und Verteilungsverfahren,
2009; zuletzt BVerfG NZBau 2011, 123 (Personenbeförderungsrecht).

Vergabe von Studienplätzen her bekannt), oder aber es ist schlicht das Willkürverbot des Art. 3 Abs. 1 GG betroffen.

Zum besseren Verständnis sei die Vergabe von Subventionen der öffentlichen Auftragsvergabe 9 vergleichend gegenübergestellt. Dabei ist zunächst die Betrachtung des grundrechtlichen Schutzbereichs entscheidend. Die Vergabe von Subventionen trifft etwas, das Teil des grundrechtlichen Schutzbereichs ist. Hier konkurrieren die privaten Wirtschaftsteilnehmer untereinander, d. h. sie üben ihre Berufsfreiheit aus, in die der Staat dann mit der Bevorzugung eines Einzelnen von ihnen eingreift. Dies wirkt sich jedenfalls bei schweren und unerträglichen Beeinträchtigungen wie ein Gebot oder Verbot aus.[14] Bei der Vergabe öffentlicher Aufträge liegt es anders. Auch hier sind die Teilnehmer am Markt darin geschützt, Chancen zu nutzen, d. h. Verträge untereinander oder auch mit dem Staat (in einem erst durch die Vergabeentscheidung eröffneten neuen Markt) abzuschließen. Das Nutzen dieser Chancen ist Teil des grundrechtlichen Schutzbereichs. Außerhalb dessen liegt aber der erfolgreiche Abschluss von Verträgen und ebenso ein mögliches Recht darauf, von irgendeinem der am Markt präsenten Auftraggeber auch nur in Erwägung gezogen zu werden.[15] Es besteht eben nur eine Chance darauf, mehr aber auch nicht. Verweigert nun der staatliche Auftraggeber die Zuschlagserteilung, dann hat er eine solche Chance zunichte gemacht, aber er hat nicht in den Schutzbereich des Berufsgrundrechts eingegriffen, weil man zwar um eine einzelne Chance, nicht aber um die Befugnis, Chancen überhaupt realisieren zu können, ärmer geworden ist. Das Marktgeschehen als solches ist nicht gestört worden, weil der Staat als ein Nachfrager unter mehreren, also marktintern handelt, – anders als im Subventionsfall, wo er von außen das Marktgeschehen „stört", mithin eingreift.[16]

Diese Zusammenhänge werden durch die teilweise vertretene Auffassung, die 10 Grundrechte seien als Eingriffsabwehrrechte betroffen (entweder stets[17] oder zumindest in qualifizierten Situationen, namentlich bei staatlicher Marktbeherrschung), verkannt.[18] Anders als etwa bei den Beamtenstellen oder bei den Markt-Stellplätzen hat der Staat die Knappheit weder durch finanzielle Zurückhaltung noch (wie etwa in der Krankenhausplanung oder beim Emissionshandel) durch vorherige rechtliche Maßnahmen herbeigeführt. Der BVerfG-Beschluss aus 2006 entspricht ferner der seit einiger Zeit stärkeren Betonung der Rolle des Grundgesetzes als bloßer Rahmenordnung, bei gleichzeitiger Anerkennung marktlicher Vorfindlichkeiten.[19] Dies hat zur Konsequenz, dass den Grundrechten oberhalb der Schwellenwerte, wo eine intensive materiellrechtliche Reglementierung existiert und durch § 97 Abs. 6 GWB jedem Bieter ein subjektives Recht auf die Beachtung sämtlicher vergaberechtlichen Vorschriften eingeräumt wird (→ näher § 6 Rn. 10) **keine Bedeutung** zukommt; insoweit ist der einfache Gesetzgeber (freilich in Umsetzung der europarechtlichen Vorgaben aus der VKR) gleichsam überschießend tätig geworden.[20] Jenseits des Anwendungsbereichs der §§ 97 ff. GWB (d. h. außerhalb des sekundärrechtlich geprägten Vergaberechts) folgt aus dem Eingreifen des Willkürverbots nach Art. 3 Abs. 1

---

[14] BVerwGE 65, 167 (174).
[15] Ebenso *Pietzcker* NZBau 2003, 244.
[16] Insoweit bereits *Wallerath,* Bedarfsdeckung, S. 318 ff.
[17] *Puhl* VVDStRL 60 (2001), 456 (481); *Cremer* in: Pünder/Prieß, Vergaberecht im Umbruch, 2005, 29 (35 ff.).
[18] *Huber* JZ 2000, 877 (879 f.).
[19] Näher *Burgi* WiVerw 2007, 181.
[20] Ebenso *Bungenberg,* Vergaberecht, S. 220.

GG, dass eine diskriminierungsfreie Kriterienaufstellung erfolgen muss, wobei die Kriterien zur Auftragsvergabe selbst nicht rechtfertigungspflichtig sind.

11 Es besteht ferner eine Pflicht zur Beachtung der einmal aufgestellten Kriterien und es muss Transparenz im Sinne einer Chanceneröffnung bei bescheidenen formellen Anforderungen gegeben sein. Auch bei der Auftragsvergabe unterhalb der Schwellenwerte (→ § 25) wirkt sich dies eigentlich nicht aus, weil insoweit bereits deutlich strengere Regeln auf der einfachgesetzlichen Ebene des Haushaltsrechts und der Vergabeordnungen existieren, und weil ein intensiver wirkendes subjektives Recht aus den Vorgaben der europäischen Grundfreiheiten folgt. Darauf ist ebenso zurückzukommen, wie auf die u. U. spezifische grundrechtliche Situation bei der Verfolgung zusätzlicher politischer Zwecke (neben dem reinen Beschaffungszweck; → vgl. § 7). In der Summe bedeutet dies, dass wir es mit einem Rechtsgebiet zu tun haben, in dem die Grundrechte des GG infolge europarechtlicher und weitgehend darauf bezogener einfachgesetzlicher Entscheidungen gegenwärtig und auch auf lange Sicht keine Relevanz entfalten.

12 **c) Prozessrechtliche Situation.** Anders als auf der materiellrechtlichen Ebene hat das BVerfG in prozessualer Hinsicht den Rechtsschutzstandard des GG im Vergaberecht nicht zutreffend erfasst, indem es im Beschluss vom 13. 6. 2006 die Anwendung der Rechtsschutzgarantie des Art. 19 Abs. 4 GG (gerichtet gegen Akte der „öffentlichen Gewalt") generell ablehnt.[21] Damit stellt es im Hinblick auf den gerichtlichen Rechtsschutz den Staat bei dessen privatrechtsförmigem Handeln einem echten Privaten gleich und missachtet, dass er auch als Nachfrager am Markt immer zugleich Regelsetzer und Rechtsgestalter ist. Angesichts des vielfältigen Handlungsarsenals des modernen Staates kann der bloße Umstand des Einsatzes öffentlich-rechtlicher Handlungsformen eigentlich nicht mehr den Ausschlag zu Gunsten des Eingreifens der Rechtsschutzgarantie des Art. 19 Abs. 4 GG geben. Nachdem die materielle Grundrechtsbindung aus Art. 1 Abs. 3 GG mittlerweile anerkannt ist (→ Rn. 4 f.), hätte auf der prozessualen Ebene hieraus die entsprechende Konsequenz gezogen werden müssen. Statt dessen wendet das BVerfG den aus dem Rechtsstaatsprinzip nach Art. 20 Abs. 3 GG i.V.m. Art. 2 Abs. 1 GG abgeleiteten sog. **allgemeinen Justizgewährungsanspruch** an, den es durch die gegenwärtige Ausgestaltung des Vergaberechtsschutzes in Deutschland als nicht verletzt erachtet.[22] Dies bedeutet im Ergebnis einen geringeren Schutzstandard, weil der ungeschriebene Justizgewährleistungsanspruch wegen seiner Anknüpfung u. a. an Art. 2 Abs. 1 GG leichter beschränkt werden kann als das vorbehaltlose Grundrecht des Art. 19 Abs. 4 GG. Oberhalb der Schwellenwerte wirkt sich dies freilich praktisch nicht aus, weil hier ein mustergültig ausgebauter Rechtsschutz auf der Grundlage der §§ 155 ff. GWB bereitgestellt wird; insoweit hatte das BVerfG in einer früheren Entscheidung vom 29. 7. 2004[23] auch die Anwendbarkeit des Art. 19 Abs. 4 GG bejaht, weil die Missachtung des subjektiven Rechts aus Art. 97 Abs. 6 GWB einen Akt „öffentlicher Gewalt" bilde.

---

[21] BVerfG NJW 2006, 3701, Rn. 74 ff.
[22] BVerfG NJW 2006, 3701, Rn. 74 ff.; zu Recht krit. *Niestedt/Hölzl* NJW 2006, 3680 (3682); *Spießhofer/Sellmann* VergabeR 2007, 159 (160 f.); *Dörr* WiVerW 2007, 211 ff.; befürwortend *Pietzcker* ZfBR 2007, 131 f.
[23] Der 1. Kammer des 2. Senats, BVerfG NZBau 2004, 564.

Jenseits des Anwendungsbereichs des GWB-Vergaberechts, v. a. unterhalb der Schwellenwerte 13
wird die Vereinbarkeit der Rechtsgewährung künftig allein von der Handhabung in der
Rechtspraxis und ggf. durch den einfachen Gesetzgeber abhängen (näher zu beidem → §§ 25,
26). Das BVerfG, obgleich sonst hoch motivierter Hüter der Grundrechte, ist in diesem Bereich jedenfalls hinter dem durch das Europarecht vorgegebenen Rechtsschutzstandard in Sachen Zugänglichkeit und Effektivität eines gerichtlichen Verfahrens (→ § 3 Rn. 25) zurückge-
blieben. Das von ihm gefundene Ergebnis, dass der Gesetzgeber von Verfassungsrechts wegen
nicht verpflichtet sei, für den Bereich unterhalb der Schwellenwerte einen auch faktisch reali-
sierbaren Primärrechtsschutz vorzusehen, ist die logische Konsequenz. Von Europarechts wegen ist und bleibt der Gesetzgeber hierzu verpflichtet! Zutreffend ist hingegen die Verneinung
eines teilweise behaupteten Verstoßes gegen das Willkürverbot des Art. 3 Abs. 1 GG durch die
unterschiedliche Behandlung der Vergaben oberhalb und unterhalb der Schwellenwerte.[24]

II. Im Anwendungsbereich des EU-Sekundärvergaberechts

Die Umsetzung der europäischen Vergaberichtlinien (→ § 3 Rn. 38 ff.) ist zentral be- 14
wirkt worden durch die §§ 97 ff. GWB und weitere, kaskadenförmig auf diese gestützten Vorschriften: Die VgV (→ Rn. 22) sowie die sog. Verdingungsordnungen
(seit 2009 „Vergabeordnungen" genannt), nämlich die VOB/A, die VOL/A (jeweils
mit dem Zweiten Abschnitt) und die VOF (→ Rn. 24 f.). Im Jahr 2009 ist die Sekt-
VO, im Jahr 2016 die KonzVO hinzugetreten (→ Rn. 27). Zugleich hat die Reform
2016 zur Überführung der bisherigen Regelungsgegenstände der VOL/A-EG und
der VOF in die VgV geführt. Die sich hieraus ergebenden Anforderungen bilden das
Herzstück des gegenwärtig geltenden Vergaberechts und zugleich den Mittelpunkt
dieses Buches (im 2. Kap.).

1. Kaskadenstruktur

a) Veranschaulichung. Zur Veranschaulichung der hierarchischen Stufung dieses 15
Regelungssystems hat sich das Bild der „Kaskade" (ursprünglich auf stufenförmige
Wasserfälle bezogen) eingebürgert. Teilweise tritt als weiteres Bild das des „Schubla-
densystems" hinzu. Damit soll veranschaulicht werden, dass innerhalb der beiden
großen Vergabeordnungen (der VOB/A, bis 2016 auch der VOL/A) die Regelungen
für Vergaben oberhalb der Schwellenwerte in einem Abschnitt (dem Zweiten) und
die Regelungen für die Vergaben unterhalb der Schwellenwerte in einem anderen
Abschnitt (dem jeweils Ersten) angeordnet sind, die somit jeweils nach Art einer
Schublade „geöffnet" werden müssen. Das nachfolgende Schaubild bezieht sich auf
die Rechtslage nach Abschluss der Vergaberechtsreform 2016.

---

[24] Weil letztere auf den spezifischen Vorgaben des europäischen Richtlinienrechts beruht (BVerfG NJW
2006, 3701, Rn. 89 ff.).

16

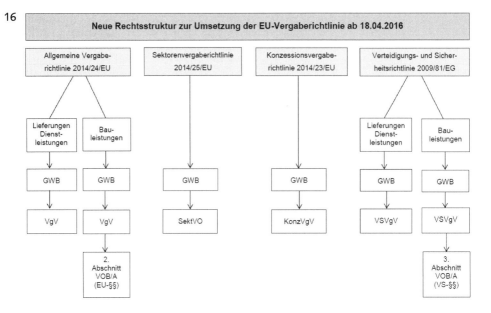

17 b) Verfassungsrechtliche Beurteilung. Als Idealvorstellung wäre sicherlich eine lediglich zweistufige Regelungsstruktur (bestehend aus GWB und VgV) wünschenswert. Im Vergleich mit zahlreichen anderen Rechtsgebieten ist allerdings eine darüber hinausgehende Mehrstufigkeit nichts Ungewöhnliches, wenn man nur an das jeden Normalbürger tagtäglich berührende Straßenverkehrsrecht denkt, in dem es neben StVG und StVO neuerdings auch europarechtliche Vorgaben und zahlreiche Regeln der Technik etc. gibt. Bedenkt man, dass es im Vergaberecht regelmäßig nicht um Eingriffe in die Grundrechte geht (→ Rn. 7), sondern um eine Teilhabe an Leistungen, dann gehen **grundrechtliche Zweifel** an der hier gewählten Verweisungsstruktur **ins Leere,** und sind das Gebot der Normenklarheit sowie das Demokratieprinzip infolge der Verweisungstechnik (in § 2 VgV) noch gewahrt.[25] Nicht durchsetzen konnten sich auch die gegen die Einbeziehung der sog. Verdingungsausschüsse in die Rechtsetzung geäußerten Bedenken.[26] Die Vergabeordnungen (seit 2016 oberhalb der Schwellenwerte nur noch die VOB/A) sind private Regelwerke, denen der staatliche Gesetzgeber dadurch Rechtsnormqualität verleiht, dass er jeweils durch eine Anpassung in (künftig) § 2 VgV auf die Vergabeordnung in der jeweils geltenden Fassung verweist (wozu er selbstverständlich nicht verpflichtet ist).

18   Diese fast schon routinemäßige Vorgehensweise ist zwar kein Ausdruck tatkräftiger Gestaltungsbereitschaft der zur Rechtsetzung im Verfassungsstaat eigentlich berufenen Institutionen Bundestag, Bundesrat und Bundesministerien. Freilich gibt es für die ja nun schon seit Jahrzehnten praktizierte Vorgehensweise durchaus **Gründe.** Sie beste-

---

[25] Verfassungsrechtliche Zweifel streut *Dreher* in: Dreher/Stockmann, vor § 97 ff. Rn. 40 f., 49 (dagegen *Knauff* NZBau 2010, 657, und *ders.* NZBau 2016, 195), unter Berufung auf eine entsprechende Beurteilung von Verweisungen nebst Weiterverweisungen und Verschachtelungen im AußenwirtschaftsG durch das BVerfG (NJW 2004, 2213 (2218)). Dort bestand ein deutlich höheres Maß an Verschachtelung, es handelte sich um unmittelbare Eingriffe in das Grundrecht nach Art. 10 GG und überdies ging es um die Normierung von Voraussetzungen der Strafbarkeit.
[26] *Dreher* NZBau 1990, 1264; dagegen *Pietzcker* NZBau 2000, 64 (65).

hen (ebenso wie in vielen anderen Bereichen, in denen an private Rechtsetzungsakte angeknüpft wird, etwa bei den Regeln der Technik im Umweltrecht oder bei den DIN-Normen im Produktsicherheitsrecht) außer in der Erwartung erhöhter Sachkunde vor allem in der vorgelagerten Abarbeitung gegenläufiger Interessen, natürlich auch im Umstand der potenziellen Staatsentlastung. Die Gefahr der möglichen Vernachlässigung des Gemeinwohls zugunsten der Orientierung an Sonderinteressen, bis hin zur Entmachtung des Staates, ist im Vergaberecht freilich nicht realistisch. Hier werden, jedenfalls seit Inkrafttreten der EU-Vergaberichtlinien, sämtliche Reformschritte von einer breiten Fachöffentlichkeit begleitet und teilweise mehrere Jahre lang diskutiert; Ministerialbeamte und Abgeordnete sind durchgehend hieran beteiligt und könnten jederzeit die Rechtsetzung ganz oder teilweise an sich ziehen. Dass dies lange Zeit gar nicht oder nur zu einem geringen Maße geschehen ist, mag man, wie bereits gesagt, bedauern; dieses Bedauern hat aber keinen verfassungsrechtlichen Grund, sondern ist rein politischer Natur.

Dass die Verweisungsregel des § 2 VgV den verfassungsrechtlichen Anforderungen entspricht, 19 steht außer Frage; der Umstand, dass es sich um eine statische (nicht um eine dynamische) Verweisung handelt, die sich also lediglich auf die jeweils vorliegende Fassung der VOB/A bezieht, erleichtert die verfassungsrechtliche Rechtfertigung. Die von dem Vergabeausschuss vorgelegten Regelwerke als solche müssen durchgehend den europarechtlichen Vorgaben entsprechen und sie werden publiziert. Die Organisation der Vergabeausschüsse erscheint im Hinblick auf den Binnenpluralismus sowie die Herstellung weitestmöglicher Neutralität und Unabhängigkeit zwar durchaus verbesserungswürdig; auch diese Kritik erreicht aber noch nicht die Schwelle des verfassungsrechtlich Bedenklichen.[27]

2. Das Vergaberegime für Aufträge

a) GWB (§§ 97 ff.): Bis 2016. Durch das Vergaberechtsänderungsgesetz 1998 wurde 20 der bereits in → § 2 Rn. 3 ausführlich geschilderte „Quantensprung" der Überführung des Vergaberegimes oberhalb der EU-Schwellenwerte vom Haushaltsrecht in das GWB bewirkt. Die dort maßgeblichen Vorschriften der §§ 97–129b GWB galten bis 2016 in der Fassung des **Gesetzes zur Modernisierung** des Vergaberechts, das am **24. 4. 2009** in Kraft getreten ist.[28]

Dieses Gesetz bildete den Abschluss langjähriger Reformdebatten, die einen zwischenzeitlichen Höhepunkt in einem Referentenentwurf aus dem Bundeswirtschaftsministerium[29] in den Jahren 2004/2005 gefunden hatten. Dieser hatte u. a. die Abschaffung der VOL/A und der VOF sowie die Begrenzung der Geltung der VOB/A auf Vergaben unterhalb der Schwellenwerte unter gleichzeitiger Regelung sämtlicher Vergabeverfahrensvorschriften in einer neuen Vergabeverordnung zum Inhalt. Nach dem Regierungswechsel von Rot/Grün zur Großen Koalition wurden diese Pläne nicht weiter verfolgt, stattdessen fand eine sog. kleine Vergaberechtsreform (2006) statt.[30] Dadurch sind einige Vorgaben des Legislativpakets der EU in das deutsche Vergaberecht (→ § 3 Rn. 39) übernommen worden und es konnte durch eine rasche Umarbeitung

---

[27] Bündig zu den allgemeinen Verfassungsanforderungen an die Rechtsetzung durch Private *Burgi* in: Isensee/Kirchhof, HdbStR IV, 3. Aufl., 2006, § 75 Rn. 34 f.
[28] BGBl. 2009 I S. 790.
[29] Vgl. den Bericht der Arbeitsgruppe zur Verschlankung des Vergaberechts (*Kratzenberg* NZBau 2004, 141).
[30] Zu deren Ergebnissen *Pukall* VergabeR 2006, 586; *Gabriel* LKV 2007, 262.

der drei Verdingungsordnungen das materiell-rechtlich Erforderliche getan werden.[31] Die sodann im Jahr 2009 durchgeführte Vergaberechtsreform hat seit 1999 die umfassendsten Änderungen am GWB selbst bewirkt. Dabei ging es zum einen um die Übernahme weiterer Regelungen aus der VKR, der SKR und vor allem um die Umsetzung der Vorgaben der zwischenzeitlich erlassenen neuen Rechtsmittelrichtlinie 2007/66/EG, deren Umsetzungsfrist am 20.12.2009 abgelaufen war (→ § 3 Rn. 49). Als zusätzliches politisches Ziel wurde eine mittelstandsfreundlichere Gestaltung genannt.[32]

21 **b) Das GWB-Vergaberecht seit der Vergaberechtsreform 2016.** Die seit 1998 grundlegendsten Änderungen wurden in den Jahren 2015/2016 zur Umsetzung der EU-Vergaberechtsreform (Richtlinie 2014/24/EU sowie Richtlinie 2014/23/EU und Richtlinie 2014/25/EU; → § 3 Rn. 43 ff.) erforderlich. Fußend auf breit angelegten, u.a. durch eine Expertenkommission begleiteten Arbeiten und einem am 7.1.2015 veröffentlichten „Eckpunktepapier" des Bundeskabinetts hat das Bundeswirtschaftsministerium am 30.4.2015 einen Referentenentwurf vorgelegt, dem am 8.7.2015 (BR-Drs. 367/15 bzw. BT-Drs. 18/6281) der Gesetzentwurf der Bundesregierung folgte. Danach findet sich das GWB-Vergaberecht künftig in den §§ 97–184 GWB, ist also in weit größerem Umfang als bisher auf der parlamentsgesetzlichen Ebene verankert. Dieser Gesetzentwurf wurde nach den Beratungen im Bundesrat (BR-Drs. 596/15) und im Bundestag (BT-Drs. 18/7086), die zu bemerkenswert wenigen Änderungen geführt haben, am 17.12.2015 vom Bundestag verabschiedet (BGBl. 2016 I S. 203).[33] Am 18.4.2016 ist das neue GWB-Vergaberecht fristgerecht in Kraft getreten. Es ist gemäß § 186 Abs. 2 GWB anwendbar auf „Vergabeverfahren, die nach dem 18.4.2016 begonnen haben".[34] Seine Inhalte[35] werden im 2. Kapitel dieses Buches entfaltet.

Der deutsche Gesetzgeber verfolgt die gleichen Ziele wie die EU (→ § 3 Rn. 46). Zusätzlich wird angestrebt, dass das Vergabeverfahren möglichst einheitlich sein soll, weswegen das Kaskadensystem zwar nicht als solches, wohl aber in der Breite reduziert wird. Dies geschieht dadurch, dass die Regelungsinhalte der bisherigen VOL/A-EG und der VOF künftig im GWB bzw. in der VgV (vgl. sogleich) enthalten sein werden. Für den Baubereich besteht die VOB/A, Zweiter Abschnitt (künftig: VOB/A-EU) und damit die Kaskade zwar fort, auch insoweit sind aber zahlreiche Regelungsinhalte in das Gesetz hochgezont worden. Damit wird letztlich ein mittlerer Weg zwischen der bisherigen weitgehend passiven Rezeption der von privaten Ausschüssen erarbeiteten Ordnungen und dem vollständigen Verzicht auf deren Regel-

---

[31] Vgl. den Beschluss der Bundesregierung über „Schwerpunkte zur Vereinfachung des Vergaberechts im bestehenden System" vom 28.6.2008 sowie die Antworten auf eine Kleine Anfrage, BT-Drs. 16/2268 vom 20.7.2006.

[32] Gesetzentwurf der Bundesregierung vom 13.8.2008, BT-Drs. 16/10117 (mit Stellungnahme des Bundesrats und Gegenäußerung der Bundesregierung); vgl. ferner die Zustimmung des Bundesrats vom 13.2.2009 (BR-Drs. 35/09; Beschlussempfehlung und Bericht des Ausschusses für Wirtschaft und Technologie, BT-Drs. 16/11428); Überblicksbeiträge zu dieser Reform: *Gabriel* NJW 2009, 2011; *Byok* NVwZ 2009, 551; *Egidy* DÖV 2009, 835; *Ley,* Das neue Vergaberecht 2009, 2009; *Franßen* NWVBl. 2010, 41.

[33] Zuletzt geändert durch G.v. 30.10.2017 (BGBl. 2017 I S. 3618).

[34] Hierzu *Brandmeier* in: Burgi/Dreher, GWB, § 186.

[35] Erste Gesamt-Einschätzungen bei *Krönke,* NVwZ 2016, 568; *v. Wietersheim* VergabeR 2016, 269. Eine instruktive Synopse bietet *Schaller* ZfBR 2016, 231. Stellv. für die Vielzahl der Stellungnahmen von Verbänden seien die Stellungnahme Nr. 26/2015 des Deutschen Anwaltsvereins (Ausschuss Vergaberecht) und des DIHK (v. 8.4.2015; NZBau-aktuell 2015, Heft 5) genannt. Weitere Stellungnahmen sind unter www.forum-vergabe.de zu finden.

werke beschritten. Sowohl dem GWB- als auch dem VgV-Regierungsentwurf sind bemerkenswert ausdrückliche Begründungen zu jeder einzelnen Vorschrift beigefügt (BT-Drs. 18/7086 bzw. BT-Drs. 18/7318 u. 18/7417 Nr. 2), die bei der sog. historischen und systematischen Auslegung wertvolle Anhaltspunkte bieten können.

c) Vergabeverordnung (VgV). Die getreu der Anforderungen des Art. 80 GG auf **22** § 113 GWB (früher: § 127) beruhende VgV hat in den Jahren ab 1999 mehrere Änderungen erfahren. Sie galt lange Zeit in der Fassung vom 11.2.2003[36] und hat im Frühjahr 2010 nach langer Durststrecke das Reformpaket 2009/2010 komplettiert.[37] Bis 2016 bestand ihre Funktion v.a. darin, das „Scharnier" zu den seinerzeit geltenden drei Vergabeordnungen zu bilden. Dies geschah (wodurch die drei Vergabeordnungen Rechtsgültigkeit im Verordnungswege erlangten) durch jeweils eine Verweisungsnorm. Seit der Fassung der VgV als Teil der „Verordnung der Bundesregierung zur Modernisierung des Vergaberechts (VergRModVO)", einer Mantel-Verordnung mit VgV, SektVO, KonzVgV und Vergabestatistikverordnung (VergStatVO; → § 13 Rn. 6)[38] finden sich dort überdies die bisherigen Regelungsinhalte der VOL/A-EG und der VOF. Bemerkenswerterweise hatte der Bundestag in § 113 GWB einen in Art. 80 GG nicht vorgesehenen Zustimmungsvorbehalt verankert; die Zustimmung erfolgte ohne Änderungen gegenüber dem Entwurf der Regierung mit BT-Drs. 18/7693. Mit Beschluss vom 18.3.2016 hat der Bundesrat seine Zustimmung gemäß Art. 80 Abs. 2 GG erklärt, verbunden mit einer „Entschließung" (BR-Drs. 87/16), die u.a. die teilweise Uneinheitlichkeit zwischen VgV und VOB/A-EU betraf, aber ebenfalls keine inhaltlichen Änderung bewirkt hat. Auch die VgV konnte mithin am 18.4.2016 in Kraft treten.[39]

Inhaltlich regelt die VgV 2016 in 82 Paragrafen sämtliche Verfahrens- und Nach- **23** weisthemen, die bisher in der VOL/A-EG und in der VOF enthalten waren, dies natürlich mit inhaltlichen Weiterentwicklungen aus Anlass des EU-Rechts und mit zahlreichen Konkretisierungen und Präzisierungen. Sie werden jeweils im 2. Kapitel verarbeitet. Teilweise gilt die VgV auch für die Vergabe von Bauaufträgen (vgl. § 2 S. 1 VgV). Erstmals findet sich damit alles „Wesentliche" zu Anwendungsbereich, Verfahren und Kriterien eines Beschaffungsvorgangs in Gesetz und Verordnung. Für den Praktiker ist die VgV in kurzer Zeit zum wichtigsten Arbeitsinstrument geworden.

d) Verdingungs- bzw. Vergabeordnungen. In diesen Regelwerken befanden sich **24** in Konkretisierung der GWB-Vorgaben jahrzehntelang die detaillierten Aussagen zum **Verfahren** und zu den **Kriterien** der öffentlichen Auftragsvergabe. Während die VOB/A die Vergabe von Bauleistungen betrifft, zielt die VOL/A auf Dienstleistungen und Lieferungen und bildete die VOF (als wiederum deutscher Sonderweg) den Rahmen für die Beschaffung freiberuflicher Leistungen (beispielsweise von Architekten, Unternehmensberatern oder Rechtsanwälten). Alle drei Regelwerke tru-

---

[36] BGBl. 2003 I S. 169.
[37] Zu diesem Stand *Just/Sailer* NVwZ 2010, 937.
[38] BGBl. 2016 I S. 624.
[39] Sie gilt auf dem Stand der Änderungen durch G.v. 18.7.2017 (BGBl. 2017 I S. 2745).

gen seit 2009 die Bezeichnung „Vergabe- (und Vertrags-)ordnung". Die VOB/A und die VOL/A werden jeweils durch einen Teil B ergänzt, welcher Mustervertragsbestimmungen der öffentlichen Hand enthält, die vielfach auch von Privaten per Verweisung (beispielsweise in Bauhandwerkerverträgen) zugrunde gelegt werden. Die VOB verfügt zusätzlich über einen Teil C, welcher die für den Bauvertrag einschlägigen technischen Normen aufführt.

25 Der Verdingungsausschuss für Leistungen und der Verdingungsausschuss für Bauleistungen existieren schon seit den 20er Jahren des vorigen Jahrhunderts (auf diese Zeit gehen auch die ersten Fassungen der beiden Regelwerke zurück). Im Baubereich ist heute der „Deutsche Vergabe- und Vertragsausschuss für Bauleistungen" zuständig (traditionell begleitet vom Bundesbauministerium), während für die übrigen beiden Verdingungsordnungen der „Deutsche Verdingungsausschuss für Leistungen – ausgenommen Bauleistungen (DVAL)" verantwortlich zeichnete, begleitet vom Bundeswirtschaftsministerium.[40] Sie sind jeweils paritätisch besetzt mit Vertretern der verschiedenen Interessengruppen (Wirtschaftsverbände, Auftraggeberseite, Gewerkschaften) und Vertretern des Staates.[41] Im einzelnen gilt Folgendes:

26 – **Die VOB/A** galt zuletzt in der Fassung der Ausgabe 2012.[42] Die VOB/A besteht heute noch aus drei Abschnitten (zuvor waren es vier), wobei der Zweite Abschnitt die „um zusätzliche Bestimmungen nach der VKR" ergänzten Basisparagrafen (früher die sog. a-Paragrafen, seit 2012: VOB/A-EG bzw. VOB/A-EU) zur Umsetzung des europäischen Vergaberechts enthält, während der Abschnitt 1 (die nicht ergänzten Basisparagrafen) ausschließlich im Bereich unterhalb der Schwellenwerte relevant ist. Die früher für den Bereich der Sektorenvergabe bestehenden Abschnitte 3 und 4 wurden gestrichen.[43] Erfreulicherweise sind seit 2009 die einzelnen Paragrafen neu gegliedert worden, und zwar in Übernahme der bei Gesetzen üblichen Unterteilung in Paragrafen, Absätze und Nummern (letzteres war zuvor umgekehrt). Am 19.1.2016 wurde als Beitrag zur Umsetzung der VRL die VOB/A/EU neu bekanntgemacht (BAnz AT 19.1.2016 B3). Sie enthält sowohl Wiederholungen von Vorschriften des GWB als auch gleichlautende Vorschriften mit denen der VgV und natürlich eigenständige Regelungen aus dem Blickwinkel des Bausektors, auch diese freilich innerhalb des durch das GWB gezogenen Rahmens. Dies soll den Anwendern des Baubereichs, die nur manchmal mit EU-Vergaben befasst sind und überwiegend mit dem Abschnitt 1 der VOB, d.h. unterhalb der Schwellenwerte tätig sind, den Zugriff erleichtern. Der gegenwärtige Stand beruht auf der Bekanntmachung vom 1.7.2016.[44] Das Bundesministerium für Umwelt, Naturschutz, Bau und Reaktorsicherheit hat unter dem Az. B I 7-81063.6/1 am 16.5.2017 einen Erlass zur „Auslegung des reformierten Vergaberechts für die Vergabe von Bauleistungen" veröffentlicht. Auch die relevanten In-

---

[40] Näher *Grau,* Historische Entwicklung und Perspektiven des Rechts der öffentlichen Aufträge, 2004, 162 ff., 186 ff., 227 ff.

[41] Vgl. zur Mitgliedschaft § 3 der Satzung des „Deutschen Vergabe- und Vertragsausschusses für Bauleistungen" 2009 (DVA).

[42] BAnz AT 13.7.2012 B3. Vgl. zum Überblick über die im Jahr 2009 erfolgten Änderungen *Gröning* VergabeR 2009, 117; *Werner* VergabeR 2010, 328; zu 2016 *Reuber* VergabeR 2016, 339.

[43] Der Dritte Abschnitt, der bestimmte Sonderregelungen für *staatliche* Auftraggeber bei Sektorentätigkeiten enthalten hatte (sog. b-Paragrafen), ist ersatzlos gestrichen worden, während der 4. Abschnitt mittlerweile aufgegangen ist in der SektVO (→ § 23 Rn. 4).

[44] BAnz AT 1.7.2016 B4.

halte der VOB/A-EU werden jeweils im 2. Kapitel dieses Buches verarbeitet. In § 2 der VgV 2016 wird sie in gewohnter Weise per Verweisung in das staatliche Recht inkorporiert. Daneben bleiben die Abschnitte 1 (für Vergaben unterhalb der Schwellenwerte; → § 25 Rn. 1) und 3 (VOB/A-VS seit 2012 für Bauvergaben im Verteidigungssektor; → § 23 Rn. 28 ff.) relevant. Auch sie haben im Zuge der Reform 2016 Änderungen erfahren.

– Die **VOL/A** datierte zuletzt vom 20. 11. 2009.[45] Auch sie bestand nur noch aus zwei Abschnitten, wobei ebenfalls der Abschnitt 2 zur Umsetzung der EU-rechtlichen Vorgaben diente. Auch die VOL/A verwendete zur besseren Kennzeichnung hier die Ergänzung „EG", was bedeutet, dass der je einzelne Paragraf (nicht mehr) als a-Paragraf zitiert wird, sondern schlicht die Bezeichnung (beispielsweise): „§ 2 VOL/A-EG" trägt. Mit der Übernahme der Regelungsgegenstände in das GWB bzw. die VgV ist die VOL/A-EG seit Frühjahr 2016 nicht mehr relevant. Seither hatte die VOL/A in Gestalt ihres bisherigen Ersten Abschnitts „nur" noch für die Auftragsvergabe unterhalb der Schwellenwerte Bedeutung; auch diese entfällt mit fortschreitendem Maß der Anknüpfung an die neue **„Unterschwellenvergabeordnung (UVgO)"** in Bund und Ländern (→ § 25).

– Die **VOF** datierte vom 18. 11. 2009.[46] Diese Neufassung enthielt kaum inhaltliche Änderungen, sondern bewirkte eine Anpassung von Struktur und Chronologie des Verfahrensablaufs an die neu gestalteten beiden anderen Verdingungsordnungen. Überdies sind bislang in VgV und VOF doppelt enthaltene Regelungen entfallen. Die VOF galt gemäß § 1 Abs. 2 überhaupt nur oberhalb der Schwellenwerte und bestand daher nicht aus zwei verschiedenen Abschnitten. Allerdings bereitete die Abgrenzung ihres Anwendungsbereichs von dem der VOL/A nicht unerhebliche Schwierigkeiten. Mit Wirkung ab dem 18. 4. 2016 gilt auch für die Vergabe von Aufträgen über „freiberufliche Dienstleistungen" die VgV; in deren Abschnitten 5 („Planungswettbewerbe") und 6 („Besondere Vorschriften für die Vergabe von Architekten- und Ingenieurleistungen")[47] werden verschiedene Spezifika dieser Bereiche geregelt.[48]

3. Vergaberegimes für thematische Sonderbereiche und für Konzessionen

Bereits seit der Reform von GWB und VgV in den Jahren 2009/2010 ist das Vergaberecht in den von der Sektorenrichtlinie der EU (2014/23/EU) erfassten Bereichen (→ 23 Rn. 2 ff.), nämlich beim Verkehr, der Trinkwasserversorgung und der Energieversorgung, nicht mehr kaskadenförmig strukturiert, sondern, vergleichsweise einfacher, nur noch zweistufig geregelt. Während das GWB den Begriff dieser Auftraggeber (der Sektorenauftraggeber) definiert und die grundlegenden Verfahrensregeln enthält, finden sich die Einzelheiten in der „Verordnung zur Neuregelung der für die Vergabe von Aufträgen im Bereich des Verkehrs, der Trinkwasserversorgung und der

27

---

[45] Bekanntgemacht im Bundesanzeiger Nr. 196a vom 29. 12. 2009; vgl. als Überblick zu den dort vorgenommenen Änderungen *Amelung* NZBau 2010, 727.

[46] Veröffentlicht im Bundesanzeiger Nr. 185a vom 8. 12. 2009.

[47] Konkret dazu *Fritz* VergabeR 2017, 267.

[48] Vgl. zu ihnen *Stolz* VergabeR 2016, 351, sowie die entsprechenden Abschnitte in den Kommentaren zur VgV; zur VOF noch *Schnabel* in: FS Marx, 643 ff.

Energieversorgung anzuwendenden Regeln" **(SektVO)**, zunächst in der Fassung vom 23. 9. 2009[49] und seit 18. 4. 2016 in der Fassung der VergaberechtsmodernisierungsVO (BGBl. 2016 I S. 624).[50] Diese beruht auf der Ermächtigungsnorm des § 113 GWB. Seit 2016 ist die EU-Konzessionsrichtlinie 2014/15 umgesetzt worden, und zwar in der **KonzVgV** vom 18. 4. 2016 (BGBl. 2016 I S. 624).[51] Hierauf ist ebenso wie auf die Regelwerke für die Vergabe von Aufträgen bzw. Konzessionen im Verteidigungssektor bzw. im ÖPNV im 3. Kapitel dieses Buches (§§ 23 und 24) einzugehen.

III. Jenseits des EU-Sekundärvergaberechts

28 Unterhalb der in § 106 GWB niedergelegten Schwellenwerte für die Vergabe von Aufträgen gelten weder die §§ 97 ff. GWB noch die VgV und auch nicht die Bestimmungen des 2. Abschnitts der VOB/A. Eine Pflicht zur Umsetzung europäischen Sekundärrechts besteht in diesem Bereich nicht, wohl aber gelten auch hier die primärrechtlichen Vorgaben (→ § 3 Rn. 25). Diese **Zweiteilung** des Vergaberechts ist verfassungsrechtlich nicht zu beanstanden (→ Rn. 2). Außerhalb des GWB gibt es keine bundesgesetzlichen Vorschriften mit Geltung für das gesamte Bundesgebiet. Vielmehr hat der Bund betreffend die Vergabe von Aufträgen unterhalb der Schwellenwerte lediglich Bestimmungen für seinen eigenen Bereich getroffen, während die Beschaffungstätigkeit auf Landes- und auf kommunaler Ebene durch Bestimmungen auf der Ebene des jeweiligen Landes reglementiert wird. Hiermit beschäftigt sich das 4. Kapitel dieses Buches (§§ 25 und 26).

1. Struktur und Bestand

29 Die Regelungsstruktur ist auf Bundes- wie auf Landesebene weitgehend parallel. In Gestalt von § 30 HGrG gibt es sogar eine gemeinsame normative Basis. Diese Vorschrift verpflichtet als „Grundsatz" für die Haushaltswirtschaft in Bund und Ländern dazu, dass dem Abschluss von Verträgen über Lieferungen und Leistungen „eine Öffentliche Ausschreibung" oder eine „Beschränkte Ausschreibung mit Teilnahmewettbewerb" vorausgehen (muss), sofern nicht die Natur des Geschäfts oder besondere Umstände eine Ausnahme rechtfertigen". Dies dient der Sicherung einer wirtschaftlichen und sparsamen Mittelverwendung (vgl. § 6 Abs. 1 HGrG). Auf der Ebene des Bundes knüpft hieran die BHO an, welche in § 55 Abs. 2 hinsichtlich der Einzelheiten auf „einheitliche Richtlinien" verweist. Hierbei handelt es sich um Verwaltungsvorschriften,[52] welche inhaltlich keine Aussagen über Verfahren und Kriterien der Auftragsvergabe enthalten, sondern den **Ersten Abschnitt** der bereits aus dem Bereich oberhalb der Schwellenwerte bekannten VOB/A bzw. VOL/A bzw. seit Ende 2016 (→ § 25 Rn. 1) die UVgO für anwendbar erklären (die VOF galt gemäß § 1 Abs. 2 unterhalb der Schwellenwerte nicht). Sowohl auf der Bundesebene[53] (betreffend die Behörden der Bundesverwaltung sowie den Bereich der Bundesauftragsver-

---

[49] BGBl. 2009 I S. 3110.
[50] Zuletzt geändert durch G.v. 18. 7. 2017 (BGBl. 2017 I S. 2745).
[51] Zuletzt geändert durch G.v. 18. 7. 2017 (BGBl. 2017 I S. 2745).
[52] Vgl. beispielsweise Allgemeine Verwaltungsvorschriften zur Bundeshaushaltsordnung (VV-BHO) v. 14. 3. 2001 (GMBl. 307), zuletzt geändert durch das RdSchr. v. 2. 10. 2017 (GMBl. 2017 Nr. 45, S. 834).
[53] Vgl. beispielsweise das Vergabehandbuch des Beschaffungsamtes des BMI.

waltung, in dem ja Haushaltsmittel des Bundes verausgabt werden) als auch auf der Ebene der meisten Länder sind zur Erleichterung der Rechtsanwendung in der Praxis ferner sog. Vergabehandbücher erarbeitet worden, die Musterformulierungen und Erläuterungen enthalten. Ferner gibt es für Teilaspekte teilweise weitere Verwaltungsvorschriften.[54]

Dort, wo (wie im Bund) der (statische) Verweis auf die jeweilige Vergabeordnung lediglich durch eine Verwaltungsvorschrift erfolgt ist, ist jene nicht außenwirksames Recht geworden, sondern gilt wie die Verwaltungsvorschriften selbst lediglich im Binnenraum der mit dem jeweiligen Haushalt befassten Behörden.[55] In einigen Ländern findet sich die Verweisung auf die Vergabeordnungen in einer Rechtsverordnung, d. h. in einem staatlichen Gesetz (im materiellen Sinne), so wie dies von der VgV aus dem Bereich oberhalb der Schwellenwerte her bekannt ist. Subjektive Rechte zugunsten der Bieter werden durch all diese Regeln nicht konstituiert, vielmehr handelt es sich um **Bestimmungen rein objektiv-rechtlichen Charakters.** Subjektive Rechte können sich in diesem Zusammenhang nur aus dem europäischen Primärrecht sowie aus Art. 3 Abs. 1 GG ergeben (→ näher § 26 Rn. 1).

2. Zuordnung zum Öffentlichen Recht oder zum Privatrecht?

Der erste, unbefangene Blick auf den vergaberechtlichen Normenbestand des Haus- 30
haltsrechts führt eigentlich zu der Erkenntnis, dass es sich um typisches „Sonderrecht" der Verwaltung handelt, weil ja nur den Behörden des Bundes und der Länder hierdurch Ausschreibungspflichten auferlegt werden. Dass am Ende des nach diesen Vorschriften ablaufenden Vergabeverfahrens mit dem erfolgreichen Bieter ein privatrechtlicher Beschaffungsvertrag abgeschlossen wird, muss nicht zur Zuordnung der Auswahlentscheidung zum Privatrecht führen, weil man in Anwendung der sog. Zwei-Stufen-Theorie[56] hierin lediglich einen der eigentlichen Auswahlentscheidung nachfolgenden Akt zur Durchführung der unter Anwendung der öffentlichen Verfahrens- und Kriterienvorschriften getroffenen Auswahlentscheidung erblicken kann.[57] Im Gegensatz hierzu hat das **BVerwG** mit einem heftig kritisierten Beschluss vom 2.5.2007[58] festgestellt, dass der Staat bei der Vergabe öffentlicher Aufträge sich in seiner Rolle als Nachfrager „nicht grundlegend von anderen Marktteilnehmern" unterscheiden würde und der gesamte Vergabevorgang einheitlich zu verstehen und mithin einheitlich dem Privatrecht zuzuordnen sei. Das Gericht qualifizierte hierbei die haushaltsrechtlichen Vorschriften als „reines Innenrecht" (zutreffenderweise); im Vergabewesen bestünde kein „Anknüpfungspunkt für eine erste Stufe", wohl weil der einzige erkennbare Außenrechtsakt in der Tat der am Ende des Verfahrens stehende privatrechtliche Vertrag ist. Das zweistufige Verständnis würde demgegenüber

---

[54] Vgl. *Mertens* in: Gabriel/Krohn/Neun, HdbVergabeR, § 87 Rn. 25 und mit Zusammenstellung je Bundesland in § 88 Rn. 7 ff.

[55] Ebenso *Pietzcker,* Zweiteilung, 86; weiterführend zur Rechtsnatur von norminterpretierenden Verwaltungsvorschriften *Maurer/Waldhoff,* Allgemeines Verwaltungsrecht, 19. Aufl. 2017, § 24 Rn. 2 f., 20 ff., 29 f. Für eine Außenwirkung dagegen *Pache* in: Pünder/Schellenberg, § 55 BHO Rn. 80 f.

[56] Näher zu Inhalt und Bedeutung *Burgi* in: Grundlagen I, § 18 Rn. 69 ff. m.w.N.

[57] So bis 2007 u. a. OVG Rh.-Pf. NZBau 2005, 411; OVG NRW NVwZ 2006, 1083; SächsOVG NZBau 2006, 393; *Rennert* DVBl. 2006, 1252.

[58] NVwZ 2007, 820; Kritik u. a. bei *Krohn* NZBau 2007, 493; *Burgi* NVwZ 2007, 73; weiterführend zur Gegenposition auch *Kallerhoff* NZBau 2008, 97.

die Vergabe öffentlicher Aufträge als einen einheitlichen Vorgang „künstlich in zwei Teile aufspalten". Folgerichtig sieht das BVerwG die Rechtsstreitigkeiten unterhalb der Schwellenwerte nicht als der Verwaltungsgerichtsbarkeit, sondern als der ordentlichen Gerichtsbarkeit zugewiesen an (→ näher § 26 Rn. 13).

Die Zuordnungsfrage hat durch diese Entscheidung ihre Relevanz für die Praxis verloren. In der Sache überzeugt der Beschluss vom 2.5.2007 nicht, weil er von einer unreflektierten Einheitsvorstellung geprägt ist, während sich seit mehreren Jahren doch eher eine Sichtweise auf die beiden Rechtsregimes „Öffentliches Recht" und „Privatrecht" ausgebreitet hatte, die auf die kombinatorische Nutzung der jeweiligen Stärken und Schwächen setzt. Während die Haushaltsvorschriften detailliert das Verfahren und die Kriterien der Vergabeentscheidung (mithin die Auswahlstufe) reglementieren, schweigt das Privatrecht hierzu, weil es gerade das Wesen der Privatautonomie ausmacht, die Auswahl des Vertragspartners der Willkür der beiden Beteiligten zu überlassen. Das Privatrecht kann mithin die vom primären Europarecht geforderte Verteilungsgerechtigkeit gegenüber den Bietern nicht gewährleisten. Die Sichtweise des BVerwG hat nun zur Konsequenz, dass ordentliche Gerichte der erstinstanzlichen Stufe (typischerweise Landgerichte) über die Reichweite der haushaltsrechtlichen Vorschriften entscheiden müssen, die (übrigens gerade wegen ihres Charakters als Innenrecht, nämlich des Staates!) zum buchstäblich innersten Kern des Öffentlichen Rechts gehören.

IV. Landesvergabegesetze

31   Alle Bundesländer mit Ausnahme von Bayern haben in den vergangenen Jahren eigene Landesvergabegesetze erlassen,[59] die eine Mischung aus Bestimmungen zur Auftragsvergabe oberhalb und zur Auftragsvergabe unterhalb der Schwellenwerte enthalten. Diese Gesetze binden die jeweilige Landes- und die Kommunalverwaltung beim Vollzug von Bundesgesetzen i.S.v. Art. 84 GG und beim Vollzug von Landesgesetzen. Inhaltlich zielen diese Gesetze insbesondere auf die Verfolgung politischer Sekundärzwecke (→ näher § 7 Rn. 17 f.), für den Bereich unterhalb der Schwellenwerte werden Verfahrensbestimmungen der Vergabeordnungen konkretisiert oder modifiziert. Für den Bereich oberhalb der Schwellenwerte fehlt den Ländern (jenseits der Regelungen über politische Sekundärzwecke) die Gesetzgebungskompetenz, weil der Bund gemäß Art. 72 Abs. 2 GG insoweit abschließend von seiner Kompetenz (→ Rn. 1) Gebrauch gemacht hat. Neben diesen **spezifisch** auf die öffentliche Auftragsvergabe zielenden Landesvergabegesetzen finden sich einzelne Bestimmungen mit vergaberechtlichem Bedeutungsgehalt in Regelwerken zur Korruptionsbekämpfung, insbesondere zur Führung von Korruptionsregistern (→§ 16 Rn. 36) bzw. zur Mittelstandsförderung (→ § 14 Rn. 2).

Vertiefungsliteratur:
Pietzcker, Die neue Gestaltung des Vergaberechts, ZHR 162 (1998), 427; *ders.,* Die Zweiteilung des Vergaberechts, 2001; *Bungenberg,* Vergaberecht im Wettbewerb der Systeme, 2007; *Burgi,* Die künfti-

---

[59] Vgl. als Gesamtüberblick *Mertens* in: Gabriel/Krohn/Neun, HdbVergabeR, § 88; *Dörr* in: Burgi/Dreher, GWB, Einleitung, Rn. 104 ff.

ge Bedeutung der Freiheitsgrundrechte für staatliche Verteilungsentscheidungen, WiVerw 2007, 173; *ders.*, Von der Zweistufenlehre zur Dreiteilung des Rechtsschutzes im Vergaberecht, NVwZ 2007, 737; *Dörr*, Verfassungsrechtliche Grundlagen des Vergaberechtsschutzes, WiVerw 2007, 211; *Marx*, Freiheitsgrundrechte des GG und Grundfreiheiten der EU im Verhältnis zu mitgliedstaatlichen Einkaufsregeln, WiVerw 2007, 193; *Buhr*, Die Richtlinie 2004/28/EG und das deutsche Vergaberecht, 2009; *Knöbl*, Rechtsschutz bei der Vergabe von Aufträgen unterhalb der Schwellenwerte, 2009; *Kühling/Lehmberg*, Das Recht der öffentlichen Auftragsvergabe nach der GWB-Reform 2009, Jura 2009, 835; *Wollenschläger*, Verteilungsverfahren, 2010, 32 ff., 197 ff.; *Burgi*, Rechtsregime, in: Hoffmann-Riem/Schmidt-Aßmann/Voßkuhle (Hrsg.), Grundlagen des Verwaltungsrechts I, 2. Aufl. 2012, § 18; *Meyer*, Entwicklungen und Fehlentwicklungen im nationalen und europäischen Vergaberecht, in: FS Marx, 409; *Rechten*, Wenn nicht zusammenwächst, was zusammen gehört, in: FS Marx, 605; *Schmidt*, Verfassungsrechtliche Bezüge, in: Müller-Wrede, Kompendium, Kap. 3; *Krönke*, Das neue Vergaberecht aus verwaltungsrechtlicher Perspektive, NVwZ 2016, 568; *Bartelt*, Der Anwendungsbereich des neuen Vergaberechts, 2017.

§ 5. Internationaler Rechtsrahmen und Rechtsvergleich

Übersicht

I. GPA und andere internationale Abkommen

1   Während das General Agreement on Tariffs and Trade (GATT) und das entsprechende Abkommen für Dienstleistungen (GATS) das öffentliche Beschaffungswesen von ihrem Anwendungsbereich ausnehmen, haben eine Vielzahl von Mitgliedern der den Rahmen jener Abkommen bildenden World Trade Organization **(WTO)** das „Agreement on Government Procurement" (GPA) unterzeichnet. Vor allem über die Möglichkeit der Geltendmachung von Verletzungen des GPA durch dessen Vertragsparteien im WTO-Streitschlichtungsverfahren[1] bestehen normative Verbindungen zu diesem Regelungsrahmen.[2] Das GPA ist erstmals 1996 in Kraft getreten. Nach langjährigen Verhandlungen wurde es revidiert und ist in der gegenwärtig geltenden Fassung am 6. 4. 2014 in Kraft getreten. Es gilt gegenwärtig in der EU und ihren 28 Mitgliedstaaten (dazu noch sogleich), ferner u. a. in Japan, Kanada, Südkorea, der Schweiz und in den USA. Mit einer Vielzahl weiterer Länder werden Beitrittsverhandlungen geführt.[3]

2   Aufgrund der Zuordnung zum Handelsrecht stehen die Regelungszwecke der Marktöffnung und der Herstellung von Wettbewerb, Transparenz und Diskriminierungsfreiheit auch in internationalen Märkten im Vordergrund; nach Schätzungen erweitert das GPA das Marktöffnungspotenzial aus Sicht der EU um zusätzlich ca. 100 Milliarden Euro. Dementsprechend enthält das Abkommen Regelungen über die statthaften Anforderungen an die Eignung der Bieter und an die Zuschlagskriterien sowie Verfahrensregeln. Insgesamt handelt es sich (aus der Perspektive des mittlerweile immer weiter verdichteten EU-Vergaberechts) um eine Art **Mindeststandard.** Bemerkenswerterweise hat der im EU-Recht in jüngerer Zeit kraftvoll ausgebaute weitere Regelungszweck der „strategischen Nutzung" des Beschaffungswesens zur Verfolgung ökologischer, teilweise aber auch sozialer Zielsetzungen (→ vgl. § 7 Rn. 9 ff.) auch hier ersten Niederschlag gefunden.[4]

---

[1] Über die Entscheidungspraxis der „WTO-Appellate body decisions" berichtet *Müller* PPLRev. 2013, NA 147.

[2] Zu den Einzelheiten vgl. *Arrowsmith/Anderson* (Hrsg.), The WTO regime on government procurement: Challenge and reform, 2011; *Casavola* The WTO and the EU in: Chiti/Mattarella Global administrative law and EU administrative Law, 2011, 293; *Weiß* NZBau 2016, 158.

[3] Zur Entwicklung des Abkommens vgl. *Anderson* PPLRev. 2012, 83; *ders.* u. a. PPLRev. 2012, 113; *Pitschas* VergabeR 2014, 25.

[4] Vgl. dazu *Bungenberg,* Vergaberecht im Wettbewerb der Systeme, 70 ff., 239 ff.; *Gaedtke,* Politische Auftragsvergaben und Welthandelsrecht, 2006; *Steengrafe* Recht und Politik, 2013, 20; *Krämer,* Die Koordinierung zwischen Umweltschutz und Freihandel im Mehrebenenrechtsverbund am Beispiel des Vergaberechts, 2014.

Dem GPA kommt zunächst weltweit Bedeutung als Orientierungsmaßstab für die 3
einzelnen Vergaberechtssysteme zu. Zudem wird der Beitritt weiterer Mitgliedstaaten, insbesondere von Schwellen- und Entwicklungsländern angestrebt.[5] Die EU hat
als Mitglied des GPA die sich daraus ergebenden Verpflichtungen in ihren Richtlini-
en umgesetzt. In der VRL nimmt sie hierauf u. a. in Erwägungsgrund 17 ausdrücklich Bezug. Gleichzeitig arbeitet die EU-Kommission aber auch daran, Druck auf
solche Länder ausüben zu können, die sich weiterhin keinen Marktzugangsverpflichtungen unterwerfen bzw. nachweislich Angebote aus der EU diskriminieren.[6] In
Deutschland entfaltet das GPA mittelbar **Bedeutung** über die Pflicht zur Umsetzung
der EU-Richtlinien, und zwar dadurch, dass zunächst diese in Einklang mit der GPA
völkerrechtskonform ausgelegt werden müssen und sodann die nationalen Umset-
zungsbestimmungen der unionsrechtskonformen Auslegung unterworfen sind.
Deutschland selbst hat das Abkommen nicht ratifiziert.

Neben dem GPA gibt es verschiedene bilaterale Beschaffungsabkommen der EU mit Drittstaa- 4
ten, mit denen entweder das Regelungskonzept des GPA weiter ausgestaltet wird (wenn der
Vertragspartner dort Mitglied ist) und oder aber ein eigenes Vergaberegime begründet wird.
Island, Norwegen und Liechtenstein haben das europäische Vergaberecht mit dem Inkrafttreten
des EWR-Abkommen zum 1. 1. 1994[7] übernommen. Neben dem GPA beansprucht das inhaltlich weitergehende und stärker ausdifferenzierte „UNCITRAL-Modellgesetz zur Beschaffung von Gütern, Bau- und Dienstleistungen"[8] eine Orientierungsfunktion insbesondere gegenüber Schwellen- und Entwicklungsländern; UNCITRAL steht für „United Nations
Commission on International Trade Law".[9] Teilweise noch wirkmächtiger sind insofern freilich die von internationalen Geldgeberinstitutionen wie der OECD oder v. a. der Weltbank
gleichsam als „Gegenleistung" formulierte Anforderungen an das Beschaffungswesen des jeweiligen Empfängerlandes. Mit den Verhandlungen zur „Transatlantischen Handels- und Investiti-
onspartnerschaft (TTIP)" zwischen der EU und der USA wird sich der internationale Rechtsrahmen erneut fortentwickeln. Freilich stocken die Verhandlungen gegenwärtig, nicht zuletzt
aufgrund erheblicher Meinungsverschiedenheiten über die Öffnung der Beschaffungsmärkte[10].

II. Blick auf das EU-Eigenvergaberecht

Ohne unmittelbare rechtliche Relevanz für das Beschaffungswesen der Mitgliedsstaa- 5
ten sind die Regeln über die Beschaffungstätigkeit der EU-Eigenverwaltung (beispielsweise beim Bau von Gebäuden für europäische Behörden oder bei der Zusammenarbeit mit Beratern, IT-Unternehmen etc.). Die hierfür geltenden Regelungen
befinden sich nicht in den EU-Vergaberichtlinien und auch nicht in den anderen
Normen, die in § 3 dieses Lehrbuchs systematisch entfaltet worden sind. Vielmehr
hat die EU für ihre eigene Beschaffungstätigkeit ein **separates Regelwerk** geschaffen, das bislang vergleichsweise selten zum Gegenstand von EuGH-Entscheidungen

---

[5] Vgl. *Bungenberg,* a.a.O., 100 ff.
[6] Allerdings liegt der Vorschlag für eine „Verordnung über den Zugang von Waren und Dienstleistungen
  aus Drittländern zum EU-Binnenmarkt für das öffentliche Beschaffungswesen und über die Verfahren zur
  Unterstützung von Verhandlungen über den Zugang zu Waren und Dienstleistungen aus der Union zu
  den öffentlichen Beschaffungsmärkten von Drittländern." (KOM (2012) 124 endg.) gegenwärtig auf Eis
  (→ § 3 Rn. 52).
[7] ABl. 1994 Nr. L 1 S. 3 ff.
[8] Vgl. hierzu Arrowsmith (Hrsg.), Reform of the UNCITRAL model law on procurement, 2009.
[9] Vgl. hierzu *Nicholas* PPLRev. 2012, NA 111.
[10] Dazu *Yukins/Prieß* NZBau 2014, 531.

geworden ist[11] und auch im juristischen Schrifttum eher ein Schattendasein führt.[12] Wiederum separate Regeln gelten für Auftragsvergaben durch die Europäische Zentralbank.[13] Nach regulatorischer Ambition und Detailliertheit bleibt dieses Regime hinter den für die mitgliedstaatliche Beschaffungstätigkeit geltenden EU-Vergaberichtlinien zurück (was am 13.7.2016 auch der Europäische Rechnungshof bemängelt hat)[14] und ist daher auch aus rechtsvergleichendem Interesse nicht übermäßig aufschlussreich. Die rechtspolitische Forderung der Mitgliedstaaten müsste m.E. eher dahingehend lauten, in Zukunft das EU-Eigenvergaberecht stärker an dem Regime der EU-Vergaberichtlinien zu orientieren oder, weitergehend, deren Regelungen soweit wie möglich auch auf die EU-Beschaffungstätigkeit anzuwenden.

6   Die maßgeblichen Regelungen setzen sich zusammen aus den Art. 101 ff. der VO EU 966/2012 über die Haushaltsordnung und über den Gesamthaushaltsplan der Union[15] und den Art. 121 ff. der Delegierten Verordnung EU 1268/2012 der Kommission über die Anwendungsbestimmungen für die Verordnung 966/2012[16]. In Art. 102 Abs. 1 der **HaushaltsO** sind die Grundsätze der „Transparenz, Verhältnismäßigkeit, Gleichbehandlung und Nichtdiskriminierung" festgelegt. Während sich bereits aus der Verortung im Haushaltsrecht sowohl die Orientierung am Basiszweck der erfolgreichen Erfüllung von Verwaltungsaufgaben als auch der fiskalische Zweck des schonenden Umgangs mit finanziellen Ressourcen ergibt, wird in Art. 102 Abs. 1 überdies betont, dass Vergabeverfahren nach Möglichkeit auf der Grundlage eines „breiten Wettbewerbs" durchgeführt werden sollen. Spezifische Rechtsschutzbestimmungen enthält dieses Regime nicht. Daher ist Rechtsschutz für unterlegene Bieter im Wege der Nichtigkeitsklage nach den allgemein hierfür geltenden Regeln (vgl. Art. 263 Abs.4 AEUV) zu suchen. Weitere Regelungen betreffen die Eignungs- und Zuschlagskriterien sowie die einzelnen Verfahrensarten.

7   Im Vergleich mit den EU-Vergaberichtlinien in ihrer Fassung seit 2014 (→ vgl. § 3 Rn. 43 ff.) ist die Vergabe öffentlicher Aufträge im Bereich des EU-Eigenvergaberechts noch nicht als bedeutsames Instrument der „strategischen Verfolgung" ökologischer und sozialer Zielsetzungen entdeckt worden. Auch erstreckt sich der Anwendungsbereich des Regimes ausschließlich auf Aufträge im Sinne von „entgeltlichen Verträgen" (vgl. Art. 101 Abs. 2 HaushaltsO), wohingegen die Vergabe von Konzessionen sekundärrechtlich nicht erfasst wird.

---

[11] Vgl. aus neuerer Zeit EuG T-63/06, Slg. 2010, II_177 und T-300/07, Slg. 2010, II_4521 sowie EuGH C-561/10, Slg. I_130 (jeweils angestrengt von dem Unternehmen Evropaïki Dynamici gegen das European Monitoring Center for drugs and drug addiction (EMCDDA), vgl. hierzu die Anm. von *Traun* PPLRev. 2011, NA 19, und *Petersen* PPLRev. 2011, NA 246); ferner EuG T-339/10 u.T-532/10, VergabeR 2013 m. Anm. *Diercks-Oppler* (Cosepuri).
[12] Daher ist bis heute in das Kapitel 6 des von Prieß in 3. Aufl. im März 2005 herausgegebenen „Handbuch des europäischen Vergaberechts" empfehlenswert; aktueller *ders.* in Trybus/Caranta, EU Public Contract Law, Chapter 16; *Reus/Mühlhausen/Stöhr* Haushalts- und Beihilferecht der EU, 2017.
[13] Zu ihnen *von Lindeiner* VergabeR 2016, 580.
[14] Sonderbericht 17/2016.
[15] ABl. 2012 L 298 S. 1.
[16] ABl. 2012 L 362 S. 1.

III. Blick in das Vergaberecht in anderen Ländern

1. USA

Der rechtsvergleichende Blick in die USA (die bekanntlich ihrerseits die Reformen 8 auf der Ebene des EU-Vergaberecht durchaus auch politisch ambitioniert begleiten; → § 2 Rn. 3) ist besonders lohnend. Dies zum einen, weil der dortige **Beschaffungsmarkt** angesichts seines beispiellosen Volumens von annähernd 500 Milliarden US-Dollar auch für europäische Unternehmen zahlreiche Chancen bietet, zum anderen, weil namentlich am „marketplace" Washington D.C. dementsprechend eine weltweit einmalige Ballung von Wissen und Kompetenz über Praxis und Recht der öffentlichen Auftragsvergabe existiert.[17] Die zentrale Rechtsgrundlage des US-amerikanischen Vergaberechts bildet die „Federal Acquisition Regulation (FRA)" in der sowohl das Vergaberecht als auch das Vertragsrecht der öffentlichen Aufträge (vgl. dazu bereits → § 2 Rn. 15) enthalten sind.

Besonders interessant für die rechtspolitische Weiterentwicklung des Vergaberechts 9 in Deutschland und Europa ist die teilweise **andere Ausrichtung der Zwecke** des Vergabeverfahrens (→ vgl. zu ihnen § 2 Rn. 30 ff.). Während in Europa die staatliche Beschaffungstätigkeit aufgrund des seinerzeit dominierenden Binnenmarktziels und des Umstandes, dass der Regelsetzer (v. a. die EU-Kommission) nicht gleichzeitig als Beschaffungsstelle betroffen ist, unter einem Generalsverdacht des Missbrauchs einer marktbeherrschenden Stellung zu stehen scheint, geht es in den USA ganz selbstverständlich auch darum, die „buying power" im Interesse des Staates (und des ihm anvertrauten Gemeinwohls) zu nutzen. Dies hat positive Ansätze zur Verbesserung der „Verfahrenseffizienz" und zur Schaffung eines „best value for tax payers money" hervorgebracht. Auf der anderen Seite erklärt sich so aber auch der bis heute anwendbare „Buy-American-Act", wonach unter bestimmten Voraussetzungen grundsätzlich zunächst einheimische Güter zu beschaffen seien[18]. Auch die Verfolgung zusätzlicher politischer Anliegen, beispielsweise zwecks Eröffnung von Beschäftigungsmöglichkeiten zugunsten der schwarzen Bevölkerung (sog. affirmative action)[19] gehört hierher. Erhebliche Akzentverschiebungen dürften sich in der Amtszeit der Trump-Administration ergeben.[20] Bei der politischen Beurteilung dieser und anderer teilweise überraschender Ansätze im US-amerikanischen Vergaberecht muss bedacht werden, dass dort ein erheblicher Schwerpunkt der Beschaffungstätigkeit auf dem militärischen Sektor liegt, welcher seinerseits auch in Europa verschiedenen Eigengesetzlichkeiten (→ vgl. § 23 Rn. 28 ff.) unterworfen ist.

---

[17] Damit hat sich als erster aus europäischer Sicht *Pietzcker* mit seiner bis heute höchst lesenswerten Habilitationsschrift „Der Staatsauftrag als Instrument des Verwaltungshandelns" (1978) beschäftigt; vgl. aus US-amerikanischer Perspektive *Schwartz* PPLRev. 2002,115. Aktuelle Informationen und interessante Weiterbildungsangebote bietet u. a. das „Government procurement law program" der George Washington University Law School in Washington D.C.; vgl. ferner das Informationsangebot der „Public contract law section of the American Bar Association". Interessant sind ferner die Webseiten der „General Services Administration" (GSA www.gsa.gov), eine Art Dienstleistungsagentur für öffentliche Auftraggeber bei Beschaffungsvorgängen. Zu nennen sind schließlich auch die Webseiten des „US Government accountability office" (GAO; www.gao.gov), der zentralen Nachprüfungsinstanz in Vergabeverfahren.

[18] Dazu zuletzt *Yukins/Prieß* NZBau 2014, 532 f.

[19] Ausführlich zu den Vergabegrundsätzen und den sich daraus ergebenden Konsequenzen für das Vergabeverfahren im Rechtsvergleich Deutschland/USA die gleichnamige Arbeit von *Sumann,* 2007; daran anknüpfend *Burgi/Gölnitz* DÖV 2009, 829.

[20] Zu ihnen *Yukins/Bowsher* EPPPL 2016, 258.

10 Interessante Gestaltungselemente finden sich insbesondere auf der Ebene des Vergabeverfahrens, wo es beispielsweise flexible Sonderregelungen für die Beschaffung sog. marktüblicher Leistungen („commercial items") gibt und wo insbesondere die Entwicklung und der Einsatz elektronischer Beschaffungssysteme in einem in weit größerem Umfang erfolgen als in Europa.[21] Auch beim Umgang mit unzuverlässigen Bietern eröffnet das US-amerikanische Vergaberecht ein vergleichsweise effizienteres, teilweise aber auch strengeres Sanktionenregime. Diskussionen aus neuerer Zeit betreffen den Rechtsschutz (der in den kommenden Jahren voraussichtlich auch in Europa einer erneuten Reformdiskussion unterzogen werden wird). Auch dort werden zunehmend Effektivitätsüberlegungen einbezogen und in einen teilweise neujustierten Ausgleich mit den Anliegen von Rechtsdurchsetzung und -kontrolle zu bringen versucht.[22]

2. Andere EU-Länder

11 Der Blick in das Vergaberecht der anderen EU-Mitgliedsstaaten erweist eine zunehmende Konvergenz hinsichtlich der Zwecke und Grundsätze des Vergabeverfahrens, den verschiedenen Verfahrensarten sowie den Eignungs- und Zuschlagskriterien. Dies liegt primär an der nunmehr seit über 15 Jahren einheitlichen Rahmenvorgabe der EU-Vergaberichtlinien. Zusätzlich **unitarisierend** wirkt die intensiv rezipierte Rechtsprechung der europäischen Gerichte. Durchaus erhebliche Unterschiede ergeben sich weiterhin hinsichtlich der Strukturen (etwa hinsichtlich der Einbeziehung auch der Auftragsvergaben unterhalb der Schwellenwerte; so regelt beispielsweise Österreich das Vergaberecht einheitlich)[23] und nach der Art des normativen Zugriffs (Regelung durch Gesetze und/oder Verordnungen bzw. Vergabeordnungen). Hierher gehört auch die Frage nach der jeweiligen Zuordnung zum Regime des Öffentlichen Rechts (so beispielsweise in Frankreich[24]) oder zum Privatrecht (vgl. hierzu für Deutschland → § 2 Rn. 9 f.). Die Beschäftigung mit dem Thema „Verfolgung ökologischer und sozialer Ziele im Vergaberecht" erweist naturgemäß erhebliche Unterschiede. Deutschland gehört sowohl bei diesem Thema als auch bei der Förderung einer möglichst mittelstandsfreundlichen Auftragsvergabe mit Hilfe einer vergleichsweise streng konzipierten Pflicht zur Aufteilung von Aufträgen in Lose (dazu ausführlich → § 14 Rn. 10 ff.) zu den politischen Pionieren, während in Mitgliedstaaten wie beispielsweise dem Vereinigten Königreich[25] oder Dänemark die wettbewerbliche Zielsetzung und überhaupt die Standortbestimmung innerhalb des Rechts der Wettbewerbsbeschränkungen eine größere Rolle spielt. In den mittel- und osteuropäischen Mitgliedstaaten nimmt in Folge der fortbestehenden Systemtransformation

---

[21] Vgl. wiederum *Burgi/Gölnitz* DÖV 2009, 829 ff.

[22] Vgl. aus dieser Diskussion *Gordon* Public Contract Law Journal 42 (2013), 489, und *Swan* a.a.O. 29.

[23] Ausführlich hierzu *Holoubek/Fuchs/Holzinger,* Vergaberecht, 2. Aufl. 2012.

[24] Zum öffentlichen Auftragswesen im Vergleich Deutschland/Frankreich vgl. *Ax/Hartmann,* Französisches Vergabe- und Baurecht, 2006; *Oehme,* Die Vergabe von Aufträgen als öffentlich-rechtliches Handlungsinstrument in Deutschland und Frankreich, 2013; Blaurock (Hrsg.) Der Staat als Nachfrager: Öffentliches Auftragswesen in Deutschland und Frankreich, 59. Zum französischen Vergaberecht vgl. *Lichère,* Droit des contrats publics, 2014; zu Italien *Franke/Brugger* VergabeR 2016, 400 und zu Südtirol *Mahlknecht* Handbuch des Südtiroler Vergaberechts, 2016.

[25] Grundlegend zur dortigen Rechtslage vgl. das Standardwerk von *Arrowsmith,* The law of public and utilities procurement, Volume 1, 3. Aufl. 2014. Zu vergaberechtlichen Konsequenzen des Brexit *dies.* PPLRev. 2017, 1.

in der Nachfolge der vormaligen Zentralverwaltungswirtschaften das Ziel der Korruptionsbekämpfung einen hohen Stellenwert ein.[26]

Generell darf der Vergleich nicht auf den jeweiligen Rechtsrahmen beschränkt   12
werden, sondern muss die sehr unterschiedlichen ökonomischen und vor allem auch
verwaltungsorganisatorischen sowie verwaltungskulturellen Rahmenbedingungen mit
einbeziehen. So liegt es auf der Hand, dass in einem Mitgliedstaat, in dem das Verständnis des „don't bite the hand that feeds you" (d.h. Beiße nicht die Hand, die
Dich füttert) verbreitet ist, vergleichsweise seltener Rechtsschutz nachgefragt wird als
in einem Mitgliedstaat, der durch hochkompetitive, stark grenzüberschreitende Bieterstrukturen gekennzeichnet ist. Überhaupt bestehen im **Rechtsschutz** bis heute
vergleichsweise große Unterschiede, was vor allem daran liegt, dass die Mitgliedstaaten die Vorgaben der EU-Rechtsmittelrichtlinie (→ § 3 Rn. 49) in ihre sehr unterschiedlichen Prozessrechtssysteme integrieren mussten. Insoweit hat sich insbesondere Deutschland wegen des Grundsatzes „pacta sunt servanda" lange Zeit sehr
schwer getan (→ § 20 Rn. 27).

Seit 2009/2010 hat die aus Jura-Professoren aus mehreren EU-Mitgliedstaaten bestehende   13
„European Research Group on procurement law" rechtsvergleichend angelegte Werke zu den
Themen „Inhouseproviding" (2010), „The law of green and social procurement" (2010), „Enforcement of the EU public procurement rules" (2011), „Outside the EU procurement directives – inside the treaty?" (2012) „Awarding of contracts in EU procurements" (2013) und
„Qualification, selection and exclusion in EU procurements" (2016) veröffentlicht. Die Bücher
erscheinen in dem dänischen Verlag DJØF (www.djoef-forlag.dk). Der Band des Jahres 2014
beschäftigte sich mit den EU-Vergaberichtlinien aus der Sicht der verschiedenen Jurisdiktionen
(„Modernizing public procurement"), im Frühjahr 2018 erscheint im Verlag „Edward Elgar"
das Werk „Implementation of Directive 2014/24" (Hrsg. *Treumer/Comba*). Als Herausgeber
fungieren abwechselnd u.a. die Professoren *Caranta, Comba, Trybus, Lichère, Dragos, Treumer*
und *Burgi*. Der 26. „FIDE-Kongress" (International Federation for European Law) hat im Jahr
2014 das Thema „Public Procurement Law: limitations, opportunities and paradoxes" behandelt. Dieser Band enthält einen „General report" und Länderberichte über nahezu alle EU-Mitgliedstaaten sowie die Schweiz.[27]

3. Außerhalb der EU

Der Blick in so unterschiedliche Länder wie beispielsweise Brasilien[28], China[29], Süd-   14
afrika[30] oder die Schweiz[31] bringt immer wieder interessante Einblicke in einzelne
Gestaltungselemente des Vergabewesens. Dieses Gebiet ist besonders für den Rechts-

---

[26] Zum polnischen Vergaberecht *Meppen* NZBau 2016, 413; zur Rechtslage in Ungarn *Gyulai-Schmidt* VergabeR 2017, 247.

[27] Hrsg: *Neergaard/Jaqueson/Skovgaard Ølykke* (ebenfalls erschienen im Verlag *DJØF*).

[28] Dazu jüngst *Stein/Galvao* NZBau 2015, 602.

[29] Dazu *Chongqing* ZfBR 2013, 763; monografisch zum Rechtsschutz mit vielfach erhellenden Vergleichen
Yan, Rechtsschutz im chinesischen und deutschen Vergaberecht, 2018.

[30] Vgl. hierzu *Quinot* PPLRev. 2011, 193; interessant ist auch die Onlinezeitschrift „African Public Procurement Law Journal" dem als Mitherausgeber dienen zu dürfen der *Verf.* die Ehre hat. Zur Rechtslage in
weiteren afrikanischen Staaten vgl. *Quinot/Arrowsmith,* Public Procurement Regulations in Africa, 2013;
zusätzlich aus entwicklungspolitischer Perspektive *Westen,* Das Vergaberecht als Mittel der Korruptionsbekämpfung in den Entwicklungsländern Subsahara-Afrikas am Beispiel Kenia, 2012; *Engelbert* Public Procurement Law in Sub-Saharan Africa, 2017; *Schmidt* Public Procurement Law and Reform in Developing
Countries, 2017.

[31] Vgl. insoweit das Standardwerk von *Gali/Moser/Lang/Steiner,* 3. Aufl. 2013 („Eine systematische Darstellung der Rechtsprechung des Bundes und der Kantone").

vergleich prädestiniert, weil die Strukturen und Zwecke der öffentlichen Beschaffungstätigkeit und ihres Einflusses auf die betroffenen Märkte etliche Konvergenzen aufweisen. Im Hinblick auf die Schwellen- und Entwicklungsländer bietet die tatkräftige Weiterentwicklung des jeweiligen Vergaberechts gleichzeitig die Chance zur Weiterentwicklung rechtsstaatlicher Strukturen und zur Steigerung der öffentlichen Wohlfahrt. Gerade aus der Sicht der besonders exportorientierten deutschen Wirtschaft hängt vom Grad der Transparenz und der Diskriminierungsfreiheit ausländischer Vergabesysteme ganz unmittelbar auch die Größe der eigenen Markteintrittschancen ab.

Vertiefungsliteratur:
Bungenberg, Vergaberecht im Wettbewerb der Systeme, 2007; *Pünder,* Völkerrechtliche Vorgaben für das öffentliche Beschaffungswesen, insbesondere im Government Procurement Agreement, in: *Müller-Wrede,* Kompendium, Kap. 1.; *Weiss,* Internationales öffentliches Beschaffungswesen, in: Tietje (Hrsg.), Internationales Wirtschaftsrecht, 2. Aufl. 2015, § 5, *Weiß,* Die Bedeutung des WTO-Übereinkommens für das EU-Vergaberecht, NZBau 2016, 198; *Dörr* in Burgi/Dreher, GWB, Einleitung, Rn. 206 ff. Weitere Informationsquellen bilden die Zeitschriften PPLRev., EPPPL (European Procurement and Public Private Partnerships Law Review, Lexxion-Verlag, Berlin) sowie das Internetangebot von Prof. *Sue Arrowsmith* an der Universität Nottingham.

Zweites Kapitel: GWB-Vergaberecht
(als EU-Vergaberegime für Aufträge)

Das umfangreichste Kapitel dieses Buches widmet sich dem Rechtsrahmen für die Vergabe von Aufträgen im Geltungsbereich der EU-Vergaberichtlinien, der sich aus den §§ 97 ff. GWB sowie der VgV und der VOB/A-EU ergibt. Dieses Kapitel gliedert sich systematisch in die Teile Anwendbarkeit, Leistungsbeschreibung und Verfahren, Kriterien, Zuschlag und Ausführung sowie Rechtsschutz. Einleitend werden zunächst die Zwecke und Grundsätze des GWB-Vergaberechts beschrieben, die sich auf das Verfahren und die Kriterien auswirken (§ 6). Sodann geht es um die mit der GWB-Novelle 2016 neu gestalteten Grundsätze bei der etwaigen Verfolgung ökologischer, sozialer und innovativer Zwecke (§ 7).

§ 6. Zwecke und Grundsätze des GWB-Vergaberechts

Übersicht

I. Gesetzeszwecke des GWB-Vergaberechts

Welche der in → § 2 Rn. 30 ff. zusammengestellten Zwecke der staatlichen Beschaf- 1
fungs- und Verteilungstätigkeit erklärt nun das GWB-Vergaberecht zu legitimen Zwecken, die die öffentlichen Auftraggeber entweder ohne Weiteres, nur unter bestimmten Voraussetzungen oder gar nicht verfolgen dürfen? Dabei ist jeweils auch festzustellen, ob sich im Hinblick auf die weiteren Vorschriften über die Kriterien und das Verfahren der Auftragsvergabe aus der entsprechenden Bestimmung über die Zwecke des Vergaberechts konkrete rechtliche Konsequenzen ergeben, so wie dies etwa von den Staatszielbestimmungen des Grundgesetzes im Hinblick auf die Ableitung von Handlungspflichten bzw. die Determinierung von Ermessensentscheidungen her bekannt ist (vgl. z.B. bei der Staatszielbestimmung Umweltschutz nach Art. 20a GG).

1. Aufgabenerfüllung als Basiszweck

2 Das EU-Vergaberecht in Gestalt der VKR hatte keine expliziten Aussagen zum Zweck der Erfüllung von Verwaltungsaufgaben enthalten. Der Grund hierfür lag darin, dass die VKR einen zentralen Bestandteil der europäischen Binnenmarktpolitik bildete und nach Jahrzehnten der rein haushaltsrechtlichen Betrachtung des Vergabewesens vor allem auf den Zweck der weitestgehenden Beseitigung von Diskriminierungen und der Herstellung von Wettbewerb gerichtet war; entsprechendes gilt für das GWB in der Fassung ab 1999 (vgl. zum Ganzen → § 3 Rn. 39 ff. bzw. → § 4 Rn. 20 ff.). Nichtsdestoweniger hat sich in den vergangenen Jahren immer mehr die Erkenntnis durchgesetzt, dass ungeachtet expliziter normativer Bestimmungen der **Basiszweck** jeder Auftragsvergabe darin besteht, einen durch die Erfüllung bestimmter Verwaltungsaufgaben hervorgerufenen Bedarf zu decken; ein Vergaberecht ohne diesen Zweck (verkürzt: dem Beschaffungszweck) ist nicht denkbar.[1] Erfreulicherweise leistet nun die VRL (2014/24) einen wichtigen Beitrag zur Klarstellung, indem sie in Art. 1 Abs. 2 ausdrücklich den „Erwerb von Bauleistungen, Lieferungen oder Dienstleistungen" als Zweck der Auftragsvergabe bezeichnet, flankiert durch Art. 1 Abs. 4, in dem das Recht der Mitgliedstaaten betont wird, dass sie jeweils zwischen der Eigenerbringung jener Leistungen und deren Beschaffung am Markt wählen könnten. In Erwägungsgrund 4 heißt es überdies, dass die „Erlangung eines Nutzens" zu Gunsten des jeweiligen Auftraggebers eine zentrale Anwendungsvoraussetzung für das Vergaberechtsregime bildet. Auch das GWB stellt in seiner Fassung ab 2016 darauf ab, dass es um Verträge „über die Beschaffung von Leistungen" (vgl. § 103 Abs. 1) geht.

3 Dieser Zusammenhang wurde früher durch den Begriff des „fiskalischen Hilfsgeschäfts"[2] illustriert. Wie im grundrechtlichen Teil festgestellt (→ § 4 Rn. 5), liegt darin zwar eine verfassungsrechtlich nicht mehr akzeptable Verharmlosung (weil es sich auch hierbei um eine legitimationspflichtige und grundrechtsgebundene Erfüllung von Verwaltungsaufgaben handelt). In der Tat ist aber die Verwaltungsaufgabe der Beschaffung instrumentell (wenn man so will als Hilfsaufgabe) auf die insbesondere im Außenverhältnis gegenüber den Bürgern zu erfüllenden Verwaltungsaufgaben beispielsweise der Abfallentsorgung, der Zustellung von Schriftstücken oder Gewährleistung von Sicherheit und Ordnung im öffentlichen Raum bezogen.

4 Eine wichtige Zukunftsaufgabe sowohl für jede einzelne Vergabestelle als auch für die Vergaberechtswissenschaft besteht gerade darin, die Auftragsvergabe als Instrument zur verbesserten Erfüllung von Verwaltungsaufgaben zu nutzen und nicht (wie vielfach geschehen) in der Beachtung der Vergaberegeln lediglich eine lästige Pflicht zu sehen. Die kluge Vergabestelle nutzt namentlich den Zwang zur Ausschreibung dazu, sich Klarheit über die eigenen Bedürfnisse zu verschaffen und die mit dem Verfahren verbundenen Rationalitätsgewinne im Interesse einer verbesserten Aufgabenerfüllung für sich selbst und vor allem für die betroffenen Bürger zu realisieren. Zur Veranschaulichung dieses Zusammenhangs wurde der Begriff der **„Ausschrei-**

---

[1] Grundlegend *Marx* in: FS Bechtold, 2006, 305; *Frister* VergabeR 2011, 295; *Burgi* in: FS Marx, 75 ff.; *Fuchs* in: Kirchhof/Korte/Magen, § 15 Rn. 5.
[2] Er geht zurück auf *Siebert* in: FS Niedermayer, 1953, 215 ff.; weiterführend *Wallerath,* Öffentliche Bedarfsdeckung und Verfassungsrecht, 37.

bungsverwaltung" vorgeschlagen.[3] Bei der wissenschaftlichen Analyse kann hierbei auch an den sog. principal-agent-Ansatz der neuen Institutionenökonomie angeknüpft werden.[4]

Werden private Dienstleistungsunternehmen „beschafft" um als Verwaltungshelfer **5** bzw. Beliehene (→ dazu näher § 11 Rn. 22 ff.) eine durch den staatlichen Auftraggeber hierdurch (teil-)privatisierte Aufgabe wahrzunehmen, wird die Ausschreibung zum ersten und wichtigsten Instrument der staatlichen Gewährleistungsverantwortung, die dem Staat dann auferlegt ist, wenn er Aufgaben ganz oder teilweise privatisiert. Er muss hierbei durch die Festlegung von Anforderungen an die von ihm eingeschalteten privaten Auftragnehmer sicherstellen, dass die weiterhin verfolgten politischen Zwecksetzungen und insbesondere die fortbestehenden rechtlichen Bindungen erfüllt werden können. Das Vergaberecht wird insoweit zum **Privatisierungsfolgenrecht.**[5]

Beispiel: Da die zuständige Ordnungsbehörde für die erfolgreiche Beseitigung verkehrswidrig **6** geparkter Fahrzeuge (d.h. für die Erfüllung der damit verbundenen Verwaltungsaufgaben) verantwortlich ist und überdies im Wege der Amtshaftung nach § 839 BGB i.V.m. Art. 34 GG Adressat von Haftungsansprüchen würde, muss es ihr darum gehen, bei der Vergabe von Aufträgen an private Abschleppunternehmer solche Unternehmen zu gewinnen, die die Gewähr für eine möglichst erfolgreiche und rechtmäßige Aufgabenerfüllung bieten.

Aus der Wiederentdeckung des Zwecks der erfolgreichen Aufgabenerfüllung als **7** Basiszweck des GWB-Vergaberechts ergeben sich folgende **Konsequenzen:**

– Bei der Entscheidung über Inhalt und Umfang der zu beschaffenden Leistung ist dem öffentlichen Auftraggeber ein bestimmtes Maß an Autonomie (sog. Beschaffungsautonomie) eingeräumt.[6] Daher ist der Auftraggeber bei Beachtung bestimmter Grenzen (→ § 12 Rn. 4 f.) nicht verpflichtet, „sich einen möglichst breiten Überblick über die in Anbetracht kommenden Leistungen zu verschaffen" oder gar die Beschaffungsentscheidung durch weitergehende Marktuntersuchungen zu verobjektivieren.[7]

– Bei der Wahl der Verfahrensart und bei der Gestaltung einzelner, nicht detailliert gesetzlich vorherbestimmter Verfahrenselemente ist den Auftraggebern ein größerer Entscheidungsspielraum eröffnet. Dies schließt es auch ein, nicht sämtlichen in Betracht kommenden Erkenntnisquellen bei der Prüfung, ob ein Bieter geeignet ist, nachgehen zu müssen (→ § 16 Rn. 10). Im GWB 2016 haben diese Aspekte im neu normierten Grundsatz der „Wirtschaftlichkeit" (hier: nicht als Zuschlagskriterium, sondern als Prinzip für die Gestaltung des Vergabeverfahrens; vgl. § 97 Abs. 1 Satz 2 GWB) einen eigenständigen normativen Ankerplatz gefunden

---

[3] Im Anschluss an *Burgi* DVBl. 2003, 949; vgl. ferner *Steinberg,* Vergaberechtliche Steuerung als Verbundaufgabe, 2005; *Fuchs* in: Kirchhof/Korte/Magen, § 15 Rn. 6 f.; vgl. bereits → § 2 Rn. 28.

[4] Weiterführend *Yukins* Public Contract Law Journal 40 (2010), 63; *Kirchner* VergabeR 2010, 729; Piga/Tatrai (Hrsg.), Public Procurement Policy: The Economics of Legal Relationships, 2016.

[5] Ausführlich hierzu *Burgi* NVwZ 2001, 601; *Bungenberg,* Vergaberecht im Wettbewerb der Systeme, 26 ff.; *Burgi* in: 67. DJT, 2008, 101 ff.; *Holoubek,* Gutachten zum 17. Österreichischen Juristentag, 2009, 74 ff.

[6] Dazu, dass dieser Begriff dem den Grundrechtsträgern vorbehaltenen Begriff der „Freiheit" vorzuziehen ist, vgl. *Burgi* in: FS Marx, 84.

[7] Grundlegend OLG Düsseldorf VergabeR 2011, 84 (85); VergabeR 2012, 846 m. Anm. *Horn.* Zum Verhältnis von Beschaffungsautonomie und Wettbewerbsgrundsatz *v. Wietersheim* WiVerw 2015, 182.

(→ Rn. 22 ff.). Weitere Flexibilisierungsreserven betreffen den Umgang mit Nebenangeboten.[8]

– In organisatorischer Hinsicht setzt der Zweck der erfolgreichen Erfüllung von Verwaltungsaufgaben einer zu weit gehenden Separierung der Beschaffungsstelle von
der für jene Aufgaben zuständigen Stelle eine Grenze; auch wenn das Beschaf-
fungsgeschehen durch eine ausschließlich damit befasste Stelle professionalisiert
und effektuiert werden kann, muss jedenfalls zu Beginn eine Rückkopplung mit
der für die Erfüllung derjenigen Aufgaben zuständigen Stelle gewährleistet sein, die
mit den eingekauften Leistungen später umgehen muss (→ § 8 Rn. 18 f.).

2. Wettbewerb und Verteilungsgerechtigkeit als explizit benannte Zwecke des GWB-Vergaberechts

8 Mit dem „Quantensprung" der Vergaberechtsreform 1999 mussten der Zweck der
Gewährleistung wettbewerblicher Verhältnisse und mit ihm die Interessen der Bieter
an der Erteilung von Aufträgen ausdrücklich **an den Anfang** der gesetzgeberischen
Zweckprogrammierung gestellt werden. In den Worten der ab Frühjahr 2016 geltenden Fassung des Gesetzes: „Öffentliche Aufträge und Konzessionen werden im Wettbewerb und im Wege transparenter Verfahren vergeben" (§ 97 Abs. 1 Satz 1 GWB).
Und sodann: „Die Teilnehmer an einem Vergabeverfahren sind gleich zu behandeln,
es sei denn, eine Ungleichbehandlung ist aufgrund dieses Gesetzes ausdrücklich geboten oder gestattet" (Abs. 2). Auch der insbesondere durch die Vorschriften über
den Ausschluss von Unternehmen aus dem Vergabeverfahren (→ § 16 Rn. 15 ff.)
umgesetzte Zweck der Korruptionsbekämpfung lässt sich dem Wettbewerbszweck
zuordnen.

9 Wie bereits in → § 2 Rn. 31 geschildert, geht es hierbei einerseits um die Öffnung
von Märkten (durch die Pflicht zur Ausschreibung unter bestimmten Voraussetzungen) und zum anderen um die Gewährleistung von Chancengleichheit innerhalb der
sodann eröffneten Märkte. Freilich wird durch die (europarechtlich geforderte) explizite Betonung des Wettbewerbszwecks dieser **nicht etwa zum Basiszweck** des
Vergaberechts. Unverändert besteht dieser in der Erfüllung von Verwaltungsaufgaben,
welche freilich eine vorzügliche und unverzichtbare Gelegenheit bietet, den Wettbewerb zu eröffnen bzw. für die Beachtung wettbewerblicher Grundsätze zu sorgen.
Der Zusammenhang zwischen jenen beiden Zwecken besteht mithin darin, dass die
Erfüllung von Verwaltungsaufgaben der Basiszweck ist, während die Herstellung von
Wettbewerbsgerechtigkeit instrumentell[9] hierauf bezogen wird: Indem Märkte zu
öffnen und wettbewerbliche Verhältnisse zu gewährleisten sind, entstehen subjektive
Rechte und unternehmerische Chancen, zugleich wird aber auch ein Beitrag zur
möglichst erfolgreichen Erfüllung der betroffenen Verwaltungsaufgaben geleistet, indem der GWB-Gesetzgeber auf die Leistungsfähigkeit von Markt und Wettbewerb
vertraut. Insoweit ist die Ausschreibungsverwaltung (→ vgl. Rn. 4) zugleich eine

---

[8] Dazu und allgemein zum Flexibilisierungspotenzial im Vergaberecht vgl. die gleichnamige Arbeit von
Koch, 2013, 257 ff.

[9] Eingehend hierzu *Aicher*, Wettbewerbsrechtliche und wettbewerbspolitische Aspekte der Vergabe öffentlicher Aufträge, 1981, 8 f.; *Kersten*, VVDStRL 69 (2010), 288 (308 ff.); *Fuchs* in: Kirchhof/Korte/Magen,
§ 15 Rn. 18.

Wettbewerbsverwaltung. Allerdings dürfte eine Beschaffung allein zum Zwecke der Stimulierung von Wettbewerb auf zuvor ungeöffneten Märkten nicht erfolgen (abgesehen davon, dass sie an finanzielle Grenzen stieße); das, was nicht benötigt wird, darf und kann der Staat auch nicht beschaffen.

Die wichtigsten Konsequenzen des Wettbewerbszwecks bestehen selbstverständlich 10 in der Versubjektivierung des Gesamtbestands aller vergaberechtlichen Regelungen und in der daraus resultierenden Notwendigkeit der Rechtsschutzgewährung. Weitere Konsequenzen können sich in dem Maße ergeben, in dem der Verankerung des Wettbewerbs in § 97 Abs. 1 S. 1 GWB nicht nur der Charakter einer allgemeinen Zweck-Bestimmung, sondern überdies der eines Grundsatzes, welcher bei der Auslegung der nachfolgenden Verfahrensvorschriften Geltung beanspruchen kann, zuerkannt wird (→ dazu Rn. 14 ff.).

3. Schonung des öffentlichen Haushalts

Während dieser Zweck bis zur Schaffung des GWB-Vergaberechts das Beschaffungs- 11 wesen in Deutschland jahrzehntelang beherrscht hat, hat er in der ersten Phase der Europäisierung verständlicherweise zunächst keine explizite Rolle gespielt. Das liegt auch daran, dass die EU nicht über die Kompetenz für Bestimmungen über die nationalen Haushalte verfügt. Freilich ist das Bewusstsein dafür gewachsen, dass ein schonender Umgang mit Haushaltmitteln auch bei der öffentlichen Beschaffung einen Beitrag zur Bekämpfung der **Staatsschuldenkrise** leisten kann, nicht zuletzt im Hinblick auf Mitgliedstaaten, die in vielfacher Weise aus dem EU-Haushalt Subventionen erhalten (die dann wiederum für öffentliche Aufträge verauslagt werden). In Erwägungsgrund 2 der VRL heißt es nun ausdrücklich, dass auch „die Effizienz der öffentlichen Ausgaben gesteigert" werden müsse. Im GWB 2016 hat sich dies nicht ausdrücklich niedergeschlagen, allerdings findet der Beschaffungszweck der Schonung des öffentlichen Haushalts dort (ebenso wie schon bisher) weiterhin Ausdruck in der Normierung der „Wirtschaftlichkeit" als Zuschlagskriterium (künftig: § 127 Abs. 1 GWB). Danach bestimmt sich das wirtschaftlichste Angebot nach dem besten „Preis-Leistungs-Verhältnis" und der „Preis" spielt unverändert eine zentrale Rolle als eines von mehreren, unter bestimmten Voraussetzungen weiterhin aber auch als einziges Zuschlagskriterium (→ dazu näher § 17 Rn. 6). Im Vergaberecht unterhalb der Schwellenwerte kommt die unveränderte Dominanz der fiskalischen Zwecksetzung bereits in der Bezeichnung als „Haushaltsvergaberecht" zum Ausdruck (→ § 25 Rn. 7).

4. Wirtschafts-, umwelt- und sozialpolitische Sekundärzwecke

Während die bislang behandelten Zwecke unmittelbar mit der Beschaffung als sol- 12 cher verbunden sind, werden wirtschafts-, umwelt- und sozialpolitische Zwecke gleichsam bei Gelegenheit der Beschaffung mitverfolgt. Hier geht es nicht um die jeweils zu erfüllende Verwaltungsaufgabe, sondern um andere Aufgaben, die die Verwaltung erfüllen muss bzw. erfüllen möchte, wie Mittelstands- oder Frauenförderung, Klimaschutz oder die Vereinbarkeit von Familie und Beruf. Werden solche Zwecke durch das jeweils geltende Vergaberecht für statthaft erklärt, handelt es sich nicht mehr um „vergabefremde Zwecke" (so aber die über Jahre hinweg eingebürgerte Terminologie im Hinblick auf die Verfolgung ökologischer und sozialer Zwecke unter dem GWB-Vergaberecht bis 2016). Maßgebend ist nun der neuerdings von der EU-Kommission hierfür etablierte Begriff der **„strategischen Beschaffung"**[10], wonach es um die Nutzung der öffentlichen Kaufkraft gehe, „um umwelt- und klimafreundliche Waren und Dienstleistungen zu beschaffen … und gleichzeitig einen Beitrag zur Beschäftigung und zur Verbesserung der öffentlichen Gesundheit und der sozialen Rahmenbedingungen" zu leisten.

13   Im GWB-Vergaberecht 2016 findet sich (wie schon bisher) eine ausdrückliche Verpflichtung zur Verfolgung mittelständischer Interessen in § 97 Abs. 4 GWB (→ dazu § 14 Rn. 10 f.) und auch das seit jeher mit der Beschaffung verfolgte Ziel, beispielsweise mit dem Vorziehen oder Bündeln sowieso fälliger Beschaffungsentscheidungen der Konjunktur einen Schub zu geben (so etwa im Zusammenhang mit der Finanzkrise),[11] gehört hierher. Die ökologischen und sozialen Zwecke werden künftig durch § 97 Abs. 3 GWB ebenso wie der Zweck der Innovationsförderung explizit zu Zwecken des GWB-Vergaberechts erklärt (→ dazu näher § 7). In der Konsequenz all dessen dürfen die jeweils betroffenen Zwecke in dem Umfang, in dem dies für statthaft erklärt worden ist und unter Beachtung der auf den einzelnen Verfahrensstufen hierfür jeweils aufgestellten Anforderungen bei Gelegenheit von Beschaffungsentscheidungen verwirklicht werden, teilweise besteht hierzu sogar eine Pflicht (so etwa im Hinblick auf die grundsätzliche Pflicht zur Aufteilung in Lose zwecks Förderung des Mittelstandes nach § 97 Abs. 4 GWB bzw. im Hinblick auf ökologische bzw. sozial motivierte Ausführungsbedingungen nach landesgesetzlicher Anordnung gemäß § 129 GWB).

II. Grundsätze des Vergabeverfahrens

14   Die klassischen Vergabegrundsätze Wettbewerb, Transparenz und Gleichbehandlung können die Grundlage für zahlreiche Pflichten zulasten der öffentlichen Auftraggeber bilden, und zwar nicht nur innerhalb des Vergabeverfahrens i.e.S., sondern auch im Hinblick auf die Leistungsbeschreibung (beispielsweise: keine Bevorzugung lokaler Bieter) oder beim Umgang mit Angeboten. Die Rechtsprechung hat aus diesen drei Grundsätzen, insbesondere aus dem Wettbewerbsgrundsatz, verschiedene konkrete Pflichten abgeleitet. Daraus können sich erhebliche Belastungen für die Vergabestellen und für die Bieter ergeben, und dies angesichts der zahlreichen Einzelvorschriften sowieso schon dicht bepackten Pflichtenbündels. Der Umgang mit den Vergabegrundsätzen bedarf daher einer gewissen methodischen **Sensibilität,** gerade auch im Hinblick auf die mit der GWB-Novelle 2016 neu im Gesetz verankerten Grundsätze der Wirtschaftlichkeit und der Verhältnismäßigkeit nach § 97 Abs. 1 S. 2 GWB.

---

[10] Im Richtlinienvorschlag vom 20.12.2011 (KOM (2011) 896 endg. S. 11 ff.).
[11] Hierzu *Fuchs* in: Kirchhof/Korte/Magen, § 15 Rn. 8.

1. Methodische Grundlagen

Für das Verhältnis zwischen den zahlreichen Regeln für das Vergabeverfahren und 15
den Grundsätzen des § 97 Abs. 1 und 2 GWB gilt zunächst, dass jene Regeln infolge
ihrer Konkretheit vorgehen. Wenn beispielsweise seit der GWB-Novelle das offene
und das nicht offene Verfahren durch § 119 Abs. 1 GWB gleichrangig nebeneinander
gestellt werden (→ dazu noch § 13 Rn. 19), dann kann nicht etwa aus dem Wettbewerbsgrundsatz des § 97 Abs. 1 GWB ein Vorrang des offenen Verfahrens proklamiert werden. Freilich enthalten die zahlreichen Regeln des Vergaberechts oftmals
Spielräume, die von den Rechtsanwendern auszufüllen sind. Bei der Ausfüllung dieser Spielräume ist die Verwaltung dazu verpflichtet, sich an den ihr durch den Gesetzgeber vorgegebenen Grundsätzen zu orientieren. Ganz in diesem Sinne geben die
Vergabegrundsätze der Auslegung von Vergaberegeln mit unbestimmten Rechtsbegriffen (auf der Tatbestandsseite) bzw. Ermessen (auf der Rechtsfolgenseite) eine
Zielorientierung in Richtung Wettbewerb, Transparenz oder Gleichbehandlung. Sie
wirken mithin als **Auslegungsdirektiven.**

Problematischer ist es, den Vergabegrundsätzen auch jenseits vorhandener Vergabe- 16
regeln, wo sie also in ihrer Funktion als Auslegungsdirektiven nicht wirken können,
eine Bedeutung zumessen zu wollen. M.E. kommt dies nur ganz ausnahmsweise in
Betracht, und zwar dann, wenn andernfalls ein vom Europarecht geforderter Rechtszustand nicht herbeigeführt werden kann. In diesen Ausnahmesituationen würden
die Vergabegrundsätze eine Art **Reservefunktion** übernehmen, gleichsam als „letzter
Mann" zur Verhinderung einer Europarechtswidrigkeit qua Lückenhaftigkeit der
Vergaberegeln. Abgesehen davon gibt es kein Mandat der Vergabekammern und
Oberlandesgerichte zur Wettbewerbspolitik allein auf der Grundlage des § 97
GWB.[12] Dies gilt seit der GWB-Novelle 2016 und den noch einmal deutlich intensiver gestaffelten Regeln der VgV bzw. der VOB/A-EU noch mehr als in den Anfangsjahren, in denen es um die Gestaltung des Übergangs vom Haushalts- zum
wettbewerblichen Beschaffungswesen ging. M.E. besteht neben § 97 Abs. 1 u. 2
GWB auch keine Notwendigkeit, zusätzlich in Gestalt des Treu und Glauben-
Grundsatzes des § 242 BGB eine weitere „Anknüpfungsnorm" für sodann von der
Rechtsprechung entwickelte Bindungen zu behaupten.[13]

2. Wettbewerb, Transparenz, Gleichbehandlung und Versubjektivierung

a) Inhalte. Die drei Vergabegrundsätze Wettbewerb, Transparenz und Gleichbe- 17
handlung sind Ausprägungen der Grundfreiheitsbestimmungen des AEUV (→ § 3
Rn. 21 ff.) und somit unmittelbar im Primärrecht fundiert. Insofern hat man es mit
einem vollkommenen **Gleichklang** von EU-Primär- und Sekundärrecht (vgl.
Art. 18 Abs. 1 VRL) und Umsetzungsrecht zu tun. Dabei zielt der Wettbewerbsgrundsatz (insoweit subjektiv orientiert) auf die Verbesserung der Chancen der an der
Erteilung von Aufträgen interessierten Bietern sowie (objektiv) auf die mikro- bzw.

---

[12] Daher überzeugt die Ableitung der Auftraggebereigenschaft aus dem Wettbewerbsgrundsatz jenseits und
ungeachtet des § 99 GWB durch das OLG Düsseldorf NZBau 2016, 55, Rn. 31 nicht (→ vgl. auch § 8
Rn. 16). Ausführlicher zu den methodischen Grundlagen *Burgi* NZBau 2008, 29 f.
[13] So aber OLG Düsseldorf VergabeR 2017, 730.

makroökonomischen Vorzüge des Wettbewerbs. Die Forderung nach Transparenz richtet sich an die Vergabestellen und erfordert eine übersichtliche und klar abgestufte Verfahrensgestaltung. Auch die abschließende Vergabeentscheidung muss sachlich nachvollziehbar sein, was wiederum die Offenlegung der Eignungs- wie der Zuschlagskriterien vor Beginn des Verfahrens erfordert. Der Gleichbehandlungsgrundsatz erfordert schließlich in enger Verknüpfung und Überschneidung mit dem Wettbewerbsgrundsatz eine möglichst formale Gleichbehandlung aller Bieter und die Notwendigkeit einer sachlichen Rechtfertigung für Differenzierungen zwischen ihnen. Dieser Grundsatz wirkt sich vor allem bei der Leistungsbeschreibung (→ § 12 Rn. 15) und im Vergabeverfahren i. e. S. aus. (→ § 13).[14] Teilweise ergeben sich aus den Vergabegrundsätzen gegenläufige Rechtsfolgen, die dann im Wege der Auslegung der jeweils einschlägigen konkreten Vorschrift aufzulösen sind, so etwa indem der Wettbewerbsgrundsatz eine Offenlegung der Angebote allen Bieter gegenüber begrenzt und damit zwangsläufig die Transparenz einschränkt.

18   Durch §§ 97 Abs. 6 GWB, der sämtlichen „Unternehmen" (einen) Anspruch gewährt, dass die „Bestimmungen über das Vergabeverfahren eingehalten werden", werden sämtliche Grundsätze und Regeln von GWB, VgV und VOB/A-EU versubjektiviert. Als typische sog. **Schutznorm** bildet er die Grundlage der subjektiven Rechte der einzelnen Bieter, die die Verstöße gegen die entsprechenden „Bestimmungen über das Vergabeverfahren" somit im Wege des Rechtsschutzes vor der Vergabekammer und dem OLG geltend machen können. Die diesbezüglichen Voraussetzungen werden im Abschnitt über den Rechtsschutz vertieft (→ § 20 Rn. 6 f.).

19   **b) Wichtige Ausprägungen.** In der Kommentarliteratur sind einige von der bisherigen Rechtsprechung behandelten (teilweise angeblichen; vgl. soeben 1) Ausprägungen nach Fallgruppen geordnet zusammengestellt.[15] Nachfolgend werden zwei besonders wichtige Fallgruppen dargestellt, bei denen legitimerweise der Wettbewerbsgrundsatz nach § 97 Abs. 1 S. 1 GWB pflichtenbegründend wirkt.

20   Die erste Fallgruppe betrifft das Erfordernis des sog. **Geheimwettbewerbs.** Zunächst ist unstreitig, dass der Geheimwettbewerb als Ausprägung des Wettbewerbsgrundsatzes dann gestört ist, wenn ein Bieter in Kenntnis des Angebots oder Teilen des Angebots eines anderen Bieters sein Angebot abgibt.[16] Ebenfalls ausgeschlossen ist (selbstverständlich), dass ein und derselbe Bieter verschiedene Angebote abgibt und auch, dass er gleichzeitig ein eigenes Angebot abgibt und parallel als Mitglied einer Bietergemeinschaft. Der Wettbewerbsgrundsatz wirkt hier als Direktive bei der Auslegung der Vorschriften über die Aufbewahrung und Öffnung der Angebote und ihrer Umschläge einerseits (vgl. §§ 54 und 55 VgV), dem Verbot wettbewerbsbeschränkender Abreden andererseits (vgl. § 124 Abs. 1 Nr. 4 GWB). Infolge der neueren Rechtsprechung des EuGH muss im zuletzt genannten Falle den Beteiligten aber ermöglicht werden, darzulegen und zu beweisen, dass „entgegen der Vermutung ihre Angebote völlig unabhängig voneinander formuliert worden sind und folglich

---

[14] Vgl. insoweit zuletzt EuGH C-336/12, NZBau 2013, 783 (Manova A/S).
[15] Vgl. *Dreher* in: Immenga/Mestmäcker, GWB, § 97, Rn. 71 ff.
[16] Vgl. zuletzt OLG München VergabeR 2013, 917.

eine Gefahr einer Beeinflussung des Wettbewerbs unter Bietern nicht besteht"[17]. Dies gilt auch für die weiteren Fälle einer Mehrfachbeteiligung bei Losaufteilung (vgl. § 97 Abs. 4 GWB) als Nachunternehmer (→ § 9 Rn. 8) und als konzernverbundenes Unternehmen[18]. Auch in der Forderung eines Auftraggebers, offenzulegen, ob und welche Schwesterunternehmen ebenfalls Angebote abgegeben haben, liegt ein Verstoß gegen den Grundsatz des Geheimwettbewerbs.[19]

Besonders weitreichend bedient sich die Rechtsprechung der Grundsätze von **21** Wettbewerb und Gleichbehandlung als angebliche **Anknüpfungsgrundlagen für Vorfragen** aus anderen Rechtsgebieten (zweite Fallgruppe). Bereits in § 2 (→ Rn. 16 f.) ist dies als Erscheinungsform einer Wechselwirkung zwischen dem Vergaberecht und anderen Rechtsgebieten beschrieben worden. Betroffen sind vor allem[20] die folgenden Rechtsgebiete:

– Verstöße gegen die Vorschriften des **kommunalen Wirtschaftsrechts,** die u. U. einem Kommunalunternehmen eine bestimmte Art der wirtschaftlichen Betätigung verbieten, die dieses mit der Abgabe eines Angebots in einem Vergabeverfahren ausüben möchte (wenn z. B. ein Stadtwerkeunternehmen gärtnerische Dienstleistungen für eine Nachbargemeinde anbieten will)[21]. Insbesondere das OLG Düsseldorf prüft damit die Einhaltung (namentlich der §§ 107, 108 GO NRW) „im Hinblick auf § 97 Abs. 1 GWB"[22]. Wie bereits früher ausführlich begründet,[23] liegt hierin eine Überspannung der allgemeinen Grundsätze des Vergaberechts, die die ja dann in erster Linie zur Durchführung der erforderlichen Prüfungen verpflichteten Vergabestellen überfordern würde (so müsste beispielsweise die Vergabestelle einer kleinen bayerischen Gemeinde prüfen, ob ein nordrhein-westfälisches oder gar ein österreichisches Kommunalunternehmen gegen die dort geltenden Vorschriften verstoßen hat). Überdies wird missachtet, dass durch das Hinzutreten jenes Bieters der Wettbewerb jedenfalls nicht eingeschränkt, sondern gerade intensiviert wird. Daher sind etwaige Verstöße gegen das kommunale Wirtschaftsrecht richtigerweise allein durch die Kommunalaufsicht und ggf. im Wege des verwaltungsgerichtlichen Rechtsschutzes zugunsten der Konkurrenten, nicht aber über das Vergabenachprüfungsverfahren zu sanktionieren.

– Anders als im Hinblick auf das kommunale Wirtschaftsrecht besteht im Hinblick auf **Kartellrechtsverstöße** eine klare Anknüpfungsgrundlage im Vergaberecht, und zwar in Gestalt des Verbots wettbewerbsbeschränkender Abreden in § 124 Abs. 1 Nr. 4 GWB (einen sog. fakultativen Ausschlussgrund; → § 16 Rn. 23). In-

---

[17] EuGH C-213/07, NZBau 2009,133, Rn. 67 ff. (Michaniki AE); C-538/07, NZBau 2009, 607, Rn. 30 (Assitur); ausführlich *Dircksen/Schellenberg* VergabeR 2010, 17.
[18] Zu letzterer Situation vgl. *Mager/von der Recke* NZBau 2011, 541. Weitere Rechtsprechung ist dokumentiert bei *Fehling* in: Pünder/Schellenberg, GWB, § 97, Rn. 56, und bei *Dicks* VergabeR 2013, 1.
[19] OLG Düsseldorf NZBau 2016, 508.
[20] Zu weiteren potentiell betroffenen Rechtsgebieten vgl. *Schneider* NVwZ 2009, 357; *Dreher* NZBau 2013, 665.
[21] In diesem Fall wäre sowohl gegen das kommunalrechtliche Verbot der überörtlichen Wirtschaftsbetätigung verstoßen als auch gegen das Erfordernis einer öffentlichen Zwecksetzung (ausführlich zu diesen Anforderungen statt vieler *Burgi*, Kommunalrecht, 5. Auflage 2015, § 17 Rn. 30 ff.).
[22] OLG Düsseldorf VergabeR 2009, 905 m. Anm. *Reuber;* OLG Düsseldorf VergabeR 2013, 71 m. Anm. *Kaiser/Platinko;* OLG Düsseldorf VergabeR 2013, 593 m. Anm. *Goede;* ablehnend demgegenüber OVG NRW NVwZ 2008, 1031; offen lassend OLG Celle NZBau 2009, 394.
[23] *Burgi* NZBau 2008, 29; i.E. ablehnend auch *Gurlit* VergabeR 2017, 221 (223 f.).

dem die Rechtsprechung hier den Wettbewerbsgrundsatz als Grundlage zur Begründung einer weiten Auslegung jenes Ausschlussgrundes heranzieht, handelt sie methodisch korrekt.[24] Zutreffenderweise gilt dies nicht im Hinblick auf angebliche Kartellverstöße, die sich außerhalb des Vergabeverfahrens abgespielt haben.[25]

– Im Hinblick auf das **europäische Beihilferecht** der Art. 107, 108 AUEV ist mittlerweile geklärt, dass diesbezüglich angeblich vorliegende Verstöße (z. B.: ein Bieter habe im Vorfeld rechtswidrige Beihilfen erhalten und deswegen einen nun besonders vorteilhaften Preis angeboten) nicht relevant sind; das früher teilweise vertretene gegenteilige Ergebnis würde wiederum eine Überdehnung des Wettbewerbsgrundsatzes darstellen und die Vergabestellen überfordern.[26] Nachgegangen werden muss dem Verdacht auf das Vorliegen einer rechtswidrigen Beihilfe freilich dann, wenn der angebotene Preis „unangemessen niedrig" ist (so explizit § 60 Abs. 4 VgV): „Stellt der öffentliche Auftraggeber fest, dass ein Angebot ungewöhnlich niedrig ist, weil der Bieter eine staatliche Beihilfe erhalten hat, so lehnt der öffentliche Auftraggeber das Angebot ab, wenn der Bieter nicht fristgemäß nachweisen kann, dass die staatliche Beihilfe rechtmäßig gewährt wurde" (→ § 17 Rn. 16).

3. Wirtschaftlichkeit

22 Der Grundsatz der Wirtschaftlichkeit hat **erstmals** mit der GWB-Novelle 2016 Aufnahme in den Kreis der Grundsätze des Vergabeverfahrens gefunden. Bislang war Wirtschaftlichkeit „nur" als Zuschlagskriterium (vgl. § 97 Abs. 5 GWB a.F.; so auch künftig in § 127 Abs. 1 GWB) normiert, ferner als Abwägungskriterium bei der Entscheidung über die Verlängerung der aufschiebenden Wirkung im Rahmen eines Beschwerdeverfahrens (künftig: § 173 Abs. 2 GWB).

23 Als allgemeiner Grundsatz ist die Vorgabe, den jeweils verfolgten öffentlichen Zweck mit möglichst wenig Haushaltmitteln zu verwirklichen, auf das Verhalten der Vergabestellen bei der Gestaltung des Vergabeverfahrens i. e. S. gerichtet. In der Sache geht es bei diesem Grundsatz um die Verpflichtung zum Einsatz einer höchst voraussetzungsvollen **Methode,** nicht etwa um die optimale Verwirklichung eines materiellen Belangs.[27] Bei der Entfaltung des Wirtschaftlichkeitsgrundsatzes durch die damit künftig erstmals befasste Rechtsprechung ist an die bereits im Hinblick auf die bestehenden Vergabegrundsätze angemahnte methodische Zurückhaltung zu erinnern (vgl. 1). Dabei wird es darauf ankommen, die ausschließlich der Vergabestelle obliegende Definition des jeweils verfolgten öffentlichen Zwecks (z. B. bei der Wahl einer bestimmten Verfahrensart) zu respektieren, und sodann bei der nach Ermessen stattfindenden Auswahl (im Beispiel) einer von mehreren Verfahrensarten auf eine effiziente Verwendung der hierfür erforderlichen Ressourcen an Personal und finanziellen Mitteln zu achten, dies wiederum innerhalb des Rahmens der die Wahl der Verfah-

---

[24] Vgl. hierzu OLG Düsseldorf NZBau 2011, 371; NZBau 2013, 321; NZBau 2015, 787.
[25] OLG Düsseldorf VergabeR 2009, 905.
[26] Vgl. näher *Pünder* NZBau 2003, 530; *Burgi* NZBau 2008, 33.
[27] Eingehend hierzu *Burgi* u. *Schmidt-Jortzig* in: Butzer, Wirtschaftlichkeit durch Organisations- und Verfahrensrecht, 2004, 53 ff. bzw. 17 ff.; *Bungenberg,* Vergaberecht, 135 ff.; explizit zu § 97 Abs. 1 S. 2 GWB auch *Dörr* in: Burgi/Dreher, GWB, § 97 Rn. 49 f.

rensart konkret regelnden Vorschrift des § 119 GWB. Der neue Grundsatz der Wirtschaftlichkeit bietet jedenfalls eine Chance, nicht mehr ausschließlich die Kosten des jeweils beschafften Gegenstandes, sondern die Kosten des gesamten Vergabeverfahrens in den Blick zu nehmen. Dies zielt auf den kritischen Umgang mit bürokratischen Formalien und auf einen Ausbau des Organisations- und Verfahrensermessens der Beschaffungsstellen und könnte durchaus im weiteren Verlaufe zur Ausprägung eines „Grundsatzes der Verfahrenseffizienz" führen, der etwa im US-amerikanischen Vergaberecht bereits verankert ist (→ § 5 Rn. 9).

4. Verhältnismäßigkeit

Der Grundsatz der Verhältnismäßigkeit, der in Deutschland seit jeher als Ausprägung 24 des Rechtsstaatsprinzips anerkannt gewesen ist, hat mit der Vergaberechtsreform 2016 erstmals, und zwar über den „Umweg" Europa, seinen Weg in das deutsche Vergaberecht gefunden (vgl. Art. 18 Abs. 1 VRL). Den primärrechtlichen Hintergrund bilden die Grundfreiheiten, denen ausweislich der sog. Unterschwellen-Mitteilung (→ dazu ausführlich § 3 Rn. 25) das Erfordernis einer verhältnismäßigen Gestaltung des Vergabeverfahrens i.e.S. und vor allem die Anforderungen an die Bieter entnommen werden.[28]

Der Verhältnismäßigkeitsgrundsatz **bindet** die einzelne Vergabestelle bei der Ge- 25 staltung der Leistungsbeschreibung, der Eignungs- und Zuschlagskriterien inklusive der hierzu von den Bietern beizubringenden Nachweise und schließlich bei den Ausführungsbedingungen. So kann sich beispielsweise die Anforderung eines Fachkundenachweises (etwa eines Meisterbriefes) ohne Bezug zu der zu erbringenden Leistung (etwa: Lieferung von PC's) als „ungeeignet" erweisen. Die Anforderung übermäßiger Nachweise über die finanzielle Leistungsfähigkeit kann dem Erforderlichkeitsgebot widersprechen, und in seiner Ausprägung als Grenze der Zumutbarkeit (synonym: Angemessenheit) kann der Verhältnismäßigkeitsgrundsatz sich beim Umgang mit sog. fakultativen Ausschlussgründen (aufgrund früheren Fehlverhaltens der Bieter (→ näher § 16 Rn. 24) auswirken.

Besonders spürbare Schranken wird er voraussichtlich beim Umgang mit ökologi- 26 schen und sozialen Ausführungsbedingungen (→ dazu § 19 Rn. 14) zeitigen, und zwar in dem Maße, indem sich diese von der eigenen unternehmerischen Sphäre des Bieters auf Vorlieferstufen beziehen (die dieser nicht mehr ohne Weiteres beherrschen kann). Auch die Festlegung von Quoten (z.B. zur Beschäftigung von Langzeitarbeitslosen) wird in dem Maße unverhältnismäßig, in dem sich diese nur noch am Rande bei der Ausführung des Auftrags, vor allem aber in der gesamten Unternehmensstruktur auswirken. (Beispiel: Die Vergabestelle schreibt die Beschäftigung eines bestimmten Anteils von Langzeitarbeitslosen bei einem Bauauftrag vor, der lediglich ein halbes Jahr dauert; in der Konsequenz muss das anbietende Unternehmen die betroffenen Personen aber während einer drei Jahre langen Lehrzeit und damit überwiegend jenseits der Auftragserbringung beschäftigen). Im Zusammenhang mit

---

[28] Zu bisherigen Ansätzen des Verhältnismäßigkeitsdenkens im Vergaberecht vgl. *Wallerath,* Öffentliche Bedarfsdeckung und Verfassungsrecht, 1988, 456 ff.; *Dreher* in: Immenga/Mestmäcker, GWB, vor § 97, Rn. 157 f.

der Verfolgung ökologischer und sozialer Zwecke, die heute in den meisten Ländern auf Landesvergabegesetzen beruht (→ dazu sogleich § 7) bildet der Grundsatz der Verhältnismäßigkeit nach § 97 Abs. 1 S. 2 GWB auch eine neue bundesrechtliche Grenze gegenüber der Landesgesetzgebung.

Vertiefungsliteratur:

Bultmann, Beihilferecht und Vergaberecht, 2004; *Marx,* Vergaberecht – was ist das?, in: FS Bechtold, 2006, 305; *Bungenberg,* Vergaberecht im Wettbewerb der Systeme, 2007; *Burgi,* Die Bedeutung der allgemeinen Vergabegrundsätze Wettbewerb, Transparenz und Gleichbehandlung, NZBau 2008, 29; *Burgi,* Die Zukunft des Vergaberechts, NZBau 2009, 690; *Pollmann,* Der verfassungsrechtliche Gleichbehandlungsgrundsatz im öffentlichen Vergaberecht, 2009; *ders.,* in: FS Marx, 73; *Frister,* Entrechtlichung und Vereinfachung des Vergaberechts, VergabeR 2011, 295; 725; *Aicher,* Die Verfahrensgrundsätze des § 97 Abs. 1, 2 GWB, in: Müller-Wrede, Kompendium, Kap. 12; 2013; *Dreher,* Andere Rechtsgebiete als Vorfrage im Vergaberecht, NZBau 2013, 665; *Koch,* Flexibilisierungspotenziale im Vergaberecht, 2013; *Fuchs,* Öffentliche Vergabe, in: Kirchhof/Korte/Magen (Hrsg.), Öffentliches Wettbewerbsrecht, 2014, § 15; *Weiner,* Grundsätze des Vergaberechts, in: Gabriel/Krohn/Neun, HdbVergabeR, § 1.

§ 7. Ökologisch, sozial und innovativ orientierte („strategische") Beschaffung

Übersicht

Wie schon in § 6 (→ Rn. 13) festgestellt, werden mit der GWB-Novelle 2016 in **1** § 97 Abs. 3 ökologische und soziale Zwecke sowie der Zweck der Innovationsförderung (dazu IV) ausdrücklich zu Zwecken des GWB-Vergaberechts erklärt. Nach Regelungskonzept und -inhalt handelt es sich um eines der durch die Novelle am meisten veränderten Themenfelder. Die nachfolgende Darstellung folgt in terminologischer Hinsicht dem Gesetzgeber. Freilich ist darauf hinzuweisen, dass im politischen Raum teilweise auch der Sammelbegriff der Nachhaltigkeit[1] verwendet wird. Auch im Konzept (der Darstellung) folgt dieses Lehrbuch dem Konzept des Gesetzgebers, indem es in diesem Abschnitt Anwendungsbeispiele, Problematik und den künftig zu beachtenden Rechtsrahmen schildert (I – III), während die Möglichkeiten oder gar Pflichten zur Verfolgung ökologischer bzw. sozialer Zwecke auf den Verfahrensstufen der Leistungsbeschreibung (→ § 12 Rn. 25 ff.), bei den Eignungskriterien (→ §16 Rn. 37), den Zuschlagskriterien (→ § 17 Rn. 17 ff.) sowie den Ausführungsbedingungen (→ § 19 Rn. 10 ff.) in den jeweiligen Abschnitten mit jeweils einer eigenen Überschrift erörtert werden.

I. Anwendungsbeispiele

Schon seit längerem wird insbesondere in Deutschland ein konzeptionell verstan- **2** denes **„Green procurement"** praktiziert; neben zahlreichen kommunalen Vergabe-

---

[1] Vgl. etwa *Brackmann* VergabeR 2014, 310; m. E. passt dieser Begriff auf soziale und gesellschaftspolitische Maßnahmen allerdings nicht ebenso gut wie auf die ökologischen Maßnahmen.

stellen ist hier das Beschaffungsamt des Bundes beim BMI führend[2]. Wichtige Beispiele bilden insoweit die Bestellung von Elektrobussen oder von Strom aus erneuerbaren Energieträgern, die Einhaltung bestimmter Normen über das Umweltmanagement, Anforderungen an ein Recycling- bzw. Entsorgungskonzept sowie die Berücksichtigung der Energieeffizienz sowohl von Geräten als auch von Fahrzeugen bzw. bei Bauwerken.

3   Zu den (weit zu verstehenden) Maßnahmen des **„Social Procurement"** gehören lohnbezogene Anforderungen (etwa gerichtet auf die Beachtung von Tarifverträgen oder zur Zahlung von spezifisch für die Erbringung öffentlicher Aufträge vorgeschriebener Mindestlöhne), die Beachtung der sog. Kernarbeitsnormen der Internationalen Arbeitsorganisation (ILO, insbesondere gerichtet auf die Verhinderung von Kinderarbeit), Pflichten zur Beschäftigung von Langzeitarbeitslosen oder von Auszubildenden bzw. die Formulierung diesbezüglicher Quoten. Auch die Erbringung aktiver Maßnahmen zur Gleichstellung von Frauen und Männern bzw. zur Vereinbarkeit von Familie und Beruf gehören hierher. Die Gemeinsamkeit all dieser Erscheinungsformen besteht darin, dass mit ihnen Anforderungen formuliert werden, die sich nicht bereits aus der allgemeinen, auch den privaten Wirtschaftssektor erfassenden Rechtsordnung ergeben.

4   Einen vergleichsweise schmalen Anwendungsbereich haben die teilweise immer noch verwendeten sog. Scientology-Klauseln, die nach richtig verstandener Auslegung (m. E. grundsätzlich rechtskonform) verhindern sollen, dass bei der Vergabe von Beratungs- und Schulungsleistungen durch eingesetzte Berater bzw. Lehrpersonen bei der Erfüllung ihres Auftrags die Lehren der Scientology-Organisation angewendet oder verbreitet werden.[3]

II. Hoffnungen und Risiken

5   Die Verfolgung ökologischer und sozialer Zwecke mittels der öffentlichen Auftragsvergabe birgt das **Risiko,** neue Diskriminierungen hervorzubringen und den Wettbewerb, insbesondere zulasten kleiner und mittlerer Unternehmen zu beeinträchtigen. Wurde früher der sog. Hoflieferant begünstigt, so kann heute die Verpflichtung zur Lieferung von Produkten aus heimischem Anbau gleichsam durch die ökologische Hintertür diskriminierend wirken. Auch der vielfach geäußerte Kritikpunkt, dass sich die Beschaffung (vielleicht nicht auf das volkswirtschaftliche Ganze, aber doch unter Umständen im Hinblick auf den Einzeleinkauf, also betriebswirtschaftlich gesehen), verteuere, ist nicht von der Hand zu weisen. Im jedem Falle erhöht sich der Arbeitsaufwand auf Auftraggeber- wie auf Bieterseite. Aus der Sicht der Bieter können sich bestimmte Anforderungen (etwa im Zusammenhang mit dem Verbot von Ausgangsmaterial bei der Herstellung von Fußbällen, das nicht Formen schwerster Kinderarbeit in einem Entwicklungsland entstammen darf), als kaum erfüllbar er-

---

[2] Das eine „Kompetenzstelle für nachhaltige Beschaffung" unterhält und verschiedene Leitfäden publiziert. Wichtig ist ferner das „Handbuch umweltfreundliche Beschaffung", das bereits seit 1987 vom Umweltbundesamt herausgegeben wird. Vgl. auch die 2017 veröffentliche Arbeitshilfe „Beschaffung von Ökostrom" des Umweltbundesamtes und die „Allgemeine Verwaltungsvorschrift zur Beschaffung energieeffizienter Produkte und Dienstleistungen" v. 24.1.2017 (BAnz AT 24.01.2017 B1) des Bundesministeriums für Wirtschaft und Energie.
[3] Zu den Einzelheiten vgl. *Roth/Erben* NZBau 2013, 409 m.w.N.

weisen, während der Auftraggeber oftmals vor der Herausforderung steht, die von den Bietern gemachten Angaben nur schwer nachprüfen zu können. Insbesondere kleinere Vergabestellen dürften mit den hierbei zu beachtenden Anforderungen rasch überfordert sein, wodurch sich das Risiko rechtswidriger Vergabe-, und in der Konsequenz erfolgreicher Rechtsschutzverfahren erhöht.

Diesen Risiken stehen freilich auch potenzielle **Vorteile** gegenüber, nämlich in 6 Gestalt der mittel- und langfristigen Verbesserung für Umwelt und Soziales. Dabei spielt das Argument einer Art Vorbildwirkung des Staates, sowohl aufgrund von dessen primärer Orientierung auf das Gemeinwohl als auch angesichts der enormen ökonomischen Dimension des öffentlichen Beschaffungssektors (→ § 1 Rn. 1), eine wichtige Rolle.

Dass bei der Auftragsvergabe ökologische und soziale Zwecke verwirklicht wer- 7 den und unter bestimmten Umständen auch verwirklicht werden dürfen, ist angesichts dessen m. E. eine in den hoch entwickelten Industriestaaten mit einer entsprechend disponierten demokratischen Öffentlichkeit unaufhaltsame Entwicklung; aus der Sicht des Vergaberechts entscheidend ist somit das jeweils für den Umgang mit diesen Zwecken gewählte Regelungskonzept und dabei vor allem die Frage, ob die Vorgabe abstrakt-genereller Anforderungen durch den Gesetzgeber mit der Öffnung von Spielräumen für die mit den konkreten Verhältnissen des jeweiligen Auftrags und den eigenen Kapazitäten am besten vertraute Vergabestelle in einen klug dosierten Ausgleich gebracht wird. Daran muss sich der seit Frühjahr 2016 insoweit grundlegend novellierte Rechtsrahmen des GWB messen lassen.

In jeweils unterschiedlichem Ausmaß und mit unterschiedlichen politischen Schwerpunkten 8 sind das Green ebenso wie das Social procurement auch in den anderen wichtigen EU-Mitgliedstaaten zu beobachten. Die politischen Hintergründe illustriert das lesenswerte Werk von *McCrudden*[4]; rechtsvergleichend informieren *Caranta/Trybus*[5] und *Morettini*[6]. Mit der Entfaltung des mit der VRL (2014) veränderten europäischen Rechtsrahmens befassen sich *Dragos/Neamtu*[7], *Bovis*[8] und Sifjell/Wiesbrock[9]. Im Tagungsband zum 26. FIDE-Kongress in Kopenhagen 2014 (herausgegeben von Neergard/Jacqueson/Olykke) geht es in den Antworten zur „Elften Frage" um die vorliegende Thematik.[10]

III. Entwicklung und gegenwärtiger Rechtsrahmen bei der Verfolgung ökologischer und sozialer Zwecke

1. Von der Verfolgung „vergabefremder Zwecke" zur „strategischen Beschaffung"

Die Entwicklung des Rechtsrahmens der Verfolgung ökologischer und sozialer Zwe- 9 cke kann in drei Phasen eingeteilt werden. Die **erste Phase** beginnt unmittelbar nach dem Inkrafttreten des primär durch den Wettbewerbszweck geprägten GWB-Vergaberechts und ist dominiert von der Qualifizierung als „vergabefremde Zwe-

---

[4] Buying social justice. Equality Government Procurement and Legal Change, 2007.
[5] Hrsg., The Law of Green and social Procurement in Europe, 2010
[6] In: Chiti/Mattarella, Global administrative Law and EU administrative Law, 2011, 187.
[7] In: Lichère/Caranta/Treumer, Modernising Public Procurement: The new Directive 2014, 301.
[8] EPPPL 2015, 227.
[9] (Hrsg.), Sustainable Public Procurement under EU-Law, 2015.
[10] Vgl. ferner *Arrowsmith/Kunzlik,* Social and environmental policies in EU Procurement Law, 2009. Zur Rechtslage auf der Ebene des internationalen Rechts vgl. → § 5 Rn. 9.

cke"[11]. In dieser Phase wurde der Rechtsrahmen ausschließlich durch das EU-Primärrecht, das Grundgesetz und eben die primär den Wettbewerbszweck forcierende erste Generation der EU-Vergaberichtlinien gebildet.[12] Eine Akzentverschiebung haben dann mehrere Entscheidungen des EuGH bewirkt, der erstmals in der Rechtssache „Beentjes" die Möglichkeit einer Verfolgung sozialer Zwecke (konkret der Anforderung, langzeitarbeitslose Arbeitnehmer zu beschäftigen) als eine Art Ausführungsbedingung anerkannt hat.[13]

10   Daran knüpfte der EU-Richtliniengeber mit Art. 26 der VKR (Richtlinie 2004/18/EG) an, in dem erstmals das Instrument der „Bedingungen für die Auftragsausführung" formuliert und als mögliche Bedingungen auch „soziale und umweltbezogene Aspekte" formuliert wurden; hierbei handelt es sich um die Vorgängervorschrift von Art. 70 VRL, die durch den Erwägungsgrund 33 der VKR näher erläutert und den Auftakt einer **zweiten Phase** markiert. Der GWB-Gesetzgeber hat hierauf mit dem Modernisierungsgesetz des Jahres 2009 (→ vgl. § 4 Rn. 20) reagiert und jene Zwecke in § 97 Abs. 4 Satz 2 GWB a.F. erstmals namentlich aufgeführt, wodurch die bisherige Titulierung als „vergabefremd" jedenfalls ihre Berechtigung verloren hat. Durch diese Vorschrift wurde die Verfolgung ökologischer und sozialer Zwecke zunächst ausdrücklich nur auf die Phase der „Auftragsausführung" bezogen. Im Anschluss daran wurde aber mit einer sehr unklar formulierten und streitbefangenen Wendung die Formulierung „anderer" (welche?) oder „weitergehender" Anforderungen (welche?) in das Ermessen des Bundes- oder Landesgesetzgebers gestellt. Dieses Regelungskonzept war aus der Not des politischen Kompromisses geboren und hat die bestehende Rechtsunsicherheit eher noch vergrößert.[14] In der Folge und beflügelt durch ein insgesamt verändertes politisches Klima, das jedenfalls nicht mehr in erster Linie durch marktbezogene Ordnungsvorstellungen geprägt war (nicht zuletzt im Kontext der Finanzkrise) kam es aber zur Verabschiedung teilweise umfangreicher Regelwerke in Landesvergabegesetzen, die seither den umfangreichsten Regelungsbestand zu diesen Themen bilden (dazu sogleich 4).

11   Die **Phase drei** beginnt mit dem Inkrafttreten der VRL und dem darauf bezogenen neuen Regelungskonzept der GWB-Vergaberechtsnovelle 2016 (dazu sogleich 3). Seither sind die ökologischen und sozialen Zwecke auch als Ziele des Vergaberechts unangefochten, wie sich besonders aus den Erwägungsgründen 95 und 37 der VRL ergibt. In Erw. 2 wird ausdrücklich festgestellt, dass die Reform der EU-Vergaberichtlinien es u.a. den Vergabestellen ermöglichen solle, „die öffentliche Auftragsvergabe in stärkerem Maße zur Unterstützung gemeinsamer gesellschaftlicher Ziele zu nutzen." Dabei wird explizit Bezug genommen auf das „Strategiepapier Europa 2020" der EU-Kommission aus dem Jahre 2010[15] Spätestens damit kann die staatliche Beschaffungstätigkeit

---

[11] Vgl. statt vieler *Dreher* in: Immenga/Mestmäcker, GWB, § 97, Rn. 232 f. m.w.N.; zur Entwicklung ferner *Storr* in: Bungenberg/Huber/Streinz (Hrsg.), Wirtschaftsverfassung und Vergaberecht, 2011, 43 (44); scharf kritisierend: *Fehling* in: Pünder/Schellenberg, GWB, § 97 Rn. 135.

[12] Vgl. *Burgi* NZBau 2001, 64 ff.

[13] EuGH C-31/87, Slg. 1988, 4635; zu den unmittelbar darauf ergangenen Entscheidungen „Nord-Pas-de-Calais", „Concordia Bus Finland" und „Wienstrom" vgl. sogleich im Text.

[14] Vgl. zu den Einzelheiten *Diemon-Wies/Graiche* NZBau 2009, 409; *Hailbronner* in: Byok/Jaeger, Vergaberecht, GWB; § 97 Rn. 125; *Ziekow* in: Ziekow/Völlink, GWB, § 97 Rn. 102 f.

[15] KOM (2010) 2020 endg., 18 f. Instruktiv auch der erläuternde Beitrag der Kommission in EPPPL 2017, 219 zum „Strategic Public Procurement".

endgültig auch als Instrument der Umwelt- bzw. Sozialpolitik gelten.[16] Dies ändert freilich nichts daran, dass Basiszweck jeder Beschaffungstätigkeit die erfolgreiche Erfüllung derjenigen Verwaltungsaufgaben ist, um derentwillen eine bestimmte Leistung überhaupt beschafft wird (→ § 6 Rn. 2).

2. Der Rechtsrahmen aus EU-Recht und Grundgesetz

a) EU-Recht. Der relevante Rechtsrahmen wird in seinen äußersten Grenzen auch **12** hier durch die Anforderungen des AEUV abgesteckt, die bekanntlich lauten: Transparenz, Diskriminierungsfreiheit und Verhältnismäßigkeit (→ § 3 Rn. 25). Sie entstammen den Grundfreiheiten und wirken sich beim Umgang mit dem GWB-Vergaberecht bzw. dem bei dessen Anwendung zu beachtenden Richtlinienrecht im Wege der primärrechtskonformen Auslegung aus. In der VRL (Richtlinie 2014/24/EU) fehlt (vermutlich aus Gründen der politischen Zurückhaltung, da die Gesamtthematik der sog. strategischen Beschaffung im Verlauf des Rechtsetzungsverfahrens angesichts der oben (II) beschriebenen Risiken sehr umstritten war) eine allgemeine Aussage in Gestalt der Verankerung von Zwecken oder Grundsätzen. Ökologische wie soziale Aspekte finden sich aber im Zusammenhang mit den **Regelungen zu den einzelnen Verfahrensstufen,** so etwa bei den „technischen Spezifikationen" (vgl. Art. 42 Abs. 1 VRL), bei den Zuschlagskriterien (vgl. Art. 67 Abs. 2 und Art. 68 (sog. Lebenszykluskostenrechnung) VRL) und natürlich in der die Nachfolgevorschrift des Art. 26 VKR bildenden Bestimmung über die „Bedingungen für die Auftragsausführung" des Art. 70. Von großer Bedeutung ist schließlich Art. 18 Abs. 2 VRL, wonach die Mitgliedstaaten „geeignete Maßnahmen" treffen müssen, „um dafür zu sorgen, dass die Wirtschaftsteilnehmer bei der Ausführung öffentlicher Aufträge die geltenden umwelt-, sozial- und arbeitsrechtlichen Verpflichtungen einhalten, die durch Rechtsvorschriften der Union, einzelstaatliche Rechtsvorschriften, Tarifverträge, oder die in Anhang X aufgeführten internationalen umwelt-, sozial- und arbeitsrechtlichen Vorschriften festgelegt sind."

Wie bereits angedeutet, hat sich wiederholt auch der EuGH mit der Verfolgung ökologischer **13** und sozialer Zielsetzungen befasst. So hat er in der Rechtssache „Beentjes" die Verfahrensstufe der „Ausführungsbedingungen" gewissermaßen erfunden.[17] In den Rechtssachen „Concordia Bus Finland"[18] und „Wienstrom"[19] hielt er die Einhaltung von Schadstoff- und Lärmemissionsgrenzen bzw. das Erfordernis, Energie aus erneuerbaren Energieträgern zu beziehen, für statthafte Zuschlagskriterien und in der breit rezipierten Rechtssache „EKO und MAX HAVELAAR"[20] hat der EuGH die Nutzbarkeit von technischen Spezifikationen bzw. Gütezeichen als Instrumente der Verfolgung sozialpolitischer Zwecke (Einkauf von Kaffee aus fairem Handel) ausgelotet, dabei aber auch primär- und sekundärrechtliche Grenzen markiert. Mit dem politisch und ökonomisch besonders bedeutsamen Thema der Verpflichtung zur Zahlung von Tariflöhnen bzw. eines per Landesvergabegesetz festgelegten sog. vergabespezifischen Mindest-

---

[16] Ebenso *Fuchs* Journal für Rechtspolitik 20 (2012), 288; *Brauser-Jung* VergabeR 2013, 285 (294 ff.); weiterhin die (nicht zu leugnenden) Risiken aus der Sicht der Wirtschaft betonend *Schäfer* in: Pünder/Prieß, Vergaberecht im Umbruch II, 149 (162 f.).

[17] EuGH C-31/86, Slg. 1988, 4635 (Wienstrom). Vgl. sodann EuGH C-225/98, Slg. 2000, I_7505 (Nord-Pas-de-Calais).

[18] EuGH C-513/99, Slg. 2002, I_7091.

[19] EuGH C-448/01, Slg. 2003, I_14527.

[20] EuGH C-368/10, NZBau 2012, 445 m. Anm. *Hübner* VergabeR 2012, 545.

lohns hat sich der EuGH schließlich in den Rechtssachen „Rüffert"[21] bzw. „Bundesdrucke-rei"[22] befasst und sodann, gleichsam abschließend, in seinem Urteil vom 17.11.2015 in dem durch das OLG Koblenz initiierten Vorabentscheidungsverfahren in der Rechtssache „Regio-post".[23] Im Mittelpunkt dieser Entscheidungen steht das hochkomplizierte Verhältnis von AEUV, Art. 26 der VKR und der Arbeitnehmer-Entsenderichtlinie (Richtlinie 96/71)[24]; so-wohl die VKR als auch die VRL (dort in Erw. 37) betonen, dass sie anderweitig statuiertes Sekundärrecht unberührt lassen. Die inhaltliche Beurteilung der Tariftreueverlangen bzw. der Forderung eines sog. vergabespezifischen Mindestlohns erfolgt im Abschnitt über die Ausfüh-rungsbedingungen (→ § 19 Rn. 15 ff.).

14 **b) Grundgesetz.** Bereits im einleitenden Kapitel dieses Buches (→ § 4 Rn. 10 f.) wurde festgestellt, dass die Grundrechte im Vergaberecht grundsätzlich nicht in ihrer sonst im Vordergrund stehenden Funktion als Eingriffsabwehrrechte wirken. Viel-mehr folgt aus dem Eingreifen des Willkürverbots nach Art. 3 Abs. 1 GG lediglich, dass die Vergabekriterien (und damit auch solche, mit denen ökologische bzw. sozia-le Zielsetzungen verfolgt werden) diskriminierungsfrei formuliert sein müssen. Dieses Erfordernis ist somit weniger intensiv als das aus den Grundfreiheiten des AEUV als Diskriminierungs- *und* Beschaffungsverbot entnommenen Gebot der Verhältnismä-ßigkeit zwischen formulierten politischen Zwecken und einzelnen Vergabekriterien, weswegen die Grundrechte auch im Themenfeld der strategischen Beschaffung **kei-ne nennenswerte Rolle** spielen. Dies wird auch daran deutlich, dass das BVerfG bereits im Jahre 2006 die damalige Tariftreueregelung im Land Berlin für grund-rechtlich gerechtfertigt erklärt hat, während die Europarechtskonformität jener Re-gelungen bis in die Gegenwart hinein kritisch diskutiert wird und erst Ende 2015 (und auch nur teilweise) den „Segen" des EuGH gefunden hat (→ dazu eingehend § 19 Rn. 15 f.).[25] Konkret im Zusammenhang der Tariftreueregelungen tritt aller-dings das Grundrecht der Koalitionsfreiheit nach Art. 9 Abs. 3 GG hinzu, das sich bei der näheren Ausgestaltung entsprechender Regelungen auswirken kann (→ auch dazu § 19 Rn. 17).

3. Der aktuelle Rechtsrahmen aus GWB und VgV

15 Im GWB 2016 wird die Verfolgung „sozialer und umweltbezogener Aspekte" aus-drücklich als Zweck der Beschaffungstätigkeit legitimiert (in **§ 97 Abs. 3 GWB**). Dabei wird zwar keine Pflicht formuliert, aber jene Zwecke verlieren damit nun auch auf der Ebene des nationalen Rechts endgültig den ihnen lange zugeschriebe-nen Charakter als „vergabefremd". Das Regelungskonzept ist im Vergleich zur bishe-rigen Ausgestaltung in § 97 Abs. 4 GWB a.F. deutlich klarer. Es besteht erstmals in

---

[21] EuGH C-346/06, Slg. 2008, I_2024 = NZBau 2008, 332.

[22] EuGH C-549/13, NZBau 2014, 647 mit Anm. *Schrotz/Raddatz* NVwZ 2004, 1505.

[23] EuGH C-115/114, NZBau 2016, 46; OLG Koblenz NZBau 2014, 317. Zu den sich insoweit stellenden Rechtsfragen vgl. vorerst nur *Mager/Ganschow* NZBau 2015, 79; *Faber* NVwZ 2015, 257 (62).

[24] ABl. 1996 L 18 S. 1.

[25] BVerfG NZBau 2007, 53 m. Anm. *Pietzker* ZfBR 2007, 131 (135 ff.). In dieser Entscheidung hat das Gericht sich freilich immerhin näher mit der Berufsfreiheit nach Art. 12 Abs. 1 GG auseinandergesetzt, die allerdings nicht in ihrer Eigenschaft als Berufsausübungsfreiheit, sondern im konkreten Zusammen-hang der Tariftreueregelungen in ihrer Eigenschaft als Sitz der unternehmerischen Vertragsfreiheit (gegen-über den Arbeitnehmern) betroffen sei. Im Ergebnis hat es aber auch den hiergegen gerichteten Eingriff als gerechtfertigt angesehen.

der Aufteilung in einen Allgemeinen und in einen Besonderen Teil. Diese sind dadurch verzahnt, dass § 97 Abs. 3 GWB 2016 die Verfolgung jener Aspekte „nach Maßgabe" der nachfolgenden Regelungen ermöglicht. Damit richtet sich die Statthaftigkeit nach den rechtlichen Vorgaben für die jeweils betroffene Verfahrensphase:

– Während in der Bestimmung über die **Leistungsbeschreibung** (§ 121 GWB) eine explizite Anknüpfung fehlt (→ § 12 Rn. 25), gestalten § 123 Abs. 4 GWB die nachgewiesene Nichtzahlung von Sozialversicherungsbeiträgen als zwingenden **Ausschlussgrund** und § 124 Abs. 1 Nr. 1 GWB den nachweislichen Verstoß gegen sonstige „geltende umwelt-, sozial-und arbeitsrechtliche Verpflichtungen" als fakultativen Ausschlussgrund aus. Zur Umsetzung mehrerer einschlägiger EU-Richtlinien zum Energieeffizienzrecht werden in den §§ 67 und 68 VgV (in Fortführung von bereits bisher in der VgV enthaltenen Regelungen) nähere Anforderungen an die Gestaltung der Leistungsbeschreibung bei der Beschaffung energieverbrauchsrelevanter Liefer- oder Dienstleistungen (u. a. Straßenfahrzeuge) formuliert. Entsprechende Bestimmungen finden sich in § 8c VOB/A-EU. Auf der Ebene der **Eignung** spiegeln sich Umweltaspekte im Erfordernis der „technischen Leistungsfähigkeit" nach § 122 Abs. 2 S. 2 Nr. 3 GWB (näher → § 16 Rn. 37).

– Im Hinblick auf die **Zuschlagskriterien** stellt § 127 Abs. 1 S. 3 GWB ausdrücklich fest, dass als eines von mehreren Kriterien zur Bestimmung des „wirtschaftlichsten Angebots" auch „umweltbezogene oder soziale Aspekte" berücksichtigt werden können. Dies wird näher konkretisiert durch § 58 Abs. 2 Nr. 1 VgV, während § 59 VgV die „Berechnung von Lebenszykluskosten" konkretisiert und § 60 Abs. 2 Nr. 4 VgV die Auftraggeber zur Prüfung „ungewöhnlich niedriger Angebote" auch dann verpflichtet, wenn möglicherweise die Einhaltung von umwelt-, sozial- oder arbeitsrechtlichen Vorschriften zweifelhaft ist. Entsprechende Aussagen finden sich in § 16d VOB/A-EU (→ § 17 Rn. 17 ff.).

– Besonders intensiv werden die ökologischen und sozialen Aspekte schließlich im Kontext der Regelungen über die „Auftragsausführung" (§ 128 Abs. 1 GWB) bzw. über die **Ausführungsbedingungen** in §§ 128 Abs. 2 und 129 GWB erwähnt. § 129 GWB ist (abgesehen von den Energieeffizienzanforderungen nach §§ 67, 68 VgV) auch die einzige Norm, die insoweit Verpflichtungen der Vergabestellen betrifft. Demnach ist Voraussetzung dafür, dass eine Vergabestelle Ausführungsbedingungen den Auftragnehmern „verbindlich vorzugeben hat", dass diese „aufgrund eines Bundes- oder Landesgesetzes" zuvor festgelegt worden sind (→ § 19 Rn. 10 ff.).

Aus dem Allgemeinen Teil der Grundsätze, die sie aus den Absätzen 1 und 2 des § 97 GWB ergeben (→ vgl. § 6 Rn. 24 f.), ist im Hinblick auf die Verfolgung ökologischer und sozialer Zwecke der **Verhältnismäßigkeitsgrundsatz** nach § 97 Abs. 1 Satz 2 GWB besonders relevant.[26] Er bildet nicht nur eine Grenze bei der Formulierung von Leistungsbeschreibungen, Eignungs- und Zuschlagskriterien sowie bei der Auferlegung von Ausführungsbedingungen gegenüber den Vergabestellen, sondern

16

---

[26] Im Unterschied zum ebenfalls erstmals dort eingeführten „Grundsatz der Wirtschaftlichkeit", welcher eine Zweck-Mittel-Relation betrifft, die im Falle einer strategischen Beschaffung auf der Ebene der Zweck gerade erweitert wird, wodurch die u. U. eintretende Verteuerung gerechtfertigt würde.

auch einen wichtigen Maßstab für die Landesvergabegesetzgeber (→ dazu näher Rn. 22).

4. Die Landesvergabegesetze

17 Die Landesvergabegesetze (→ § 4 Rn. 31) enthalten seit mehreren Jahren gegenüber der jeweils gebunden Landes- und Kommunalverwaltung beim Vollzug von Bundesgesetzen i.S.v. Art. 84 GG und beim Vollzug von Landesgesetzen zum Teil sehr intensive Anforderungen zur Verfolgung ökologischer und sozialer Zwecke. Die Ausnahme bildet das Sächsische Vergabegesetz, während Bayern als einziges Bundesland gar kein Landesvergabegesetz verabschiedet hat. In den erfassten Bundesländer sind die Vergabestellen und die Bieter mit einer ganzen Reihe zusätzlicher materieller Anforderungen, aber auch mit darauf bezogenen Verfahrenspflichten (v.a. Nachweis- und Dokumentationspflichten) konfrontiert. Der **Gesamtbestand** dieser Gesetze ist (auf dem Stand von 2017) bei *Mertens* im HdbVergabeR[27] dokumentiert.

18 Das vielleicht ambitionierteste und von Anfang an mit politisch besonderer Ambition betriebene Gesetz bildet das **„Tariftreue- und Vergabegesetz NRW"**(TVgG)[28]. Herzstück der Anforderungen bildet sicherlich die in § 4 Abs. 3 TVgG NRW enthaltene Pflicht zur Zahlung eines „Mindeststundenentgelts von 8,62 (Ursprungsfassung; seit Anfang 2017 sind es 8,84 Euro)". Hierauf ist im Abschnitt über die Ausführungsbedingungen (→ § 19 Rn. 18 f.) zurückzukommen. Auf der Grundlage des Gesetzes ist v.a. die Durchführungsverordnung von 21.2.2017[29] maßgeblich. Überdies hat das Ministerium einen umfangreichen Leitfaden erstellen lassen, der die einzelne Aspekte erläutert und um Praxisbeispiele ergänzt. Eine mit mehreren Personen besetzte Institution (die sog. Prüfbehörde nach § 14 TVgG NRW) wurde eingerichtet, überdies können Verstöße gegen das Gesetz im Rechtsschutzverfahren vor den Vergabekammern und dem Oberlandesgericht gerügt werden. Ein großer Teil der Anforderungen ist auch an etwaigenfalls eingeschaltete Nachunternehmer adressiert. Im Falle von Verstößen kommt die Zahlung einer Vertragsstrafe (§ 11 Abs. 1 TVgG NRW), der Ausschluss von der Teilnahme am Wettbewerb (§ 12 TVgG) und die Ahndung mit Geldbußen bis zu 50.000 EUR (§ 15 Abs. 2 TVgG) in Betracht. Mehrere weitere Verordnungen regeln die Feststellung der relevanten Tarifverträge bzw. die Feststellung der zu zahlenden Mindestentgelte.

19 Zum Zeitpunkt ihres Erlasses konnten die Landesvergabegesetze kompetenziell darauf gestützt werden, dass der Bund von seiner Kompetenz für das „Recht der Wirtschaft" (vgl. Art. 74 Abs. 1 Nr. 11 GG), die die Grundlage für das GWB-Vergaberecht bildet (→ § 4 Rn. 1), im Hinblick auf die Verfolgung ökologischer und sozialer Zwecke nicht vollständig Gebrauch gemacht hat, sondern in § 97 Abs. 4 Satz 3 GWB a.F. die Formulierung „anderer oder weitergehender Anforderungen" ausdrücklich in das Ermessen der Landesgesetzgeber gestellt hatte.[30] Mit seinem neuen

---

[27] In: Gabriel/Krohn/Neun, HdbVergabeR, § 88. Instruktive Gesamtdarstellungen bei *Meissner* VergabeR 2012, 301; *Wagner/Pfohl* VergabeR 2015, 381.

[28] Vom 10.1.2012 (GVBl. 2012 S. 17) zuletzt geändert durch G.v. 31.1.2017 (GVBl. 2017 S. 273); vgl. hierzu *Liebschwager* NWVBl 2012, 249, sowie den Kurzkommentar von *Dünchheim*, TVgG NRW, 2012. Ferner informiert ein umfangreiches Internetangebot auf den Seiten des zuständigen Wirtschaftsministeriums (www.vergabe.nrw.de).

[29] GVBl. 2017 S. 293.

[30] *Opitz* in: Forum Vergabe, 15. forum vergabe Gespräche 2012, 41 (44 f.), und *Dreher* NZBau 2014, 1, sahen hingegen bereits in den Verfahrenspflichten jener Landesgesetze einen Kompetenzverstoß. M.E. ist dies nicht überzeugend, da die dort statuierten Verfahrenspflichten gleichsam akzessorisch zu den ja kom-

Regelungskonzept im GWB 2016 hat der Bund allerdings in weit größerem Umfang von seiner **Gesetzgebungskompetenz** i.S.v. Art. 72 Abs. 1 GG „Gebrauch gemacht" als bisher. Dies bedeutet, dass die Länder künftig im Vergaberecht immer dort gesperrt sind, wo der Bund Regelungen über die „strategische Beschaffung" getroffen hat. Dies ist sogleich (5c) näher zu erläutern. Jedenfalls umfasst die Sperrwirkung nach allgemeinen verfassungsrechtlichen Grundsätzen nicht nur widersprechende Bestimmungen, sondern auch gleichlautende, das (künftige) Bundesrecht lediglich wiederholende Vorschriften.[31] Das GG leistet hierdurch einen Beitrag zur Übersichtlichkeit und Einheitlichkeit der Rechtsordnung, der gerade angesichts der beachtlichen Zersplitterungswirkung der Landesvergabegesetze wichtig erscheint.

5. Bewertung und Konsequenzen

a) Mehr Rechtssicherheit durch maßvolle Weiterentwicklung. Die Gesamtbe- 20
wertung des mit dem GWB 2016 verwirklichten, dem veränderten politischen Ansatz der EU-Richtlinien entsprechenden Konzepts fällt positiv aus. Dem nationalen Gesetzgeber ist es gelungen, eine vergleichsweise moderate Neubewertung der ökologischen und sozialen Zwecke innerhalb des gesamten Zwecketableaus des GWB-Vergaberechts zu bewirken, insbesondere wenn man auf die im Vorfeld vielfach geäußerten Befürchtungen sowohl aus den Kreisen der (kleineren) öffentlichen Auftraggeber als auch aus der Wirtschaft abstellt. Durch eine eindeutig **bessere Systematisierung** und eine klarere Zuordnung der Anforderungen anhand der verschiedenen Verfahrensstufen wird die Rechtssicherheit erhöht und die erstmalige Einführung des Grundsatzes der Verhältnismäßigkeit trägt zum Maßhalten bei. Die grundlegende politische Frage, ob innerhalb des Vergabeverfahrens überhaupt Platz für die Verwirklichung ökologischer und sozialer Zwecke sein sollte, ist jedenfalls keine Rechtsfrage (mehr), sondern sie ist politisch in Brüssel sowie im Anschluss daran in Berlin entschieden worden, wie es guten demokratischen Grundsätzen entspricht. Die Neuorientierung der EU-Vergaberichtlinien wird sich daher in den meisten anderen Mitgliedstaaten, die bislang deutlich weniger „strategisch" beschafft haben, stärker auswirken, was für deutsche Unternehmen in solchen Ländern infolge ihrer besseren Vorbereitung durchaus interessante Perspektiven eröffnen dürfte.

b) Differenzierung zwischen Dürfen und Müssen. Deutlicher als bislang ist nach 21
dem neuen Regelungskonzept danach zu unterscheiden, ob die Entscheidung über die Verfolgung ökologischer und sozialer Zwecke der einzelnen Vergabestelle obliegt, oder ob sie hierzu durch den Gesetzgeber verpflichtet wird. Der Bundesgesetzgeber selbst statuiert lediglich im Zusammenhang mit den Anforderungen zur Energieeffizienz nach den §§ 67 und 68 VgV sowie im Kontext der Ausschlussgründe Verpflichtungen (→ § 16 Rn. 37). Im Übrigen überlässt er die Verpflichtung der einzelnen Vergabestellen zur Durchführung einer „strategischen" Beschaffung dem Landesgesetzgeber. Anders als bisher bezieht sich dessen Ermächtigung aber nur noch auf die Verfahrensweise der „Ausführungsbedingungen" nach § 129 GWB. Dies löst

---

petenziell legitimierten sachlichen Anforderungen zur Verfolgung ökologischer und sozialer Zwecke normiert sind; ebenso OLG Düsseldorf VergabeR 2014, 416 (421 f.).
[31] Vgl. BVerfGE 37, 191 (200); BVerfGE 102, 99 (115).

auf der Ebene der Landesvergabegesetze einen Reformbedarf (dazu sogleich c) aus. Die **stärkere Betonung des Dürfens** anstatt des Müssens verlagert die Entscheidung auf diejenige Ebene, auf der die konkreten Verhältnisse des einzelnen Auftrags und des einzelnen Auftraggebers (von diesem selbst) am besten beurteilt werden können. Mit anderen Worten: Wenn eine große, politisch lebendige und mit einer hochkompetenten Vergabestelle ausgestattete Großstadt wie etwa Köln oder München ökologische und/oder soziale Zwecke bei der Beschaffungstätigkeit verwirklichen möchte, dann stellt ihr das neue Regelungskonzept des GWB jedenfalls einen rechtssicheren Rahmen hierfür zur Verfügung, ohne aber (abgesehen von den Ausführungsbedingungen und auch nur bei Vorliegen eines einschlägigen Landesvergabegesetzes) hierzu zu zwingen; davon profitieren erst recht kleinere und möglicherweise rascher überforderte Vergabestellen.

22 **c) Reformbedarf auf der Ebene der Landesvergabegesetze.** Der soeben beschriebene kompetenzielle Hintergrund aber auch der erstmals statuierte Verhältnismäßigkeitsgrundsatz (→ § 6 Rn. 24 f.) wirken sich begrenzend auf die Landesvergabegesetze aus. Diese können zwar weiterhin als **konkretisierender Rechtsrahmen** für die ökologische und soziale Nutzung der staatlichen Beschaffungstätigkeit im jeweiligen Land fungieren und insbesondere das politische Gesamtziel der „Nachhaltigkeit" näher ausgestalten, auch bei der Bestimmung des Auftragsgegenstandes (mithin im Vorfeld des Vergabeverfahrens) und bei der Leistungsbeschreibung i.S.v. § 121 GWB (dies betrifft etwa die Bestimmungen zur Bedarfsanalyse oder zum Umgang mit Standards). Ansonsten wird sich ihr Regelungsschwerpunkt aber noch mehr als bislang zur Verfahrensphase der „Ausführungsbedingungen" verschieben.

23 Denn daraus, dass sie die öffentlichen Auftraggeber künftig gemäß § 129 GWB (nur) zum Erlass von Ausführungsbedingungen verpflichten dürfen, folgt, dass die Landesgesetzgeber keine Verpflichtung zur Berücksichtigung ökologischer bzw. sozialer Aspekte innerhalb der Zuschlagskriterien, d.h. innerhalb der Prüfung der „Wirtschaftlichkeit" der Angebote nach § 127 Abs. 1 GWB statuieren dürfen. Denn eine dem **§ 129 GWB** vergleichbare Ermächtigung der Landesgesetzgeber fehlt im Zusammenhang mit § 127 GWB. Hier wirken sich nun die oben (→ Rn. 19) angestellten kompetenziellen Überlegungen dahingehend aus, dass der Bund mit § 127 GWB abschließend über die Zuschlagskriterien und damit auch über die diesbezüglichen Verpflichtungen der Auftraggeber entschieden hat. Für zusätzliche Anforderungen aus der Hand des Landesgesetzgebers ist daher kein Raum mehr, selbst wiederholende Aussagen wären gesperrt. Vorschriften nach dem Muster des § 17 Abs. 1 TVgG NRW a.F., wonach „öffentliche Auftraggeber *verpflichtet* (sind), bei der Vergabe von Aufträgen Kriterien des Umweltschutzes und der Energieeffizienz zu berücksichtigen" können daher m.E. keinen Bestand mehr haben. Die Landesgesetzgeber sollten dies spätestens im Zusammenhang mit den gegenwärtig sowieso in mehreren Bundesländern durchgeführten Evaluationen[32] der Landesvergabegesetze korrigieren;

---

[32] So hat etwa das vom Wirtschaftsministerium NRW beauftragte Wissenschaftliche Institut einen Endbericht vorgelegt, der u.a. die Überprüfung sowie eine Vereinfachung und Verbesserung der Verständlichkeit der Regelungen bei den Anwendern empfiehlt. Demnach bereiten insbesondere die Anforderungen an Maßnahmen zur Frauenförderung und zur Vereinbarkeit von Beruf und Familie kleinen und mittleren Unternehmen Schwierigkeiten; vgl. hierzu bereits bei → Rn. 5.

der Gesetzgeber hat dies mit § 6 Abs. 1 des seit Anfang 2017 neugefassten TVgG getan, indem er die betreffende Pflicht nun nur noch auf die Phase der „Konzeption des Bedarfs" bezieht.

IV. Innovationsförderung

Bereits seit 2009 haben im GWB auch die „innovativen Aspekte" einen Platz (zu- 24 nächst in § 97 Abs. 4 Satz 2 GWB a.F.), die bislang freilich nicht in dem Maße Beachtung gefunden haben wie die ökologischen oder sozialen Aspekte.[33] Seit 2016 sind die Aspekte der „Innovation" nun im gleichen Atemzug wie die sozialen und umweltbezogenen Aspekte, d.h. in **§ 97 Abs. 3 GWB,** genannt. Sie können (müssen aber nicht) ebenso wie diese „nach Maßgabe dieses Teils berücksichtigt" werden (1). Gänzlich neu ist die in der Vorschrift über die Einführung der verschiedenen „Verfahrensarten" geregelte „Innovationspartnerschaft" nach § 119 Abs. 7 GWB (dazu 2).

Die Gemeinsamkeit von Innovationsförderung und umwelt- bzw. sozialpolitischer Zweckver- 25 folgung besteht darin, dass beide die staatliche Beschaffungstätigkeit instrumentalisieren. Eine weitere Überschneidung besteht darin, dass Innovationsförderung sich nicht nur auf technische, sondern auch auf ökologische und soziale Aspekte beziehen kann. So stellt beispielsweise die Entwicklung eines energieeffizienten Lichtsystems für öffentliche Gebäude eine technische und überdies eine ökologische Innovation dar, während die Entwicklung eines Stadtteilbetreuungskonzepts für Kinder mit Migrationshintergrund oder die Aufstellung von Frauenförderplänen in einem Unternehmen soziale Innovationen bilden. Bestellt nun ein öffentlicher Auftraggeber solche Entwicklungskonzepte, dann benutzt er das Vergaberecht als Instrument der Innovationsförderung – und zugleich als Instrument der Umwelt- oder eben auch der Sozialpolitik.[34]

1. Zwecksetzung und Instrumente

a) Charakterisierung. Innovationsförderung durch Vergaberecht ist *zunächst* durch 26 eine verbesserte Zielerreichung (entweder beim Beschaffungsgegenstand selbst oder darüber hinaus in der Gesamtwirtschaft/Gesellschaft oder überhaupt nur in der Gesamtwirtschaft/Gesellschaft) gekennzeichnet. Hierbei werden die **Kenntnisse der Marktteilnehmer** abgeschöpft, um für den Auftraggeber und insgesamt für Staat und Wirtschaft bessere Ergebnisse zu erzielen. *Sodann* wird der Auftragnehmer zur Entwicklung von zumindest teilweise Neuem verpflichtet, also nicht nur zur Beachtung bestehender Anforderungen und Standards. Dahinter steht der Gedanke, dass der Markt wegen der dem Staat vielfach (und wesensmäßig) fehlenden Sachnähe und der Unerwünschtheit wie Nichtrealisierbarkeit einer allzuständigen Innovationsbürokratie Vieles besser weiß und besser wissen kann. Es geht also nicht um staatliche Bewirkung von Innovation, sondern um staatliche Förderung privat bewirkter Innovation.

---

[33] Vgl. dazu und mit zahlreichen weiteren Beispielen *Burgi* NZBau 2011, 577.
[34] In der Innovationsforschung ist seit langem anerkannt, dass der Innovationsbegriff neben organisatorischen, logistischen, finanz- und personalwirtschaftlichen eben auch soziale Neuerungen umfasst (vgl. *Eifert* in: ders./Hoffmann-Riem, Innovationsfördernde Regulierung: Innovation und Recht II, 2009, 11 ff.).

27 Für die Auftraggeber verbindet sich mit der Innovationsförderung die Hoffnung, bessere Ergebnisse für die Beschaffungsgegenstände bzw. die Gesamtwirtschaft zu erzielen. Für die Auftragnehmer bedeutet dies mehr Spielräume, passgenauere Lösungen und eine stärkere Berücksichtigung ihrer jeweiligen Ausgangslage (wenn z. B. statt starr vorgegebener Frauenquoten die Entwicklung eines Frauenförderkonzepts mit relativ konditionierten Quoten verlangt wird). Dem steht das Risiko gegenüber, dass durch das Abfragen immer anspruchsvollerer Zusatzleistungen die eigentlich beschaffte Leistung leiden könnte, dass Intransparenz entsteht und insbesondere (wie schon bei den ökologischen und sozialen Zweckverfolgungen) die Kontrollierbarkeit der gemachten Versprechungen und die Diskriminierungsfreiheit auf dem Spiel stehen. Sodann besteht das Risiko einer Verteuerung des konkreten Einkaufs.

28 **b) Instrumente.** Innovationsförderpotenzial haben:
   - Diejenigen **Verfahrensarten,** bei denen mit den Teilnehmern verhandelt werden kann, also der sog. wettbewerbliche Dialog und das Verhandlungsverfahren (vgl. § 119 Abs. 6 und 5 GWB; → § 13 Rn. 23 ff.);
   - Das ebenfalls innovationsfördernde Instrument der **Nebenangebote** kann gemäß §§ 35 VgV, 8 Abs. 2 Nr. 3 VOB/A-EU nach Wahl der Vergabestelle eingesetzt werden und richtet sich darauf, zusätzliche bzw. andere Leistungen der Bieter abzufragen, an die der Auftraggeber seinerseits gar nicht denken konnte. Dieses Instrument hätte noch mehr Innovationskraft entfalten können, wenn das schon bisher bestehende Regel-Ausnahmeverhältnis (d. h. Nebenangebote sind nur statthaft, wenn sie durch den Auftraggeber ausdrücklich zugelassen werden; → § 12 Rn. 24) umgekehrt worden wäre.[35]
   - Das wichtigste, weil durchgehend einsetzbare Instrumente der Innovationsförderung ist die sog. **funktionale Leistungsbeschreibung,** die mittlerweile in § 121 Abs. 1 GWB erstmals im Gesetz adressiert wird (vgl. konkretisierend §§ 31 VgV, § 7c VOB/A-EU).[36] Im Unterschied zur sog. konstruktiven Leistungsbeschreibung (bzw. in der Terminologie der VOB/A-EU der „Leistungsbeschreibung mit Leistungsprogramm", statt mit „Leistungsverzeichnis") eröffnet sie erhebliche Gestaltungsspielräume, indem die Bieter nach Lösungskonzepten gefragt werden.

   Dies ist wiederum nicht auf technologische bzw. logistische Konzepte beschränkt, sondern kann etwa auch bei der Erbringung von Dienstleistungen im Sozialsektor praktiziert werden (z. B. bei der Beschaffung von Betreuungsleistungen für Pflegebedürftige). Hier kann die funktionale Leistungsbeschreibung den Hebel für eine kontinuierliche Weiterentwicklung der Qualitätsstandards zwischen den Ausschreibungszeiträumen bilden. Allerdings verpflichtet die Abfrage von Konzepten den Auftraggeber zur Bewertung und ggf. Nachprüfung der gemachten Angaben, und löst mithin einen zusätzlichen Aufwand aus (zum allgemeinen Zusammenhang der Leistungsbeschreibung → § 12 Rn. 9 f.). Eine im technologischen Bereich interessante Alternative zur funktionalen Leistungsbeschreibung ist die Festsetzung von über die Zeitachse strenger werdenden Standards, wodurch ein Zwang zur permanenten Innovation entsteht, weil die Standards mit herkömmlichen Verfahren und Instrumenten irgend-

---

[35] Was bemerkenswerterweise die Bundesregierung in ihrer Stellungnahme zum Grünbuch der EU-Kommission noch gefordert hatte (vom 18. 5. 2011, S. 4).
[36] Zum Innovationsförderpotenzial vgl. *Gaus* NZBau 2013, 401 (403).

wann nicht mehr erfüllbar sind (sog. technology forcing, beispielsweise eingesetzt, um den Anteil der 3-Liter-Polizeiautos zu erhöhen).[37]

– Innovationsförderung jenseits des konkret beschafften Gegenstandes kann schließlich mit Hilfe des Instruments der **„Ausführungsbedingungen"** nach §§ 128, 129 GWB verfolgt werden (→ § 19 Rn. 6 ff.). Dies setzt selbstverständlich die Beachtung der dabei vorgesehenen Anforderungen sowie des Verhältnismäßigkeitsgrundsatzes nach § 97 Abs. 1 Satz 2 GWB voraus. Wichtige Beispiele hierfür wären etwa die Bedingung, für Produkte, die bei Reinigungsdienstleistungen eingesetzt werden (die Putzmittel) ein Entsorgungskonzept zu entwickeln oder ein Konzept zur Vereinbarkeit von Familie und Beruf zugunsten der Mitarbeiter des Reinigungsdienstleistungsunternehmens. In beiden Fällen verbessert sich zwar nicht die eigentliche Putzleistung, vielmehr erfolgt eine Kombination der Verfolgung sozialer und innovativer Zwecke bei Gelegenheit der Beschaffung.

2. Innovationspartnerschaft

Erstmals im deutschen Vergaberecht (in Umsetzung von Art. 31 VRL) steht mit der **29** „Innovationspartnerschaft" ein „Verfahren zur Entwicklung innovativer, noch nicht auf dem Markt verfügbarer Liefer-, Bau- oder Dienstleistungen und zum anschließenden Erwerb der daraus hervorgehenden Leistungen" zur Verfügung (vgl. § 119 Abs. 7 GWB). Nach einem Teilnahmewettbewerb verhandelt hier der öffentliche Auftraggeber „in mehreren Phasen mit den ausgewählten Unternehmen über die Erst- und Folgeangebote". Diese Verfahrensart ist näher ausgestaltet in den §§ 19 VgV, 3 Abs. 5, 3a Abs. 5 und 3b Abs. 5 VOB/A-EU. Abzuwarten bleibt, ob die Innovationspartnerschaft, die naturgemäß durchaus anspruchsvoll und damit auch wiederum fehlerträchtig ist, jenseits von Forschungs- und Entwicklungsvorhaben einen breiteren Anwendungsbereich wird erschließen können.[38]

Vertiefungsliteratur:
Zum Rechtsstand bis 2016 sind zahlreiche Monographien (siehe sogleich) erschienen, ferner kann auf die Kommentierungen zu § 97 Abs. 4 GWB a.F. verwiesen werden. Instruktiv sind ferner: *Burgi*, Die Förderung sozialer und technischer Innovationen durch das Vergaberecht, NZBau 2011, 577; *Beckmann*, Sekundärzwecke/Beschaffungsfremde Kriterien, in: Müller-Wrede, Kompendium, § 15; *Weiner*, Green and Social Procurement, in: Gabriel/Krohn/Neun, HdbVergabeR, § 22; *Brackmann*, Nachhaltige Beschaffung in der Vergabepraxis, VergabeR 2014, 310; **Monographisch:** *Benedict*, Sekundärzwecke im öffentlichen Auftragswesen, 2000; *Kling*, Zur Zulässigkeit vergabefremder Kriterien im Recht der öffentlichen Auftragsvergabe, 2001; *Schmidges-Thees*, Die öffentliche Auftragsvergabe als Instrument des Umweltschutzes, 2001; *Meyer*, Die Einbeziehung politischer Zielsetzungen bei der öffentlichen Beschaffung, 2002; *Antweiler*, Instrumentalisierung staatlicher Auftragsvergabe für politische Zwecke, 2003; *Krohn*, Öffentliche Auftragsvergabe und Umweltschutz, 2003; *Arnold*, Die europarechtliche Dimension der konstitutiven Tariftreueerklärungen im deutschen Vergaberecht, 2004; *Hegels*, Soziale Kriterien bei der Vergabe öffentlicher Aufträge, 2005; *Losch*, Das „harmonisierte" EG-Vergaberecht im Spannungsfeld zwischen Umweltschutz und Binnenmarkt, 2005; *Mechel*, Die Förderung des Umweltschutzes bei der Vergabe öffentlicher Aufträge, 2006; *van den Eikel*, Die

---

[37] Weiterführend hierzu *Apostol* PPLRev. 2010, 57.
[38] Erste Einschätzungen bzw. Darstellungen bei *Fehling* NZBau 2012, 673; *Arrowsmith*, The Law of Public and Utilities Procurement, Rn. 9–125 ff.; *Neun* in: Pünder/Prieß, Vergaberecht im Umbruch II, 2015, 41 (54 f.); *Badenhausen-Fähnle* VergabeR 2015, 74; *Rosenkötter* VergabeR 2016, 196; *Püstow/Meiners* NZBau 2016, 406; *Krönke* in: Burgi/Dreher, GWB, § 119 Abs. 7 Rn. 1 ff.

zulässige Implementierung „vergabefremder" Kriterien im europäischen Vergaberecht, 2006; *Wiedmann,* Die Zulässigkeit sozialer Vergabekriterien im Lichte des Gemeinschaftsrechts, 2007; *Ziekow,* Die Berücksichtigung sozialer Aspekte bei der Vergabe öffentlicher Aufträge, 2007; *Dobmann,* Die Tariftreueerklärung bei der Vergabe öffentlicher Aufträge, 2007; *Beuttenmüller,* Vergabefremde Kriterien im öffentlichen Auftragswesen, 2007; *Kaelble,* Vergabeentscheidung und Verfahrensgerechtigkeit, 2008; *Ölcüm,* Die Berücksichtigung sozialer Belange im öffentlichen Auftragswesen, 2009; *Mosters,* Ethische Beschaffung, 2010; *Dageförde,* Umweltschutz im öffentlichen Vergabeverfahren, 2012; *Ziekow,* Faires Beschaffungswesen in Kommunen und die Kernarbeitsnormen, 4. Aufl. 2013.

Zum Rechtsstand ab 2016:

Latzel, Soziale Aspekte bei der Vergabe öffentlicher Aufträge nach der Richtlinie 2014/24/EU, NZBau 2014, 673; *Gabriel/Greiner,* in: Giesen u.a., Vergaberecht und Arbeitsbedingungen, 12. ZAAR-Kongress 2015, 15, 71, 97; *Ziekow,* Soziale Aspekte in der Vergabe, DÖV 2015, 897; *Burgi,* Ökologische und soziale Beschaffung im künftigen Vergaberecht, NZBau 2015, 597; *Krönke,* Sozial verantwortliche Beschaffung nach dem neuen Vergaberecht, VergabeR 2017, 101.

Erster Teil: Anwendungsvoraussetzungen

Die folgenden Voraussetzungen müssen kumulativ vorliegen, damit die im Zweiten **1** bis Vierten Teil dieses Abschnitts entfalteten Rechtsfolgen für das Verfahren, die Kriterien und den Rechtsschutz im GWB-Vergaberecht eingreifen: Qualifizierung des Auftraggebers als öffentlicher Auftraggeber (§ 8), Vorhandensein eines „Unternehmens" als Auftragnehmer (§ 9) und Qualifizierung der Vertragsbeziehungen als „öffentlicher Auftrag" (§ 10). Sodann darf keiner der zahlreichen Ausnahmetatbestände eingreifen (§ 11).

§ 8. Öffentlicher Auftraggeber: Begriff und Strukturen

Übersicht

Vorrangig zu prüfen ist § 99 GWB, der detaillierte Subsumtionsvorgaben für die Be- **2** stimmung zum öffentlichen Auftraggeber enthält (I). Die GWB-Novelle 2016 hat die bisher in § 98 geregelten Auftraggebermerkmale in den wichtigsten Kategorien der Nrn. 1, 2, 3 u. 4 (bislang Nr. 5) inhaltlich nahezu unverändert nach § 99 überführt. Weiterhin löst die Qualifizierung als „öffentlicher Auftraggeber" einheitlich sämtliche Rechtsfolgen aus; der an das Europarecht adressierte rechtspolitische Vorschlag, besonders anspruchsvolle Verfahrensanforderungen nur an größere, zentralisierte Auftraggeber zu adressieren,[1] hat keine Gefolgschaft gefunden. Deutlich seltener kann sich die Auftraggebereigenschaft aus Grundlagen jenseits des § 99 GWB ergeben (II). Im Anschluss an die Begriffsbestimmung sind die Organisationsstrukturen zu beleuchten, die von Auftraggebern teilweise speziell für die Bewältigung der Beschaffungsaufgaben etabliert werden (III).

---

[1] *Burgi* NZBau 2011, 577 (583).

I. Auftraggeber nach § 99 GWB

1. Systematischer Überblick

3 § 99 GWB dient der Umsetzung von Art. 2 Abs. 1 Nrn. 1 u. 4 sowie 13 VRL, dessen Formulierungen weitgehend wortlautgleich übernommen worden sind. Die früher in Anhang III der VKR enthaltenen Verzeichnisse von Einrichtungen, die in den jeweiligen Mitgliedstaaten nach deren Selbsteinschätzung den Begriff des öffentlichen Auftraggebers erfüllen sollen und die weder erschöpfend noch verbindlich waren, sind entfallen. Bei der Bestimmung der Auftraggebereigenschaft kommt es grundsätzlich auf den Zeitpunkt der Zuschlagserteilung an.[2] Eine institutionelle Betrachtungsweise liegt § 99 Nr. 1 GWB zugrunde, der in Gestalt der **„Gebietskörperschaften"** (Bund, Länder, Kommunen, d. h. Gemeinden und Kreise) die klassischen und zahlenmäßig bis heute dominierenden Auftraggeber konstituiert. Als nach außen handelnde Organisationseinheit (Vergabestelle) fungiert beispielsweise ein Amt (Abteilung/Referat) innerhalb der jeweiligen Behörde[3]; auch der Deutsche Bundestag ist mithin nicht selbst Auftraggeber.[4] Bei den Kommunen wird ab bestimmter Auftragswerte oftmals das Votum des Gemeinderats oder eines dort eingerichteten Ausschusses eingeholt. Dies ist kommunalrechtlich geboten, wenn es sich bei der Vergabeentscheidung nicht mehr um eine „Angelegenheit der laufenden Verwaltung" handelt.[5] Auch jene politischen Gremien müssen aber selbstverständlich den durch das Vergaberecht gezogenen Rechtsrahmen beachten.

4 Von großer praktischer Bedeutung und gleichzeitig mit einer Reihe von Problemen behaftet ist der sog. **funktionale Auftraggeberbegriff** nach § 99 Nr. 2 GWB, der daher gesondert zu betrachten ist (2). Durch ihn werden zahlreiche, sehr unterschiedliche Stellen (öffentliche Unternehmen, Universitäten, Kammern etc.) wegen der besonderen Staatsgebundenheit ihrer Funktionen, und d. h. unabhängig von einer institutionellen Zurechnung zu Bund, Ländern oder Kommunen, zu öffentlichen Auftraggebern bestimmt. Dies geschieht von Europarechts wegen und überwindet die traditionell unterschiedlichen Zuordnungen dieser Stellen (zum Staat oder zur Wirtschaft) in den einzelnen Mitgliedstaaten. Die „Verbände" dieser funktionalen Auftraggeber (z. B. der Deutsche Industrie- und Handelskammertag, ein Verband der IHKs) fallen ebenso wie die Verbände der Gebietskörperschaften nach § 99 Nr. 1 GWB (z. B. der Deutsche Städtetag) schließlich unter den Auftraggeberbegriff nach § 99 Nr. 3 GWB.

5 § 99 Nr. 4 (zuvor: Nr. 5) macht die Empfänger von Subventionen (synonym: Zuwendungen), mit denen bestimmte Vorhaben (z. B. die Errichtung von Krankenhäusern oder Schulgebäuden) finanziert werden, zu öffentlichen Auftraggebern (was insbesondere Privatpersonen und privatwirtschaftliche Unternehmen betrifft)[6]. § 98 Nr. 6 GWB a. F., der unter bestimmten Voraussetzungen die Vergabe von Aufträgen an einen Nachunternehmer des eigentlichen Auftrag-

---

[2] Näher hierzu und zu Sonderfällen *Ziekow* VergabeR 2010, 861 (864 f.).
[3] „Zur Organisation des öffentlichen Einkaufs", vgl. die gleichnamige Arbeit von Glock/Broens (Hrsg.), 2011.
[4] Was das OLG Düsseldorf explizit feststellen musste (OLG Düsseldorf NZBau 2017, 112).
[5] Vgl. nur *Burgi*, Kommunalrecht, 5. Aufl. 2015, § 13 Rn. 22 f. Zu der sich hieraus ergebenden Gefahr der lokalpolitisch motivierten Entscheidung mit sinnvollen Reformvorschlägen vgl. *Köster* NZBau 2015, 464.
[6] Näher hierzu *Mayen* NZBau 2009, 98, und zuletzt EuGH C-115/12 P, NZBau 2014, 116 (Club les Boucaniers, betreffend Freizeiteinrichtungen).

nehmers (Hauptunternehmer) dem GWB-Regime unterworfen hatte, indem er diesen zum öffentlichen Auftraggeber erklärte, ist ersatzlos entfallen.

§ 101 GWB definiert die relevanten „Konzessionsgeber" und führt in das Sonder- **6** regime der §§ 148 ff. GWB i.V.m. der KonzVgV (→ § 24). § 100 GWB betrifft in der Nachfolge von § 98 Nr. 4 GWB a.F. die Auftragsvergabe in den Sektoren, führt mithin zur Eröffnung des Sonderregimes der §§ 136 ff. GWB und der SektVO (→ § 23). Beschaffungsstellen die mit bestimmten Tätigkeiten für die Allgemeinheit in den Bereichen Wasser, Elektrizität, Gas und Wärme sowie Verkehr (§ 102 GWB; also in einem der relevanten Sektoren) betraut sind, sind bei der Vergabe von Aufträgen im Zusammenhang mit ihrer Sektorentätigkeit (z.B. bei der Anschaffung von Omnibussen) ausschließlich diesem Regime unterworfen (vgl. § 100 Abs. 1 Nr. 1 GWB), auch dann wenn sie zugleich unter den Auftraggeberbegriff des § 99 Nr. 1 oder 2 GWB fallen sollten (etwa wenn eine Kommune selbst oder ihr Stadtwerk den Verkehrsbetrieb unterhält und den Omnibus kauft). Ausschlaggebend ist also die jeweils betroffene Tätigkeit, und nicht der Rechtsgrund der Auftraggebereigenschaft. Konsequenz: Beschaffungen die keinen Zusammenhang mit diesen Tätigkeiten haben (beispielsweise der Stromeinkauf der Kommune bzw. des Stadtwerks für die eigenen Gebäude), mithin außerhalb der Sektorenzugehörigkeit im Bereich Elektrizität liegen, sind nicht dem Sektoren-, sondern dem allgemeinen GWB-Vergaberegime unterworfen.[7]

2. Im Besonderen: Der funktionale Auftraggeberbegriff nach § 99 Nr. 2 GWB

Dieser Begriff bezieht sich auf eine „juristische Person des öffentlichen oder des pri- **7** vaten Rechts", deren Gründungszweck in der Erfüllung von „im Allgemeininteresse liegenden Aufgaben nichtgewerblicher Art" liegt (vgl. unten a), aber nur dann, wenn sie über einen öffentlichen Auftraggeber nach Nr. 1 (d.h. durch Gebietskörperschaften) bzw. Nr. 3 (Verbände) oder über einen anderen funktionalen öffentlichen Auftraggeber nach Nr. 2 (vgl. Halbsatz 2 dieser Vorschrift) das Merkmal der besonderen Staatsgebundenheit erfüllt. Dies geschieht entweder infolge überwiegender Finanzierung oder infolge der Ausübung von Aufsicht über die Leitung oder durch die Bestimmung von mehr als der Hälfte der Mitglieder eines zur Geschäftsführung oder zur Aufsicht berufenen Organs (unten b).

Nach jeweils sorgfältiger Prüfung der Anwendungsvoraussetzungen im Einzelfall können ganz **8** unterschiedliche Einrichtungen unter den funktionalen Auftraggeberbegriff nach § 99 Nr. 2 GWB fallen. Gegenstand juristischer Auseinandersetzungen und teilweise auch literarischer Diskussionen sind in den vergangenen Jahren u.a. die öffentlichen Unternehmen auf Bundes-, Landes- und kommunaler Ebene gewesen[8] (bis hin zu Wohnungsbaugesellschaften[9] und Messegesellschaften[10]), ferner die Wirtschaftskammern (IHKs, Handwerkskammern etc.), die Berufskammern (dazu noch näher unten b), Universitäten, Landesversicherungsanstalten und die Stu-

---

[7] Seit EuGH C 393/06, Slg. 2008, I_2339 (Wienstrom II).
[8] Vgl. hierzu *Dittmer*, Öffentliche Unternehmen und der Begriff des öffentlichen Auftraggebers, 2008; Übersichten mit Nachweisen bei *Frenz*, Handbuch, Rn. 2635 ff.; *Wagner/Raddatz* NZBau 2010, 731, *Dreher* in: Immenga/Mestmäcker, GWB, § 98, Rn. 113 ff.
[9] Vgl. dazu *Wirner*, Kommunale Wohnungsunternehmen als öffentliche Auftraggeber im Sinne der EG-Vergaberichtlinien, 2003.
[10] Nach näherer Maßgabe von EuGH C-223/99 und C-260/99, NZBau 2001, 403 (Messe Mailand).

dentenwerke. Ferner ging es um die Auftraggebereigenschaft privater, teilweise öffentlich finanzierter Ersatzschulen[11] bzw. der durch das Finanzmarktstabilisierungsgesetz finanziell unterstützten, im Kern privatwirtschaftlichen Kreditinstitute.[12] Nach dem eindeutigen Wortlaut des § 99 Nr. 2 GWB führt jedenfalls die Wahl der privatrechtlichen Organisationsform nicht zum Ausschluss aus dem GWB-Vergaberegime, so dass damit keine „Flucht aus dem Vergaberecht" erreicht werden könnte (im Gegensatz dazu gilt etwa das VwVfG ausdrücklich nur für die „öffentlich-rechtliche Verwaltungstätigkeit der Behörden" [§ 1 Abs. 1]).

9 **a) Das Merkmal der Erfüllung von im Allgemeininteresse liegenden Aufgaben nichtgewerblicher Art.** Weit auszulegen ist bereits der Begriff des „Allgemeininteresses". Ihm unterfallen Aufgaben, die jenseits von Einzelinteressen den Belangen der Gemeinschaft im jeweiligen Mitgliedstaat dienen. Maßgeblich hierfür ist die Interpretation der jeweils einschlägigen Gesetze (vgl. z. B. § 1 Abs. 1 IHK-Gesetz) sowie der Gründungsdokumente (z. B. des Gesellschaftsvertrags einer privatrechtlichen Wirtschaftsförderungs-GmbH). Diese Aufgaben sind dann „nichtgewerblicher Art", wenn jedenfalls keine Gewinnerzielungsabsicht besteht und die betreffende Einheit infolge der Umstände (Ausschließlichkeitsrecht für die Aufgabenerfüllung oder starke finanzielle Unterstützung) keinem relevanten Wettbewerbsrisiko ausgesetzt sind. Ausschlaggebend ist hier letztlich der Dreiklang von Handeln in einem entwickelten Wettbewerb, mit Gewinnerzielungsabsicht und mit zumindest teilweisem Insolvenzrisiko (dann Gewerblichkeit, also Ausschluss aus der Auftraggebereigenschaft), wobei das Merkmal der Erledigung von Aufgaben „nichtgewerblicher Art" lediglich der näheren Konkretisierung des wichtigeren Merkmals „im Allgemeininteresse liegend" dient.[13]

10 **b) Das Merkmal der besonderen Staatsgebundenheit.** Wie bereits betont (→§ 3 Rn. 3 f.), zielt das europäische Vergaberecht ausschließlich auf diejenigen Auftraggeber, bei denen ein irgendwie gearteter politischer **Einfluss des Staates** auf die Beschaffungstätigkeit möglich erscheint. Auf Grund mangelnder Wettbewerbs-, und d. h. vor allem Preissensibilität besteht die Gefahr, dass die öffentliche Hand sich „von anderen als wirtschaftlichen Überlegungen leiten lässt", insbesondere, dass sie die heimische Wirtschaft bevorzugt.[14] Diese Zielsetzung des europäischen Vergaberechts wird in § 99 Nr. 2 GWB typisierend in drei verschiedenen (alternativ in Frage kommenden) Merkmalen aufgenommen. Danach ergibt sich die Staatsgebundenheit entweder infolge überwiegend staatlicher Finanzierung (aa), infolge Aufsicht über die Leitung (bb) oder aufgrund der Bestimmung von mehr als der Hälfte der Mitglieder der Leitungs- bzw. Aufsichtsorgane (cc). Während bei den beiden letzten Merkmalen ausdrücklich darauf abgestellt wird, dass eine Verbindung zur öffentlichen Hand besteht, die es dieser ermöglicht „die Entscheidungen dieser Einrichtungen in Bezug auf öffentliche Aufträge zu beeinflussen",[15] wird bei dem Merkmal der Staatsgebun-

---

[11] *Trautner/Scheffer* VergabeR 2010, 172 ff.
[12] Dies in Erwähnung ziehend *Höfler/Braun* NZBau 2009, 5; dagegen *Gabriel* NZBau 2009, 282.
[13] EuGH C-18/01, Slg. 2003, I_5321 (Korhonen). Für die Auftraggebereigenschaft einer kommunalen Wohnungsbaugesellschaft (m. E. zu differenziert) OLG Brandenburg VergabeR 2017, 609; zuletzt zum funktionalen Auftraggeberbegriff EuGH C 567/15, NZBau 2018, 47 (VLRD).
[14] EuGH C-237/99, Slg. 2001, I_939 Rn. 42 (Opac).
[15] EuGH C-237/99, Rn. 48 (Opac).

denheit kraft überwiegender Finanzierung für die Annahme der Verbundenheit mit dem Staat bereits die Existenzabhängigkeit qua Finanzierung für ausreichend erachtet.[16] Bei den beiden großen Kirchen in Deutschland fehlt es an der Staatsgebundenheit, sie verfügen aber teilweise über eigene Vergabegeregeln.[17]

aa) Die erforderliche Einflussmöglichkeit infolge der überwiegenden **Finanzierung** 11 einer Einrichtung „durch Beteiligung oder auf sonstige Weise" (lit. a) liegt vor, wenn „zu mehr als der Hälfte" und auf der Basis des jeweiligen Haushaltsjahres finanzielle Leistungen „ohne spezifische Gegenleistung" zugunsten der betreffenden Einrichtung erbracht werden.[18] Typischerweise finanzieren sich beispielsweise die Kammern aus mehreren Quellen (Mitgliederbeiträge, staatliche Zuschüsse, Einnahmen aus Gebühren oder wirtschaftlicher Betätigung etc.); dann kommt es darauf an, ob die auf den Staat zurückgehenden Anteile überwiegen. Nach dem Stand der EuGH-Rechtsprechung in den Rechtssachen „GEZ/ZDF"[19] und „Oymanns (Gesetzliche Krankenkassen)"[20] steht fest, dass auch die bloße Einräumung einer Befugnis zur Erhebung von Beiträgen und Gebühren (bei Rundfunkteilnehmern oder bei Versicherten in der Gesetzlichen Krankenkasse etc.) ausreichen kann, um das Merkmal der „überwiegenden Finanzierung" durch den Staat bejahen zu können.[21]

In seiner Entscheidung zur Auftraggebereigenschaft der überwiegend durch die Rundfunkge- 12 bühren (wegen des Grundsatzes der Staatsferne aus Art. 5 Abs. 1 Satz 2 GG gerade nicht aus dem Staatshaushalt) finanzierten Rundfunkanstalten hat der EuGH entschieden, dass die Rundfunkgebühr (heute: der Rundfunkbeitrag) „ihren Ursprung" in einem staatlichen Akt (dem Rundfunkstaatsvertrag) habe. Da die Gebührenpflicht allein dadurch entsteht, dass ein Empfangsgerät bereitgehalten wird und weder das Ob noch die Höhe der Gebühr das Ergebnis einer vertraglichen Beziehung zwischen den Rundfunkanstalten und den Verbrauchern ist, seien diese Gebühren letztlich staatlicherseits bestimmt. Interessanterweise kommt es also anders als im europäischen Beihilferecht (vgl. Art. 107 Abs. 1 AEUV) nicht darauf an, dass die Finanzierungsmittel unmittelbar aus einem staatlichen Haushalt fließen (was dort als konstitutiv für das Merkmal „staatlich oder aus staatlichen Mitteln" angesehen wird).[22] Aufmerksam zu machen ist im Hinblick auf die Rundfunkanstalten freilich auf den Ausnahmetatbestand nach § 116 Abs. 1 Nr. 3 GWB (Erwerb, Entwicklung etc. von Programmen durch Sendeanstalten). Auf der Linie dieser Entscheidung hat der EuGH sodann die AOK Rheinland als öffentlichen Auftraggeber qualifiziert, dessen überwiegende Finanzierung durch die Beitragszahler auf den im SGB V enthaltenen Zahlungspflichten beruht. Spätestens seit dieser Entscheidung ist der politisch wie wirtschaftlich außerordentlich bedeutsame Sektor des Gesundheitswesens vergaberechtlich determiniert (→ näher § 15).[23] Diese Qualifizierung korrespondiert europarechtlich übrigens damit, dass der EuGH die Krankenkassen im Kern ihrer sozialversicherungsrechtli-

---

[16] Dies hat der EuGH in seiner Entscheidung zu den deutschen Rundfunkanstalten EuGH C-337/06, Slg. 2007, I_11173, ausdrücklich festgestellt.

[17] *Winkel,* Kirche und Vergaberecht, 2004.

[18] EuGH C-380/98, Slg. 2000, I_8035 (University of Cambridge).

[19] A.a.O.

[20] EuGH C-300/07, Slg. 2009, I_4779 = VergabeR 2009, 744, m. Anm. *Schabel;* vgl. ferner *Marx/Hölzl* NZBau 2010, 31.

[21] Dies ist zuvor von den Gerichten in Deutschland anders gesehen worden; so im Hinblick auf die Gesetzlichen Krankenkassen BayObLG NZBau 2004, 632; zweifelnd OLG Düsseldorf NZBau 2007, 525, und (im Hinblick auf Rundfunkanstalten) OLG Düsseldorf NZBau 2006, 731.

[22] EuGH C-379/98, Slg. 2001, I_2099 (PreussenElektra).

[23] Vgl. zuletzt ferner OLG Düsseldorf VergabR 2015, 678 m. Anm. *Renner/Sieber* zum „Institut für das Entgeltsystem im Krankenhaus".

chen Tätigkeit nicht als „Unternehmen" i.S.v. Art. 101 ff. AEUV, sondern eben funktional als Teil der öffentlichen Hand ansieht.

13   Diese Rechtsprechungslinie wurde teilweise weiter geführt und teilweise modifiziert durch das Urteil des EuGH vom 12. 9. 2013, mit dem er die Auftraggebereigenschaft der **Ärztekammern** verneint hat.[24] Dabei kommt erstmals die Ebene der Aufgaben in den Blick. Weil die Kammern ausweislich der einschlägigen Landesgesetze als Körperschaften des öffentlichen Rechts mit Selbstverwaltungsbefugnissen[25] bei der Bestimmung von Wesen, Umfang und Durchführungsmodalitäten ihrer Aufgaben eine „erhebliche Autonomie" genießen würden, seien sie auch bei der Festlegung der zu tätigenden Ausgaben und – daraus wiederum folgend – bei der Festlegung der von den Mitgliedern zu entrichtenden Beiträgen vergleichsweise frei; unschädlich seien demgegenüber sowohl der öffentlich-rechtliche Zwangseinzug als auch das Erfordernis einer Genehmigung der Beitragssatzung durch den Staat. Im Hinblick auf die anderen Berufskammern und die mit diesen verbundenen Versorgungswerke kann sich nach jeweils sorgfältiger Interpretation der einschlägigen Gesetze und Satzungen Entsprechendes ergeben.[26] Hingegen lassen sich weder den europäischen Grundrechten noch den Grundrechten des GG Argumente gegen die Einbeziehung staatlich finanzierter Handlungseinheiten in den Auftraggeberbegriff entnehmen.[27]

14 **bb)** Die erforderliche besondere Staatsgebundenheit einer Einrichtung liegt ferner dann vor, wenn ein öffentlicher Auftraggeber i.S.v. § 99 Nr. 1 oder 3 GWB (typischerweise Bund, Land oder Gemeinde) „über ihre Leitung die **Aufsicht** ausübt" (lit. b). Hier geht es darum, dass die eindeutig als Auftraggeber zu qualifizierende Gebietskörperschaft im Wege der Staatsaufsicht[28] das Vergabeverhalten der fraglichen Stelle beeinflussen kann. Durch die Ausweitung des Finanzierungsmerkmals auf lediglich beitrags- bzw. gebührenfinanzierte Einrichtungen dürfte dieses Merkmal stark an Bedeutung verlieren, weil beispielsweise Einrichtungen wie die Kammern oder die Gesetzlichen Krankenkassen bereits auf diesem Wege zu öffentlichen Auftraggebern werden.[29] In der Sache reicht das bloße Bestehen von Rechtsaufsicht nicht aus, vielmehr ist eine Gesamtschau sämtlicher Einflussmöglichkeiten des Staates (präventive wie repressive) auf einer Skala mit letztlich gleitenden Übergängen erforderlich. Dabei ist im Hinblick auf die im deutschen Recht mit Selbstverwaltungsbefugnissen ausgestatteten Organisationen Zurückhaltung geboten, wenn es nur einige wenige rechtliche Vorgaben in Gestalt unbestimmter Rechtsbegriffe gibt und konkret die Beschaffungstätigkeit der betroffenen Einheit gar nicht oder nur schwach determiniert ist (beispielsweise durch den allgegenwärtigen, jedoch aussa-

---

[24] EuGH C-526/11, NZBau 2013, 717 m. Anm. *Kokew* NZBau 2014, 96 (Ärztekammer Westfalen-Lippe).
[25] Allg. hierzu vgl. *Burgi* in: Ehlers/Pünder, Allgemeines Verwaltungsrecht, 15. Aufl. 2015, § 8 Rn. 19 f.
[26] Ausführlich *Burgi* in: FS Jarass, 2015, 543.
[27] So aber *Schmal* DÖV 2017, 629.
[28] Ausführlich zur Staatsaufsicht und ihren verschiedenen Erscheinungsformen *Burgi,* Kommunalrecht, 5. Aufl. 2015, § 8.
[29] Der EuGH hat in der Rechtssache „Oymanns" (EuGH C-300/07, Slg. 2009, I_4779) offen gelassen, ob die Auftraggebereigenschaft auch auf das zweite Merkmal gestützt werden kann (dahingehend OLG Düsseldorf NZBau 2007, 525; vgl. ferner NZBau 2007, 733 [Schacht Konrad]).

gearmen Grundsatz der Wirtschaftlichkeit) und somit auch kaum aufsichtlich bean-standet werden kann.[30]

cc) Als dritte Erscheinungsform des Vorliegens einer besonderen Staatsgebundenheit 15 stellt lit. c) des § 99 Nr. 2 GWB darauf ab, ob der Staat „mehr als die Hälfte der Mitglieder eines ihrer zur Geschäftsführung oder zur Aufsicht berufenen **Organe bestimmt**" hat. Insoweit reicht nicht bereits die Möglichkeit der mehrheitlichen Bestimmung aus, vielmehr muss die jeweilige Gebietskörperschaft (beispielsweise das Land gegenüber den Studentenwerken und die Gemeinde gegenüber einer Woh-nungsbaugesellschaft) von ihren Bestimmungsrechten auch tatsächlich Gebrauch ge-macht haben. Wiederum kommt es auf die Einflussnahmemöglichkeit konkret auf das Vergabeverhalten an,[31] welche allein aufgrund der Zustimmungspflichtigkeit der Wahl beispielsweise eines Geschäftsführers, der dann jahrelang autonom über die Be-schaffungstätigkeit entscheiden kann, nicht erfüllt ist.

II. Anderweitig begründete Auftraggebereigenschaft

Unter bestimmten Voraussetzungen können Unternehmer, die ihrerseits zur Erfüllung 16 des ihnen übertragenen Auftrags Nachunternehmer einsetzen (die also Hauptunter-nehmer sind) im Verhältnis zu den Nachunternehmern einzelnen oder sämtlichen ver-gaberechtlichen Pflichten unterworfen sein. Für diese Unternehmen verbindet sich mit **der Pflicht zur wettbewerblichen Untervergabe** ein ganz grundsätzlicher Eingriff in ihre Privatautonomie, denn die Auswahl des eigenen Vertragspartners (des Nachunternehmers) ist im Privatrecht herkömmlicherweise nicht reglementiert, sieht man von Sondervorschriften wie der neueren Diskriminierungsgesetzgebung (v. a. AGG) einmal ab. Als explizite Vorschrift zielt lediglich § 97 Abs. 4 S. 4 GWB auf die Vergabe von Aufträge an Nachunternehmer durch den privaten Partner im Rahmen einer öffentlich-privaten Partnerschaft (PPP; → § 11 Rn. 22 ff.), gleichlautend § 5 Abs. 2 Nr. 1 Satz 4 VOB/A-EU. Dabei wird dieser Partner nicht zur Beachtung des Vergaberechts in Gänze verpflichtet, sondern lediglich dazu, die mittelstandsfreundli-chen Regeln der Aufteilung von Aufträgen in Lose nach § 97 Abs. 4 S. 1–3 GWB zu beachten, was bedeutet, dass er mit mehreren Nachunternehmern zusammenarbeiten muss. In den Vergabeordnungen sind seit 2009 keine Pflichten zur Untervergabe nach „wirtschaftlichen Grundsätzen" mehr enthalten und daran sollten die Haupt-Auftrag-geber m. E. auch nichts ändern, d. h. sie sollten keine diesbezüglichen Ausführungsbe-dingungen i. S. v. § 128 Abs. 2 GWB (→ § 19 Rn. 6 ff.) formulieren. Denn es ist wichtiger, starke Angebote von starken Haupt-Unternehmern mit von diesen ausge-wählten starken Nachunternehmern zu bekommen, anstatt auf der Ebene zwischen Hauptunternehmer und Nachunternehmer Wirtschaftspolitik zu betreiben.[32] Deshalb

---

[30] M. E. liegt deshalb bei den Kammern dieses zweite Merkmal grundsätzlich nicht vor; so nun auch explizit EuGH C-526/11, NZBau 2013, 717, Rn. 29 (Ärztekammer Westfalen-Lippe); a.A. *Heyne* GewArch 2010, 56.
[31] EuGH C-373/00, Slg. 2003, I_1931 (Adolf Truley GmbH).
[32] Näher zur früheren Rechtslage und zu rechtlichen Schranken bzw. fachlichen Argumenten gegen die (teilweise) Bestimmung privatwirtschaftlicher Unternehmen zu öffentlichen Auftraggebern qua Pflicht zur wettbewerblichen Untervergabe *Burgi* NZBau 2010, 593 (598).

und aus methodischen Gründen (→ vgl. § 6 Rn. 15 f.) ist auch der Vorstoß des OLG Düsseldorf[33], die Auftraggeberschaft eines durch eine Gebietskörperschaft (Sozialhilfeträger) mit Beschaffungsaufgaben beauftragten Caritasverbandes unmittelbar qua Wettbewerbsgrundsatz (§ 97 Abs. 1 GWB) zu begründen, abzulehnen. Wettbewerb hat in Fällen dieser Art auf der ersten Stufe, d. h. bei der Wahl des Beschaffungsträgers, stattzufinden.

17   Privatwirtschaftliche Unternehmen, die staatliche Subventionen erhalten, können schließlich außer im Falle des § 99 Nr. 4 GWB auch dadurch zu Auftraggebern werden, dass in den Nebenbestimmungen zu ihrem Zuwendungsbescheid per Auflage i.S.d. § 36 Abs. 2 Nr. 4 VwVfG die Pflicht zur Beachtung des Vergaberechts statuiert wird. Die Rechtmäßigkeit einer solchen Auflage beurteilt sich nach den jeweils einschlägigen Normen desZuwendungsrechts. Wird eine solche Auflage missachtet, mithin gegen das Vergaberecht verstoßen, kann dies zur Aufhebung des Zuwendungsbescheids führen; im Rahmen der hiergegen gerichteten Anfechtungsklage des Zuwendungsempfängers haben die Verwaltungsgerichte dann inzident über die Auftraggebereigenschaft bzw. über die Beachtung des Vergaberechts zu entscheiden (näher → § 22 Rn. 10 ff.).

III. Spezifische Organisationsstrukturen

1. Gemeinsame Auftragsvergabe und zentrale Beschaffungsstellen

18   In Deutschland ist die Auftraggeberlandschaft als Spiegelbild der föderalen und kommunalen Strukturen stark zersplittert. Die öffentlichen Auftraggeber gehen daher vermehrt dazu über, ihre **Nachfrage zu bündeln.** Dies geschieht in der Hoffnung einer Verbesserung des Know-how bei der Durchführung der immer komplizierter werdenden Vergabeverfahren und mit der Erwartung, Preisvorteile zu erzielen. Wichtige Anwendungsfelder bilden die Beschaffung von Lieferleistungen, von standardisierten Dienstleistungen und v. a. die IT-Beschaffung. Der Gesetzgeber unterstützt dies seit der GWB-Novelle 2016 erstmals durch spezielle Vorschriften.

Ein erstes Instrument der Nachfragebündelung sind punktuell, d. h. einzelvertraglich begründete Kooperationen **(gelegentliche gemeinsame Auftragsvergabe)**, bei denen ein Auftraggeber (z. B. eine Gemeinde zugleich für sich selbst und für mehrere sie im Innenverhältnis beauftragende andere Gemeinden) beschafft, entweder im Namen oder Auftrag aller anderen oder nur in seinem Namen (vgl. § 4 Abs. 1 u. 2 VgV; § 2 Abs. 4 VOB/A – EU).

19   Ein weiteres Instrument ist die Einschaltung einer **zentralen Beschaffungsstelle** als einer dritten Person, die unabhängig von den Fachabteilungen agiert, für deren Bedarf sie beschaffen soll. Dabei kann es sich um eine bloße Zuständigkeitskonzentration innerhalb ein- und desselben Rechtsträgers bzw. ein- und derselben Behörde handeln (Beispiele: Einkauf des Bedarfs für alle Polizeidienststellen durch eine Stelle bei dem für die Polizei zuständigen Innenministerium; zentrale Beschaffung auf der Ebene des Bundes durch das Beschaffungsamt des Bundesministeriums des Innern[34])

---

[33] OLG Düsseldorf NZBau 2016, 55, Rn. 31; i.E. wie hier dagegen OLG Celle NZBau 2017, 51.
[34] Nähere Informationen unter www.Beschaffungsamt.de.

oder aber es entsteht ein neuer Rechtsträger in Gestalt eines Zweckverbands oder einer privatrechtlichen GmbH.[35] Das GWB stellt die Einrichtung zentraler Beschaffungsstellen und das Zusammenarbeiten mit ihnen in § 120 Abs. 4 auf eine geordnete Grundlage (vgl. ferner § 4 Abs. 3 VgV für die Bundesverwaltung).

Von Seiten des Vergaberechts ist die Nachfragebündelung damit endgültig legitimiert.[36] Selbstverständlich ist überdies auf die Einhaltung der jeweiligen organisationsrechtlichen Maßstäbe (z. B. nach dem jeweiligen Gesetz über die kommunale Gemeinschaftsarbeit)[37] zu achten, ferner können im Einzelfall u. U. die Grenzen des Kartellrechts überschritten sein.[38] **20**

Bei der somit primär politisch zu treffenden Entscheidung über Ob und Wie einer Nachfragebündelung ist zu bedenken, dass sich hiermit tendenziell ein mittelstandsfeindlicher Effekt verbindet, der aber durch die konsequente, noch über die Anforderungen des § 97 Abs. 4 GWB (→ § 14 Rn. 10 ff.) hinausgehende Aufteilung der zu vergebenden Aufträge in Fach- und Teillose abgemildert werden kann. Des weiteren besteht die Gefahr, dass die spezifischen Anforderungen, die das jeweilige Fachrecht und die jeweils zu erfüllenden Aufgaben an den Beschaffungsgegenstand stellen (z. B. in dem stark durch das SGB V determinierten Gesundheitswesen) in dem Maße ins Hintertreffen geraten, in dem die zentrale Beschaffungsstelle von den jeweils hierfür zuständigen Fachabteilungen abgekoppelt ist. Dem gilt es mit dem Aufbau von Kooperationsstrukturen zu begegnen, die dann aber auch mit Leben gefüllt werden müssen. **21**

2. Internationale Kooperationen

Beide soeben skizzierten Formen des Zusammenwirkens sind durch die GWB-Novelle 2016 auch grenzüberschreitend auf sichere Rechtsgrundlagen gestellt worden.[39] So kann eine „gelegentliche gemeinsame Auftragsvergabe" auch mit Auftraggebern aus anderen EU-Staaten erfolgen (§ 4 Abs. 1 S. 2, Abs. 2 S. 4 VgV) und deutsche Auftraggeber können sich einer zentralen Beschaffungsstelle im EU-Ausland bedienen (vgl. Art. 39 Abs. 5 VRL). Davon zu unterscheiden sind die sich bei einer Beschaffung durch deutsche öffentliche Auftraggeber im EU-Ausland (z. B. beim Bau eines Botschaftsgebäudes) bzw. bei der Beschaffung durch ausländische öffentliche Auftraggeber in Deutschland ergebenden Rechtsprobleme des „IPR-Vergaberechts".[40] **22**

3. Unterstützende Einschaltung Dritter

Insbesondere bei technisch anspruchsvollen Beschaffungen werden vielfach private Dritte durch den Auftraggeber zur Beratung oder sonstigen Unterstützung herangezogen. Die Auswahl dieser Dritten kann bei Vorliegen der Voraussetzungen (u. a.: **23**

---

[35] Die Auftraggebereigenschaft ergibt sich dann aus § 99 Nr. 3 GWB (OLG München NZBau 2014, 456).

[36] Einen irgendwie gearteten „Grundsatz der dezentralen Beschaffung" gibt es jedenfalls auch im deutschen Vergaberecht nicht (zutreffend *Dreher* NZBau 2005, 433).

[37] Zu den diesbezüglichen Vorgaben vgl. *Burgi*, Kommunalrecht, 5. Aufl. 2015, § 19.

[38] Vgl. hierzu BGH NVwZ 2003, 1012 (Feuerlöschgeräte) = ZIP 2003, 1813 m. Anm. *Lotze; Kämper/Heßhaus* NZBau 2003, 303 (307 ff.); *Säcker/Mohr* WRP 2011, 793; grundsätzlich zur Bedeutung des Kartellrechts für die Beschaffungstätigkeit → § 6 Rn. 21.

[39] Zur vorherigen Rechtslage *Klinkmüller*, Die grenzüberschreitende gemeinsame Vergabe öffentlicher Aufträge, 2014; zur neuen Rechtslage und zu den auch damit nicht restlos geklärten Rechtsschutzfragen *Opitz* in: Pünder/Prieß, Vergaberecht im Umbruch II, 2015, 91, im Anschluss an *dens.* in: FS Marx, 505 ff.

[40] Vgl. dazu *Opitz* in: FS Marx, 506 ff.; *Conrad* in: Müller-Wrede, Kompendium, Kap. 5; *Eckebrecht,* Auftragsvergaben exterritorialer Einrichtungen, 2015.

Überschreitung der Schwellenwerte, Dienstleistungsauftrag) ihrerseits dem Vergabe-recht unterworfen sein. Werden diese Dritten **vor der** Einleitung des Vergabeverfah-rens eingesetzt, ist nicht ausgeschlossen, dass sie selbst als Bieter am nachfolgenden Vergabeverfahren teilnehmen, um sich für den entsprechenden Auftrag zu bewerben. Freilich besteht hier die Gefahr der Wettbewerbsverfälschung infolge exklusiver Vor-kenntnisse. Insofern ist genau zu prüfen, ob es sich um eine statthafte Teilnahme am Vergabewettbewerb handelt, worauf im Abschnitt über den „Auftragnehmer" unter der Überschrift „Projektantenproblematik" zurückzukommen ist (→ § 9 Rn. 6). Er-folgt die Einschaltung dritter Berater **während des** Vergabeverfahrens, insbesondere zur Unterstützung bei der Prüfung der Vergabeunterlagen von Bietern, dann müssen sie unparteiisch und neutral sein und ihre Befugnisse können selbstverständlich nicht weiter reichen als die des Auftraggebers selbst.[41] Im Falle von Interessenkonflikten greifen die Verfahrenvorschriften der §§ 6 VgV bzw. 2 Abs. 5 VOB/A-EU ein (→ § 13 Rn. 7).

Vertiefungsliteratur:

Crass, Der öffentliche Auftraggeber, 2004; *Heuvels,* Mittelbare Staatsfinanzierung und Begriff des funktionalen Auftraggebers, NZBau 2008, 166; *Kratzenberger,* Der Begriff des öffentlichen Auftragge-bers und der Entwurf des Gesetzes zur Modernisierung des Vergaberechts, NVwZ 2009, 103; *Rech-ten,* Der Auftraggeberbegriff im Wandel, NZBau 2014, 667; *Kau,* Öffentliche Auftraggeber nach § 99 Nr. 2 GWB unter Einfluss des Völkerrechts (zu den Hilfsgesellschaften v. a. des Roten Kreuzes), NZBau 2016, 523; *Bartelt,* Der Anwendungsbereich des neuen Vergaberechts, 2017, S. 82 ff.

---

[41] Dies hat der EuGH C-74/09, Slg. 2010, I_7267 = NZBau 2010, 709, Rn. 58 f. (Berlaymont), im Hin-blick auf die Überprüfung von Eignungsnachweisen der Bieter durch einen sog. Registrierungsausschuss präzisiert, der mehrheitlich mit Vertretern des Baugewerbes der betreffenden Provinz besetzt war und überdies eine inhaltliche Kontrolle der Nachweise vorgenommen hatte. Vertiefend zum Ganzen *Fritz* ZfBR 2016, 659.

§ 9. Auftragnehmer: Bieterkreis und Strukturen

Übersicht

I. Potenzielle Auftragnehmer: Der Kreis der Bieter

Gemäß Art. 2 Abs. 1 Nr. 1 u. 10 VRL wird ein „Wirtschaftsteilnehmer, der ein An- **1** gebot abgegeben hat", als „Bieter" bzw. als „Bewerber" bezeichnet. Wer aber ist überhaupt ein **„Wirtschaftsteilnehmer"** in diesem Sinne? Dieser Frage wird seit jeher deutlich weniger Aufmerksamkeit geschenkt als der Auftraggebereigenschaft, und zwar deswegen, weil der Kreis der potenziellen späteren Auftragnehmer (also derjenigen Wirtschaftsteilnehmer, die Bieter oder Bewerber und eben später, im Er- folgsfall, Vertragspartner werden können) denkbar weit ist. Dennoch muss untersucht werden, ob es gesetzliche Ausschlüsse aus dem Anwendungsbereich des EU-Vergabe- rechts in personeller Hinsicht gibt. Diese Frage ist zu unterscheiden davon, ob der Auftraggeber berechtigt oder gar verpflichtet ist, einzelne Wirtschaftsteilnehmer we- gen eines Fehlverhaltens (beispielsweise im Falle der vorherigen Korruptionsstraffäl- ligkeit) vom Vergabeverfahren auszuschließen; dies ist im Zusammenhang mit den sog. Ausschlussgründen (→ § 16 Rn. 15 ff.) zu behandeln.

Nach Art. 2 Abs. 1 Nr. 10 VRL umfasst der Begriff „Wirtschaftsteilnehmer" „na- **2** türliche oder juristische Personen, öffentliche Einrichtungen oder Gruppen dieser Personen und/oder Einrichtungen, die auf dem Markt die Ausführung von Bauleis- tungen, die Errichtung von Bauwerken, die Lieferung von Waren bzw. die Erbrin- gung von Dienstleistungen anbieten". Ausreichend ist demnach auch hier eine **funk- tionelle Sichtweise,** indem es genügt, dass die betreffende Wirtschaftseinheit über eine eigene Rechtspersönlichkeit verfügt (um den Vertrag mit dem Auftraggeber ab- schließen zu können) und sich schlicht am Leistungsaustausch beteiligt, gleichgültig ob zusätzlich oder primär irgendwelche allgemeinpolitischen oder sonstigen Zielset- zungen verfolgt werden. Noch schnörkelloser ist § 103 Abs. 1 GWB, der die An- wendbarkeit der nachfolgenden Vorschriften an das Ziel der Auftragserteilung an ein „Unternehmen" knüpft. Dies umschließt übrigens auch Unternehmen aus Nicht- EU-Staaten und geht damit über den Anwendungsbereich der VRL hinaus,[1] die in-

---

[1] Folgerichtig bezieht sich § 43 Abs. 1 VgV bei der Umschreibung des Teilnehmerkreises an Vergabeverfah- ren ganz allgemein auf Bewerber bzw. Bieter aus anderen Staaten; vgl. auch OLG Düsseldorf VergabeR 2017, 618.

folge ihrer kompetenziellen Verankerung in den Grundfreiheitsbestimmungen des AEUV (→ § 3 Rn. 21 ff.) auf Unternehmen aus den EU-Mitgliedstaaten bzw. auf Unternehmen, die über Abkommen (v. a. das GPA/WTO; → § 5 Rn. 1 f.) mit den EU-Unternehmen gleichgestellt sind (vgl. Erw. 17 der VRL),[2] beschränkt ist.

3   Damit steht fest, dass sämtliche Akteure aus dem Bereich der Privatwirtschaft potenzielle Auftragnehmer sein können. Wichtig ist, dass aber umgekehrt die Eigenschaft als Teil der **öffentlichen Hand** nicht schon als solche zur Herausnahme aus dem Anwendungsbereich des Vergaberechts führt. Obwohl bei Gebietskörperschaften und öffentlichen Unternehmen, wenn sie unternehmerisch tätig sind, die Gefahr des Missbrauchs hoheitlich erlangter Vorteile bzw. der teilweise bestehenden Nicht-Insolvenzfähigkeit besteht, hat das Vergaberecht nicht die Aufgabe, identische Ausgangsbedingungen für sämtliche Bieter bzw. Bewerber zu schaffen.[3] Somit führt weder die Stellung als öffentlicher Auftraggeber (in anderen Verfahren) zum Ausschluss aus dem potenziellen Auftragnehmerkreis,[4] noch der Erhalt von Zuwendungen,[5] und irrelevant ist erst recht die Motivlage, nicht in erster Linie Gewinne erzielen zu wollen oder nicht ständig auf Märkten tätig sein zu wollen (wie etwa im Falle von Universitäten und Forschungsinstituten);[6] Einrichtungen dieser Art unterfallen allesamt dem Kreis der Bieter und das nationale Recht darf ihnen die Beteiligung an einem Vergabeverfahren dann nicht verbieten, wenn sie nach dem nationalen Recht zur Erbringung der auftragsgegenständlichen Leistungen befugt sind.

4   Während im Anwendungsbereich der VOL/A eine Ausschlussvorschrift betreffend die „Justizvollzugsanstalten" von vornherein nur unterhalb der Schwellenwerte bestand, galt eine vergleichbare und überdies Einrichtungen „der Jugendhilfe, Aus- und Fortbildungsstätten und ähnliche Einrichtungen sowie Betriebe der öffentlichen Hand und Verwaltungen" erfassende Bestimmung in der VOB/A-EG auch oberhalb der Schwellenwerte. Der Vorrang des Unionsrechts (→ § 3 Rn. 15) verpflichtete allerdings dazu, sie nicht anzuwenden.[7] Die neue VOB/A enthält eine derartige Bestimmung in den EU-Paragraphen nicht mehr, wohl aber weiterhin für die Auftragsvergaben unterhalb der Schwellenwerte in § 6 Abs. 3.

5   Eine ausdrücklich durch das EU-Recht (Art. 20 VRL) legitimierte **Beschränkung des Teilnehmerkreises** in Vergabeverfahren ermöglicht § 118 GWB (wiederholend: § 6 Abs. 3 Nr. 3 VOB/A-EU) zugunsten von „Werkstätten für Menschen mit Behinderungen" und von Unternehmen, deren Hauptzweck die Integration dieser Menschen ist. Damit hat ein bedeutsames sozialpolitisches Ziel unmittelbar Niederschlag in einer Vergabevorschrift gefunden. Macht ein öffentlicher Auftraggeber von dieser Möglichkeit Gebrauch, findet ein Vergabewettbewerb nur noch zwischen

---

[2] Näher hierzu *Egger*, Europäisches Vergaberecht, Rn. 567 f.

[3] In der Formulierung des OLG Koblenz VergabeR 2010, 284 (285), können „potenziell kalkulationserhebliche Unterschiede, die sich aus der Vielfalt (der …) Organisationsformen mit verschiedenen Steuerregeln ergeben … ebenso wenig beseitigt werden wie standortabhängige Unterschiede".

[4] EuGH C-26/03, NZBau 2005, 111 (Stadt Halle).

[5] EuGH C-94/99, Slg. 2000, I_11037, Rn. 22 ff. (ARGE Gewässerschutz).

[6] EuGH C-305/08, NZBau 2010, 188 (CoNISMa); EuGH C-568/13, NVwZ 2015, 280 (Azienda Ospedaliera) m. Anm. *Otting;* vgl. ferner *Hübner* VergabeR 2015, 154; EuGH C-203/14, NZBau 2015, 784 (Consorci Sanitari del Maresme) m. Anm. *Knauff* EuZW 2015, 911.

[7] OLG Düsseldorf VergabeR 2014, 170 m. Anm. *Losch*. Der Vorschlag von *Hertwig* NZBau 2008, 355 (357), die Vorschrift zu Lasten inländischer Einrichtungen als angeblich statthafte Inländerdiskriminierung zu deuten, geht fehl, weil der Geltungsanspruch der VKR unterschiedlos für Aus- und Inländer und für sämtliche, auch für die nicht grenzüberschreitenden Beschaffungsvorgänge besteht.

jenen Werkstätten bzw. Unternehmen statt. Alternativ dazu können die Auftraggeber nach Maßgabe des § 141 SGB IX auch Bevorzugungen auf den anderen Verfahrensstufen vorsehen.[8]

Ebenfalls nicht aus dem Anwendungsbereich des EU-Vergaberechts heraus fallen **6** die sog. **Projektanten.** Hierbei handelt es sich um Einzelpersonen oder Unternehmen, die vor Einleitung des Vergabeverfahrens den Auftraggeber „beraten oder sonst unterstützt" hatten (etwa als Architekt oder Ingenieur), und dann selbst im Vergabeverfahren als Bieter oder Bewerber auftreten wollen. Insoweit regeln §§ 7 VgV, 6 Abs. 3 Nr. 4 VOB/A-EU ausdrücklich, dass der Auftraggeber in Fällen dieser Art sicherstellen muss, dass der Wettbewerb „durch die Teilnahme des Projekttanten nicht verfälscht wird"; dies beruht auf einer Entscheidung des EuGH (Rs. „Fabricom")[9] und setzt voraus, dass die Teilnahme am Vergabeverfahren als solche statthaft ist. Für die Auftraggeber bedeutet dies, dass sie den vorangegangenen Beratungs- und Unterstützungsvorgang dokumentieren und sämtliche daraus zu Gunsten des Projektanten erwachsenen Informationen den anderen Bietern zur Verfügung stellen müssen. Dies kann auch zu verlängerten Fristen zu deren Gunsten führen. Die Rechtsschutzinstanzen werden bei der etwaigen Überprüfung der Zuschlagskriterien darauf zu achten haben, dass nicht etwa einzelne, auf die Vorarbeiten zurückgehende Umstände besonders positiv gewichtet werden o.ä. Unter den Voraussetzungen des § 124 Abs. 1 Nr. 6 GWB ist der „Ausschluss" früherer Projektanten aus dem Vergabeverfahren möglich (→ § 16 Rn. 23 f.). Von der Projektantenproblematik zu unterscheiden ist die Mitwirkung privater Berater nicht vor, sondern während eines Vergabeverfahrens (→ § 8 Rn. 23).

II. Spezifische Organisationsstrukturen

Auf der Auftragnehmer- und dementsprechend schon zuvor auf der Bieterseite sind **7** ebenso wie auf der Auftraggeberseite teilweise spezifische Organisationsstrukturen anzutreffen, nämlich die Einschaltung von Nachunternehmern bzw. die Eignungsleihe (1) und die gesellschaftsrechtliche Verbindung in Gestalt einer sog. Bietergemeinschaft (2). Dies macht es erforderlich, die jeweiligen begrifflichen Voraussetzungen zu klären, nach der Statthaftigkeit einer solchen Vorgehensweise zu fragen und schließlich nach den Auswirkungen auf die Prüfung der Eignungs- bzw. Zuschlagskriterien sowie nach den diesbezüglichen Nachweispflichten.

1. Nachunternehmerschaft und Eignungsleihe

a) Begriffe und Bedeutung. Während die Bietergemeinschaft eine gemeinschaftli- **8** che Verpflichtung gegenüber dem Auftraggeber anstrebt, verpflichtet sich ein Nachunternehmer lediglich dem Bieter gegenüber, welcher weiterhin allein Vertragspartner des Auftraggebers (und mithin Auftragnehmer) wird. Synonym sind die Bezeichnungen „Subunternehmer" sowie „Unterauftragnehmer". Der erfolgreiche Bieter (der

---

[8] Vgl. *Roth/Lamm/Weyand* DÖV 2011, 545; eingehend *Mager* in: Burgi/Dreher, GWB, § 118, Rn. 1 ff.
[9] EuGH C-21/03, NZBau 2005, 351; *Kupczyk* NZBau 2010, 21; vgl. zu den maßgeblichen Anforderungen an den Umgang mit Projektanten ferner *Diringer* VergabeR 2010, 361; *Müller-Wrede* in: ders, Kompendium, Kap. 13 Rn. 17 ff.; *König* in: Gabriel/Krohn/Neun, HdbVergabeR, § 14; *Tomerius* VergabeR 2018, 1.

Auftragnehmer = Hauptunternehmer) erweist sich hierbei entweder als sog. **Generalunternehmer** (wenn er einzelne Teile der Leistung dennoch selbst erbringt) oder als sog. **Generalübernehmer** (wenn er durchgehend „nur" die Leistungen von Nachunternehmern koordiniert).[10] Vergaberechtlich relevant ist ausschließlich das Verhältnis zwischen dem Auftraggeber und dem Auftragnehmer, während das Verhältnis zwischen diesem und seinem Nachunternehmer dem Regelungszugriff des Privatrechts ausgesetzt ist; aus diesem Grund wurden bereits Versuche, die Hauptunternehmer zu öffentlichen Auftraggebern und damit die Nachunternehmer zu Bietern der zweiten Stufe zu machen, kritisch beurteilt (→ § 8 Rn. 16). Erfreulicherweise haben Nachunternehmerschaft und Eignungsleihe mit der GWB-Novelle 2016 eine ausdrückliche und schlüssige Kodifizierung erfahren.

9   Abzugrenzen sind die Nachunternehmer zunächst gegenüber Dritten, denen Teilleistungen übertragen werden, die in einem eher ferneren, unspezifischeren Zusammenhang zur vertraglich zu erbringenden Leistung stehen. Als Beispiele können die Aufstellung von Baukränen oder die Lieferung von Strom zwecks Betriebs von Maschinen im Briefsortierzentrum dienen (während das Sortieren der Briefe mit speziellen Maschinen in einem Sortierzentrum als solches eine nachunternehmerschaftliche Teilleistung darstellt). Solche Dritte sind grundsätzlich bloße Erfüllungs- bzw. Verrichtungsgehilfen im bürgerlich-rechtlichen Sinne, sofern der Auftraggeber nicht auch sie betreffend explizit die Vorlage von Eignungsnachweisen verlangt, wodurch ein Fall der Eignungsleihe entsteht (dazu sogleich). Nachunternehmer sind sie nicht, weil sie nicht für den Hauptunternehmer „Teilleistungen" aus dessen Vertrag erbringen. Der Nachunternehmerbegriff ist somit funktionaler Natur und knüpft unmittelbar an den Auftragsgegenstand an.[11] Im Unterschied zu den Baugerätelieferanten und den Zulieferern sind daher die sog. Fremdüberwachungsstellen im Abfallrecht[12] und die Vorlieferanten hochspezialisierter Digitalfunkendgeräte für Rettungs- und Sicherheitskräfte[13] zutreffend als Nachunternehmer qualifiziert worden.

10 Das Ziel des Bieters bei der Nachunternehmerschaft ist die Erschließung von ihm selbst fehlenden Ressourcen technischer oder finanzieller Art bzw. von Know-how oder auch die Schließung von Kapazitätslücken. Daneben kann es ihm um die Verbesserung der Qualität seines Angebots und/oder um die Preise gehen. Für die Nachunternehmerkandidaten bildet die Mitwirkung eine wertvolle **Chance,** überhaupt an einen öffentlichen Auftrag zu kommen; insofern ist die Nachunternehmerschaft ein Instrument zur Förderung des Mittelstandes und des Marktzutritts.[14] Aus der Sicht der Auftraggeber verbindet sich mit der Nachunternehmerschaft die Hoffnung der Gewinnung geeigneterer Bieter mit besseren Angeboten und die Ersparnis eigenen Koordinationsaufwands. Dem steht das **Risiko** gegenüber, einen nicht gleichermaßen geprüften und kontrollierbaren Leistungserbringer gewissermaßen untergeschoben zu bekommen.

---

[10] Näher *Wichmann,* Die Antragsbefugnis des Subunternehmers im vergaberechtlichen Nachprüfungsverfahren, 2006, 18 ff.; zahlreiche weitere Nachweise zu den nachfolgenden, teilweise textidentischen Ausführungen bei *Burgi* NZBau 2010, 593 ff.
[11] Näher am Beispiel der bei der Erbringung von Postdienstleistungen eingeschalteten Dritten OLG Naumburg IBR 2009, 1115.
[12] OLG Düsseldorf VergabeR 2009, 228 m. Anm. *Goede.*
[13] OLG Düsseldorf IBR 2010, 292.
[14] Zuletzt *Terwiesche* VergabeR 2009, 26 (37); zur Mittelstandsförderung → § 14.

Dadurch, dass einer oder mehrere Teile auf einen oder mehrere Dritte verlagert **11** werden, entsteht auf der Seite des Bieters und späteren Vertragspartners eine Art **Binnenstruktur.** Für den Auftraggeber erwächst daraus das Bedürfnis, über das Ob einer geplanten Nachunternehmerschaft und die vorgesehenen Nachunternehmer von Anfang an informiert zu werden (§ 36 Abs. 1 S. 1 VgV), ferner (sobald Angebote in die engere Wahl kommen) einen Nachweis über deren Verfügbarkeit zu erhalten (§ 36 Abs. 1 S. 2 VgV). Nach Beginn der Auftragsausführung verdichten sich die Informationsbedürfnisse zu detaillierten Vertragsbedingungen (nach § 36 Abs. 3 VgV). Schließlich ist der Auftraggeber unter den Voraussetzungen des § 36 Abs. 5 berechtigt bzw. u. U. verpflichtet, den Ausschluss des Nachunternehmers zu verlangen.

Von der in § 36 VgV geregelten Nachunternehmerschaft unterscheidet sich die **12** sog. **Eignungsleihe.** Sie entsteht dadurch, dass der Auftraggeber für die „wirtschaftliche und finanzielle" sowie die „technische und berufliche Leistungsfähigkeit" (also für die Eignungskriterien; → § 16 Rn. 7 f.) Nachweise verlangt und der Bieter sich zum Nachweis seiner Eignung auf andere Unternehmen stützen möchte (z. B. auf einen finanziell einstehenden Mutterkonzern oder einen Geräteverleiher). Die Eignungsleihe ist im Unterschied zur Nachunternehmerschaft[15] ausschließlich im Verfahrensstadium der Eignungsprüfung relevant (vgl. c) und sie impliziert keine veränderte Binnenstruktur. Eignungsleihgeber kann ein Nachunternehmer sein, es kommen aber auch sonstige Dritte in Betracht, namentlich aus einem Konzernverbund. Die dadurch modifizierten Anforderungen an die Eignungsprüfung sind in §§ 47 VgV, 6d VOB/A-EU geregelt.

b) Statthaftigkeit. Oberhalb der Schwellenwerte sind Nachunternehmerschaft und **13** Eignungsleihe statthaft, wie sich mittlerweile explizit aus §§ 36, 47 VgV; 6d VOB/A-EU ergibt. Ein gesetzliches „Gebot der Selbstausführung" gibt es also nicht und darf es von Europarechts wegen auch nicht geben.[16] Erforderlich ist aber, dass der Auftragnehmer einen **determinierenden** Einfluss behalten und auch ausüben muss. Dies hatte das OLG Düsseldorf nach intensiver Prüfung im Jahre 2010 dem Architekten des „Berliner Stadtschlosses" im Verhältnis zu der von diesem eingeschalteten Projektgesellschaft bescheinigt.[17] Wie die Nachunternehmerschaft als solche ist auch die sog. Mehrfachbeteiligung nicht grundsätzlich ausgeschlossen. In Fällen dieser Art tritt ein- und dasselbe Unternehmen zugleich als Nachunternehmer und selbst als Bieter auf, u. U. sogar wechselseitig (sog. Überkreuzbeteiligung), soweit nicht durch die Weitergabe von Kenntnissen zwischen den verschiedenen Akteuren der Grundsatz des Geheimwettbewerbs (→ § 6 Rn. 20) beeinträchtigt ist.

---

[15] Vgl. *Conrad* VergabeR 2012, 15. Als anschauliches Beispiel aus der Praxis: OLG München NZBau 2015, 711 (S-Bahn Nürnberg).

[16] EuGH C-176/98, Slg. 1999, I_8607 (Holst Italia); EuGH C-314/01, NZBau 2004, 340 (Siemens) m. Anm. *Dischenhofer* PPLRev. 2004, NA 132; EuGH C-324/14, NZBau 2016, 373 (Partner Apelski Dariusz); EuGH C-27/15, NZBau 2016, 445 (Pippo Pizzo).

[17] OLG Düsseldorf NZBau 2010, 393 m. Anm. *Prieß/Hölz* NZBau 2010, 354 (358).

14 Interessanterweise gibt § 47 Abs. 5 VgV bzw. § 6d Abs. 4 VOB/A-EU unter Anknüpfung an die neuere Rechtsprechung des EuGH[18] dem öffentlichen Auftraggeber
nun aber die Möglichkeit, ausnahmsweise die **Selbstausführung** vorzuschreiben.
Voraussetzung hierbei ist, dass es sich um „kritische Aufgaben" handelt, etwa um
„Verlege- oder Installationsaufgaben" bei einem Lieferauftrag oder um die „Technische Gebäudeausrüstung (TGA)" bei einem Forschungslaborbau.

15 **c) Modifizierte Anforderungen an die Eignungsprüfung.** Wie bereits festgestellt, verändern sich die Inhalte und vor allem der Ablauf der Prüfung der Eignung
der Bieter, wenn diese zum „Nachweis ihrer Eignung" auf andere Unternehmen zurückgreifen, gleichgültig ob diese Nachunternehmer oder beispielsweise Konzernun-
ternehmen sind. Es geht dann um den Nachweis der Eignung, bezogen auf den **Anteil am Auftragsgegenstand,** der dem Nachunternehmer anvertraut werden soll.

16 Wie noch (→ § 16 Rn. 10 f.) im allgemeineren Zusammenhang ausführlich erörtert wird, müssen die Bieter ihre **Eignung** zur Bewältigung des erstrebten Auftrages
nachweisen. Bei der Einbeziehung von Dritten wirken sich hierbei die vergaberechtlichen Prinzipien von Wettbewerb und Transparenz (→ § 6 Rn. 17 f.) aus. Der
Wettbewerbsgrundsatz ist dadurch berührt, dass mit der Einschaltung Dritter die Vergleichbarkeit der Angebote abnimmt und Verschleierungskünstler den Zuschlag bekommen könnten. Der Transparenzgrundsatz ist herausgefordert, weil die sowieso
schon komplizierte Ebene der Nachweise noch unübersichtlicher zu werden droht.
Für die Bieter vollzieht sich dies im Angesicht der Gefahr, bei fehlenden oder unvollständigen Nachweisen nicht berücksichtigt zu werden.

17 In der Rechtsprechung aus der Zeit vor der Novelle 2016 gab es daher eine Vielzahl von
Entscheidungen, in denen es um die Verständlichkeit und um den Umfang der Forderung nach
bestimmten Nachweisen ging. Leitend war hier das obiter dictum des BGH in einer Entscheidung vom 10. 6. 2008,[19] wonach bei der Eignungsprüfung eine Art Zumutbarkeitsgrenze bestehe, die einer übermäßig formalistischen Handhabung der Erklärungs- und Nachweispflichten
mit der Konsequenz der etwaigen Nichtbeachtung inhaltlich besserer und kostengünstigerer
Bieter zutreffend Grenzen zieht (näher → § 16 Rn. 10 f.).[20]

18 § 47 VgV (und weitgehend parallel § 6d VOB/A-EU) normiert für den Fall der
Eignungsleihe die folgenden **Anforderungen:**
   – Der Bieter muss nachweisen, dass ihm die „erforderlichen Mittel", d. h. die Kapa-
     zitäten des Dritten, auch tatsächlich zur Verfügung stehen (Verfügbarkeitserklärung;
     § 47 Abs. 1 S. 1 VgV).
   – Der Bieter muss ferner die Eignung des Dritten und das Nichtvorliegen von Aus-
     schlussgründen nach §§ 123, 124 GWB nachweisen (§ 47 Abs. 2 VgV). Andernfalls
     kann bzw. muss die Ersetzung des ursprünglich vorgesehenen Dritten verlangt
     werden.

---

[18] EuGH C-94/12, VergabeR 2014, 134 (Swm Costruzioni) m. Anm. *Trautner;* vgl. näher *Stoye/Brugger* Ver-
    gabeR 2015, 647; EuGH C-406/14, NZBau 2016, 571 (Stadt Breslau) und hierzu *Amelung* NZBau 2017,
    139.
[19] BGH NZBau 2008, 592 = VergabeR 2008, 787 m. Anm. *Horn/Schwenker* VergabeR 2009, 484.
[20] Vgl. zum Ganzen auch *von Münchhausen* VergabeR 2010, 374; *Stoye/Hoffmann* VergabeR 2009, 569; *Ame-
    lung* VergabeR 2012, 348.

– Gemäß § 47 Abs. 3 VgV kann der Auftraggeber eine „gemeinsame Haftung" von Bieter und Drittem verlangen.

Weitere Differenzierungen betreffen die Sanktionen bei Fehlen bzw. Unvollständigkeit von Erklärungen bzw. Nachweisen. Schließlich ermöglicht das für die Beziehungen zwischen dem Auftragnehmer und dem Nachunternehmer bzw. Eignungsleihgeber „zuständige" Vertragsrecht die privatautonome Vornahme eines nachträglichen Wechsels jener Dritten mit Zustimmung des Auftraggebers (vgl. § 4 Abs. 8 Nr. 1 Satz 2 VOB/B),[21] die an den Nachweis der Eignung des neuen Nachunternehmers zu knüpfen ist. Nach neuerer Rechtsprechung des EuGH kann der Wechsel des Nachunternehmers ferner u. U. ausschlaggebend für die Annahme einer Vertragsänderung (mit nachfolgender Neuausschreibungspflicht) im Verhältnis zwischen dem Auftraggeber und dem Hauptunternehmer sein.[22] **19**

2. Bietergemeinschaft

a) Begriff und Bedeutung. Im Unterschied zur Nachunternehmerschaft strebt die Bieter- bzw. Bewerbergemeinschaft (letztere im Stadium von Teilnahmewettbewerben; → § 13 Rn. 23 f.) eine gemeinschaftliche Verpflichtung gegenüber dem Auftraggeber an, beruhend auf einem gesellschaftsrechtlichen Verbund. Nach Zuschlagserteilung wird die erfolgreiche Bietergemeinschaft zur sog. Arbeitsgemeinschaft (ARGE).[23] Im Normalfall handelt es sich bei einer Bietergemeinschaft um eine **„Gesellschaft bürgerlichen Rechts"** (GbR) gemäß §§ 705 ff. BGB, die nach mittlerweile gefestigter Rechtsprechung des BGH bei der Teilnahme am Rechtsverkehr (und damit auch in Vergabeverfahren) Trägerin von Rechten und Pflichten und insoweit als rechtsfähig anzusehen ist.[24] Die Vorteile einer Beteiligung von Bietergemeinschaften in Vergabeverfahren gleichen denen der Nachunternehmerschaft: Bündelung bzw. Schaffung von Ressourcen, Risikoverteilung, Eröffnung von Chancen für kleinere und mittelständische Unternehmen, insbesondere für Newcomer. Dem stehen als Nachteile die Transaktionskosten auf Seiten der Unternehmer gegenüber (einschließlich der grundsätzlich eingreifenden gesamtschuldnerischen Haftung im Außenverhältnis) sowie eine etwaige Wettbewerbsverengung zu Lasten der Preise (und damit des Auftraggebers). Die Möglichkeiten und Grenzen einer möglichst erfolgversprechenden Konstruktion der Bietergemeinschaft ergeben sich aus dem Gesellschafts- und dem Vertragsrecht.[25] **20**

b) Statthaftigkeit. Nach §§ 43 Abs. 2 VgV, 6 Abs. 3 Nr. 2 VOB/A-EU sind Bietergemeinschaften ohne weiteres den Einzelbewerbern gleichgestellt. Bei Anhaltspunkten für das Vorliegen kartellrechtswidriger Absprachen ist nach den allgemeinen Grundsätzen für den Umgang mit kartellrechtlichen Verstößen zu verfahren (→ § 16 **21**

---

[21] Zu den diesbezüglichen europarechtlichen Grundlagen EuGH C-223/16, EuZW 2017, 866 (Casertana Costruzioni).
[22] EuGH C-91/08, NZBau 2010, 382 Rn. 30 ff. (Wall AG); vgl. hierzu noch → § 10 Rn. 10.
[23] Näher beschrieben bei *Lux,* Bietergemeinschaften, 158 f.
[24] BGH NJW 2001, 1056.
[25] Zu den Einzelheiten vgl. die grundlegenden Arbeiten von *Gabriel/Benecke/Geldsetzer,* Bietergemeinschaft, 91 ff.; *Lux,* Bietergemeinschaften, 43 ff., 93 ff. Vgl. ferner *Dreher* NZBau 2005, 427; *Lausen,* Rechtsstellung. Zu den Aufklärungsnotwendigkeiten und -möglichkeiten vgl. *Schwintowski* VergabeR 2010, 877 (879 f.); *Wanderwitz* WRP 2016, 684.

Rn. 23).[26] Für ein angeblich aus dem Wettbewerbsgrundsatz nach § 97 Abs. 1 GWB abzuleitendes Erfordernis der je einzeln fehlenden Angebotsfähigkeit ist angesichts der insoweit nicht ausfüllungsbedürftigen Regelung in der VgV bzw. der VOB/A-EU (→ vgl. allg. § 6 Rn. 15) kein Platz.[27] Selbstverständlich bestehen verschiedene **formelle Anforderungen** (u. a. Benennung eines bevollmächtigten Vertreters; Annahme einer bestimmten Rechtsform nach Zuschlagserteilung; vgl. § 43 Abs. 3 VgV). Auch die sog. Mehrfachbeteiligung (→ § 6 Rn. 20) ist (bzw. darf) nicht von vornherein ausgeschlossen (werden),[28] es ist aber darauf zu achten, dass der Grundsatz des sog. Geheimwettbewerbs beachtet wird.

22 **c) Prüfung der Eignungs- und Zuschlagskriterien.** Da die Bietergemeinschaft ein einheitliches Angebot abgibt, ist dieses nach den allgemein geltenden Grundsätzen zu bewerten, wobei sich die Zusammensetzung der Gemeinschaft möglicherweise auf den Preis bzw. die Qualität auswirken kann, was dann im Einzelnen innerhalb der Wertung (→ § 18 Rn. 13 f.) berücksichtigt werden müsste. Die Eignungskriterien nach § 122 GWB (→ § 16 Rn. 7 f.) sind ebenfalls mit Blick auf die **Gesamtheit** zu beurteilen. Es kommt also nicht auf die Leistungsfähigkeit bzw. Fachkunde eines jeden einzelnen Mitglieds an, vielmehr können Defizite wechselseitig kompensiert werden. Die Ausschlussgründe müssen allerdings bei jedem einzelnen Mitglied nicht erfüllt sein, d. h. ein kurz zuvor wegen einer Korruptionsstraftat verurteilter Unternehmer führt zur Verneinung der Zuverlässigkeit der Bietergemeinschaft. Im Übrigen gelten die allgemeinen Regeln über Erklärungen und Nachweise. Sorgfältig geprüft werden müssen Eignung und Eignungsnachweise im Falle eines Wechsels innerhalb der Bietergemeinschaft *während* des Vergabeverfahrens.[29] Vollziehen sich *nach* Zuschlagserteilung Wechsel im Mitgliederbestand, d. h. während des Stadiums der ARGE, so kann dies u. U. eine „wesentliche Auftragsänderung" (in Bezug auf den Auftrag zwischen dem Auftraggeber und der Bietergemeinschaft) darstellen, die dann die Pflicht zur Neuausschreibung auslöst.[30]

23 **d) Rechtsschutz.** Anders als im Falle der Nachunternehmerschaft, wo der Nachunternehmer selbst keinen vergaberechtlichen Rechtsschutz nachsuchen kann und wird, ist im Falle von Rechtsschutzbegehren einer Bietergemeinschaft darauf zu achten, ob wirksam (d. h. einheitlich) die Rüge nach § 160 Abs. 3 GWB erhoben wor-

---

[26] Speziell mit Blick auf die Bietergemeinschaften KG VergabeR 2014, 179 m. Anm. *Gabriel/Voll; Gabriel/Benecke/Geldsetzer,* Bietergemeinschaft, 11 ff.; *Schulte/Voll* ZfBR 2013, 223.

[27] Entgegen OLG Düsseldorf NZBau 2012, 255 u. OLG Düsseldorf VergabeR 2014, 560 m. Anm. *Greb* u. Anm. *Hausmann/Queisner* NZBau 2015, 402; diff. OLG Brandenburg VergabeR 2012, 866 m. Anm. *Zirbes; Gabriel* VergabeR 2012, 555; *Overbuschmann* VergabeR 2014, 635.

[28] So explizit im Hinblick auf die gleichzeitige Beteiligung als Einzelbieter und Mitglied einer Bietergemeinschaft EuGH C-376/08, EuZW 2010, 150 (Serrantoni) = VergabeR 2010, 469 m. Anm. *Losch;* vgl. ferner *Jäger/Graef* NZBau 2012, 213; *Gabriel* in: Gabriel/Krohn/Neun, HdbVergbeR, § 16 Rn. 40 ff.

[29] Zu den Einzelheiten *Hausmann* in: Kularz/Marx/Portz/Prieß, VOB/A, § 6 Rn. 39 f.; *Lux* NZBau 2012, 680 m.w.N. aus der Rspr. und (wenngleich mit Blick auf die insoweit andere gesellschaftsrechtliche Situation in Dänemark) EuGH C-396/14, NZBau 2016, 506 (MT Højgaard und Züblin) m. Anm. Mösinger/Juraschek NZBau 2017, 76.

[30] So hatte der EuGH in der Rs. „Pressetext" (C-454/06, NZBau 2008, 518 m. Anm. *Pooth;* näher hierzu → § 10 Rn. 10) festgestellt, dass die Veräußerung von Gesellschaftsanteilen dann, wenn sie über eine interne Neuorganisation des Vertragspartners hinausgeht, grundsätzlich eine Änderung einer wesentlichen Vertragsbestimmung darstelle.

den ist und ob die Voraussetzungen an die Partei- bzw. Prozessfähigkeit sowie an die Antragsbefugnis nach § 160 Abs. 2 GWB erfüllt sind.[31]

Vertiefungsliteratur:

Gabriel/Benecke/Geldsetzer, Die Bietergemeinschaft, 2007; *Lux,* Bietergemeinschaften im Schnittfeld von Gesellschafts- und Vergaberecht, 2009; *Burgi,* Nachunternehmerschaft und wettbewerbliche Untervergabe, NZBau 2010, 593; *Aschoff,* Vergaberechtliche Kooperation und Konkurrenz im Konzern, 2010; *Lausen,* Die Rechtsstellung von Bietergemeinschaften im Vergabeverfahren, 2011; *Conrad,* Die vergaberechtliche Unterscheidung zwischen Nachunternehmereinsatz und Eignungsleihe, VergabeR 2012, 15; *Gabriel,* Bietergemeinschaften, in: Gabriel/Krohn/Neun, HdbVergabeR, § 17; *Fock/Geuenich-Schmitt,* Die Eignungsleihe, VergabeR 2017, 422.

---

[31] Zu den diesbezüglichen Einzelheiten vgl. *Gabriel* in: Gabriel/Krohn/Neun, HdbVergabeR, § 17 Rn. 92 ff.

§ 10. Öffentlicher Auftrag, Schwellenwerte und Auftragsänderungen

Übersicht

1 Der Anwendungsbereich des GWB-Vergaberechts wird in sachlicher Hinsicht zunächst durch § 103 GWB bestimmt und im Hinblick auf Auftragsänderungen während der Vertragslaufzeit, die möglicherweise einem neuen und damit auszuschreibenden Auftrag gleichkommen können, durch § 132 GWB. Die maßgeblichen Schwellenwerte ergeben sich aus § 106 GWB, während in den §§ 110–112 die verschiedenen Konstellationen des Zusammentreffens unterschiedlicher Vertragsinhalte (beispielsweise von Aufträgen oder Konzessionen in ein und demselben Vertrag) geregelt sind. Die sich aus der Gesamtschau dieser Vorschrift ergebenden sachlichen Anwendungsvoraussetzungen markieren zugleich die Außengrenze des Vergaberechts.[1]

I. Begriffsmerkmale

1. Verträge

2 Gemäß § 103 Abs. 1 GWB sind öffentliche Aufträge „Verträge". Gleichgültig ist, ob sie nach den allgemein hierfür geltenden Grundsätzen (→ § 2 Rn. 9 f.) dem Privatrecht oder dem Öffentlichen Recht zuzuordnen sind;[2] ganz überwiegend werden die Bau-, Liefer- und Dienstleistungsverträge von der Verwaltung freilich explizit dem Privatrecht zugeordnet, teilweise finden sich aber auch Verträge i.S.d. §§ 54 ff. VwVfG, etwa in Gestalt der städtebaulichen Verträge nach § 11 BauGB (→ zu ihnen noch näher in Rn. 4). Die zwangsweise Beschaffung durch Verwaltungsakt unterfällt somit nicht dem Vergaberecht. Allerdings bietet der abschließende Erlass eines Verwaltungsaktes im Einvernehmen mit den Adressaten und nach Abschluss von vertragsähnlichen Verhandlungen keine „Exitstrategie", sondern einen Umgehungsversuch. Unter bestimmten Voraussetzungen kann also auch ein Verwaltungsakt als „öffentlicher Auftrag" anzusehen sein, mit der Folge, dass Rechtsschutz nicht vor den Verwaltungsgerichten, sondern vor der Vergabekammer (nach §§ 155 ff. GWB) zu suchen ist.[3]

---

[1] Vgl. unter diesem Blickwinkel *Pietzcker* NVwZ 2007, 1225.

[2] Unumstritten seit EuGH C-399/98, NZBau 2001, 512, Rn. 73 (Teatro alla Bicocca); weiterführend *Burgi* NZBau 2002, 57.

[3] Zum Ganzen eingehend *Saager,* Der Verwaltungsakt als Handlungsform der Auftrags- und Konzessionsvergabe, 2017.

2. Beschaffung von Leistungen

Wie bereits in → § 2 Rn. 24 festgestellt, fallen nur diejenigen Verteilungsentscheidungen des modernen Staates in den Anwendungsbereich des Vergaberechts, mit denen zugleich ein **Beschaffungszweck** verfolgt wird. Daher ist die Veräußerung von Grundstücken und Gesellschaftsanteilen kein öffentlicher Auftrag i.S.d. § 103 Abs. 1 GWB.[4] Wenn im Zusammenhang eines Veräußerungsgeschäfts aber Verpflichtungen zur Erbringung von Bau- oder Dienstleistungen begründet werden, kann dies die Anwendbarkeit des Vergaberechts begründen. Darauf ist an späterer Stelle im Hinblick auf Privatisierungsvorgänge (→ § 11 Rn. 27) und im Hinblick auf Arzneimittelrabatt- und Selektivverträge nach dem SGB V (→ § 15 Rn. 7) noch einzugehen. Besondere Aufmerksamkeit ist auch geboten, wenn Mietverträge (z. B. im Zusammenhang mit der Errichtung eines neuen Polizeireviers oder von Hochschulgebäuden) mit Neubau- oder Umbauverpflichtungen verbunden werden.[5]

Erhebliche Schwierigkeiten bereitet in der Praxis bis heute die Beurteilung von Vertragsgestaltungen im Zusammenhang mit **städtebaulichen Verträgen** gemäß §§ 11 und 12 BauGB sowie mit Erschließungsverträgen. Insoweit hatte namentlich das OLG Düsseldorf mit seinen Beschlüssen in den Rechtssachen „Fliegerhorst Ahlhorn", „Wuppertal-Vohwinkel" und „Oer-Erkenschwick" in den Jahren 2007 und 2008 im Anschluss an die Entscheidung des EuGH in der Rechtssache „Stadt Roanne"[6] für erhebliche Rechtsunsicherheit bei den mit dem Abschluss dieser Verträge, und (teilweise damit im Zusammenhang stehend) mit den mit der Aufstellung von Bauleitplänen befassten Kommunen, Bauträgern und Investoren gesorgt.[7] Daraufhin hat der GWB-Gesetzgeber mit einer Neufassung des §§ 99 GWB (in Abs. 2) a.F. versucht, eine einschränkendere Auslegung der Anwendungsvoraussetzungen in Fällen dieser Art anzuordnen. Eine erhebliche Rechtsberuhigung hat dann der EuGH mit seinem Urteil vom 25. 3. 2010 in der Rechtssache „Helmut Müller" bewirkt.[8] Seither steht fest, dass eine infrage stehende Bauleistung zumindest dem öffentlichen Auftraggeber unmittelbar wirtschaftlich zugute kommen und der Vertrag insbesondere eine einklagbare Verpflichtung zur Erbringung der Bauleistung enthalten muss, während ein Handeln im Rahmen bloßer städtebauliche Regelungszuständigkeiten allein nicht genügt, wenn die öffentliche Hand die Bauleistung nicht definiert oder zumindest einen entscheidenden Einfluss auf ihrer Konzeption ausüben kann. Unabhängig davon ist es m. E. stets ratsam, in Fällen, in denen mehrere Investoren als Vertragspartner der im Kern für die städtebauliche Entwicklung des Gebiets zuständigen Kommune in Betracht kommen, ein wettbewerbliches Verfahren durchzuführen.

3. Entgeltlichkeit

Das sich explizit aus § 103 Abs. 1 GWB ergebende Erfordernis der „Entgeltlichkeit" umfasst jede geldwerte Leistung des Auftragnehmers. Daran fehlt es bei der Vergabe

---

[4] Vgl. *Hertwig* NZBau 2011, 9, und zuletzt OLG Karlsruhe, VergabeR 2017, 165.

[5] „Reine" Mietverträge unterfallen eigentlich dem Ausnahmetatbestand des § 107 Abs. 1 Nr. 2 GWB; vgl. aber zum Fall der „Köln-Messe"; EuGH C-536/07, NZBau 2009, 792; vgl. ferner OLG Düsseldorf NZBau 2014, 57, sowie zuletzt EuGH C-213/13, EuZW 2014, 790 (Impresa Pizzarotti) m. Anm. *Hölzl* NZBau 2015, 412. Grundlegend ferner *Dreher* NZBau 2009, 542.

[6] Vom 18. 1. 2007, EuGH C-220/05, Slg. 2007, I_385.

[7] Vgl. aus dem seinerzeit überbordenden Schrifttum stellv. *Burgi* NZBau 2008, 929, einerseits, *Vetter/Bergmann* NVwZ 2010, 299, andererseits.

[8] EuGH C-451/08, NZBau 2010, 321, mit Anm. *Gartz* NZBau 2010, 293. Zur Beurteilung der einschlägigen Rechtsfragen ab diesem Zeitpunkt stellv. *Keller,* Kooperativer Städtebau und Vergaberecht, 2010; *N. Jarass Cohen,* Vergaberecht und städtebauliche Kooperation, 2013; *Otting* VergabeR 2013, 343; *Losch* VergabeR 2013, 839.

von Bau- oder Dienstleistungskonzessionen, die gerade dadurch gekennzeichnet sind, dass die Gegenleistung stattdessen im Recht zur Nutzung eines Bauwerks (Baukonzession) oder im Recht zur Verwertung einer Dienstleistung (Dienstleistungskonzession) besteht (vgl. § 105 Abs. 1 GWB). Während bis April 2016 die Baukonzessionen nur teilweise und die Dienstleistungskonzessionen überhaupt nicht vom EU-Vergaberecht erfasst waren, unterfallen sie mittlerweile (in Umsetzung der Vorgaben der Konzessionsrichtlinie 2014/43/EU) den Vorgaben der §§ 148 ff. GWB i.V.m. der KonzVgV (→ § 24), so dass das Merkmal der „Entgeltlichkeit" nicht mehr über die Anwendbarkeit des Vergaberecht als solches, sondern nur noch über das Eingreifen des einen oder des anderen Vergaberegimes entscheidet.

II. Auftragsarten und gemischte Verträge

6   In § 103 GWB werden jeweils gesondert definiert die „Lieferaufträge" (zur Beschaffung von Waren; Abs. 2) die „Bauaufträge" (über die Ausführung oder die gleichzeitige Planung und Ausführung von Bauleistungen bzw. Bauwerken; Abs. 3) sowie die „Dienstleistungsaufträge" (worunter gemäß Abs. 4 alle Verträge über die Erbringung von Leistungen, die nicht unter Abs. 2 und 3 fallen, gehören). Die Zuordnung eines einzelnen öffentlichen Auftrags zu einer dieser **drei Leistungsarten** ist wichtig, weil sich daran teilweise unterschiedliche Rechtsfolgen knüpfen. So sind die Schwellenwerte gemäß § 106 Abs. 2 Nr. 1 GWB i.V.m. Art. 4 VRL deutlich unterschiedlich, je nachdem ob es sich um Bauaufträge (mehr als rund 5 Millionen EUR) oder ob es sich um Liefer- und Dienstleistungsaufträge handelt (mehr als rund 200.000 EUR; näher sogleich). In Deutschland ist aufgrund der Beibehaltung der VOB/A auch oberhalb der Schwellenwerte eine entsprechende Zuordnung dafür maßgeblich, ob entweder die VgV (für Lieferungen und Dienstleistungen) oder eben die VOB/A-EU Anwendung findet. Dies ergibt sich aus den §§ 2 VgV, 1 VOB/A-EU.

7   In der Praxis kommt es vielfach zu Überschneidungen, indem in einem größeren Vertragswerk einerseits Gegenstände enthalten sind, die überhaupt keinen öffentlichen Auftrag darstellen (beispielsweise die Veräußerung von Unternehmensanteilen zusammen mit Dienstleistungen),[9] oder die Erbringung von Bauleistungen geht einher mit der Erbringung von Liefer- und/oder Dienstleistungen. Während im erstgenannten Fall nur der als öffentlicher Auftrag zu beurteilende Teilgegenstand dem Vergaberecht unterfällt, hängt die Ermittlung der zutreffenden Rechtsfolgen in den Fällen der zweiten Variante von der Bestimmung des „Hauptgegenstands des Vertrags" ab.[10] Dies ist nunmehr in § 110 GWB übersichtlich geregelt. **Gemischte Verträge** zwischen öffentlichen Aufträgen oder Konzessionen sind nach § 111 GWB, gemischte Verträge zwischen öffentlichen Aufträgen und Konzessionen einerseits, Sektorentätigkeiten andererseits, sind nach § 112 GWB den jeweiligen Vergaberegimes zuzuordnen.

---

[9] Vgl. EuGH C-145/08 u.149/08, VergabeR 2010, 908 (Loutraki u. Aktor) m. Anm. *Losch.*
[10] Vgl. EuGH C-396/08, NZBau 2011, 431 (PAI u. LRAU Valencia) m. Anm. *Gartz;* vertiefend *Klar* NVwZ 2014, 185.

III. Schwellenwerte

Wie bereits im einleitenden Abschnitt festgestellt, hängt die Anwendbarkeit der europäischen Vergaberichtlinien und damit auch des GWB, der VgV sowie der VOB/A-EU von der Überschreitung bestimmter Schwellenwerte ab. Unterhalb dieser Schwellenwerte greifen sämtliche genannten Normen nicht ein, stattdessen beurteilt sich die Vergabe von Aufträgen dort nach dem Haushaltsvergaberecht von Bund und Ländern (→ § 25). Die Schwellenwerte ergeben sich aus Art. 4 VRL, auf den § 106 Abs. 1 Nr. 1 „in der jeweils geltenden Fassung" Bezug nimmt. Gegenwärtig betragen die wichtigsten Schwellenwerte 5.548.000 EUR bei öffentlichen Bauaufträgen, 144.000 EUR bei öffentlichen Liefer- und Leistungsaufträgen, die von zentralen Regulierungsbehörden i.S.d. Anhang I der Richtlinie vergeben werden und 221.000 EUR bei allen anderen öffentlichen Liefer- und Dienstleistungsaufträgen. Der deutsche Gesetzgeber hat in § 106 Abs. 2 Nr. 1 GWB überdies geregelt, dass die sich von Europarechts wegen lediglich für „zentrale Regierungsbehörden" (namentlich Ministerien) ergebenden Schwellenwerte in Deutschland auch für alle oberen Bundesbehörden sowie vergleichbare Einrichtungen (darunter u. a. die Bundesnetzagentur und die Bundesagentur für Arbeit) gelten. Erfolgt auf der europäischen Ebene eine **Veränderung** der Schwellenwerte, gelten die neuen Werte unmittelbar und werden durch das zuständige Bundeswirtschaftsministerium im Bundesanzeiger lediglich noch bekannt gegeben. Auf europäischer Ebene erfolgt die Veränderung der Schwellenwerte im Wege des Erlasses eines sog. delegierten Rechtsaktes i.S.d. Art. 290 AEUV (vgl. Art. 6, 87 VRL). **8**

Die **Berechnung** der Auftragswerte kann im Einzelfall erhebliche Schwierigkeiten bereiten.[11] Eine fehlerhafte Auftragswertberechnung kann ebenso wie ein etwaiger Umgehungsversuch (z.B. durch die künstliche, zum Zwecke der Unterschreitung der Schwellenwerte herbeigeführte Aufteilung eines bei funktionaler Betrachtungsweise einheitlichen Auftrags) von den unterlegenen Bietern im Nachprüfungsverfahren gerügt werden; obgleich in Fällen dieser Art zwar bei formaler Betrachtung der Schwellenwert unterschritten ist, muss die dennoch angerufene Vergabekammer ihre Zuständigkeit und damit die etwaige (materiell betrachtet) Überschreitung des Auftragswerts prüfen. Die auch für den Baubereich geltende Vorschrift des § 3 VgV liefert den Auftraggebern zahlreiche Anhaltspunkte und Vorgaben für eine möglichst zutreffende Schätzung des Auftragswerts. Bei der Anwendung dieser Vorschrift muss dem Urteil des EuGH vom 15.3.2012 („Niedernhausen; Autalhalle")[12] Rechnung getragen werden. In diesem Urteil hatte der EuGH festgestellt, dass es sich betreffend die Sanierung jener Halle um einen einheitlichen Planungsauftrag gehandelt habe, wohingegen die zuständige Kommune die durchgehend in Planungsleistungen bestehenden Tätigkeiten ein und desselben Architekten entsprechend den einzelnen Abschnitten der Sanierungsbauarbeiten unterteilt hatte. Dabei war ein und dieselbe Architektenleistung lediglich auf einen jeweils unterschiedlichen Gegenstand (nach Bauabschnitt) bezogen worden, obwohl sie unter funktionellen Gesichtspunkten einen einheitlichen Charak- **9**

---

[11] Vgl. zu den Einzelheiten *Müller-Wrede* in: ders., Kompendium, Kap. 7; *Greb* in: FS Marx, 193.
[12] EuGH C-574/10, VergabeR 2012, 593 m. Anm. *Schabel*. Ein möglicherweise Klarheit verspechendes Vertragsverletzungsverfahren (Nr. 2015/4228) in Sachen „Freibad Stadt Elze", hat die EU-Kommission eingestellt.

ter aufwies. Die gegenwärtige Diskussion in Deutschland bezieht sich nicht hierauf, sondern auf die Vergabe unterschiedlicher Planungsleistungen an Ingenieurbüros (beispielsweise die Statikplanung oder die Tragwerksplanung). Hier hätte die Konsequenz einer Zusammenrechnung die Notwendigkeit jeweils europaweiter Ausschreibungen zur Folge, was die typischerweise für solche Aufträge infrage kommenden kleinen und mittelständischen Büros ebenso wie die Gemeinden als Auftraggeber mit erheblichem bürokratischen Aufwand belasten würde. Für Fälle dieser Art sieht § 3 Abs. 7 S. 2 VgV vor, dass eine Addition bei Planungsleistungen „nur für Lose über gleichartige Leistungen" vorzunehmen ist. Mit guten Gründen[13] wird vertreten, dass die Gleichartigkeit fehlt, wenn verschiedene spezifisch qualifizierte Auftragnehmer (die je einzelnen Ingenieurbüros) beauftragt werden sollen und sich die einzelnen Aufträge durch die mit den Leistungen zu verfolgenden Ziele, also die werkvertraglich herbeizuführenden Erfolge, sowie durch die spezifische Weise wie die Ziele üblicherweise zu erreichen sind, maßgeblich unterscheiden; dabei kann als Indiz auch die Zuordnung zu unterschiedlichen Leistungsbildern der HOAI herangezogen werden. Dieser Auffassung neigt auch das OLG München in einem neueren Beschluss zu.[14] Allerdings findet die Vorschrift des § 3 Abs. 7 S. 2 VgV kein Pendant in der VRL, weswegen diese Vorschrift teilweise für europarechtswidrig gehalten wird.[15]

IV. Auftragsänderungen während der Vertragslaufzeit

10 Immer dann, wenn ein bereits bestehender (typischerweise Dienstleistungs-)Auftrag während der Vertragslaufzeit geändert werden soll, stellt sich für den Auftraggeber (und für potenzielle neue Interessenten) die Frage, ob die geplante Auftragsänderung einem neuen Auftrag gleichkommt und mithin ausgeschrieben werden muss. Für den bisherigen Auftragnehmer hätte dies u. U. den Verlust des Auftrags zur Folge. Solche Auftragsänderungen können sich auf den **Inhalt** beziehen (etwa bei der nachträglichen Auferlegung zusätzlicher Leistungspflichten bei gleichzeitiger Erhöhung des Entgelts oder auch nur im Falle einer Erhöhung des Entgelts infolge veränderter wirtschaftlicher Rahmenbedingungen), sie können sich auf die **Vertragsdauer** beziehen, d. h. in einer Verlängerung der Laufzeit bestehen, oder auch in einem **Wechsel des Vertragspartners** (insbesondere bei einem Austausch von Nachunternehmern).[16] Vorgänge dieser Art beschäftigen Praxis und Rechtsprechung seit langem.[17] Der EuGH hat in seinem viel beachteten Urteil in der Rs. „Pressetext" (am 19. 6.

---

[13] *Matuschak* NZBau 2016, 613.

[14] OLG München NZBau 2017, 371; befürwortend auch *Portz* NZBau 2017, 408; *Kalte/Übelacker/Zimmermann* ZfBR 2017, 647. Im konkreten Fall hatte das OLG zugunsten der Addition votiert, weil die dort vom Auftraggeber formulierte Bekanntmachung dafür spreche, die Planungsleistungen als Einheit zu betrachten und zu bewerten; die dort gewählte Formulierung lautete im Wortlaut: „Die verschiedenen Planungsdisziplinen müssen daher lückenlos aufeinander abgestimmt und optimiert werden. Sie bilden eine Einheit ohne Schnittstellen."

[15] U.a. von *Radu,* in: Müller-Wrede, VgV/UVgO, § 3 VgV Rn. 44 f. Auch dieser Autor erkennt allerdings an, dass die entgegengesetzte Auffassung „rechtspolitisch erwägenswert" sei.

[16] Vgl. hierzu EuGH C-91/08, NZBau 2010, 682 (Wall-AG).

[17] Vgl. stellv. *Poschmann,* Vertragsänderungen unter dem Blickwinkel des Vergaberechts, 2010; *Fett* in: FS Marx, 103; *Wagner/Jürschik* VergabeR 2012, 401; *Greb/Stenzel* NZBau 2012, 404; *Malmendier/Wild* VergabeR 2014, 12.

2008)[18] entschieden, dass jede „wesentliche Änderung" eines dem Vergaberecht unterliegenden Vertrages als neue Vergabe zu bewerten sei. Dabei hat er verschiedene Kriterien aufgestellt, über die in der Folgezeit erwartungsgemäß immer wieder Streit entbrannt ist.

Auf der europäischen Ebene sind die sich daraus ergebenden Grundsätze erstmals **11** mit der VRL kodifiziert worden (in Art. 72). Der deutsche Gesetzgeber hat den sich hieraus ergebenden Umsetzungsauftrag angenommen und eine systematisch deutlich geglücktere Regelung in **§ 132 GWB** geschaffen; wiederholend § 22 VOB/A-EU. Diese bildet teilweise eine Präzisierung teilweise eine (maßvolle und europarechtskonforme) Erweiterung der sog. „Pressetext"-Grundsätze.[19] Daraus ergibt sich folgende Prüfungsreihenfolge:

– „Wesentliche" Änderungen führen gemäß § 132 Abs. 1 zur Notwendigkeit eines neuen Vergabeverfahrens. Dies ist dann der Fall, wenn sich der Auftrag infolge der Änderung erheblich von dem ursprünglichen vergebenen Auftrag unterscheidet. In den Nrn. 1–4 des § 132 Abs. 1 GWB finden sich insoweit beispielhafte Aufzählungen. Die Aufzählung ist nicht abschließend („insbesondere").

– In § 132 Abs. 2 GWB werden Fälle aufgezählt, in denen eine Änderung des ursprünglichen Vertrages zulässig ist, auch dann, wenn es sich um eine „wesentliche Änderung" i.S.d. Abs. 1 handelt. Dies ist (Nr. 1) dann der Fall, wenn in den ursprünglichen Vergabeunterlagen „klare, genaue und eindeutig formulierte Überprüfungsklauseln oder Optionen vorgesehen" sind (insoweit gibt es keine pauschale Obergrenze in Höhe beispielsweise von 50%), soweit sich durch solche Änderungen der Gesamtcharakter des Auftrags nicht ändert. Nr. 2 betrifft Situationen, in denen der öffentliche Auftraggeber zusätzliche Liefer- oder Dienstleistungen benötigt und in Nr. 3 geht es um Fälle, in denen der Auftraggeber mit externen Umständen konfrontiert wird, die er zum Zeitpunkt der Zuschlagserteilung nicht absehen konnte. Voraussetzung ist auch hier, dass sich nicht der Gesamtcharakter des Auftrags verändert. Ferner darf sowohl in den Fällen der Nr. 2 als auch der Nr. 3 der Wert der Änderung nicht mehr als 50% des ursprünglichen Auftragswerts betragen. Nach Nr. 4 wird die Möglichkeit der Durchführung gewisser interner struktureller Veränderungen (Wechsel des Auftragnehmers) ermöglicht, wobei beispielhaft „rein interne Umstrukturierungen, Übernahmen, Zusammenschlüsse, Unternehmenskäufe oder Insolvenzen" genannt werden.

– In § 132 Abs. 3 GWB wird eine de-minimis-Grenze normiert. Danach darf der Wert der Änderung die jeweiligen Schwellenwerte nach § 106 GWB nicht übersteigen und bei Liefer- und Dienstleistungsaufträgen nicht mehr als 10%, bei Bauaufträgen nicht mehr als 15% des ursprünglichen Auftragswerts betragen.

§ 132 Abs. 4 GWB regelt den Umgang mit sog. Indexierungsklauseln, während in **12** Abs. 5 die Pflicht zur Bekanntmachung von Änderungen nach Abs. 2 Nrn. 2 und 3 im Amtsblatt der EU statuiert wird. Ergibt sich aus dem Vorstehenden eine Pflicht

---

[18] EuGH C-454/06, NJW 2008, 3341; vgl. hierzu *Treumer* PPLRev. 2014, 148. Diese Grundsätze seien auch dann maßgeblich, wenn die Änderung durch eine Vergleichsvereinbarung bewirkt wird (EuGH C-549/14, EuZW 2016, 871 (Finn Frogne) m. Anm. *Hübner*.

[19] Erste Einschätzungen zum neuen (europäischen) Recht bei *Rosenkötter/Fritz* VergabeR 2014, 290; *Müller* VergabeR 2015, 652; *Gröning* NZBau 2015, 690; zur Umsetzung *Ziekow* VergabeR 2016, 278; *Pfannkuch* KommJur 2016, 448; *Hausmann/Queisner* NZBau 2016, 619; *Linke* NVwZ 2017, 510.

zur Neuausschreibung, kann am Ende ein anderes Unternehmen zum Zuge kommen, obwohl der Auftraggeber vertragsrechtlich weiterhin dem bisherigen Auftragnehmer verpflichtet ist. Es erscheint nicht vergaberechtswidrig, den in diesem Fall gleichsam zweimal zu zahlenden Gewinn im Rahmen der Wirtschaftlichkeitswertung nach § 127 Abs. 1 GWB bei der Preisberechnung zu berücksichtigen, was automatisch zulasten der etwaigen neuen Bieter ginge, da solche Kosten bei der Fortsetzung des Auftragsverhältnisses mit dem ursprünglichen Auftragnehmer nicht anfallen würden. Diese **Rechtsfolge** beruht allerdings darauf, dass sich jener Auftragnehmer eben im ursprünglichen Vergabeverfahren durchgesetzt hatte. Unterlässt der öffentliche Auftraggeber eine nach den Grundsätzen des § 132 GWB notwendige Neuausschreibung, so handelt es sich um einen Fall der sog. de-facto-Vergabe, die nach näherer Maßgabe des § 135 Abs. 1 Nr. 2 GWB als von Anfang an unwirksam anzusehen ist (→ näher § 20 Rn. 27). Unabhängig davon eröffnet § 133 Abs. 1 Nr. 1 GWB dem Auftraggeber die Möglichkeit der Kündigung (→§ 19 Rn. 5).

Vertiefungsliteratur:
Vgl. die Fundstellen in den Fußnoten zu den jeweiligen Sachthemen sowie die einschlägigen Kommentierungen zu den dort genannten Vorschriften.

§ 11. Ausnahmetatbestände
(insbesondere Inhouse-Vergabe und interkommunale Zusammenarbeit)

Übersicht

I. Systematik der Ausnahmen

Der praktisch weitaus bedeutendste Ausnahmetatbestand betreffend die sog. öffent- **1** lich-öffentliche Zusammenarbeit wurde nun erstmals kodifiziert (in § 108 GWB), wohingegen die bereits bisher existierenden explizit geregelten Ausnahmetatbestände inhaltlich weitgehend unverändert, jedoch in neuer systematischer Reihenfolge kodifiziert wurden. Insoweit kann bis auf weiteres hinsichtlich der Einzelheiten auf die Kommentarliteratur zu § 100 Abs. 2–8 und 100a GWB zurückgegriffen werden.[1]

Das neue Recht unterscheidet überzeugend zwischen „Allgemeinen Ausnahmen", **2** die für sämtliche Auftragsvergaben und Konzessionsvergaben gelten, und „Besonderen Ausnahmen" ausschließlich für den Bereich der Vergabe „normaler" Aufträge. All diese Vorschriften beruhen auf entsprechenden Vorgaben in der VRL (ohne Geltung für den Sektoren-, den Verteidigungs- und den Konzessionsbereich). Demnach bestehen folgende **Allgemeine Ausnahmen:**
- Nach **§ 107 Abs. 1 GWB** ist das GWB-Vergaberecht nicht anwendbar auf die Vergabe von Aufträgen im Zusammenhang mit Schiedsgerichts- und Schlichtungsdienstleistungen (Nr. 1), für Verträge über den Erwerb, die Miete oder Pacht von Immobilien[2] (→ vgl. dazu bereits § 10 Rn. 3), auf Arbeitsverträge (Nr. 3) und auf einzelne, näher bezeichnete Dienstleistungen im Rettungswesen. Diese politisch

---

[1] Vgl. ferner *Aicher* in: Müller-Wrede, Kompendium, Kap. 11.
[2] Zur Vorgängervorschrift vgl. *Schönenbroicher* NVwZ 2013, 903.

besonders streitbefangene Ausnahme wird im Zusammenhang mit der Vergabe von sozialen Dienstleistungen (→ § 15 Rn. 11 f.) vertieft (Abs. 1 Nr. 4).

– Ferner ist das GWB-Vergaberecht gemäß **§ 107 Abs. 2** nicht auf die Vergabe von Aufträgen anwendbar, die den Auftraggeber zur Preisgabe „seiner Ansicht nach wesentlicher Sicherheitsinteressen der Bundesrepublik" i.S.d. Art. 346 Abs. 1 lit. a AEUV zwingen würden bzw. die dem Anwendungsbereich des Art. 346 Abs. 1 lit. b AEUV (betreffend die Erzeugung von Waffen, Munition und Kriegsmaterial oder den Handel damit) unterliegen (Abs. 2 Nr. 2).

– Die Ausnahmen bei öffentlich-öffentlicher Zusammenarbeit sind, wie bereits erwähnt, nun erstmals kodifiziert; auf die diesbezügliche Vorschrift des **§ 108 GWB** wird aufgrund der großen Bedeutung gesondert in II eingegangen.

– Schließlich statuiert **§ 109 GWB** eine Ausnahme für „Vergaben auf der Grundlage internationaler Verfahrensregeln", d.h. durch Vergabeverfahren, die aufgrund völkerrechtlicher Mechanismen oder nach Festlegung von internationalen Organisationen (z.B. der Weltbank) zu vergeben sind.

3 **Besondere Ausnahmen,** die mithin nur für die Vergabe von Aufträgen außerhalb des Sektoren- oder Verteidigungsbereichs sowie außerhalb der Konzessionsvergabe gelten, finden sich sodann in

– **§ 116 GWB,** der die Vergabe zahlreicher Aufträge betrifft, u.a. über „Rechtsdienstleistungen" forensischer Art (wohingegen die rein beratenden Rechtsdienstleistungen in das neue Sonderregime für die Vergabe von „sozialen und anderen besonderen Dienstleistungen" gemäß § 130 GWB fallen; → näher § 15 Rn. 14 ff.), bestimmte Forschungs- und Entwicklungsdienstleistungen,[3] Leistungen im Zusammenhang mit Rundfunk- und Mediendienstleistungen und ferner bestimmte finanzielle Dienstleistungen, u.a. die Vergabe von Krediten und Darlehen (§ 116 Abs. 1 Nr. 5 GWB). Mithin bleibt der Schuldendienst der öffentlichen Haushalte grundsätzlich weiterhin vergaberechtsfrei.

– **§ 117 GWB** statuiert weitere Ausnahmen für Vergaben, die nicht verteidigungs- oder sicherheitsspezifische Aufträge betreffen, aber Verteidigungs- oder Sicherheitsaspekte umfassen.[4]

II. Vertikale und horizontale Zusammenarbeit: Allgemeiner Teil

4 Schließt beispielsweise eine Gemeinde mit ihrer Stadtwerke-Tochter einen Vertrag über die entgeltliche Belieferung mit Strom für alle städtischen Gebäude oder arbeitet sie bei der Abfallentsorgung auf vertraglicher Basis und gegen Entgelt mit der Nachbargemeinde zusammen, so sind eigentlich sämtliche Voraussetzungen für die Anwendbarkeit des Vergaberechts erfüllt: Die besagte Gemeinde ist öffentlicher Auftraggeber nach § 99 Nr. 1 GWB und es handelt sich um einen „öffentlichen Auftrag" i.S.d. § 103 Abs. 1 GWB.[5] Sowohl das Stadtwerkeunternehmen als auch die

---

[3] Dazu *Hattenhauer/Butzert* VergabeR 2017, 580 (583 f.).

[4] Vgl. zur Vorgängervorschrift *Ziekow* in: FS Bull, 1087, und zum Gesamtkomplex der Ausnahmetatbestände zwecks Geheimhaltung *Haak/Koch* NZBau 2016, 204.

[5] Ist keine Vergütung für die erbrachten Leistungen vorgesehen, dann fehlt es am Merkmal der „Entgeltlichkeit" (→ § 10 Rn. 5) und diesbezügliche Vereinbarungen sind von vornherein vergaberechtsfrei, wie Art. 1 Abs. 6 VRL ausdrücklich feststellt.

Nachbargemeinde (bei der beispielhaft genannten Erbringung von Abfallentsorgungsleistungen) sind auch als „Unternehmen" anzusehen, da es hierfür schlicht genügt, mit eigener Rechtspersönlichkeit am wirtschaftlichen Austausch teilzunehmen. Während bislang Ausnahmetatbestände für die verschiedensten Erscheinungsformen der sog. öffentlich-öffentlichen Zusammenarbeit lediglich aufgrund der Rechtsprechung des EuGH, also als ungeschriebene Ausnahmen, in Betracht kamen, hat die VRL in Art. 12 explizit einen diesbezüglichen Ausnahmetatbestand geschaffen. § 108 GWB nimmt diese Vorgabe auf, wodurch jedenfalls die **Rechtssicherheit** erheblich gesteigert wird. Nach eigenem Bekunden sind die europäischen Vorgaben „eins-zu-eins" übernommen worden,[6] weswegen sowohl der unverändert fortbestehende primär-rechtliche Hintergrund (2) als auch die Entstehungsgeschichte der Richtlinie (3) bei der Bewältigung neu entstehender Rechtsfragen einbezogen werden müssen. Insbesondere ist darauf zu achten, dass sich Praxis und nationale Rechtsprechung nur noch insoweit an der bisherigen EuGH-Rechtsprechungslinie orientieren, als diese nunmehr kodifiziert worden ist; in einigen Punkten weicht das neue Richtlinienrecht (und damit auch § 108 GWB) hiervon ab, was legitimer Ausdruck der demokratischen Entscheidungsmacht des Gesetzgebers ist.

1. Praktische, verwaltungs- und wettbewerbspolitische Bedeutung

GWB und VRL unterscheiden zwischen der Zusammenarbeit auf vertikaler (4) und 5 horizontaler Ebene (5). Auf der **vertikalen** Ebene geht es um Verträge zwischen öffentlichen Auftraggebern mit ihnen nachgeordneten juristischen Personen bzw. um Verträge in der umgekehrten Richtung. Das typische Beispiel ist ein Vertrag, mit dem eine Gemeinde bei ihrem Stadtwerkeunternehmen etwas beschafft. Bereits tatbestandlich nicht erfasst sind Vereinbarungen innerhalb der Ämter- und Behördenorganisation und Verträge mit sog. Eigen- oder Regiebetrieben,[7] weil es diesen Akteuren bereits an der für die Annahme eines „öffentlichen Auftrags" nach § 103 Abs. 1 GWB erforderlichen Rechtspersönlichkeit fehlt. Dagegen ist es gleichgültig, ob die beauftragte andere Rechtsperson öffentlich-rechtlich organisiert ist (insbesondere etwa als Anstalt des öffentlichen Rechts) oder in den Formen des Privatrechts (typischerweise als GmbH, u. U. aber auch in der Form der AG) agiert. Insoweit ist das Verwaltungsorganisationsrecht der jeweils betroffenen Ebene (Bund, Länder, Kommunen etc.) maßgeblich.[8] In der Praxis sind vielfach hoch verschachtelte, einer Konzernstruktur vergleichbare bzw. diese aufweisende Gestaltungsformen zu beobachten, wie der Blick in den Organisationsplan beispielsweise des Stadtwerkeunternehmens einer durchschnittlichen deutschen Großstadt erweist.

Auf der **horizontalen** Ebene geht es um Verträge zwischen zwei oder mehreren 6 öffentlichen Auftraggebern, die entweder eine Zusammenarbeit in der institutionalisierten Form namentlich des sog. Zweckverbandes begründen oder einzelvertraglich

---

[6] BT-Drs. 18/6281, S. 97.
[7] Vgl. zu diesen v. a. im Kommunalrecht existierenden Gestaltungsformen *Burgi*, Kommunalrecht, 5. Aufl. 2015, § 17 Rn. 76.
[8] Vgl. zum diesbezüglich bestehenden Grundsatz der sog. Wahlfreiheit und zu den verschiedenen organisatorischen Gestaltungen aktuell *Burgi* in: Ehlers/Pünder, Allgemeines Verwaltungsrecht, 15. Aufl. 2016, §§ 8 und 9 m.w.N.

die Erbringung von Leistung und Gegenleistung regeln. Diese Form der Zusammenarbeit kommt insbesondere auf der kommunalen Ebene vor, und zwar nach Maßgabe des jeweiligen Landesgesetzes über die kommunale Zusammenarbeit.[9] Es gibt aber auch vermehrt entsprechende Vereinbarungen etwa zwischen Universitäten und Kommunen bzw. mit Landeseinrichtungen oder zwischen Datenzentralen über verschiedene Bundesländergrenzen hinweg etc.

7   Die in der Überschrift des § 108 gewählte **Formulierung** „öffentlich-öffentliche Zusammenarbeit" ist mithin insoweit zutreffend, als sie alle Erscheinungsformen einer Zusammenarbeit zwischen Einheiten, die im Rahmen des deutschen Verwaltungsorganisationsrechts als Verwaltungsträger anzusehen sind,[10] erfasst. Üblicherweise hat sich für die Formen der vertikalen Zusammenarbeit der Begriff „Inhouse-Vergabe" eingebürgert, während im Hinblick auf die Formen der horizontalen Zusammenarbeit von (wie festgestellt, einschränkend) „interkommunale Zusammenarbeit" die Rede ist.

8   Aus diesen Umständen ergibt sich, dass die verschiedenen Formen der öffentlich-öffentlichen Zusammenarbeit in Mitgliedstaaten, die durch eine föderale und kommunale Ordnung und überdies durch zahlreiche weitere verselbstständigte Verwaltungsträger gekennzeichnet sind (wie insbesondere Deutschland) in entsprechend größerer Häufigkeit und Intensität zu beobachten sind.[11] Angesichts der zunehmenden Komplexität moderner Aufgabenerfüllung einerseits, und vielfach wachsender finanzieller Restriktionen (nicht zuletzt verursacht durch die im Europa- und Verfassungsrecht begründeten Schuldenbremsen) andererseits, besteht überdies ein grundsätzlich anerkennenswertes **Bedürfnis** insbesondere nach vermehrter Kooperation auf der horizontalen Ebene; eine strikte Begrenzung oder gar die Beseitigung von Ausnahmen zugunsten von Kooperationsverträgen durch das Vergaberecht würde aus der Sicht der politischen Entscheidungsträger kaum zur Wahl der vergaberechtlich intendierten Alternative der europaweiten Ausschreibung gegenüber der Privatwirtschaft führen, sondern eher dazu, einfach alleine „weiter zu wurschteln".[12] Die Entscheidung für eine vertikale Kooperation ist oftmals dadurch beeinflusst, dass in der jeweiligen Kommune leistungsfähige kommunale Unternehmen vorhanden sind, die bislang die jeweiligen Strukturen der Erbringung der sog. Daseinsvorsorgeleistungen geprägt haben, nicht zuletzt aus Sicht der Bürgerinnen und Bürger. Dabei spielt regelmäßig auch der vorfindliche Personalbestand eine Rolle, d.h. ein Mehr an Ausschreibungspflichten zöge in höherem Maße den Verlust bisheriger Aufträge und da-

---

[9] Vgl. insoweit wiederum *Burgi,* Kommunalrecht, 5. Aufl. 2015, § 19.

[10] Unter „Verwaltungsträger" werden diejenigen Verwaltungseinheiten verstanden, die Rechtsfähigkeit besitzen, dies im Unterschied zu den Behörden und Ämtern, mit deren Hilfe Verwaltungsträger dann ihre Aufgaben erfüllen. Verwaltungsträger sind neben dem Staat in Gestalt von Bund und Ländern sämtliche verselbstständigte Verwaltungseinheiten mit Rechtsfähigkeit, u.v.a. die Kommunen, die Kammern und Universitäten, aber auch privatrechtsförmig organisierte Rechtsträger (vgl. *Burgi* in: Ehlers/Pünder, a.a.O., § 8 Rn. 6 u. 11). Verwaltungsorganisationsrechtlich gesprochen, handelt es sich bei den zuletzt genannten Verwaltungseinheiten, die selbst Verwaltungsträger sind, aber dem Bund oder dem Land als Hauptverwaltungsträger „mittelbar" zuzurechnen sind, um Teile der sog. mittelbaren Staatsverwaltung.

[11] Der Rechtsvergleich erweist aber eine wachsende Bedeutung in vielen anderen Mitgliedstaaten; vgl. Comba/Treumer (Hrsg.), The In-House Providing in European Law, sowie *Caranta* in: XVI. FIDE-Kongress, Public Procurement Law (Hrsg.: Neergaard u.a.), 2014, 79 (103 ff.).

[12] Vgl. zu Bedeutung und Berechtigung von Verwaltungskooperationen aus verwaltungspolitischer Sicht *Burgi/Brandmeier* BayVBl. 2015, 1 (6) m.w.N.

mit u. U. finanzielle Verluste und die Notwendigkeit eines Arbeitsplatzabbaus bei dem „eigenen" Unternehmen nach sich.[13]

Ebenso unbestreitbar sind die sich hieraus für die Marktchancen privater Anbieter **9** und insgesamt für das Ziel der Wettbewerbsöffnung ergeben **Gefahren.** Neben dem Verlust der Betätigungsmöglichkeit, die teilweise ganze Sektoren (etwa in der Abfall-entsorgung) erfassen kann, droht überdies vermehrt Konkurrenz durch die mit öffentlichen Aufträgen ohne Vergabeverfahren gestärkten kommunalen Unternehmen auf anderen Märkten bzw. in anderen Regionen. Die nunmehr anhand des § 108 GWB zu beantwortende Frage nach der Anwendbarkeit des Vergaberechts ist nach all dem rechtlicher Ausdruck der dahinterstehenden politischen Frage nach einem „Mehr oder Weniger Staat" (bzw. Kommune).

2. Primärrechtlicher Hintergrund

Der rechtliche Hintergrund und der äußerste Rahmen bei der Interpretation der **10** nachfolgend entfalteten Ausnahmebestimmungen zugunsten vertikaler und horizon-taler Kooperationen ist nicht im nationalen Verfassungsrecht zu suchen, auch nicht in der Garantie der kommunalen Selbstverwaltung nach Art. 28 Abs. 2 GG. Maßgeb-lich sind vielmehr die einschlägigen Aussagen im AEUV. So obliegt es ausschließlich dem jeweiligen Mitgliedstaat darüber zu entscheiden, ob und in welchem Umfang er selbst, d. h. durch seine eigene Verwaltung, die ihm obliegenden Aufgaben wahrneh-men möchte. Dies ist mittlerweile in Art. 14 AEUV i.V.m. dem Protokoll Nr. 26 zum AEUV ausdrücklich niedergelegt. Die VRL beruft sich in Art. 1 Abs. 4 aus-drücklich hierauf und der EuGH hat wiederholt den „Grundsatz der Ausschrei-bungsfreiheit der **Eigenerledigung**" als gemeinsame Grundlage für diesbezügliche Ausnahmeregelungen betont.[14]

Konkret die Entscheidung über die Vorhaltung von und die Zusammenarbeit mit **11** eigenen öffentlichen Unternehmen ist durch Art. 345 AEUV abgesichert, wonach die „Eigentumsordnung in den verschiedenen Mitgliedstaaten" unberührt bleibt. Ge-mäß Art. 106 Abs. 1 u. 2 AEUV gelten für öffentliche Unternehmen zwar die glei-chen Spielregeln wie für die privatwirtschaftlichen Unternehmen, dies setzt jedoch die Statthaftigkeit des Ob einer staatlichen bzw. kommunalen Wirtschaftsbetätigung ohne weiteres voraus. In den Worten der EU-Kommission kann man sagen, dass die europäische Haltung gegenüber der staatlichen bzw. kommunalen Wirtschaftsbetäti-gung von „Neutralität und Gestaltungsfreiheit"[15] geprägt ist. Die für die horizontale Kooperation prägende Vorentscheidung einer föderalen und kommunalen Organisa-tion des jeweiligen Staates ist als „Grundsatz der organisations- und verfahrensmäßi-gen Autonomie" ebenfalls europarechtlich geschützt und anerkannt.[16] Durch den Lissaboner Vertrag ist die EU seit 2009 ferner explizit dazu verpflichtet worden, die „grundlegenden politischen und verfassungsmäßigen Strukturen einschließlich der

---

[13] Zu den politischen (nicht rechtlichen!) Hintergründen von „Daseinsvorsorge" und der grundsätzlich legi-timen Nutzung von öffentlichen Unternehmen als Instrumenten der politischen Zweckverfolgung vgl. hier nur *Portz* in: FS Marx, 555 ff.; *Burgi*, Kommunalrecht, 5. Aufl. 2015, § 17 Rn. 5 f., 22 ff.

[14] Vgl. vorerst nur die Nachweise bei *Ziekow* NZBau 2015, 258, sowie stellv. EuGH C-26/03, NZBau 2005, 111, Rn. 48 (Stadt Halle).

[15] Mitteilung vom 20. 9. 2000 (KOM (2000) 580 endg.).

[16] Vgl. statt vieler *von Danwitz*, Europäisches Verwaltungsrecht, 2008, 302 ff.

regionalen und lokalen Selbstverwaltung" in den Mitgliedstaaten zu achten (vgl. Art. 4 Abs. 2 S. 1 und 5 Abs. 3 EUV). Diese **Achtungspflicht** ist der jeweiligen „nationalen Identität" geschuldet und zielt damit genau auf diejenigen Strukturen, auf die sich die horizontalen Kooperationen beziehen.

3. Zur Entstehungsgeschichte der Ausnahmetatbestände

12 Art. 12 der VRL (bis zur finalen Fassung als Art. 11 geführt), den der deutsche Gesetzgeber in § 108 GWB eins-zu-eins umgesetzt hat, war während des Normsetzungsverfahrens auf der europäischen Ebene die am intensivsten umkämpfte Vorschrift. Überdies gab es zu den Themen „Inhouse" bzw. „interkommunale Zusammenarbeit" bereits in den Jahren davor verschiedene politische Vorstöße, etwa das „Arbeitsdokument der Kommissionsdienststellen über die Anwendung des EU-Vergaberechts im Fall von Beziehungen zwischen öffentlichen Auftraggebern" vom 4. 10. 2011.[17] Die Entstehungsgeschichte muss daher bei der Lösung der in den kommenden Monaten und Jahren aufgeworfenen Rechtsfragen bei der Auslegung des §§ 108 GWB eine ähnlich große Rolle spielen, wie der zu 2 beschriebene primärrechtliche Hintergrund. Dabei muss insbesondere denjenigen Änderungen Rechnung getragen werden, die der Text in den Ausschüssen des Europäischen Parlaments (gegenüber der ursprünglichen Fassung des Entwurfs der Kommission)[18] erfahren hat. Gerade in Deutschland, als einem Land, das über Jahrzehnte hinweg immer wieder eine Stärkung des parlamentarischen Elements auf der europäischen Ebene angemahnt hat, sollte die Berücksichtigung der in erster Linie durch das Europäische Parlament bewirkten Änderungen bei diesem zumal von Deutschland besonders intensiv verfolgten Thema nun eine demokratische Selbstverständlichkeit sein. Darauf ist jeweils im Hinblick auf die konkret berührten Fragestellungen zurückzukommen.

4. Nichtanwendbarkeit des GWB-Vergaberechts wenn „Maßnahme der internen Organisation"

12a Der EuGH hat mit einem Paukenschlag (in Gestalt des Urteils v. 21. 12. 2016 in der Rs. „Remondis")[19] einen Teil der bislang im Kontext der „Ausnahmevorschriften" erfassten Konstellationen noch zuvor aus dem Anwendungsbereich des Vergaberechts herausgenommen. Genau genommen hat er sichtbar gemacht, dass es primärrechtlich begründete Situationen gibt, in denen kein „entgeltlicher Vertrag" i.S.d. § 103 Abs. 1 GWB vorliegt, sondern eine (so die Bezeichnung der neuen Kategorie) „Maßnahme der internen Organisation". Diese Kategorie hätte mithin bereits in § 10 dieses Buches (in dem der Anwendungsbereich des Vergaberechts beschrieben worden ist) unter der Rubrik „Öffentlicher Auftrag; Verträge" thematisiert werden müssen. Dabei bildet § 103 Abs. 1 GWB den Bezugspunkt einer richtlinienkonformen Auslegung, die in Art. 1 Abs. 2 und 6 der VRL verankert wird. Dieser charakterisiert die ent-

---

[17] SEK (2011) 1169 endg. Vgl. ferner den sog. Rühle-Bericht des Binnenmarktausschusses des Europäischen Parlaments für die Modernisierung des Vergaberechts vom 5. 10. 2011, 2011/2048 (INI), 5 ff.), benannt nach der deutschen Abgeordneten *Heide Rühle*.

[18] Vom 20. 12. 2011, KOM (2011) 896 final. Ausführlich hierzu *Burgi* NZBau 2012, 601 m.w.N.

[19] EuGH C-51/15, EuZW 2017, 144 m. Anm. *Griechwitz;* vgl. ferner *Fritz,* NZBau 2017, 537; *Burgi* ZfW 2017, 169.

sprechenden Maßnahmen als solche, „die keine Vergütung für vertragliche Leistungen vorsehen". Veranlasst wurde der EuGH zu dieser Entscheidung durch einen Vorlagebeschluss des OLG Celle,[20] in dem das Gericht Zweifel daran geäußert hatte, in der Gründung eines Zweckverbands (auf dem Gebiet der Abfallentsorgung) mit Kompetenzübertragung auf diesen eine vertikale bzw. eine horizontale Kooperation nach den bislang anerkannten Ausnahmevorschriften des Vergaberechts zu erblicken, u. a. weil das sog. Wesentlichkeitskriterium (→ Rn. 19) nicht erfüllt sei.

Zur Begründung stützt sich der EuGH vor allem auf Art. 1 Abs. 6 VRL. Dieser **12b** lautet: „Vereinbarungen, Beschlüsse oder andere Rechtsinstrumente, die die Übertragung von Befugnissen und Zuständigkeiten für die Ausführung öffentlicher Aufgaben zwischen öffentlichen Auftraggebern oder Gruppen von öffentlichen Auftraggebern regeln und die keine Vergütung für vertragliche Leistungen vorsehen, werden als Angelegenheit der internen Organisation des betreffenden Mitgliedstaats betrachtet und als solche nicht von dieser Richtlinie berührt." Beide Bestimmungen seien wiederum im Lichte des Art. 4 Abs. 2 S. 1 EUV zu interpretieren, wonach die EU die „nationale Identität der Mitgliedstaaten …" achtet (vgl. bereits → Rn. 11). Sodann stellt der EuGH als Voraussetzung für die Zuordnung zu der neuen Kategorie „Maßnahme der internen Organisation" das Erfordernis auf, dass der neue Aufgabenträger über eine eigene Entscheidungsbefugnis verfüge, also selbstständig und eigenverantwortlich handel können müsse. Der abgebende Aufgabenträger dürfe fortan im Hinblick auf konkrete Modalitäten der Durchführung der übertragenen Aufgaben weder über Entscheidungs- noch über Mitwirkungsbefugnisse verfügen. Dazu gehöre auch, dass der künftige Aufgabenträger in der Lage sei, sich die zur Erfüllung der ihm übertragenen Aufgaben erforderlichen Finanzmittel zu verschaffen, während dem bisherigen Aufgabenträger jede Einmischung in konkrete Modalitäten der Durchführung auch beim Umgang mit den Finanzen verwehrt ist (vgl. Rn. 49 bis 54 des Urteils). Unschädlich sei es, wenn dem bisher zuständigen Aufgabenträger ein „gewisses Überwachungsrecht" zustehe und ebenso sei unschädlich, wenn die betreffende Kompetenzverlagerung nicht unumkehrbar ist.

Mittlerweile hat das OLG Celle auf dieser Grundlage entschieden, dass in dem **12c** von ihm zu beurteilenden Falle der Gründung eines Zweckverbandes unter gleichzeitiger Übertragung von Abfallentsorgungsaufgaben auf diesen angesichts der gegebenen Umstände eine „Maßnahme der internen Organisation" darstelle und mithin das Merkmal des entgeltlichen Vertrags i.S.d. § 103 Abs. 1 GWB nicht erfüllt sei. Auf das Eingreifen der Ausnahmevorschriften nach § 108 GWB komme es mithin nicht an.[21] Für die Beurteilung weiterer Fälle dieser Art kommt es im Hinblick auf das Merkmal der eigenen Entscheidungsbefugnis zentral auf die jeweils maßgeblichen kommunalrechtlichen Rahmenbedingungen sowie die jeweils infrage stehende Verbandsordnung an. Das OLG Celle ging jedenfalls davon aus, dass die bestehende Mitgliedschaft der Kommunalvertreter in der Versammlung des Zweckverbandes „in einer Situation wie der des Ausgangsverfahrens" zwar einen Einfluss begründe, dieser aber nichts am Vorliegen einer „echten Kompetenzübertragung ändert". Ein weiterer

---

[20] OLG Celle NZBau 2015, 178.
[21] OLG Celle VergabeR 2017, 721 m. Anm. *Portz* VergabeR 2017, 704.

Anwendungsfall für die neue Kategorie der „Maßnahme der internen Organisation" ist m. E. der in § 52 Abs. 2 Landeswassergesetz NRW vorgesehene gesetzliche Übergang von Aufgaben und Befugnissen auf einen sondergesetzlichen Wasserverband.[22]

III. Vertikale Zusammenarbeit (sog. Inhouse-Vergabe)

1. Inhalt der Neuregelung

13 Die etwaige Herausnahme des Einkaufs von öffentlichen Auftraggebern bei von ihnen selbst beherrschten, also ihnen vertikal nachgeordneten Unternehmen (bzw. in der umgekehrten Richtung) geht auf das Urteil des EuGH in der Rechtssache **„Teckal"** im Jahr 1999[23] zurück. Beginnend mit diesem Urteil sind hierfür zwei zentrale Kriterien entwickelt und in der Folgezeit weiter entfaltet worden, die bereits bis zur Vergaberechtsreform der Jahre 2014–2016 als weitgehend unumstritten gelten konnten. Methodisch handelte es sich hierbei um eine teleologische Reduktion des Tatbestandsmerkmals „öffentlicher Auftrag", ausgehend von der durch den EuGH zu Recht formulierten Erkenntnis, dass es den öffentlichen Auftraggebern durch das Vergaberecht nicht verwehrt sein könne, „mit eigenen Mitteln und auch in Zusammenarbeit mit anderen öffentlichen Stellen" ihre Aufgaben zu erfüllen, ohne „gezwungen zu sein, sich an externe Einrichtungen zu wenden."[24] Hieran anknüpfend finden sich künftig (in Umsetzung von Art. 12 VRL) die relevanten Ausnahmevoraussetzungen in § 108 Abs. 1–5; in Abs. 7 dieser Vorschrift wird näher erläutert, wie die zweite der relevanten Voraussetzungen (das sog. Wesentlichkeitskriterium; vgl. sogleich) zu berechnen ist.

14 Die vom EuGH formulierten zwei Voraussetzungen für das Eingreifen des (bislang ungeschriebenen) Ausnahmetatbestands betreffen das Kriterium der „Kontrolle wie über eine eigene Dienststelle" sowie das sog. Wesentlichkeitskriterium, wonach die verwaltungsbeherrschte Person zum ganz überwiegenden Teil die infrage stehenden Tätigkeiten auch nur für den jeweiligen öffentlichen Auftraggeber erbringen darf.[25] Dabei hat der EuGH Missbrauchsversuchen einen Riegel vorgeschoben, sowohl in zeitlicher (nachfolgende Einbeziehung von Fremdkapital) als auch in auftragsgegenständlicher Hinsicht, indem er festgestellt hat, dass ein gemischter Vertrag u. U. als ein „Ganzes" betrachtet werden müsse (› vgl. noch Rn. 28).[26]

---

[22] Näher hierzu *Burgi* ZfW 2017, 169.

[23] EuGH C-107/98, NZBau 2000, 90.

[24] EuGH C 38/07, NVwZ 2009, 54 (Coditel).

[25] Wichtige Folgeurteile betrafen die Rechtssachen „Stadt Halle", EuGH C-26/03, NZBau 2005, 111; „Parking Brixen", EuGH C-458/03, NVwZ 2005, 1407; „Carbothermo", EuGH C-340/04, NZBau 2006, 452; die soeben erwähnte Rechtssache „Coditel"; sodann die Rechtssachen „Sea", EuGH C-573/07, VergabeR 2009, 882 m. Anm. *Bultmann/Hölzl*; „Acoset", EuGH C-196/08, NZBau 2009, 804; „Oulun kaupunki", EuGH C-215/09, NZBau 2011, 312; „Econord", EuGH C-182/11, VergabeR 2013, 202 m. Anm. *Schabel* (gemeinsame Kontrolle durch mehrere öffentliche Auftraggeber möglich, „wenn jede dieser Stellen sowohl am Kapital als auch an den Leitungsorganen der Einrichtung beteiligt ist"); „SUCH", EuGH C-574/12, EuZW 2014, 672 m. Anm. *Hamann,* wonach das Kontrollmerkmal nicht erfüllt sei gegenüber einer gemeinnützigen Vereinigung ohne Gewinnerzielungsabsicht, zu deren Mitgliedern nicht nur Einrichtungen des öffentlichen Sektors, sondern auch private Sozialträger zählen und zuletzt EuGH C-553/15, NZBau 2017, 109 (Undis Servizi) m. Anm. *Ziekow* NZBau 2017, 339.

[26] Eine vertiefende Dokumentation der Entwicklung findet sich im „Arbeitsdokument der Kommissionsdienststellen" vom 15. 10. 2011 (SEK (2011) 1169 endg.). Ferner sind ggf. beihilferechtliche Aspekte zu beachten (vgl. *Pfannkuch* NZBau 2015, 743).

a) Single-Inhouse-Vergabe. Der klassische Fall, in dem ein öffentlicher Auftragge- 15
ber eine von ihm kontrollierte juristische Person beauftragt, ist künftig in § 108
Abs. 1 GWB geregelt. Hierbei müssen weiterhin zwei Voraussetzungen erfüllt sein:
Der öffentliche Auftraggeber muss über die betreffende Person „eine ähnliche Kontrolle wie über seine eigenen Dienststellen" ausüben (Abs. 1 Nr. 1). Die Ausübung
einer solchen Kontrolle wird gemäß Abs. 2 vermutet, „wenn der öffentliche Auftraggeber einen ausschlaggebenden Einfluss auf die strategischen Ziele und die wesentlichen Entscheidungen der juristischen Person" ausüben kann. Sodann müssen
„mehr als 80% der Tätigkeiten" jener juristischen Person der Ausführung von Aufgaben dienen, „mit denen sie von dem öffentlichen Auftraggeber oder vor einer anderen juristischen Person, die von dieser kontrolliert wird, betraut wurde" (Abs. 1
Nr. 2; sog. Wesentlichkeitskriterium). Eine erste Konkretisierung erfolgte durch den
Beschluss des OLG Düsseldorf v. 2.11.2016.[27]

Bei der Prüfung des **Kontrollkriteriums** kommt es weiterhin auf ein Hin- und 16
Herwandern des Blicks zwischen dem (europäischen) Vergaberecht und dem nationalen bzw. kommunalen Verwaltungsorganisationsrecht an. So ist aufgrund der in-
tensiveren Ausgestaltung von Einwirkungsmöglichkeiten bei Anstalten des öffentlichen Rechts und bei GmbHs die Kontrolle vergleichsweise leichter zu gewährleisten
als bei Aktiengesellschaften, da dort grundsätzlich keine Weisungsabhängigkeit des
Vorstands besteht.[28] Dieses grundsätzliche Einwirkungsdefizit müsste, um die Inhouse-Ausnahme in Anspruch nehmen zu können, durch zusätzliche, vertraglich ab-
gesicherte und nachweisbar vorgenommene informelle Einflussmöglichkeiten, etwa
in Bezug auf die Personalauswahl, behoben werden können.

Grundsätzlich weiterhin ausgeschlossen ist die Annahme des Kontrollkriteriums bei 17
einer Beteiligung **Privater** in der beauftragten juristischen Person, also bei der Zusammenarbeit mit einem sog. gemischtwirtschaftlichen Unternehmen (synonym: einer institutionalisierten Public Private Partnership; → Rn. 29). Eine noch so kleine
Minderheitsbeteiligung schließt nach zutreffender Rechtsprechung des EuGH das
Kontrollkriterium aus, zumal die hier beteiligten Privaten gegenüber anderen Konkurrenten allein schon durch die frühere (eigentlich vergaberechtsfreie) Aufnahme in
das gemischtwirtschaftliche Unternehmen einen Wettbewerbsvorteil erlangt hatten.[29]

Insoweit sieht nun das neue Recht eine (freilich bescheidene) Lockerung vor, indem nach 18
§ 108 Abs. 1 Nr. 3 GWB das Kontrollkriterium im Falle einer privaten Kapitalbeteiligung dann
nicht bereits ausgeschlossen ist, wenn es sich entweder um eine „indirekte private Kapitalbeteiligung" handelt oder zwar um eine direkte private Kapitalbeteiligung, die jedoch durch gesetzliche Bestimmungen zwingend vorgeschrieben ist, wie namentlich im Falle der sog. Wasser-
und Bodenverbände nach nordrhein-westfälischem Recht. Hier sind Private zwangsweise Mitglieder einer juristischen Person (dem Wasser- und Bodenverband), der später durch einzelne
Gemeinden (die ihrerseits Mitglieder des Verbandes sind) zur Durchführung bestimmter Wasser-
unterhaltungstätigkeiten herangezogen ist.[30] Die (äußerst zurückhaltend zu handhabenden) Fälle der ersten Konstellation (nicht direkte private Beteiligung) könnten namentlich die Stille

---

[27] OLG Düsseldorf NZBau 2017, 112 m. Anm. *Mager/Weßler* NZBau 2017, 342.
[28] Vgl. zu den Einzelheiten zuletzt *Burgi* in: Herrler, Aktuelle gesellschaftsrechtliche Herausforderungen,
Symposium des Instituts für Notarrecht an der Universität Würzburg, 2015, 49.
[29] Seit EuGH C-26/03, Slg. 2009, I_1, Rn. 49 (Stadt Halle).
[30] Hierzu *Greb* VergabeR 2015, 289 (292).

Gesellschaft (§ 230 ff. HGB) sowie Mitarbeiterbeteiligungsgesellschaften (mit der Konsequenz, dass die Mitarbeiter dann keine „inhouse-schädlichen" Privaten wären) erfassen.[31] Entscheidend bei der Bestimmung der Reichweite jener neuen Lockerungsmöglichkeiten ist, dass die privaten Beteiligten jedenfalls keinen Vorteil gegenüber anderen Wettbewerbsteilnehmern erhalten dürfen. Dies betont auch Erw. 32 der VRL.

19   Hinsichtlich des **Wesentlichkeitskriteriums** findet sich in § 108 Abs. 1 Nr. 2 GWB (mit näherer Konkretisierung in Abs. 7) eine deutlich sichtbare Veränderung gegenüber der bisherigen Rechtslage. Sie besteht darin, dass das bisher nicht zahlenmäßig fixierte Kriterium nun explizit auf „80 %" festgelegt wird. Während seit dem Beschluss des OLG Hamburg vom 14. 12. 2010[32] feststand, dass Umsätze, die die juristische Person bei Privatkunden erzielt (beispielsweise ein städtisches Stromunternehmen gegenüber den Privathaushalten in der Stadt) bei der Prüfung des Wesentlichkeitskriteriums nicht zugerechnet werden können, hat die Formulierung in § 108 Abs. 1 Nr. 2 GWB insoweit erneute Rechtsunsicherheit geschaffen; dort heißt es, dass ein „unschädliches" Fremdgeschäft auch dann möglich sei, wenn es in der „Ausführung von Aufgaben … (besteht), mit denen die juristische Person von dem öffentlichen Auftraggeber betraut wurde". Das praktisch wichtigste Beispiel hierfür besteht darin, dass ein kommunales Stromunternehmen vergaberechtsfrei die städtischen Gebäude mit Strom beliefern möchte, obwohl es 40 % seiner gesamten Stromumsätze mit Haushalten oder Industrieunternehmen in jener Gemeinde macht. M. E. kommt aufgrund der seit einigen Jahren veränderten Regelungskonzeption des insoweit maßgeblichen EnWG in Fällen dieser Art die Inhouse-Ausnahme wegen Nichterfüllung des Wesentlichkeitskriteriums nicht in Betracht; das Merkmal „betraut wurde" muss vielmehr ebenso verstanden werden wie bei Art. 106 Abs. 2 AEUV.[33]

20   **b) Joint-Inhouse-Vergabe.** An der Erfüllung des Kontrollkriteriums bestehen naturgemäß eher Zweifel, wenn eine größere Zahl von öffentlichen Auftraggebern gemeinsam ein öffentliches Unternehmen beherrscht und sich der Steuerungsanteil des einzelnen öffentlichen Auftraggebers lediglich im Halten seines Unternehmensanteiles (in einem jüngeren Fall des OLG Düsseldorf im Umfang von nur 0,94 %) erschöpft.[34] Der Gesetzgeber regelt diese Konstellationen nunmehr in **§ 108 Abs. 4 GWB,** anknüpfend an die schon bislang vergleichsweise großzügige Rechtsprechung des EuGH. Dieser hatte bereits in der Rechtssache *Teckal* die Beteiligung von 45 Einrichtungen an dem Auftragnehmer und einen Anteil der im Mittelpunkt des Rechtsstreits stehenden einzelnen Gemeinde von nur 0,9 % für das Kontrollkriterium genügen lassen.[35]

---

[31] Näher *Ziekow* NZBau 2015, 258 (261).
[32] VergabeR 2011, 614 m. Anm. *Steinert/Kohler;* vgl. ferner *Schröder* NVwZ 2011, 776. Detailliert zur Zurechenbarkeit von Drittumsätzen *Tomerius* VergabeR 2015, 373.
[33] Daran fehlt es in dem genannten Beispiel deswegen, weil die Versorgung der Gemeindeeinwohner mit Strom seit längerem nicht mehr auf eine Betrauung seitens der Gemeinde zurückgeht, sondern auf der freien Wahl des Stromlieferanten seitens jener Gemeindeeinwohner beruht; auch die Eigenschaft als sog. Grundversorger beruht nicht mehr auf einer Entscheidung der Gemeinde, sondern gemäß § 36 EnWG schlicht auf den tatsächlichen Marktverhältnissen (Grundversorger ist demnach derjenige, der die meisten Gemeindeeinwohner mit Strom versorgt; das Gesetz erklärt ihn dann unmittelbar hierzu, ohne dass es irgendeiner Entscheidung der Gemeinde bedürfte).
[34] OLG Düsseldorf NZBau 2013, 327.
[35] OLG Düsseldorf NZBau 2013, 327 Rn. 61.

c) **Weitere Formen der Inhouse-Vergabe.** In § 108 Abs. 3 GWB werden grund- 21
sätzlich auch Vergaben in der umgekehrten Richtung, d. h. von einer kontrollierten
juristischen Person an den eigenen Träger oder an eine wiederum von diesem kontrollierte andere juristische Person (an ein Schwesterunternehmen innerhalb des gleichen Konzerns oder auch in Enkel- bzw. Großenkelstrukturen; vgl. Abs. 2 S. 2) erfasst. Angesichts der bundesweit über Jahrzehnte entstandenen verschachtelten
Strukturen innerhalb des „Konzerns Stadt" besitzt diese Regelung einen großen Anwendungsbereich.[36]

2. Gesamtüberblick: Anwendbarkeit des Vergaberechts bei Privatisierungen

a) **Privatisierung und Vergaberecht.** Im Zuge einer jahrzehntelangen Entwick- 22
lung sind verschiedene Formen der **Arbeitsteilung** zwischen Staat bzw. Kommunen
und Privaten entstanden. Diese Entwicklung verläuft in Wellenbewegungen, indem
sich Zeiten intensiver Privatisierungsbemühungen mit Zeiten abwechseln bzw. über-
lappen, in denen der Akzent (auf der v. a. betroffenen kommunalen Ebene) stärker
auf „Rekommunalisierung"[37] liegt. Das Vergaberecht kommt in allen Fällen dieser
Art dann ins Spiel, wenn bestehende Verträge auslaufen, Rückholoptionen realisiert
werden oder auch ein privater Träger während der Laufzeit eines zuvor vereinbarten
Modells ausfällt, d. h. immer dann, wenn es zu einer „Transaktion" kommt.

Die Gründe für den mit jeder Privatisierung verbundenen „Zukauf gesellschaftlicher Rationali- 23
tät"[38] variieren in Abhängigkeit von dem jeweils betroffenen Aufgabenfeld. Bereichsübergrei-
fende Motive sind die Zunahme der staatlichen bzw. kommunalen Aufgaben bei gleichzeitig
wachsender Komplexität, die Finanznot auf allen Ebenen des Staates und die veränderten politischen und ökonomischen Einsichten in die Rolle, die Stärken und Schwächen der beteiligten
Akteure. All diese **Gründe** können sich freilich auch in Gefahren verwandeln; jeweils politisch
zu entscheiden ist, ob und wann eine Privatisierung sinnvoll ist und wann sie unterbleiben
sollte. Praktisch wichtige Beispiele finden sich in den Aufgabenfeldern der Infrastruktur und
der Versorgung (insbesondere beim Hausmüll), beim Abschleppen von Kraftfahrzeugen im öffentlichen Verkehrsraum und neuerdings auch (ungeachtet des ordnungspolitisch eher privati-
sierungskritischen Klimas) mit beachtlichen Wachstumsraten bei der Unterbringung und Betreuung von Flüchtlingen.[39]

Wichtig ist zunächst die Feststellung, dass das Vergaberecht selbst keinen Privatisie- 24
rungsimpuls entsendet. Die Entscheidung über das Ob jeder Form der Privatisierung
ist **unberührt** vom Rechtsrahmen des Vergaberechts zu treffen. Dieses greift erst
dann ein (bei Vorliegen der nachfolgend zusammengestellten Voraussetzungen),
wenn die Entscheidung zur Vergabe eines öffentlichen Auftrags an ein „Unternehmen gegen Entgelt" (vgl. § 103 Abs. 1 GWB), d. h. die Beschaffungsentscheidung
(„buy" statt „make"), bereits gefallen ist (→ dazu auch § 12 Rn. 4 f.). Dies ergibt sich
mittlerweile unmissverständlich aus Art. 1 Abs. 4 S. 2 VRL, wonach diese Richtlinie

---

[36] Vgl. näher *Ziekow* NZBau 2015, 262.
[37] Hierzu *Bauer* DÖV 2012, 329; *Burgi* NdsVBl 2012, 225.
[38] Formulierung nach *Burgi,* Funktionale Privatisierung und Verwaltungshilfe, 1999, 381.
[39] Vgl. zum Gesamtspektrum, den verschiedenen Kategorien und den damit jeweils verbundenen Rechts-
problemen statt vieler die Lehrbuchdarstellung von *Burgi* in: Ehlers/Pünder, Allgemeines Verwaltungsrecht, 15. Aufl. 2016, § 10 Rn. 7 ff. m. w. N.

„nicht die Entscheidung öffentlicher Stellen darüber, ob, wie und in welchem Umfang sie öffentliche Aufgaben … wahrnehmen wollen" berührt (vgl. ferner Erw. 5).

25   Ist das Vergaberecht bei der Bewirkung eines bestimmten Privatisierungsvorgangs aber anwendbar, dann bildet es zugleich den ersten Baustein zur (je nach Privatisierungsform) abgestuft fortbestehenden sog. Gewährleistungsverantwortung des beteiligten staatlichen bzw. kommunalen Trägers. Beispiel: Mit der Beauftragung eines Abschleppunternehmer verliert die zuständige Behörde bekanntlich nicht die Verantwortung dafür, dass die Abschleppaktionen rechtmäßig und verhältnismäßig vonstattengehen; für an den Kraftfahrzeugen entstehende Schäden greift u. U. die Haftung nach Amtshaftungsgrundsätzen gemäß Art. 34 GG i.V.m. § 839 BGB ein.[40] Das Vergaberecht ist somit ein wichtiger Teil des **Privatisierungsfolgenrechts,** indem es die sich aus dem Verfassung- und Verwaltungsrecht ergebenden Anforderungen an die eingeschalteten Privaten in die Kategorien der Leistungsbeschreibung, der Eignungs- und der Zuschlagskriterien „übersetzt". Dies ist in → § 6 Rn. 5 bereits näher beschrieben worden. Voraussetzung hierfür ist freilich, dass das Vergaberecht auf den jeweiligen Privatisierungsvorgang Anwendung findet:[41]

26   Von vornherein nicht anwendbar ist das Vergaberecht auf die Aufgabenprivatisierung und auf die Organisationsprivatisierung. Die **Aufgabenprivatisierung** besteht im vollständigen Rückzug des Staates aus der Erfüllungsverantwortung (beispielsweise bei der Stilllegung eines Hallenbades); selbst wenn Private sich anschließend des betreffenden Tätigkeitsbereichs annehmen (beispielsweise das Hallenbad als private Wellnesseinrichtung fortführen), beruht dies nicht auf einem entgeltlichen Vertrag zwischen dem vormaligen staatlichen Träger, weswegen bereits der Grundtatbestand des § 103 Abs. 1 GWB nicht erfüllt ist.

27   Die Vornahme einer **Organisationsprivatisierung** wiederum ist zunächst ein rein organisationsbezogener Vorgang, indem entweder durch einen staatlichen bzw. kommunalen Träger eine sog. Eigengesellschaft gegründet wird (in vollständiger öffentlicher Trägerschaft) oder ein sog. gemischtwirtschaftliches Unternehmen, an dem zusätzlich ein oder mehrere Private (bei fortbestehender öffentlicher Mehrheitsbeteiligung) einbezogen sind (synonym: Institutionalisierte Public Private Partnership)[42]. Die Nichtanwendbarkeit des Vergaberechts auf diese Gründung- bzw. Veräußerungsakte folgt daraus, dass hierbei kein Beschaffungszweck verfolgt wird, mithin wiederum das Merkmal des „öffentlichen Auftrags" nach § 103 Abs. 1 GWB nicht erfüllt ist (vgl. → § 10 Rn. 3). Wird freilich einem gemischtwirtschaftlichen Unternehmen später vom gemeindlichen Mehrheitseigentümer ein Dienstleistungsauftrag erteilt, sind die Voraussetzungen jener Vorschrift erfüllt und überdies greift wegen der Beteiligung Privater nicht die sog. Inhouse-Ausnahme nach § 108 Abs. 1 Nr. 3 GWB (dazu sogleich im Text).

28   Ferner muss durch eine funktionale Betrachtungsweise auf der bisherigen Linie der Rechtsprechung des EuGH etwaigen Umgehungsversuchen entgegen gewirkt werden. So hat der EuGH

---

[40] Vgl. insoweit nur *Maurer,* Allgemeines Verwaltungsrecht, 18. Aufl. 2011, § 26 Rn. 7.

[41] Vgl. als Überblicksbeiträge *el Baroudi,* Die Anwendbarkeit des GWB-Vergaberechts auf öffentlich-private Partnerschaften, 2009; *Horn* in: FS Marx, 295; *Dreher* in: Immenga/Mestmäcker, § 99 GWB Rn. 150 ff. m.w.N.

[42] Vgl. zu den Einzelheiten m.w.N. *Burgi* in: Ehlers/Pünder, a.a.O., § 10 Rn. 14 f.

die Veräußerung von Anteilen einer Tochtergesellschaft der Gemeinde, der erst kurz zuvor (noch als Eigengesellschaft) per Inhouse-Vergabe ein Dienstleistungsauftrag erteilt worden ist, für ausschreibungspflichtig erklärt.[43] Jede Form der Organisationsprivatisierung hat ferner die Konsequenz, dass die daraus entstehende Einheit (typischerweise eine städtische GmbH mit oder ohne private Minderheitsbeteiligung) unter den Voraussetzungen des § 99 Nr. 2 GWB (→ § 8 Rn. 4 f.) ihrerseits öffentlicher Auftraggeber und daher bei der entgeltlichen Zusammenarbeit mit privaten Dritten dem Vergaberecht unterworfen ist.

b) Funktionale Privatisierung. Die funktionale Privatisierung ist dadurch gekenn- 29
zeichnet, dass nicht die Organisations-, sondern die Verantwortungsstruktur im Hinblick auf eine fortbestehende Staatsaufgabe bzw. kommunale Aufgabe verändert wird. Dies geschieht dadurch, dass Teilbeiträge von der umfassenden staatlichen Erfüllungsverantwortung abgespalten und Privaten anvertraut werden. Diese Teilbeiträge sind typischerweise durchführenden Charakters (indem etwa kommunale Abfalloder Abwasserentsorgungsanlagen von Privaten betrieben werden), indem nach staatlicher Anordnung Kraftfahrzeuge durch Abschleppunternehmer weggebracht werden oder Dienstleistungen des EDV- bzw. Gebäudemanagements in staatlichen Einrichtungen erbracht werden.[44] Dabei ist zu unterscheiden zwischen der echten und der unechten funktionalen Privatisierung:

– Echte funktionale Privatisierung: Ein „echter" Privater, d. h. ein nicht bereits institutionell in einer gemeinsamen Gesellschaft mit dem staatlichen/kommunalen Träger verbundener Privater, soll gegen Entgelt eine Dienstleistung erbringen (bzw. eine Dienstleistungskonzession erhalten, was künftig ebenfalls die Anwendbarkeit des Vergaberechts auslöst; → § 24). Neben jenem klassischen Fall der sog. **Verwaltungshilfe** gehören hierzu auch die projektbezogenen (aber nicht institutionalisierten) Public Private Partnerships, also die langfristige, vertraglich geregelte Zusammenarbeit zwischen öffentlicher Hand und Privatwirtschaft innerhalb eines großen gemeinsamen Organisationszusammenhangs und unter angemessener Aufteilung der Projektrisiken; diese Privatisierungsform kommt insbesondere bei Schulen, Verwaltungsgebäuden, Straßen und Krankenhäusern und künftig wahrscheinlich vermehrt im Verkehrsinfrastrukturbereich zum Einsatz. Beispiel: Eine Gemeinde möchte ihr Schwimmbad nicht aufgeben (also keine Aufgabenprivatisierung durchführen), sondern für 10 Jahre die Betriebsführung einer international operierenden Betreiberkette für Wellnesseinrichtungen übertragen (Fallgruppe 1);

– Unechte funktionale Privatisierung: Hier ist Vertragspartner kein „echter" Privater, sondern ein Unternehmen, das zuvor aus einer Organisationsprivatisierung hervorgegangen ist, bei dem es sich also entweder um eine Eigengesellschaft oder um ein gemischtwirtschaftliches Unternehmen (= institutionalisierte PPP) handelt. Im Beispiel würde somit der Betriebsführungsvertrag mit der Städtischen Bäder GmbH (mit oder ohne private Beteiligung) abgeschlossen (Fallgruppe 2).

---

[43] EuGH C-29/04, Rn. 38 ff., NZBau 2005, 704 (Stadt Mödling); vgl. ferner EuGH C-14/04, NZBau 2006, 326 Rn. 30 (ANAV). Diese Konstellationen werden zutreffend als „eingekapselte Beschaffungsverhältnisse" (*Dreher* NZBau 2002, 245 (247 ff.)), bezeichnet; vgl. auch *Klein,* Veräußerung öffentlicher Unternehmen und Vergaberecht, 2005.
[44] Vgl. zu den Einzelheiten wiederum *Burgi* in: Ehlers/Pünder, a.a.O., § 10 Rn. 30 f.

30 In all diesen Fällen sind die Voraussetzungen des § 103 Abs. 1 GWB erfüllt, es liegt also grundsätzlich ein öffentlicher Auftrag vor. Die Anwendbarkeit des Vergaberechts könnte nur dann ausgeschlossen sein, wenn die sog. Inhouse-Ausnahme nach § 108 Abs. 1 bis 5 GWB eingreift. Während dies im Falle der echten funktionalen Privatisierung (Fallgruppe 1) von vornherein ausscheidet, weil die Kommune über den „echten" Privaten jedenfalls keine „Kontrolle wie über ihre eigenen Dienststellen ausübt" (vgl. § 108 Abs. 1 Nr. 1 GWB), ist zwischen den beiden Erscheinungsformen der unechten funktionalen Privatisierung (Fallgruppe 2) zu **differenzieren.** Im Falle des Vertragsabschlusses mit einer Eigengesellschaft kommt die Inhouse-Ausnahme nach § 108 Abs. 1 GWB grundsätzlich in Betracht, weil hier das Kontrollkriterium erfüllt ist. Wenn die betreffende Eigengesellschaft (im Beispiel die Städtische Bäder GmbH) mehr als 80 % ihrer Tätigkeiten nur für ihren kommunalen Träger ausübt (und nicht etwa zusätzlich als Betriebsführer bei Schwimmbädern in den Nachbargemeinden aktiv ist), liegt auch das sog. Wesentlichkeitskriterium nach Nr. 2 dieser Vorschrift vor. Im Fall der Zusammenarbeit mit einem gemischtwirtschaftlichen Unternehmen kommt die Inhouse-Ausnahme hingegen nicht in Betracht, weil dann eine i.S.v. § 108 Abs. 1 Nr. 3 GWB insoweit „schädliche" direkte private Kapitalbeteiligung besteht.

31 **c) Beleihung.** Der Beliehene bildet eine klassische Figur des Allgemeinen Verwaltungsrechts. Als Privatrechtssubjekt wird er durch den Staat mit der Wahrnehmung bestimmter Verwaltungsaufgaben in den Handlungsformen des Öffentlichen Rechts (typischerweise durch Verwaltungsakt) betraut. Anders als der Verwaltungshelfer nach funktionaler Privatisierung wird er Verwaltungsträger und Teil der mittelbaren Staatsverwaltung. In der Sache handelt es sich um eine Mischung aus Privatisierung und **Publifizierung,** indem ein „echter" Privater als Behörde in die staatliche Verwaltungsorganisation hineingezogen wird.[45] Vielfach werden Beliehene unmittelbar durch Gesetz bzw. durch Verwaltungsakt auf der Grundlage eines Gesetzes mit den erforderlichen Befugnissen ausgestattet (so etwa im bekannten Falle des TÜV-Sachverständigen bei der Führerscheinprüfung oder der Erteilung der Prüfplaketten), teilweise werden aber auch entgeltliche Verträge abgeschlossen.[46] Dann liegen grundsätzlich die Voraussetzungen für einen „öffentlichen Auftrag" nach § 103 Abs. 1 GWB vor (insbesondere ändert daran der Charakter jener Verträge als öffentlich-rechtliche Verträge nichts; → vgl. § 10 Rn. 2). Die Inhouse-Ausnahme nach § 108 GWB greift nicht ein, weil nicht nur i.S.v. Abs. 1 Nr. 3 dieser Vorschrift eine „direkte private Kapitalbeteiligung besteht", sondern der Beliehene im Normalfall ein ja sogar „echter" Privater ist und bleibt; die Inhouse-Ausnahme kommt daher nur im Falle der sog. „unechten Beleihung" in Betracht, wenn Beleihungsadressat eine staatliche oder kommunale Eigengesellschaft (vgl. → Rn. 27) ist.

32 Allerdings bildet § 103 GWB die nationale Umsetzungsvorschrift zu den die Anwendungsvoraussetzungen des Vergaberechts gleichlautend regelnden Bestimmungen der VRL, welche wiederum primärrechtskonform auszulegen sind (→ § 3 Rn. 11 f.).

---

[45] Vgl. zu den Einzelheiten *Burgi* in: Ehlers/Pünder a.a.O., § 10 Rn. 22 ff.; *Schmitz* in: Stelkens/Bonk/Sachs, VwVfG, 9. Aufl. 2017, § 1 Rn. 254 f.

[46] Zu den Einzelheiten des Beleihungsrechtsverhältnisses vgl. die gleichnamige Arbeit von *Freitag*, 2005.

Dabei wirkt sich aus, dass gemäß Art. 51 AEUV die Niederlassungs- und die Dienstleistungsfreiheit des AEUV, welche die kompetenzielle Grundlage der VRL bilden, suspendiert sind, wenn Private durch Verträge „zur Ausübung öffentlicher Gewalt" berechtigt und verpflichtet werden.[47] Anders sieht dies freilich der BGH, der in einer weitgehend unbeachteten Entscheidung insoweit judiziert hatte, dass zwar der Mechanismus der primärrechtskonformen Auslegung grundsätzlich auch im Vergaberecht eingreifen würde, der deutsche Gesetzgeber jedoch nicht explizit genug zum Ausdruck gebracht habe, dass er insoweit einen Ausnahmetatbestand statuieren möchte. Eine mit **Art. 51 AEUV** begründete Ausnahme für Beleihungsverträge sei aber nur dann möglich, wenn der deutsche Umsetzungsgesetzgeber ausdrücklich einen von jener AEUV-Vorschrift Gebrauch machenden Ausnahmetatbestand schaffen würde.[48] Dies überspannt m. E. die Anforderungen an den Umsetzungsgesetzgeber, der jedenfalls hinreichend deutlich zum Ausdruck gebracht hat, dass er eine eins-zu-eins-Umsetzung der europäischen Vorgaben (und dies schließt die Vorgaben des Primärrechts ein) anstrebt.[49]

Kommt zwar somit grundsätzlich eine (ungeschriebene) Ausnahme zugunsten der 33 Beleihungsverträge qua primärrechtskonformer Auslegung in Betracht, ist doch zu beachten, dass der EuGH in seiner jüngeren Judikatur das Merkmal „Ausübung öffentlicher Gewalt" i.S.d. Art. 51 AEUV immer enger gefasst hat. So sind nur Tätigkeiten erfasst, die „in sich selbst betrachtet eine unmittelbare und spezifische Teilnahme" an der Ausübung öffentlicher Gewalt darstellen. Dies ist u. a. für die Tätigkeit von Notaren in Deutschland verneint worden.[50] Daher fallen nicht sämtliche Beleihungsverträge aus dem Anwendungsbereich des Vergaberechts heraus, sondern nur diejenigen, in denen den Beliehenen **Tätigkeiten** übertragen werden, die sich aus der Interpretation des Art. 51 AEUV ergeben, also jedenfalls der Erlass von Verwaltungsakten in ordnungsrechtlich geprägten Aufgabenfeldern. Bedauerlicherweise hat es der deutsche Gesetzgeber bei der Reform des GWB unterlassen, die sich daraus ergebenden Rechtsunsicherheiten durch eine hieran anknüpfende Vorschrift abzumildern.

IV. Horizontale (v. a. interkommunale) Zusammenarbeit

1. Ursprüngliche Entwicklung

Während die sog. Inhouse-Ausnahme bereits seit dem Jahre 1999 (mit dem Urteil des EuGH 34 in der Rechtssache „Teckal")[51] auch in der Praxis allgemein anerkannt war, herrschte lange Zeit große Unsicherheit darüber, ob auch die Zusammenarbeit zwischen Verwaltungsträgern, also auf der horizontalen Ebene, einen ungeschriebenen Ausnahmetatbestand erfüllen kann. Die Gegner beriefen sich u. a. auf eine Entscheidung des EuGH, mit der dieser ein spanisches

---

[47] Ausführlich hierzu *Burgi* NVwZ 2007, 383 (am Beispiel des sog. Subventionsmittlers nach § 44 Abs. 3 BHO); *Dreher* in: Immenga/Mestmäcker, § 99 GWB Rn. 166; *Spilok,* Die Anwendbarkeit des Kartellvergaberechts auf Beleihungskonstellationen, 2012.
[48] BGH VergabeR 2010, 846.
[49] Näher begründet bei *Burgi* VergabeR 2010, 850 (in einem dem seinerzeit zuständigen Richter am BGH *Scharen* zugedachten Beitrag).
[50] EuGH C-54/08, EuZW 2011, 468 (Kommission/Deutschland); vgl. zuletzt EuGH C-151/14, ferner *Müller-Graff* in: Streinz, EUV/AEUV, 2. Aufl. 2012, Art. 51 AEUV Rn. 2 ff.
[51] EuGH C-107/98, NZBau 2000, 90.

Gesetz, das Kooperationsvereinbarungen zwischen öffentlichen Einrichtungen generell, d. h. ohne spezifizierte Voraussetzungen, vom Vergaberecht ausgenommen hatte, für mit der VKR unvereinbar erklärt hatte.[52] Insbesondere in Deutschland war eine lebhafte Diskussion darüber entbrannt, ob nur die Zusammenarbeit in Zweckverbänden nach den Gesetzen über die kommunale Zusammenarbeit sowie die sog. Aufgabendelegation (d. h. die vollständige Übertragung einer Aufgabe von einer auf die andere Kommune) oder auch die sog. Mandatierung (bei der eine Kommune im Namen und Auftrag einer anderen eine Aufgabe erfüllt) erfasst sein könnten. Der 67. Deutsche Juristentag[53] hatte mehrheitlich die Anerkennung eines weiteren Ausnahmetatbestandes neben der Inhouse-Vergabe gefordert, entgegen Teilen der wettbewerbsrechtlichen Literatur und der Rechtsprechung mehrerer OLGs.[54]

35   Der EuGH hat sodann am 9. 6. 2009 in der Rechtssache **„Stadtreinigung Hamburg"** eine buchstäblich bahnbrechende Entscheidung getroffen, und zwar durch die große Kammer des Gerichtshofs[55] Die Obersätze dieser Entscheidung befinden sich in den Rn. 37–38 und 44–48 und lauten: Entscheidend ist das Vorliegen einer Zusammenarbeit bei der Aufgabenwahrnehmung als weitere Ausübungsform der Freiheit zum „make" statt „buy", Private dürften nicht beteiligt sein und insbesondere sei die gewählte Rechtsform irrelevant, d. h. es könne nicht darauf ankommen, ob zwei Kommunen eine GmbH gründen (womit die Inhouse-Ausnahme ausgelöst würde), oder ob sie eben horizontal kooperieren.

36   Dabei muss man sich klarmachen, dass es sich hierbei um den in der Sache gewichtigeren, weil viel stärker legitimierten Ausnahmetatbestand handelt. Der sachliche Qualitätsunterschied zwischen vertikalen und horizontalen Kooperationen besteht darin, dass Letztere unmittelbar Ausfluss der nationalen Staatsorganisation sind. Indem eine Gebietskörperschaft mit einer anderen zusammenarbeitet, bewegt sie sich innerhalb einer seit Jahrzehnten bestehenden Struktur. Dies ist wesensmäßig von anderer Qualität als die Gründung oder Nutzung eines nachgeordneten Unternehmens. Dort bewegt ein Haupt seine Glieder, hier, bei der horizontalen Kooperation, begegnen sich konstituierte Häupter auf Augenhöhe. In diesem Zusammenhang ist wiederum an das Primärrecht des EUV und des AEUV, und insbesondere an die Gewährleistung der föderalen und kommunalen Organisiertheit der Mitgliedstaaten zu erinnern (→ Rn. 10 f.). Vereinfacht gesagt, darf insbesondere der Mitgliedstaat Deutschland nicht dadurch vergaberechtlich schlechter behandelt werden, dass er etwa im Unterschied zu zentralistisch organisierten Mitgliedstaaten seine Untergliederungen als juristische Personen verfasst hat und nicht lediglich als Behörden unter einer zentralen Trägerebene; wenn also die Zusammenarbeit der den südlichen Teil eines ganzen Mitgliedstaates abdeckenden Behörde X mit der den nördlichen Teil abdeckenden Behörde Y ohne weiteres (schon wegen fehlender Rechtspersönlichkeit jener Behörden) vergaberechtsfrei ist, kann die Zusammenarbeit zwischen zwei Kommunen nicht dem Vergaberecht unterworfen sein.

37   In den **nachfolgenden Judikaten** hat der EuGH seine Grundsatzentscheidung konkretisiert, indem er das Eingreifen jener Ausnahme verneint, wenn die abgeschlossene Vereinbarung „nicht die Wahrnehmung einer diesen Einrichtungen ge-

---

[52] EuGH C-84/03, NZBau 2005, 232 (Kommission/Spanien).

[53] Vorbereitet durch das Gutachten des *Verf.*, Gutachten D, 2008, 77 f; vgl. ferner zuvor u. a. *ders.* NZBau 2005, 212; *Ziekow/Siegel* VerwArch 96 (2005), 119; *Pietzcker* NVwZ 2007,1230.

[54] Vgl. u. a. OLG Düsseldorf NZBau 2004, 398; OLG Frankfurt a.M. NZBau 2004, 692; OLG Naumburg NZBau 2006, 58; aus der Literatur vgl. *Hausmann/Mutschler-Siebert* VergabeR 2010, 427; *Brauser-Jung* VergabeR 2010, 306 (316 f.), die sich noch nach dem sogleich im Text referierten Entscheidung des EuGH in der Rechtssache „Stadtreinigung Hamburg" zurückhaltend-skeptisch äußerten.

[55] EuGH C-480/06, NZBau 2009, 527 m. Anm. *Steiff* = EuZW 2009, 529 (Kommission/Bundesrepublik) m. Anm. *Pielow.*

meinsam obliegenden Aufgabe zum Gegenstand hat" oder wenn hierdurch „ein privater Dienstleistungserbringer" besser gestellt wird als seine Wettbewerber, indem einem Partner erlaubt wird, zur Durchführung bestimmter Leistungen, also als Nachunternehmer (→ § 9 Rn. 8 f.), private Dienstleistungserbringer heranzuziehen (Rs. „Lecce")[56]. In der Rechtssache „Piepenbrock"[57] verneinte er das Vorliegen jener Voraussetzungen für eine Vereinbarung zwischen einem Landkreis und einer Gemeinde, in der der Kreis gegen eine finanzielle Entschädigung die Aufgabe der Reinigung der in dem Gebiet der Gemeinde gelegenen, aber im Besitz des Kreises befindlichen und von ihm genutzten Gebäude übertrug. Dem vorausgegangen war ein Vorabentscheidungsersuchen des OLG Düsseldorf[58], in dem dieses u. a. darauf gezielt hat, dass die Aufgabe der Reinigung der Verwaltungsgebäude „nicht die hoheitliche Tätigkeit als solche, sondern nur Hilfsgeschäfte" betreffen würde; hierauf ging der EuGH nicht ein. Im Urteil vom 8.5.2014[59] sprach der EuGH einer zwischen einer Universität und dem Hochschul-Informations-System (HIS), einer gemeinsamen Einrichtung mehrerer Bundesländer, abgeschlossenen Vereinbarung auf dem Gebiet der IT-Versorgung der Hochschule ab, dass sie der „Erledigung einer gemeinsamen öffentlichen Aufgabe" dienen würde. Begründungen hierfür werden nicht gegeben, ebenso wenig wie in den vorangegangenen Entscheidungen.[60]

Zusätzliche **Rechtsunsicherheit** ist durch zwei neuere OLG-Entscheidungen **38** entstanden. So hatte das OLG Koblenz es für nicht ausreichend gehalten, wenn sich der „Beitrag" eines der beiden Vertragspartner darauf beschränkt, den anderen für die Erbringung einer Leistung zu bezahlen[61] und das OLG Celle zweifelte gar (nach Jahren der Anerkennung dieser Konstellation) an der Möglichkeit der Zusammenarbeit verschiedener Kommunen in einem Zweckverband.[62]

2. Inhalt der Neuregelung

In dieser Situation kann die Praxis mit einer gewissen Erleichterung die Neuregelung **39** in § 108 Abs. 6 GWB aufnehmen. Bei der **Auslegung** der einzelnen Tatbestandsmerkmale ist der eins-zu-eins umgesetzte Art. 12 der VRL sowie der darauf bezogene Erw. 33 heranzuziehen. Die auffälligste Veränderung besteht darin, dass erstmals auch für diese Ausnahmekategorie das Wesentlichkeitskriterium auf 80 % fixiert wird. Ausschließlich relevant sind demnach die folgenden drei **Voraussetzungen:**

– Nr. 1: Der Vertrag muss eine Zusammenarbeit zwischen den beteiligten öffentlichen Auftraggebern begründen oder erfüllen, um sicherzustellen, „dass die von ihnen zu erbringenden öffentlichen Dienstleistungen im Hinblick auf die Erreichung gemeinsamer Ziele ausgeführt werden";

---

[56] EuGH C-159/11, NZBau 2013, 114 m. Anm. *Geitel* NVwZ 2013, 765; weiterführend *Kroneberg/WildenBeck* VergabeR 2014, 99.
[57] EuGH C-386/11, VergabeR 2013, 686 m. Anm. *Gabriel/Voll;* vgl. ferner *Kunde* NZBau 2013, 555.
[58] OLG Düsseldorf VergabeR 2012, 31.
[59] EuGH C-50/13, VergabeR 2014, 533, mit zutreffend krit. Anm. *Willenbruch.*
[60] Zum Stand der Diskussion bis zu diesem Zeitpunkt vgl. *König* in:Gabriel/Krohn/Neun HdbVergabeR, § 6 Rn. 32 ff.; *Dierkes/Scharf* VergabeR 2014, 752.
[61] OLG Konstanz VergabeR 2015, 192 m. Anm. *Lück.*
[62] OLG Celle VergabeR 2015, 180 m. Anm. *Antweiler.* Aus diesem Vorlageersuchen ist dann die bei → Rn. 12 dargestellte EuGH-Entscheidung zur Figur der „Maßnahme der internen Organisation" hervorgegangen.

– Nr. 2: Die Durchführung der Zusammenarbeit darf ausschließlich „durch Überlegungen im Zusammenhang mit dem öffentlichen Interesse bestimmt" werden und

– Nr. 3: Die öffentlichen Auftraggeber dürfen auf dem Markt weniger als 20% der Tätigkeiten erbringen, die durch die Zusammenarbeit erfasst sind.

40   Durch diese Formulierungen werden m. E. mehrere der bislang bestehenden **Unsicherheiten beseitigt:**

– Auf den Charakter der jeweiligen Aufgabe als Hoheitsaufgabe oder als Aufgabe mit erwerbswirtschaftlich-fiskalischem Charakter kommt es nicht an; diese im deutschen Staatsrecht sowieso seit Jahrzehnten überwundene Unterscheidung[63] hat endgültig auch im Vergaberecht keine Relevanz mehr, wie in Erw. 33 der VRL ausdrücklich festgestellt wird. Namentlich die Reinigung des eigenen Dienstgebäudes ist selbstverständlich eine Aufgabe im öffentlichen Interesse. Auch wenn sie nicht unmittelbar, sondern lediglich mittelbar den Bürgern zugutekommt, so ist sie gleichermaßen unentbehrlich und mittelbar aus dem Gemeinwohl legitimiert. Dies bedeutet selbstverständlich nicht, dass die Kommune diese Aufgabe nicht auch an Private übertragen dürfte. Entscheidet sie sich aber zur Kooperation mit einem anderen kommunalen Träger, müssen hierfür ebenso wie beispielsweise bei der Aufgabe der Hausmüllentsorgung die Voraussetzungen des § 108 Abs. 6 GWB eingreifen können.[64]

– Ob die Zusammenarbeit sich in einer gemeinsamen Institution (Zweckverband, gemeinsames Kommunalunternehmen in Anstaltsform oder GmbH) niederschlägt oder, gleichsam schuldrechtlich, in Form von öffentlich-rechtlichen Zweckvereinbarungen (Mandatierungen oder Delegationen) erfolgt, ist ebenfalls gleichgültig und

– das in der neueren Rechtsprechung des EuGH formulierte weitere Erfordernis, dass kein privater Dienstleister durch die Zusammenarbeit einen Vorteil gegenüber seinen Wettbewerbern erlangen dürfe, ist ausweislich des Erw. 33 (Abs. 2 VRL) auch künftig zu fordern.[65]

3. Offene Rechtsfragen

41   Es zeichnet sich ab, dass in der näheren Zukunft insbesondere über zwei nicht bereits explizit durch die Neufassung geklärte Rechtsfragen gestritten werden wird:

– Reicht die Festlegung **„gemeinsamer Ziele"** (vgl. § 108 Abs. 6 Nr. 1 GWB) in dem die Vereinbarung begründenden Vertrag aus oder muss von vornherein eine gemeinsame Aufgabe der beteiligten Kooperationspartner existieren? Im ersten Fall wären künftig beispielsweise auch Vereinbarungen über die wechselseitige Reinigung von Diensträumen erfasst, im zweiten Fall (auf der Linie der bisherigen EuGH-Rechtsprechung) nicht. In Erw. 33 der VRL heißt es insoweit, dass die „Zusammenarbeit auf einem kooperativen Konzept" beruhen muss. Weder dort noch in Art. 12 der VRL noch in § 108 Abs. 6 GWB wird das Vorliegen einer „gemeinsamen öffentlichen Aufgabe" (wie vom EuGH in der Rechtssache „Datenlotseninformationssysteme" formuliert) verlangt. Da übrigens nach dem die Kooperations-Ausnahme begründenden Urteil in der Rechtssache „Stadtreinigung Hamburg" nach den einschlägigen abfallrechtlichen Vorschriften die beteiligten Kooperationspartner auch nur jeweils zur Abfallentsorgung in ihrem Gebiet ver-

---

[63] Vgl. statt vieler *Isensee* in: ders./Kirchhof, HdbStR IV, 3. Aufl. 2006, § 73 Rn. 32 f. und zuletzt BVerfG NJW 2016, 3153, Rn. 29 ff.

[64] Anders zuletzt OLG Düsseldorf VergabeR 2013, 31; KG NZBau 2014, 62; wie im Text *Krämer* Vergabe-Navigator 2015, 5 (8); *Stuber*, BayBürgermeister 2014, 399, 402.

[65] In der Sache überzeugt dies nicht, weil die Einschaltung privater Nachunternehmer durch den mit der Erbringung der Dienstleistung beauftragten Vertragspartner ihrerseits ein vergaberechtspflichtiger Vorgang ist, weswegen auf dieser Stufe ohne weiteres Wettbewerb eröffnet wird.

pflichtet waren, kann es m. E. auf das Vorliegen einer „gemeinsamen Aufgabe"
nicht ankommen; mit anderen Worten: Es sollte ausreichen, wenn die gemeinsam
zu erreichenden Ziele erst in dem die Zusammenarbeit begründenden Vertrag formuliert werden.[66]

– Bei näherer Betrachtung kann auch der vom OLG Koblenz statuierte Ausschluss
  von Kooperationsverträgen, bei denen sich der Beitrag eines der beiden Vertragspartner darauf beschränkt, ein **Entgelt** zu entrichten,[67] künftig nicht mehr über-
  zeugen. So heißt es in Erw. 33 der VRL ausdrücklich, dass die Zusammenarbeit
  nicht voraussetze, dass alle teilnehmenden Stellen die Ausführung wesentlicher
  vertraglicher Pflichten übernehmen, solange sie sich verpflichtet haben, einen Beitrag zur gemeinsamen Ausführung der betreffenden öffentlichen Dienstleistung zu
  leisten. An dieser Stelle lohnt wiederum der Blick in die Entstehungsgeschichte.
  So hatte die Kommission im ursprünglichen Vorschlag ausdrücklich gefordert, dass
  durch die Vereinbarung „eine echte Zusammenarbeit" begründet werden müsse,
  mit „wechselseitigen Rechten und Pflichten der Parteien"[68] Gefordert wurde ferner, dass Finanztransfers ausschließlich auf die Erstattung von Kosten bezogen sein
  dürften. Beide Vorschläge haben das parlamentarische Verfahren auf EU-Ebene
  nicht „überlebt" und finden sich mithin nicht mehr in Art. 12 VRL (und auch
  nicht in § 108 GWB). Vereinbarungen, bei denen der eine Partner lediglich ermöglicht, dass der andere (typischerweise größere und in der betreffenden Tätigkeit kompetentere) Partner die erbetene Dienstleistung erbringen kann und hierfür
  ein Entgelt entrichtet, wären m. E. demnach künftig vom Ausnahmetatbestand des
  § 108 Abs. 6 GWB erfasst.

Vertiefungsliteratur:
Zum Rechtsstand bis 2016 sind verschiedene Monographien (siehe sogleich) erschienen. Neben den
Kommentierungen sei ferner auf die Gesamtdarstellungen von *Hausmann,* 15 Jahre Inhouse-Rechtspre-
chung, in: FS Marx, 213, und *Mestwerdt/Sauer,* Institutionalisierte Kooperationen, in: FS Marx, 391,
hingewiesen. Monographisch: *Bergmann,* Die Vergabe öffentlicher Aufträge und das In-house-Geschäft,
2005; *Hardraht,* In-house-Geschäfte und europäisches Vergaberecht, 2006; *Hahn,* Vergaberecht als Störfaktor der kommunalen Zusammenarbeit?, 2007; *Krajewski/Wethkamp,* Die vergaberechtsfreie Übertragung Öffentlicher Aufgaben – Zur Anwendbarkeit des Vergaberechts auf Eigengeschäfte und Verwaltungskooperationen, 2008; *El-Baroudi,* Die Anwendbarkeit des GWB-Vergaberechts auf Öffentlich-
Private Partnerschaften, 2009; *Stöcker,* Entwicklung des Verwaltungskooperationsvertrages unter Berücksichtigung des Vergaberechts, 2010; *Erps,* Kommunale Kooperationshoheit und europäisches Vergaberecht, 2010; *Döbling,* Verwaltungskooperationen und Vergaberecht, 2011; *Klein,* Kommunale Kooperationen zwischen innerstaatlichem Organisationsakt und Markt, 2012; *Schleissing,* Möglichkeiten und
Grenzen vergaberechtlicher Inhouse-Geschäfte, 2012.

Zum Rechtsstand seit der neuen EU–Richtlinie (seit 2014):
Burgi, Anwendungsbereich und Governanceregeln der EU-Auftragsvergabe-Reformrichtlinie: Bewertung und Umsetzungsbedarf, NZBau 2012, 601; *Fruhmann,* Die neue Ausnahme für öffentliche-öf-
fentliche Vergaben gemäß der Allgemeinen Ausrichtung des Rates, in: FS Marx, 145; *Dabringhausen,*
Die europäische Neuregelung der Inhouse-Geschäfte – Fortschritt oder Flopp?, VergabeR 2014, 512;
Brockhoff, Öffentlich-öffentliche Zusammenarbeit nach den neuen Vergaberichtlinien, VergabeR 2014,
625; *Gröning,* Anwendbarkeit und Ausnahmebestimmungen im künftigen Vergaberecht, NZBau 2015,

---

[66] Abzulehnen daher OLG Naumburg VergabeR 2017, 627 (640 f.).
[67] Dem zuneigend OLG Naumburg VergabeR 2017, 727 (641 f.).
[68] Vgl. zum näheren Nachweis *Burgi* NZBau 2012, 60.

690; *Greb,* Inhouse-Vergabe nach aktuellem und künftigem Recht, VergabeR 2015, 289; *Hofmann* VergabeR 2016, 189; *Müller-Wrede,* Die Neuregelungen zur Inhouse-Vergabe, VergabeR 2016, 292; *Gaus,* Der neue § 108 GWB, VergabeR 2016, 418; *Losch,* Gestaltungsmöglichkeiten und rechtliche Grenzen ausschreibungsfreier Leistungsbeziehungen, VergabeR 2016, 541; *Hoffmann / Schulz / Gottberg,* Zulässige Inhouse-Vergabe im Konzern öffentliche Verwaltung, KommJur 2017, 245; *Horstholte u. a.,* In-House-Vergaben an Tochtergesellschaften anderer Auftraggeber, VergabeR 2017, 697; *Frenz,* In-House-Geschäfte und interkommunale Zusammenarbeit nach der Vergaberechtsreform, DVBl. 2017, 740.

Zweiter Teil: Leistungsbeschreibung und Verfahren

§ 12. Leistungsbeschreibung

Übersicht

Die Leistungsbeschreibung enthält die Anforderungen an die Bieter, deren Kenntnis **1** für die Erstellung von Angeboten erforderlich ist, ferner die Umstände und Bedingungen der Leistungserbringung. Sie ist mit der GWB-Novelle 2016 nun erstmals auf der Ebene des Gesetzes adressiert (in § 121) und bildet (abgesehen von Vorarbeiten und Markterkundungen) in sachlicher Hinsicht den Auftakt des eigentlichen Vergabeverfahrens, vor allem aber den Bezugspunkt für die Eignungs- und die Zuschlagskriterien sowie für die abschließende Wertungsentscheidung.

I. Bedeutung und Standort

1. Übersetzung der Anforderungen der jeweiligen Aufgabenerfüllung in das Vergaberecht

Mit der Leistungsbeschreibung werden Art und Zuschnitt des Auftragsgegenstandes **2** den künftigen Bietern gegenüber kommuniziert. Eine korrekte Leistungsbeschreibung ist die Voraussetzung für (aus der Sicht der Bieter) die zuverlässige Ausarbeitung der Angebote und (aus der Sicht des Auftraggebers) für die Vergleichbarkeit der Angebote, deren zutreffende Wertung und schließlich für die reibungslose und technisch einwandfreie Ausführung der Leistung sowie deren vertragsgemäße und regelgerechte Abrechnung. § 121 Abs. 1 S. 1 GWB bringt das mit der Formulierung, wonach der Auftragsgegenstand „so eindeutig und erschöpfend wie möglich zu beschreiben (ist), dass die Beschreibung für alle Unternehmen im gleichen Sinne verständlich ist und alle Angebote miteinander verglichen werden können" auf den Punkt. Hierbei handelt es sich auch um eine bieterschützende Vorschrift, deren Missachtung im Nachprüfungsverfahren gerügt werden kann (→ § 20 Rn. 36).[1] Je mehr eine kluge Vergabestelle in der Beachtung der Vergaberegeln nicht lediglich eine lästige Pflicht sieht, sondern die Auftragsvergabe als Mittel zur verbesserten Erfüllung ihrer Aufgaben begreift, desto mehr ist die Leistungsbeschreibung das zentrale **Instrument,** mit dem die Vergabestelle die sich aus den politischen und rechtlichen Rahmenbedingungen der jeweiligen Aufgabenerfüllung ergebenden Anforderungen gleichsam vergaberechtlich „übersetzt".

3   So ergeben sich beispielsweise aus dem Krankenhausplanungs- und dem Sozialrecht i.w.S. zahlreiche Anforderungen an einen Krankenhausneubau, die durch die regelmäßig zahlreichen Vorstellungen des Klinikpersonals und der für das Klinikum politisch Verantwortlichen beispielsweise im Stadtrat ergänzt werden. Auch die langjährige Erfahrung mit dem vorherigen Krankenhausgebäude fließt in die Formulierung der Leistungsbeschreibung für das neue Vorhaben mit ein. Als ein weiteres Beispiel mag die Beschaffung eines Verpflegungsangebots für die städtischen Schulen dienen: Hier „speist" sich die letzten Endes europaweit publizierte Leistungsbeschreibung aus zuvor gebildeten politischen Vorstellungen des Schulträgers, der Lehrer- und Elternschaft, vielleicht auch der Schülervertretung, ergänzt mit politischen Wünschen aus dem Stadtrat nach einer ökologisch nachhaltigen Zusammensetzung des Speisenangebots sowie der Entsorgung der Speiseabfälle und stets ist klar: Je mehr Überlegungen in die Formulierung der Leistungsbeschreibung einfließen, desto treffsicherer dürften die später eingehenden Angebote und desto erfolgreicher die nachfolgende eigentliche Aufgabenerfüllung in den Schulen sein. All das gilt entsprechend für die Beschaffung von Postdienstleistungen (wo es um die Übersetzung der Verantwortung beispielsweise der Gerichte für die Beachtung der jeweils einschlägigen Bekanntgabe- und Zustellungsvorschriften sowie für den Zustellungserfolg geht)[2], für die Beschaffung von Reinigungsdienstleistungen betreffend die öffentlichen Gebäude,[3] bei der Beschaffung der durch Aspekte wie Systemkompatibilität und Datensicherheit geprägten IT-Leistungen[4] sowie selbstverständlich für die unterschiedlichsten Bereiche der Bauvergaben.[5]

2. Grundsatz der Beschaffungsautonomie

4   Daraus, dass die erfolgreiche Aufgabenerfüllung den Basiszweck des GWB-Vergaberechts bildet, ergibt sich als Konsequenz ein bestimmtes Maß an Autonomie zugunsten des Auftraggebers bei der Entscheidung über Inhalt und Umfang der zu beschaffenden Leistung (sog. Beschaffungsautonomie; → vgl. bereits § 6 Rn. 7). Die lange Zeit vorherrschende Linie, wonach die Auftraggeber zur Prüfung und positiven Feststellung verpflichtet seien, dass und aus welchen Gründen andere, von ihnen nicht verfolgte Leistungen besser geeignet seien und sie gar die Beschaffungsentscheidung durch weitergehende Marktuntersuchungen objektivieren und all dies doku-

---

[1] Als Zusammenfassung der diesbezüglichen Fehlerquellen vgl. *Laumann/Scherf* VergabeR 2013, 539.
[2] Vgl. nur *Burgi* VergabeR 2007, 457 sowie das im Auftrag des Bundesverbands Deutscher Postdienstleister e.V. auf dessen Homepage (www.bvdp.de) veröffentlichte Rechtsgutachten „Kriterien für die Vergabe von Postdienstleistungen im Gewährleistungsstaat" auf dem Stand der 4. Aufl. 2017.
[3] Vgl. dazu mit instruktiven Formulierungsbeispielen *Mager/Lotz* ZfBR 2015, 758.
[4] Vgl. hierzu *Krohn* NZBau 2013, 79.
[5] Vgl. insoweit *Baumann* in: Lampe-Helbig u. a. HdbBauvergabe, C III; *Höfler/Bayer,* Praxishandbuch Bauvergaberecht, 2. Teil, G.

mentieren müssten,[6] wurde durch das **OLG Düsseldorf** ab dem Jahr 2010 Stück für Stück verlassen. Seither hält es dieses Gericht für ausreichend, dass die Leistungsbestimmung „auf sachbezogenen" Erwägungen beruht. Wenn dies der Fall ist, seien *nicht* die innerhalb des sog. Grundsatzes der produktneutralen Ausschreibung (→ Rn. 15) eingreifenden strengen Vorgaben der Vertretbarkeit, Nachvollziehbarkeit und erst recht nicht der Richtigkeit der getroffenen Beschaffungsentscheidung anzuwenden. Insbesondere sei der Auftraggeber dann nicht zur Durchführung von Markterkundungsverfahren verpflichtet.

Diese neue Rechtsprechungslinie wurde in mehreren Entscheidungen begründet[7] und zuletzt 5 verfestigt im Beschluss vom 9.1.2013. Darin hatte das Gericht die Formulierung eines konkret benannten Putzaufbaus für die Fassade eines restaurierten Landesmuseums als legitimen Ausdruck der zuvor getroffenen politischen Entscheidung, eine optisch besonders hochwertige Ausführung an den Fassaden des Museums zum Dom (zu Münster) verwirklichen zu wollen, die letzten Endes nur mit dem Putzaufbau eines bestimmten (im Leistungsverzeichnis exakt angegebenen) Typs herbeigeführt werden konnte[8] akzeptiert; ein vergleichbarer Fall betraf die Beschaffung einer Hochschulverwaltungssoftware.[9] Das OLG Düsseldorf hat Gefolgschaft gefunden beim OLG Naumburg[10] und beim OLG Karlsruhe[11].

Die hieran teilweise unter Berufung auf den Wettbewerbs- und den Gleichbe- 6 handlungsgrundsatz nach § 97 Abs. 1 und 2 GWB formulierte Kritik[12] geht jedenfalls nach der GWB-Novelle ins Leere[13], denn in § 31 Abs. 6 S. 1 VgV bzw. in § 7 Abs. 2 VOB/A-EU ist Dreh- und Angelpunkt der Leistungsbeschreibung zuvörderst der vom Auftraggeber bestimmte „Auftragsgegenstand". Das Vergaberecht und mit ihm das sogleich vorzustellende sog. Gebot der produktneutralen Ausschreibung (wonach beispielsweise der soeben erwähnte Oberputz-Typ grundsätzlich nicht explizit benannt werden dürfte) beginnen jenseits der sachlich und zeitlich vorausliegenden Bestimmung des öffentlichen Auftraggebers über den Beschaffungsgegenstand. Wenn die Leistungsbeschreibung also auf einem aus sachlichen Gründen (im Beispiel: Wegen der historischen Genese und dem räumlichen Kontext des Bauvorhabens) vom Auftraggeber definierten **Auftragsgegenstand** beruht und ferner der Grundsatz der Diskriminierungsfreiheit anderer Wirtschaftsteilnehmer nicht missachtet wird (→ dazu sogleich Rn. 15), dann darf in der Leistungsbeschreibung „auf eine bestimmte Produktion oder Herkunft oder ein besonderes Verfahren oder auf gewerbliche Schutzrechte, Typen oder einen bestimmten Ursprung verwiesen werden", und insbesondere bedarf es nicht der Durchführung weitergehender Marktuntersuchungen um die (eben intern, autonom) getroffene Beschaffungsentscheidung weiter zu objektivieren. Ein weiteres anschauliches Beispiel hierfür bildet die Be-

---

[6] Vgl. insoweit OLG Jena NZBau 2006, 735, ausführlich hierzu *Jaeger* ZWiR 2011, 365, betreffend die Beschaffung eines „Löschverfahrens" für die Feuerlöschanlage der teilweise zuvor abgebrannten „Anna-Amalia-Bibliothek" in Weimar.

[7] OLG Düsseldorf VergabeR 2011, 84 (85); VergabeR 2012, 46 m. Anm. *Horn.*

[8] OLG Düsseldorf VergabeR 2013, 599 m. Anm. *Noch.*

[9] OLG Düsseldorf VergabeR 2013, 744 m. Anm. *Reuber;* dazu auch *Rechten* NZBau 2014, 276; zuletzt OLG Düsseldorf NZBau 2016, 656 (VoIP-Telefone); OLG Düsseldorf NZBau 2017, 623.

[10] VergabeR 2013, 55 m. Anm. *Stoye/Thomas.*

[11] NZBau 2014, 378.

[12] Vgl. *Jaeger* ZWiR 2011, 365 (381); *Orthmann* VergabeR 2012, 376 (385); zuletzt *Kirch* NZBau 2016, 742; zur gerichtlichen Kontrolle *Rung* VergabeR 2017, 440.

[13] M. E. war sie auch schon zuvor nicht berechtigt; vgl. *Burgi* in: FS Marx, 81 f.

schränkung auf „Steinway-Flügel" bei der Beschaffung eines staatlichen Konzerthauses, v. a. weil 90 % der international bekannten Pianisten für ihre Konzerte Steinway-Flügel benutzen.[14] Fazit: Das Vergaberecht regelt nicht, was der öffentliche Auftraggeber beschafft, sondern nur die Art und Weise der Beschaffung.

II. Arten und Rechtsrahmen

1. Leistungsbeschreibung mit Leistungs- oder zusätzlichen Funktionsanforderungen

7   In den §§ 121 Abs. 1 GWB, 31 Abs. 2 VgV werden ohne nähere Charakterisierung die Leistungsbeschreibung mit Leistungsanforderungen und die Leistungsbeschreibung mit Funktionsanforderungen gleichermaßen **legitimiert.** Die VOB/A-EU enthält insoweit eine differenziertere Regelung, indem sie in § 7b die soeben genannte erste Variante präziser als „Leistungsbeschreibung mit Leistungsverzeichnis" charakterisiert und die zweite Alternative in § 7c als „Leistungsbeschreibung mit Leistungsprogramm".

8   Die Leistungsbeschreibung mit **Leistungsverzeichnis** (oder auch konventionelle bzw. konstruktive Leistungsbeschreibung genannt)[15] besteht typischerweise aus einer konkreten Darstellung der zu erbringenden Leistungen im Einzelnen und einem in Teilleistungen gegliederten Leistungsverzeichnis (Beispiele: Tägliche Reinigung der Büroräume mit einem näher bezeichneten Reinigungsgrad; Errichtung der Sanitärgewerke im ersten Obergeschoss anhand genau bezeichneter technischer Anforderungen etc.). Keine Leistungsbeschreibung wird auf diese Elemente verzichten können, weswegen die beiden Alternativen auch nicht in einem Entweder/Oder-Verhältnis zueinander stehen. Vielmehr ist die Frage, ob in Kombination mit einer Leistungsbeschreibung mit Leistungsverzeichnis zusätzlich auch funktionale Anforderungen gestellt werden sollen, und es mithin um eine zugleich konstruktive und funktionale Leistungsbeschreibung geht. Die Leistungsbeschreibung mit Leistungsverzeichnis kann nur dann vollständig auf funktionale Elemente verzichten, wenn es sich um die Beschaffung handelsüblicher, standardisierter Leistungsgegenstände (etwa Büro-PCs mit Standardsoftware; kleinere Reparaturarbeiten an einem Gebäude) handelt.

9   Die Leistungsbeschreibung mit **funktionalen** Anforderungen eröffnet den Bietern hinsichtlich der Art und Weise der Umsetzung der ihnen (freilich wiederum konkret) vorgegebenen Zwecke, Funktionen und einzelnen Anforderungen Spielräume. Bei dieser Alternative obliegt es den Bietern sich darüber Gedanken zu machen, wie sie den gestellten Anforderungen im Interesse der Funktionserfüllung gerecht werden wollen. Funktionale Elemente in einer Leistungsbeschreibung sind (→ wie bereits in § 7 Rn. 28) festgestellt, ein wichtiges Instrument der Innovationsförderung, indem der staatliche Auftraggeber das im Markt typischerweise in größerem Umfang und fortgeschrittener Verdichtung vorhandene Wissen und Know-how abzuschöpfen versucht.

---

[14] VK BW 1 VK 28/16.
[15] Vgl. zu den Einzelheiten *Krohn* in: Gabriel/Krohn/Neun, HdBVergabeR, § 19 Rn. 9 f.

Insbesondere betreffend Leistungen, über die der Auftraggeber keine vertieften Kenntnisse und 10 Einblicke besitzt (Beispiel: Bei der Abwicklung von Postdienstleistungen) kommt eine Ergänzung um funktionale Elemente in Betracht. Dies bedeutet, dass die Bieter in der Leistungsbeschreibung dazu aufgefordert werden, hinsichtlich eines näher umschriebenen Ziels Konzepte vorzulegen. Während beispielsweise der konventionelle Teil der Leistungsbeschreibung zur Zustellung an allen Werktagen oder zur Zustellung von Briefen in einem bestimmten Postleitzahlengebiet verpflichtet, etablieren die funktionale Anforderungen ergänzend die Verpflichtung, ein Konzept vorzulegen über die geplanten Reaktionen gegenüber falschen Empfängern, Rückläufern, zur Qualitätsprüfung während der Durchführung des Auftrags oder über Strategien zum Umgang mit Versandspitzen. Die Bewertung der von den einzelnen Bietern sonach vorgelegten Konzepte eröffnet (neben dem Preis) eine zusätzliche Vergleichsgelegenheit und bildet sich in einem Zuschlagskriterium neben dem Preis ab (→ § 17 Rn. 11). Die spätere Prüfung des Zuschlagskriteriums „Qualität" verspricht dadurch konkreter und treffsicher zu werden. Verzichtet der Auftraggeber auf die Aufnahme von solchermaßen beschriebenen funktionalen Elementen, ist er allein auf die Angaben der Bieter über deren Vorstellungen zur Erbringung der betreffenden Dienstleistung angewiesen.

Sowohl § 121 GWB als auch § 31 VgV formulieren keine Voraussetzungen für die 11 **Statthaftigkeit** des Einbaus funktionaler Elemente in die Leistungsbeschreibung. Nichtsdestoweniger ist nach der bereits zu der insoweit unveränderten Vorgängerfassung dieser Vorschriften ergangenen Rechtsprechung davon auszugehen, dass der Auftraggeber auch hier insoweit die Vorgaben hinsichtlich Zweck, Funktion und einiger Grundanforderungen selbst festlegen muss, den Bietern also nicht völlig freie Hand gelassen werden darf.[16] Strenger ist insoweit die VOB/A-EU, die funktionale Elemente in der Leistungsbeschreibung (in den Worten des § 7c VOB/A-EU: Eine „Leistungsbeschreibung mit Leistungsprogramm") nur für statthaft erklärt, wenn es „nach Abwägen aller Umstände zweckmäßig ist", und zwar „um die technisch, wirtschaftlich und gestalterisch beste sowie funktionsgerechteste Lösung der Bauaufgabe zu ermitteln".

2. Inhaltliche Anforderungen

a) Auftragsgegenstand i.w.S. Welche Merkmale des Auftragsgegenstandes in der 12 Leistungsbeschreibung erfasst werden können bzw. müssen, ergibt sich neuerdings aus § 31 Abs. 3 VgV bzw. (gleichlautend) aus § 7a Abs. 1 Nr. 2 VOB/A-EU. Danach können sich die Merkmale (je nach Einschätzung des jeweiligen Auftraggebers) „auch auf den spezifischen Prozess oder die spezifische Methode zur Herstellung oder Erbringung der Leistung oder auf ein anderes Stadium im Lebenszyklus des Auftragsgegenstandes einschließlich der **Produktions- und Lieferkette** beziehen, auch wenn derartige Faktoren keine materiellen Bestandteile der Leistung sind, sofern diese Merkmale i.V.m. dem Auftragsgegenstand stehen und zu dessen Wert und Beschaffungszielen verhältnismäßig sind." Dies betrifft insbesondere ökologische oder soziale Aspekte außerhalb des eigentlichen Beschaffungsgegenstandes, etwa die Anforderung, dass die beschafften PCs in einer bestimmten Umweltstandards entsprechenden Produktionsanlage hergestellt bzw. in nachhaltiger Weise wieder entsorgt

---

[16] EuGH C-423/07, NZBau 2010, 643 m. Anm. *Krohnsbein/Dewald* NZBau 2011, 146 (Kommission/Spanien); OLG Düsseldorf VergabeR 2014, 188 m. Anm. *Weihrauch;* OLG Düsseldorf NZBau 2013, 788; NZBau 2014, 374.

werden bzw. nach ihrem Gebrauch wieder recyclebar sind (näher dazu noch IV). Dabei wird ausdrücklich noch einmal an den sich bereits aus § 97 Abs. 1 S. 2 GWB ergebenden Verhältnismäßigkeitsgrundsatz (→ § 6 Rn. 24 f.) erinnert. Die entsprechenden Merkmale können als konkrete Leistungsanforderungen oder auch in Gestalt der Abfragung von Konzepten, d. h. in Gestalt einer funktionalen Leitungsbeschreibung gefordert werden.

13 **b) Eindeutigkeit, Genauigkeit und Vollständigkeit.** Diesem Erfordernis kann der öffentliche Auftraggeber am besten gerecht werden, wenn er eine Leistungsbeschreibung so detailliert wie möglich gestaltet.[17] Dies gilt sowohl im Hinblick auf die Formulierung von Leistungsanforderungen als auch im Hinblick auf die Vorgaben an die im Rahmen einer funktionalen Beschreibung erwarteten Konzepte. Beispiel: Als Mindestanforderungen an eine Leistungsbeschreibung bei der Beschaffung von Postdienstleistungen ist es anzusehen, dass die erwünschten Dienstleistungen nach Beförderungsgegenstand und -form, voraussichtlichem Umfang und Zustellungsgebiet möglichst eindeutig festgelegt werden, und das die Einhaltung der im jeweiligen Zusammenhang bestehenden gesetzlichen Vorgaben des Bekanntgabe- und Zustellungsrechts zum Leistungsbestandteil gemacht wird.

14 Wenn dem öffentlichen Auftraggeber überdies an einer bestimmten durchschnittlichen Brieflaufzeit und an möglichst wenig falschen Empfänger gelegen ist, dann muss er Verpflichtungen in die Leistungsbeschreibung mit aufnehmen, die zur Erreichung dieser Ziele beitragen. Spricht er dort nur allgemein von der Zustellung von Briefsendungen innerhalb eines bestimmten Zustellgebiets in einen bestimmten Umfang, so provoziert er damit einerseits (erstens) die Gefahr, Rügen von Bietern zu bekommen, deren Angebote wegen einer schlechteren Qualität im Hinblick auf diese Parameter abgelehnt werden und (zweitens) wird er an den erfolgreichen Bieter in den genannten Bereichen später keine besonderen Anforderungen stellen können. Das Gebot der Eindeutigkeit, Genauigkeit und Vollständigkeit gebietet in dieser Situation das Erfordernis der Zustellung von Briefen an allen Werktagen, ggf. kombiniert mit dem funktionalen Element der Vorlage eines Konzepts über den Prozess der Briefbeförderung unter Angabe der Schnittstellen im Bereich der Zustellung.

15 **c) Diskriminierungsfreiheit.** Die Leistungsbeschreibung ist diejenige Verfahrensstufe, auf der typischerweise Verstöße gegen das bereits aus dem europäischen Primärrecht folgende Diskriminierungsverbot und damit zugleich gegen den Gleichbehandlungsgrundsatz nach § 97 Abs. 2 GWB zu beobachten sind. Der Gesetzgeber hat den daraus resultierenden sog. Grundsatz der **Produktneutralität** gleichsam zur Sicherheit explizit normiert, und zwar in § 31 Abs. 6 VgV bzw. in § 7 Abs. 2 VOB/A-EU. Dieser Grundsatz verpflichtet dazu, nicht auf eine bestimmte Produktion oder Herkunft, ein besonderes Verfahren oder auf gewerbliche Schutzrechte etc. zu verweisen, wenn dadurch (was regelmäßig der Fall sein wird) bestimmte andere Unternehmen oder andere Produkte ausgeschlossen werden. Dies betrifft beispielsweise das immer noch vor allem im kommunalpolitischen Raum anzutreffende Erfordernis, dass be-

---

[17] Entsprechend der klassisch gewordenen Formulierung des OLG Koblenz NZBau 2002, 699; zuletzt OLG Düsseldorf VergabeR 2017, 757 m. Anm. *Dobmann*. Eingehend zu den diesbezüglichen Anforderungen *Traupel* in: Müller-Wrede, Kompendium, Kap. 14 Rn. 11 f., auch zur hiermit aufgeworfenen Frage des Umgangs mit sog. Bedarfs- bzw. Eventualpositionen; zur diesbezüglichen Bedeutung der Allgemeinen Rechtsgeschäftslehre *Gerlach/Manzke* VergabeR 2016, 443.

stimmte Produkte oder Dienstleistungen durch einheimische Betriebe zur Verfügung gestellt werden müssen,[18] dass bestimmte Produkte (etwa die bei der Schulverpflegung verwendeten Lebensmittel) aus einheimischem Anbau stammen müssen oder dass nur Produkte eines bestimmten Herstellers (beispielsweise BMW-Polizeifahrzeuge anstatt „Fahrzeuge für den Einsatz durch die Polizei") erlaubt werden.

Der Grundsatz kann jedoch durchbrochen werden, wenn dies „durch den Auf- 16 tragsgegenstand gerechtfertigt ist"; damit setzt sich der bereits eingangs (→ Rn. 4 f.) beschriebene Grundsatz der **Beschaffungsautonomie** gegenüber dem Grundsatz der Produktneutralität durch, allerdings nur, wenn ein sachlicher und nicht lediglich vorgeschobener Zusammenhang zwischen dem Auftragsgegenstand und dem geforderten Leistungsmerkmale besteht. Eine weitere Ausnahme statuieren § 31 Abs. 6 S. 2 VgV bzw. § 7 Abs. 2 S. 2 VOB/A-EU für den Fall, dass der Auftragsgegenstand „anderenfalls nicht hinreichend genau oder allgemeinverständlich beschrieben werden kann"; Verweise auf bestimmte Produktionen oder Herkunftsbereiche sind dann allerdings mit dem Zusatz „oder gleichwertig" zu versehen, um Herstellern anderer Produkte bzw. von anderen Herkunftsorten dennoch eine Teilnahme am Wettbewerb zu ermöglichen.

d) Behandlung von sog. ungewöhnlichen Wagnissen. „Ungewöhnliche Wagnis- 17 se" beziehen sich auf Umstände und Ereignisse, auf die der spätere Auftragnehmer keinen Einfluss hat und deren Einwirkung auf die Preise und Fristen er nicht im Voraus schätzen kann. Beispiele bilden etwa die Ausschreibung von Bodenuntersuchungen, die je nach Intensität der Kontaminierung zwischen 10 EUR und 500 EUR pro Tonne betragen können, oder die Ausschreibung von Streusalzlieferungen für den Winterdienst, wenn sie beispielsweise als „Durchschnittsbedarf" ausgeschrieben werden, was angesichts des Klimawandels bei den Beteiligten auch primär Ratlosigkeit auslösen dürfte. In der VOL/A ist ein Verbot der Auferlegung „ungewöhnlicher Wagnisse" seit 2009 nicht mehr vorgesehen, ebenso fehlt es in der **Neufassung** von GWB und VgV. In der VOB/A-EU besteht das Verbot (in § 7 Abs. 1 Nr. 2) unverändert fort, obgleich der praktische Problemschwerpunkt deutlich im Bereich der Lieferungen und Dienstleistungen liegt. In der Sache hat die Rechtsprechung zu dieser Thematik seit der Beseitigung des Verbots in der VOL/A (d. h. ab 2009) gezeigt, dass es sich tatsächlich um eine überflüssige Regelung handelt, weil das dahinter stehende Sachproblem (der Schutz von Auftraggebern und v. a. Bieterunternehmen gegen Überforderung) anders, und zwar mithilfe des allgemeinen Grundsatzes der Verhältnismäßigkeit (über dessen Unterkategorie der Unzumutbarkeit) bewerkstelligt werden kann.[19]

Mit der expliziten Aufnahme des Verhältnismäßigkeitsgrundsatzes in § 97 Abs. 1 18 S. 2 GWB (→ § 6 Rn. 24 f.) ist unter bestimmten Voraussetzungen somit durchgehend und weiterhin ein Verbot unzumutbarer Ausschreibungsbedingungen anzuerkennen, m. E. auch unter der VOB/A-EU, wo die fortgeführte Formulierung „un-

---

[18] Zu einer solchen (für rechtswidrig erklärten) Anforderung an private Krankenhauseinrichtungen in Spanien jüngst EuGH C-552/13, NZBau 2016, 109 (Grupo Hospitalario Quirón).
[19] Dies hat eingehend *Dicks* NZBau 2014, 731, gestützt auf die bisherige Rechtsprechungslinie, dargelegt; vgl. auch *Brauer* VergabeR 2012, 343.

gewöhnliches Wagnis" nach Inkrafttreten der GWB-Novelle keine eigenständigen Prüfaufgaben für Auftraggeber und Auftragnehmer mehr zu begründen vermag. Weiterhin verpflichtet das Gebot der Eindeutigkeit, Genauigkeit und Vollständigkeit der Leistungsbeschreibung dazu, so viele Angaben wie möglich zu machen, um den Bietern eine sichere und ohne umfangreiche Vorarbeiten mögliche Preisberechnung zu ermöglichen.

3. Anknüpfung an technische Anforderungen, Bescheinigungen und Gütezeichen

19 Es liegt auf der Hand, dass individuell durch die jeweilige Vergabestelle formulierte Leistungs- oder Funktionsanforderungen auch ohne protektionistische Absicht immer wieder in Konflikt mit dem Grundsatz der Diskriminierungsfreiheit geraten können. Daher geht schon seit langem das Bestreben der europäischen **Binnenmarktidee** dahin, die Entwicklung standardisierter Vorgaben und v. a. die Anknüpfung hieran zu fördern. Betraf dies ursprünglich vor allem technische Normen, so sind im Laufe der Zeit auch Normen und Gütezeichen betreffend die Umweltmerkmale bestimmter Leistungen hinzugekommen. Neben den zahlreichen Normierungen im Baubereich und bei Produkten entwickeln sich überdies auch im Dienstleistungsbereich verstärkt Normierungsansätze (beispielsweise die „DIN 77400" für „Reinigungsdienstleistungen – Schulgebäude" oder die „DIN ISO 20121" für „nachhaltiges Veranstaltungsmanagement") heraus.[20] Die Neufassungen von VgV (§§ 31–34) und VOB/A-EU (§ 7a) bringen gegenüber dem vorherigen Rechtszustand[21] einige terminologische und sachliche Veränderungen, vor allem aber weisen sie eine deutlich übersichtlichere Regelungsstruktur auf. Nachfolgend werden stellvertretend die einschlägigen Regelungen in der VgV referiert:

20 **a) Bezugnahme auf technische Anforderungen.** § 31 Abs. 2 VgV regelt die Bezugnahme auf technische Anforderungen; diese werden im Anhang 1 zur VgV näher definiert, während § 32 VgV die sich daraus ergebenden Pflichten des Auftraggebers konkretisiert. In § 31 Abs. 2 S. 2 VgV wird dieser dazu verpflichtet, bei jeder Bezugnahme auf eine solche Anforderung stets den Zusatz „oder gleichwertig" anzufügen. Ferner ermöglicht § 32 Abs. 1 VgV einem Unternehmen den Nachweis, dass sein Angebot trotz Nichtbeachtung der in der Ausschreibung zugrunde gelegten technischen Anforderungen „gleichermaßen" entspricht. Das Regelungskonzept betreffend die Bezugnahme auf „technische Anforderungen" sieht vor, dass diese entweder „als Mittel zur Vermutung der Konformität" mit den vom Auftraggeber definierten Leistungs- und Funktionsanforderungen oder unmittelbar als einzuhaltende Vorgaben zugrunde gelegt werden (§ 31 Abs. 2 S. 1 Nr. 3 VgV). Dabei wird folgende **Rangfolge** festgelegt (Abs. 2 S. 1 Nr. 2): Nationale Normen, mit denen europäische Normen umgesetzt werden, sind vorrangig gegenüber europäischen technischen Zulassungen,

---

[20] Das Bundeswirtschaftsministerium fördert die Verwendung von DIN-Normen bei der Vergabe öffentlicher Dienstleistungsaufträge und erarbeitet in Zusammenarbeit mit der Universität Osnabrück einen Leitfaden und Checklisten (nähere Informationen unter www.din.de/de/mitwirken/normenausschuesse/nadl/praxisleitfaden-97092).

[21] Vgl. zu ihm stellv. *Krohn* in: Gabriel/Krohn/Neun, HdbVergabeR, § 19 Rn. 56 ff.

diese sind vorrangig gegenüber gemeinsamen technischen Spezifikationen, welche wiederum vorrangig sind gegenüber internationalen Normen und anderen technischen Bezugsystemen, die von den europäischen Normungsgremien erarbeitet wurden; erst wenn Normen und Spezifikationen dieser Kategorien fehlen, kommt eine Bezugnahme auf nationale Normen, technische Zulassungen oder technische Spezifikationen in Betracht. Damit hat der Gesetzgeber Art. 42 der VRL (der, sachlich gleichbedeutend, mit „technische Spezifikationen" überschrieben ist) umgesetzt.

Der Transparenzgrundsatz erfordert, dass die entsprechenden Normen den Bietern zugänglich **21** sein müssen. Dem widerspricht es m. E. nicht, dass beispielsweise die DIN-Normen nur gegen Zahlung eines Entgelts (dabei diskriminierungsfrei) zugänglich sind, da jedem Bieter immer noch die Vorlage eines „gleichwertigen" bzw. den technischen Anforderungen „gleichermaßen entsprechenden" Angebots möglich bleibt.

b) Nachweisführung durch Bescheinigungen von Konformitätsbewertungs- 22 stellen. In Umsetzung von Art. 44 VRL regelt § 33 VgV die Vorlage von Bescheinigungen, insbesondere Testberichten oder Zertifizierungen, die von einer sog. Konformitätsbewertungsstelle ausgestellt worden sind, und zwar als Beleg dafür, dass eine Liefer- oder Dienstleistung bestimmten, in der Leistungsbeschreibung geforderten Merkmalen entspricht. Konformitätsbewertungsstellen sind Stellen, die gemäß der VO (EG) Nr. 765/2008[22] akkreditiert und zur Durchführung von Konformitätsbewertungen berechtigt sind. Wichtigstes Beispiel hierfür ist die sog. „CE-Kennzeichnung", mit dem einem Produkthersteller (z.B.) bescheinigt worden ist (durch eine Konformitätsbewertungsstelle), dass sein Produkt bestimmten Anforderungen, namentlich der Produktsicherheit, entspricht. Ein vergleichbares System der Konformitätsbewertung existiert u.a. auch für Medizinprodukte.

c) Nachweisführung durch Gütezeichen. In Umsetzung von Art. 43 der VRL **23** ermöglicht § 34 VgV erstmals im deutschen Recht ausdrücklich die Nachweisführung darüber, dass eine Liefer- oder Dienstleistung insbesondere bestimmten ökologischen bzw. sozialen Anforderungen entspricht, durch sog. Gütezeichen. Ein wichtiges Beispiel hierfür bildet das sog. Fair-Trade-Siegel. In den Abs. 2–5 VgV werden verschiedene Anforderungen an die Nachweisführung durch Gütezeichen gestellt. Diese Anforderungen sind an dem einschlägigen Urteil des EuGH vom 10.5.2012 in der Rechtssache „EKO und Max Havelaar" orientiert.[23] Auch hier muss der Auftraggeber andere Gütezeichen akzeptieren, die „gleichwertige Anforderungen an die Leistung stellen" (§ 34 Abs. 4 VgV).

---

[22] ABl. 2008 L 218 S. 30.
[23] EuGH C-368/10, NZBau 2012, 445, und hierzu *Wegener/Hahn* NZBau 2012, 684; zu den sich wiederum aus den Grundfreiheiten des AEUV ergebenden Grenzen bei der Verwendung von Normen, Zertifikaten und Gütezeichen vgl. OLG Düsseldorf NZBau 2017, 498 m. Anm. *Halstenberg/Klein* NZBau 2017, 469.

III. Zulassung von Nebenangeboten

24 Mehr Rechtssicherheit besteht künftig auch im Hinblick auf den Umgang mit sog. Nebenangeboten.[24] Sie sind geregelt in § 35 VgV bzw. § 8 Abs. 2 Nr. 3 VOB/A-EU, in Umsetzung von Art. 45 der VRL, die hierfür die Bezeichnung „Varianten" verwendet. Der Sinn von Nebenangeboten besteht darin, sich Alternativlösungen vorschlagen zu lassen, die der Auftraggeber aufgrund seiner im Vergleich zu den Bietern geringeren Erfahrung und Sachkunde nicht selbst ausarbeiten konnte. Es handelt sich mithin um ein weiteres potenzielles Instrument der Innovationsförderung (→ § 7 Rn. 28).[25] Nebenangebote sind auch in Zukunft allerdings nur statthaft, wenn der Auftraggeber sie ausdrücklich zugelassen hat[26], und sie mit dem Auftragsgegenstand in Verbindung stehen. Anders als bisher hängt die Zulassung nach § 35 Abs. 2 S. 3 VgV (eine vergleichbare Regelung fehlt in der VOB/A-EU) allerdings nicht mehr davon ab, ob der Preis alleiniges Zuschlagskriterium ist (→ dazu § 17 Rn. 6); der BGH hatte unter der vorherigen Rechtslage entschieden, dass in solchen Fällen Nebenangebote grundsätzlich nicht zugelassen und gewertet werden dürfen, sondern nur dann, wenn neben dem Preis weitere Zuschlagskriterien (insbesondere „Qualität") vorgesehen waren.[27] Nach § 35 Abs. 2 VgV ist der Auftraggeber aber auch im Hinblick auf Nebenangebote zur Festlegung bestimmter „Mindestanforderungen" verpflichtet. Gemäß § 127 Abs. 4 S. 2 GWB müssen die Zuschlagskriterien sowohl auf Haupt- als auch auf Nebengebote anwendbar sein.

IV. Verfolgung ökologischer und sozialer Zwecke

25 Die Leistungsbeschreibung kann die erste Verfahrensstufe sein, auf der der Auftraggeber auch ökologische und soziale Zwecke verfolgen kann. Dabei müssen zunächst die allgemein an die „strategische" Nutzung der Beschaffung gestellten Anforderungen erfüllt sein (→ § 7), insbesondere der Grundsatz der Verhältnismäßigkeit. Spezifische Anforderungen an eine ökologisch orientierte Leistungsbeschreibung[28] ergeben sich sodann aus § 67 VgV (für die Beschaffung energieverbrauchsrelevanter Liefer- oder Dienstleistungen, z. B. PCs, Reinigungsmaschinen etc.)[29] sowie aus § 68 VgV (betreffend die Beschaffung von Straßenfahrzeugen; hier geht es beispielsweise um die Beschränkung des Energieverbrauchs von Omnibussen zur Schülerbeförderung). Jenseits dieser beiden sehr detailliert geregelten Spezialthemen ermöglicht § 31 Abs. 3 VgV ausdrücklich, dass Leistungs- oder Funktionsanforderungen in Leistungsbe-

---

[24] Davon zu unterscheiden ist die nur ganz ausnahmsweise statthafte Ausschreibung von sog. Wahl- bzw. Alternativpositionen (dazu OLG München VergabeR 2016, 509 m. Anm. *Hartung*; OLG Düsseldorf VergabeR 2017, 757 m. Anm. *Dobmann*).

[25] Vgl. hierzu, freilich noch auf dem früheren Rechtsstand, und daher nur teilweise verwertbar, die Beiträge von *Kulartz* in: FS Marx, 351; *Ohlerich* in: Gabriel/Krohn/Neun, HdbVergabeR, § 28; *Koch*, Flexibilisierungspotenziale im Vergabeverfahren, 2013, 257 ff.

[26] Dabei dürfte auch die nachträgliche Zulassung möglich sein, wenn sie allen Bietern gegenüber bekannt gemacht wird (OLG Düsseldorf NZBau 2015, 503).

[27] BGH VergabeR 2014, 149 m. Anm. *Herrmann*. Diese Entscheidung erging nach einer sog. Divergenzvorlage (→ § 20 Rn. 9) und beendete eine Meinungsdivergenz zwischen verschiedenen Oberlandesgerichten (dazu *Dicks* VergabeR 2012, 318); krit. zur Neuregelung *Dicks* VergabeR 2016, 309.

[28] Dazu im Überblick *Gaus* NZBau 2013, 401; *Haak* NZBau 2015, 11 (14 f.).

[29] Vgl. zu den sich daraus ergebenden Anforderungen (noch im Hinblick auf die inhaltlich aber weitgehend unveränderte Vorgängervorschrift) *Zeiss* NZBau 2012, 201; *Stockmann/Rusch* NZBau 2013, 71.

schreibungen auch **Umweltmerkmale** umfassen können. Dabei können zur Nachweisführung die in → Rn. 23 beschriebenen Gütezeichen nach § 34 VgV eine wichtige Rolle spielen (beispielsweise in Gestalt des sog. Blauen Engels, der zur Kennzeichnung von umweltfreundlichem Recyclingpapier verwendet wird).[30]

Während die ökologischen Anforderungen vielfach unmittelbar den zu beschaffen **26** Gegenstand kennzeichnen und daher gleichsam automatisch zum Inhalt der Leistungsbeschreibung werden können, ist dies bei **sozialen** Anforderungen nur ausnahmsweise der Fall. Am wichtigsten ist hier die Sicherstellung der Zugänglichkeit von (zu bauenden) Räumlichkeiten für Menschen mit Behinderungen, was in § 31 Abs. 5 VgV bzw. § 7a Abs. 1 Nr. 5 VOB/A-EU ausdrücklich hervorgehoben wird. Ein gewisses Ausdehnungspotenzial gegenüber der bisherigen Rechtslage eröffnet § 31 Abs. 3 S. 2 VgV, wonach sich sämtliche Merkmale in einer Leistungsbeschreibung (damit auch Merkmale sozialpolitischen Charakters) auch „auf den spezifischen Prozess oder die spezifische Methode zur Herstellung und Erbringung der Leistung oder auf jedes andere Stadium im Lebenszyklus des Auftragsgegenstandes einschließlich der Produktions- und Lieferkette" beziehen können (→ vgl. bereits Rn. 12). Der Verordnungsgeber bewegt sich damit aber noch innerhalb des Rahmens der VRL.[31]

Dies ermöglicht beispielsweise die Anforderung, dass ein gelieferter Gegenstand (etwa Fußbälle **27** für die städtischen Sportanlagen) nicht aus Kinderarbeit stammt, d.h. konkret nicht dem Verbot zur Beseitigung schlimmster Formen der Kinderarbeit der Internationalen Arbeitsorganisation (ILO) widersprechen darf (→ vgl. bereits § 7 Rn. 15). Allerdings ist nach § 31 Abs. 3 S. 2 VgV strikt darauf zu achten, dass die entsprechende Anforderung „in Verbindung mit dem Auftragsgegenstand" steht und vor allem, dass sie „zu dessen Wert und (den) Beschaffungszielen verhältnismäßig" ist. Dies schließt das Erfordernis ein, dass die Bieter (im Beispiel: Die Lieferanten der Fußbälle) ihrerseits die Möglichkeit haben müssen, tatsächlich in den Herkunftsländern rechtssicher überprüfen zu können, ob die von ihnen dort beschafften Bälle jenen Anforderungen entsprechen. Für die Praxis empfiehlt sich insoweit wiederum (wie auch bei der Verfolgung ökologischer Anforderungen) zur Nachweisführung der Einsatz von Gütezeichen i.S.v. § 34 VgV (im Beispiel: Das bereits erwähnte Fair-Trade-Siegel).

Vertiefungsliteratur:

Prieß, Die Leistungsbeschreibung, NZBau 2004, 20, 87; *Traupel,* Auftragsgegenstand, Leistungsbeschreibung, in: Müller-Wrede, Kompendium, Kap. 14; *Krohn,* Leistungsbeschreibung, in: Gabriel/Krohn/Neun, HdbVergabeR, § 19; *Burgi,* Specifications, in: Trybus/Caranta/Edelstam, EU Public Contract Law 2014, 37; *Reichling/Osseforth/Scheumann,* Durchführung von Vergabeverfahren (Teil 1), GewArch 2015, 193; *Krönke,* Sozial verantwortliche Beschaffung nach dem neuen Vergaberecht, VergabeR 2017, 101.

---

[30] Dazu *Dieckmann* NVwZ 2016, 1369; *Knauff* VergabeR 2017, 553.
[31] Ebenso *Krönke* VergabeR 2017, 101 (106f.) m.w.N.

§ 13. Verfahrensarten und Verfahrensabläufe

Übersicht

1   In höherem Maße als beispielsweise im Wirtschaftsverwaltungs- oder im Umweltrecht, wo dem Verfahren eine primär „dienende Funktion" zukommt, bildet es im
Vergaberecht das zentrale Element zur Verwirklichung der verfolgten Zwecke der
Erfüllung von Verwaltungsaufgaben, der Gewährleistung von Wettbewerblichkeit
und Ressourcenschonung bzw. bei der zusätzlichen Verfolgung ökologischer und sozialer Belange. Allerdings sind die Verfahrensanforderungen an die öffentlichen Auftraggeber und an die Wirtschaftsteilnehmer über die einschlägigen Normen hinweg
verstreut. Die nachfolgende Darstellung unternimmt daher zunächst einen an der
Chronologie der Abläufe orientierten Zugriff (I) und widmet sich dann den verschiedenen Verfahrensarten, die auch im Gesetz eine konzentrierte Regelung erfahren haben (II), ebenso wie die besonderen Beschaffungsstrukturen, die Methoden
und Instrumente (III). Abschließend soll kurz das weniger aus juristischer, aber umso
mehr aus praktischer Sicht wichtige Thema des sog. Electronic Procurement (E-Vergabe) beleuchtet werden (IV).

I. Chronologischer Überblick

1. Abläufe bis zur Auftragsbekanntmachung

2   Vor Beginn des eigentlichen Vergabeverfahrens unternehmen die zuständigen Vergabestellen selbstverständlich zahlreiche Vorbereitungshandlungen, indem sie sich über
ihren Bedarf klar werden (vielfach im Austausch mit den für die sodann später zu

erfüllenden Verwaltungsaufgaben zuständigen Stellen) und indem sie die betroffenen Märkte sondieren. Hierzu werden sie künftig durch § 28 VgV explizit ermächtigt (gleichlautend § 2 Abs. 7 VOB/A-EU).[1] Die Schwelle von der bloßen Markterkundung zum Beginn eines Vergabeverfahrens im eigentlichen Sinne ist dann überschritten, wenn der öffentliche Auftraggeber seinen internen Beschaffungsbeschluss objektiv erkennbar (d. h. bei rechtmäßigem Verhalten: Durch EU-weite Bekanntmachung; → Rn. 13f.) nach außen durch Maßnahmen umsetzt. Wie § 2 Abs. 8 VOB/A-EU ausdrücklich feststellt, soll er diesen Schritt erst dann unternehmen, „wenn alle Vergabeunterlagen fertig gestellt sind und wenn innerhalb der angegebenen Fristen mit der Ausführung begonnen werden kann" (sog. **Vergabereife**).[2] Die Vergabereife kann insbesondere dann problematisch sein, wenn der Auftraggeber parallel zu einem durchzuführenden Planfeststellungs- oder Baugenehmigungsverfahren bereits mit der Ausschreibung erster Vorarbeiten beginnen möchte.[3]

Bevor die Vergabestelle ihre Beschaffungsabsicht öffentlich bekannt macht, muss 3 sie ferner die sog. **Vergabeunterlagen** fertiggestellt haben, weil diese sodann von den auf die Bekanntmachung reagierenden Bietern abgerufen werden. Die notwendige Zusammensetzung der Vergabeunterlagen ergibt sich aus § 29 VgV bzw. § 8 VOB/A-EU, die Einzelheiten ihrer Bereitstellung sind in den §§ 41 VgV, 12a VOB/A-EU geregelt. Danach bestehen die Vergabeunterlagen in der Regel aus dem sog. Anschreiben und den Bewerbungsbedingungen (die die Einzelheiten der Durchführung des Verfahrens beschreiben) einschließlich der Angabe der Eignungs- und der Zuschlagskriterien, sofern diese nicht bereits in der Auftragsbekanntmachung genannt sind. Ferner gehören hierher Angaben zur Zulassung von Nebenangeboten (→ § 12 Rn. 24) und Erklärungen im Zusammenhang mit dem Einsatz von Nachunternehmern (→ § 9 Rn. 8f.). Sodann müssen die Vergabeunterlagen die sog. Vertragsunterlagen enthalten, die wiederum aus der Leistungsbeschreibung (→ § 12) und den Vertragsbedingungen bestehen. Diese bilden zusammen mit der Leistungsbeschreibung in privatrechtlicher Hinsicht den Vertragsinhalt für den zu erteilenden Auftrag, ebenso wie die sog. Ausführungsbedingungen (eine besondere Art der Vertragsbedingungen), die insbesondere zur Verwirklichung ökologischer und sozialer Zielsetzungen verwendet werden (→ dazu näher § 19 Rn. 10f.).[4]

2. Abläufe zwischen Auftragsbekanntmachung und Zuschlagsentscheidung

Bereits die öffentliche Bekanntmachung unterliegt je nachdem, welche Verfahrensart 4 durch den öffentlichen Auftraggeber gewählt worden ist (→ Rn. 12f.), unterschiedlichen Anforderungen. Dies gilt auch für die einzelnen Verfahrensschritte (näher II), für die jeweils zu beachtenden Fristen[5] und für die Anforderungen an die sowie den Umgang mit den Angebote(n), Teilnahmeanträge(n), Interessenbekundungen und Interessensbestätigungen. Dies ist näher geregelt in den §§ 52–55 VgV bzw. in den

---

[1] Zu den einzelnen hierzu gehörenden Maßnahmen vgl. *Reichling/Osseforth/Scheumann* GewArch 2014, 276.
[2] Vgl. zunächst OLG München NZBau 2012, 658.
[3] Zu den sich hierbei stellenden Fragen vgl. *Mutschler-Siebert/Queisner* NZBau 2014, 535.
[4] Ausführlicher hierzu *Ohlerich* in: Gabriel/Krohn/Neun, HdbVergabeR, § 20; *v. Wietersheim* in: Gabriel/ Krohn/Neun, HdbVergabeR, § 24.
[5] Dazu im Gesamtüberblick *v. Wietersheim* in: Gabriel/Krohn/Neun, HdbVergabeR, § 25.

§§ 13 und 14 VOB/A-EU.[6] Hervorgehobene Verfahrensstufen betreffen die Prüfung der Erfüllung der Eignungskriterien (→ § 16) und der Zuschlagskriterien (→ § 17). Die diesbezüglichen Prüfungen und die abschließend zu treffende Wertungsentscheidung werden näher in → § 18 dieses Lehrbuchs dargestellt. Am Ende des eigentlichen Vergabeverfahrens steht jedenfalls die Entscheidung der jeweiligen Vergabestelle, einem bestimmten Bieter den Zuschlag zu erteilen und mithin die Angebote der anderen Bieter nicht zu berücksichtigen.

3. Verfahrenspflichten unmittelbar vor und nach erfolgter Zuschlagsentscheidung

5 Bevor der Auftraggeber dem von ihm auserwählten Bieter den Zuschlag erteilt, ist er gemäß § 134 GWB dazu verpflichtet, die Bieter, deren Angebote nicht berücksichtigt werden sollen, hierüber und über seine Gründe zu informieren. Diese Informations- und Wartepflicht bildet das zentrale Instrument zur Gewährleistung eines effektiven Rechtsschutzes jener nicht berücksichtigten Bieter und wird daher im Zusammenhang des Rechtsschutzsystems (→ § 20 Rn. 30) dargestellt. Ist sodann der Zuschlag erteilt worden, ist der öffentliche Auftraggeber gemäß §§ 62 VgV, 19 Abs. 4 VOB/A-EU verpflichtet, die getroffene Entscheidung jedem im Verfahren beteiligten Bieter bzw. Bewerber **mitzuteilen.** Auf Antrag müssen den Angehörigen dieses Personenkreises auch die Gründe für die getroffene Entscheidung mitgeteilt werden. Davon zu unterscheiden ist die in den §§ 39 VgV, 18 Abs. 3 VOB/A-EU vorgesehene sog. Vergabebekanntmachung gegenüber der Allgemeinheit, die einen Beitrag zur Transparenz des Vergabewesens leisten soll.

6 Diesem Zweck dient auch die mit der GWB-Novelle erstmals eingeführte Pflicht zur Berichterstattung gegenüber dem Bundesministerium für Wirtschaft und Energie über die Anwendung der GWB-Vorschriften und der Verordnungen, und zwar alle drei Jahre. Hierzu verpflichtet sind die obersten Bundesbehörden und die Länder gemäß § 114 Abs. 1 GWB (sog. Monitoring). Die Auftraggeber selbst werden gemäß § 114 Abs. 2 GWB dazu verpflichtet „flächendeckend Daten im Vergabewesen" zu erheben und diese an das Bundesministerium für Wirtschaft und Energie zu übermitteln. Hiermit verbindet sich ein nicht unerheblicher Verfahrensaufwand für die öffentlichen Auftraggeber, der mithilfe eines Formulars (nach näherer Maßgabe der **VergStatVO;** → § 4 Rn. 22) abgemildert wird. Diese (freilich deutlich abgeschwächt) auch für den Bereich der Vergabe unterhalb der Schwellenwerte geltende gesetzliche Anforderung ist kompetenziell durch Art. 73 Abs. 1 Nr. 11 GG (ausschließliche Gesetzgebungskompetenz des Bundes für „die Statistik für Bundeszwecke" gedeckt; → vgl. demgegenüber zur fehlenden Gesetzgebungskompetenz des Bundes für Verfahren, Kriterien und Rechtsschutz unterhalb der Schwellenwerte → § 26 Rn. 9). Die chronologisch betrachtet letzte Verfahrensphase betrifft die dem Privatrecht zugeordnete Ausführung des Auftrags, sie gehört mithin nicht mehr dem Vergaberecht an, wird aber in Grundzügen in → § 19 betrachtet.

---

[6] Vgl. insoweit den Gesamtüberblick bei *Haupt* in: Gabriel/Krohn/Neun, HdbVergabeR, § 26; zum „Angebot" aus Bietersicht *Gerlach/Manzke* VergabeR 2017, 11.

4. Durchgehende Verfahrensanforderungen

In jeder Phase des Vergabeverfahrens sind die folgenden Vorschriften zu beachten, **7** deren Missachtung jeweils im Nachprüfungsverfahren gerügt werden kann:

– Das **Mitwirkungsverbot** nach §§ 6 VgV, 2 Abs. 5 VOB/A-EU betrifft Personen, bei denen ein „Interessenkonflikt besteht", was beispielsweise für nahe Verwandte oder Geschäftspartner eines Bieters vermutet wird. Solche Personen dürfen dann weder als Entscheider in einem Vergabeverfahren noch als sachverständige Berater der Vergabestelle mitwirken (zur davon zu unterscheidenden Problematik des Umgangs mit sog. Projektanten → § 9 Rn. 6). Des Rückgriffs auf die vergleichbaren Vorschriften der §§ 20, 21 VwVfG bedarf es daher (nicht) mehr.[7]

– Sofern keine der ausdrücklich geregelten Unterrichtungs- bzw. Übermittlungspflichten eingreift, sind die öffentlichen Auftraggeber zur **Vertraulichkeit** verpflichtet. Informationen über die Angebote und die Angebotsöffnung dürfen demnach grundsätzlich auch nach Abschluss eines Vergabeverfahrens nicht weitergegeben werden (§§ 5 VgV, 2 Abs. 6 VOB/A-EU). Innerhalb ihres Anwendungsbereichs schließen diese Vorschriften etwaige Ansprüche auf die Gewährung von Informationen nach den Informationsfreiheitsgesetzen von Bund und Ländern aus.[8]

– Auf jeder Stufe des Vergabeverfahrens besteht schließlich gemäß §§ 8 VgV, 20 VOB/A-EU die Pflicht zur „fortlaufenden" **Dokumentation** der gesamten Kommunikation mit den Bietern, sämtlicher interner Beratungen, der Vorbereitung der Auftragsbekanntmachung und der Vergabeunterlagen, der Öffnung der Angebote und schließlich der Gründe für die Auswahlentscheidungen und den Zuschlag. Zusätzlich zu dieser „Dokumentation" ist ein sog. **Vergabevermerk** zu fertigen, in dem die wichtigsten Abläufe und Entscheidungen während des Vergabeverfahrens enthalten sein müssen. Er bildet später eine wichtige Basis bei der Beurteilung von Nachprüfungsanträgen.[9]

5. Aufhebung des Vergabeverfahrens

Als Kehrseite der Autonomie des Auftraggebers, überhaupt etwas beschaffen zu wollen, steht es ihm auch frei, von einer Auftragserteilung Abstand zu nehmen, also ein **8** bereits begonnenes Vergabeverfahren aufzuheben. Dies ist im Grundsatz europarechtlich **anerkannt,** obgleich die europäischen Richtlinien keine diesbezüglichen Regelungen enthalten.[10] § 63 Abs. 1 S. 1 VgV bekräftigt ausdrücklich die Befugnis des Auftraggebers, „ein Vergabeverfahren jederzeit ganz oder bei Vergabe nach Losen auch teilweise aufzuheben" (weniger klar, aber inhaltlich gleichsinnig vgl. § 17 Abs. 1 VOB/A-EU).

---

[7] Anders noch in den Anfangsjahren des Vergaberechts (vgl. OLG Brandenburg NZBau 2000, 39); zu den europarechtlichen Auslegungsdeterminanten EuGH C-250/07, NZBau 2009, 602 (Kommission/Griechenland); EuGH C-538/13, VergabeR 2015, 546 m. Anm. *Opitz* (eVigilio). Zu den tatbestandlichen Einzelheiten vgl. *König* in: Gabriel/Krohn/Neun, HdbVergabeR, § 14 Rn. 42 ff.; *Greb* NZBau 2016, 263. Einen besonders krassen Fall dokumentiert OLG Brandenburg NZBau 2016, 184.

[8] Zur den Einzelheiten vgl. *Glahs* NZBau 2014, 75 m.w.N.

[9] Zu den Einzelheiten vgl. *Conrad* in: Gabriel/Krohn/Neun, HdbVergabeR, § 36.

[10] EuGH C-440/13, VergabeR 2015, 416 m. Anm. *Willenbruch* (Croce Amica One Italia).

9 Die Aufhebungsentscheidung ist mit zwei Konsequenzen verbunden:

– Der öffentliche Auftraggeber ist verpflichtet, den Bietern seine Entscheidung mitzuteilen (vgl. §§ 63 Abs. 2 VgV, 17 Abs. 2 VOB/A-EU).

– Den Bietern steht ein Schadensersatzanspruch zu, wenn die Aufhebungsentscheidung nicht auf einen der in den jeweiligen Bestimmungen abschließend aufgezählten Gründe gestützt werden kann und daher rechtswidrig ist. Diese Gründe entsprechen den schon im bisherigen Recht vorgesehenen Regelungen.[11] Anerkannte **Gründe** sind das Fehlen eines Angebots, das den Bedingungen entspricht (§ 63 Abs. 1 Nr. 1 VgV), eine wesentliche Änderung der Grundlage des Vergabeverfahrens (Nr. 2), die Nichterzielung eines wirtschaftlichen Ergebnisses (wobei nur beträchtliche Abweichungen von dem ursprünglichen Haushaltsansatz des Auftraggebers anerkennungswürdig sind; Nr. 3)[12] sowie „andere schwerwiegende" Aspekte (Nr. 4).

10 Anspruchsgrundlage für einen bei Nichtvorliegen dieser Gründe eingreifenden Schadensersatzanspruch sind die §§ 280 Abs. 1 i.V.m. §§ 241 Abs. 2, 311 Abs. 2 Nr. 1 BGB. Geltend gemacht werden kann jedenfalls das sog. negative Interesse (betreffend die Aufwendungen für die Teilnahme am Vergabeverfahren). Der Ersatz des sog. positiven Interesses kommt nur dann in Betracht, wenn dem Bieter der Nachweis gelingt, dass ihm bei ordnungsgemäßer Fortsetzung des aufgehobenen Vergabeverfahrens der Zuschlag hätte erteilt werden müssen. Erfolgt die Aufhebungsentscheidung nach Beginn eines Nachprüfungsverfahrens, dann kann gemäß § 168 Abs. 2 S. 2 GWB auf einen **„Fortsetzungsfeststellungsantrag"** übergegangen werden (→ § 20 Rn. 22). Stellt das Gericht die Rechtswidrigkeit der Aufhebungsentscheidung fest, entfaltet dies gemäß § 79 Abs. 1 GWB Bindungswirkung gegenüber dem mit einem nachfolgend geltend gemachten Schadensersatzanspruch befassten ordentlichen Gericht.

11 Erfolgt die Aufhebung des Vergabeverfahrens bereits vor der Anrufung der Vergabekammer in einem Nachprüfungsverfahren, können also die betroffenen Bieter entweder unmittelbar einen Schadensersatzanspruch vor dem hierfür zuständigen ordentlichen Gericht einklagen. Denkbar und in der Praxis vielfach zu beobachten ist aber auch, dass in dieser Situation ein Antrag auf **Aufhebung der Aufhebung** vor der Vergabekammer gestellt wird. Dies setzt freilich voraus, dass es sich in der Sache um eine „Scheinaufhebung" handelt, also um eine ohne jeden sachlichen Grund[13] getroffene Entscheidung und eigentlich die Beschaffungsabsicht fortbesteht. Die Einzelheiten sind insoweit noch nicht abschließend geklärt.[14] Bedauerlicherweise ist weder in der VgV noch in der VOB/A-EU 2016 insoweit ein Beitrag zur Verbesserung der Rechtssicherheit geleistet worden. Zusammenfassend ist jedenfalls wie folgt zu differenzieren:

---

[11] Vgl. zu ihnen *Ruland* in: Pünder/Schellenberg, § 17 VOL/A; *Conrad* in: Gabriel/Krohn/Neun, HdbVergabeR, § 33.

[12] Näher hierzu vgl. BGH VergabeR 2013, 208 m. Anm. *Otting;* OLG Celle NZBau 2016, 385; OLG Koblenz NZBau 2017, 575.

[13] Der Kreis der sachlichen Gründe ist insoweit weiter als die die Rechtmäßigkeit der Aufhebungsentscheidung begründenden Gründe nach § 63 Abs. 1 VgV.

[14] Vgl. OLG Düsseldorf NZBau 2011, 699; OLG München NZBau 2013, 524; OLG Karlsruhe VergabeR 2014, 237; ferner *Jürschik* VergabeR 2013, 663.

– Bei Vorliegen eines der in den einschlägigen Normen genannten „Gründe", ist die Aufhebung rechtmäßig. Daher hat weder ein Antrag auf Aufhebung der Aufhebung noch eine Schadensersatzklage Erfolg.

– Es liegen keiner der in den einschlägigen Normen genannten „Gründe" vor, wohl aber sachliche Gründe dafür, den Beschaffungsvorgang abzubrechen. Dann handelt es sich um eine rechtswidrige Aufhebung, die einen Schadensersatzanspruch auslöst, als solche aber nicht aufgehoben werden kann.

– Es liegen weder die in den einschlägigen Normen genannten Gründe noch sonstige sachliche Gründe vor, vielmehr besteht die Beschaffungsabsicht fort und es handelt sich mithin um eine Scheinaufhebung. Dann ist der vor der Vergabekammer geltend zu machende Antrag auf Aufhebung der Aufhebung erfolgreich, überdies kann ein Schadensersatzanspruch vor den ordentlichen Gerichten geltend gemacht werden. Der Auftraggeber muss daraufhin das Vergabeverfahren weiterführen, es steht ihm aber unverändert frei, dieses erneut aufzuheben, wenn seine Beschaffungsabsicht endgültig erlischt und mithin ein „sachlicher Grund" vorliegt.

II. Verfahrensarten

Die Abläufe und Anforderungen hängen im Einzelnen davon ab, welche der verschiedenen Verfahrensarten durch den Auftraggeber gewählt worden ist. Anders als etwa im Anwendungsbereich des VwVfG stellt das Gesetz verschiedene Verfahrensarten zur Verfügung, deren Elemente nicht etwa frei kombiniert werden können **(Typenzwang).** Die Verfahrenstypen werden konstituiert durch § 119 GWB und sodann sehr detailliert ausgestaltet in den §§ 14–19 VgV bzw. 3 VOB/A-EU. Nähere Maßgaben zum Umgang mit den Fristen innerhalb der jeweiligen Verfahrensart enthalten die §§ 20 VgV bzw. 10a – 10d VOB/A-EU. 12

1. Gemeinsames Erfordernis: Auftragsbekanntmachung

Das offene Verfahren beginnt mit der öffentlichen Aufforderung zur Abgabe von Angeboten, dem nicht offenen Verfahren geht eine vorherige öffentliche Aufforderung an alle Unternehmen voraus, ähnlich ist es bei der Verfahrensart des wettbewerblichen Dialogs. Lediglich beim Verhandlungsverfahren gibt es neben der ebenfalls öffentlichen Aufforderung zur Teilnahme unter bestimmten, engen Voraussetzungen auch die Option eines „Verhandlungsverfahrens ohne Teilnahme an einem Wettbewerb" (→ Rn. 15 f.). Diese Auftragsbekanntmachungen sind nicht nur eine Ausprägung des bereits im EU-Primärrecht verankerten **Transparenzgebots** (→ § 3 Rn. 25), sondern sie bilden ein zentrales Element zur Verwirklichung sämtlicher Zwecke und Grundsätze des GWB-Vergaberechts (→ § 6).[15] 13

a) Anforderungen. In den §§ 37 und 40 VgV bzw. 12 Abs. 3 VOB/A-EU ist detailliert festgelegt, wie die Auftragsbekanntmachung jeweils zu erfolgen hat. Danach erfolgt sie mit den von der EU-Kommission festgelegten Standardformularen und muss die in Anhang V Teil C der VRL vorgegebenen Informationen enthalten. Die 14

---

[15] Zu Bedeutung und Ausgestaltung näher *Ohlerich* in: Gabriel/Krohn/Neun, HdbVergabeR, § 23.

zu beschaffenden Leistungen sind dabei den Klassen und Typen der sog. CPV-Codes[16] zuzuordnen, um ein europaweit einheitliches Verständnis zu schaffen. Die entsprechenden Formulare sind dem Amt für Veröffentlichungen der EU elektronisch zuzuleiten (http://simap.Europa.EU/).[17] Die solchermaßen übermittelte Auftragsbekanntmachung wird von der EU in der Originalsprache veröffentlicht, ferner veröffentlicht wird eine Zusammenfassung der wichtigsten Angaben in den übrigen Amtssprachen der EU. Auf der soeben angegebenen Internetseite findet sich die sog. „TED" (Tenders Electronic Daily), die Online-Version des „Supplement zum Amtsblatt der Europäischen Union" für das europäische öffentliche Auftragswesen. Dort werden von Dienstag bis Samstag täglich rund 1700 öffentliche Ausschreibungen bekanntgegeben. Die öffentlichen Auftraggeber können zusätzlich ihre Auftragsbekanntmachung im Inland veröffentlichen, etwa in Tageszeitungen, amtlichen Veröffentlichungsblättern oder eigenen Internetportalen. Viele Auftraggeber nutzen auch die Seite www.bund.de oder entsprechende Portale auf Landesebene.

15 **b) Ausnahmsweise Entbehrlichkeit.** Wie bereits erwähnt, ist im GWB-Vergaberecht in Gestalt des „Verhandlungsverfahrens ohne Teilnahmewettbewerb" lediglich eine einzige Verfahrensart vorgesehen, bei der eine vorherige Auftragsbekanntmachung entbehrlich ist. Dieses Verfahren ist nur unter engen, in der VgV bzw. der VOB/A-EU näher normierten Voraussetzungen statthaft (vgl. beispielsweise § 3a Abs. 3 VOB/A-EU). Praktisch wichtige Beispiele bilden der Umstand, dass die beschaffte Leistung (etwa der Erwerb eines einzigartigen Kunstwerks) nur von einem bestimmten Unternehmen erbracht werden kann (Abs. 3 Nr. 3)[18], bzw. die „äußerste Dringlichkeit … infolge von Ereignissen, die der öffentliche Auftraggeber nicht verursacht hat und nicht vorausehen konnte" (Abs. 3 Nr. 4). Diese Voraussetzung ist beispielsweise im Hinblick auf die unmittelbaren Räumungs- und Bergungsmaßnahmen im Zusammenhang mit einer Flutkatastrophe erfüllt, aber nicht im Hinblick auf die zur Durchführung einer Fußball-Europameisterschaft erforderlichen Stadionbauten.[19] Das Bundeswirtschaftsministerium sah sich wiederholt veranlasst, die Praxis in Bund und Ländern in einem Rundschreiben darauf hinzuweisen, dass es sich um einen **Ausnahmetatbestand** handelt,[20] und dass es in Gestalt der im Gesetz vorgesehenen Verkürzung von Fristen innerhalb der anderen Verfahren (insbesondere im nicht offenen Verfahren) transparenzfreundlichere Alternativen gebe. Eine solche Alternative bietet auch die sog. Interimsvergabe, die (gleichsam a maiore ad minus) ausnahmsweise die eng befristete Direktvergabe (bis zum frühestmöglichen Abschluss des vergaberechtlich vorgeschriebenen europaweiten Vergabeverfahrens) ermöglicht.[21]

---

[16] Common Procurement Vocabulary (→§ 3 Rn. 50); dazu jüngst die sprachwissenschaftliche Dissertation von *Akulich,* Klassifikationsstandards im EU-Binnenmarkt, 2017.

[17] Vgl. zu den Einzelheiten die DurchführungsVO der EU-Kommission vom 11.12.2015, 2015/1986 (ABl. 2015 L 296 S. 1); näher *Traupel* in: Müller-Wrede, Kompendium, § 19 Rn. 47 f.

[18] Dazu OLG Düsseldorf NZBau 2017, 679.

[19] Vgl. zu diesem Beispiel *Motyka-Mojkowski* NZBau 2012, 471; zu allen in Betracht kommenden Tatbeständen vgl. *Butler* in: Gabriel/Krohn/Neun, HdbVergabeR, § 10 Rn. 57 ff; *Stumpf/Götz* VergabeR 2016, 561. Im Rechtsschutzverfahren muss das Gericht das Vorliegen dieser Voraussetzungen prüfen und kann nicht einfach den entsprechenden Vertrag für unwirksam erklären (EuGH C-19/13, VergabeR 2015, 164 m. Anm. *Schwabe* (Fastweb)).

[20] Zuletzt mit Rundschreiben vom 9.1.2015.

[21] Näher dazu *Marx/Hölzl* NZBau 2010, 535.

Anlässlich des Anwachsens der Flüchtlingszahlen ab der zweiten Jahreshälfte 2015 wurde von   **16** dieser Ausnahmebestimmung bei der Beschaffung von Bau-, Liefer- und Dienstleistungen (Gebäude, Betten, Betreuungstätigkeiten) im Zusammenhang mit der den Ländern durch § 44 Abs. 1 AsylG auferlegten Aufgabe der Schaffung von Aufnahmeeinrichtungen sowie im Zusammenhang mit anderen anfallenden Aufgaben Gebrauch gemacht. Dabei konnten sich die Verantwortlichen auf eine Mitteilung der EU-Kommission vom 9.9.2015 sowie auf ein weiteres thematisch einschlägiges Rundschreiben des Bundesministeriums für Wirtschaft und Energie vom 24.8.2015 berufen. Beide Auslegungshilfen betonten allerdings, dass auch hier in Gestalt der Fristerleichterungen Alternativen zur Verfügung stehen und das Verhandlungsverfahren ohne öffentliche Vergabebekanntmachung lediglich der Deckung des unmittelbaren Beschaffungsbedarfs dienen darf.[22] Angesichts der Verstetigung dieser Aufgabe auf unabsehbar hohem Bedarfsniveau ist die Praxis mittlerweile zum Normalzustand der Anwendung des Vergaberechts zurückgekehrt. Wie wiederholt in den Medien berichtet wurde, hat die zeitweise Aussetzung zentraler vergaberechtlicher Anforderungen durchaus eindrucksvoll die Notwendigkeit eines rational kalkulierten Bedarfs und eines schonenden Ressourceneinsatzes im Kampf gegen „Krisengewinnler" bestätigt.

Eine „freihändige Vergabe" im Sinne einer Direktvergabe ohne Auftragsbekannt-   **17** machung und ohne Verhandlungen direkt an einen einzigen Unternehmer gibt es somit im GWB-Vergaberecht nicht, weil zumindest mit mehreren Unternehmen „verhandelt" werden muss. Für den Abschluss von Verträgen unterhalb der Schwellenwerte (→ § 25) ist zwar die „freihändige Vergabe" vorgesehen (vgl. z.B. §§ 3 Abs. 3, 3a Abs. 4 VOB/A), allerdings auch nur unter bestimmten Voraussetzungen. Zwar kann der Auftraggeber hier nach Ermessen sogar auf jedes förmliche Verfahren verzichten, er hat sich aber dennoch an mehrere Unternehmen zu wenden, was typischerweise dadurch geschieht, dass diese per Brief zur Abgabe von Angeboten aufgefordert werden.[23]

Die Auftragsbekanntmachung ist zu unterscheiden von der sog. **Vorinformation**   **18** gemäß §§ 38 VgV, 12 Abs. 1 und 2 VOB/A-EU. Sie betrifft die „Absicht einer geplanten Auftragsvergabe" und wird entweder an das Amt für Veröffentlichungen der EU versandt oder im sog. Beschafferprofil veröffentlicht (die Mitteilung hierüber ist ebenfalls der EU zu übermitteln). Für öffentliche Auftraggeber mit Ausnahme der obersten Bundesbehörden (also für alle Landes- und Kommunalbehörden) ermöglicht dies den Verzicht auf eine Auftragsbekanntmachung im nicht offenen Verfahren oder im Verhandlungsverfahren (vgl. z.B. § 38 Abs. 4 VgV); alle Auftraggeber profitieren überdies von Fristverkürzungen auch im offenen Verfahren (vgl. § 38 Abs. 3 VgV).

2. Verhältnis der Verfahrensarten zueinander

Das deutsche Vergaberecht hatte bislang (in § 101 Abs. 7 S.1 GWB a.F.) den Vorrang   **19** des offenen Verfahrens gegenüber allen anderen Verfahrensarten angeordnet und ist damit über die europarechtlichen Anforderungen hinausgegangen. An den Einsatz der Verfahrensarten des Verhandlungsverfahrens und des wettbewerblichen Dialoges

---

[22] Weiterführend zu den sich hier stellenden Fragen und zu den Beschaffungsgenständen und -vertragstypen m.w.N. *Lageder* KommJur 2015, 361.
[23] Zu den Einzelheiten insoweit *Butler* in: Gabriel/Krohn/Neun, HdbVergabeR, § 11 Rn. 30 ff., sowie die einschlägigen Kommentierungen.

wurden strenge Anforderungen gestellt, die einen wesentlichen Grund für die insoweit doch vergleichsweise geringen Verfahrenszahlen bildeten; ein weiterer Grund liegt wiederum in der stark zersplitterten Auftraggeberlandschaft, weil insbesondere kleine öffentliche Auftraggeber den größeren Aufwand und die größere Fehlerträchtigkeit der Verfahren mit Verhandlungselementen scheuen. Die GWB-Novelle 2016 trägt nun den insoweit veränderten europarechtlichen Vorgaben Rechnung, indem sie explizit den **Vorrang** des offenen Verfahrens gegenüber dem nicht offenen Verfahren **aufgibt** (vgl. § 119 Abs. 2 S. 1 GWB). Die Entscheidung für eine dieser beiden Verfahrensarten liegt damit im Ermessen des öffentlichen Auftraggebers.[24]

20   Die Wahl des Verhandlungsverfahrens bzw. der Verfahrensart des wettbewerblichen Dialogs ist weiterhin nur bei Vorliegen bestimmter, inhaltlich freilich gelockerter Voraussetzungen nach Maßgabe der §§ 14 Abs. 3 VgV, 3a Abs. 2 und 4 VOB/A-EU möglich. Diese beiden Verfahrensarten sind zentral durch die Eröffnung von **Verhandlungen** mit den Wirtschaftsteilnehmern gekennzeichnet und kommen daher insbesondere bei größeren, komplexeren Vorhaben in Betracht, etwa bei der sog. projektbezogenen PPP (→ § 11 Rn. 29). Die im § 119 Abs. 7 GWB sodann neu eingeführte Verfahrensart der „Innovationspartnerschaft" ist im Abschnitt über die Verfolgung innovativer Zwecke bereits vorgestellt worden (→ § 7 Rn. 29). Verstöße gegen die rechtlichen Voraussetzungen für die Wahl der einen oder der anderen Verfahrensart können von den unterlegenen Bewerber bzw. Bietern im Nachprüfungsverfahren gerügt werden.[25] Bei allen Verfahrensarten (mit Ausnahme des offenen Verfahrens) kann die Zahl der Bewerber gemäß § 51 VgV begrenzt werden.

3. Offenes Verfahren und nicht offenes Verfahren

21 Das **offene Verfahren** bildet bis auf weiteres die weitaus am häufigsten praktizierte Verfahrensart. Es ist vergleichsweise einfach zu handhaben und birgt nicht das Risiko einer Bevorzugung einzelner Bieter während des Verfahrensablaufs, ermöglicht allerdings keine Reaktion auf nachträgliche Veränderungen bzw. erkannte Verbesserungspotenziale. Sein Ablauf ist im Näheren ausgestaltet in den §§ 15 VgV und 3b Abs. 1 VOB/A-EU.

22 Das **nicht offene Verfahren** ist zweistufig ausgestaltet, indem es sich in einen öffentlichen Teilnahmewettbewerb und eine anschließende Aufforderung zur Angebotsabgabe an eine beschränkte Anzahl von Unternehmen aus dem Bewerberkreis des Teilnahmewettbewerbs unterteilt. Es ist im Einzelnen ausgestaltet in den §§ 16 VgV, 3b Abs. 2 VOB/A-EU. Seine Bezeichnung ist insoweit irreführend, weil zwar nicht alle interessierten Unternehmen ein Angebot abgeben können, aber infolge der europaweiten Aufforderung zur Teilnahme jedenfalls alle interessierten Unternehmen auf der ersten Stufe „gleichsam ihren Hut in den Ring werfen" können. Auf der ersten Stufe erfolgt die Auswahl der sodann überhaupt erst zur Angebotsabgabe aufgeforderten Bewerber anhand der Prüfung der Eignungskriterien und etwaigenfalls vorliegende Ausschlussgründe (→ § 16) ferner danach, inwieweit die Bewerber be-

---

[24] Näher hierzu und zu den weiteren Veränderungen bei den einzelnen Verfahrensarten *Neun* in: Pünder/Prieß, Vergaberecht im Umbruch II, 52 f.; *Soudry/Hettich* in: dies., Das neue Vergaberecht, 2014, 25 f.
[25] Vgl. BGH NZBau 2010, 124 (Unzulässigkeit des Verhandlungsverfahrens bei der Beschaffung von Endoskopiegeräten).

stimmten, durch den Auftraggeber zuvor bekanntgegebenen diskriminierungsfreien und auftragsbezogenen Kriterien entsprechen. In der Sache geht es hier um ein sog. Mehr an Eignung, d.h. um die Auswahl des besonders fachkundigen bzw. leistungsfähigen Bewerbers, die im offenen Verfahren erst neuerdings und nur unter bestimmten Voraussetzungen möglich ist (→ dazu § 17 Rn. 5). Die sodann ausgewählten Unternehmen, deren Zahl durch den Auftraggeber begrenzt werden kann, aber im Baubereich nicht niedriger als fünf sein darf (vgl. § 3b Abs. 2 S. 1 Nr. 3 VOB/A-EU), werden zur Abgabe eines „richtigen" Angebots aufgefordert. Der weitere Verfahrensablauf entspricht sodann dem des offenen Verfahrens. Insbesondere findet auf dieser Stufe die Prüfung der auch erst in der Aufforderung zur Angebotsabgabe enthaltenen Zuschlagskriterien statt. Der Vorteil dieses Verfahrens besteht für die Unternehmen in einem vergleichsweise geringeren Aufwand auf der ersten Stufe, bei einer aus der Sicht der öffentlichen Auftraggeber höheren Intensität des Wettbewerbs auf der zweiten Stufe.

4. Verfahren mit Verhandlungselementen

a) Verhandlungsverfahren. Das Verhandlungsverfahren ist durch die §§ 17 VgV, **23** 3b Abs. 3 VOB/A-EU teilweise neu strukturiert worden.[26] Wie bereits erwähnt (→ Rn. 15), ist unter bestimmten, engen Voraussetzungen das Verhandlungsverfahren auch ohne vorherigen Teilnahmewettbewerb zulässig. Den Normalfall bildet das Verhandlungsverfahren mit Teilnahmewettbewerb. Hier wird ebenso wie beim nicht offenen Verfahren zweistufig vorgegangen. Im Anschluss an einen Teilnahmewettbewerb zwischen einer unbeschränkten Anzahl von Unternehmen nach europaweiter Bekanntmachung setzt die eigentliche **Verhandlungsphase** ein. Dort setzt sich der Auftraggeber nur noch mit einem ausgewählten Teilnehmerkreis auseinander und verhandelt über die von den ausgewählten Bietern eingereichten Erstangebote und die im weiteren Verlauf von ihnen vorgelegten Folgeangebote. Gemäß § 17 Abs. 10 VgV darf über den gesamten Angebotsinhalt verhandelt werden, mit Ausnahme der vom öffentlichen Auftraggeber in den Vergabeunterlagen festgelegten Mindestanforderungen und Zuschlagskriterien. Dabei ist es gemäß § 17 Abs. 12 VgV möglich, dass die Zahl der Angebote anhand der vorgegebenen Zuschlagskriterien in verschiedenen aufeinanderfolgenden Phasen verringert wird. Bevor der öffentliche Auftraggeber beabsichtigt die Verhandlungen abzuschließen, muss er gemäß § 17 Abs. 14 VgV die verbleibenden Bieter unterrichten und eine Frist für die Einreichung der jeweiligen letzten Angebote festlegen. Auf der Basis dieser Angebote entscheidet er dann über den Zuschlag.

Diese Verfahrensart bietet ein hohes Maß an Flexibilität, bildet zugleich aber eine **24** logistische **Herausforderung** für alle Beteiligten. Der Auftraggeber muss darauf achten, jeweils noch eine hinreichende Zahl von Bietern im Rennen zu halten[27], stets

---

[26] Über das bisherige Recht informieren die in vielen Fragen noch weiterhin nützlichen Beiträge von *Ebert,* Möglichkeiten und Grenzen im Verhandlungsverfahren, 2005; *Byok,* Das Verhandlungsverfahren, 2006; *Franzius,* Verhandlungen im Verfahren der Auftragsvergabe, 2007; *Müller-Wrede* VergabeR 2010, 754; *Dobmann* VergabeR 2013, 175; *Hölzl* NZBau 2013, 558. Zum neuen Recht sei auf die Kommentare verwiesen und auf *Butler* in: Gabriel/Krohn/Neun, § 10, jeweils m.w.N; *Ollmann* VergabeR 2016, 413; *Favier/Schüler* ZfBR 2016, 761.

[27] Dazu EuGH C-138/08, NZBau 2010, 59 m. Anm. *Mc Gowan* PPLRev. 2010, Nr. 50 (Hochtief AG).

gilt es eine rationale Mischung aus Distanz und verhandlungsfördernder Nähe zu bewahren. Durchgehend kann und (teilweise) muss auch hier mit festen Vorgaben gearbeitet werden.[28]

25 **b) Wettbewerblicher Dialog.** Der Wettbewerbliche Dialog ist eine neuere Verfahrensart, die bei den Vergabestellen in Deutschland bislang nur vergleichsweise selten
praktiziert wird.[29] Der Gesetzgeber beansprucht, mit der Neuregelung in den §§ 18
VgV, 3b Abs. 4 VOB/A-EU eine den Bedürfnissen der Praxis besser gerecht werdende Umsetzung der entsprechen europäischen Vorgaben bewerkstelligt zu haben.
Vom Verhandlungsverfahren unterscheidet sich der wettbewerbliche Dialog dadurch,
dass in dieser Verfahrensart die Verhandlungen nur vor der Abgabe der Angebote
stattfinden, diese also nicht über die verschiedenen Phasen hinweg verändert werden
dürfen. Im Verfahren des wettbewerblichen Dialogs bilden die Angebote mithin den
Schlusspunkt, während sie im Verhandlungsverfahren den Auftakt der Verhandlungen markieren.[30]

26 Auch dem wettbewerblichen Dialog geht ein öffentlicher Teilnahmewettbewerb
voraus, an den sich dann auf der zweiten Stufe das Verhandeln über die „Einzelheiten des Auftrags", d.h. über die technischen und wirtschaftlichen Konditionen sowie
die relevanten rechtlichen Aspekte (Risikoverteilung etc.) anschließt. Auch hier muss
der Auftraggeber stets auf die **Gleichbehandlung** aller Teilnehmer achten. Nach
Abschluss der Dialogphase werden die Dialogpartner überhaupt erst aufgefordert, ein
Angebot einzureichen, dass sich auf den im Dialog konkretisierten Leistungsgegenstand bezieht. Im Anschluss daran findet (wie im offenen Verfahren) die Prüfung der
Einzelangebote anhand der aufgestellten Zuschlagskriterien statt. Da der Auftraggeber
hier in erheblichem Umfang von Kompetenzen und Vorarbeiten der Dialogteilneh-
mer profitiert, ist er unter bestimmten Voraussetzungen zur Erstattung von deren
Kosten verpflichtet.

III. Besondere Beschaffungsstrukturen, Methoden und Instrumente

1. Rahmenvereinbarungen

27 Mit einer Rahmenvereinbarung können zahlreiche einzelne Beschaffungsvorgänge
gebündelt und dadurch die Beschaffung beschleunigt und vereinfacht werden. Sie
kommt insbesondere bei der Beschaffung von IT-Geräten (Büro-PCs) und neuer-

---

[28] Dazu EuGH C-561/12, VergabeR 2014, 395 m. Anm. *Siebler* (Nordecon AS); OLG Düsseldorf VergabeR 2018, 79 m. Anm. *Siebler.*
[29] Im europaweiten Vergleich ergeben sich völlig unterschiedliche Präferenzen, wobei Länder mit einem
vergleichsweise häufig praktizierten wettbewerblichen Dialog dementsprechend seltener das Verhandlungsverfahren praktizieren und umgekehrt (ausführlich *Arrowsmith/Treumer,* Competitive Dialogue in
EU-Procurement, 2002; ausführlicher zur deutschen Rechtslage in diesem Band *Burgi,* 306).
[30] Vgl. insoweit, freilich noch auf der Basis des bisherigen Rechts *Pünder/Franzius* ZfBR 2006, 20; *Müller/
Veil* VergabeR 2007, 298; *Schneider,* Der wettbewerbliche Dialog im Spannungsfeld der Grundsätze des
Vergaberecht, 2009; *Schwabe,* Wettbewerblicher Dialog, Verhandlungsverfahren, Interessenbekundungsver-
fahren: Anwendungsvoraussetzungen und Verfahrensdurchführung im funktionalen Vergleich, 2009; *Kli-
misch/Ebrecht* NZBau 2011, 203. Zum neuen Recht: *Schneider* in: Gabriel/Krohn/Neun, HdbVergabeR,
§ 12.

dings vermehrt im Gesundheitswesen vor.[31] Die **VRL** hat die bisherige Voraussetzungen des Vertragsschlusses zwischen mindestens drei Partnern entfallen lassen und verbietet künftig substanzielle Veränderungen der Vertragsbedingungen während der Laufzeit. Die entsprechenden Vorgaben sind in Deutschland in den §§ 103 Abs. 5 GWB, 21 VgV und 4a VOB/A-EU umgesetzt worden; erstmals ist damit die Rahmenvereinbarung auch explizit im Baubereich einsetzbar.[32] Die Laufzeit einer Rahmenvereinbarung darf max. vier Jahre betragen (vgl. §§ 21 Abs. 6, 4a Abs. 6 VOB/A-EU).

Wenngleich die Rahmenvereinbarung nicht bereits selbst einen öffentlichen Auf- **28** trag i.S.d. § 103 Abs. 1 GWB darstellt, setzt ihr Abschluss doch ein wettbewerbliches Verfahren nach einer der vorgesehenen Verfahrensarten voraus. Der Auftraggeber „erwirtschaftet" damit den Vorteil, dass die auf der Grundlage der Rahmenvereinbarung später erteilten Einzelaufträge nur noch einem vereinfachten Vergabeverfahren unterliegen. Konkrete Leistungspflichten werden erst durch den jeweiligen auf der Rahmenvereinbarung beruhenden **Einzelauftrag** begründet. Denkbar ist sowohl der Abschluss einer Rahmenvereinbarung mit nur einem Unternehmen als auch mit mehreren Unternehmen. Wenn im letztgenannten Fall die Einzelaufträge ausschließlich anhand der in der Rahmenvereinbarung festgelegten Bedingungen für die Leistungserbringung erfolgen sollen und diese bereits in der Auftragsbekanntmachung bzw. den Vergabeunterlagen für die Rahmenvereinbarung genannt waren, kann der Einzelauftrag „ohne erneutes Vergabeverfahren" erteilt werden (vgl. nur § 21 Abs. 4 Nr. 1 VgV).[33]

2. Wettbewerbe

§ 103 Abs. 6 GWB regelt schließlich neben den öffentlichen Aufträgen und den **29** Rahmenvereinbarungen die „Wettbewerbe" als „Auslobungsverfahren, die dem Auftraggeber aufgrund vergleichender Beurteilung durch ein Preisgericht mit oder ohne Verteilung von Preisen zu einem Plan oder einer Planung verhelfen sollen". In den §§ 69 ff. VgV sind in einem eigenen Abschnitt diese insbesondere auf den Gebieten der Raumplanung, des Städtebaus, des Bauwesens und der Datenverarbeitung erfolgenden sog. Planungswettbewerbe näher ausgestaltet.[34] Die abschließende Entscheidung trifft hier ein sog. **Preisgericht.** Eine Verknüpfung zu einem etwaigen späteren Vergabeverfahren besteht dadurch, dass der öffentliche Auftraggeber dann, wenn er von Anfang an beabsichtigt, im Anschluss an einen Planungswettbewerb einen Dienstleistungsauftrag in einem Verhandlungsverfahren ohne Teilnahmewettbewerb zu vergeben (nämlich an den Sieger des Planungswettbewerbs), er die Eignungskrite-

---

[31] Vgl. etwa OLG Düsseldorf NZBau 2012, 791 (Rahmenvereinbarung über die Versorgung der Versicherten einer gesetzlichen Krankenkasse mit Blutzucker-Messgeräten).

[32] Erste Einschätzungen zum neuen Recht: *Portz* VergabeR 2014, 523; *Hamer* PPLRev. 2014, 201.

[33] Hinsichtlich der Einzelheiten sei auf die (wenngleich noch auf den bisherigen Rechtszustand zielenden) Beiträge von *Rosenkötter* VergabeR 2010, 368; *Friton/Meister* in: FS Marx, 129; *Poschmann* in: Müller-Wrede, Kompendium, Kap. 16, und *Fischer/Vongern* NZBau 2013, 550, verwiesen. Monographisch: *Segeth,* Rahmenvereinbarungen, 2010. Zum neuen Recht: *Osseforth* in: Gabriel/Krohn/Neun, HdbVergabeR, § 13; *Wichmann* VergabeR 2017, 1.

[34] Aus Anlass des Planungswettbewerbs für ein neues Konzerthaus in München vgl. OLG München VergabeR 2017, 738 m. Anm. *Voppel.*

rien und die zu deren Nachweis erforderlichen Unterlagen bereits in der Wettbe-werbsbekanntmachung angeben muss (vgl. § 70 Abs. 2 VgV).

3. Dynamisches Beschaffungssystem, elektronische Auktion und elektronischer Katalog

30   § 120 Abs. 1–3 GWB führt drei „besondere Methoden und Instrumente" fort, die bislang in der Praxis nahezu ohne Bedeutung geblieben sind. Dies liegt nicht zuletzt daran, dass insbesondere die zahlreichen kleineren öffentlichen Auftraggeber ihnen zunächst unbekannte Verfahrensarten scheuen. Die Einzelheiten sind jeweils im Gesetz geregelt:

– Das **dynamische Beschaffungssystem** nach §§ 22–24 VgV, 4b Abs. 1 VOB/A-EU wird ausschließlich mithilfe elektronischer Mittel eingerichtet und betrieben. Es steht allen Bietern offen, die die im jeweiligen Vergabeverfahren festgelegten Eignungskriterien erfüllen. Zu unterscheiden ist zwischen der Teilnahme an einem dynamischen Beschaffungssystem und der Aufforderung zur Angebotsabgabe, die gesondert für jede einzelne über das System stattfindende Auftragsvergabe zu erfolgen hat.[35]

– Die **elektronische Auktion** ist nach Maßgabe der §§ 25 und 26 VgV, auf die § 4b Abs. 2 VOB/A-EU verweist, dadurch gekennzeichnet, dass das wirtschaftlichste Angebot im Wege einer „Abwärtsversteigerung" (reverse auction) ermittelt wird, bei der sich die Teilnehmer solange unterbieten, bis das Angebot mit dem niedrigsten Preis bzw. das wirtschaftlich günstigste Angebot ermittelt ist. Dabei hat eine vollständige erste Bewertung aller Angebote vorauszugehen.[36]

– **Elektronische Kataloge** kommen schließlich nach Maßgabe des § 26 VgV (auf den wiederum § 4b Abs. 3 VOB/A-EU verweist) dann zum Einsatz, wenn der Auftraggeber festlegen möchte, dass Angebote in einer solchen Form einzureichen sind oder eine solche Form beinhalten müssen. Auch diese Methode setzt erhebliche logistische Kompetenzen auf den Seiten aller Beteiligten voraus, weswegen die weitere Entwicklung zu beobachten bleibt.

IV. E-Vergabe

31   Das langjährige Bemühen, die Abläufe bei der Vergabe öffentlicher Aufträge so weit wie möglich mit elektronischen Mitteln zu bewältigen, ist durch die VRL auf neue Grundlagen gestellt und vor allem mit konkreten Pflichtvorgaben verbunden worden. Man erhofft sich davon eine Beschleunigung und Effektivierung der Abläufe und, jedenfalls nach erfolgter Umstellung, die Ersparnis von Kosten und bürokratischen Aufwendungen. Auch könnte hierdurch die in manchen Branchen durchaus bestehende Abneigung von Unternehmen, sich überhaupt um öffentliche Aufträge zu bewerben, nachlassen. Hierfür sind freilich sowohl auf Seiten der öffentlichen Auftraggeber als auch auf Seiten der Unternehmen erhebliche **Anstrengungen** er-

---

[35] Vgl. (noch auf der Basis des bisherigen Rechtszustandes) zu den Einzelheiten *Wieddekind* VergabeR 2011, 412; *Müller* NZBau 2011, 72. Zum neuen Recht: *Osseforth* in: Gabriel/Krohn/Neun, HdbVergabeR, § 13 Rn. 119 ff.

[36] Vgl. insoweit näher *Schröder* NZBau 2010, 411.

forderlich, die weniger rechtlicher als vielmehr technischer und struktureller Natur sind. Verschiedene Anbieter stellen Softwarelösungen und Vergabeportale zur Verfügung, auf Seiten der öffentlichen Verwaltung ist das Projekt „E-Vergabe" eng mit den ihrerseits seit Jahren, teilweise unter Schwierigkeiten, vorangetriebenen Bemühungen zum Ausbau des „E-Government" insgesamt verbunden; idealerweise würden die elektronischen Abläufe bei der Erfüllung der betroffenen Verwaltungsaufgaben mit den elektronischen Abläufen bei den dem Basiszweck des Vergaberechts entsprechend hierauf bezogenen Beschaffungsverfahren verzahnt. Diese Verzahnung zieht vermehrt auch organisatorische Konsequenzen nach sich, die hier nur mit den Stichworten „Zentrale Beschaffungsstelle" (→ § 8 Rn. 19) und „Shared Services" registriert werden können.[37]

Das Inkrafttreten der VRL bedeutet jedenfalls das Ende der bisherigen Wahlfreiheit, ob die Informationen in einem Vergabeverfahren per Post oder elektronisch übermittelt werden können (vgl. z.B. § 13 Abs. 1 VOL/A-EU). Durch Art. 22 VRL werden den Mitgliedstaaten klar definierte **Verpflichtungen** auferlegt, beginnend mit dem Grundsatz, dass „die gesamte Kommunikation und der gesamte Informationsaustausch nach dieser Richtlinie, insbesondere die elektronische Einreichung von Angeboten, unter Anwendung elektronischer Kommunikationsmittel … erfolgen" muss (Abs. 1 S. 1).[38] Die näheren Einzelheiten sollen durch „delegierte Rechtsakte" der Kommission und durch zahlreiche begleitende Aktivitäten konkretisiert werden, etwa durch „e-Certis" (einem EU-weiten Register für Zertifizierungen und Bescheinigungen), durch den Ausbau der Datensicherheit über elektronische Signaturen und über die sog. Einheitliche Europäische Eigenerklärung (→ dazu näher § 16 Rn. 13 f.). **32**

Die Umsetzung der europarechtlichen Vorgaben ist (sachlich einheitlich) in den §§ 9–13 VgV bzw. 11–11b VOB/A-EU bewirkt worden. § 13 VgV berechtigt die Bundesregierung zum Erlass allgemeiner Verwaltungsvorschriften über die zu verwendenden elektronischen Mittel sowie über die einzuhaltenden technischen Standards (für den Bereich der Bundesverwaltung). In Umsetzung der europäischen Vorgaben sind Ausnahmen nur unter bestimmten Voraussetzungen des Einzelfalls vorgesehen, so wenn beispielsweise bei einem Bauauftrag maßstabsgetreue Modelle vorgelegt werden müssen. Die einzelnen **Ausnahmetatbestände** sind aus systematischen Gründen in den Regelungen über „Einreichungsformen, Form und Umgang mit Angeboten etc." (§§ 52 ff. VgV, 13 VOB/A-EU) enthalten. Die im gegenwärtigen Stadium der Umstellung für die Praxis besonders wichtigen Umsetzungsfristen ergeben sich aus den §§ 81 Abs. 2 VgV bzw. 23 VOB/A-EU. Demnach müssen: **33**
- Die Vergabeunterlagen bereits mit Inkrafttreten des neuen Rechts zum 18.4.2016 elektronisch verfügbar sein;
- Die Einreichung von Angeboten, Teilnahmeanträgen etc. muss gegenüber zentralen Beschaffungsstellen (→ § 8 Rn. 19) bis zum 18.4.2017 erfolgen und

---

[37] Vertiefend *Reiners* VerwArch 103 (2012), 269 (am Beispiel der Stadt Stuttgart); *Püstow* in: Forum Vergabe 2015 (Jahrbuch), 155 (mit dem Titel „e-Vergabe – elektronischer Briefkasten oder Einkauf 4.0?"); *Schippel* VergabeR 2016, 434.

[38] Vgl. zu den Vorgaben der VRL eingehend *Schäfer* NZBau 2015, 131; Bundesanzeiger-Verlag, Service-Guide eVergabe 2014; *Wankmüller* in: Hettich/Soudry, Das neue Vergaberecht 2014, 213; *Braun* VergabeR 2016, 179.

– gegenüber allen anderen Beschaffungsstellen bis spätestens 18. 10. 2018.

– Auch danach wird kein vollständiger elektronischer Workflow vorgeschrieben, d. h. öffentliche Auftraggeber werden nach wie vor nicht zur elektronischen Weiterverarbeitung von Angeboten oder deren elektronischen Bewertung verpflichtet. Auch kann die Kommunikation im Vergabeverfahren außerhalb der Vergabeunterlagen, der Angebote und Teilnahmeanträge weiterhin mündlich erfolgen, wenn dies entsprechend dokumentiert wird (vgl. § 9 Abs. 2 VgV).

Vertiefungsliteratur:

Pünder/Terbrack, Das Grundmodell und die Gründe für seine Modifikationen, in: FS Marx, 585; *Müller-Wrede/Kälble,* Allgemeine Verfahrenstypen, in: Müller-Wrede, Kompendium, Kap. 17; *Butler,* Offenes Verfahren, nicht offenes Verfahren, Verhandlungsverfahren, in: Gabriel/Krohn/Neun, HdbVergabeR, § 10; *Neun,* Neue und geänderte Verfahren und Verfahrensregelungen, in: Pünder/Prieß, Vergaberecht im Umbruch II, 2015, 41; zur Vertiefung: *Reimer* Verfahrenstheorie, 2016; *Plauth,* Die Rechtspflicht zur Transparenz im europäisierten Vergaberecht, 2017.

§ 14. Losvergabe als wichtigstes Instrument der Mittelstandsförderung

Übersicht

Das GWB fordert in § 97 Abs. 4 S. 1 dazu auf, „mittelständische Interessen … bei **1** der Vergabe öffentlicher Aufträge vornehmlich zu berücksichtigen." Dies ist missverständlich, weil es nicht nur um die „Interessen" der mittelständischen Unternehmen (in der europaweit gebräuchlichen Terminologie, der „SME's = small and medium enterprises") geht, sondern sich auch der Staat verschiedene Vorteile hiervon erhofft, also jedenfalls auch öffentliche Interessen infrage stehen. Nach einem Gesamtüberblick (I) steht nachfolgend (ebenso wie innerhalb der Vorschrift § 97 Abs. 4 GWB) das Instrument der Aufteilung des Beschaffungsgegenstands in verschiedene Teilgegenstände (sog. Lose) im Mittelpunkt (II).

I. Mittelstandsförderung und Vergaberecht

1. Begriff, Gründe und Gefahren

In Deutschland, zunehmend aber auch in anderen Mitgliedstaaten, gibt es wenige **2** politische Ziele, die nach parteiübergreifend bestehender politischer **Grundeinschätzung** so unumstritten sind wie das Ziel der Mittelstandsförderung. In mehreren Landesverfassungen finden sich entsprechende Klauseln (z.B. in Art. 28 Verf NRW; Art. 153 BayVerf), das BVerfG hat der Mittelstandsförderung früh die verfassungsrechtliche Legitimation zuerkannt[1] und nicht nur im Vergaberecht erfreut sich der Mittelstand der staatlichen Unterstützung, sondern auch etwa bei der Kreditbeschaffung oder vermittels Subventionen.[2] In der VRL wird erstmals die Mittelstandsförderung auch als explizites Ziel des europäischen Vergabegesetzgebers formuliert.[3]

Freilich beruht ein Teil der Popularität jenes politischen Ziels darauf, dass je nach **3** Schätzungen über 90% aller Unternehmen dem Mittelstand zugerechnet werden und gleichzeitig keine allgemeingültige Begriffsbestimmung existiert, auch nicht im Vergaberecht. Bestenfalls erste Anhaltspunkte liefert die „Empfehlung der EU-Kommission vom 6.5.2003 betreffend die **Definition** der Kleinstunternehmen sowie der kleineren und mittleren Unternehmen" (KMU) in Europa, wonach Unternehmen

---

[1] BVerfGE 19, 101 (114 ff.).
[2] Zum Gesamtspektrum vgl. die Monographie von *Willems*, Die Förderung des Mittelstands, 2003.
[3] Erw. 78, bezogen auf Art. 46.

mit bis zu 200 Beschäftigten und bis zu einem Jahresumsatz von 50 Millionen EUR einbezogen sein sollen.[4] Ausschlaggebend ist letztlich eine branchenbezogene Betrachtung, wobei etwa in der Baubranche auch noch eine Beschäftigtenzahl bis 500 Mitarbeiter eine Zurechnung zum Mittelstand rechtfertigen kann.

4   Die den mittelständischen Unternehmen zugeschriebenen **Vorzüge** bestehen einerseits in der u. U. größeren Spezialisierung, die dem Auftraggeber unmittelbar zugute kommen kann. Vor allem aber sind sie wirtschafts- und beschäftigungspolitischer Natur, da diese Unternehmen eine vergleichsweise große Beschäftigtenzahl, eine erhöhte Stabilität in Krisenzeiten und eine tendenziell größere Standorttreue aufweisen. Ihre strukturpolitische Bedeutung wird durch die hohe Ausbildungsbereitschaft und dadurch, dass sie die Zahl der Mitbewerber im jeweiligen Markt bei tendenziell größerer Wettbewerbs- wie Innovationsbereitschaft erhöhen, verstärkt. Hindernisse, mit denen insbesondere mittelständische Unternehmen im Vergabeverfahren konfrontiert sind, bestehen im hohen personellen und finanziellen Aufwand bei der Erarbeitung von Angeboten, dies nicht selten vor dem Hintergrund einer bekannt schlechten Zahlungsmoral der öffentlichen Hand. Verschiedene Studien belegen, dass insgesamt gesehen der Anteil des Mittelstands an der örtlichen Auftragsvergabe unter dem Anteil der Großunternehmen liegt, und zwar in Relation zum Anteile der Umsätze am Gesamtumsatz.

5   Die größte **Gefahr** einer Mittelstandsförderung im Vergaberecht besteht in dessen weiterer Verkomplizierung und natürlich in der Verteuerung und Erschwerung des Einkaufs der öffentlichen Hand. Aus der Sicht der jeweils nicht profitierenden Unternehmen können mittelstandsfreundliche Maßnahmen leicht den Charakter einer verkappten Regionalförderung annehmen. Daher ist bei der rechtlichen Bewältigung der Mittelstandsförderung im Vergaberecht eine differenzierende Betrachtung geboten.

2. Mittelstandsgerechte und mittelstandsbevorzugende Vergabe

6   **a) Mittelstandsgerechtigkeit.** Wie bereits früher ausführlich entfaltet[5], zielt eine **mittelstandsgerechte** Auftragsvergabe darauf, den sich aus den strukturellen Unterschieden ergebenden Nachteilen mittelständischer Unternehmen entgegenzuwirken. Dahinter steht die Herstellung von Chancengerechtigkeit, indem die mittelständischen Unternehmen überhaupt erst in den Stand gesetzt werden, auf gleicher Augenhöhe mit den Großunternehmen um die Vergabe öffentlicher Aufträge konkurrieren zu können. Die Instrumente einer mittelstandsgerechten Auftragsvergabe (insbesondere die zu II näher beschriebene Pflicht zur Losvergabe) dürfen daher nicht dem ausführlich in → § 7 erörterten Themenkreis der Verfolgung sozialer Zwecke zugeordnet werden. Mit der ausdrücklichen Hervorhebung in § 97 Abs. 4 S. 1 GWB hat der Gesetzgeber vielmehr zum Ausdruck gebracht, dass „mittelständische Interessen" anders als soziale und ökologische Interessen einen Beitrag zu Effektuierung der Vergabegrundsätze „Wettbewerb" und „Gleichbehandlung" (vgl. § 97 Abs. 1 und 2 GWB) leisten können. Die Teilnahme möglichst vieler mittelständi-

---

[4] ABl. 2003 L 124 S. 36.
[5] *Burgi* NZBau 2006, 606 ff.

scher Unternehmen mit gleichen Chancen an einem Vergabeverfahren wie ein Großunternehmen ist daher de lege lata kein Störfaktor, sondern ein Katalysator. Mit dem Einsatz bestimmter Instrumente im Interesse einer mittelstandsgerechten Vergabe wird nicht an außerökonomische, allgemeinpolitische Überlegungen (wie etwa bei der Förderung der Vereinbarkeit von Familie und Beruf) angeknüpft, sondern jeweils nur an die in der Wirtschaft vorfindlichen Strukturen. Grundlage und Zentrum der sich hieraus ergebenden Pflicht zur Mittelstandsförderung ist § 97 Abs. 4 S. 1 GWB.

Neben dem Instrument der Losvergabe gibt es verschiedene strukturelle Maßnahmen, mit denen eine mittelstandsgerechte Auftragsvergabe befördert werden kann. So bildet bereits die infolge der föderalen und v. a. kommunal geprägten **Auftraggeberlandschaft** in Deutschland vorfindliche kleinteilige Struktur einen nicht zu unterschätzenden mittelstandsfördernden Impuls. Umgekehrt stellt die Schaffung zentraler Beschaffungsstellen und anderer Mechanismen der Nachfragebündelung (→ zu ihnen § 8 Rn. 19) ein Gefährdungspotenzial für mittelständische Unternehmen dar, ohne dass die Pflicht zur Mittelstandsförderung jenen durch die Neufassung des GWB ihrerseits ausgebauten Instrumenten entgegenstehen würde. Dennoch hat m. E. die Schaffung einer zentralen Beschaffungsstruktur zur Konsequenz, dass die potenzielle Ausnahme von der Pflicht zur Losvergabe aus „technischen bzw. wirtschaftlichen Gründen" nach § 97 Abs. 4 S. 3 GWB kaum begründbar erscheint, wenn vor einer erfolgten zentralen Beschaffung jahrelang die Zerlegung in verschiedene Teilleistungen erfolgt ist. **7**

Auf der **Auftragnehmerseite** ist der mittlerweile durchaus großzügige Umgang mit Bietergemeinschaften, die den mittelständischen Unternehmen ein großes und strukturgerechtes Betätigungsfeld eröffnen (→ näher § 9 Rn. 20 f.), ein wichtiges Instrument, ebenso wie die Verpflichtung von Generalunternehmern bzw. -übernehmern (→ § 9 Rn. 8) zur mittelstandsgerechten Auswahl von Nachunternehmen. Verpflichtungen dieser Art finden sich teilweise in den Landesvergabegesetzen, teilweise ergänzt durch das jeweilige Mittelstandsfördergesetz (falls vorhanden). § 97 Abs. 4 S. 4 GWB verpflichtet Unternehmen, die „mit der Wahrnehmung oder Durchführung einer öffentlichen Aufgabe betraut" sind (im Wege einer sog. funktionalen Privatisierung; → § 11 Rn. 29 f.), bei der Vergabe von Aufträgen an Nachunternehmer zur Losvergabe nach den in den Sätzen 1 bis 3 des § 97 Abs. 4 GWB festgelegten Grundsätzen. Dies ist in → § 8 Rn. 16, bereits näher beleuchtet worden. **8**

b) Mittelstandsbevorzugung. Hierbei ginge es darum, die Situation des Mittelstandes jenseits der bloßen Herstellung von Chancengerechtigkeit, d. h. im Ergebnis einer erfolgreichen Zuschlagserteilung, zu verbessern. Kleinen und mittleren Unternehmen würden dabei allein aufgrund ihrer Zugehörigkeit zu dieser Kategorie gegenüber Großunternehmen der Vorzug gegeben werden. Der Vorschrift des § 97 Abs. 4 GWB kann keine Rechtfertigung für eine derartige Vorgehensweise entnommen werden.[6] Angesichts des abschließend formulierten Zuschlagskriteriums der Wirtschaftlichkeit in § 127 Abs. 1 GWB ist oberhalb der Schwellenwerte eine mit- **9**

---

[6] So explizit auch BGH NJW 2000, 137, zur insoweit unveränderten Vorgängervorschrift des § 97 Abs. 3 GWB.

telstandsbevorzugende Zuschlagserteilung nicht denkbar; auch das früher teilweise praktizierte sog. Eintrittsrecht für mittelständische Unternehmen, dass es diesen ermöglicht hatte, in Fällen, in denen ihr Angebot nur geringfügig über dem wirtschaftlichsten Angebot lag, in die betroffenen Lose einzutreten (woraufhin die Ausschreibung hinsichtlich dieser Lose aufgehoben und die Aufträge über diese Lose sodann freihändig an die mittelständischen Unternehmen vergeben wurden), wäre heute als rechtswidrig zu erachten. Erstmals legitimiert worden ist nun auch das Instrument der Loslimitierung (→ Rn. 17).

II. Das Instrument der Losvergabe

10 Das in § 97 Abs. 4 S. 2 u. 3 GWB (und wiederholend in § 5 Abs. 2 Nr. 1 VOB/A-EU) normierte Instrument der Losvergabe verpflichtet zu einer mittelstandsgerechten Verfahrensgestaltung. Während dieses Instrument im deutschen Vergaberecht eine lange Tradition hat, ist es auf EU-Ebene erstmals durch die VRL eingeführt worden. Dies eröffnet deutschen mittelständischen Unternehmen große Chancen in Vergabeverfahren anderer Mitgliedstaaten und stellt für diese eine erhebliche Herausforderung dar. **Art. 46 VRL** bleibt dabei in seinem Regelungsgehalt hinter der schon bisher im deutschen Recht anerkannten Pflicht zur Losvergabe und auch hinter der neuen Umsetzungsvorschrift des § 97 Abs. 4 GWB zurück (dazu noch sogleich 2), lässt aber in Abs. 4 ausdrücklich weitergehende Regelungen zu.

11 § 97 Abs. 4 S. 2 u. 3 GWB führt inhaltlich unverändert die zuletzt im Jahre 2009 verschärfte Regelung zur Losvergabe fort. Seinerzeit ist der Ausnahmetatbestand („"wenn wirtschaftliche oder technische Gründe" eine Gesamtvergabe „"erfordern"" enger gefasst worden).[7] Erst während des parlamentarischen Verfahrens haben die Fraktionen von CDU/CSU und SPD im Wirtschaftsausschuss die Gesetzesbegründung mit der Feststellung eingeschränkt, dass eine Gesamtvergabe auch erlaubt sein könne im Falle der Ausnutzung relevanter Größenvorteile und/oder Synergieeffekte, einer offensichtlich nicht sinnvoll reduzierbaren Komplexität des Gesamtauftrags sowie einer nachweislich erhöhten Gefahr, dass der Gesamtauftrag insgesamt „"nicht sachgerecht ausgeführt werden kann"[8]. Dies ist künftig bei der Interpretation der Ausnahmetatbestände (→ dazu Rn. 16) zu beachten.

1. Beschaffungsautonomie und Losvergabe

12 Vorab ist auch hier zu betonen, dass die durch § 97 Abs. 4 S. 2 u. 3 GWB statuierte Pflicht zur Losvergabe nichts daran zu ändern vermag, dass die eigentliche Beschaffungsentscheidung nach Inhalt und Umfang allein dem öffentlichen Auftraggeber obliegt, d. h. der Grundsatz der Beschaffungsautonomie (→ § 12 Rn. 4 f.) wirkt sich auch beim Umgang mit den Regelungen über die Losvergabe aus. Konkret ist das Leistungsbestimmungsrecht des Auftraggebers dem Grundsatz der Losvergabe zeitlich vorgelagert.[9] Dies wirkt sich in **zweifacher Hinsicht** aus. Zunächst ist die Frage, ob überhaupt eine Aufspaltung in verschiedene Teilleistungen in Betracht kommt, da-

---

[7] Vgl. dazu *Werner* VergabeR 2009, 262; *Kus* NZBau 2009, 21.
[8] BT-Drs. 18/7086, S. 14.
[9] Vgl. *Werner* in: FS Marx, 806 (810 ff.); *Manz/Schoenwälder* NZBau 2012, 465.

von abhängig, ob der Auftragsgegenstand dies erlaubt. In der Rechtsprechung ist wiederholt ausdrücklich betont worden, dass es keine Pflicht des Auftraggebers gibt, seine Nachfrage an bestimmten Marktteilnehmern auszurichten,[10] des Weiteren müssten Lose nicht so zugeschnitten werden, dass sich jedes am Markt tätige mittelständische Unternehmen darauf auch tatsächlich bewerben kann. Hierauf wird auch ausdrücklich in der auf der Homepage des Bundewirtschaftsministeriums publizierten wissenschaftlichen Studie „Wie kann § 97 Abs. 3 GWB hinsichtlich der Pflicht zur Aufteilung eines öffentlichen Auftrags in Teillose rechtssicher in die Beschaffungspraxis überführt werden?"[11] hingewiesen. Sodann wirkt sich der Grundsatz der Beschaffungsautonomie bei der gemäß § 97 Abs. 4 S. 2 GWB durchzuführenden Prüfung aus, ob ausnahmsweise (bei grundsätzlich vorzunehmender Losvergabe; → dazu sogleich) wirtschaftliche oder technische Gründe eine Gesamtvergabe erfordern können. Nicht zuletzt die Missstände bei der Realisierung des Flughafens Berlin-Brandenburg haben die Gefahren vor Augen geführt, die die Zersplitterung eines Milliardenprojekts in eine Vielzahl von Fachlosen (mit einer hohen Zahl von zwischenzeitlich insolvenzanmeldenden mittelständischen Bauunternehmen) bergen kann.[12] All dies zeigt bereits, dass es durchgehend auf die Betrachtung des Einzelfalls ankommt.

2. Losvergabe als Grundsatz

§ 97 Abs. 4 S. 2 GWB sieht vor, dass Leistungen grundsätzlich entweder in der 13
Menge aufgeteilt (Teillose) und/oder getrennt nach Art oder Fachgebiet (Fachlose) zu vergeben sind. Anders als in Art. 46 Abs. 1 VRL vorgesehen, wird den Auftraggebern mithin nicht lediglich eine Begründungspflicht auferlegt, wenn sie von einer Losvergabe absehen wollen. Vielmehr sind sie im Regelfall zur Losvergabe verpflichtet und nur dann (also ausnahmsweise) zur Gesamtvergabe berechtigt, wenn „wirtschaftliche oder technische Gründe dies erfordern" (vgl. § 97 Abs. 4 S. 3 GWB). **Teillose** können entweder mengenmäßig oder regional aufgegliedert sein, im letzteren Fall spricht man auch von Gebietslosen (Beispiel: Durchführung von Abschleppaufträgen im südlichen bzw. nördlichen Stadtgebiet).

Maßgeblich für den Zuschnitt von **Fachlosen** sind die Verhältnisse des jeweiligen 14
Marktes. Diese Fachlose kommen daher typischerweise bei Bauleistungen im Hinblick auf die einzelnen Gewerke in Betracht (Erdaushub, Elektroarbeiten, Fassadenanstrich etc.), bei Lieferungen oder Dienstleistungen kann die Bildung von Fachlosen erhebliche Schwierigkeiten bereiten. Das Bundeswirtschaftsministerium hat insoweit einen hilfreichen „Leitfaden mittelstandsgerechte Teillosbildung" nebst dazu entwickeltem Excel-Berechnungstool entwickelt, die auf den Internetseiten des Ministeriums zu finden sind. Das Berechnungstool erleichtert die Ermittlung von jeweils branchen- und gewerksspezifisch optimalen Losgrößen.[13] In Ausprägung des Grund-

---

[10] Vgl. nur OLG Schleswig VergabeR 2013, 460.
[11] S. 23. Vgl. ferner OLG Naumburg NZBau 2011, 127.
[12] Näher hierzu *Werner* in: FS Marx, 817.
[13] Es wird näher vorgestellt im Beitrag der an seiner Erstellung beteiligten Autoren *Theurer* u. a. VergabeR 2014, 301.

satzes der Beschaffungsautonomie (→ vgl. § 12 Rn. 4 f.) ist dem jeweiligen Auftraggeber insoweit ein Beurteilungsspielraum eröffnet.[14]

15 Wichtige Anwendungsfälle aus der Praxis betreffen die Aufteilung von Reinigungsdienstleistungen in Grundreinigungs- und Glasreinigungsarbeiten,[15] die Bildung von Gebietslosen bei Abschleppaufträgen,[16] die Aufteilung von Entsorgungsleistungen[17] und die Bildung von Teillosen bei Postdienstleistungen; dort erfolgt vielfach eine Aufteilung nach Abholgebieten, teilweise auch nach Zustellungsgebieten, was allerdings für den Auftraggeber Vorsortierungsmaßnahmen erheblichen Umfangs impliziert.[18] Vielfach anzutreffen in der Praxis ist überdies eine Fachlosbildung getrennt nach dem Versand von Briefen einerseits, in Postzustellungsaufträge andererseits. Auch hier hängt jedoch alles von den jeweils gegebenen Verhältnissen des Einzelfalls ab.[19]

3. Ausnahmsweise statthafte Gesamtvergabe

16 Eine Durchbrechung des Grundsatzes der Losvergabe ist gemäß § 97 Abs. 4 S. 3 GWB möglich, wenn „wirtschaftliche oder technische Gründe dies erfordern". Gründe dieser Art müssen durch den jeweiligen Auftraggeber geltend gemacht und im Abwägungszusammenhang mit dem Anliegen der Mittelstandsförderung für im Ergebnis überwiegend beachtet werden. Hierbei ist dem Auftraggeber (wiederum als Ausfluss des Grundsatzes der Beschaffungsautonomie) ein Beurteilungsspielraum eröffnet.[20] Als „wirtschaftliche Gründe" genügt freilich nicht schon die Geltendmachung des regelmäßig entstehenden höheren Ausschreibungs-, Prüfungs- und Koordinierungsaufwands und auch nicht die etwaigenfalls erschwerte Durchsetzung von Gewährleistungsansprüchen (gegenüber mehreren späteren Auftragnehmern). Anerkennenswert können beispielsweise der mit einer Zusammenstellung unterschiedlicher IT-Komponenten verbundene erhöhte wirtschaftliche Aufwand oder die sich u. U. hierbei ergebenden Sicherheitsrisiken (dies als technischer Grund) sein. Gemäß §§ 8 Abs. 2 Nr. 11 VgV, 5 Abs. 2 Nr. 2 VOB/A-EU ist der Auftraggeber verpflichtet, die von ihm getroffene Abwägungsentscheidung mit Begründung im Vergabevermerk (→ § 13 Rn. 7) zu dokumentieren.

4. Loslimitierung

17 Nicht selten legen Auftraggeber im Rahmen einer losweisen Vergabe überdies fest, dass Bietern nicht die Möglichkeit offen steht, auf alle Lose ein Angebot abzugeben

---

[14] OLG Düsseldorf NZBau 2012, 324; OLG Düsseldorf NZBau 2012, 515 (516); OLG Karlsruhe NZBau 2011, 567 (570) sprechen (m. E. verwaltungsrechtlich zutreffend) von „Ermessen".

[15] OLG Düsseldorf NZBau 2011, 369 m. Anm. *Horn* NZBau 2011, 601; OLG Karlsruhe NZBau 2011, 567; OLG Düsseldorf VergabeR 2012, 658 m. Anm. *Schröder*.

[16] OLG Düsseldorf NZBau 2012, 515.

[17] OLG Koblenz VergabeR 2014, 28 m. Anm. *Kaiser*.

[18] Insoweit hat das OLG Düsseldorf festgestellt, dass eine Sortierung nach Postleitregionen den verschiedenen Stellen eines Auftraggebers jedenfalls dann nicht zuzumuten sei, wenn das durchschnittliche Briefvolumen je Bezirk nur etwa 300.000 Briefe beträgt. Dann könne eine Durchbrechung des Grundsatzes der Losvergabe aus „wirtschaftlichen Gründen" in Betracht kommen.

[19] So hat das OLG Schleswig VergabeR 2013, 466 aus „wirtschaftlichen Gründen" die in § 97 Abs. 4 S. 3 GWB vorgesehene Durchbrechung der Vermutungsregel anerkannt, weil im konkreten Fall das Sendungsaufkommen im Paketbereich nur einen Anteil von 0,7 % des gesamten Sendungsaufkommens hatte.

[20] Zutreffend, wenngleich wiederum in terminologischer Hinsicht fälschlicherweise von „Ermessen" sprechend auch OLG Düsseldorf NZBau 2012, 324; a.A. *Ziekow* GewArch 2013, 421; *Ricken*, Beurteilungsspielräume und Ermessen im Vergaberecht, 2014, 274 f.

bzw. dass Bieter lediglich für ein einziges oder nur für eine bestimmte Anzahl von Teil- oder Fachlosen beauftragt werden können. Dies hat die Rechtsprechung bereits bislang für zulässig erachtet und dies mit der dadurch verbundenen Streuung wirtschaftlicher und technischer Risiken sowie dem Schutz auch zukünftigen Wettbewerbs gerechtfertigt.[21] Freilich handelt es sich hierbei bereits um ein mittelstandsbevorzugendes Instrument der Mittelstandsförderung, da den nicht-mittelständischen Unternehmen die Möglichkeit der vollständigen Realisierung ihres Potenzials genommen und damit mehr als nur Chancengleichheit hergestellt wird. Dies kann materiellrechtlich durchaus aus den soeben genannten Gründen vor dem Gleichheitssatz des Art. 3 Abs. 1 GG und dem EU-primärrechtlichen Beschränkungsverbot gerechtfertigt sein, bedarf m.E. aber einer ausdrücklichen Zulassung durch den Gesetzgeber.[22] Mit Inkrafttreten der Vergaberechtsreform 2016 ist diese Grundlage nun geschaffen worden, und zwar in den §§ 30 VgV, 5 Abs. 2 Nr. 3 VOB/A-EU. Die Auftraggeber, die eine Loslimitierung vorsehen wollen, müssen diese demnach in der Auftragsbekanntmachung bekannt geben. Beide Bestimmungen enthalten noch weitere Vorgaben zur Herstellung von Objektivität und Diskriminierungsfreiheit beim Umgang mit Loslimitierungen.

Vertiefungsliteratur:

Willems, Die Förderung des Mittelstands – wirtschaftsverfassungsrechtliche Legitimation und vergaberechtliche Realisierung, 2003; *Dreher,* Die Berücksichtigung mittelständischer Interessen bei der Vergabe öffentlicher Aufträge, NZBau 2005, 427; *Burgi,* Mittelstandsfreundliche Vergabe, NZBau 2006, 606 und 693; *Faßbender,* Die neuen Regelungen für eine mittelstandsgerechte Auftragsvergabe, NZBau 2010, 529; *Kidalov,* Small Business Contracting in the US and Europe: A Comparative Assessment, Public Contract Law Review 2011, 443; *Werner,* „Los" oder „Nicht-Los" – das ist hier die Frage, in: FS Marx, 805; *Ziekow,* Das Gebot der vornehmlichen Berücksichtigung mittelständischer Interessen bei der Vergabe öffentlicher Aufträge, GewArch 2013, 417; *Trybus/Andrecka,* Favouring SME's with Directive 2014/24/EU?; EPPPL 2017, 224.

---

[21] OLG Düsseldorf NZBau 2000, 440; OLG Düsseldorf VergabeR 2012, 494; krit. *Otting/Tresselt* VergabeR 2009, 584; befürwortend *Manz/Schönwälder* VergabeR 2013, 852.
[22] Vgl. bereits *Burgi* NZBau 2006, 697.

§ 15. Vergabeverfahren im Gesundheits- und Sozialwesen

Übersicht

1 Geht es um Leistungen der Gesundheitsversorgung, der Kinder- und Jugendhilfe oder der Qualifizierung und sozialen Betreuung von Arbeitslosen, dann trifft der Geltungsanspruch des Vergaberechts auf eine durch zahlreiche systemische Besonderheiten geprägte und überdies durch komplexe Spezialgesetze determinierte Ausgangslage. Dass die Beschaffung solcher Leistungen sich schon aufgrund von deren Spezifika (I) beispielsweise von der Bauvergabe unterscheidet, liegt auf der Hand. Für einen Teil der betroffenen Leistungen, und zwar für den Ausschnitt der „sozialen und anderen besonderen Dienstleistungen" gibt es daher ein (neues) Sonderverfahrensregime (III). Bedeutsame Teile des Vertragswesens der Krankenkassen bei der Beschaffung von Dienstleistungen durch Ärzte und Apotheker bzw. von Lieferungen durch Pharmaunternehmen unterfallen hingegen den allgemeinen Vergaberegeln, wenn bestimmte, nicht ganz leicht zu bestimmende Voraussetzungen erfüllt sind (II).

I. Spezifika der betroffenen Leistungen

2 Wie bereits angedeutet, sind soziale bzw. gesundheitsbezogene Leistungen durch ihre Personenbezogenheit charakterisiert. Teilweise erfordert Ihre Erbringung ein rechtlich nicht fassbares Maß an Empathie den Versorgten gegenüber. Nicht wenige dieser Leistungen weisen einen jedenfalls deutlich schwächeren grenzüberschreitenden Bezug aus, sie sind eher durch Ortsnähe und persönliche Zugewandtheit charakterisiert. Daneben gibt es aber auch Tätigkeiten (wie die Versorgung mit Arznei- und Hilfsmitteln), die jedenfalls äußerlich betrachtet mit anderen „Märkten" vergleichbar sind. Allerdings besteht auch insoweit eine spezifische Trägerstruktur, d. h. jenseits der staatlichen bzw. kommunalen Verwaltung und den einzelnen Leistungserbringern spielen die großen Sozialversicherungsträger, namentlich die Krankenkassen, die Bundesagentur für Arbeit oder große Sozialleistungsträger wie etwa die Landschaftsverbände in Nordrhein-Westfalen oder die Bezirke in Bayern eine wichtige Rolle. Auch die Seite der Leistungserbringer ist sehr heterogen, indem neben einzelnen Ärzten, Apotheken und Krankenhäusern weltweit agierende Pharmaunternehmen und die sog. freigemeinnützigen Träger Caritas, Diakonie, Paritätischer Wohlfahrtsverband etc. agieren. Im Rettungsdienstwesen spielen das Deutsche Rote Kreuz und die anderen großen gemeinnützigen Hilfsorganisationen eine vergleichbare Rolle.

Allerdings haben sich insbesondere in den vergangenen Jahren innerhalb mehrerer 3 einschlägiger sozialrechtlicher Regelungskontexte grundlegende Veränderungen ergeben. Dominierten jahrzehntelang sog. Kollektivverträge, mit denen beispielsweise die Krankenkassen und die Kassenärztlichen Vereinigungen innerhalb des hoheitlich organisierten Systems der Sozialversicherung die Durchführung der ärztlichen Versorgung einschließlich der Vergütung innerhalb enger gesetzlicher Vorgaben gemeinsam und einheitlich fixiert hatten, sind mittlerweile an mehreren Stellen (vgl. dazu II 1a) wettbewerbliche Elemente in das Leistungserbringerrecht eingebaut worden. Ausdruck dessen ist der teilweise vorgesehene Abschluss von sog. **Selektivverträgen,** d. h. beispielsweise zwischen einer Krankenkasse und einzelnen, im Rahmen eines irgendwie gearteten Verfahrens ausgewählten Leistungserbringern (z. B. Ärzten, Hilfs- oder Arzneimittellieferanten). Dies geschah mit dem Ziel der gleichzeitigen Verbesserung der Leistungsqualität und der Effizienz, nicht zuletzt, da das gesamte System einem wachsenden Kostendruck bei gleichzeitig wachsendem Bewusstsein für die Notwendigkeit der Messung und Bewertung von Qualität unterworfen ist.[1] Das Vergaberecht greift also auch in diesen Sektoren nur dann ein, wenn zuvor die Entscheidung für eine Beschaffung am Markt getroffen worden ist. Bezogen auf die soeben beschriebenen politischen Veränderungen lässt sich dies in dem Satz bündeln: „Wer (im Sozialrecht) Wettbewerb sät, wird (auch) Vergaberecht ernten"; dies selbstverständlich mit allen damit verbundenen Chancen und Risiken.

Die insbesondere in der Anfangszeit der Anwendbarkeit des Vergaberechts beste- 4 henden Befürchtungen, dass sich dessen Wettbewerbs- und Preisorientierung nicht mit dem Primärziel des Sozialrechts, eine qualitätsvolle (aber eben auch bezahlbare) Gesundheitsversorgung zu gewährleisten, vertragen würde, haben sich weitgehend nicht bestätigt. Bei sachgerechter Handhabung des vergaberechtlichen Instrumentariums bietet dieses selbst genügend Möglichkeiten, um eine erfolgreiche und rechtmäßige Erfüllung der hiervon betroffenen Verwaltungsaufgaben (und darum geht es letztlich auch im Gesundheits- und Sozialwesen; → vgl. § 6 Rn. 2 f.) sicherzustellen. Konkret im Hinblick auf das Sozialwesen ist hierbei die Weiterentwicklung der EU zu einer Sozial-Union beachtlich, die sich v. a. in Art. 14 AEUV und den Artikeln 34 und 36 EU-Grundrechte-Charta sowie dem „Protokoll über Dienste von allgemeinem Interesse" niedergeschlagen hat. Dort wird u. a. betont, dass ein „Ermessensspielraum der nationalen, regionalen und lokalen Behörde in der Frage (bestehe), wie (diese) Dienste … auf eine den Bedürfnissen der Nutzer so gute wie möglich entsprechenden Weise zur Verfügung zu stellen, in Auftrag zu geben und zu organisieren sind."[2] In Anknüpfung daran heißt es in **Erw. 6** der VRL ausdrücklich, dass diese Richtlinie „nicht die Rechtsvorschriften der Mitgliedstaaten über die soziale Sicherheit berühren sollte" und dass es den Mitgliedstaaten freistehe, „die Erbrin-

---

[1] Vgl. als eine Art Gesamtbilanz mit zusätzlichen rechtspolitischen Vorschlägen das Gutachten von *Becker/ Schweitzer* für den 69. DJT 2012; aktuell *Kemmler* NZS 2015, 401 (409); *Wallrabenstein* NZS 2015, 48 (50 f.); *Hattenhauer/Wilke* ZfBR 2015, 662; *Wagner* ZG 2017, 58; *Lauterbach* VergabeNavigator 2017, 6 (Jugendhilfesektor).
[2] Näher hierzu *Weiß* EuR 2013, 669.

gung von gesetzlichen sozialen Dienstleistungen … entweder als Dienstleistungen von allgemeinem wirtschaftlichem Interesse oder als nichtwirtschaftliche Dienstleistungen von allgemeinem Interesse" zu organisieren. Im letzteren Falle sei der Geltungsbereich der VRL nicht eröffnet. Dies trägt auch der langjährigen Rechtsprechung des EuGH Rechnung, wonach das Unionsrecht die Befugnisse der Mitgliedstaaten zur Ausgestaltung ihres Gesundheitswesens und ihrer Systeme der sozialen Sicherheit unberührt lässt.[3]

II. Blick in das Gesundheitsvergaberecht

1. Anwendbarkeit auf Verträge der Krankenkassen

5   a) **Beschaffungsvorgang.** Nachdem durch den EuGH geklärt worden war, dass die Krankenkassen in Deutschland öffentliche Auftraggeber i.S.v. (in der heutigen Fassung) § 99 Nr. 2 GWB sind (nach dem sog. funktionalen Auftraggeberbegriff; → § 8 Rn. 4 f.), konzentrierte sich die Diskussion darauf, ob ein Beschaffungsvorgang vorliegt. Dies wäre gleichermaßen Voraussetzung für die Qualifizierung als Auftrag nach § 103 Abs. 1 GWB wie als Dienstleistungskonzessionen nach § 105 Abs. 1 GWB. Ausschlaggebend dafür ist ausschließlich das Vergaberecht, nachdem im Anschluss an eine wechselvolle Geschichte **§ 69 Abs. 2 S. 4 SGB V** im Wege einer Rechtsgrundverweisung ausdrücklich auf den „vierten Teil des GWB" verweist. Kein Auftrag bzw. keine Konzession besteht jedenfalls dann, wenn die Krankenkasse zum Vertragsschluss gesetzlich verpflichtet ist. Dies ist insbesondere im Hinblick auf Verträge der Fall, auf deren Abschluss die Leistungserbringer einen Anspruch haben wie etwa bei sog. Hilfsmittelverträgen mit Beitrittsrecht nach § 107 Abs. 2 u. 2a SGB V (anders als bei Verträgen nach § 107 Abs. 1 SGB V; → vgl. noch Rn. 8) sowie bei Verträgen zur Versorgung mit Haushaltshilfen nach § 132 SGB V.[4]

6   Seit längerem geklärt ist, dass das krankenversicherungsrechtliche Spezifikum einer **Dreiecksbeziehung** zwischen Krankenkasse, Ärzten bzw. Apothekern und Versicherten nicht schon einer Qualifizierung als öffentlicher Auftrag bzw. als Konzession entgegensteht. Der Umstand, dass typischerweise die Kasse nicht direkt bei einem Arzt oder einem Pharmaunternehmen etwas bestellt, sondern mit Ärzten bzw. Pharmaunternehmern sog. Selektivverträge abschließt, die sodann dazu führen, dass die einzelnen Versicherten nur noch die dort bestimmten Leistungen vergütet bekommen, wird vergaberechtlich einerseits durch eine funktionale, auf die wirtschaftlichen Zusammenhänge abstellende Betrachtung verarbeitet.[5] Des Weiteren werden namentlich die Verträge zwischen Krankenkassen und Pharmaunternehmen als Rahmenvereinbarungen (künftig: gemäß § 103 Abs. 5 GWB; → § 13 Rn. 27 f.) qualifiziert, von der der nachfolgende „Einzelabruf" durch den Versicherten im Zusammenwirken mit dem Apotheker unterschieden wird.[6]

---

[3] Vgl. etwa EuGH C-301/1997, EuZW 1998, 124, Rn. 27 (Sodemare u. a.); EuGH C-113/13, NZBau 2015, 377, Rn. 55 (Spezzino).
[4] Vgl. zum Ganzen *Becker/Kingreen* in: dies., SGB V, 5. Aufl. 2017, § 69 Rn. 55 f., und aus der aktuellen Rechtsprechung OLG Dresden VergabeR 2017, 58 m. Anm. *Antweiler* (Modellvorhaben gemäß § 63 SGB V); OLG Düsseldorf NZBau 2017, 565 (Hilfsmittelvergabe im sog. Drei-Partner-Modell).
[5] Eingehend dazu *Burgi* NZBau 2008, 480; *Wallrabenstein* NZS 2015, 48 (52 f.) m.w.N.
[6] Eingehend hierzu m.w.N. *Gabriel* in: Gabriel/Krohn/Neun, HdbVergabeR, § 9 Rn. 4 ff.

Aktuell wird das Vorliegen des Beschaffungscharakters im Hinblick auf die seit einiger Zeit von 7
den Krankenkassen praktizierten Zulassungsverfahren nach dem sog. Open-House-Modell diskutiert. Dabei werden nicht exklusiv einzelne Vertragspartner gesucht, sondern ist für alle Hersteller ein Beitrittsrecht vorgesehen. Das OLG Düsseldorf hat insoweit an der von ihm für notwendig erachteten Auswahlsituation (sog. Selektivität) gezweifelt, wollte aber den Krankenkassen verschiedene Anforderungen zur Sicherung einer diskriminierungsfreien und transparenten Vorgehensweise auferlegen.[7] Der GWB-Gesetzgeber weist in seiner Begründung zu § 103 Abs. 1[8] darauf hin, dass „Fälle, in denen alle Wirtschaftsteilnehmer, die bestimmte Voraussetzungen erfüllen, zur Wahrnehmung einer bestimmten Aufgabe – ohne Selektivität – berechtigt sind", nicht als Auftragsvergabe „verstanden werden, sondern als einfache Zulassungssysteme (z.B. Zulassungen für Arzneimittel oder ärztliche Dienstleistungen)." Gleiches gelte übrigens im Hinblick auf die „Zulassung von Pflegeeinrichtungen sowie die Feststellung der fachlichen Eignung im Rahmen der Zulassung besondere Dienste oder besondere Einrichtungen". Diese Auffassung hat (mit Blick auf das Open-House-Modell) nunmehr der EuGH bestätigt.[9]

b) Auftrag oder Konzession. Von den Umständen des jeweiligen Einzelfalls hängt 8
es ab, ob nach Klärung der Fragen zu a) eine Zuordnung zum Regime für öffentliche Aufträge bzw. zum Regime für Konzessionen erfolgt. Freilich ist diese Zuordnung nach Inkrafttreten des reformierten Vergaberechts ab April 2016 nicht mehr gleichermaßen folgenschwer wie zuvor, da seither auch die Konzessionen sekundärrechtlich reglementiert sind und der vergaberechtliche Rechtsschutz eröffnet ist (vgl. § 105 und sodann §§ 148 ff. GWB; → § 24). Da im Hinblick auf die Vergabe von Konzessionen teilweise aber erleichterte Anforderungen insbesondere in verfahrensmäßiger Hinsicht bestehen, behält die Unterscheidung einen Teil ihrer früheren Bedeutung. Nach den bislang entwickelten Grundsätzen kommt es hierbei (im Unterschied zur allgemein bei der Abgrenzung zwischen Aufträgen und Konzessionen praktizierten Vorgehensweise) weniger darauf an, wer das wirtschaftliche Risiko trägt, da dieses im Anwendungsbereich des SGB V weitgehend durch die sozialversicherungsrechtliche Dreiecksbeziehung aufgefangen wird. Ausschlaggebend soll vielmehr sein, in welchem Maße der Auftragnehmer (beispielsweise Pharmaunternehmen oder Ärzte) eine wirtschaftliche Gestaltungsfreiheit bei der Leistungserbringung gegenüber den Versicherten hat (dann: Konzession), oder ob sämtliche Konditionen bereits zwischen Leistungserbringer und Krankenkasse festgelegt worden sind (dann: Auftrag). Infrage steht somit die sog. **Steuerungs- bzw. Lenkungswirkung** des jeweils geschlossenen Vertrages.[10]

Besonders häufig abgeschlossen werden Arzneimittelrabattverträge über generische Wirkstoffe 9
(auf der Grundlage von § 130a Abs. 8 SGB V), teilweise auch über sog. Biosimilars und Originalpräparate sowie Zytostatika-Versorgungsverträge.[11] Von großer Bedeutung sind Hilfsmittelverträge (betreffend Hörhilfen, Körperersatzstücke, orthopädische Hilfsmittel etc.) nach § 127

[7] OLG Düsseldorf NZBau 2014, 654; dabei argumentiert das OLG teilweise bereits im Vorgriff auf die VRL.
[8] BT-Drs. 18/6281, S. 73.
[9] EuGH C-410/14, NZBau 2016, 441 u. hierzu *Neun* NZBau 2016, 681; *Pootner/Rechten* NZBau 2017, 587; *Willenbruch* VergabeR 2017, 419; *Glahs* Sozialrecht aktuell 2017, 209.
[10] Seit OLG Düsseldorf VergabeR 2008, 84 m. Anm. *Amelung/Dörn*.
[11] Vgl. insoweit *Dulle/Brakalova* NZBau 2013, 19; *Gabriel,* §§ 76 ff. in: Gabriel/Krohn/Neun, HdbVergabeR; *Mager/Lotz* in: Prütting, Fachanwaltskommentar Medizinrecht, 3. Aufl. 2014, § 99 Rn. 5 ff.

Abs. 1 SGB V[12], ferner die sog. hausarztzentrierten und besonderen ambulanten ärztlichen Versorgungsverträge (nach §§ 73b Abs. 4 S. 3 u. 4 bzw. 73c SGB V)[13] und schließlich die (freilich besonders streitig diskutierten) Verträge im Recht der sog. integrierten Versorgung nach §§ 140a f. SGB V. Hierbei geht es mit dem Ziel der Überwindung der sektoralen (ambulant/stationär) und disziplinären Aufteilung im Gesundheitswesen um eine übergreifende Versorgung der Versicherten zwecks Vermeidung von Doppeluntersuchungen und Behandlungsdiskontinuitäten.[14]

10　**c) Einzelne relevante Aspekte des Vergaberegimes.** Infolge der Spezifika der betroffenen Leistungen (I) gibt es verschiedene Fragestellungen, die die Rechtsprechung unter anderen Akzenten beschäftigen. So treten bei Ausschreibungen im Arzneimittelbereich vergleichsweise häufig Bietergemeinschaften auf, um die von den Krankenkassen geforderte breite Sortimentsabdeckung (von Medikamenten) gewährleisten zu können, was zusätzlich kartellrechtliche Fragen aufwirft.[15] Schwierigkeiten bereitet vielfach das Erfordernis der Eindeutigkeit und Vollständigkeit der Leistungsbeschreibung sowie der (teilweise an die Stelle des früheren Verbots von sog. ungewöhnlichen Wagnissen getretene) Verhältnismäßigkeitsgrundsatz nach § 97 Abs. 1 S. 2 GWB.[16] Bei der Festlegung von Zuschlagskriterien kann auch bei der Beschaffung von gesundheitsbezogenen Leistungen der Preis das alleinige Zuschlagskriterium sein (→ dazu näher § 17 Rn. 6), wenn die auszuführenden Leistungen in allen für die Zuschlagsentscheidung in Betracht kommenden Punkten in der Leistungsbeschreibung hinreichend genau definiert worden sind.[17] Vielfach werden freilich qualitätsbezogene Aspekte als zusätzliche Zuschlagskriterien definiert werden, insbesondere um die zahlreichen sich aus dem SGB V ergebenden Anforderungen in das Vergaberecht „übersetzen" zu können, wozu die Krankenkassen selbstverständlich verpflichtet sind.

2. Ausnahmetatbestand für Teile des Rettungsdienstwesens

11　Insbesondere zur Durchführung von Krankentransporten unter dabei erfolgender Behandlung sind typischerweise die Stadt- oder Landkreise als Träger des Rettungsdienstes zur „Beschaffung der Rettungsdienstleistungen" berufen. Auf der Anbieterseite dominieren in Deutschland die etwa nach § 26 Abs. 1 S. 2 des Gesetzes über den Zivilschutz und die Katastrophenhilfe des Bundes anerkannten fünf Hilfsorganisationen (Arbeiter-Samariterbund, Deutsche Lebens-Rettungs-Gesellschaft, Deutsches Rotes Kreuz, Johanniter-Unfall-Hilfe und Malteser-Hilfsdienst), die mit ihren zahlreichen Ehrenamtlichen insbesondere auch für die Bewältigung großer Katastrophenlagen (etwa bei großflächigen Überschwemmungen) benötigt werden. Bis zum Inkrafttreten des GWB 2016 war insoweit die Vergabe von Dienstleistungskon-

---

[12] Dazu zuletzt OLG Düsseldorf VergabeR 2015, 443 m. Anm. *Dörn; Hattenhauer/Wilke* ZfBR 2015, 662; *Mager/Lotz*, a.a.O., § 99 GWB Rn. 14.

[13] Vgl. hierzu *Gabriel* in: Gabriel/Krohn/Neun, HdbVergabeR, § 76.

[14] Zur vergaberechtlichen Beurteilung vgl. *Kaltenborn* in: Ebsen, Vergaberecht und Vertragswettbewerb in der Gesetzlichen Krankenversicherung, 2009, 169; *Csaki*, Vergaberecht im Gesundheitswesen, Rn. 34 ff.

[15] Vgl. insoweit zuletzt OLG Düsseldorf ZfBR 2016, 199; *Csaki*, Vergaberecht im Gesundheitswesen, Rn. 294 f.

[16] Vgl. wiederum *Csaki*, Rn. 93 f.; zum allgemeinen Problem → § 12 Rn. 17 f.

[17] OLG Düsseldorf VergabeR 2015, 443 m. Anm. *Dörn*.

zessionen nur primärrechtlich erfasst, während die Vergabe von Aufträgen nach dem erleichterten sog. I-B-Regime der VgV bzw. dem II-B-Regime der VKR (→ dazu näher sogleich Rn. 14) erfolgte. Die **Abgrenzung** wurde nach näherer Maßgabe der EuGH-Rechtsprechung[18] in erster Linie danach vorgenommen, ob das jeweils einschlägige Landesgesetz über das Rettungsdienstwesen im sog. Konzessionsmodell (finanzielle Abwicklung über die Krankenkassen der Patienten) oder im sog. Submissionsmodell (finanzielle Vergütung seitens der Kommune) organisiert war. Der BGH hatte klargestellt, dass es sich nicht um einen Fall der Ausübung öffentlicher Gewalt (→ dazu § 11 Rn. 32) handle.[19]

In Umsetzung von Art. 10 lit. h) VRL bzw. von Art. 10 Abs. 8 lit. g) der Konzes- **12** sionsrichtlinie 2014/23/EU findet sich nun **in § 107 Abs. 1 Nr. 4 GWB** ein sowohl für die Vergabe von Aufträgen als auch von Konzessionen (die ja neuerdings dem GWB-Vergaberecht unterfallen) eingreifender Ausnahmetatbestand (→ bereits erwähnt in § 11 Rn. 2). Allerdings erfasst dieser nicht das gesamte Rettungsdienstwesen, sondern nur einen Ausschnitt, dessen Umfang im Einzelnen streitbefangen ist.[20] Insbesondere die während des Gesetzgebungsverfahrens in § 107 Abs. 1 Nr. 4 GWB aufgenommene Bezugnahme auf den Status der Gemeinnützigkeit nach „Bundes- oder Landesrecht" findet sich in den europarechtlichen Grundlagen so nicht. Das OLG Düsseldorf hat diesbezüglich mit B. v. 12. 6. 2017 ein Vorabentscheidungsersuchen an den EuGH gerichtet.[21] Explizit nicht vom Ausnahmetatbestand erfasst sind jedenfalls Krankentransporte zur (reinen) Patientenbeförderung, d. h. ohne während der Beförderung erfolgende ärztliche Behandlung. Wenn der Ausnahmetatbestand nicht erfüllt ist, gilt aufgrund des spezifischen Charakters auch dieser Rettungsdienstleistungen als „soziale und andere besondere Dienstleistungen" nicht das allgemeine Vergaberegime, sondern das Sonderverfahrensregime nach §§ 130 (Aufträge) bzw. 153 GWB (Konzessionen), das sogleich zu III beschrieben wird.

Dort, wo der Ausnahmetatbestand eingreift, ergibt sich allerdings nicht ohne wei- **13** teres die Möglichkeit der Direktvergabe an eine der genannten Rettungsdienstorganisationen, d. h. kein Zustand völliger Freiheit von vergaberechtlichen Grundsätzen. Denn der Richtliniengeber konnte mit den beiden Ausnahmetatbeständen keine Sperrwirkung gegenüber dem grundsätzlich fortbestehenden Grundfreiheitenrecht des AEUV auslösen. Von der Pflicht zur Anwendung der sich hieraus ergebenden Grundsätze (→ § 3 Rn. 25) kann es nur dann ein Entrinnen geben, wenn die im Primärrecht anerkannten Anforderungen zur Rechtfertigung einer etwaigen mittelbaren Diskriminierung bzw. einer Beschränkung der **Grundfreiheiten** erfüllt sind. Dies wird im Hinblick auf den Ausnahmetatbestand für bestimmte Rettungsdienstleistungen teilweise unter Anknüpfung an zwei Entscheidungen des EuGH zur Ver-

---

[18] EuGH C-274/09, VergabeR 2011, 430 (Stadler); näher und m. w. N. *Mager/Lotz* in: Prütting, Fachanwaltskommentar Medizinrecht, 3. Aufl. 2014, § 100 GWB Rn. 30 f.
[19] BGHZ 179, 86 (98 ff.); bestätigt durch den EuGH C-160/08, VergabeR 2010, 617 m. Anm. *Stolz* (Rettungsdienstleistungen).
[20] Vgl. *Antweiler* VergabeR 2015, 275; *Prieß* NZBau 2015, 343 (346) und daran anknüpfend OLG Schleswig NZBau 2015, 718; *Ruthig* NZBau 2016, 3; *Amelung/Janson* NZBau 2016, 23.
[21] OLG Düsseldorf NZBau 2017, 761, u. dazu *Esch/Burtoft* VergabeR 2017, 131; *Buhs* EuZW 2017, 804; vgl. ferner *Jaeger* NZBau 2018, 14.

gabe von Rettungsdienstleistungen in Italien zu begründen versucht.[22] Allerdings unterscheiden sich die dort streitgegenständlichen freiwilligen Organisationen in mehrfacher Hinsicht von den genannten Rettungsdienstorganisationen in Deutschland, hierüber werden künftig die Verwaltungsgerichte zu entscheiden haben.[23] Soll dem im Grundsatz durchaus beachtlichen Anliegen der Erhaltung der von jenen Organisationen jedenfalls auch gepflegten Ehrenamtlichkeitsstrukturen im Interesse der insgesamt eher wichtiger werdenden Aufgaben des Katastrophenschutzes mit dauerhafter Aussicht auf Erfolg Rechnung getragen werden, erforderte dies jedenfalls erhebliche Anstrengungen im Recht des Rettungsdienstwesens. Dies betrifft sowohl die Organisationsstrukturen als auch möglicherweise das jeweilige Landesrecht.[24]

III. Sonderverfahrensregime für „soziale und andere besondere Dienstleistungen"

1. Normenbestand

14   Unter der Geltung der VRL waren bestimmte Dienstleistungen, von denen der EU-Richtlinien-engeber annahm, dass an ihrer Erbringung ein vergleichsweise geringeres grenzüberschreitendes Interesse bestehe, einem deutlich vereinfachten Regime unterworfen; dies ergab sich aus der Anlage II-B zur VKR (in Deutschland als Anlage I-B zur VgV a.F. umgesetzt). Teilweise wurden diese Dienstleistungen daher I-B-Dienstleistungen oder auch „nicht prioritäre Dienstleistungen" genannt. Diese Kategorie und das damit verknüpfte erleichterte Vergaberegime wurde mit der EU-Vergaberechtsreform 2014 beseitigt. Ein Teil der früher als „nicht prioritär" eingestuften Dienstleistungen wurde in das ganz normale Vergaberecht überführt (etwa die Dienstleistungen der früheren Kategorie „Erholung, Kultur und Sport").

15   Der Großteil der früheren I-B-Dienstleistungen bildet künftig die **neue Kategorie** „Soziale und anderen besonderen Dienstleistungen" für die in den Artikeln 74–76 VRL[25] (Aufträge) bzw. 19 der Richtlinie 2014/23 EU (Konzessionen) ein neues Sonderregime, aber lediglich betreffend das Verfahren i.e.S. etabliert worden ist. Der deutsche Gesetzgeber hat dies in den §§ 130 GWB, 64–66 VgV (Aufträge) und in den §§ 153 GWB, 21 KonzVgV umgesetzt. Dadurch ist die seit jeher im Sozialwesen schwierige Abgrenzung zwischen Aufträgen oder Konzessionen zwar nicht aufgelöst, aber immerhin deutlich abgeschwächt worden.[26] Zudem ist die früher überdies bestehende Zuordnungsproblematik zur VOL/A bzw. VOF entfallen und eine ausdrückliche Regelung für den Umgang mit gemischten Verträgen in diesem Zusammenhang getroffen worden (in § 110 Abs. 2 GWB). Im Konzessionsbereich errichtet das GWB selbst (§ 143) kein Sonderverfahrensregime für die Vergabe von Konzessionen über soziale und anderen besonderen Dienstleistungen, sondern verweist auf die ja bereits für die „normale" Konzessionsvergabe ein erleichtertes Regime beinhaltenden Regeln der §§ 151 und 152. In § 21 KonzVgV finden sich

---

[22] EuGH C-113/13 NZBau 2015, 377 (Spezzino); EuGH C-50/14, NZBau 2016, 17 (CASTA) = EuZW 2016, 299 m. Anm. *Braun.* Sehr kritisch gegenüber jenem Versuch *Prieß* NZBau 2015, 733.

[23] Vgl. *Bühs* NVwZ 2017, 440.

[24] Überdies sind hierbei die durch die frühere Verfassungsrechtsprechung auf Bundes- (BVerfGE 146, 112) und auf Landesebene (vgl. BayVerfHG BayVBl 2013, 431) aufgestellten verfassungsrechtlichen Maßstäbe zu beachten; vgl. hierzu *Davis/Ebersperger* BayVBl. 2017, 583.

[25] Dazu *Brittan* PPLRev. 2014, 159.

[26] Vgl. insoweit *Höfer/Nolte* NZS 2015, 441 (443 f.).

dann einige weitere Erleichterungen betreffend die Vergabebekanntmachung bzw. die Möglichkeit der sog. Vorinformation (→ dazu allg. § 13 Rn. 18). Die nachfolgende Darstellung beschränkt sich auf die Vergabe von Aufträgen über soziale und anderen besondere Dienstleistungen.

Der Schwellenwert ist in diesem Bereich gemäß Art. 4 lit. d) VRL mit **16** 750.000 EUR deutlich höher als der sonst für Dienstleistungen geltende Schwellenwerte (rund 200.000 EUR; → § 10 Rn. 8). Unterhalb dieses Schwellenwertes gilt das gesamte Sekundär-Vergaberecht (d.h. die Vorgaben der VRL und der §§ 97 ff. GWB) nicht. Bei Vorliegen eines „eindeutigen grenzüberschreitenden Interesses" sind allerdings die allgemeinen primärrechtlichen Vergabegrundsätze (→ § 3 Rn. 25) zu beachten, bei Vorliegen der dortigen Voraussetzungen können sich ferner Vergaberechtspflichten aus dem Haushaltsvergaberecht (→ § 25) ergeben. Mit dem erhöhten Schwellenwert möchte der Richtliniengeber der weiterhin von ihm nur eingeschränkt gesehenen grenzüberschreitenden Dimension jener Dienstleistungen Rechnung tragen.

2. Erfasster Kreis bei Aufträgen

Aus dem Kreis der in **Anhang XIV** der VRL aufgeführten Dienstleistungen sind **17** besonders hervorzuheben die Dienstleistungen des Gesundheits- und Sozialwesens nach näherer Aufschlüsselung der aufgeführten CPV-Codes (mithin fallen nicht sämtliche Dienstleistungen des Gesundheits- und Sozialwesens hierunter, vielmehr gelten für einige die oben (II) beschriebenen allgemeinen Vergaberegeln), die Arbeitsmarktdienstleistungen[27] des SGB II (sog. Hartz IV), III und IV, Dienstleistungen im Bereich der Kinder- und Jugendhilfe (SGB VIII), der Sozialhilfe (SGB XII) und der Behindertenhilfe (SGB IX, etwa nach § 121 SGB IX)[28] sowie weitere administrative Dienstleistungen im Sozial-, Bildungs-, Gesundheits- und kulturellen Bereich (dies wiederum nach Maßgabe der CPV-Codes).

Interessanterweise fallen ferner verschiedene Dienstleistungen im Postwesen unter **18** das Sonderverfahrensregime, wobei Erw. 119 der VRL klarstellt, dass eine Bezugnahme auf eine *CPV-Abteilung* nicht automatisch eine Bezugnahme auf untergeordnete Unterteilungen der *CPV-Nummern* bedeutet. Das allgemeine Vergaberegime greift im Hinblick auf **Postdienstleistungen** künftig überhaupt nur noch dann ein, wenn der Beschaffungswunsch des Auftraggebers lediglich auf die isolierte „Postzustellung" und/oder die isolierte „Postbeförderung auf der Straße" gerichtet ist. In dem praktisch wichtigsten Fall, dass es dem Auftraggeber im Wege einer Gesamtvergabe um „Briefpostdienste" bzw. „Paketpostdienste" geht, greift vollständig das neue Sonderregime ein. Selbst wenn ein Auftraggeber in seiner Leistungsbeschreibung kumulativ diese CPV-Codes und zusätzlich den CPV-Code für „Postbeförderung auf der Straße" (der dem allgemeinen Regime zugeordnet ist) nennt, führt dies im Normalfall nicht zur Anwendung des allgemeinen Regimes. Vielmehr ist in einem sol-

---

[27] Vgl. zu diesem praktisch und ökonomisch besonders bedeutsamen Bereich in der Verantwortung der Bundesagentur für Arbeit *Heinemann* in: Müller-Wrede, Kompendium, Kap. 38 Rn. 43 ff. Zur diesbezüglichen Einschätzung der Bundesregierung vgl. deren Antwort auf eine sog. Kleine Anfrage im Bundestag vom 25.11.2014 (BT-Drs. 18/3280).
[28] Vgl. hierzu *Wilke* NZS 2012, 444.

chen Fall die Vorschrift des § 110 Abs. 2 Nr. 1 GWB maßgeblich. Danach ist dann, wenn die „Brief- bzw. Paketpostdienste", insbesondere die Sortier- und Vorbereitungsleistungen, den wertmäßig größten Teil ausmachen, insgesamt das neue Sonderregime anwendbar.[29] Im juristischen Kontext interessant ist schließlich, dass auch **beratende Dienstleistungen** in diesem Bereich als „besondere Dienstleistungen" eingestuft werden, weil auch sie in geringerem, aber doch wachsendem Maße eine grenzüberschreitende Dimension aufweisen. Sofern entsprechende Leistungen mithin über den Schwellenwert von 750.000 EUR liegen, unterliegen sie dem GWB-Vergaberecht, allerdings nach Maßgabe des § 130 GWB. Ganz ausgeschlossen ist die Anwendung des Vergaberechts allerdings auf forensische Tätigkeiten, wie sich aus dem Ausnahmetatbestand des § 116 Abs. 1 Nr. 1 GWB (→ § 11 Rn. 3) ergibt.

3. Das Sonderverfahrensregime für Aufträge im Überblick

19 Die wichtigste Abweichung vom Normalregime der Auftragsvergabe betrifft das **Verfahren** i.e.S. Gemäß § 130 GWB i.V.m. § 65 Abs. 1 VgV besteht zwar auch hier der Zwang zur Wahl einer der als Typen in § 119 GWB ausgestalteten Verfahrensarten (→ § 13 Rn. 12f.). Zwischen diesen Verfahrensarten besteht aber ein uneingeschränktes Wahlrecht des öffentlichen Auftraggebers. Dies bedeutet, dass die verhandlungsbezogenen Verfahren nicht nachrangig gegenüber dem offenen oder dem nicht offenen Verfahren sind (vgl. demgegenüber → § 13 Rn. 19). Nach näherer Maßgabe der VgV darf ferner die Laufzeit für Rahmenvereinbarungen max. 6 Jahre (statt sonst 4 Jahre) betragen (Abs. 2), sind Modifikationen bei den Fristen und den Bekanntmachungsvorschriften möglich (Abs. 3 und § 66) und folgt die Beurteilung von Auftragsänderungen anderen Grundsätzen als in § 132 Abs. 3 GWB niedergelegt (vgl. 130 Abs. 2 GWB). Unverändert bleibt freilich die ebenfalls verfahrensbezogene Pflicht zur Losvergabe nach § 97 Abs. 4 GWB, was gerade im Hinblick auf die vielen kleineren und mittleren Dienstleistungserbringer im Sozialwesen von erheblicher Bedeutung ist. § 69 Abs. 4 SGB V ermöglicht künftig vereinfachte Vergabeverfahren in den Fällen der §§ 63 u. 140a SGB V.

20 Aufgabe der **Leistungsbeschreibung** ist es, die zahlreichen sich aus dem jeweiligen Buch des SGB ergebenden Anforderungen in das Vergaberecht zu „übersetzen". Dies bringt ausdrücklich auch die VRL zum Ausdruck, indem sie die Mitgliedstaaten in Art. 76 Abs. 2 zur Gewährleistung verpflichtet, dass die „Notwendigkeit, Qualität, Kontinuität, Zugänglichkeit, Bezahlbarkeit, Verfügbarkeit und Vollständigkeit der Dienstleistungen" sichergestellt ist. Bei der Formulierung der Leistungsbeschreibung ist das an die Stelle des früheren Verbots ungewöhnlicher Wagnisse bzw. der von der Rechtsprechung an seine Stelle gesetzten Kategorie der „Unzumutbarkeit" der Verhältnismäßigkeitsgrundsatz nach § 97 Abs. 1 Satz 2 GWB (→ allg. dazu § 12 Rn. 17f.) zu beachten.[30]

21 Zum Nachweis der **Eignung** nach § 122 GWB darf gemäß § 65 Abs. 4 VgV (dies in Abweichung von § 48 Abs. 3 VgV) als vorläufiger Nachweis nicht die Vorlage

---

[29] Dies ist ausführlich begründet bei *Burgi*, Kriterien und Regime für die Vergabe von Postdienstleistungen im Gewährleistungsstaat, 4. Aufl. 2017 (zu beziehen bei bvdp.de; Abschnitt B).
[30] Vgl. hierzu OLG Koblenz VergabeR 2014, 409 m. Anm. *Willenbruch*.

einer Einheitlichen Europäischen Eigenerklärung akzeptiert werden (→ dazu § 16 Rn. 13 f.). Die Formulierung der **Zuschlagskriterien** dient im Zusammenwirken mit der Leistungsbeschreibung der Übersetzung der sozialrechtlichen Anforderungen, zwecks Berücksichtigung der eingangs (I) genannten Spezifika und zur Umsetzung des Art. 76 Abs. 2 VRL (vgl. allg. § 127 GWB). Dabei darf in besonderem Maße auch die „Organisation, Qualifikation und Erfahrung des mit der Ausführung des Auftrags betrauten Personals" bewertet werden (also ein sog. Mehr an Eignung; → näher hierzu § 16 Rn. 5); vgl. § 58 Abs. 2 S. 2 Nr. 2 VgV. Zusätzlich und in Abweichung zum Normalregime ermöglicht § 65 Abs. 5 VgV hierbei, dass der Erfolg und die Qualität bereits erbrachter Leistungen des Bieters oder des von ihm eingesetzten Personals, d. h. die sog. past performance, berücksichtigt werden kann. Dies wird für Dienstleistungen nach dem SGB II und III (arbeitsmarktbezogene Dienstleistungen) näher spezifiziert, indem ganz konkret beispielsweise die mit einer früheren Eingliederungsmaßnahme erzielten Eingliederungsquoten bei der nun anstehenden Neuvergabe berücksichtigt werden dürfen.

Vertiefungsliteratur:

Neumann/Nielandt/Philipp, Erbringung von Sozialleistungen nach Vergaberecht?, 2004; *Sormani-Bastian,* Vergaberecht und Sozialrecht, 2007; Deutscher Sozialrechtsverband e.V., Beschaffung von Sozialleistungen durch Vergabe, 2010; von Wietersheim, Vergaben im Gesundheitsmarkt, 2010; *Lange,* Sozialrecht und Vergaberecht, 2011; *Denkhaus,* Gesundheitsmärkte im Mehrebenensystem, 2011; *Heinemann,* Vergaberecht und Sozialrecht, in: Müller-Wrede, Kompendium, 2013, Kap. 38; *Csaki,* Vergaberecht im Gesundheitswesen, 2015.

Zur neuen Rechtslage:

Höfer/Nolte, Das neue EU-Vergaberecht und die Erbringung sozialer Leistungen, NZS 2015, 441; *Rixen,* Kommentierungen zu §§ 130, 153 GWB in: Burgi/Dreher, GWB, 2017.

Dritter Teil: Kriterien, Wertung und Auftragsausführung

1 Bei der Formulierung der Kriterien und bei der Prüfung ob die teilnehmenden Bieter und ihre Angebote den Kriterien entsprechen, fallen letzten Endes die Würfel: Welche personenbezogenen Voraussetzungen sind zu erfüllen? Welche Vorstellungen hat der Auftraggeber im Hinblick auf die Angebote, wie also lauten die Zuschlagskriterien (§ 17)? Am Ende wird der Bieter mit dem besten Angebot den Zuschlag erhalten, d.h. mit ihm wird ein Vertrag abgeschlossen, der u.U. verschiedene Ausführungsbedingungen enthalten wird (§ 19). Dem geht selbstverständlich die Prüfung und Wertung der eingegangenen Angebote voraus (§ 18).

§ 16. Eignungskriterien und Ausschlussgründe

Übersicht

I. Bedeutung und Standort

1. Normenbestand

2 Im deutschen Recht wurden bis zur Novelle 2016 Fachkunde, Leistungsfähigkeit, Gesetzestreue und Zuverlässigkeit als Eignungskriterien verstanden (§ 97 Abs. 4 S. 1 GWB a.F.). Die Beschäftigung damit wurde durch eine im Verhältnis zum europäischen Recht abweichende **Terminologie** erschwert, weswegen es zu begrüßen ist,

dass im neuen Recht nun in unmittelbarer Orientierung an der VRL zwischen Eignung einerseits (inhaltlich näher bestimmt durch „Befähigung und Erlaubnis zur Berufsausübung", „wirtschaftliche und finanzielle Leistungsfähigkeit" bzw. „technische und berufliche Leistungsfähigkeit"; vgl. § 122 GWB) und „Ausschlussgründen" andererseits (§§ 123 und 124 GWB), die die früheren Kategorien der Gesetzestreue und Zuverlässigkeit umfassen, unterschieden wird. Die nähere Ausgestaltung, insbesondere auch im Hinblick auf die jeweils beizubringenden Nachweise, wird durch die §§ 42, 44–46, 48–50 VgV bzw. die §§ 6–6f VOB/A-EU bewirkt. Nachfolgend werden der besseren Übersichtlichkeit wegen ausschließlich die VgV-Vorschriften zitiert. Die sich im Falle der Einbeziehung eines Nachunternehmers bzw. einer sog. Eignungsleihe sowie beim Auftreten von Bietergemeinschaften stellenden Fragen sind bereits in → § 9 Rn. 8 ff. erörtert worden.

Sowohl die Eignungsmerkmale als auch die Ausschlussgründe betreffen die **Person** des Bieters bzw. Teilnehmers und werden in Praxis und Schrifttum teilweise unterschätzt bzw. auf ein Arsenal zur Begründung formaler Nachweispflichten reduziert. Dabei stellt insbesondere das Eignungsmerkmal der „Leistungsfähigkeit" eine bieterbezogene Übersetzung der Beschaffungswünsche des Auftraggebers dar, wie sie sich in der Leistungsbeschreibung niedergeschlagen haben (→ § 12 Rn. 2), während die Ausschlussgründe den zentralen normativen Ankerpunkt für die Bekämpfung von Korruption im Vergaberecht bilden (→ dazu Rn. 33 f.). Systematisch zu unterscheiden sind die inhaltliche Bestimmung der jeweiligen Eignungsmerkmale bzw. Ausschlussgründe und die diesbezüglichen Nachweispflichten, welche sowohl für die Vergabestellen als auch für die interessierten Bieter ein erhebliches Bürokratiepotenzial darstellen. Die Gefahr von Diskriminierungen besteht insbesondere im Umgang mit den Merkmalen der „Befähigung zur Berufsausübung" bzw. der „wirtschaftlichen Leistungsfähigkeit", etwa wenn auf die „Erfahrung" der Bieter abgestellt wird, was Newcomern von vornherein den Zugang zur Auftragsvergabe versperren würde.[1]

2. Verhältnis zu den Zuschlagskriterien

Die Eignungskriterien und die Ausschlussgründe betreffen die personellen Umstände 4 des Bieters einschließlich seiner Mitarbeiter, seine Ausstattung mit Maschinen, Geräten, Patenten, Know-how etc. Ihr Vorliegen ist ein Muss, d.h. nur diejenigen Bieter, die die Eignungskriterien erfüllen bzw. bei denen keine Ausschlussgründe vorliegen, kommen überhaupt für eine Zuschlagserteilung in Betracht. Hinsichtlich der Rechtsfolgen im Ablauf der Prüfung und Wertung der Angebote (→ § 18 Rn. 2 ff.) bestehen Unterschiede danach, ob ein Angebot von vornherein auszuschließen ist, ob dies erst nach Abschluss der Eignungsprüfung geschieht oder ob fehlende Eignungsnachweise etwaigenfalls nachgefordert werden können/müssen. War die **Reihenfolge** der Prüfung (zuerst Eignungs-, dann Zuschlagskriterien) bislang europarechtlich zwingend vorgegeben, wird seit der Novelle 2016 gemäß § 42 Abs. 2 bzw. 3 VgV danach differenziert, in welcher Verfahrensart die Auftragsvergabe erfolgt. Während der Auf-

---

[1] Weiterführend zur Rechtsstellung von Newcomern im Vergaberecht *Dreher/Hoffmann* NZBau 2008, 545; *Terwiesche* VergabeR 2009, 26.

traggeber bei offenen Verfahren entscheiden kann, ob er die Angebotsprüfung vor der Eignungsprüfung durchführt (Abs. 3), ist er bei den anderen Vergabeverfahren dazu verpflichtet (wie nach der bisherigen Rechtslage) nur solche Bewerber zur Abgabe eines Angebots aufzufordern, die ihre Eignung nachgewiesen haben und nicht ausgeschlossen worden sind (Abs. 2).

5   Eine noch bedeutsamere Änderung bewirkt das neue Recht im Hinblick auf das bisherige Verbot, ein **„Mehr an Eignung"** innerhalb der Zuschlagsprüfung zu berücksichtigen.[2] Dies wurde im Interesse einer an der bestmöglichen Erfüllung von Verwaltungsaufgaben orientierten Beschaffung (→ § 6 Rn. 2 f.) seit längerem kritisiert. Denn dem Auftraggeber geht es ja nicht abstrakt um die Leistungsfähigkeit von Bietern, sondern um die „projektbezogene Umsetzung der unternehmerischen Leistungsfähigkeit"[3]; je besser die Leistungsfähigkeit eines Unternehmers (gerade auch im Vergleich mit anderen) ist, desto besser dürfte das von ihm erwartete Projekt verlaufen. Im Grunde widerstreiten hier die Zielsetzung eines möglichst ungestörten, diskriminierungsfreien Wettbewerbs (die für eine strikte Trennung spricht, da die personenbezogenen Eignungskriterien ihr größeres Diskriminierungspotenzial gleichsam in die Zuschlagsprüfung einschleusen würden) und der Zweck der Ermöglichung eines erfolgreichen, überdies auch eher den Mechanismen der Privatwirtschaft angenäherten Einkaufs (denn dort ist ein solches Vermischungsverbot selbstverständlich unbekannt). Freilich wurden immer wieder einzelne Durchbrechungen dieses Grundsatzes in Einzelfällen auch von der Rechtsprechung anerkannt[4] und im Jahr 2013 ist jenes Verbot in der VgV a.F. unter bestimmten Voraussetzungen für die sog. nicht prioritären Dienstleistungen (nach Anhang I-B der VKR; → vgl. hierzu § 15 Rn. 14 f.) aufgehoben worden.[5] Der EuGH hatte sich mit dem Urteil in der Rechtssache „Ambissig"[6] ein Stück von seiner früheren sog. Lianakis-Doktrin (im Hinblick auf die Qualifikation des eingesetzten Teams bei Fortbildungs- und Beratungsleistungen) gelöst.

6   Endgültig und gleichsam offiziell, freilich nur unter bestimmten Voraussetzungen, ist das Verbot der Berücksichtigung eines „Mehr an Eignung" in der Zuschlagsprüfung aber nun durch Art. 67 Abs. 2 lit. b VRL **überwunden** worden, der es ermöglicht, bei der Vergabe von Aufträgen insbesondere für geistig-schöpferische Dienstleistungen (wie beispielsweise Beratungs- oder Architekturtätigkeiten) auch die Qualität des mit der Ausführung des konkreten Auftrags betrauten Personals zugrunde legen zu können. Bezugnehmend darauf ermächtigen die §§ 58 Abs. 2 S. 1 Nr. 2 VgV, 16d Abs. 2 S. 1 Nr. 2 VOB/A-EU die Auftraggeber in Deutschland dazu „die Organisation, Qualifikation und Erfahrung des mit der Ausführung des Auftrags betrauten Personals" als Zuschlagskriterien berücksichtigen zu können, wenn „die Qualität des eingesetzten Personals erheblichen Einfluss auf das Niveau der Auftragsausführung haben kann".

---

[2] EuGH C-532/07, Slg. 2010 I_8533 (Lianakis) m. krit. Anm. *Lee* PPLRev. 2010, 47; vgl. auch *Treumer* PPLRev. 2009, 103. Flexibler bereits EuGH C-589/08, Slg. 2011 I_183 (Evropaiki Dynamik) m. Anm. *Petersen* PPLRev. 2011, NA 246.

[3] *Gröning* NZBau 2003, 86 (991).

[4] OLG Düsseldorf NZBau 2009, 279; NZBau 2009, 398, *Dittmann* NZBau 2013, 746; zurückhaltender dann wieder OLG Düsseldorf NZBau 2015, 709.

[5] Vgl. dazu *Conrad* DVBl. 2014, 958; *Pauka* NZBau 2015, 18.

[6] EuGH C-601/13 VergabeR 2015, 540 m. Anm. *Stoye/Gielen*.

II. Eignungskriterien

Wie bereits einleitend erwähnt, ist die inhaltliche Bestimmung der einzelnen Eig- 7
nungsmerkmale (1) von den diesbezüglichen Nachweispflichten (2) zu unterscheiden. Gemäß § 122 GWB ist der Auftraggeber verpflichtet, vorab festzulegen, wie er
die Eignungskriterien inhaltlich bestimmen möchte. Diese Entscheidung ist danach
zu treffen, welche inhaltliche Bestimmung geeignet und erforderlich im Hinblick auf
den jeweiligen Beschaffungsgegenstand ist. In § 122 Abs. 4 S. 2 GWB wird dies ausdrücklich festgestellt und ferner verlangt, dass die Eignungskriterien in der **Auftragsbekanntmachung** bzw. in der Vorinformation oder in der Aufforderung zur Inter-
essensbestätigung (→ vgl. § 13 Rn. 18) aufzuführen sind. Erfüllt sein muss das jeweils
erforderliche Eignungskriterium im Zeitpunkt der Eignungsprüfung durch den Auftraggeber (→ § 18 Rn. 8). Das unterscheidet die Verfahrensstufe der Eignungsprüfung übrigens von den Ausführungsbedingungen, weil eine hierfür beispielsweise erforderliche technische Ausrüstung erst bei Beginn der Leistungserbringung zur
Verfügung stehen muss. Daher ist beispielsweise bei der Erteilung eines Abschlepp-
auftrages das Erfordernis des Vorhandenseins von Abschleppfahrzeugen ein Eignungskriterium (technische Leistungsfähigkeit), während die Verpflichtung zur Einhaltung
konkreter umweltbezogener Anforderungen im Fahrbetrieb (beispielsweise das Vorhandensein der Berechtigung zum Befahren von Umweltzonen) als Ausführungsbedingung zu verstehen ist.[7]

1. Befähigung und Erlaubnis zur Berufsausübung

Als fachkundig (so die frühere Terminologie) in diesem Sinne ist ein Bieter anzuse- 8
hen, wenn er die erforderlichen Kenntnisse, Fertigkeiten und Erfahrungen besitzt,
um die zu vergebende Leistung ausführen zu können. Nähere Bestimmungen hierüber enthält § 44 VgV. Im Einzelnen hängt die Bestimmung der Kenntnisse, Fähig-
keiten und Erfahrungen von der jeweils betroffenen Leistung ab. So umfasst beispielsweise die Fachkunde bei einem Postdienstleister u. a. die Vertrautheit mit den
Bekanntgabe-, Zustellungs- und Datenschutzbestimmungen, während bei bauhand-
werklichen Leistungen die Meisterbriefe für die jeweiligen Gewerke maßgeblich sind
(bzw. bei EU-Ausländern die entsprechenden Gleichwertigkeitsnachweise). Bei größeren Unternehmen kommt es mehr auf die technischen und kaufmännischen Leiter
sowie auf die Inhaber des Unternehmens an.

2. Leistungsfähigkeit

Die Leistungsfähigkeit ist demgegenüber nicht personen-, sondern sach- und be- 9
triebsbezogen. Hierbei wird **differenziert** nach der Leistungsfähigkeit in wirtschaftlicher und finanzieller Hinsicht (vgl. § 122 Abs. 2 Nr. 2 GWB mit § 45 VgV) und
der in technischer und beruflicher Hinsicht (vgl. § 122 Abs. 2 Nr. 3 GWB mit § 46
VgV). Bei der Leistungsfähigkeit in der erstgenannten Hinsicht steht das Erfordernis
der Bonität des Bieters im Mittelpunkt, d.h. die Fähigkeit, über ausreichende finanzielle Mittel zu verfügen, um den laufenden Verpflichtungen gegenüber dem Perso-

---

[7] OLG Düsseldorf VergabeR 2014, 797 m. Anm. *Lück.*

nal, dem Staat und sonstigen Gläubigern nachkommen zu können. Hierauf ist vor allem zu achten, wenn ein Bieter vor oder gar in einem Insolvenzverfahren steht.[8] In der letztgenannten Hinsicht geht es um das notwendige infrastrukturelle Know-how in Gestalt des Vorhandenseins des erforderlichen Maschinenparks und der Logistik, eines Bestands von qualifizierten Mitarbeitern, dem Vorhandensein von Schulungs- und Qualifizierungsprogrammen für diese Mitarbeiter etc. Dies kann bei EDV-geprägten Aufgaben auch die Fähigkeit zur Beachtung anspruchsvoller Datenschutzanforderungen umfassen.[9] Eine wertvolle Orientierung bei der Bestimmung der Leistungsfähigkeit in technischer Hinsicht bieten die europaweit gültigen, für immer mehr Sektoren erarbeiteten Qualitätsstandards, deren Einhaltung (die sog. Konformität) durch Bescheinigungen von Qualitäts- bzw. Zertifizierungsstellen nachgewiesen werden kann (→ vgl. noch Rn. 11).

3. Nachweise

10 **a) Pflichten und Formen.** Die verschiedenen in Betracht kommenden Nachweisformen sind aufgezählt in § 48 VgV. Bezüglich der Formen der Nachweise besteht ein Entscheidungsspielraum des öffentlichen Auftraggebers, jedoch im Rahmen der gesetzlichen Vorgaben. Der BGH hatte in seiner Entscheidung vom 10.6.2008[10] eine diesbezügliche Zumutbarkeitsgrenze statuiert, die einer übermäßig formalistischen Handhabung der Nachweispflichten (mit der Konsequenz der etwaigen Nichtbeachtung inhaltlich besserer und kostengünstigerer Bieter) eine zutreffende Grenze zieht. Das OLG Düsseldorf hat dies in seinem viel beachteten Beschluss zu den planerischen Leistungen beim Bau des Berliner Stadtschlosses aufgegriffen.[11] Diese Rechtsprechung hat letztlich „Pate" gestanden für die Aufnahme des **Verhältnismäßigkeitsgrundsatzes** in § 97 Abs. 1 S. 2 GWB (→ allgemein dazu § 6 Rn. 24 f.).

11 Wichtige Formen von Nachweisen sind Dokumente (z.B. Zeugnisse, Registerauszüge, Bankerklärungen, Bilanzen, Referenzen[12], Bescheinigungen von Qualitäts- und Zertifizierungsstellen (vgl. § 49 Abs. 1 VgV, und allgemein bereits → § 12 Rn. 22)) und sog. **Eigenerklärungen.** Diese werden durch § 48 Abs. 2 VgV für „grundsätzlich" vorrangig erklärt. Fordert der Auftraggeber Bescheinigungen und sonstige Nachweise an, verlangt er in der Regel solche, die vom sog. Online-Dokumentenarchiv e-Certis abgedeckt sind (vgl. 48 Abs. 2 VgV i.V.m. Art. 61 VRL).

12 Die Auftraggeber haben bereits in der Vergabebekanntmachung (→ § 13 Rn. 14) anzugeben, welche Nachweise vorzulegen sind, in den Vergabeunterlagen können die diesbezüglichen Angaben konkretisiert werden. Dort ist auch eine abschließende Liste sämtlicher verlangter Nachweise beizufügen, und zwar in einer Art „Checklis-

---

[8] EuGH C-218/11, VergabeR 2013, 35 m. Anm. *Otting* (Hochtief). Näher hierzu *Möhlenkamp* WiVerw 2015, 172.; *Bonhage/Ritzenhoff* NZBau 2013, 151.

[9] Dazu *Pauka/Kemper* NZBau 2017, 71.

[10] VergabeR 2008, 787 m. Anm. *Horn* und *Schwenker* VergabeR 2009, 484; zu den Hintergründen auch *Frister* VergabeR 2011, 295 (298 f.).

[11] VergabeR 2010, 487 (496) m. krit. Anm. *Horn* und *Antweiler* VergabeR 2011, 306 (311) bzw. befürw. Anm. *Prieß/Hoelzl* NZBau 2010, 354.

[12] Hierbei ist wichtig, dass der Auftraggeber genaue Inhaltsvorgaben macht. Weniger geeignet sind Auflistungen von diversen, nicht im Einzelnen nachvollziehbaren Referenzen und erforderlich ist eine Überprüfung der vorgelegten Referenzen und zwar nicht lediglich anhand des Stichprobenprinzips; eingehend zu den Anforderungen an Referenzen zuletzt OLG Düsseldorf VergabeR 2017, 68 m. Anm. *Noch.*

te"[13]. Hat der Auftraggeber diese unterlassen, müssen die Bieter keine Nachweise beibringen, ihre Eignung muss materiell aber trotzdem vorliegen. In einem solchen Fall hat der Auftraggeber sie aus allgemein zugänglichen Quellen zu ermitteln. Zu den Konsequenzen im Falle der Nichtvollständigkeit oder Fehlerhaftigkeit vorgelegter Nachweise vgl. → § 18 Rn. 3 f.

b) Einheitliche Europäische Eigenerklärung und Präqualifikationssysteme. 13 Während der europäische Gesetzgeber und die Kommission mit erheblichem Ehrgeiz auf das Nachweisinstrument der sog. Einheitlichen Europäischen Eigenerklärung setzen (vgl. Erw. 84 der VRL)[14], knüpft der deutsche Gesetzgeber hieran zunächst eher vorsichtig an, indem er die Auftraggeber dazu ermächtigt, die Vorlage einer **Einheitlichen Europäischen Eigenerklärung** nach § 50 VgV „als vorläufigen Beleg der Eignung (bzw. des Nichtvorliegens von Ausschlussgründen) zu akzeptieren (vgl. § 48 Abs. 3 VgV). Dies bedeutet, dass der jeweilige Auftraggeber bei aufkommendem Zweifel weitere Nachweise anfordern kann.

Der deutsche Gesetzgeber zielt damit nicht zuletzt darauf, die in Umsetzung der 14 vorherigen europarechtlichen Vorgaben unter erheblichen Anstrengungen verwirklichten sog. **Präqualifikationssysteme** nicht zu schwächen. Ihnen wird daher gemäß § 48 Abs. 8 VgV eine explizite „Eignungsvermutung" zuerkannt. Noch konkreter bestimmt § 6b Abs. 1 S. 1 Nr. 1 VOB/A-EU, dass die vom öffentlichen Auftraggeber direkt abrufbare Eintragung in das Präqualifikationsverzeichnis des „Vereins für die Präqualifikation von Bauunternehmen e.V." nicht ohne Begründung in Zweifel gezogen werden kann, wobei die Eintragung in ein gleichwertiges Verzeichnis anderer Mitgliedstaaten als Nachweis ebenso zugelassen sei. Diese Präqualifikationssysteme beruhen auf einer vorgelagerten, auftragsunabhängigen Prüfung von Bestimmung und Eignungsnachweisen, mit deren Hilfe die Ausschreibungskosten aller Beteiligten gesenkt werden sollen. Entsprechende Systeme existieren seit längerem vor allem im Bau-, aber auch im Leistungsbereich.[15] Danach genügt es, wenn die Unternehmen einmal im Jahr bei einer Präqualifizierungsstelle Nachweise inklusive aktueller Referenzen für die wichtigsten Inhaltsparameter (u. a. Eintragung im Berufsregister, Zahlung von Steuern etc.) einreichen. Nach positiver Prüfung erhalten Sie ein Zertifikat und einen Zertifizierungscode und werden in einer elektronischen Präqualifizierungsdatenbank registriert. Der Auftraggeber eines konkreten Vergabeverfahrens kann später dann mit Hilfe des Codes oder des Zertifikats die eingereichten Nachweise online einsehen.

III. Ausschlussgründe

1. Überblick und Systematik

Im bisherigen Recht waren „Unzuverlässigkeit" und „Gesetzestreue" als weitere 15 Eignungskriterien neben „Fachkunde" und „Leistungsfähigkeit" in § 97 Abs. 4 S. 1

---

[13] Näher OLG Düsseldorf VergabeR 2011, 868 m. Anm. *Reidt*.
[14] Näher zum Ganzen *Pauka* VergabeR 2015, 505, sowie die Beiträge bei den 17. Forum Vergabe-Gesprächen 2015, 109 ff.
[15] Vgl. www.pq-verein.de bzw. www.amtliches-verzeichnis.ihk.de.

GWB a.F. geregelt, während die sich aus ihrem Fehlen ergebende gravierende Rechtsfolge des Ausschlusses detailliert in den Vergabeordnungen behandelt worden ist. Im Zuge der Umsetzung der EU-Vergaberechtsreform wurde nun die im **EU-Recht** seit jeher bestehende Unterscheidung zwischen Eignungskriterien und Ausschlussgründen nachvollzogen. Zudem finden sich alle maßgeblichen Regelungen nun (endlich!) auf der Ebene des Gesetzes (in den §§ 123 und 124 GWB). Die VgV ist insoweit lediglich im Hinblick auf die Nachweise (vgl. dazu sogleich 2) maßgeblich. In der VOB/A-EU werden in den §§ 6e und 6f die sich bereits aus den §§ 123, 124 sowie 125 und 126 (Selbstreinigung) ergebenden Anforderungen wiederholt.

16   Die Ausschlussgründe sind bereits durch den Gesetzgeber unterteilt in „zwingende Ausschlussgründe" (§ 123) und „fakultative Ausschlussgründe" (§ 124). Darauf ist jeweils unter 3 und 4 zurückzukommen. Eine gewisse sachliche **Systematisierung** lässt sich danach vornehmen, ob es sich um Verstöße gegen Strafvorschriften, gegen Wettbewerbsrecht, gegen Verpflichtungen des Sozial- und Steuerrechts oder um Verstöße gegen früher übernommene vertragliche Verpflichtungen handelt.[16] Seit 2016 ist der Kreis der Ausschlussgründe explizit auf Verpflichtungen gegen umwelt-, sozial- und arbeitsrechtliche Vorschriften erweitert worden, so dass auch die Verfahrensstufe der Ausschlusskriterien einen (wenn auch vergleichsweise bescheidenen) Beitrag zur Verfolgung ökologischer und sozialer Zwecke leisten kann (dazu noch IV). Sodann ist die Regelung über den Umgang mit Verstößen gegen früher übernommene vertragliche Verpflichtungen (konkret aus einem früheren Tätigwerden für den gleichen Auftraggeber) dahingehend präzisiert worden, dass das Unternehmen jene Verpflichtungen „erheblich oder fortdauernd mangelhaft erfüllt" haben muss und dies „zu einer vorzeitigen Beendigung, zu Schadensersatz oder zu einer vergleichbaren Rechtsfolge geführt hat" (§ 124 Abs. 1 Nr. 7 GWB).

17   Dies lässt bereits das die Regelungen über die Ausschlussgründe durchgehend prägende Bemühen erkennen, einerseits früheres Fehlverhalten von Bietern zu sanktionieren, dabei aber andererseits dem Grundsatz der Verhältnismäßigkeit und der Ermöglichung eines neuerlichen Wettbewerbsgeschehens Rechnung zu tragen. Bei den überwiegend als Bieter auftretenden juristischen Personen bereitet in der Praxis die **Zurechenbarkeit** des inkriminierenden Verhaltens einzelner Personen zur jeweiligen juristischen Person erhebliche Schwierigkeiten. Nach § 123 Abs. 3 GWB ist im Bereich der zwingenden Ausschlussgründe das Verhalten einer rechtskräftig verurteilten Person einem Unternehmen nur dann zuzurechnen, wenn „diese Person als für die Leitung des Unternehmens Verantwortlicher gehandelt hat", wozu auch „die Überwachung der Geschäftsführung oder die sonstige Ausübung von Kontrollbefugnissen in leitender Stellung" gehört. Entsprechendes dürfte im Hinblick auf die anderen Ausschlussgründe gelten.

18   Der **Zweck** der Sanktionierung eines früheren Fehlverhaltens besteht zunächst in der Gewähr für eine erfolgreiche und wirtschaftliche Erfüllung der Verwaltungsaufgaben, um derentwegen die Beschaffung erfolgt; eine unzuverlässige Vertragspartnerschaft birgt ein sog. performance risk. Innerhalb des Wettbewerbs zwischen den Bie-

---

[16] Zu den Einzelheiten kann nach wie vor auf die Monographie von *Wimmer,* Zuverlässigkeit, 74 ff., zurückgegriffen werden.

tern geht es um gleiche und faire Bedingungen, d. h. um die Ausschaltung von durch rechtswidriges Verhalten erlangten Wettbewerbsvorteilen. Neben diese vergaberechtsinterne tritt die vergaberechtsexterne Funktion eines Beitrags zur Sanktionierung von Verstößen gegen Rechtsvorschriften anderer Provenienz. Dadurch wird das Vergaberecht zu einem wichtigen Instrument etwa zur Durchsetzung des Kartellrechts und insbesondere bei der Korruptionsbekämpfung, worauf noch gesondert (7) einzugehen ist.[17]

2. Nachweise

Auch im Hinblick auf die Ausschlussgründe obliegt es den Bietern, die entsprechen- 19 den Nachweise zu erbringen, wobei wiederum die Eintragung in einem Präqualifikationsverzeichnis (→ Rn. 14) die Abläufe erleichtern kann. Eine weitaus breitere Informationsbasis wird ab 2020 das dann aufgebaute sog. Wettbewerbsregister bilden. Solche Register existieren bisher aber nur auf der Ebene einzelner Länder (→ dazu noch näher Rn. 36). In den §§ 48 Abs. 4 VgV, 6b Abs. 1 VOB/A-EU finden sich nähere Regelungen über die Nachweisführung in Bezug auf die Ausschlussgründe. Dabei spielt naheliegenderweise die Vorlage von Führungszeugnissen aus dem Bundeszentralregister bzw. von gleichwertigen Bescheinigungen des Herkunftslandes oder des Niederlassungsstaates der Bieter eine zentrale Rolle.

3. Zwingende Ausschlussgründe

Bei Erfüllung eines der besonders schwer wiegenden Ausschlussgründe nach § 123 20 GWB ist der betroffene Bieter auszuschließen. Dies betrifft Verstöße gegen verschiedene **Straftatbestände** (von der Bildung krimineller Vereinigungen, über den Subventionsbetrug nach § 264 StGB, bis hin insbesondere zu den §§ 299, 333 und 334 StGB (Bestechlichkeit und Bestechung im geschäftlichen Verkehr bzw. Vorteilsgewährung und Bestechung)). Gemäß § 123 Abs. 4 GWB ist auch die Nichtzahlung von Steuern, Abgaben oder Beiträgen zur Sozialversicherung nach rechtskräftiger Gerichts- oder bestandskräftiger Verwaltungsentscheidung bzw. sonst geeigneter Nachweisführung seitens des Auftraggebers ein zwingender Ausschlussgrund. Insoweit kann ein Bieter dem Ausschluss aber dadurch entgehen, dass er die Zahlungen vornimmt (vgl. § 123 Abs. 4 S. 2 GWB).

Im Übrigen gibt es zwei **Ausnahmetatbestände:** 21
– Wenn es dem Bieter gelingt, seine Zuverlässigkeit durch Maßnahmen der sog. Selbstreinigung nach näherer Maßgabe des § 125 GWB wieder herzustellen (→ Rn. 25 f.),
– und bei Vorliegen „zwingender Gründe des öffentlichen Interesses" gemäß § 123 Abs. 5 GWB. In Erw. 100 der VRL ist als Beispiel hierfür die Beschaffung dringend benötigter Impfstoffe aufgeführt, was illustriert, dass es hierbei um das Interesse der Erfüllung der infrage stehenden Verwaltungsaufgabe geht. Weniger streng ist die in S. 2 des §§ 123 Abs. 5 GWB vorgesehene (weitere) Ausnahmemöglichkeit für den Fall der Nichtzahlung von Steuern oder Sozialversicherungsbeiträgen,

---

[17] Näher hierzu *Freund/Kallmayer/Kraft,* Korruption und Kartelle bei Auftragsvergaben, 2008, 165 ff., 189 ff.; *Dabringhausen/Fedder* VergabeR 2013, 20 (24); *Burgi* NZBau 2014, 595 (596 m.w.N.).

wo die offensichtliche Unverhältnismäßigkeit genügt, etwa dann, wenn es sich nur um sehr geringfügige Beträge handelt.

22 Der Auftraggeber ist zu jedem Zeitpunkt des Vergabeverfahrens gehalten, auf einen festgestellten Ausschlussgrund mit dem Ausschluss aus dem Verfahren zu reagieren. Überdies eröffnet neuerdings § 133 Abs. 1 Nr. 2 GWB die Möglichkeit der **Kündigung,** wenn der Auftraggeber nachträglich feststellt, dass zum Zeitpunkt der Zuschlagserteilung ein zwingender Ausschlussgrund nach § 123 Abs. 1–4 vorgelegen hat. Somit kann er sich noch während der bereits laufenden Auftragsausführung von einem unzuverlässigen Bieter trennen. Hierbei handelt es sich nicht mehr um eine vergaberechtliche, sondern bereits um eine vertragsrechtliche Rechtsfolge (→ allg. hierzu § 19 Rn. 5).

4. Fakultative Ausschlussgründe

23 Bei den vergleichsweise schwächeren Ausschlusstatbeständen nach § 124 GWB steht die Rechtsfolge des Ausschlusses im Ermessen des Auftraggebers. Praktisch wichtige Ausschlussgründe dieser Kategorie betreffen den nachweislichen Verstoß gegen geltende umwelt-, sozial- oder arbeitsrechtliche Verpflichtungen (Nr. 1; → näher Rn. 37), das Bestehen hinreichender Anhaltspunkte für getroffene Vereinbarungen mit anderen Unternehmen, die eine Verhinderung, Einschränkung oder Verfälschung des Wettbewerbs bezwecken oder bewirken (Nr. 4)[18] sowie verschiedene unlautere Verhaltensweisen (Nr. 9) bzw. Interessenkonflikte im Zusammenhang mit Vergabeverfahren (Nr. 5). Eine Art **Auffangtatbestand** bildet § 124 Abs. 1 Nr. 3 GWB für den Fall, dass ein Unternehmen „im Rahmen der beruflichen Tätigkeit nachweislich eine schwere Verfehlung begangen hat, durch die die Integrität des Unternehmens infrage gestellt wird". Im Hinblick auf sämtliche fakultativen Ausschlussgründe ist der Auftraggeber ebenfalls zu jedem Zeitpunkt des Vergabeverfahrens zur Reaktion gehalten. § 124 Abs. 1 Nr. 7 GWB ermöglicht den Ausschluss eines Bieters aufgrund der Schlechterfüllung eines früheren Vertrages, wenn dieser deswegen vorzeitig beendet oder eine Schadensersatzpflicht ausgelöst worden ist.[19]

24 Bislang war umstritten, ob bei diesem Ausschlusstatbestand neben der zu treffenden Prognoseentscheidung („durch die die Integrität … infrage gestellt wird") überdies noch auf der Rechtsfolgenseite ein Ermessensspielraum eröffnet ist.[20] M. E. war die Ablehnung eines Ermessens verfehlt, weil allein über die Prognoseentscheidung weder öffentliche Interessen noch Verhältnismäßigkeitsaspekte berücksichtigt werden könnten; Erw. 101 der VRL fordert jedenfalls durchgehend die Berücksichtigung des „Verhältnismäßigkeitsgrundsatzes" bei den fakultativen Ausschlussgründen und auch der Wortlaut sowohl der europäischen als auch der künftigen Regelung in § 124 Abs. 1 GWB ist insoweit eindeutig. In der Entwurfsbegründung stellt der GWB-Gesetzgeber explizit fest, dass es zusätzlich zum Beurteilungsspielraum auf der tatbestandlichen Seite auch noch im Ermessen des Auftraggebers liege zu entscheiden, ob er tatsächlich einen Ausschluss vornimmt (im Falle des § 124 Abs. 1 Nr. 3 GWB).[21] Dies liegt auch auf

---

[18] Vgl. insoweit auch die „OECD-Empfehlungen zur Bekämpfung von Angebotsabsprachen, über die *Stein/ Blume Huttenlauch* NZBau 2017, 728, berichten.

[19] Dazu bereits OLG Celle VergabeR 2017, 394; *Niebuhr* VergabeR 2017, 335.

[20] Diese verneinend OLG München NZBau 2013, 261, *Dicks* in: Forum Vergabe e.V., 16. Forum Vergabe-Gespräche 2013, 2014, 103; a.A. *Orthmann* NZBau 2007, 201 (204 f.); *Burgi* NZBau 2014, 597.

[21] BT-Drs. 18/6281,128.

der langjährigen Linie des EuGH, der im Zusammenhang mit der Prüfung von fakultativen Ausschlussgründen immer wieder die Notwendigkeit der Einzelbetrachtung betont hat.[22]

5. Wiederherstellung der Integrität durch Selbstreinigung

a) Bedeutung. Maßgeblich durch die Rechtsprechung verschiedener Oberlandesge- 25 richte in Deutschland, begleitet durch das einschlägige Schrifttum[23], ist seit längerem, jedoch ohne geschriebene Grundlage im europäischen und nationalen Vergaberecht, die Möglichkeit anerkannt worden, dass ein unzuverlässiger Bieter durch verschiedene Maßnahmen unter dem Sammelbegriff „Selbstreinigung" seine Zuverlässigkeit wiederherstellen und einem Ausschluss im Vergabeverfahren entgehen kann. Diese Möglichkeit ist sodann durch Art. 47 Abs. 6 VRL und Art. 57 Abs. 6 und 7 VRL ausdrücklich anerkannt und durch **§ 125 GWB** umgesetzt worden. Kommt eine Selbstreinigung nicht in Betracht oder hat der Wirtschaftsteilnehmer keine entsprechenden Maßnahmen ergriffen, bestehen übrigens Pflicht bzw. Recht ihn auszuschließen, auch nicht unbegrenzt, sondern nach § 126 GWB für höchstens fünf Jahre ab dem Tag der rechtskräftigen Verurteilung, in den Fällen der fakultativen Ausschlussgründe nach § 124 GWB höchstens drei Jahre. Ab 2020 werden mit erfolgtem Aufbau des „Wettbewerbsregisters" (→ Rn. 36a f.) die durch das Wettbewerbsregistergesetz bereits im Juli 2017 bewirkten Änderungen des § 125 GWB in Kraft treten.

Die **Darlegungs- und Beweislast** dafür, dass bestimmte von einem Unterneh- 26 men ergriffene Maßnahmen den an eine erfolgreiche Selbstreinigung zu stellenden Anforderungen entsprechen, liegt bei dem betreffenden Unternehmen. Der öffentliche Auftraggeber hat bei der Entscheidung, ob er die infrage gestellte Integrität wiederherstellt, die Schwere und die besonderen Umstände von Straftat bzw. Fehlverhalten zu berücksichtigen. Selbstverständlich sind an eine Selbstreinigung im Zusammenhang der fakultativen Ausschlussgründe geringere Anforderungen zu stellen als im Zusammenhang der obligatorischen Ausschlussgründe. Hält der öffentliche Auftraggeber die ergriffenen Selbstreinigungsmaßnahmen für unzureichend, so hat er dies gemäß § 125 Abs. 2 GWB dem Unternehmen gegenüber zu begründen.

b) Voraussetzungen. Beim Umgang mit den nun explizit in § 125 Abs. 1 GWB 27 normierten Voraussetzungen können die bislang in Deutschland gewonnenen Erkenntnisse und Erfahrungen fruchtbar gemacht werden[24], sofern nicht bisherige Rechtsunsicherheiten durch den Gesetzgeber aufgelöst worden sind (dazu sogleich). Im Einzelnen bestehen folgende Voraussetzungen:
- Der Bieter muss für jeden verursachten Schaden einen **Ausgleich** gezahlt haben oder sich zur Zahlung eines Ausgleichs verpflichten. Dieses Merkmal ist aufgrund seiner Verknüpfung mit möglicherweise parallel zwischen dem Auftraggeber und

---

[22] Signifikant: EuGH C-465/11, NZBau 2013, 116 (Forposta) und hierzu *Prieß/Friton* NZBau 2013, 214; EuGH C-171/15, VergabeR 2017, 357 m. Anm. *Klein*.
[23] OLG Düsseldorf NZBau 2003, 578; OLG Frankfurt a. M. VergabeR 2004, 602; OLG Brandenburg NZBau 2008, 277; *Arrowsmith/Prieß/Friton* in: Pünder/Prieß/Arrowsmith, Self-cleaning in Public Procurement Law, 2009, 1 ff.; *Stein/Friton* VergabeR 2010, 151.
[24] Übersichtlich *Roth* NZBau 2016, 672; *Gabriel/Ziekow* VergabeR 2017, 119.

dem betroffenen Unternehmen anhängigen zivilprozessualen Streitigkeiten problematisch, worauf nachfolgend zurückzukommen ist (Nr. 1).

- Das Unternehmen muss durch „aktive **Zusammenarbeit** mit den Ermittlungsbehörden" und (!) „dem öffentlichen Auftraggeber"[25] sämtliche relevanten Tatsachen und Umstände, die mit der Straftat bzw. dem Fehlverhalten und dem dadurch verursachten Schaden im Zusammenhang stehen, klären. Selbstverständlich muss sich dies im Rahmen des geltenden Rechts (beispielsweise dem Arbeitnehmerdatenschutzrecht) halten. Allerdings besteht kein Konflikt mit dem Verbot der Selbstbelastung (nemo tenetur-Grundsatz), weil ja nicht Zwangsmaßnahmen, sondern lediglich der Verlust von Erwerbschancen in Gestalt künftiger öffentlicher Aufträge infrage stehen. So schmerzhaft dies sein mag, wird dadurch jedenfalls nicht das allgemeine Persönlichkeitsrecht beeinträchtigt (Nr. 2).
- Schließlich muss der Bieter konkrete personelle Maßnahmen ergreifen, je nach erfolgtem Rechtsverstoß auf der Gesellschafter- und/oder auf der Mitarbeiterebene. Ferner ist er gehalten, durch Vornahme konkreter technischer und vor allem organisatorischer Maßnahmen für die Zukunft entsprechende Verstöße auszuschließen. Hierbei geht es v. a. um den Aufbau bzw. die Weiterentwicklung eines sog. **Compliance**-Systems in Gestalt von Berichts- und Kontrollmechanismen, einer Auditstruktur oder der Einführung interner Sanktions- und Haftungsregelungen[26] (Nr. 3).

28 Wie bereits erwähnt, war die nun in § 125 Abs 1 Nr. 1 GWB normierte Pflicht zur Schadenswiedergutmachung bislang in den Einzelheiten umstritten. Auslöser und Schwerpunkt der diesbezüglichen Diskussionen bildete die bei einem Kartellverstoß (welcher den fakultativen Ausschlussgrund nach § 124 Abs. 1 Nr. 3 u. 4 GWB rechtfertigt) einsetzende Folgen-Schadensersatzpflicht nach § 33 Abs. 3 GWB. Die Forderung nach Schadenswiedergutmachung als Voraussetzung für eine Selbstreinigung erschwert aus der Sicht des betroffenen Wirtschaftsteilnehmer die Abwehr möglicherweise unberechtigter Schadensersatzforderungen und dies in Situationen, in denen oftmals hochkomplexe Rechts- und Tatsachenfragen streitig sein können.[27] Ein anschauliches Beispiel für die sich dem kommunalen Auftraggeber insbesondere dann stellende Herausforderung, wenn es außer den Kartellanten keine anderen Anbieter am Markt gibt, bildet der Umgang mit dem sog. Feuerwehrfahrzeugkartell, gegenüber dem das Bundeskartellamt im Jahr 2011 Bußgelder in einer Gesamthöhe von 20,5 Millionen EUR verhängt hatte:[28]

- Ist die Schadenersatzpflicht nach Ob und Höhe unstreitig, muss die entsprechende Forderung des Auftraggebers beglichen werden. Andernfalls ist die Integrität des Kartellanten für die Zukunft infrage gestellt, auch wenn er noch so wohlklingende Compliance-Maßnahmen unternommen hat.

---

[25] Letzteres stellt die VK Südbayern NZBau 2017, 509, in einem Vorabentscheidungsersuchen an den EuGH infrage, gleichsinnig *Eufinger* EuZW 2017, 674; dagegen (m. E. überzeugend) *Hövelberndt* NZBau 2017, 464.

[26] Näher zu den hier bestehenden Möglichkeiten *Hölzl/Ritzenhoff* NZBau 2012, 28; *Schulz/Englert* CCZ 2014, 126.

[27] Freilich hatten sich im Verlauf der intensiv geführten Kontroverse (insbesondere zwischen *Dreher/Hoffmann* NZBau 2012, 265, bzw. *Dreher/Hoffmann* NZBau 2014, 150 einerseits, *Prieß* NZBau 2012, 425; *Dabringhausen/Fedder* VergabeR 2013, 20, andererseits bereits verschiedene Differenzierungsansätze herausgebildet. Stand der Rechtsprechung war, dass es auf den konkret zu entscheidenden Einzelfall ankomme (KG NZBau 2012, 56 (63); OLG München NZBau 2013, 261; ausführlicher *Burgi* NZBau 2014, 598 f.).

[28] Näher geschildert bei *Portz* Bayerischer Gemeindetag 2014, 464.

– Ist die Schadensersatzpflicht dem Grunde, nicht aber der Höhe nach unstreitig, muss sie nach dem eindeutigen Wortlaut der Gesetzesneufassung künftig anerkannt werden; bezüglich der Schadensersatzhöhe stellt sich dann die Frage, ob insoweit Aufklärungsmaßnahmen geleistet werden müssen. Auch diese Frage ist mit der Gesetzesneufassung („Zusammenarbeit … mit dem öffentlichen Auftraggeber") geklärt worden.

– Ist ein Schadensersatzanspruch schließlich dem Grunde und der Höhe nach streitig, können zwar weder Zahlungen noch Verpflichtungserklärungen verlangt werden. Auch in diesen Situationen besteht aber künftig die Pflicht zur aktiven Zusammenarbeit nicht nur mit den Ermittlungsbehörden, sondern auch mit dem Auftraggeber. Ausschlaggebend muss hier letztlich der vergaberechtliche und nicht der zivilprozessuale Kontext sein und jener ist auch in Fällen dieser Art durch das unstreitige Vorliegen eines Rechtsverstoßes gekennzeichnet, während die Möglichkeit der Selbstreinigung eine Art Gegenrecht bietet, für dessen Begründung die Behauptungs- und Beweislast beim Urheber des Rechtsverstoßes liegt. Durch diese Sichtweise wird übrigens der öffentliche Auftraggeber nicht privilegiert,[29] sondern wie die privaten Auftraggeber behandelt, die jederzeit einem Partner, mit dem sie einen Schadensersatzprozess führen, von ihren künftigen Aufträgen ausschließen können.

6. Vergabesperre als Rechtsfolge für künftige Vergabeverfahren?

a) Vergabestellenbezogene und koordinierte Vergabesperre. Mit einer Vergabe- 29
sperre erklärt die sie verhängende Stelle, dass sie innerhalb eines bestimmten Zeitraums keine Vertragsbeziehungen zu einem bestimmten Wirtschaftsteilnehmer eingehen möchte. Dies kann sowohl aus Anlass eines konkreten Vergabeverfahrens als auch unabhängig hiervon erfolgen. Richtigerweise ist nicht der Auftraggeber der richtige Anknüpfungspunkt für Differenzierungen zwischen den verschiedenen Kategorien von Vergabesperren, sondern die jeweilige **Vergabestelle.** Wenn beispielsweise die Zentrale Beschaffungsstelle des Landeswirtschaftsministeriums eine Vergabesperre für ihren Bereich verhängt, dann handelt es sich um eine vergabestellenbezogene Vergabesperre. Stimmt sie sich hingegen mit anderen Vergabestellen des Landes ab, etwa mit anderen Ministerien oder der Autobahndirektion, dann handelt es sich aufgrund der größeren Wirkung bereits um eine koordinierte Vergabesperre, obwohl auch dann „nur" eine juristische Person, nämlich das jeweilige Land betroffen ist. Je mehr Vergabestellen, unter Umständen auch andere juristische Personen (etwa die Kommunen) einbezogen werden, desto intensiver ist die Wirkung dieser Maßnahme. In den USA und auch auf der Ebene der Weltbank bildet das sog. debarment einen festen und als perspektivenreich angesehenen Bestandteil des Rechtsfolgenregimes.

b) Lückenhafte rechtliche Grundlagen. Bedauerlicherweise hat es die GWB-No- 30
velle 2016 unterlassen, eine explizite Regelung über Vergabesperren zu treffen. In § 124 Abs. 2 GWB werden lediglich die verstreuten und jeweils nur bestimmte Sachverhalte im Rahmen der jeweiligen Zuständigkeit abdeckende Vorschriften des Arbeitnehmer-Entsendegesetzes, des Mindestlohngesetzes und des Schwarzarbeitsbekämpfungsgesetzes für „unberührt" erklärt; weitere Rechtsgrundlagen für Vergabesperren gibt es teilweise in den Landesvergabegesetzen, dort als Reaktion gegen vorangegangene Verletzungen der durch diese begründeten Rechtspflichten (→ zu ihnen § 7 Rn. 31). Außen vor bleiben damit die gravierendsten Unzuverlässigkeits-

---

[29] So aber *Dreher/Hoffmann* NZBau 2012, 274.

tatbestände, etwa die Verstöße gegen die Korruptions- oder auch die Kartellvor-schriften. Das KG[30] hat in dieser Situation die bisherige Vorschrift über den fakultativen Ausschlussgrund der „schweren Verfehlung" in der VOB/A-EG (nunmehr: § 124 Abs. 1 Nr. 3 GWB) als Rechtsgrundlage für die Rechtsfolge der Vergabesperre im Wege der Interpretation herangezogen. Dies scheitert m.E. allerdings dann, wenn eine koordinierte Vergabesperre ausgesprochen werden soll, weil der interpretatorische Horizont des § 124 Abs. 1 GWB eben nur die Beziehungen zwischen einer konkreten Vergabestelle und den dort sich bewerbenden Bietern zu umfassen vermag.

31 **c) Reformbedarf.** Es liegt auf der Hand, dass die Auftraggeber angesichts des Fehlens einer gesetzlichen Grundlage für koordinierte Vergabesperren diese schwerwiegendste Rechtsfolge nicht gleichsam aus eigenem Recht, etwa unter Berufung auf den teilweise in diesem Zusammenhang beschworenen Grundsatz der Vertragsfreiheit anordnen können. Denn durch die Summe der Regelungen aus GWB, VgV und VOB/A-EU wird die sonst für die Auswahl und den Umgang mit Vertragspartnern maßgebliche Vertragsautonomie überlagert und nach der Regel vom **Vorrang des Gesetzes** sind die Auftraggeber nun so lange gesperrt, bis der Gesetzgeber ihnen grünes Licht gibt. Dies hat er in Gestalt der §§ 123 und 124 GWB lediglich für Sperren seitens einer einzelnen Vergabestelle getan. Die teilweise existierenden Erlasse und Verwaltungsvorschriften[31] können danach als norminterpretierende bzw. ermessensleitende Handreichung für die einzelne Vergabestelle dienen, nicht aber als Ersatz für die fehlende gesetzliche Grundlage für koordinierte Vergabesperren angesehen werden.[32] Darauf, ob überdies der Vorbehalt des Gesetzes für Grundrechtseingriffe ein gesetzgeberisches Tätigwerden erfordert, kommt es mithin nicht an.[33] Die VRL lässt an zwei Stellen erkennen, dass die Möglichkeit einer koordinierte Vergabesperre nicht außerhalb des mitgliedstaatlichen Regelungsspielraums liegen würde, und zwar in Art. 57 Abs. 6 UAbs. 4 (der die in einigen Mitgliedstaaten bestehende Möglichkeit der Vergabesperre per Gerichtsurteil legitimiert) und in Art. 57 Abs. 7 (betreffend den längstmöglichen Zeitraum für Ausschlüsse).

32 Am sinnvollsten wäre es, die bislang unabgestimmten Vorschriften über die vergabestellenbezogene Vergabesperre zusammen mit einer Neuregelung über die koordinierte Vergabesperre und den bislang in Nebengesetzen verstreuten Sondervorschriften in einer gesetzlichen Regelung zusammenzuführen. Dabei müsste im Einzelnen nach der Schwere und der betroffenen Zahl von Fällen aus der Vergangenheit differenziert werden, ferner müsste geregelt werden, wie gesichert das Vorliegen eines Verstoßes sein muss.[34] Durchgehend sollte die Rechtsfolge der Vergabesperre in das Ermessen der zuständigen Stelle gestellt und hinsichtlich des maximalen Zeitraums befristet werden. In formeller Hinsicht müsste eine Pflicht zur vorherigen Anhörung

---

[30] KG NZBau 2012, 389 m. Anm. *Dobmann.*
[31] Näher zum Ganzen *Burgi* NZBau 2014, 600 m.w.N.; *Mutschler-Siebert/Baumann* NZBau 2016, 678.
[32] Ebenso *Freund/Kallmayer/Kraft,* Korruptionskartelle bei Auftragsvergaben, 2008, 175.
[33] Dies käme allenfalls in Ausnahmefällen von Monopolsituationen in Betracht, während im allgemeinen die Weigerung, keine Aufträge zu erteilen, eben keinen Grundrechtseingriff darstellt (→ vgl. § 4 Rn. 6 f.). Soll die koordinierte Vergabesperre innerhalb ein rechtssicheres, breit anerkanntes Instrument werden (was zu begrüßen wäre), ist der Gesetzgeber gefordert.
[34] Streng insoweit *Battis/Kersten* NZBau 2004, 303; großzügiger *Gabriel* VergabeR 2006, 181; vgl. zum Ganzen ferner *Battis/Bultmann* ZRP 2003, 152 (155); *Kreßner,* Die Auftragssperre im Vergaberecht, 2006; *Braun* in: Gabriel/Krohn/Neun, HdbVergabeR, § 14 Rn. 39 ff.

und zur nachträglichen Begründung statuiert und vor allem die Frage der Zuständigkeit geklärt werden. Koordinierte Vergabesperren sollten demnach bei einer möglichst „weit oben" ange-siedelten Stelle (der sog. „lead agency") angesiedelt werden. Auch der Rechtsschutz sollte mit-geregelt werden. Bislang werden die Adressaten einer Vergabesperre an die ordentlichen Ge-richte verwiesen, wo sie unter Berufung auf die unspezifischen Anspruchsgrundlagen des BGB ihr Glück versuchen müssen. Würde man eine Neuregelung auf der Ebene des Vergaberechts schaffen, wäre sinnvollerweise hierfür der Rechtsschutz vor Vergabekammer und OLG zu er-öffnen. Leider ist all das im Zuge der Einführung eines Wettbewerbsregisters ab 2020 (→ Rn. 36a) nicht in Angriff genommen worden.

7. Bilanz: Vergaberecht als Instrument der Korruptionsvermeidung und -bekämpfung sowie zum Schutze des Wettbewerbs

Die Vergabe öffentlicher Aufträge wird seit jeher als ein korruptionsgefährdeter Be- **33** reich angesehen, was angesichts der ökonomischen Dimension und der zahlreichen Entscheidungsspielräume nicht verwundert. Nicht nur die wiederkehrenden Berichte von „Transparancy International"[35] fordern zu gesteigerter Wachsamkeit auf. Freilich zeigt die Beschäftigung damit auch, dass die Situation in Deutschland vergleichsweise besser als in vielen anderen Ländern ist, und dass die Korruption im Bereich des pri-vaten Einkaufs (insbesondere im internationalen Rahmen) noch viel stärker blüht.[36] Die EU-Kommission sieht in der Bekämpfung von „Günstlingswirtschaft und Kor-ruption" ein zentrales **Reformfeld.**[37] Als Kerntatbestände der Korruption können die §§ 334 Abs. 1 StGB (Bestechung) bzw. 332 Abs. 1 StGB (Bestechlichkeit) gelten, § 298 StGB stellt wettbewerbsbeschränkende Absprachen bei Ausschreibungen unter Strafe.[38]

Der kontinuierliche Ausbau der vergaberechtlichen Regelwerke und die damit **34** verbundene Intensivierung der Pflichten für Auftraggeber wie Bieter ist vor diesem Hintergrund bereits für sich ein fundamentaler Beitrag zur **Korruptionsvermei-dung.** Der (freilich nicht empirisch belegbare) Schluss, dass das in den vergangenen Jahren erreichte Mehr an Regulierung und insbesondere die enorme Verbesserung der Rechtsdurchsetzung ein Mehr an Korruptionsvermeidung bedeutet, liegt auf der Hand. Dieses Ziel ist somit ein weiterer politischer Legitimationsgrund des GWB-Vergaberechts (→ § 6 Rn. 12 f.).

Davon zu unterscheiden ist die Frage, inwieweit das Vergaberecht auch seinerseits **35** einen Beitrag zur **Korruptionsbekämpfung** leisten kann. Wie oben geschildert, führt im laufenden Vergabeverfahren eine rechtskräftige Verurteilung wegen Beste-chung im geschäftlichen Verkehr bzw. von Mandatsträgern bzw. von Amtsträgern sowie im internationalen Bereich nach § 123 Abs. 1 Nr. 6–9 GWB dazu, dass der betroffene Bieter zwingend auszuschließen ist. Unter bestimmten, freilich nicht

---

[35] www.transparency.de.

[36] Weitere Zahlen und Einschätzungen bei *Korte/Portz* in: Dölling, Handbuch der Korruptionsprävention, 2007, 289 bzw. 352; *Gabriel* VergabeR 2006, 173; *Orthmann* NZBau 2007, 201 ff., 278 ff.; *Freund/Kall-mayer/Kraft*, Korruption und Kartelle bei Auftragsvergaben, 2008, 2 ff.; *Lantermann* CCZ 2011, 73.

[37] Vgl. den Kommissionsbericht über die Korruptionsbekämpfung in der EU vom 3.2.2014 (KOM (2014) 38 final, 25 ff.).

[38] Dazu *Theile/Mundt* NZBau 2011, 715; *Stoffers/Möckel* NJW 2012, 3270; *Kretschmer/Stollhof* VergabeR 2014, 760; *Simonis* CCZ 2016, 70. Nach BVerfG NZBau 2009, 530, ist die Vorschrift hinreichend be-stimmt.

rechtssicher feststehenden Voraussetzungen kommt (mit Wirkung für künftige Vergabeverfahren) auch die Verhängung einer Vergabesperre in Betracht (→ Rn. 29 f.).

36   Bei beiden Sanktionsmechanismen bestehen teilweise erhebliche Wissensdefizite,
insbesondere gegenüber international agierenden Unternehmen[39] und in Situationen,
in denen erst Anklage erhoben worden bzw. eine Einstellung nach StPO erfolgt ist,
aber noch keine Eintragung in das Bundeszentralregister existiert. Angesichts dessen
sind in mehreren **Bundesländern** gesetzliche Regelungen über die Führung eines
sog. Korruptionsregisters (teilweise auch Vergaberegister genannt, da zusätzliche
Verstöße gegen arbeitsrechtliche Bestimmungen, Steuergesetze und kartellrechtliche
Regeln erfasst sind) geschaffen worden.[40] Diese Gesetze verpflichten insbesondere
Strafverfolgungsbehörden dazu, bestimmte korruptionsbezogene Vorgänge einem
zentralen Register zu melden, in das die Auftraggeber im Rahmen der jeweils
durchzuführenden Verfahren Einblick nehmen müssen. Weitere Bestimmungen betreffen Inhalt und Umfang der Eintragungen, deren Dauer sowie Tilgungen und Änderungen.

36a   In Umsetzung eines Beschlusses der Justizministerkonferenz vom 25./26. 6. 2014
ist nach erfolgter Umsetzung der europäischen Vergaberichtlinien der Reformprozess
im Vergaberecht auf Bundesebene mit dem „Gesetz zur Einrichtung und zum Betrieb eines Registers zum Schutz zum Schutz des Wettbewerbs um öffentliche Aufträge und Konzessionen (Wettbewerbsregistergesetz – WRegG)" vom 18. 7. 2017
fortgesetzt worden.[41] Das **Wettbewerbsregistergesetz** ist Teil eines Artikelgesetzes,
durch das u. a. ferner Änderungen in den § 39 Abs. 5, 123 Abs. 1 Nr. 6 (zwingende
Ausschlussgründe; → Rn. 20 f.), 124 Abs. 1 Nr. 4 (fakultative Ausschlussgründe;
→ Rn. 23 f.) und vor allem in § 125 (Selbstreinigung; → Rn. 25 f.) bewirkt worden
sind. Unmittelbar nach Inkrafttreten des Gesetzes hat ein Aufbaustab beim Bundeskartellamt, das gemäß §1 Abs. 2 WRegG als Registerbehörde fungieren soll, seine
Arbeit aufgenommen. Parallel wird zur Regelung der Einzelheiten eine Rechtsverordnung erarbeitet werden. Arbeitsfähig soll das Wettbewerbsregister im Jahre 2020
sein. Bis dahin bleiben die bestehenden landesrechtlichen Vorschriften über Korrup-
tions- bzw. Vergaberegister (→ Rn. 36) anwendbar (vgl. § 12 Abs. 1 S. 2 WRegG).

36b   Das künftige **Wettbewerbsregister** wird beim Bundeskartellamt als Registerbehörde geführt. Es umfasst im Unterschied zum Gewerbezentralregister auch Einträge

---

[39] Zur Notwendigkeit eines EU-weiten Informationsaustausches *Lehmann* CCZ 2015, 170.
[40] Beispielhaft genannten seien das KorruptionsregisterG Berlin (GVBl. 2010 S. 535; hierzu *Dann/Dann*
ZRP 2010, 256; *Lantermann* CCZ 2011, 73) und das Gesetz zur Einrichtung eines Registers zum Schutz
fairen Wettbewerbs in Hamburg (GVBl. 2013 S. 417; hierzu *Passarge* NVwZ 2014, 1493) und das Kor-
ruptionsbekämpfungsgesetz NRW (GVBl. 2005 S. 8, zuletzt geändert durch G.v. 16.11.2010,
GVBl. 2010 S. 600, und hierzu *Lantermann* ZRP 2009, 6); International: Racca/Yukins (Hrsg.), Integrity
and Efficiency in Sustainable Public Contracts, 2014.
[41] BGBl. 2017 I S. 2739. Der Regierungsentwurf ist zu finden in BT-Drs. 18/12051; die Stellungnahme des
Bundesrates im Gesetzgebungsverfahren findet sich unter BR-Drs. 263/17, die hierzu verfasste Gegenäußerung der Bundesregierung unter BT-Drs. 18/12497. Der Deutsche Anwaltverein hat hierzu eine teilweise kritische Stellungnahme (Nr. 19/2017) im März 2017 veröffentlicht. Der Bundestag hat den Gesetzentwurf schließlich entsprechend der Empfehlungen seines federführenden Ausschusses für Wirtschaft
und Energie angenommen (BT-Drs. 18/237); die Beschlussempfehlungen des Ausschusses sind veröffentlicht in BT-Drs. 18/12583. Streitpunkte während des Gesetzgebungsverfahrens betrafen u. a. die Höhe
der eintragungspflichtigen Bußgeldentscheidungen, die Zuweisung des Rechtsschutzes gegen Entscheidungen der Registerbehörde zum Oberlandesgericht (statt, wie im ursprünglichen Referentenentwurf
vorgesehen, zu den Verwaltungsgerichten) und ferner die Regelung des Akteneinsichtsrechts nach § 147
Abs. 1 StPO.

über Freiberufler und eröffnet im Unterschied zum Bundeszentralregister auch den öffentlichen Auftraggebern einen Zugang. Sachlich trifft es allein die Ausschlussgründe der §§ 123, 124 GWB (also nicht etwa die Eignungskriterien) und sämtliche öffentlichen Auftraggeber nach § 99 GWB (betreffend die Vergabe von klassischen Aufträgen); insoweit auch bereits bei Überschreiten eines Auftragswerts von 30.000 Euro, also auch unterhalb der Schwellenwerte (vgl. § 6 Abs. 1 S. 1 WRegG). Im Sektoren- und im Konzessionsbereich sind die Auftraggeber erst ab Erreichen der dort jeweils geltenden Schwellenwerte zur Abfrage bei der Registerbehörde verpflichtet.

Eingetragen werden müssen rechtskräftige strafgerichtliche Verurteilungen, 36c Strafbefehle und Bußgeldentscheidungen (§ 2 Abs. 1), gemäß § 2 Abs. 2 WRegG aber auch Bußgeldentscheidungen wegen Verstößen gegen § 1 GWB (Kartellrechtsverstöße), wenn eine Geldbuße von wenigstens 50.000 Euro festgesetzt worden ist, bereits ohne Bestands- bzw. Rechtskraft. Dies erscheint problematisch, nicht zuletzt deswegen, weil das Bundeskartellamt in Fällen dieser Art gleichzeitig für die Bußgeldentscheidung und für die Entscheidung im Zusammenhang mit der Registereintragung bzw. Löschung aus dem Register zuständig ist. Voraussetzung in allen Fällen ist die Zurechnung des Verhaltens der handelnden natürlichen Personen zu einem Unternehmen nach näherer Maßgabe von § 2 Abs. 3 und 4 WRegG. Durch § 4 WRegG werden die Strafverfolgungsbehörden und die zur Verfolgung von Ordnungswidrigkeiten berufenen Behörden zur Abgabe entsprechender Mitteilungen der Registerbehörde gegenüber verpflichtet.

Das Verfahren zwischen der **Registerbehörde und dem betroffenen Unter-** 36d **nehmen** wird durch die §§ 5, 7 und 8 ausgestaltet. Gemäß § 5 ist einem Unternehmen vor Eintragung in das Wettbewerbsregister Gelegenheit zur Stellungnahme zu geben, ferner bestehen Auskunftsansprüche. § 7 regelt die Voraussetzungen für eine Löschung der Eintragung aus dem Wettbewerbsregister. Löschungen kommen entweder in Betracht nach Ablauf der in § 7 Abs. 1 WRegG statuierten Frist von 3 bzw. 5 Jahren oder nach § 8 wegen Selbstreinigung (dazu sogleich). Rechtsschutz gegen sämtliche Entscheidungen der Registerbehörde kann nach § 11 WRegG vor dem jeweiligen Oberlandesgericht gesucht werden. Diese Rechtswegzuweisung überzeugt m. E. nicht, weil es insoweit nicht um kartell- bzw. vergaberechtliche Umstände, sondern um in hohem Maße grundrechts- und datenschutzrelevante Entscheidungen geht, für die die Verwaltungsgerichte über ein signifikant höheres Erfahrungswissen verfügt hätten. Der Fall der vorzeitigen Löschung aus dem Wettbewerbsregister wegen Selbstreinigung ist nunmehr in § 8 WRegG geregelt. Künftig wird mithin die Prüfung der anspruchsvollen (→ Rn. 25 ff.) Voraussetzungen für die Selbstreinigung nach § 125 GWB in der Praxis weitgehend nicht mehr durch die öffentlichen Auftraggeber, sondern durch die Registerbehörde erfolgen. Allerdings eröffnet § 125 Abs. 1 S. 1 GWB in der ab 2020 geltenden Neufassung auch weiterhin dem Unternehmen die Möglichkeit, die Selbstreinigung gegenüber dem öffentlichen Auftraggeber nachzuweisen.

Das Verhältnis zwischen der **Registerbehörde und den öffentlichen Auftrag-** 36e **gebern** wird durch § 6 WRegG näher ausgestaltet. Die öffentlichen Auftraggeber sind unter bestimmten Voraussetzungen zur Abfrage bei der Registerbehörde verpflichtet, teilweise auch hierzu lediglich berechtigt. § 6 Abs. 5 WRegG betont, dass

die Entscheidung darüber, ein Unternehmen von der Teilnahme an einem Vergabeverfahren auszuschließen, auch weiterhin in der Verantwortung des Auftraggebers
verbleibt. Wie bereits festgestellt (→ Rn. 32) sind im Zusammenhang mit dem
WRegG bedauerlicherweise keine Vorschriften über Vergabesperren geschaffen worden.

IV. Verfolgung ökologischer und sozialer Zwecke

37 Als Instrument der sog. strategischen Beschaffung (→ § 7) spielt die Formulierung
von Eignungskriterien eine vergleichsweise kleine Rolle. Auf der Ebene der Eignung
geht es v.a. um Umweltschutzmaßnahmen als Element der technischen Leistungsfähigkeit i.S.v. § 122 Abs. 2 S. 2 Nr. 3 GWB. Insoweit ist insbesondere die Beachtung
der Anforderungen des sog. Gemeinschaftssystems für das Umweltmanagement und
die Umweltbetriebsprüfung EMAS bedeutsam. Sie ermöglicht nach näherer Maßgabe von §§ 49 Abs. 2 VgV, 6c Abs. 2 VOB/A-EU den Nachweis dafür, dass Bieter
bestimmte Anforderungen des Umweltmanagements erfüllen. Die Ausschlussgründe
betreffen sodann die Sanktionierung früherer Verstöße gegen Vorgaben umwelt-
bzw. sozialrechtlichen Inhalts. Insoweit statuiert § 123 Abs. 4 GWB als zwingenden
Ausschlussgrund die insbesondere rechtskräftig festgestellte Nichtzahlung von Steuern und Sozialversicherungsbeiträgen und nach § 124 Abs. 1 Nr. 1 GWB kann bereits der auf sonst geeignete Weise nachgewiesene Verstoß gegen „geltende umwelt-
sozial- oder arbeitsrechtliche Verpflichtungen" zum Ausschluss führen. Damit knüpft
der deutsche Gesetzgeber ein erstes Mal an Art. 18 Abs. 2 VRL an (vgl. noch
→ § 19 Rn. 10), wobei sich der Kreis der hier relevanten Vorschriften aus Anhang X
der VRL ergibt.[42]

Vertiefungsliteratur:
Burgi, Kriterien für die Vergabe von Postdienstleistungen im Gewährleistungsstaat, VergabeR 2007,
457; *Figgen,* Die Eignungsprüfung, VergabeR 2009, 320; *Wimmer,* Zuverlässigkeit im Vergaberecht,
2012; *Braun,* Compliance und Selbstreinigung in: Gabriel/Krohn/Neun, HdbVergabeR, § 16.

Schwerpunktmäßig zum neuen Recht:
Burgi, Ausschluss und Vergabesperre als Rechtsfolgen von Unzuverlässigkeit NZBau 2014, 595; *Willenbruch,* Eignungskriterien: Neue Rechtsprechung zu Möglichkeiten und Grenzen in rechtlicher und
praktischer Hinsicht, VergabeR 2015, 322; *Prieß* in: Pünder/Prieß, Vergaberecht im Umbruch II,
2015,19; *Otting* VergabeR 2016, 316; *Reichling/Scheumann* GewArch 2016, 228; Burgi/Trybus/Tre-
umer (Hrsg.), Qualification, Selection and Exclusion in EU Procurement, 2016; *Friton,* Die Festlegung und Erfüllung von Eignungsparametern, 2016; *Reichling/Scheumann,* Vergaberechtliche Compliance im Fokus, GewArch 2018, 1.

---

[42] Vgl. zu den Einzelheiten EuGH C 199/15, NZBau 2017, 173 (Ciclat); *Latzel* NZBau 2014, 676; *Glaser,*
Zwingende soziale Mindeststandards bei der Vergabe öffentlicher Aufträge, 2015, 40f., 70ff.

§ 17. Zuschlagskriterien

Übersicht

Anders als Eignungskriterien und Ausschlussgründe betreffen die Zuschlagskriterien **1** nicht die Person des Bieters, sondern den Inhalt des von ihm vorgelegten Angebots. Die Bestimmung und Gewichtung (Formulierung) der Zuschlagskriterien sowie die in → § 18 dargestellte Prüfung und Wertung bilden somit die sachlich betrachtet wichtigste Verfahrensstufe. Das neue Recht beruht auf den Art. 67 und 68 VRL, zu denen es 11 Erwägungsgründe (ab Erw. 89) gibt. Inhaltlich ergeben sich gegenüber der vorherigen Rechtslage einige durchaus bemerkenswerte Neuakzentuierungen, es ist aber keine revolutionäre Neufassung erfolgt. Die das Verhältnis zu den Eignungskriterien betreffenden Fragen der Reihenfolge von Eignungs- und Zuschlagskriterien sowie nach der Statthaftigkeit eines „Mehr an Eignung" sind bereits in → § 16 behandelt worden, die Statthaftigkeit von Nebenangeboten in → § 12 Rn. 24.

I. Bedeutung und Standort

Mit § 127 GWB sind mehrere Einzelfragen abschließend erstmals auf der Ebene des **2** Gesetzes geregelt. Einzelne Konkretisierungen finden sich dann in den §§ 58–60 VgV bzw. (nahezu vollständig inhaltsgleich) in § 16d VOB/A-EU, weswegen nachfolgend nur auf die VgV-Regelungen rekurriert wird. Im Geltungsbereich des GWB a.F. hatte lediglich § 97 Abs. 5 GWB die lapidare Feststellung enthalten, dass der Zuschlag „auf das wirtschaftlichste Angebot" erteilt werde. Dem Charakter nach handelt es sich bei den Zuschlagskriterien um Grundlagen für einen wertenden Vergleich zwischen verschiedenen Angeboten, was in § 127 Abs. 1 S. 1 GWB ausdrücklich festgestellt wird („Bewertung"). Im Gegensatz dazu zielen die Eignungskriterien auf die isolierte Prüfung, ob jeder einzelne Bieter für sich die formulierten Voraussetzungen erfüllt.

II. Inhaltsbestimmung und Nachweise

1. Bestes Preis-Leistungs-Verhältnis (Wirtschaftlichkeit)

a) Oberbegriff und Zuschlagskriterien. Nach § 127 Abs. 1 S. 1 GWB ist der Zu- **3** schlag „auf das wirtschaftlichste Angebot" zu erteilen. In S. 3 heißt es sodann, dass

sich das wirtschaftlichste Angebot „nach dem besten Preis-Leistung-Verhältnis" bestimmt. Damit stellt „Wirtschaftlichkeit" künftig den Maßstab für die Bewertung der
einzelnen Zuschlagskriterien, und damit eine Art **Oberbegriff** dar (während der bisher in § 97 Abs. 5 GWB a.F. verwendete Begriff der „Wirtschaftlichkeit" die Kombination der beiden Zuschlagskriterien Preis und insbesondere Qualität terminologisch erfasst hatte).[1]

4   Zur Ermittlung des „besten Preis-Leistungs-Verhältnisses", mithin als **Zuschlagskriterien,** dienen nach Maßgabe des § 127 Abs. 1 S. 4 GWB der „Preis oder die
Kosten", ferner „qualitative, umweltbezogene oder soziale Aspekte". Damit gibt es
ein finanzielles („Preis oder Kosten") Zuschlagskriterium und mehrere leistungsbezogene Kriterien, die in § 58 Abs. 2 S. 2 Nr. 1 VgV noch weiter konkretisiert werden.
Danach können „Qualität, technischer Wert, Ästhetik, Zweckmäßigkeit, Zugänglichkeit der Leistung insbesondere für Menschen mit Behinderungen, Übereinstimmung mit Anforderungen des „Designs für Alle"" neben den bereits im Gesetzestext
erwähnten sozialen, umweltbezogenen und ferner den innovativen Eigenschaften sowie „Vertriebs- und Handelsbedingungen" Zuschlagskriterien sein. In § 58 Abs. 2
S. 2 Nr. 3 VgV werden ergänzend die „Verfügbarkeit von Kundendienst und technischer Hilfe sowie Lieferbedingungen wie Liefertermin, Lieferverfahren sowie Liefer-
oder Ausführungsfristen" genannt. Das deutlich wichtigste dieser nicht finanziellen,
sondern leistungsbezogenen Kriterien ist selbstverständlich das der „Qualität". Die
Verfolgung ökologischer und sozialer Zwecke durch entsprechend formulierte Zuschlagskriterien wird (dem didaktischen Konzept dieses Werkes folgend) gesondert
(zu IV) dargestellt. Die Aufzählung in § 58 Abs. 2 S. 2 VgV ist nicht abschließend,
d.h. ebenso wie schon bisher können auch künftig weitere Zuschlagskriterien formuliert werden, etwa eine erfolgreiche Präsentation oder Vorführung der Leistungen
(„Teststellung").[2]

5   **b) Finanzielle und leistungsbezogene Zuschlagskriterien.** Von Gesetzes wegen
sind künftig sowohl das rein finanzielle Zuschlagskriterium „Preis oder Kosten" (terminologisch verkürzend, aber weit gebräuchlich, die Nur-Preis-Vergabe) als auch die
ausschließliche Verwendung leistungsbezogener Zuschlagskriterien (also unter Verzicht auf Preis oder Kosten) sowie die Kombination finanzieller und leistungsbezogener Elemente möglich. Die soeben genannte zweite Variante der Verwendung
ausschließlich leistungsbezogener Zuschlagskriterien ist allerdings gemäß § 127
Abs. 2 GWB nur erlaubt, wenn verbindliche Vorschriften zur Preisgestaltung den
Preis als Zuschlagskriterium sinnlos machen, wie etwa im Falle der Buchpreisbin-
dung (bei der Beschaffung von Schulbüchern) oder bei der Geltung gesetzlicher Ge-
bühren- oder Honorarordnungen wie etwa bei der Beschaffung von Architektenleis-
tungen. Hinsichtlich der beiden anderen Alternativen ist folgendes zu beachten:

6   Die **Nur-Preis- bzw. Nur-Kosten-Vergabe** spielt in der Praxis seit jeher eine
große, insbesondere bei kleinen Auftraggebern und standardmäßig erfolgenden Be-

---

[1] Dazu, dass allerdings auch die neue Begriffszuordnung jedenfalls aus ökonomischer und wirtschaftswissen-
  schaftlicher Sicht nicht vollständig gelungen erscheint, vgl. unter Bezugnahme auf den Ökonomen *Eßig*
  Burgi in: Pünder/Prieß, Vergaberecht im Umbruch II, 64f.
[2] Dazu *Jennert/Werner* VergabeR 2016, 174.

schaffungen dominierende Rolle. Von Europarechts wegen war es bislang dem nationalen Gesetzgeber verwehrt, die Nur-Preis-Vergabe auszuschließen.[3] Das neue Recht hat hieran nichts geändert,[4] insbesondere hat der Gesetzgeber nicht von der ihm durch Art. 67 Abs. 2 UAbs. 2 VRL eröffneten Möglichkeit eines Verbots der Nur-Preis- bzw. Nur-Kosten-Vergabe Gebrauch gemacht. Somit wird es auch weiterhin in erheblichem Umfang Auftragsvergaben geben, bei denen der Preis bzw. die Kosten das einzige Zuschlagskriterium bilden. Die im Gesetzgebungsverfahren auf EU-Ebene teilweise unternommenen Vorstöße, dies zu verhindern, konnten sich nicht durchsetzen[5] – und das ist gut so. Denn eine auf das beste Preis-Leistungs-Verhältnis zielende Beschaffung die dem bereits durch § 97 Abs. 3 GWB hervorgehobenen Aspekt der Qualität Rechnung tragen will, hängt nicht davon ab, ob eine Nur-Preis-Vergabe oder eine Vergabe anhand von finanziellen plus leistungsbezogenen Zuschlagskriterien erfolgt. Wenn der Auftraggeber bereits in der Leistungsbeschreibung sämtliche relevanten qualitativen Anforderungen genau umschrieben hat (also in einer sog. konstruktiven Leistungsbeschreibung; → § 12 Rn. 8), dann wirkt sich die Verwendung des Preises bzw. der Kosten als einziges Zuschlagskriterium nicht „negativ" aus; denn die Leistungsbeschreibung und die Festsetzung der Zuschlagskriterien stehen in einem wechselseitigen Verhältnis zueinander:

Verfügt ein Auftraggeber selbst über das Maß an Know-how, um trotz der Komplexität vieler **7** Leistungen konstruktiv vorzugeben, was von den Bietern erwartet wird, dann spiegelt sich das damit vorgegebene Qualitätsniveau allein in den angebotenen Preisen wider, weswegen die Nur-Preis-Vergabe problemlos möglich ist.[6] Dies wird insbesondere bei der Beschaffung standardisierter Leistungen der Fall sein. Hat sich ein Auftraggeber allerdings dafür entschieden, die zu beschaffende Leistung zusätzlich mittels funktionaler Elemente zu beschreiben, um auf diese Weise das Know-how der Bieter abzufragen (→ dazu § 12 Rn. 9), dann muss er auf der Ebene der Zuschlagskriterien neben dem Preis auch leistungsbezogene Kriterien, v. a. das der Qualität formulieren. Er muss dies ferner dann, wenn die Angebote hinsichtlich der Qualität nicht gleichwertig sein können und eine Nur-Preis-Vergabe mithin „Äpfel und Birnen" vergleichen würde. Beispiel: Bei der Beschaffung von Kontrastmitteln mit einer unterschiedlichen Jodkonzentration darf das wirtschaftlichste Angebot nicht lediglich nach dem niedrigsten Preis ermittelt werden, weil eine höhere Jodkonzentration zu einem geringeren Verbrauch und damit eigentlich zu einem günstigeren Preis führen würde.[7]

Entschließt sich der Auftraggeber zur Verwendung mehrerer Zuschlagskriterien, d. h. für eine **Kombination** finanzieller und leistungsbezogener Kriterien, dann ergibt sich für ihn die weitere Notwendigkeit, das Verhältnis der einzelnen Kriterien zueinander zu gewichten. Wie sogleich zu zeigen sein wird, ist er sowohl bei der Bestimmung der einzelnen Zuschlagskriterien als auch bei ihrer Gewichtung nicht frei von Rechtsbindungen.

---

[3] So im Anschluss an EuGH C-247/02, NZBau 2004, 685, Rn. 38 ff. (Sintesi); OLG Frankfurt a.M. NZBau 2012, 719.

[4] Ebenso *Stoye/Plantiko* VergabeR 2015, 309.

[5] Näher hierzu *Faustino* PPLRev. 2014, 124.

[6] Vgl. OLG Düsseldorf NZBau 2007, 600 (607); OLG Naumburg VergabeR 2008, 486 (492 ff.). Einen solchen Fall betrifft auch BGH VergabeR 2013, 547.

[7] Vgl. OLG Düsseldorf VergabeR 2017, 505 m. Anm. *Gielen*.

2. Materielle Anforderungen an Bestimmung und Gewichtung

8 Seit jeher sind die öffentlichen Auftraggeber bei der Bestimmung jedes einzelnen Zuschlagskriteriums, bei der Kombination mehrerer Zuschlagskriterien und bei der im letzteren Fall erforderlichen Gewichtung verschiedenen materiellen Anforderungen unterworfen. Diese sind im Anwendungsbereich der vormaligen Bestimmungen in den Vergabeordnungen durch die Rechtsprechung konkretisiert worden. Nun sind sie in deutlich transparenterer Weise unmittelbar dem Gesetz zu entnehmen:

– Gemäß § 127 Abs. 3 GWB müssen die Zuschlagskriterien mit dem **Auftragsgegenstand** in Verbindung stehen. Wie schon bei der Leistungsbeschreibung (vgl. § 31 Abs. 3 VgV; → § 12 Rn. 12 f.) bedeutet dies aber nicht, dass sie sich unmittelbar aus dem ausgeschriebenen Leistungsgegenstand ergeben müssen. Vielmehr heißt es in S. 2 ausdrücklich, dass eine Verbindung auch dann anzunehmen sei, „wenn sich ein Zuschlagskriterium auf Prozesse im Zusammenhang mit der Herstellung, Bereitstellung oder Entsorgung der Leistung, auf den Handel mit der Leistung oder auf ein anderes Stadium im Lebenszyklus der Leistung bezieht". Dies gilt auch dann, wenn sich diese Faktoren „nicht auf die materiellen Eigenschaften des Auftragsgegenstandes auswirken". Das OLG Düsseldorf hatte bereits im Vorgriff auf diese Bestimmung[8] die Forderung nach einem sog. Patientenprogramm (kostenfreie Applikationshilfen, Patienten-Compliance und weitere Zusatzleistungen vor allem für Ärzte) bei einer Arzneimittelbeschaffung (sog. Rabattvereinbarungen; → näher vgl. § 15 Rn. 3 f.) für statthaft erklärt. Da sich die Patientenprogramme auf die Verordnung und Anwendung der beschafften Arzneimittel beziehen, geht es letztlich um Prozesse im Zusammenhang mit deren Bereitstellung.

– Gemäß § 127 Abs. 4 GWB muss die Formulierung von Zuschlagskriterien am Vergabegrundsatz der Wettbewerblichkeit orientiert sein, darf keine willkürliche Zuschlagserteilung indizieren und muss vor allem eine wirksame **Überprüfung** (der Erfüllung der Kriterien) ermöglichen. In dem Maße, in dem das Zuschlagskriterium der Qualität, aber auch sozial bzw. ökologisch orientierte Zuschlagskriterien zunehmen, gewinnt diese Anforderung an Bedeutung. Letztlich geht es darum, leere Versprechungen zu verhindern.

9 Das Zuschlagskriterium **des Preises** bietet in der späteren Wertungssituation den Vorteil, dass es vergleichsweise einfach zu ermitteln ist. Die nähere Ausgestaltung von Preisangeboten hängt von der jeweils betroffenen Leistung (Stückpreise? Gesamtpreise?) ab. Preisnachlässe sind nicht grundsätzlich ausgeschlossen, sondern unter der Voraussetzung der Eindeutigkeit (beispielsweise Skonto) bzw. dann, wenn die Erfüllung formulierter Bedingungen im Einflussbereich des Auftraggebers liegt, durchaus wertungsfähig.[9] § 16d Abs. 4 VOB/A-EU enthält hierzu eine ausdrückliche Regelung. Für den Fall einer Kombination des Preis-Kriteriums mit leistungsbezogenen Kriterien bestehen keine festen Vorgaben für die Berücksichtigung des Preises im Sinne einer Mindestgewichtung (beispielsweise: 30 %). Derartige Vorstöße haben

---

[8] NZBau 2015, 43.
[9] Ausführlich für das Zuschlagskriterium des Preises *Sulke,* Der Preis im Vergaberecht, 2015.

sich in der bisherigen Rechtsanwendung nicht durchsetzen können.[10] Eine feste Grenze kann der Vielgestaltigkeit der betroffenen Aufträge nicht gerecht werden, vielmehr bestünde die Gefahr, dass die Auftraggeber sich an einer solchen Einsatzschwelle und nicht mehr am jeweiligen Auftragsgegenstand (was § 127 Abs. 3 GWB aber von ihnen fordert) orientieren würden. Der Gefahr, dass der Preis zur Bedeutungslosigkeit verkommt, wird allein dadurch, dass die Suche nach dem besten „Preis-Leistung-Verhältnis" ja den obersten Bewertungsmaßstab bildet, entgegengewirkt.[11] Umgekehrt darf bei einer Vergabe mit mehreren leistungsbezogenen Zuschlagskriterien der Preis nicht mit 95% gewichtet werden.[12]

Schon bislang stand den Auftraggebern die Berücksichtigung von **Kosten** außerhalb des Anschaffungspreises offen und auch der Begriff der „Lebenszykluskosten" ist keine Erfindung der VRL, sondern seit längerem Gegenstand näherer Ausarbeitung in Vergabepraxis und Rechtswissenschaft gewesen. Mit der VRL (umgesetzt in § 127 Abs. 1 GWB) wird der Kostenansatz aber explizit als Alternative zum niedrigsten Anschaffungspreis und damit als ein rein finanzielles Zuschlagskriterium etabliert; bislang stellte er nur eine Option innerhalb der komplexen Wertung von Qualitätsaspekten dar. Das Interesse des Auftraggebers an sparsamen, wenig fehleranfälligen oder kostengünstig zu entsorgenden Produkten ist jedoch in erster Linie ein finanzielles. Ein mögliches Instrument zur Berechnung der Kosten ist der sog. Lebenszyklusansatz. Er wird in § 59 VgV bzw. in § 16d Abs. 2 Nr. 5 und 6 VOB/A-EU näher ausgestaltet. Die Auftraggeber müssen hierbei an etablierte Methoden anknüpfen und die verwendete Methode rechtzeitig bekannt geben. Dies kann neben den Anschaffungs- und Nutzungskosten (Energieverbrauch), den Wartungskosten und den Kosten am Ende der Nutzungsdauer (Entsorgungskosten etc.) u.U. auch die durch die sog. externen Effekte der Umweltbelastung entstehenden Kosten umfassen; hierbei handelt es sich explizit um ein umweltpolitisches Motiv, worauf zu IV (→ Rn. 17) zurückzukommen ist. Parallel arbeitet die EU an einer Berechnungsmethode, die nach ihrer Aufnahme in einen Rechtsakt dann für die öffentlichen Auftraggeber verbindlich sein wird (vgl. § 59 Abs. 4 VgV). Dies wird sich auf jeweils bestimmte Auftragsgegenstände beziehen. **10**

Bereits in § 97 Abs. 3 GWB, sodann in § 127 Abs. 1 GWB und in § 58 Abs. 2 VgV wird aus dem Kreis der leistungsbezogenen Kriterien das der **„Qualität"** in besonderer Weise betont. Wie bereits erwähnt (→ Rn. 11), besteht insoweit ein Zusammenhang mit der Leistungsbeschreibung. Je konkreter die Leistungsbeschreibung, desto stärker stehen Preis bzw. Kosten als Zuschlagskriterien im Vordergrund. Auch dann kann die Qualität der Erbringung jener konkret beschriebenen Leistung natürlich differieren und können die Auftraggeber daher neben dem Preis bzw. den Kosten das Zuschlagskriterium „Qualität" formulieren. **11**

Beispiel: Der Auftraggeber fordert bei der Vergabe von Postdienstleistungen eine Zustellung an sechs Tagen in der Woche und bewertet sodann die Qualität der Angebote innerhalb der Wertung mit 20%; die Bieter sind dann gehalten, Angaben darüber zu machen, wie sie insbeson- **12**

---

[10] Explizit ablehnend: OLG Düsseldorf NZBau 2002, 578; näher *Kulartz/Scholz* VergabeR 2014, 109.
[11] Auch hierbei kann man auf frühere Judikate zurückgreifen; vgl. nur OLG Düsseldorf NZBau 2014, 121 (123f.).
[12] So OLG Düsseldorf NZBau 2014, 121.

re am Samstagnachmittag eine zuverlässige Bedienung erreichen wollen. Deutlich wichtiger wird das Zuschlagskriterium der Qualität, wenn in der Leistungsbeschreibung funktionale Elemente enthalten sind, weil dann eine ausschließlich finanzielle Vergleichbarkeit der eingehenden Angebote nicht mehr möglich ist. Vielmehr geht es dann gerade um einen Vergleich der vorgelegten Qualitätskonzepte (im obigen Beispiel: Hat der Auftraggeber in der Leistungsbeschreibung nach Konzepten für den Umgang mit falschen Empfängern und Rückläufern sowie die Sendungsverfolgung gefragt, muss er nun auf der Ebene der Zuschlagskriterien neben dem Preis bzw. den Kosten die Qualität der vorgelegten Konzepte bewerten). Im Übrigen kann hinsichtlich des Zuschlagskriteriums der Qualität auf die Kommentierungen zu den bisherigen Regelungen verwiesen werden.[13]

3. Formelle Anforderungen an Bestimmung und Gewichtung

13 § 127 Abs. 5 GWB verlangt, dass sowohl die einzelnen Zuschlagskriterien als auch ihre Gewichtung in der Auftragsbekanntmachung oder den Vergabeunterlagen mitgeteilt werden müssen. Dies entspricht der bereits zur früheren Rechtslage ergangenen Rechtsprechung.[14] Nach § 58 Abs. 3 S. 2 VgV kann die Gewichtung auch mittels einer Spanne mit angemessener Bandbreite angegeben werden. Ist die Gewichtung aus objektiven Gründen nicht möglich, so hat der Auftraggeber die Zuschlagskriterien in absteigender Rangfolge anzugeben.

4. Nachweise

14 Der Umgang mit Nachweisen dafür, dass bestimmte Zuschlagskriterien erfüllt sind, ist deutlich weniger formalisiert als bei den Eignungskriterien. Nach § 58 Abs. 4 VgV bestehen die insbesondere mit der Leistungsbeschreibung eröffneten Möglichkeiten der Nachweisführung durch Bescheinigungen von Konformitätsbewertungsstellen (§ 33 VgV) bzw. durch Gütezeichen nach § 34 VgV (→ vgl. jeweils § 12 Rn. 23) auch hier. Auf den Umgang mit fehlenden Nachweisen und (beispielsweise) unvollständigen Preisangaben etc. ist im Abschnitt über die Wertung der Angebote zurückzukommen (→ § 18 Rn. 3 f.).

III. Umgang mit ungewöhnlich niedrigen Angeboten

15 Die neuen Vorschriften zum Umgang mit ungewöhnlich niedrigen Angeboten in den §§ 60 VgV, 16d Abs. 1 VOB/A dienen der Umsetzung von Art. 69 VRL. Erscheint dem öffentlichen Auftraggeber ein Angebot als besonders niedrig, ist er gemäß § 60 Abs. 1 VgV dazu verpflichtet, vom Bieter Aufklärung zu verlangen, er kann das Angebot also nicht etwa von vornherein ablehnen. Der ihm auferlegte Prüfungsauftrag erstreckt sich auf die (nicht abschließend) in § 60 Abs. 2 VgV aufgezählten Gegenstände. Dies betrifft u. a. die gewählten technischen Lösungen, die Einhaltung der für das Unternehmen geltenden umwelt-, sozial- und arbeitsrechtlichen Vorschriften oder die etwaige Gewährung einer staatlichen Beihilfe. In diesen und anderen Fällen entsteht gleichsam ein **Anfangsverdacht** dahingehend, dass schlechte

---

[13] Vgl. ferner *Burgi/Brandmeier* EPPPL 2014, 12.
[14] Vgl. etwa OLG Frankfurt a.M. VergabeR 2013, 879; OLG Düsseldorf VergabeR 2014, 46 m. Anm. *Willenbruch*.

technische Lösungen oder Verstöße gegen die genannten Bestimmungen den Grund für das ungewöhnlich niedrige Angebot bilden.[15] Eine Aufgriffsschwelle etwa für den Fall, dass der Preis mehr als 50 % unter dem Durchschnitt der übrigen Angebote oder mehr als 20 % unter dem zweitniedrigsten Angebot liegt,[16] ist nicht im Gesetz verankert worden. Dies ist zu begrüßen, weil eine solche Pauschalisierung der Vielgestaltigkeit der öffentlichen Auftragsvergabe kaum gerecht werden könnte. Während bei stark standardisierten Produkten durchaus geringere Abweichungen Anlass zur Aufklärung geben können, sind insbesondere bei der Suche nach innovativen Lösungsmöglichkeiten vorstellbaren Preisabweichungen kaum Grenzen gesetzt.

Nach Abschluss der Prüfungs- und Aufklärungsphase liegt es grundsätzlich im **Ermessen** (dies im Unterschied zur vorherigen Rechtslage), den Zuschlag auf ein Angebot, dessen ungewöhnlich niedriger Preis bzw. dessen ungewöhnlich niedrige Kosten nicht zufriedenstellend aufgeklärt werden konnten, abzulehnen (§ 60 Abs. 3 S. 1 VgV). Allerdings haben die anderen Bieter einen Anspruch darauf (i.S.v. § 97 Abs. 6 GWB), dass der Auftraggeber eine entsprechende Prüfung unternimmt.[17] In zwei Situationen ist der Auftraggeber zur Ablehnung verpflichtet: Zum Ersten dann, wenn das ungewöhnlich niedrige Angebot auf einer Missachtung der umwelt-, sozial- und arbeitsrechtlichen Verpflichtungen beruht (vgl. § 60 Abs. 3 S. 2 VgV; dies dient der Umsetzung von Art. 18 Abs. 2 VRL). Zum Zweiten muss eine Ablehnung dann erfolgen, wenn der Preis auf einer rechtswidrig gewährten staatlichen Beihilfe beruht. Im Falle der Rechtmäßigkeit (wofür das Unternehmen die Beweislast trägt) darf keine Ablehnung erfolgen. Insofern besteht eine Verzahnung zwischen dem Vergabe- und den Beihilferecht (→ allg. § 3 Rn. 33 f.). Daher muss der öffentliche Auftraggeber eine erfolgte Ablehnung auch der für die Beihilfenkontrolle zuständigen EU-Kommission mitteilen (gemäß § 60 Abs. 4 S. 2 VgV).

IV. Verfolgung ökologischer und sozialer Zwecke

Auch wenn weiterhin die Nur-Preis- bzw. Nur-Kosten-Vergabe möglich ist, erfahren die nicht finanziellen Kriterien eine Aufwertung. Erstmals überhaupt tauchen die „sozialen" Aspekte als etwaiger Bezugspunkt von Zuschlagskriterien auf (in § 127 Abs. 1 S. 3 GWB). Damit sind die öffentlichen Auftraggeber grundsätzlich befugt, Zielsetzungen dieser Art auch auf der Verfahrensstufe der Zuschlagskriterien zu verwirklichen. Anders als auf der Verfahrensstufe der Ausführungsbedingungen (→ § 19 Rn. 11) können Sie hierzu künftig aber nicht mehr durch Landesvergabegesetze verpflichtet werden.[18] Denn während die Landesgesetzgeber im Hinblick auf Ausführungsbedingungen durch § 129 GWB ausdrücklich hierzu ermächtigt werden, fehlt eine vergleichbare Vorschrift bei den Zuschlagskriterien.[19] Hier wirkt sich nun aus, dass der Bund mit § 127 GWB, der eben lediglich eine Befugnis einräumt, aber **kei-**

---

[15] Zur bisherigen Rechtsprechung: *Gabriel* VergabeR 2013, 300; *Czaki* NZBau 2013, 342. Paradigmatisch: OLG Düsseldorf VergabeR 2014, 726 m. Anm. *Gulick*.

[16] Dieser Wert entspricht der von einigen deutschen Vergabesenaten gezogenen Grenze und der alten Rechtslage vgl. OLG Frankfurt a.M. IBR 2004, 452; OLG Düsseldorf BauRB 2005, 237.

[17] BGH NZBau 2017, 230 m. Anm. *Hölzl* NZBau 2018, 18.

[18] Wie dies bislang beispielsweise durch § 17 Abs. 1 TVgG NRW a.F. erfolgte.

[19] Insoweit konnte sich ein anders lautender Vorschlag des Bundesrats in seiner Stellungnahme vom 8.10. 2015 (BT-Drs. 18/6281, Anlage 3, S. 162) nicht durchsetzen.

ne Pflicht statuiert, abschließend über die Zuschlagskriterien und die diesbezüglichen Verpflichtungen der Auftraggeber entschieden hat und die Länder daher aus kompetenziellen Gründen (→ dazu § 7 Rn. 19) gesperrt sind. Die Formulierung von ökologischen und sozialen Zuschlagskriterien ist nach dem Regelungskonzept des neuen GWB künftig allein in die Hände der Auftraggeber gelegt. Dies bedeutet, sie sind nicht abstrakt-generell in den Landtagen, sondern mit Blick auf die sachlichen und örtlichen Umstände, also konkret je Auftraggeber und je Auftrag zu bestimmen.

18   Dabei sind selbstverständlich die allgemein der Verfolgung ökologischer und sozialer Zwecke gesetzten Rahmenbedingungen zu beachten, insbesondere der Verhältnismäßigkeitsgrundsatz nach § 97 Abs. 1 S. 2 GWB (→ näher § 7 Rn. 24 f.). Er wirkt sich in dieser Verfahrensphase beispielsweise auf die Verwendung von Quotenvorgaben aus, etwa wenn dasjenige Angebot besser bewertet werden soll, das den Einsatz der meisten Langzeitarbeitslosen verspricht. Solche und ähnliche Zuschlagskriterien kommen nur bei länger andauernden, besonders personalintensiven Aufträgen in Betracht.[20] Sodann sind die für die Verfahrensstufe der Zuschlagskriterien normierten materiellen (§ 127 Abs. 3 u. 4 GWB) und formellen Anforderungen (§ 127 Abs. 5 GWB) zu beachten (→ Rn. 8 f.). Wie bereits festgestellt (Rn. 8), besteht eine Verbindung mit dem Auftragsgegenstand nach der ausdrücklichen Regelung in § 127 Abs. 3 GWB aber bereits dann, wenn sich ein Zuschlagskriterium auf irgendein Stadium im Lebenszyklus der Leistung bezieht. Dies entspricht der bereits mit dem Urteil des EuGH in der Rs. „Max Havelaar"[21] offener gewordenen Rechtsprechung[22]. In Erw. 99 der VRL sind einige Beispiele für potenzielle soziale Zuschlagskriterien genannt, die nun von den Auftraggebern in Deutschland aufgegriffen werden können.

19   Wie bereits oben (→ Rn. 10) festgestellt, wird der sog. Lebenszyklusansatz in § 59 VgV näher ausgestaltet.[23] Er wird jedenfalls nicht auf soziale Aspekte jenseits der erbrachten Leistungen bezogen und sein Einsatz auch nicht zur Pflicht gemacht. Die Auftraggeber dürfen von der ihnen eingeräumten Option überhaupt nur dann und dort Gebrauch machen, wenn es eine anerkannte Methode gibt, die überdies den Bietern bekanntzugeben ist. Dies ist bislang namentlich im Hinblick auf Straßenfahrzeuge der Fall.[24] Noch auf längere Sicht ist vor der Einbeziehung auch der externen Kosten von Umweltauswirkungen zu warnen.

20   Ein letzter Zusammenhang besteht darin, dass nach § 60 Abs. 2 S. 1 Nr. 4 VgV (bzw. § 16d Abs. 1 Nr. 1 S. 2 VOB/A-EU) der Prüfungsauftrag der Auftraggeber in Anbetracht eines **ungewöhnlich niedrigen Angebots** (→ Rn. 15) explizit auf die Einhaltung der in § 128 Abs. 1 GWB genannten umwelt-, sozial-und arbeitsrechtlichen Verpflichtungen der Unternehmen erstreckt wird.

---

[20] Näher *Latzel* NZBau 2014, 680.
[21] EuGH C-368/10, NVwZ 2012, 867.
[22] OLG Düsseldorf NZBau 2015, 43, bereits im Vorgriff auf die VRL.
[23] Zu den Einzelheiten vgl. *Hettich* in: Soudry/Hettich, Das neue Vergaberecht, 2014, 69 ff.
[24] Näher hierzu *Schröder* NZBau 2014, 467 sowie die Umsetzungshinweise der EU-Kommission zur „Reform der öffentlichen Auftragsvergabe", Übersicht Nr. 7: „Umweltgerechte öffentliche Beschaffung".

Vertiefungsliteratur:

Boesen, Zuschlagskriterien – Möglichkeiten und Grenzen bei den Entscheidungen im Vergabeverfahren in: FS Marx, 15; *Comba/Treumer,* Award of Contracts in EU-Procurements, 2013 (mit zahlreichen Länderberichten).

Explizit zur neuen Rechtslage:

Faustino, PPLRev. 2014, 124; *Burgi,* Zuschlag und Zuschlagskriterien: Die Komplexität nimmt zu, in: Pünder/Prieß, Vergaberecht im Umbruch II, 57; *Conrad,* Der Anspruch des Bieters auf den Ausschluss ungewöhnlich niedriger Konkurrenzangebote, ZfBR 2017, 40.

§ 18. Prüfung und Wertung der Angebote

Übersicht

1 Seit jeher kennt das deutsche Vergaberecht detaillierte Regelungen über den Umgang mit Interessensbekundungen, Teilnahmeanträgen und insbesondere mit Angeboten (worauf sich die nachfolgende Darstellung konzentriert), d.h. für das Verfahrensstadium der Zuschlagsentscheidung (zu den Stadien davor und zu den Verfahrenspflichten des öffentlichen Auftraggebers unmittelbar vor und nach der Entscheidung über die Zuschlagserteilung vgl. → § 13 Rn. 2f.). Die VRL hat die diesbezüglichen Regelungen unberührt gelassen, sie finden sich aber in teils veränderter Gestalt, jedenfalls in neuer Paragrafenfolge nun in den §§ 55–57 VgV bzw. 14–16c VOB/A-EU.

I. Öffnung und Prüfung der Angebote

2 Wesentlich detailreicher als die VgV regelt die VOB/A-EU in § 14 die „Öffnung der Angebote" beim sog. Öffnungstermin (die sog. Submission). Auch die weitere Prüfung ist in der VOB/A-EU detaillierter strukturiert und – für die Praxis hilfreich – in vier Prüfungsstufen untergliedert (vgl. nachfolgend 1–3), wobei die vierte Prüfungsstufe die abschließende Auswahl des wirtschaftlichen Angebotes, d.h. die Wertung darstellt (dazu II).[1] Hinsichtlich der Reihenfolge von Eignungsprüfung und Angebotswertung sehen die §§ 42 Abs. 3 VgV, 16b Abs. 2 VOB/A-EU ausnahmsweise die Möglichkeit vor, die Angebote vor der Eignung der Bieter zu prüfen (→ § 16 Rn. 7ff.). Die Prüfung des Vorliegens von Ausschlussgründen nach §§ 123 und 124 GWB (→ § 16 Rn. 15ff.) erfolgt generell außerhalb der nachfolgend dargestellten Prüfungsabfolge. Zwar geht es hierbei ebenso wie bei den Eignungsgründen um Umstände in der Person der Bieter, die Rechtsfolge besteht aber nicht im Ausschluss von deren Angeboten, sondern im Ausschluss der Person des jeweiligen Bieters und hat (bei Vorliegen eines Ausschlussgrundes) „zu jedem Zeitpunkt" des Vergabeverfahrens stattzufinden (vgl. § 123 Abs. 1 bzw. 124 Abs. 1 GWB).

---

[1] Eine besonders übersichtliche Darstellung findet sich bei *von Wietersheim,* Vergaberecht, Rn. 353ff.

1. Rechtzeitigkeit, Vollständigkeit, Beachtung weiterer formaler Vorgaben?

a) Prüfung und Aufklärung. Bestandteil der Verfahrensvorschriften von VgV und 3
VOB/A-EU (→ § 13) sind umfangreiche Vorgaben für Einreichung und Form der
Angebote und die hierbei zu beachtenden Fristen. Gemäß §§ 56 VgV, 15 und 16
VOB/A-EU ist der Auftraggeber im ersten Schritt dazu verpflichtet, die Einhaltung
dieser Vorgaben, insbesondere die Vollständigkeit und Rechtzeitigkeit, zu prüfen.
Stellt er hierbei Defizite fest, so führt dies nicht unmittelbar zum Ausschluss des be-
treffenden Angebots. Vielmehr ist der Auftraggeber unter bestimmten Voraussetzun-
gen zur „Nachforderung von Unterlagen" (vgl. § 56 Abs. 2–5 VgV, 16a VOB/A-
EU) verpflichtet (dazu sogleich). Unklarheiten über die Eignung der Bieter bzw. die
Angemessenheit der angebotenen Preise kann er nach näherer Maßgabe des § 15
VOB/A-EU aufklären. Der Verhältnismäßigkeitsgrundsatz nach § 97 Abs. 1 S. 2
GWB kann ihn hierzu u. U. auch verpflichten.[2]

b) Nachforderung von Unterlagen. Ebenfalls in Konkretisierung des Verhältnis- 4
mäßigkeitsgrundsatzes ist in § 56 Abs. 2–5 VgV bzw. § 16a VOB/A-EU die Möglichkeit der Nachforderung von Unterlagen vorgesehen. Diese Möglichkeit bestand
bereits unter dem früheren Recht und ist europarechtlich durch den EuGH akzeptiert worden. Beim Umgang mit der Möglichkeit, Unterlagen nachzufordern, ist
freilich auf die Beachtung der ebenfalls in § 97 Abs. 1 GWB normierten Grundsätze
von Gleichbehandlung und Transparenz zu achten.[3] Wie der Bundesrat in seiner
Entschließung zum Inkrafttreten der VgV zutreffend kritisiert,[4] divergieren die jeweils normierten Regelungen nach Struktur und Inhalt, ohne dass dies etwa durch
sachliche Unterschiede des Baubereichs gerechtfertigt wäre; der nachfolgende Überblick fokussiert auf § 56 Abs. 2–5 VgV. Von vornherein zu unterscheiden ist die
Nachforderung von Unterlagen von der durchgehend unstatthaften **Nachbesserung**
des Angebots. Wenn beispielsweise ein Bieter die in der Leistungsbeschreibung geforderte Vorlage von „Arbeitskarten", aus denen sich die vertragsgegenständliche
Leistung überhaupt erst ergibt, unterlässt, können diese Arbeitskarten nicht nachgefordert werden,[5] und wenn ein britisches Unternehmen im Verfahren um die Vergabe von S-Bahnleistungen als Nachweis der finanziellen Leistungsfähigkeit (→ § 16
Rn. 9) einer Schwestergesellschaft eine sog. Patronatserklärung nachreicht, dann
handelt es sich um einen neuen Beleg, nicht etwa um die Abklärung von Zweifels-
fragen des ursprünglichen Teilnahmeantrags, da die ursprünglich vorgelegten Nachweise hinsichtlich der Leistungsfähigkeit der Schwestergesellschaft als solcher vollständig waren.[6]

§ 56 Abs. 2 S. 2 VgV beginnt systematisch mit der Berechtigung des Auftraggebers, von vorn- 5
herein in der Auftragsbekanntmachung oder den Vergabeunterlagen festzulegen, dass er keine
Unterlagen nachfordern wird. Möchte er stattdessen von dieser Möglichkeit Gebrauch ma-

---

[2] Etwa im Falle offensichtlicher Eintragungsfehler; vgl. KG NZBau 2015, 790.
[3] EuGH C-336/12, VergabeR 2014, 128 m. Anm. *Hölzl* (Mantova); EuGH C-42/13, VergabeR 2015, 409
m. Anm. *Mantler* (Cartiera dell'Adda). Aus der Literatur zum früheren Rechtszustand: *Völlink* VergabeR
2015, 355; zum neuen Recht *Dittmann* VergabeR 2017, 285.
[4] BR-Drs. 87/16, S. 3.
[5] OLG Dresden VergabeR 2012, 728 m. Anm. *Shirvani*.
[6] OLG München VergabeR 2016, 54 (67) m. Anm. *Herrmann*.

chen, so wird im Weiteren danach differenziert, ob es sich um „unternehmensbezogene" oder um „leistungsbezogene" Unterlagen handelt. Unternehmensbezogene Unterlagen sind insbesondere Eigenerklärungen und sonstige Eignungsnachweise (→ § 16 Rn. 10 f.); insoweit kann auch im Falle der Fehlerhaftigkeit nachgefordert (z. B. eine Referenz durch eine andere ersetzt) werden. „Leistungsbezogene Unterlagen" beziehen sich auf die Leistungsbeschreibung bzw. auf die Zuschlagskriterien. Im letzteren Fall ist gemäß § 56 Abs. 3 VgV eine Nachforderung nur im Hinblick auf Preisangaben betreffend „unwesentliche Einzelpositionen" möglich; die Nachforderung von leistungsbezogenen Unterlagen, die die anderen Umstände der Wirtschaftlichkeitsbewertung anhand der Zuschlagskriterien betreffen, ist ausgeschlossen. Gemäß § 56 Abs. 4 VgV ist den Bietern für die Nacheinreichung der Unterlagen eine Frist zu bestimmen, § 56 Abs. 5 VgV fordert die Dokumentation sowohl der Entscheidung zur als auch des Ergebnisses der Nachforderung.

6   **c) Ausschluss.** Scheitert die Aufklärung des Angebotsinhalts oder kommt eine Nachforderung von Unterlagen entweder nicht in Betracht bzw. wird sie nicht ermöglicht, dann kann eine fehlende Rechtzeitigkeit, die Unvollständigkeit oder die Missachtung weiterer formaler Vorgaben bereits für sich, d. h. ohne dass das Vorliegen der Eignung (2) bzw. der inhaltlichen Richtigkeit der Angebote (3) überhaupt geprüft wird, zum Ausschluss des betreffenden Angebots führen. Dies gilt gemäß § 57 Abs. 1 VgV bzw. § 16 VOB/A-EU für Angebote, die aus Verschulden des Bieters „nicht form- oder fristgerecht eingegangen sind" (Nr. 1) oder die nicht „die geforderten oder nachgeforderten Unterlagen enthalten" (Nr. 2), für Angebote, „in denen Änderungen des Bieters an seinen Eintragungen nicht zweifelsfrei sind" (Nr. 3) bzw. bei „denen Änderungen oder Ergänzungen an den Vergabeunterlagen vorgenommen worden sind" (Nr. 4) und schließlich für Angebote, die „nicht die erforderlichen Preisangaben enthalten" (sofern es sich nicht wiederum um unwesentliche Einzelpositionen handelt; Nr. 5). Gesonderte Regelungen bestehen für formale Defizite im Umgang mit Nebenangeboten (→ zu ihnen § 12 Rn. 24).

7   Das EU-Sekundärrecht hätte nicht daran gehindert, zusätzliche Ausschlussgründe zu schaffen, die nicht auf objektiven Erwägungen in der Person des Bieters beruhen, sondern der Sicherung von Gleichbehandlung und Transparenz dienen sollen.[7] Solche nationalen Maßnahmen müssten aber verhältnismäßig zur Erreichung jener Ziele sein, was der EuGH entsprechenden Maßnahmen anderer Mitgliedstaaten (betreffend eine Unvereinbarkeitsregelung, nach der Gesellschafter von Medienunternehmen nicht gleichzeitig Gesellschafter eines öffentliche Aufträge ausführenden Unternehmens sein können bzw. ein Verbot der Mehrfachbeteiligung → dazu bereits § 6 Rn. 20 f.) nicht bescheinigen konnte.

2. Eignungsprüfung

8   Maßstab für die Prüfung der Eignung der Bieter ist § 122 GWB, wonach öffentliche Aufträge nur an fachkundige und leistungsfähige Unternehmen vergeben werden dürfen (→ § 16 Rn. 7 f.). In der vergaberechtlichen Literatur findet sich insoweit vielfach die pauschale Annahme des Bestehens eines „Beurteilungsspielraums" nebst einem Verweis auf die zu dieser Rechtsfigur unter dem VwVfG anerkannten allgemeinen Grundsätze. Ob die dort (namentlich beim Erlass von Verwaltungsakten)

---

[7] EuGH, C-213/07, Slg. 2008, I_9999 m. Anm. *Prieß/Friton* NZBau 2009, 300 (Michaniki); EuGH C-538/07, Slg. 2009, I_4219 m. Anm. *Losch* VergabeR 2009, 761 (Assitur). Negativ beurteilt wurde das Erfordernis eines Mindestgeschäftskapitals durch EuGH C-357/10, NZBau 2012, 714 (Baranzate).

nach dem Schema Tatbestand-Rechtsfolge (wobei der Beurteilungsspielraum auf der Tatbestandsebene angesiedelt ist, während man auf der Rechtsfolgenseite von Ermessen spricht) gegebenen Voraussetzungen im hiesigen Zusammenhang überhaupt vorliegen und von Verfassungsrechts wegen vorliegen dürfen, wird nicht thematisiert.[8] Bei genauer Betrachtung zeigt sich, dass sowohl die nähere inhaltliche Bestimmung der Eignungskriterien als auch das Ob und der Umfang der zu erbringenden Nachweise sehr wohl der gerichtlichen **Nachprüfung** unterliegen. Denn die diesbezüglich relevanten Merkmale der Geeignetheit und Erforderlichkeit (der näheren inhaltlichen Bestimmung der Kriterien bzw. der beizubringenden Nachweise) sind letztlich Ausprägungen des Verhältnismäßigkeitsgrundsatzes (vgl. § 97 Abs. 1 S. 2 GWB), welcher auch sonst in der Rechtsordnung der vollen gerichtlichen Nachprüfbarkeit unterworfen ist. Dabei muss auch berücksichtigt werden, dass die in den Nachkriegsjahrzehnten anerkannten breiten gerichtlichen Beurteilungsspielräume aufgrund des Eingreifens des BVerfG immer enger gefasst worden sind. Wie das BVerfG im Bereich des Prüfungsrechts zutreffend festgestellt hat, können im demokratischen Rechtsstaat angesichts des hohen Stellenwerts der Bindung an die Gesetze Beurteilungsspielräume mithin nur in engen Ausnahmefällen entstehen. Hingegen können und müssen die Gerichte die eigentlichen fachlichen Beurteilungen und vor allem das Aufstellen der Maßstäbe vollständig überprüfen können.[9]

Übertragen auf den vorliegenden Zusammenhang bedeutet dies, dass ein **Beurteilungsspielraum** erst bei der Entscheidung darüber einsetzt, ob der *einzelne* Bewerber den (wie gesagt, voll überprüfbaren) Anforderungen entspricht. Gleichfalls allgemeinen Regeln entspricht es, dass auch dort, wo ein Beurteilungsspielraum besteht, nachgeprüft werden kann, ob von einem zutreffend ermittelten Sachverhalt ausgegangen worden ist, ob die jeweiligen gesetzlichen Vorgaben und der Verhältnismäßigkeitsgrundsatz beachtet wurden und ob schließlich nur die zuvor bekannt gemachten Kriterien bei der Prüfung herangezogen wurden. Dabei ist der Auftraggeber einer Begründungspflicht unterworfen.[10] Eine unzureichende Begründung legt eine unzureichende Prüfung und damit eine fehlerhafte Ausübung des Beurteilungsspielraums nahe.

Meist ergeben sich auf dieser Prüfungsstufe die folgenden **Konsequenzen:** 10
– Gelangt der Auftraggeber auf der Grundlage der vorliegenden Nachweise (ggf. im Anschluss an eine erfolglose Nachforderung) zum Ergebnis der fehlenden Eignung, dann ist das Angebot des betroffenen Bieters auszuschließen. Im umgekehrten Fall geht es auf der nächsten Prüfungsstufe weiter.
– Wurden Eignungskriterien fehlerhaft bestimmt bzw. sind in der soeben beschriebenen Weise Beurteilungsfehler gemacht worden, dann hat der hiervon betroffene Bieter einen Anspruch darauf, dass erneut in die Eignungsprüfung eingetreten wird.

---

[8] Vgl. etwa *Weyand* Vergaberecht, § 97 Rn. 714 ff. m.w.N.; ausführlich differenzierend nun *Ricken,* Beurteilungsspielraum und Ermessen im Vergaberecht, 2014, 299 ff.
[9] Seit BVerfGE 84, 34 (59); vgl. auch BVerwGE 99, 74; BVerwGE 104, 203.
[10] Vgl. eingehend zuletzt OLG München VergabeR 2016, 54 (70). Näher zu den im Einzelnen bestehenden Spielräumen und den relevanten Zeiträumen *Macht/Städler* NZBau 2013, 14.

3. Fachliche, technische und wirtschaftliche Richtigkeit

11 Auf der dritten Prüfungsstufe geht es gemäß § 56 Abs. 1 VgV bzw. § 16c VOB/A-EU um die rechnerische Richtigkeit (besonders relevant, wenn sich Angebote aus einer Vielzahl von Einheits-, Positions-, Los- oder Gewerkepreisen zusammensetzen), um die Vereinbarkeit mit den technischen Anforderungen in der Leistungsbeschreibung und schließlich um die wirtschaftliche Prüfung im Hinblick darauf, ob „ungewöhnlich niedrige Preise" angeboten wurden (→ näher dazu § 17 Rn. 15 f.) bzw. (gemäß § 16d Abs. 1 VOB/A-EU) auch im Hinblick auf einen „hohen Preis".[11]

12 Die Rechtsfolgen hängen wiederum von der Art des festgestellten Verstoßes ab:
– Für den Umgang mit ungewöhnlich niedrigen Angeboten ist ein eigenes Rechtsfolgenregime vorgesehen, das in → § 17 Rn. 15 f. beschrieben worden ist;
– Das Angebot einer Leistung, das in fachlicher bzw. technischer Hinsicht nicht der geforderten Leistung entspricht, stellt eine „Änderung der Vergabeunterlagen" dar und ist gemäß § 57 Abs. 1 Nr. 4 VgV auszuschließen.[12]
– Die gleiche Rechtsfolge kann bei einem ungewöhnlich hohen Angebot bzw. bei rechnerisch fehlerhaften Angeboten eingreifen.

II. Wertung der Angebote

1. Grundstruktur

13 Sämtliche Angebote, die die vorherigen Prüfungsstufen erfolgreich durchlaufen haben, werden abschließend einer vergleichenden Betrachtung anhand der Zuschlagskriterien (→ § 17) unterzogen. Die dabei zu treffende Wertungsentscheidung soll von mindestens zwei Personen auf Seiten des öffentlichen Auftraggebers getroffen werden (so explizit § 58 Abs. 5 VgV). Auch insoweit stellt sich wiederum die Frage nach dem Ob und etwaigenfalls dem Umfang von Entscheidungsspielräumen:

14 Ähnlich wie beim Umgang mit den Eignungskriterien (→ Rn. 9) wird auch in Bezug auf die Entscheidung über die Erfüllung der Zuschlagskriterien in Rechtsprechung und Literatur vom Bestehen eines **„Beurteilungsspielraums"** des jeweils betroffenen öffentlichen Auftraggebers ausgegangen. Vielfach ungeklärt bleibt auch hier, worauf sich dieser im Einzelnen erstrecken soll. Ausgangspunkt muss die Einsicht sein, dass die Spielräume von vornherein weiter sind als bei den Eignungskriterien. Denn die Entscheidung darüber, welches von mehreren Angeboten denn nun schließlich zum Zuge kommen soll, sich mithin als das „wirtschaftlichste" erweist, ist eine typische Auswahlentscheidung, die stark von Wertungen geprägt ist und von zahlreichen Dispositionen im internen Bereich des Auftraggebers abhängt. Auch wäre es verfehlt, durch übermäßig strenge Anforderungen seitens der Nachprüfungsinstanzen den gerade erst auf der materiellrechtlichen Ebene geschaffenen Bewusst-

---

[11] Näher zu den einzelnen Elementen dieser Prüfung (noch der Grundlage des alten Rechts) *König* in: Gabriel/Krohn/Neun, HdbVergabeR, § 29; *Städler* NZBau 2014, 472.

[12] Als Beispiel: Angebot eines AC/DC-Wandlers mit einem Wirkungsgrad von genau 90%, während nach einem Wirkungsgrad von mehr als 90% gefragt war, welcher unstreitig höhere Kosten verursachen würde, aber eindeutig und unmissverständlich vom Auftraggeber gefordert worden war: OLG Brandenburg NZBau 2014, 525.

seinszuwachs zugunsten von qualitativen und innovativen Zuschlagskriterien (vgl. nur § 97 Abs. 3 GWB) dadurch zu dämpfen, dass die Auftraggeber zur aus ihrer Sicht deutlich risikoloseren Nur-Preis-Vergabe zurückkehren würden.

Bei näherer Betrachtung ist allerdings auch hier zunächst zwischen der Zusam- 15 menstellung der Zuschlagskriterien, der Gewichtung und schließlich der Wertungsentscheidung im Einzelfall zu differenzieren:

– Die **Festlegung** der Zuschlagskriterien ist nach den Ausführungen in → § 17 Rn. 8 f. dem Maßstab von Geeignetheit und Erforderlichkeit im Hinblick auf den jeweiligen Auftragsgegenstand unterworfen und muss insofern auch gerichtlich nachgeprüft werden können (vgl. § 127 Abs. 3 u. 4 GWB). Dabei dürfen Vergabekammer bzw. Gericht nicht ihre eigenen Einschätzungen an die Stelle der vom öffentlichen Auftraggeber gebildeten Einschätzung setzen, wohl aber können sie prüfen, ob der von diesem gebildete Kreis von Zuschlagskriterien in einer angemessenen Relation zum jeweiligen Auftragsgegenstand steht.

– Größer wird der **Spielraum** bezüglich der **Gewichtung** der Kriterien. Auch sie ist noch vom Auftragsgegenstand her zu bestimmen, steht aber zu diesem schon nicht mehr in einem ähnlich engen Zusammenhang wie dies bei der Festlegung der Kriterien der Fall ist.[13] Danach ist der öffentliche Auftraggeber bei der Gewichtung frei, soweit die gewählte Gewichtung und die Gewichtungsmethode eine „Gesamtwürdigung der Kriterien" ermöglichen, die der Ermittlung des wirtschaftlich günstigsten Angebots dienen.

– Am größten ist der dem öffentlichen Auftraggeber eröffnete Spielraum schließlich wiederum bei der **Wertung** der einzelnen Angebote auf der Basis der nach den vorstehenden Grundsätzen festgestellten und gewichteten Zuschlagskriterien. Selbst hier gelten allerdings die allgemeinen rechtsstaatlichen Grenzen jeglicher Entscheidungsspielräume der Verwaltung. Dies bedeutet, dass die Nachprüfungsinstanzen auch bezüglich der einzelnen Wertungsentscheidung insbesondere nachprüfen können, ob von einem zutreffend ermittelten Sachverhalt ausgegangen worden ist, ob eine nachvollziehbare Begründung gegeben wurde und ob nicht im Einzelfall andere Kriterien als die bekannt gemachten Zuschlagskriterien eine Rolle gespielt haben. Schließlich muss der Bewertungsmaßstab zutreffend angewendet worden sein.

2. Bewertungsmaßstab und Bewertungsmethoden

Letzteres bereitet dann erheblich größere Schwierigkeiten, wenn nicht nur das Zu- 16 schlagskriterium des Preises verwendet wird (sog. Nur-Preis-Vergabe; zur Statthaftigkeit vgl. → § 17 Rn. 6), sondern daneben leistungsbezogene Zuschlagskriterien mit entsprechender Gewichtung formuliert worden sind. Die Auftraggeber bedienen sich dann regelmäßig einer sog. **Wertungsmatrix**[14], indem beispielsweise die Qualität vorgelegter Konzepte im Hinblick auf die „Vollständigkeit und Plausibilität der Darstellung (20 %)" und die „Vollständigkeit und Plausibilität der Abläufe, Maßnahmen und möglichen Zeitpläne (10 %)" gewichtet werden.

---

[13] Vgl. EuGH C-448/01, VergabeR 2004, 36 (42) (Wienstrom).
[14] Eingehend dazu *Ferber,* Bewertungskriterien und -matrizen, 2015.

17   Nach neuerer Rechtsprechung sind die Auftraggeber aufgrund des **Transparenz-grundsatzes** nach § 97 Abs. 1 S. 1 GWB allerdings verpflichtet, dafür Sorge zu tragen, dass die einzelnen Zuschlagskriterien, deren Unterkriterien und Gewichtungen sich in der bekannt gemachten Matrix so widerspiegeln, dass die Bieter erkennen können, „welche Bewertung (bzw. Punktzahl) bei welchem Unterkriterium erreicht werden kann". Konkret muss erkennbar sein, wie sich etwa 0–10 Punkte auf die einzelnen Anforderungen verteilen.[15] Dies ist nicht der Fall, wenn nicht präzisiert wird, unter welchen Voraussetzungen die „Vorlage eines Logistikkonzepts" entweder mit null Punkten (da „nicht den Anforderungen entsprechend") bzw. mit einem Punkt (da „mit Einschränkungen den Anforderungen genügend") oder mit drei Punkten (als „den Anforderungen besonders dienlich genügend") bewertet wird.[16] Kurz darauf beanstandete das OLG Düsseldorf (m. E. zu Recht) eine Vergabestelle dafür, dass sie bei der Verwendung eines Schulnotensystems ohne Angabe von Unterkriterien schlicht auf die Internetseite des Kultusministeriums mit den in NRW geltenden Noten für den Schulunterricht verwiesen hatte.[17] Für die Praxis ist damit in aller Deutlichkeit die Frage aufgeworfen, ob eine (funktionale) Leistungsbeschreibung überhaupt noch mit Schulnoten arbeiten darf oder nicht und falls ja, wie genau und wie transparent hierbei verfahren werden muss.

17a   Eine erste Akzentverschiebung bewirkte der EuGH mit seinem Urteil in der Rechtssache „Dimaroso".[18] Er stellte fest, dass die Transparenzpflicht nicht verlange, den potenziellen Bietern in der Auftragsbekanntmachung die Bewertungsmethode, die er zur konkreten Bewertung und Einstufung der Angebote anwenden wird, zur Kenntnis zu bringen. Das gelte allerdings nur dann, wenn diese Methode „keine Veränderung der Zuschlagskriterien oder ihrer Gewichtung bewirken würde." Diese Entscheidung betrifft die abschließende Wertungsentscheidung, während es dem OLG Düsseldorf in seiner sog. **Schulnotenrechtsprechung** darum ging, in welchem Maße Präzisierungen auf der Ebene der Formulierung der Zuschlagskriterien und deren Bekanntmachung (vgl. § 127 Abs. 4 u. 5 GWB; → § 17 Rn. 8 ff.) vorgenommen werden müssen. Auf nationaler Ebene rief sodann das OLG Dresden gemäß § 179 Abs. 2 GWB im Wege einer sog. Divergenzvorlage den BGH (→ § 20 Rn. 9) an. Nach seiner Auffassung sei es „weder notwendig noch überhaupt praktisch handhabbar, jedem einzelnen Wertungsaspekt im Rahmen eines Unterkriteriums im Vorhinein einen konkreten Punktwert zuzuordnen." Bei hinreichend deutlich formulierten Erwartungen in den Unterkriterien, auf deren Antworten Schulnoten vergeben werden sollen, könne von einem Mangel an Transparenz nicht die Rede sein.[19] Das OLG Düsseldorf konzedierte unmittelbar danach dem EuGH, dass es den Bietern „nicht im Vorhinein möglich sein muss zu erkennen, welchen bestimmten Erfüllungsgrad sein Angebot auf der Grundlage der Zuschlagskriterien erreichen muss, um mit einer bestimmten Notenstu-

---

[15] OLG Düsseldorf NZBau 2015, 440; zuletzt OLG Düsseldorf NZBau 2016, 232; OLG Düsseldorf VergabeR 2017, 204.

[16] Damit geht die Rechtsprechung teilweise über das Prüfungsrecht (und damit immerhin einen Bereich der klassischen Eingriffsverwaltung, während die grundrechtliche Situation im Vergaberecht von vornherein schwächer ist; → § 4 Rn. 6 f.) hinaus.

[17] NZBau 2016, 653 m. Anm. *Rosenkötter* NZBau 2017, 208.

[18] EuGH C-6/15, NZBau 2016, 772 m. Anm. *Schneevogl* NZBau 2017, 262.

[19] OLG Dresden VergabeR 2017, 317.

fe oder Punktzahl eines Notensystems bewertet zu werden." Sodann formuliert das OLG als eine Art Friedensangebot wie folgt: „Soweit bisherige Entscheidungen des Senats abweichend hiervon dahingehend verstanden worden sind oder zu verstehen gewesen sein sollten, der Senat fordere eine solche Bestimmungsmöglichkeit ex ante, hält er hieran nicht fest." Dies entspricht der bereits zuvor in diesem Buch gebildeten Auffassung, dass sich der EuGH und das OLG Düsseldorf eigentlich aus unterschiedlichen Perspektiven dem Problem genähert hatten.[20] Weiterhin betonte das Gericht aber (m. E. zutreffend), dass „auf der Grundlage einer den vergaberechtlichen Anforderungen genügenden Leistungsbeschreibung … die Zuschlagskriterien in ihrer Gewichtung so gefasst sein (müssen), dass die Bieter erkennen können, was der Auftraggeber von ihnen erwartet. Das gilt insgesamt bei funktionalen Ausschreibungen, bei denen der öffentliche Auftraggeber – wie der Senat wiederholt entschieden hat und woran er festhält – die auf die Formulierung der Leistungsbeschreibung und der Zuschlagskriterien einschließlich ggf. notwendiger Unterkriterien und ihrer Gewichtung zu verwendende Aufmerksamkeit nicht durch die Verwendung eines reinen Schulnotensystems ersetzen kann."[21]

Schließlich entschied der BGH mit Beschluss vom 4. 4. 2017 über die Divergenz- **17b** vorlage[22] und bescheinigte dem OLG Düsseldorf, dass dieses erfreulicherweise eine „Korrektur seiner Rechtsprechung" vorgenommen habe. Im Falle des BGH hatte der Auftraggeber verschiedene nähere Anforderungen an die vorzulegenden Konzepte (beispielsweise „Konzept für die Sicherstellung der Zustellung in Häusern, bei denen aufgeschlossen bzw. geklingelt werden muss"; dies betraf Postdienstleistungen) gegeben. Eine nähere Konkretisierung sei zuviel verlangt und würde gerade die funktionale Beschreibung als solche ihres Sinns entkleiden. Dabei betont der **BGH,** dass in Fällen dieser Art die eigentliche Wertungsentscheidung näher betrachtet werden müsse und insbesondere hohe Anforderungen an die Dokumentation zu stellen seien. Es bedürfe im Streitfall keiner Entscheidung, ob es „unter außergewöhnlichen Umständen, etwa wenn die Komplexität des Auftragsgegenstandes besonders vielschichtige Bewertungskriterien erforderlich macht, bei Verwendung eines Benotungs- oder Punktebewertungssystems durch die Vergabestelle zur Vermeidung einer intransparenten Wertung erforderlich sein könnte, dass der Auftraggeber seine Vorstellungen oder Präferenzen zum denkbaren Zielerreichungsgrad erläutert und damit Anhaltspunkte für eine günstige oder ungünstige Benotung vorgibt."

Als Fazit am Ende dieses fast schon als „Rechtsprechungskrimi" zu bezeichnenden **17c** Entwicklungsverlaufs kann festgestellt werden, dass Schulnoten auch in Zukunft verwendet werden können, insbesondere bei funktionalen Leistungsbeschreibungen. Dabei müssen allerdings die Zuschlagskriterien, die Unterkriterien und die Gewichtung nach Kräften konkretisiert und auch transparent gemacht werden. Auf der sichersten Seite ist der Auftraggeber, der zu erkennen gibt, welche Voraussetzungen von Bietern erfüllt werden müssen, um eine bestimmte „Note" zu erzielen. Der *Verf.*

---

[20] OLG Düsseldorf NZBau 2017, 296 (Rn. 32) = VergabeR 2017, 381 m. Anm. *Kaiser.*
[21] Befürwortend *Gaus* NZBau 2017, 134; vgl. ferner auch OLG Brandenburg VergabeR 2017, 487 m. Anm. *Rosenkötter,* wonach es eines für die Notenvergabe maßgeblichen Zielerreichungsgrads dann nicht bedürfe, wenn „die in der Teststellung zu bewertenden Eigenschaften zu beschaffender Geräte durch eine Vielzahl von Unter-Unterkriterien detailliert und für Bieter und Anwender verständlich bezeichnet sind".
[22] BGH NZBau 2017, 366 m. Anm. *Reichling/Scheumann* GewArch 2017, 10; *Delcuvé* NZBau 2017, 646.

hat dies beispielhaft an einem **Schulnotensystem** bei der Beschaffung von Post-dienstleistungen durchexerziert, worauf an dieser Stelle verwiesen werden kann.[23] Überblickt man die gesamte Entwicklung, so kann man festhalten, dass die Anforderungen an die Auftraggeber zwar insgesamt gewachsen sind, aber weiterhin erfüllbar erscheinen.

18 Ist unter Beachtung dieser Vorgaben ermittelt worden, wie viele Punkte im Bereich der leistungsbezogenen Zuschlagskriterien jeweils erzielt worden sind, dann muss dies in eine **Relation** zum Zuschlagskriterium des Preises gebracht werden. Hat der Auftraggeber die leistungsbezogenen Kriterien und den Preis mit jeweils 50 % gewichtet, so ist dies vergleichsweise einfach (mit dem sog. einfachen bzw. verfeinerten Richtwertverfahren), d. h. dann erfolgt die Ermittlung des Angebots mit dem kleinsten Quotienten (indem die jeweils angebotenen Preise durch die erzielten Leistungspunkte dividiert werden; Beispiel: Ein Angebot mit dem Preis von 110.000 EUR und 15 erzielten Leistungspunkten erreicht den Quotienten 7,33, während ein Angebot zum Preis von 240.000 EUR mit 34 Leistungspunkten auf einen Quotienten von 7,06 und damit auf den besseren Rang gelangt).[24] Interessantes Anschauungsmaterial bietet insoweit die vom Beschaffungsamt im Bundesministerium des Innern erarbeitete „Unterlage für Ausschreibung und Bewertung von IT-Leistungen".[25]

19 Entschließt sich der Auftraggeber allerdings dazu, das Zuschlagskriterium des Preises mit den leistungsbezogenen Zuschlagskriterien in eine andere Gewichtung als 50 zu 50 zu bringen (beispielsweise die leistungsbezogenen Kriterien mit 30 % zu gewichten), dann ergibt sich die Notwendigkeit, auch das Zuschlagskriterium des Preises in Punkte umzurechnen. Hierüber ist eine intensive Diskussion entbrannt, die nicht zuletzt unter Einbeziehung mathematischen Sachverstandes geführt wird.[26] Als zentrale Probleme wurden hierbei identifiziert, dass die Verteilung von Punkten nicht linear ist und somit eine relativ willkürliche Ungleichbehandlung von Bietern zur Folge hat und ferner, dass es zu unerwarteten und überdies teilweise intransparenten, da erst bei Vorlage sämtlicher Angebote durch den Auftraggeber realisierten Effekten kommen kann. Zwar hat die Rechtsprechung bisher die Gewichtung des Preises und die Festlegung von Preispunkten nicht grundsätzlich beanstandet. Im Beschluss vom 22.1.2014[27] verwirft das OLG Düsseldorf jedenfalls für den Fall, dass lediglich zwei Angebote eingegangen sind, die Vergabe von 100 Punkten für das Angebot mit der höchsten Wertungspunktzahl und von null Punkten für das Angebot mit der niedrigsten Wertungspunktzahl. In einer Fachveröffentlichung stellte ein Mitglied dieses Vergabesenats fest, dass den mit der Verwendung von Preispunkten verbundenen Gefahren „wirksam nur durch einen Verzicht auf eine Gewichtung des Preises" begegnet werden könne.[28] Geboten erscheint jedenfalls eine möglichst differenzierte Preispunkteskala (besser von 0–15 statt von 0–3).

---

[23] In dem in 4. Auflage erschienenen Gutachten „Kriterien und Regime für die Vergabe von Postdienstleistungen im Gewährleistungsstaat", das über die Seite www.bvdp.de bezogen werden kann. Nützliche Formulierungsbeispiele für die nähere Beschreibung von Zielerfüllungsgraden finden sich auch im Beschluss des OLG Düsseldorf VergabeR 2017, 204.

[24] Beispiel und nähere Erläuterung nach *Brackmann/Berger* VergabeR 2015, 313 (317 f.).

[25] UfAB VI, Version 1.0, www.cio.bund.de, S. 152 ff., 156 ff.

[26] Vgl. v. a. *Roth* NZBau 2011, 75; *Bartsch/von Gehlen/Hirsch* NZBau 2012, 393; *Bartsch/von Gehlen* NZBau 2015, 523; *Kiiver/Kodym* NZBau 2015, 59; *Herrmann* VergabeR 2015, 296.

[27] VergabeR 2014, 424 m. Anm. *Schwabe;* vgl. ferner OLG Düsseldorf VII Verg 35/14; OLG München VergabeR 2017, 680; BGH VergabeR 2017, 460, zuletzt *Ferber* Vergabe Navigator 2016, 5; zum Stand der Rechtsprechung *Steck* VergabeR 2017, 240; *Kraus/Bronnen* VergabeR 2017, 559.

[28] *Brackmann/Berger* VergabeR 2015, 321.

Vertiefungsliteratur:

Anschauliche Darstellungen der Abläufe (noch auf der Grundlage des alten Rechts) finden sich bei *Solbach / Bode* Praxiswissen Vergaberecht, Rn. 225 ff., sowie bei *Liska* in: Müller-Wrede, Kompendium, Kap. 21. Aus der neueren Aufsatzliteratur zur Wertung vgl. *Brackmann / Berger,* Die Bewertung des Angebotspreises, VergabeR 2015, 313; *Herrmann,* Inhalt, Ausgestaltung und Anwendung von Wertungskriterien, VergabeR 2015, 296; *Mutschler-Siebert / Kern* in: Gabriel/Krohn/Neun, HdbVergabeR, § 32.

§ 19. Zuschlag und Auftragsausführung

Übersicht

I. Zuschlag

1 Der Zuschlag bildet den Abschluss des Vergabeverfahrens und markiert gleichzeitig den Übergang vom Vergaberechts- in das Vertragsrechtsregime. Wie bereits in → § 2 Rn. 14 f. festgestellt, besteht im deutschen Recht eine unterschiedliche Zuordnung der Vergabevorgänge einerseits, der Vorgänge beim Vertragsabschluss und der Auftragsausführung andererseits.[1] Anders als etwa im Recht der Subventionsvergabe oder bei der Zulassung zu öffentlichen Einrichtungen ist der Abschluss des Vergabeverfahrens aber nicht zweistufig ausgestaltet. Vielmehr fällt der Zuschlag mit dem **Vertragsschluss** in einem Rechtsakt zusammen. Dies stellt im Hinblick auf die Notwendigkeit der Gewährleistung eines effektiven Rechtsschutzes der nicht zum Zuge kommenden Bieter eine Herausforderung dar, die aber mittlerweile normativ gut bewältigt worden ist (→ § 20 Rn. 27 ff.).

2 Zivilrechtlich betrachtet, ist der Zuschlag eine empfangsbedürftige Willenserklärung, mit der der öffentliche Auftraggeber das durch den erfolgreichen Bieter abgegebene „Angebot" nach den Grundsätzen der §§ 133, 157 BGB annimmt. Der Zeitraum, innerhalb dessen der Zuschlag erfolgen soll, ist durch die bereits in den Vergabeunterlagen erfolgte Bestimmung der sog. Zuschlags- bzw. Bindefrist markiert. Dabei beginnt die Zuschlagsfrist mit dem sog. Eröffnungstermin (→ § 18 Rn. 2) und endet grundsätzlich mit dem Ablauf der Bindefrist. Im Falle des Fehlens einer Bindefrist (die diejenige Zeitspanne bezeichnet, innerhalb derer die Bieter an die von ihnen abgegebenen Angebote gebunden sind) gilt § 147 Abs. 2 BGB. Weitere zeitliche Rahmenbedingungen ergeben sich aus der Informations- und Wartepflicht nach § 134 GWB (→ § 20 Rn. 30 f.). Typischerweise erfolgt die Zuschlagserteilung schriftlich.[2]

3 Der BGH hat sich seit 2009 in mehreren Entscheidungen mit den Rechtsfolgen einer verzögerten Erteilung des Zuschlags befasst. Solche **Vergabeverzögerungen** haben vielfach ihren Grund in durchgeführten Nachprüfungsverfahren, aber auch andere Gründe sind denkbar,

---

[1] Eingehend und weiterführend zum „Vertragsschluss als Schnittstelle zwischen Vergaberecht und Vertragsrecht" *Bitterich*, Vergabeverfahren und Bürgerliches Recht, 454 ff.
[2] Zu den näheren Einzelheiten vgl. *Conrad* in: Gabriel/Krohn/Neun, HdbVergabeR, § 35; *Ohrtmann* in: Müller-Wrede, Kompendium, Kap. 23 Rn. 36 ff.

etwa die Verzögerung eines Vergabeverfahrens über Bauleistungen wegen eines für die zu bauende Straße durchzuführenden Planfeststellungsverfahrens.[3] Rechtlich relevant sind solche Verzögerungen dann, wenn es in ihrer Folge zu einer Verschiebung der Ausführungszeiten kommt, hingegen nicht, wenn trotz der Verzögerung der Auftrag terminlich unverändert ausgeführt werden kann. Der BGH hatte sich hierzu zunächst in mehreren Urteilen im Jahr 2009 geäußert. Danach können grundsätzlich unter Berufung auf § 2 Abs. 5 VOB/B Ansprüche des betroffenen Auftragnehmers bei einer Verschiebung der Bauzeit bestehen.[4] Mit seinem U.v. 8. 3. 2012[5] hat der BGH verschiedene Klarstellungen zur Handhabung des § 2 Abs. 5 VOB/B in diesem Zusammenhang vorgenommen. Dies betrifft die Höhe und Ermittlung der Mehrvergütung bei verzögerter Vergabe. In Reaktion hierauf wird schließlich erörtert, welche Optionen der öffentliche Auftraggeber hat, um durch bestimmte Gestaltungsvarianten bereits im Vorfeld spätere Mehrvergütungsansprüche zu vermeiden oder zu begrenzen.[6]

II. Vertragsrecht und Kündigungsmöglichkeiten

Der Rechtsrahmen für die Vertragsausführung ergibt sich aus dem BGB bzw. für den **4** Baubereich aus der VOB/B bzw. für den Bereich der Liefer- und Dienstleistungsverträge aus der VOL/B. Für Bauverträge wird durch § 8a Abs. 1 VOB/A-EU die verbindliche Anwendung der „Allgemeinen Vertragsbedingungen" für die Ausführungen von Bauleistungen **(VOB/B)** vorgeschrieben. Nach allgemeinen zivilrechtlichen Regeln beurteilt sich schließlich die etwaige Nichtigkeit eines abgeschlossenen Vertrags. Daher kann in Fällen gravierendster Verstöße gegen vergaberechtliche Vorschriften von erheblichem Gewicht u. U. auch eine Vertragsnichtigkeit wegen Sittenwidrigkeit nach § 138 Abs. 1 BGB in Betracht kommen.[7]

Noch innerhalb des GWB befindet sich seit der Reform 2016 in Gestalt des § 133 **5** eine dem Inhalt nach vertragsrechtliche Regelung betreffend die **Kündigung** von öffentlichen Aufträgen „in besonderen Fällen".[8] Danach kann der öffentliche Auftraggeber einen öffentlichen Auftrag während der Vertragslaufzeit kündigen (mit der Konsequenz, dass der Auftragnehmer einen seinen bisherigen Leistungen entsprechenden Teil der Vergütung verlangen kann; vgl. Abs. 2), wenn:

– Eine wesentliche Änderung des Vertrages erfolgt ist, die nach § 132 GWB ein neues Vergabeverfahren erfordert hätte (Nr. 1; → § 10 Rn. 10),

– oder zum Zeitpunkt der Zuschlagserteilung ein zwingender Ausschlussgrund nach § 123 Abs. 1–4 GWB vorlag (Nr. 2; → § 16 Rn. 20) bzw. wenn

– der öffentliche Auftrag aufgrund einer schweren Verletzung europarechtlicher Pflichten, die in einem Vertragsverletzungsverfahren durch den EuGH festgestellt worden ist, nicht hätte vergeben werden dürfen (Nr. 3; → § 3 Rn. 17).

---

[3] So im Falle BGH VergabeR 2011, 448 m. Anm. *Reuber.*
[4] Vgl. BGH NJW 2009, 2443; BGH NJW 2010, 519; BGH NJW 2010, 522, und hierzu *Tomic* NZBau 2010, 53; *Leinemann* NJW 2010, 471; *Kau/Hänsel* NJW 2011, 1914.
[5] BGH NZBau 2012, 414, und hierzu *Markus* NZBau 2012, 414; *Althaus* VergabeR 2012, 615.
[6] Vgl. hierzu *Kayser/Pfarr* NZBau 2011, 584; *Kniffka* VergabeR 2015, 735.
[7] Zu einem solchen Fall jüngst OLG Brandenburg NZBau 2016, 184.
[8] Näher hierzu *Püstow/Meiners* EuZW 2016, 321; *Berger* in: Burgi/Dreher, GWB, § 133; *Görlich/Conrad* VergabeR 2016, 567.

III. Ausführungsbedingungen

6 Die „Ausführungsbedingungen" können neben die die Ausführung der eigentlichen Leistung beschreibenden Vertragsbedingungen (zu ihnen → § 13 Rn. 3) treten, wenn es dem öffentlichen Auftraggeber darauf ankommt „besondere Bedingungen für die Ausführung eines Auftrags" (**§ 128 Abs. 2 GWB**) festzulegen. Verpflichtet ist er hierzu gemäß § 129 GWB (nur) dann, wenn ein Bundes- oder Landesgesetz es anordnet. Bundesgesetze gibt es in diesem Zusammenhang bislang nicht, die bestehenden Landesvergabegesetze (→ im Überblick § 4 Rn. 31) enthalten aber verschiedene Vorgaben zur Festlegung von ökologisch bzw. sozial motivierten Ausführungsbedingungen, auf die zu IV zurückzukommen ist. Mit § 128 Abs. 2 GWB wird Art. 70 VRL umgesetzt. Er enthält erstmals eine nach Tatbestand und Rechtsfolge klar konzipierte Regelung für die Verfahrensstufe der Ausführungsbedingungen, die es bisher auf durchaus unsicherer Rechtsgrundlage freilich auch schon gegeben hat (→ vgl. § 7 Rn. 9 f.).

7 Ihr wichtigstes Einsatzfeld wird aller Voraussicht nach weiterhin die Verfolgung ökologischer und sozialer Zwecke bilden. Gemäß § 128 Abs. 2 S. 3 GWB können Ausführungsbedingungen außerdem aber auch „wirtschaftliche oder innovationsbezogene" Belange umfassen, ferner den „Schutz der Vertraulichkeit von Informationen". Damit ist den sog. No Spy-Erklärungen (→ zu ihnen Rn. 9) endgültig ein gesicherter rechtlicher Standort zugewiesen worden. Für den Fall der **Nichterfüllung** festgelegter Ausführungsbedingungen kommen als vertragsrechtliche Sanktionen die Zahlung einer Vertragsstrafe oder die Sonderkündigung des Auftrags in Betracht, je nachdem, was in dem jeweils abgeschlossenen Vertrag insoweit vorgesehen ist. Eine vergaberechtliche Sanktion kann darin bestehen, das Angebot des betreffenden Bieters von vornherein wegen Unvollständigkeit seines Angebots (vgl. § 57 Abs. 1 Nr. 2 VgV; → dazu § 18 Rn. 3) auszuschließen. Voraussetzung hierfür ist, dass der öffentliche Auftraggeber von den Bietern die Abgabe einer auf die Einhaltung der betreffenden Ausführungsbedingung gerichteten Erklärung verlangt hatte. Sowohl für die Ausgestaltung der vertragsrechtlichen Sanktionen als auch für Inhalt und Konzeption dahingehender Erklärungen finden sich in den bereits existierenden Landesvergabegesetzen detaillierte Musterregelungen, die auch außerhalb des Anwendungsbereichs dieser Gesetze von Auftraggebern, die mit dem Instrument der „Ausführungsbedingungen" arbeiten wollen, genutzt werden könnten.

8 Folgende **Anforderungen** sind an die Festlegung von Ausführungsbedingungen gestellt:
- Gemäß ausdrücklicher Regelung in § 128 Abs. 2 S. 1 GWB muss die Ausführungsbedingung „mit dem Auftragsgegenstand in Verbindung stehen", was bedeutet, dass sie sich nicht ausschließlich auf die „allgemeine Unternehmenspolitik" auswirken darf (so ausdrücklich Erw. 97 der VRL). Dies wird zusätzlich mit dem Verweis auf die entsprechende Bestimmung für die Zuschlagsstufe (§ 127 Abs. 3 GWB; → § 17 Rn. 8) betont.
- Aus dem Charakter als Bedingungen für die *Ausführung* des Auftrags kann das weitere Erfordernis abgeleitet werden, dass es sich um Verpflichtungen handeln muss, die zumindest *auch* während der Auftragsdurchführung erfüllt werden. Diese im-

pliziert ferner, dass sie überhaupt erfüllbar und damit auch kontrollierbar sind. Diese Voraussetzung war bislang umstritten.[9]

– Als formelle Anforderung ist die Notwendigkeit zur Festlegung der Ausführungsbedingungen bereits in der Auftragsbekanntmachung, jedenfalls aber in den Vergabeunterlagen normiert (vgl. § 128 Abs. 2 S. 2 GWB). Zum Beleg dafür, dass eine angebotene Leistung den geforderten Ausführungsbedingungen entspricht, kommt gemäß § 61 VgV auch der Einsatz von Konformitätsbescheinigungen gemäß § 33 VgV bzw. von Gütezeichen gemäß § 34 VgV in Betracht.

Explizit als Ausführungsbedingung zum „Schutz der Vertraulichkeit von Informationen" gemäß § 128 Abs. 2 S. 3 GWB kann weiterhin von Bietern die Abgabe einer sog. **„No Spy-Erklärung"** gefordert werden. Auf der Ebene des Bundes sind in einem Erlass des Bundesinnenministeriums nebst Handreichung vom 30.4.2015 die einzelnen Inhalte solcher Erklärungen sowie von im Zusammenhang damit statuierten allgemeinen Vertragsbedingungen nebst zugunsten des Staates vorgesehener Beweiserleichterungen zusammengestellt.[10] Den Anlass hierfür bildeten die im Zuge der Enthüllungen *Edward Snowdens* bekannt gewordenen Daten-Herausgabeverlangen insbesondere von US-Sicherheitsbehörden gegenüber US-Unternehmen sowie vergleichbare Programme anderer ausländischer Regierungen, wodurch v.a. Vergabeverfahren im IT-Bereich, und keinesfalls ausschließlich im Verteidigungssektor, betroffen sind. Das OLG Düsseldorf[11] hat hierin zutreffenderweise keine Anforderung betreffend die Zuverlässigkeit bzw. Leistungsfähigkeit der Bieter, sondern eine Ausführungsbedingung gesehen. Diese sei dann grundsätzlich statthaft, wenn der öffentliche Auftraggeber für die Forderung der Datensicherheit „einen anerkennenswerten und durch den Auftragsgegenstand gerechtfertigten sachlichen Grund" namhaft machen kann und sämtliche auftragsinteressierten Unternehmen „diskriminierungsfrei mit derselben Anforderung belegt werden".

IV. Verfolgung ökologischer und sozialer Zwecke

1. Vergaberecht als zusätzliches Sanktionsinstrument gegenüber bestehenden Verpflichtungen

Art. 18 Abs. 2 VRL verpflichtet die Mitgliedstaaten sicherzustellen, dass die Unternehmen bei der Ausführung öffentlicher Aufträge die geltenden umwelt-, sozial- und arbeitsrechtlichen Verpflichtungen einhalten. Der Kreis dieser Verpflichtungen ergibt sich aus Anhang X der VRL und zu ihnen gehören u.a. die von allen EU-Mitgliedstaaten ratifizierten internationalen Abkommen, darunter die sog. ILO-Kernarbeitsnormen. Diese sehen beispielsweise vor, dass ein Unternehmen nicht selbst in seinen Fabriken unter Einsatz von Formen schwerster Kinderarbeit produzieren darf. § 128 Abs. 1 GWB bestätigt zunächst die sich sowieso aus der Umsetzung jener Verpflichtungsnormen ergebenden Bindungen der Unternehmen. Ihre Durchsetzung erfolgt sodann zum einen über jene einzuhaltenden Regelungen selbst, die jeweils spezielle Sanktionsmechanismen (Bußgeldzahlungen etc.) enthalten. Die vergaberechtliche Sanktionierung besteht darin, dass bei Vorliegen der Voraussetzungen der

---

[9] Vgl. etwa *Ziekow* in: Ziekow/Völlink, Vergaberecht, § 97 Rn. 149.
[10] Näher erläutert und teilweise kritisch beleuchtet bei *Probst/Winters* VergabeR 2015, 1; *Gabriel/Bärenbrinker* VergabeR 2012, 166, die überdies organisatorische Gestaltungsmöglichkeiten zugunsten von (insbesondere) Tochtergesellschaften von US-Unternehmen präsentieren, welche andernfalls in eine ausweglose Lage gerieten.
[11] VergabeR 2016, 74 m. Anm. *Probst*.

§§ 123 Abs. 4, 124 Abs. 1 Nr. 1 GWB das betreffende Unternehmen in künftigen Vergabeverfahren ausgeschlossen werden muss bzw. kann (→ § 16 Rn. 37). Überdies sind die Auftraggeber gehalten, in den abgeschlossenen Verträgen für den Fall des Zuwiderhandelns gegen jene Verpflichtungsnormen Vertragsstrafen und Sonderkündigungsrechte vorzusehen.

2. Festlegung von Ausführungsbedingungen

11   Unabhängig von jenen bereits anderweitig begründeten rechtlichen Verpflichtungen werden die öffentlichen Auftraggeber durch § 128 Abs. 2 GWB dazu ermächtigt, „besonderen Bedingungen für die Ausführung eines Auftrags", eben die „Ausführungsbedingungen" festzulegen. Die Ausführungsbedingungen sind bereits seit längerem als wichtigstes Instrument der Verfolgung ökologischer und sozialer Zwecke im Beschaffungswesen anzusehen. Sie „können" bei Vorliegen der in § 128 Abs. 2 sowie in § 97 Abs. 1 S. 2 GWB normierten Voraussetzungen durch den Auftraggeber festgelegt werden; eine Pflicht hierzu ergibt sich nur dann, wenn sie durch Bundesoder Landesgesetz gemäß § 129 GWB statuiert worden ist. Insoweit kann ebenso wie im Hinblick auf die bei einer Missachtung der Ausführungsbedingungen eingreifenden Sanktionen auf die Ausführungen zu III verwiesen werden. Die Hintergründe und die Problematik der Verfolgung ökologischer und sozialer Zwecke ist in → § 7 eingehend beschrieben worden. Nachfolgend werden einige wichtige Anwendungsbeispiele dokumentiert (a) und sodann die Statthaftigkeit von sog. Tariftreueregelungen (b) bzw. der Festlegung von sog. vergabespezifischen Mindestlöhnen erörtert (c).

12   In naher Zukunft dürfte es in einigen Ländern zu Änderungen an den jeweiligen Vergabegesetzen kommen, teils zwecks Anpassung an den veränderten Rahmen des GWB (→ dazu § 7 Rn. 22 f.), teils aus eigenem, evaluationsbasiertem Antrieb. So ist namentlich im Hinblick auf das TVgG NRW mit dem G.v. 31.1.2017[12] eine Harmonisierung mit dem Mindestlohngesetz (→ Rn. 22), der Wegfall der bisherigen Verpflichtung zur Festlegung bestimmter Zuschlagskriterien (→ § 17 Rn. 17) und die Beseitigung des Erfordernisses der sog. Repräsentativität von Tarifverträgen im ÖPNV (→ Rn. 17) erfolgt. Erklärungen zur Einhaltung ökologischer und sozialer Verpflichtungen sollen nur noch vom sog. Bestbieter, also nicht mehr automatisch von sämtlichen Bietern verlangt werden (vgl. § 9 TVgG NRW n.F.). Die seit Sommer 2017 amtierende neue Landesregierung hat bereits erste Schritte zu einer weiteren Modifizierung als Bestandteil eines „Entfesselungspakets" unternommen.[13]

13   **a) Anwendungsbeispiele und Anforderungen.** Neben den zu b) und c) näher behandelten lohnbezogenen Ausführungsbedingungen haben sich im Laufe einer mehrjährigen Entwicklung verschiedene weitere Anforderungen an die Auftragnehmer, die über das Instrument der Ausführungsbedingungen festgelegt werden, herausgebildet. In der VRL werden in den Erw. 97–99 einige von ihnen genannt. Hervorgehoben seien die folgenden **Anwendungsbeispiele:**

– Betrieblich-konzeptionelle Maßnahmen, die darauf zielen, die Ökobilanz bei der Ausführung eines Auftrags zu verbessern (beispielsweise durch höhere Standards

---

[12] GVBl. 2017 S. 273, und dazu *Osing* NWVBl. 2017, 321, sowie die Kommentierung von *Terwiesche/Becker/Prechtel* TVgG, 2018.
[13] LT-Drs. 17/1046, Art. 2.

bei der Entsorgung der eingesetzten Waren; näheres Anschauungsmaterial hierüber bietet § 6 TVgG NRW). Maßnahmen dieser Art können auch die Förderung der Gleichstellung von Mann und Frau (etwa nach dem Muster von § 8 TVgG NRW) oder die Vereinbarkeit von Familie und Beruf, d. h. die verstärkte Beteiligung von Frauen am Arbeitsleben, betreffen. Dabei müssen die konkret zu verwirklichenden Maßnahmen nicht stets detailliert vorgeschrieben werden; vielmehr kann die Verfolgung ökologischer und sozialer Zwecke mit dem Zweck der Nutzung der Innovationskraft der Unternehmen, die oftmals besser wissen, welche Maßnahmen in ihrem konkreten Umfeld erfolgversprechend sind, verbunden werden (→ dazu bereits § 7 Rn. 25 u. 29).

– Teilweise diskutiert bzw. praktiziert wird die Vorgabe von Quoten für die Zahl der bei der Ausführung eines Auftrags beschäftigten weiblichen Arbeitnehmerinnen bzw. von Langzeitarbeitslosen und/oder Auszubildenden.

– Ein weiteres Mal können hier schließlich die ILO-Kernarbeitsnormen eine Rolle spielen. Dabei geht es dann nicht um die Einhaltung der einem Unternehmen sowieso auferlegten diesbezüglichen Verpflichtungen (vgl. dazu § 128 Abs. 1; → Rn. 10) und auch nicht darum, dass der eigentliche Liefergegenstand (beispielsweise Fußbälle für die Schulverwaltung) in einer damit unvereinbaren Weise hergestellt worden ist (dies gehört auf die Verfahrensstufe der „Leistungsbeschreibung"; → § 12 Rn. 27). Vielmehr kann über das Instrument der Ausführungsbedingungen das Verhalten des späteren Auftragnehmers auch über die bereits bestehenden rechtlichen Standards hinaus erweitert werden, so wenn beispielsweise der Einsatz entsprechender Fußbälle im Rahmen eines Schulbetreuungsprojekts vorgeschrieben werden soll.[14]

Die materiellen und formellen **Anforderungen** an die Festlegung von Ausführungs- **14** bedingungen ergeben sich aus § 97 Abs. 1 S. 2 GWB (Verhältnismäßigkeit) und aus § 128 Abs. 2 GWB, wie → in Rn. 7 dargestellt. Explizit ausgeschlossen sind Anforderungen an die „allgemeine Unternehmenspolitik" (Erw. 97 der VRL). Durchgehend ist auch auf die Erfüllbarkeit und Kontrollierbarkeit der festzulegenden Ausführungsbedingungen zu achten.

b) Zur Statthaftigkeit von Tariftreueregelungen. Bis zum Jahre 2008 hatten ver- **15** schiedene Landesvergabegesetze die Auftragnehmer dazu verpflichtet, den bei der Ausführung des Auftrags eingesetzten Arbeitnehmerinnen und Arbeitnehmern mindestens das am Ort der Ausführung tarifvertraglich vorgesehene Entgelt zu bezahlen. Weigerten sich die Bieter, keine dahingehende Erklärung abzugeben, wurde ihr Angebot von vornherein ausgeschlossen. Der EuGH hat dies in seinem Urteil in der Rechtssache **„Rüffert"** an den Maßstäben der Dienstleistungsfreiheit nach Art. 56 AEUV, Art. 26 der VKR (heute: Art. 70 VRL) und der Arbeitnehmer-Entsenderichtlinie gemessen[15] und dabei festgestellt, dass eine entsprechende Regelung eine Beschränkung der Dienstleistungsfreiheit darstellen würde. Diese Beschränkung kön-

---

[14] Als Anwendungsbeispiel: § 7 TVgG NRW; eine entsprechende Vorgehensweise hat das OLG Düsseldorf in zwei Entscheidungen für statthaft erklärt (VergabeR 2014, 416 m. Anm. *Hübner*, und VergabeR 2014, 803 m. Anm. *Hübner*); (sehr) kritisch hingegen jüngst wieder *Summa* VergabeR 2016, 147.

[15] EuGH C-346/06, NZBau 2008, 332 weitere Nachw. bei → § 7 Rn. 13).

ne nicht in kohärenter Weise durch das reklamierte Ziel des Arbeitnehmerschutzes gerechtfertigt werden, weil der vergaberechtliche Schutz nur für einen Teil der entsprechenden Tätigkeit, also nur für den Bereich der Ausführung öffentlicher Aufträge und nicht auch in der Gesamtwirtschaft gilt. Auch zur Sicherung des Zwecks der finanziellen Stabilität der sozialen Versicherungssysteme sei die zu beurteilende Maßnahme nicht erforderlich. Die Landesvergabegesetzgeber haben daraufhin die Tariftreueregelungen beseitigt.

16   Teilweise bestehen sie noch fort im Hinblick auf Dienstleistungen im ÖPNV (→ dazu allg. § 23 Rn. 15), so beispielsweise in § 4 Abs. 2 TVgG NRW für die Beschaffung von Verkehrsdienstleistungen auf Straße und Schiene. Der Grund hierfür liegt darin, dass die Dienstleistungsfreiheit von vornherein verdrängt ist durch die für das „Gebiet des Verkehrs" geltenden Bestimmungen der Art. 90 ff. AEUV (vgl. Art. 58 Abs. 1 AEUV).[16] Europarechtlich wäre eine auf den **ÖPNV** beschränkte Tariftreueklausel daher allenfalls als eine Beschränkung der Niederlassungsfreiheit, die sich nach Art. 49 ff. AEUV beurteilt, anzusehen, und dort wiederum ist der Spielraum für Beschränkungen deutlich größer und gibt es in Gestalt des Art. 4 Abs. 5 S. 2 der ÖPNV-VO 1370/2007[17] eine konkretisierende Regelung im Sekundärrecht. Diese ermöglicht es den zuständigen Stellen in den Mitgliedstaaten, die Betreiber eines ÖPNV-Dienstes zu verpflichten, „bestimmte Sozialstandards" einzuhalten.[18]

17   Ist damit zwar eine auf den ÖPNV-Sektor beschränkte Tariftreueklausel im Grundsatz als europarechtskonform anzusehen und bestünden hiergegen weder aus den Kompetenzvorschriften des GG (→ § 7 Rn. 19) noch aus den Grundrechten (→ § 7 Rn. 14) grundsätzliche Bedenken, wirft allerdings die vereinzelt praktizierte Verwendung des Begriffs der „Repräsentativität" (wie etwa in § 4 Abs. 2 TVgG NRW a.F.) Probleme auf. So hat das VG Düsseldorf[19] hierin einen Verstoß gegen das Koalitionsfreiheitsgrundrecht nach Art. 9 Abs. 3 GG i.V.m Art. 4 Abs. 1 Verf NRW gesehen, weil die Normsetzungsbefugnis derjenigen Arbeitgeberverbände und Gewerkschaften beeinträchtigt werde, deren Tarifverträge auf dem Gebiet des ÖPNV nicht für repräsentativ erklärt worden sind (darin unterscheidet sich die Repräsentativklausel in der Tat von der Statuierung der Tariftreueklausel als solcher, welche durch das BVerfG[20] als noch mit der Koalitionsfreiheit vereinbar qualifiziert worden ist). Das OLG Düsseldorf wiederum hat schließlich der Regelung des § 4 Abs. 2 TVgG die Tauglichkeit als Ermächtigungsgrundlage für eine darauf gestützte Verordnung abgesprochen, durch die für den Bereich des straßengebundenen Personennahverkehrs lediglich „die Spartentarifverträge Nahverkehrsbetriebe" des kommunalen Arbeitgeberverbands NRW mit der Gewerkschaft *verdi* für repräsentativ erklärt worden sind.[21] Mit der Neufassung 2017 (→ Rn. 12) hat der Gesetzgeber diesen Anforderungen Rechnung getragen.

18   **c) Zur Statthaftigkeit vergabespezifischer Mindestlöhne.** Gleichsam die Nachfolge der Tariftreueregelungen hat in den meisten Landesvergabegesetzen die Verpflichtung zur Zahlung eines Mindeststundenentgelts (in NRW ursprünglich 8,50 EUR, seit 2017 8,84 EUR) angetreten. Wiederum dürfen öffentliche Aufträge

---

[16] Vgl. nur *Greiner* ZIP 2011, 2139; *Redmann* LKV 2012, 297.
[17] ABl. 2007 L 315.
[18] Vgl. ferner Erw. 17 der VO 1370/2007.
[19] OLG Düsseldorf NZBau 2015, 643; näher hierzu und zur Tariftreueregelung im ÖPNV *Faber* DVBl. 2015, 149; *Faber* NVwZ 2015, 257.
[20] BVerfG NZBau 2007, 53.
[21] OLG Düsseldorf VergabeR 2016, 44 m. Anm. *Meißner*.

nur an Unternehmen vergeben werden, die sich durch schriftliche Erklärung zur Zahlung dieses Entgelts verpflichtet haben (vgl. beispielsweise § 4 Abs. 3 TVgG NRW). Die Gemeinsamkeit mit den Tariftreueregelungen besteht darin, dass für einen Teilbereich des Wirtschaftslebens durch staatliche Festlegung eine Verpflichtung zur Zahlung eines Entgelts begründet wird, das sich für die betroffenen Arbeitgeber nicht bereits aus arbeits- oder tarifvertraglichen Verpflichtungen ergibt. Vergleichbar ist auch der wirtschaftliche Effekt, der es insbesondere Unternehmen aus Mitgliedstaaten mit deutlich niedrigerem Lohnniveau erheblich erschweren bzw. unmöglich machen dürfte, sich um einen öffentlichen Auftrag zu bemühen. Einfachrechtlich liegen hierbei die Voraussetzungen für die Statuierung einer **Ausführungsbedingung** nach § 128 Abs. 2 GWB[22] vor, auch dürfte angesichts der bestehenden Einschätzungsspielräume des Gesetzgebers nicht von einer Unverhältnismäßigkeit nach § 97 Abs. 1 S. 2 GWB auszugehen sein. Die Vergaberechtsreform 2016 hat die Frage der Statthaftigkeit vergabespezifischer Mindestlöhne unberührt gelassen und es bestehen weder kompetenzielle noch grundrechtliche Bedenken unter dem GG (→ § 7 Rn. 14). Nicht endgültig geklärt ist aber weiterhin die Vereinbarkeit mit den Grundfreiheiten des AEUV.

Zunächst wurde intensiv darüber gestritten, ob die durch den EuGH im Urteil in **19** der Rs. „Rüffert" (→ Rn. 13) für Tariftreueregelungen entwickelten Grundsätze auch insoweit gelten (mit der Konsequenz, dass die Festlegung eines vergabespezifischen Mindestlohns ebenfalls europarechtswidrig wäre). Dagegen hatten sich verschiedene Autoren gewandt.[23] M.E. sind vergabespezifische Mindestentgeltregelungen nach den Grundsätzen, die der EuGH in der Rechtssache „Rüffert" aufgestellt hat und an denen sich durch Festlegung im Gesetz (anstelle der Anknüpfung an einen Tarifvertrag) nichts ändert, gleichermaßen als nicht rechtfertigungsfähige Beschränkung der Dienstleistungsfreiheit anzusehen, in deren Lichte die Arbeitnehmerentsenderichtlinie auszulegen ist. Dies führt zu der Einschätzung, dass ein Mitgliedstaat dann, wenn er (legitimerweise) das Ziel des Arbeitnehmerschutzes verfolgt und zu diesem Zweck bestimmte Entgelthöhen vorschreiben möchte, sich **nicht kohärent** verhält, wenn er diesen Schutz nur einem Teil der Arbeitnehmerschaft zuteilwerden lässt, nämlich demjenigen, der bei der Ausführung öffentlicher Aufträge eingesetzt ist. Dieser primärrechtliche Hintergrund deckt sich mit der bei der Interpretation des Art. 3 Abs. 2 UAbs. 1 Entsenderichtlinie (RL 96/71/EG)[24] i.V.m. Erw. 14 dieser Richtlinie gewonnenen Erkenntnis, dass nicht sämtliche durch Rechtsvorschriften der Mitgliedstaaten festgesetzten Arbeits- und Beschäftigungsbedingungen für allgemein beachtlich erklärt werden können, sondern nur solche, die sektorenübergreifend, d.h. für den gesamten sachlichen Anwendungsbereich der betroffenen Tätigkeiten gelten.[25]

---

[22] So (zur Vorgängerregelung) explizit OLG Düsseldorf NZBau 2016, 55.
[23] Vgl. etwa *Schmid/Rödl,* Gutachten im Auftrag des Berliner Senators für Wirtschaft „Bedarf von Möglichkeiten einer Novellierung des Berliner Vergabegesetzes", 2008; dem zuneigend auch *Greiner* ZIP 2011, 2129; ausführlich ferner *Glaser/Kahl* ZHR 177 (2013), 643.
[24] ABl. 1997 L 18 S. 1.
[25] Wie hier i.E. *Pünder/Klafki* NJW 2014, 429, und zuvor schon *Frenz* NZS 2011, 321 (326) sowie in der Tendenz auch *Dietlein* in: Sachs/Siekmann, FS Stern, 2012,1329 (1348).

20 Der EuGH hatte sodann zweimal Gelegenheit, sich explizit auch zur Statthaftigkeit vergabespezifischer Mindestlöhne zu äußern. Dies geschah zunächst in der Rechtssache **„Bundesdruckerei"**[26]. Diese Entscheidung betraf ausschließlich die grenzüberschreitende Leistungserbringung, d. h. die Erstreckung der Pflicht zur Zahlung eines Mindestentgelts auch auf Arbeitnehmer, die ihre Leistungen in einem anderen Mitgliedstaat erbringen (indem sie dort beispielsweise für eine Bundeseinrichtung Druckereierzeugnisse herstellen). Zutreffend hat der EuGH insoweit entschieden, dass der vergabespezifische Mindestlohn gegenüber den Arbeitgebern jener Arbeitnehmer unverhältnismäßig sei, weil gar kein Bezug zu den in „ihrem" Mitgliedstaat bestehenden Lebenshaltungskosten bestehe und es daher den Unternehmen verwehrt würde, den aus den unterschiedlichen Lohnniveaus folgenden Wettbewerbsvorteil zu ziehen.

21 Zum Grundfall der Erstreckung der Verpflichtung zur Zahlung eines Mindestentgelts auch auf die in Deutschland bei der Ausführung eines öffentlichen Auftrags eingesetzten Arbeitnehmer hat sich der EuGH sodann im Urteil in der Rechtssache **„RegioPost"** geäußert.[27] Der EuGH hat in diesem Urteil (durchaus überraschenderweise und unter nicht mustergültiger Auseinandersetzung mit dem „Rüffert"-Urteil) in der Mindestentgeltregelung des rheinland-pfälzischen Landesvergabegesetzes eine mit den europarechtlichen Vorgaben vereinbare Beschränkung der Dienstleistungsfreiheit nach Art. 56 AEUV (in deren „Licht" wiederum die sekundärrechtlichen Bestimmungen der VKR (Art. 26) und der Arbeitnehmerentsenderichtlinie auszulegen seien) erblickt. Er stützte sich dabei auf zwei (ohne nähere Begründung eingeführte) Überlegungen:

– Zum einen gehe es im Unterschied zur Rechtssache „Rüffert" nicht um die Anknüpfung an einen Tarifvertrag, vielmehr sei die entsprechende Entgeltregelung unmittelbar durch den Gesetzgeber getroffen worden;

– zum anderen habe es der Gerichtshof in der Rechtssache „Rüffert" mit einem Lohnsatz zu tun gehabt, der für Branchen gegolten habe, in denen Mindestlöhne existiert hatten (nach dem Arbeitnehmerentsendegesetz), während in der Branche der Postdienstleistungen ein „Mindestmaß an sozialem Schutz" gefehlt habe (Rn. 76), weswegen dieses in statthafter Weise durch die vergaberechtliche Ausführungsbedingung gewährleistet werden dürfe.

22 Dieses Urteil hätte den Verfechtern vergabespezifischer Mindestlöhne kraftvoll Rückenwind verschaffen können – wenn nicht im August 2014 das **Mindestlohngesetz** des Bundes (MiLoG)[28] in Kraft getreten wäre, dass für sämtliche Wirtschaftszweige einen allgemeinen Mindestlohn i.H.v. 8,50 EUR festsetzt. Dies wirft im Hinblick auf die vergabespezifischen Mindestlöhne kompetenzielle und grundrechtliche Fragen auf[29] und bedeutet für die Praxis verschiedene weitere Rechtsunsicher-

---

[26] EuGH C-549/13, NZBau 2014, 647 m. Anm. *Schrotz/Raddatz* NVwZ 2004, 1505.
[27] EuGH C-115/14, NZBau 2016, 46 m. Anm. *Frenz* DVBl 2016, 50; *Siegel* EuZW 2016, 191; *Schnieders* NVwZ 2016, 216. Dies geschah aus Anlass eines durch das OLG Koblenz indizierten Vorabentscheidungsverfahrens (OLG Koblenz NZBau 2014, 317).
[28] BGBl. 2014 I, S. 1348.
[29] Die *Germelmann* GewArchiv 2016, 100f., thematisiert; das OLG Koblenz VergabeR 2016, 497, sieht keine kompetenziellen Bedenken.

heiten infolge unterschiedlicher Durchsetzungs- und Sanktionsmechanismen.[30] Vor allem ist damit m.E. (erneut) die Vereinbarkeit mit dem Europarecht infrage gestellt. Denn die zweite durch den EuGH in seinem Urteil in der Rechtssache „RegioPost" aufgestellte Voraussetzung, dass ein „Mindestmaß an sozialem Schutz" gewährt werden müsse,[31] ist dadurch nicht mehr erfüllt, dass das MiLoG bundesweit einen sich nur noch im Cent-Bereich unterscheidenden Mindestlohn festsetzt. Vielmehr entspricht die Rechtslage insoweit damit wieder der zum Zeitpunkt des Urteils in der Rechtssache „Rüffert"[32]. Die Landesvergabegesetzgeber tun daher gut daran, nicht zuletzt im Interesse der Reduzierung des mit jenen Regeln unstreitig verbundenen bürokratischen Aufwands auf Auftraggeber- wie auf Bieterseite, die vergabespezifischen Mindestentgeltfestlegungen in ihren Landesvergabegesetzen zu beseitigen.

Vertiefungsliteratur:

Bitterich, Vergabeverfahren und Bürgerliches Recht, 2013; *Burgi,* Ökologische und soziale Beschaffung im künftigen Vergaberecht: Kompetenzen, Inhalte, Verhältnismäßigkeit NZBau 2015, 597; *Germelmann,* Mindestlöhne und ILO-Kernarbeitsnormen, GewArch 2016, 60 ff., 100 ff., sowie die Literaturhinweise nach → § 7 Rn. 29.

---

[30] Dazu *Pfannkuch* VergabeR 2015, 631.
[31] EuGH C-115/14, NZBau 2016, 46, Rn. 76.
[32] A.A. *Bonitz* NZBau 2016, 418; wie hier, wenngleich mit Fokus auf Tariftreueverlangen *Frenz* VergabeR 2017, 434.

Vierter Teil: Rechtsschutz

1 Der **Primärrechtsschutz** zielt darauf, den Auftrag zu bekommen bzw. zu verhindern, dass ein Konkurrent ihn bekommt. Gemäß § 97 Abs. 6 GWB besitzen die Bieter zwar nicht ein Recht darauf, den Auftrag zu erhalten, wohl aber das Recht, dass in einem vollständig fehlerfreien Verfahren über die Erteilung des Auftrags entschieden wird. In Umsetzung europäischer Vorgaben ist hier ein eigenständiges Rechtsschutzsystem (außerhalb der gewohnten Verfahren des Zivil- bzw. Verwaltungsprozesses) entstanden, das nach Intensität, Kapazität und im Hinblick auf die sehr kurz getakteten Fristen (→ Rn. 35) einen „Rechtsschutz de luxe" gewährleistet. Im Mittelpunkt steht das „Nachprüfungsverfahren" nach §§ 155 ff. GWB (bis zur Reform 2016: §§ 102 ff. GWB a.F.). Beim **Sekundärrechtsschutz** geht es (wie aus anderen Rechtsgebieten bekannt; vgl. etwa die Enteignungsentschädigung nach Art. 14 Abs. 3 GG) nicht mehr um den Auftrag selbst, sondern um eine finanzielle Kompensation für einen zu Unrecht nicht erlangten Auftrag (→ § 21).

2 Im Jahr 2016 sind vor den Vergabekammern 880 Verfahren durchgeführt worden und vor den Oberlandesgerichten 180 Verfahren. Interessanterweise sind (im Bereich der Vergabekammern) lediglich 13 Verfahren von Bietern aus dem Ausland angestrengt worden. In 140 von 880 Fällen ist zugunsten des prozessierenden Bieters entschieden worden, was eine Erfolgsquote von 15,9 % bedeutet (vor den Vergabekammern). Vor den Oberlandesgerichten betrug die Erfolgsquote 33 zu 154.[1] Damit liegt Deutschland im europäischen Vergleich ganz weit vorn, was sich u.a. in der Zahl und bemerkenswerten Qualität der Rechtsanwälte auswirkt. So gab es etwa im Vereinigten Königreich (Stand 2009) lediglich 20 Verfahren im Jahr.[2] Über die Gründe für eine derart ungleiche Verteilung der Rechtsschutzbegehren bei in erheblichem Umfang identischem Rechtsrahmen auf der materiellen und der verfahrensmäßigen Ebene infolge der europäischen Richtlinienvorgaben kann nur spekuliert werden. Offensichtlich ist die Bereitschaft, gegen einen Auftraggeber und (materiell betrachtet) gegen seine Marktkonkurrenten prozessual vorzugehen, in Deutschland höher ausgeprägt als in anderen Rechtskulturen, wo (noch) stärker das Motto „Don't bite the hand that feeds you" verbreitet zu sein scheint.

§ 20. Primärrechtsschutz

Übersicht

---

[1] Diese und weitere Zahlen sind dokumentiert im Statistischen Report des Bundeswirtschaftsministeriums (www.bmwi.de/DE/Themen/Wirtschaft/Oeffentliche-Auftraege-und-Vergabe/vergabestatistik.html, Stand: 31.1.2016). Gemäß § 184 GWB besteht eine Unterrichtungspflicht über die Anzahl der Nachprüfverfahren.

[2] Nähere Angaben bei *Trybus* in: Treumer/Lichère, Enforcement, 201 ff.; instruktiv auch die empirische Studie von *Arrowsmith/Carven* PPLRev. 2016, 227; .ferner *Gomes* PPLRev. 2017, 249.

I. Grundlagen

Die rechtsschutzrelevanten Bestimmungen sind im deutschen Vergaberecht aus- 3
schließlich im GWB zu finden, und zwar in den §§ 155–184 („Kapitel 2. Nachprüfungsverfahren"). Hinzugezählt werden müssen die §§ 134 (Informations- und Wartepflicht) und 135 (Unwirksamkeit; → Rn. 27 f.). Die letzte Reform in diesem
Bereich ist auf EU-Ebene durch die Rechtsmittelrichtlinie (2007/66/EG; → § 3
Rn. 49) bewirkt worden,[3] während die Reformen des Jahres 2014 den Rechtsschutz
unberührt gelassen haben. Der deutsche Gesetzgeber hat aber bei Gelegenheit der
Umsetzung im Jahre 2016 einzelne Anpassungen an die neuere Rechtsprechung vorgenommen, v. a. bei der sog. Rügeobliegenheit (→ Rn. 40 f.).

1. Ausgangslage: Divergierende Interessen

Aus der Sicht des **EU-Rechts** geht es zum einen darum, dass die Rechte der unter- 4
legenen Bieter durchgesetzt werden können (subjektive Komponente), wodurch
gleichzeitig ein Beitrag zur Rechtmäßigkeit des Handelns der Vergabestellen in den
Mitgliedstaaten geleistet wird (objektive Komponente). Insoweit entsprechen die
Zielsetzungen denen, die auch mit der Eröffnung des Rechtsschutzes zu den Verwaltungsgerichten in Umsetzung des Art. 19 Abs. 4 GG verfolgt werden. Eine zusätzliche Komponente besteht aber darin, dass das Europarecht die rechtsschutzsuchenden
Bürger (hier: die Bieter) nicht „nur" als Träger individueller Freiheit wahrnimmt,
sondern sie zugleich für die Durchsetzung des Europarechts (hier: des EU-Sekundär-
vergaberechts) „mobilisiert",[4] wodurch sie gewissermaßen zu Agenten der europäischen Sache werden. Dies hat zur Konsequenz, dass das hier durchzusetzende subjektive Recht (nach § 97 Abs. 6 GWB auf die Einhaltung der Vorschriften über das
Vergabeverfahren gerichtet) von vornherein weit und jenseits der lediglich individu-

---

[3] Vgl. dazu *Dreher/Hoffmann* NZBau 2009, 216.
[4] Allgemein zu diesem Ansatz begriffsbildend und weiterführend *Masing* in: Hoffmann-Riem/Schmidt-Aß-
mann/Voßkuhle, Grundlagen des Verwaltungsrechts I, 2. Aufl. 2012, § 7 Rn. 91 ff. m.w.N.

ellen Einzelbelange auszulegen ist (→ dazu noch Rn. 7). Das EU-Sekundärvergaberecht besitzt damit einen Vorsprung gegenüber Gebieten wie dem Umwelt- und Planungsrecht, wo bis heute darüber gestritten wird, ob jenseits der Betroffenheit in einem eigenen subjektiven individuellen Recht überhaupt Rechtsschutzmöglichkeiten bestehen können (etwa auf Einhaltung bloßer Vorsorgepflichten oder zugunsten von Verbänden).

5   Ungeachtet dessen liegen die Interessen der zu kurz gekommenen **Bieter** selbst natürlich allein darin, möglichst den Auftrag für sich zu gewinnen und sich insbesondere nicht vollendeten Tatsachen gegenüber zu sehen. Die Interessen der **Mitgliedstaaten,** die weitgehend mit denen „ihrer" öffentlichen **Auftraggeber** identisch sind, sind demgegenüber darauf gerichtet, möglichst rasch die Verwaltungsaufgaben erfüllen zu können, für die eine Beschaffung getätigt wird. Daher hält sich das Verständnis des öffentlichen Auftraggebers und seiner Bürgerinnen und Bürger dafür, dass beispielsweise der Neubau eines Krankenhauses monate- oder jahrelang durch ein Vergabeverfahren verzögert wird, in Grenzen. Aus dieser Sicht werden Nachprüfungsverfahren durchaus als „Gift"[5] betrachtet. Dem versucht das Vergabeprozessrecht insbesondere durch bemerkenswert knapp gehaltene Fristen entgegenzuwirken (→ Rn. 35).

2. Materielles Recht und Prozessrecht

6   Auch im Vergaberecht bildet das Rechtsschutzverfahren (das hier „Nachprüfungsverfahren" heißt) das Forum für die Durchsetzung des materiellen Rechts. Dessen Grundlage bildet **§ 97 Abs. 6 GWB,** der in unmittelbarer Umsetzung der europarechtlichen Vorgaben lapidar formuliert: „Die Unternehmen haben Anspruch darauf, dass der Auftraggeber die Bestimmungen über das Vergabeverfahren einhält". Dabei ist der Verfahrensbegriff weit zu verstehen und umfasst die Vorschriften der §§ 97 ff. GWB, der VgV und der VOB/A-EU.[6] Angesichts der Weite des Wortlauts und der damit verbundenen Konsequenz, dass es anders als etwa bei § 42 Abs. 2 VwGO (betreffend die Klagebefugnis im Verwaltungsprozess) nicht darauf ankommt, dass konkret der antragstellende Bieter „in seinen Rechten verletzt ist", wird teilweise versucht, zwischen individualschützenden Normen einerseits und sog. Ordnungsvorschriften andererseits zu differenzieren.[7] Abgesehen davon, dass eine solche Unterscheidung kaum durchführbar erscheint, entspricht sie auch nicht dem soeben (→ Rn. 4) beschriebenen Zweck der Rechtsschutzgewährung im europäischen Vergaberecht, der neben der Durchsetzung individueller Belange der Bieter eben auch in der kraftvollen Durchsetzung von Wettbewerb und Binnenmarkt besteht.

7   Demzufolge lässt sich jede einzelne Bestimmung der Vergabeordnungen als Ausprägung der Vergabegrundsätze nach § 97 Abs. 1 und 2 GWB deuten (z. B. Dokumentationspflichten als Ausfluss des Transparenzgebots oder die Bestimmungen über

---

[5] *Peters* NZBau 2010, 156; zur Verteilung der Verantwortung für sog. Verzögerungsschäden (→ § 19 Rn. 3).
[6] Dazu, ob über die in § 97 Abs. 1 u. 2 GWB verankerten Vergabegrundsätze auch Verfahrensvorschriften aus anderen Rechtsgebieten (etwa die Beihilfe- oder dem kommunalen Wirtschaftsrechts) geprüft werden können; → § 6 Rn. 21. Zu Beginn und Ende des „Verfahrens" vgl. → Rn. 20.
[7] Dahingehend die Begründung des Regierungsentwurfs (BT-Drs. 13/9340, 14); ebenso *Bungenberg,* Vergaberecht, 226 f.; offenlassend BGH NVwZ 2003, 1149; ausführlich zum Ganzen *Dreher/Stockmann,* GWB, § 97 Rn. 201 ff.

die Aufhebung von Vergabeverfahren als Konsequenz des Wettbewerbsgrundsatzes). Das durchaus berechtigte Anliegen, Rechtsschutzbegehren von Bietern ohne jede Aussicht auf eigenen Erfolg im Interesse der Schonung von Ressourcen (der Nachprüfungsinstanzen) und Zeit (im Interesse der betroffenen Verwaltungsaufgaben) zu verhindern, kann daher nicht im Wege der einengenden Interpretation des § 97 Abs. 6 GWB erreicht werden. Der geeignete Ort für Kausalitätserwägungen ist stattdessen die in der Zulässigkeitsprüfung zu ermittelnde „Antragsbefugnis" der Unternehmen nach § 107 Abs. 2 GWB (→ Rn. 36 f.).

Die **europarechtlichen Grundlagen** des Rechtsschutzes im EU-Sekundärverga- 8 berecht werden durch die Grundfreiheitsbestimmungen, durch Art. 47 EU-Grundrechte-Charta, und vor allem durch die seit 2007 grundlegend reformierte Rechtsmittelrichtlinie 2007/66/EG (→ § 3 Rn. 49 f.) gebildet. Hieraus folgt neben zahlreichen detaillierten Vorgaben für die Zulässigkeits- und die Begründetheitsprüfung im Nachprüfungsverfahren (nachfolgend vgl. II–IV) als allgemeiner Grundsatz das Gebot effektiven und vorrangig primär zu gewährenden Rechtsschutzes.[8] So hatte der EuGH bereits 1999 im Hinblick auf die damals in der Bundesrepublik bestehende rein haushaltsrechtliche Konzeption des Vergaberechts (→ § 2 Rn. 4) festgestellt, dass der Schutz der Bieter vor Willkür des öffentlichen Auftraggebers nicht wirksam würde, „wenn der Bieter sich nicht gegenüber dem Auftraggeber auf diese Vorschriften berufen und ggf. deren Verletzung vor den nationalen Gerichten geltend machen" könne.[9] In nachfolgenden Entscheidungen zur **Notwendigkeit effektiver Rechtsschutzgewährung** hat der EuGH immer wieder bekräftigt, dass die Nachprüfbarkeit der Auftragsvergabe ein zentrales primärrechtliches Postulat bildet.[10] Verfassungsrechtlich tritt Art. 19 Abs. 4 GG hinzu, weil § 97 Abs. 6 GWB jedenfalls ein subjektives Recht gegen den Staat auf einfachgesetzlicher Ebene gewährt, zu dessen Durchsetzung Rechtsschutz gewährt sein muss.[11] Am 24.1.2017 hat die EU-Kommission das Ergebnis einer breit angelegten Evaluierung der Rechtsmittelrichtlinien veröffentlicht, sie plant aber aktuell keine weiteren Reformakte.

II. Zuständigkeiten und Rechtsschutzsituationen

Das vergaberechtliche Nachprüfungsverfahren nach §§ 155 ff. GWB ist zweistufig 9 strukturiert: In erster Instanz sind die Vergabekammern zuständig (§§ 156 u. 158 GWB), gegen deren Entscheidungen nach §§ 171 ff. GWB die „sofortige Beschwerde" zum OLG zulässig ist. Der Gesetzgeber hat mithin weder die Verwaltungs- noch die ordentliche Gerichtsbarkeit (dies trotz der materiellrechtlichen Zuordnung des Sekundärvergaberechts zum Privatrecht; → § 2 Rn. 9 f.) für zuständig erklärt, son-

---

[8] Ausführlich zu den primärrechtlichen Vorgaben *Schneider,* Primärrechtsschutz, 59 ff.; *Treumer* in: ders./ Lichère, Enforcement, 17 ff.

[9] EuGH C-433/93, Slg. 1995, I_02303, Rn. 19 (Kommission Deutschland).

[10] Besonders deutlich in der Rs. Telaustria (EuGH C-324/98, Slg. 2000, I_10745, Rn. 62). Näher zur Entwicklung des Vergaberechtsschutzes *Seidel/Mertens* in: Dauses, Handbuch, H.IV, Rn. 390 ff.

[11] Ausführlich hierzu *Dörr* WiVerw 2007, 211 ff. Infolge des Fehlens einer solchen einfachgesetzlichen Bestimmung für den Bereich unterhalb der Schwellenwerte, ist umstritten, ob dort ebenfalls Art. 19 Abs. 4 Grundlage der Rechtsschutzgewährung ist oder ob lediglich der im Rechtsstaatsprinzip wurzelnde allgemeine Justizgewährleistungsanspruch, wie es das BVerfG (BVerfGE 116, 135) entschieden hat, eingreift (→ § 4 Rn. 12 f.).

dern einen **eigenständigen Rechtsweg** geschaffen. Der BGH ist nur in dem seltenen Fall einer Divergenzvorlage nach § 179 Abs. 2 GWB mit dem Primärrechtsschutz oberhalb der Schwellenwerte befasst.[12] Voraussetzung hierfür ist, dass ein OLG
von einer Entscheidung eines anderen OLG oder des BGH abweichen möchte. Dies
dient der Rechtseinheit. Die nachfolgende Darstellung konzentriert sich auf das Verfahren vor der Vergabekammer, während das Beschwerdeverfahren vor dem OLG in
II 1 b) anschließend skizziert wird.

1. Instanzenzug im Hauptsacheverfahren

10 **a) Rechtsschutz vor der Vergabekammer.** Die Vergabekammer ist die erste und
in den allermeisten Verfahren auch die letzte Instanz.[13] Wie den §§ 158 ff. GWB zu
entnehmen ist, handelt es sich bei den Vergabekammern um **Verwaltungsbehörden** und nicht um Gerichte.[14] Die von den Vergabekammern getroffenen Entscheidungen werden folgerichtig gemäß § 168 Abs. 3 GWB als Verwaltungsakte qualifiziert. Insoweit hat der Gesetzgeber klassische Elemente des Verwaltungsrechts
beigemischt. Dies verpflichtet zur sorgfältigen Ermittlung des anwendbaren Verfah-
rensrechts (VwVfG? ZPO oder Sonderprozessrecht?; → Rn. 43 f.), hat aber nicht
das Eingreifen des verwaltungsgerichtlichen Rechtsschutzes zur Konsequenz. Vielmehr ist nach wiederum ausdrücklicher gesetzgeberischer Entscheidung in § 171
GWB gegen die Entscheidung der Vergabekammer die sofortige Beschwerde zum
OLG und nicht etwa die Anfechtungs- oder Verpflichtungsklage zum Verwaltungsgericht eröffnet.

11 Der Auftrag der Vergabekammern besteht in der Gewährung des europarechtlich und teilweise
auch verfassungsrechtlich geforderten Rechtsschutzes, nicht etwa in der Ausübung von Staatsaufsicht; die Zuständigkeit der hiermit betrauten Behörden (beispielsweise einer Bezirksregie-
rung gegenüber der kommunalen Beschaffungstätigkeit) bleibt vielmehr unberührt. Teilweise
sind hiermit die noch in einigen wenigen Ländern fortgeführten „Vergabeprüfstellen" betraut,
die ein Relikt aus der Zeit der sog. haushaltsrechtlichen Lösung vor Inkrafttreten des Vergabe-
rechtsänderungsgesetzes 1999 sind (→ § 2 Rn. 3 f.).[15] Die Vergabekammern haben in den über
15 Jahren ihres Tätigwerdens eine beeindruckende Erfolgsbilanz vorzuweisen, die insbesondere
der dort gebündelten Sachkunde durch Spezialisierung und der offenbar niedrigeren Hemm-
schwelle vor ihrer Anrufung (im Unterschied zu Gerichten) zu verdanken ist. An dieser Stelle
besteht daher m. E. kein Reformbedarf.[16]

12 Gemäß § 158 Abs. 1 i.V.m. § 159 Abs. 1 GWB hat der **Bund** die für seinen Bereich zuständigen Vergabekammern beim Bundeskartellamt eingerichtet, während die
Länder die dort jeweils zuständigen Stellen bestimmen. Während einige **Länder** nur
eine einzige Vergabekammer eingerichtet haben (so etwa Baden-Württemberg beim
Regierungspräsidium Karlsruhe, Niedersachsen beim Wirtschaftsministerium oder

---

[12] Daneben kann der BGH als Revisionsinstanz nach der ZPO mit vergaberechtlichen Streitigkeiten befasst
sein, und zwar dann, wenn es um Sekundärrechtsschutz (→ § 21 Rn. 5) oder um Primärrechtsschutz unterhalb der Schwellenwerte (→ § 26 Rn. 12) geht.
[13] So standen im Jahr 2016 880 Verfahren vor den Vergabekammern 180 Verfahren vor den Oberlandesgerichten gegenüber.
[14] Nichtsdestoweniger besteht eine Vorlageberechtigung nach Art. 267 AEUV; → § 3 Rn. 18.
[15] Zu den Einzelheiten der historischen Entwicklung *André* in: Heuvels/Höß/Kuß/Wagner, Vergaberecht,
§ 102 GWB Rn. 19.
[16] Anders *Germelmann* DÖV 2013, 50 (59 f.), der einen zweistufigen gerichtlichen Instanzenweg fordert.

Sachsen beim Regierungspräsidium Leipzig) gibt es in anderen Ländern (z.B. in Bayern und in NRW) mehrere Vergabekammern.[17] Die Vergabekammern „beim Bundeskartellamt" dürfen nicht mit den dort sonst (d.h. in Kartellsachen) agierenden „Beschlusskammern" verwechselt werden. Die genaue Abgrenzung der Zuständigkeit der Vergabekammern des Bundes einerseits, der der Länder andererseits ist in § 159 GWB geregelt.

Obgleich es sich um Verwaltungsbehörden handelt, schreibt § 157 Abs. 1 und 4 **13** GWB vor, dass die Vergabekammer **„unabhängig"** entscheidet und „nur dem Gesetz unterworfen" ist. Dies äußert sich in der gerichtsähnlichen Besetzung mit zwei hauptamtlichen Mitgliedern (von denen eines die Befähigung zum Richteramt haben muss; § 157 Abs. 2 GWB) und einem ehrenamtlichen Mitglied, die alle praktische Kenntnisse des Vergabewesens besitzen müssen. Allerdings sind die Mitglieder der Vergabekammer nur auf Zeit berufen und bleiben trotz fehlender Einwirkungsbefugnisse während ihrer Amtszeit in der Vergabekammer jedenfalls nach deren Ablauf in die Hierarchiestrukturen der jeweiligen Behörde eingegliedert.

b) Sofortige Beschwerde zum OLG. Gegen Entscheidungen der Vergabekammer **14** ist die sofortige Beschwerde zulässig, die im Einzelnen in den §§ 171 ff. GWB geregelt ist. In allen Bundesländern ist bei zumindest einem Oberlandesgericht mindestens ein Vergabesenat eingerichtet worden, dem typischer- und sinnvollerweise auch diejenigen vergaberechtlichen Streitigkeiten zugewiesen wurden, bei denen das OLG in zweiter Instanz über Schadenersatzansprüche oder über Streitigkeiten unterhalb der vergaberechtlichen Schwellenwerte entscheidet.[18] Der Grund, warum der am häufigsten angerufene **Vergabesenat** der des OLG Düsseldorf ist, liegt darin, dass dieses Gericht nicht nur für die sofortige Beschwerde gegen die Vergabekammern des Landes NRW, sondern auch gegen die Entscheidungen der Vergabekammern beim Bundeskartellamt (das seinen Sitz in Bonn hat) zuständig ist.

Im Normalfall erhebt der im Nachprüfungsverfahren vor der Vergabekammer unterlegene Verfahrensbeteiligte (entweder der unterlegene Bieter oder der Auftraggeber) sofortige Beschwerde.[19] Dies hat gemäß § 172 Abs. 1 GWB innerhalb einer Notfrist von zwei Wochen zu erfolgen. Die Beschwerde muss begründet werden und sie muss durch einen Rechtsanwalt unterzeichnet sein (§ 172 Abs. 3 GWB). Gemäß § 175 Abs. 1 GWB müssen sich auch die anderen Beteiligten durch einen Rechtsanwalt als Bevollmächtigten vertreten lassen, wobei juristische Personen des öffentlichen Rechts (typischerweise Auftraggeber) sich auch durch Beamte oder Angestellte mit Befähigung zum Richteramt vertreten lassen können. Die maßgeblichen **Verfahrensvorschriften** ergeben sich aus den §§ 171 ff. GWB sowie aus verschiedenen weiteren für das Rechtsschutzverfahren im Kartellrecht geschaffenen Vorschriften des GWB, auf die § 175 Abs. 2 GWB verweist. Dies umschließt auch § 73 Nr. 2 GWB, durch den auf zentrale Vorschriften der ZPO verwiesen wird, etwa im Hinblick auf die Beweiserhebung.

---

[17] Eine Liste ist abgedruckt bei *Landsberg* in: Pünder/Schellenberg, Vergaberecht, § 106 GWB Rn. 6.
[18] Eine Liste der Vergabesenate ist abgedruckt bei *König* in: Heuvels/Höß/Kuß/Wagner, Vergaberecht, § 116 Rn. 13. Das Verfahren vor dem Vergabesenat schildert *Kühnen* NZBau 2009, 357.
[19] Möglich ist ferner die sofortige Beschwerde des im Nachprüfungsverfahren beigeladenen zunächst siegreichen Bieters.

16 Nach Abschluss des Beschwerdeverfahrens sind folgende **Entscheidungen** möglich:
   – Bei unzulässiger Beschwerde: Verwerfung der Beschwerde als unzulässig (§ 572 Abs. 2 S. 2 ZPO).
   – Bei zulässiger Beschwerde und Richtigkeit der angegriffenen Entscheidung der Vergabekammer: Zurückweisung der sofortigen Beschwerde als ganz oder teilweise unbegründet.
   – Bei Zulässigkeit der Beschwerde und Rechtswidrigkeit der Vergabekammerentscheidung: Aufhebung der Entscheidung der Vergabekammer als unbegründet gemäß § 178 S. 1 GWB. Zugleich kann das OLG in der Sache selbst entscheiden oder die Vergabekammer dazu verpflichten, unter Berücksichtigung der Rechtsauffassung des Gerichts über die Sache erneut zu entscheiden (§ 178 S. 2 GWB). Letzteres geschieht aufgrund der damit verbundenen Zeitverluste nur in Ausnahmefällen. In der Regel führt der Vergabesenat die Entscheidungsreife selbst herbei. Entscheidet der Vergabesenat selbst, gelten für ihn im Verhältnis zum Auftraggeber allerdings die gleichen Beschränkungen wie für die Vergabekammer (→ vgl. sogleich Rn. 25), d.h. er kann in der Regel nicht selbst in die eigentliche Vergabeentscheidung eingreifen, sondern muss die Vergabestelle anweisen, unter Berücksichtigung seiner (des OLG) Rechtsauffassung erneut tätig zu werden.
   – Kann eine dem Beschwerdeführer günstige Sachentscheidung wegen bereits erfolgter Beendigung des Vergabeverfahrens (etwa durch Aufhebung der Ausschreibung oder durch wirksamen Zuschlag)[20] nicht mehr ergehen: Feststellung des Vorliegens einer Rechtsverletzung nach § 178 S. 3 GWB zwecks Erleichterung der Durchsetzung von Schadensersatzansprüchen gemäß §§ 180, 181 GWB. Voraussetzung für das insoweit erforderliche (vgl. § 178 S. 4 GWB i.V.m. § 168 Abs. 2 GWB) Rechtsschutzinteresse ist die Geltendmachung eines Schadens.

2. Eilrechtsschutz

17 a) **Auf der Ebene der Vergabekammer.** Hier sieht die typische Ausgangslage so aus, dass als Antragsteller im Nachprüfungsverfahren ein Bieter auftritt, der befürchtet, dass nicht er, sondern einer seiner Konkurrenten den Zuschlag erhalten wird, und er dann wegen des Grundsatzes „pacta sunt servanda" auch bei einem Erfolg im Nachprüfungsverfahren nicht mehr zum Zuge kommen könnte. Der Verwaltungsprozess kennt für Situationen dieser Art bekanntlich einerseits das Vorgehen nach § 80 bzw. § 80a VwGO (aufschiebende Wirkung bzw. diesbezügliche Anträge) sowie nach § 123 VwGO (einstweilige Anordnung). Im GWB ist ein eigener Weg beschritten worden, und zwar in § 169. Dabei sind drei verschiedene **Konstellationen**[21] zu unterscheiden:

18 Nach **§ 169 Abs. 1 GWB** ist die Vergabekammer verpflichtet, den Auftraggeber über einen eingegangenen Nachprüfungsantrag zu informieren. Dieser darf daraufhin bis zu einer Entscheidung der Vergabekammer und dem Ablauf der Beschwerdefrist (für die sofortige Beschwerde zum OLG nach § 172 Abs. 1 GWB) den Zuschlag

---

[20] Also nicht in den Fällen des § 135 GWB; dazu → Rn. 31.
[21] Die Einzelheiten sind instruktiv dargestellt in der Kommentierung des § 115 GWB a.F. durch *Bork-Galle* in: Heuvels/Höß/Kuß/Wagner, Vergaberecht; vgl. ferner *Neun* in: Gabriel/Krohn/Neun, HdbVergabeR, § 44.

nicht erteilen. Wird der Zuschlag dennoch erteilt, ist der entsprechende Vertrag wegen Verstoßes gegen § 169 Abs. 1 GWB als „gesetzliches Verbot" i.S.v. § 134 BGB nichtig, abgesehen von Ausnahmesituationen im Verteidigungssektor (vgl. Abs. 4).

Während das Zuschlagsverbot gemäß § 169 Abs. 1 die Regel bildet, betrifft **§ 169** 19 **Abs. 2 GWB** den Fall, dass die Vergabekammer auf Antrag des Auftraggebers oder des nach Auffassung der Vergabestelle vorzuziehenden Konkurrenten dem Auftraggeber ausnahmsweise gestatten kann, den Zuschlag nach Ablauf von zwei Wochen seit Bekanntgabe der Vergabekammerentscheidung zu erteilen. Voraussetzung hierfür ist eine Abwägungsentscheidung der Vergabekammer „unter Berücksichtigung aller möglicherweise geschädigten Interessen sowie des Interesses der Allgemeinheit an einem raschen Abschluss des Vergabeverfahrens". Die „nachteiligen Folgen einer Verzögerung der Vergabe" (etwa wenn es um den Bau eines Hochwasserdamms geht) müssen die „damit verbundenen Vorteile überwiegen". In § 169 Abs. 2 S. 2 GWB wird ausdrücklich hervorgehoben, dass das „Interesse der Allgemeinheit an einer wirtschaftlichen Erfüllung der Aufgabe des Auftraggebers zu berücksichtigen" ist. Gemäß S. 4 müssen „nicht in jedem Fall" auch die Erfolgsaussichten in die Abwägungsentscheidung einbezogen werden. In § 169 Abs. 2 S. 5–7 GWB eröffnet das Gesetz eine wiederum gegen jene Entscheidung der Vergabekammer gerichtete Korrekturmöglichkeit durch das OLG.

§ 169 Abs. 3 GWB betrifft schließlich den Fall, dass Rechte des Antragstellers 20 „auf andere Weise als durch den drohenden Zuschlag gefährdet" sind. Dann ist die Vergabekammer auf Antrag zu weiteren sofort vollziehbaren und vollstreckbaren vorläufigen Maßnahmen befugt. Maßnahmen dieser Art könnten etwa in der Untersagung einer beabsichtigten Aufhebung der Ausschreibung oder in der Verlegung des Schlusstermins zur Abgabe eines Angebots bestehen.[22]

b) Auf der Ebene des OLG. Auch das Beschwerdeverfahren ist in erster Linie auf 21 die möglichst rasche Rechtsschutzgewährung in der Hauptsache gerichtet. Vorgesehene, aber in der Praxis selten zum Einsatz kommende Elemente eines **Eilrechtsschutzes** sind die Perpetuierung der aufschiebenden Wirkung über das Vergabekammerverfahren hinweg (vgl. dort § 169 Abs. 1 GWB) in das OLG-Verfahren hinein durch § 173 Abs. 1 S. 1 GWB. Dies wirkt sich vor allem dahingehend aus, dass der Auftraggeber während des Beschwerdeverfahrens den Zuschlag nicht erteilen darf. Ist der Antragsteller mit seinem Nachprüfungsantrag unterlegen, entfällt die Suspensivwirkung der von ihm erhobenen sofortigen Beschwerde gemäß § 173 Abs. 1 S. 2 GWB im Grundsatz nach Ablauf einer Frist von zwei Wochen nach Ablauf der Beschwerdefrist. Dem drohenden Zuschlag kann der im Nachprüfungsverfahren unterlegene Antragsteller mit dem in § 173 Abs. 1 S. 3, Abs. 2 GWB geregelten Antrag auf Verlängerung der aufschiebenden Wirkung der sofortigen Beschwerde bis zur Entscheidung des Vergabesenats entgegenwirken. In der umgekehrten Situation, in der die Vergabekammer dem Antrag auf Nachprüfung durch Untersagung des Zuschlags stattgegeben hatte, schützt § 173 Abs. 3 GWB den im Nachprüfungsverfahren erfolgreichen Bieter vor dem Verlust seines Primärrechtsschutzes.[23] Das Arsenal der

---

[22] Zu einem solchen Fall vgl. OLG Naumburg ZfBR 2006, 817 (818).
[23] Vgl. zu den Einzelheiten die instruktive Kommentierung von *Vavra* in: Burgi/Dreher, GWB, § 173.

(wie bereits erwähnt, nicht überaus häufig zum Einsatz kommenden) Optionen des Eilrechtsschutzes wird ergänzt durch § 176 GWB als Zwischenverfahren für den Fall, dass das Zuschlagsverbot nach § 173 Abs. 3 GWB eingreift und eine weitere Verzögerung erhebliche nachteilige Folgen hätte, sowie durch § 177 GWB, der die Konsequenzen regelt, die sich aus einer den Antrag nach § 176 GWB abblendenden Entscheidung des Beschwerdegerichts für den öffentlichen Auftraggeber ergeben.

3. Antragsgegenstände

22   Im Nachprüfungsverfahren geht es gemäß §§ 156 Abs. 2, 155 GWB um „die Vornahme oder das Unterlassen einer Handlung in einem Vergabeverfahren", welches auf die Vergabe öffentlicher Aufträge i.S. der §§ 97 ff. GWB gerichtet ist. Damit sind Vergabeverfahren unterhalb der Schwellenwerte keiner Nachprüfung zugänglich, wohl aber Verfahren, die ein Auftraggeber aus autonomer Entscheidung, also ohne Vorliegen der Anwendungsvoraussetzungen eingeleitet hat. Ein **„Vergabeverfahren"** setzt nicht bestimmte gesetzlich geregelte Schritte wie etwa die europaweite Ausschreibung voraus. Vielmehr genügt es, wenn eine Auftragsvergabe ohne Durchführung irgendeines reglementierten Verfahrens unmittelbar an ein Unternehmen beabsichtigt ist (sog. Direktvergabe; → dazu noch näher Rn. 9)[24], oder wenn ein vorgeschalteter Preiswettbewerb durchgeführt worden ist. Das „Vergabeverfahren" (und damit die Möglichkeit zur Einleitung eines Nachprüfungsverfahrens) endet mit einem wirksamen Vertragsabschluss (durch Zuschlagerteilung); gemäß § 168 Abs. 2 S. 1 GWB kann ein wirksam erteilter Zuschlag nicht aufgehoben werden. In diesem Fall ist aber ebenso wie bei der Aufhebung oder der Einstellung des Vergabeverfahrens in sonstiger Weise eine feststellende Entscheidung durch Beschluss der Vergabekammer dahingehend möglich, dass das Vorliegen einer Rechtsverletzung festgestellt wird (vgl. § 168 Abs. 2 S. 1 GWB). Dies entspricht strukturell dem aus dem Verwaltungsprozess bekannten Urteil nach Fortsetzungsfeststellungsklage gemäß § 113 Abs. 1 S. 4 VwGO.[25]

23   Das Rechtsschutzbegehren des Antragstellers (des sich benachteiligt fühlenden Bieters) hängt vom jeweils erreichten Stadium ab. So kann sich der Nachprüfungsantrag beispielsweise bereits gegen die Nichteinleitung eines förmlichen Vergabeverfahrens wegen angeblicher Nichteröffnung des Anwendungsbereichs richten, gegen angeblich diskriminierende Inhalte der Leistungsbeschreibung, gegen rechtswidrig formulierte Eignungs- oder Zuschlagskriterien oder gegen ein bestimmtes Verhalten der Vergabestelle während des Vergabeverfahrens (etwa im Zusammenhang mit der Handhabung von Fristen). Ein besonders typisches **Rechtsschutzziel** besteht in der Verhinderung einer sich abzeichnenden Zuschlagsentscheidung zugunsten eines Konkurrenten. Die konkrete Fassung des Nachprüfungsantrags korrespondiert mit den sogleich dargestellten Inhalten der begehrten Entscheidung der Vergabekammer.[26]

---

[24] Instruktiv OLG Celle NZBau 2014, 780; ferner EuGH C-391/15 EuZW 2017, 610 (Marina del Mediteráneo) m. Anm. *Vorwalter;* ferner *Opheys* NZBau 2017, 714.

[25] Näher *Czauderna* VergabeR 2011, 421.

[26] Formulierungsbeispiele finden sich im Beck'schen Formularbuch Vergaberecht (Hrsg., Prieß/Hausmann/Kulartz).

4. Entscheidung der Vergabekammer

Die Vergabekammer entscheidet durch **Verwaltungsakt** in Beschlussform (§ 168 24
Abs. 3 S. 1 GWB). Strukturell betrachtet, gleichen ihre Beschlüsse den Urteilen von
Verwaltungsgerichten nach Anfechtungs-, Verpflichtungs- oder (wie soeben erwähnt)
Fortsetzungsfeststellungsklagen. Zunächst stellt die Vergabekammer jeweils fest, ob
der Antragsteller in seinen Rechten verletzt ist. Sodann ist sie dazu befugt, „die
geeigneten Maßnahmen (zu treffen), um eine Rechtsverletzung zu beseitigen und
eine Schädigung der betroffenen Interessen zu verhindern" (§ 168 Abs. 1 S 1 GWB).
Dabei kann sie unabhängig von den konkret gestellten Anträgen entscheiden (§ 168
Abs. 1 S. 2 GWB).[27] Amtshaftungsansprüche sind nur in dem seltenen Fall, dass der
(vorrangige; vgl. § 839 Abs. 3 BGB) Primärrechtsschutz nicht eingreift, denkbar,
wobei m. E. das Eingreifen des sog. Spruchrichterprivilegs nach § 839 Abs. 2 BGB
angesichts des von Europarechts wegen durchaus gerichtsähnlichen Charakters der
Vergabekammer (vgl. auch → § 3 Rn. 18) vom Gesetzgeber durchaus hätte angeordnet werden dürfen.[28]

Durchgehend kann die Vergabekammer anordnen, dass ein **Vergabeverfahren** in 25
das Stadium vor der angegriffenen Handlung oder Unterlassung **zurückversetzt**
wird. Je nach Rechtsschutzsituation kommen in Betracht: Die Anordnung, ein for-
males Verfahren einzuleiten anstatt einen Auftrag direkt zu vergeben; die Anordnung, die Leistungsbeschreibung zu verändern bzw. zu überarbeiten; die Anordnung,
die Eignungs- bzw. Zuschlagskriterien zu überarbeiten, dies verbunden mit der Anordnung, auf keines der bislang vorliegenden Angebote einen Zuschlag zu erteilen;
die Anordnung, bereits bewertete Angebote ganz oder teilweise hinsichtlich der Eignung und/oder des Inhalts des Angebots neu zu bewerten etc. Nicht möglich ist die
Aufhebung eines bereits wirksam erteilten Zuschlags (hier erfolgt dann eine Feststel-
lungsentscheidung nach § 168 Abs. 2 S. 2 GWB). Grundsätzlich auch nicht möglich
ist es, die Vergabestelle zur Erteilung eines Zuschlags zu verpflichten, weil eine solche Entscheidung die Beschaffungsautonomie des öffentlichen Auftraggebers
(→ § 12 Rn. 4 f.) beeinträchtigen würde. Die Verpflichtung zur Zuschlagserteilung
kommt daher nur in besonderen Ausnahmefällen, in denen der Beschaffungswille
feststeht und der Vertragsschluss mit dem Antragsteller die einzige rechtmäßige Entscheidung darstellen würde, in Betracht.[29] Unter Umständen kommt auch eine Ver-
fahrensbeendigung durch Vergleich in Betracht.[30]

Die **Kostenentscheidung** richtet sich nach § 182 GWB, der eine geringfügige 26
Änderung durch die Novelle 2016 erfahren hat.[31] Danach hat der unterlegene Betei-
ligte die Kosten, die sich aus Gebühren[32] und Auslagen zusammensetzen, zu tragen.
Dies schließt gemäß § 182 Abs. 4 S. 1 GWB die „zur zweckentsprechenden Rechts-
verfolgung oder Rechtsverteidigung notwendigen Aufwendungen des Antragsgeg-
ners" mit ein, d. h. wenn der öffentliche Auftraggeber unterliegt, muss er insbeson-

---

[27] Tenorierungsbeispiele finden sich im Formularbuch Vergaberecht (Prieß/Hausmann/Kulartz), C.I.
[28] A.A., mit zahlreichen Nachweisen *Stumpf/Götz* DVBl. 2015, 154.
[29] Vgl. hierzu und zu den anderen Fällen *Antweiler* in: Burgi/Dreher, GWB, § 168 Rn. 37 f.
[30] Vgl. *Conrad* ZfBR 2014, 658; *Dreher/Glöckle* NZBau 2015, 459 u. 529.
[31] Erläutert in der Gesetzesbegründung (BT-Drs. 18/6281, S. 168).
[32] Festgesetzt nach pflichtgemäßem Ermessen der Vergabekammer (vgl. BGH NZBau 2012, 186). In den
europarechtlichen Grenzen EuGH C-61/14, VergabeR 2016, 37 (Orizonte Salute).

re die Anwaltskosten des Antragstellers erstatten.[33] Die Vollstreckung der Vergabekammerentscheidung richtet sich nach § 168 Abs. 3 S. 2 GWB nach dem jeweils einschlägigen Verwaltungsvollstreckungsgesetz (des Bundes oder des jeweiligen Landes).[34]

5. Spezifische Vorkehrungen für einen effektiven Rechtsschutz

27 **a) Problematik.** Trotz kurz getakteter Fristen und der soeben (→ Rn. 21) skizzierten Möglichkeiten des Eilrechtsschutzes besteht die Gefahr der Schaffung vollendeter Tatsachen. Sie wird im deutschen Recht dadurch verschärft, dass die Zuschlagsentscheidung mit dem Vertragsabschluss zusammenfällt. Gelingt es den unterlegenen Bietern, noch rechtzeitig zuvor einen Nachprüfungsantrag zu stellen, dann würde sie das Zuschlagsverbot nach § 169 Abs. 1 GWB (→ Rn. 18) davor bewahren, dass ihnen der Grundsatz **„pacta sunt servanda"** durch den Auftraggeber entgegengehalten würde. Damit sind aber noch nicht sämtliche Gefahren gebannt:

– Wenn der Zuschlag erteilt (und damit der Vertrag geschlossen wird), ohne dass die unterlegenen Bieter davon überhaupt erfahren, würden Nachprüfungsanträge ins Leere gehen; dem soll mit der zu b) vorgestellten Informations- und Wartepflicht entgegengewirkt werden;

– Wenn der Auftraggeber gar kein Vergabeverfahren durchgeführt hat, dann gibt es gar keine unterlegenen Bieter und somit auch niemanden, gegenüber dem die Informations- und Wartepflicht eingreifen würde. Fälle dieser Art bezeichnet man als „Direktvergabe" und sie entstehen zumeist infolge der irrigen Annahme des Auftraggebers, die Anwendungsvoraussetzungen des Vergaberechts würden nicht vorliegen (Beispiel: Der Auftraggeber geht fälschlicherweise vom Eingreifen der sog. Inhouse-Ausnahme aus (→ § 11 Rn. 13 ff.). Angesichts der oftmals schwierig zu ermittelnden Anwendungsvoraussetzungen kommt dies häufig vor.[35] In der Sache handelt es sich um den gravierendsten Verstoß gegen vergaberechtliche Vorschriften.

28 Neben der allgemeinen europarechtlichen Pflicht zur Gewährung effektiven Rechtsschutzes enthält die **Rechtsmittelrichtlinie** 2007/66/EG spezifizierende ausdrückliche Vorgaben, nämlich die Stillhaltefrist nach Art. 2a und die Pflicht der Mitgliedstaaten dafür Sorge zu tragen, „dass ein Vertrag durch eine von dem öffentlichen Auftraggeber unabhängige Nachprüfungsstelle für unwirksam erklärt wird", wenn Aufträge ohne vorherige europaweite Bekanntmachung oder unter Missachtung von Informations- und Wartepflichten vergeben worden sind (Art. 2 d). Die Umsetzung dieser sekundärrechtlichen Vorgaben hat in den verschiedenen Mitgliedstaaten unterschiedliche Lösungen hervorgebracht, jeweils in Abhängigkeit von der normativen Gesamtsituation (Zuordnung des Vergaberechts zum Öffentlichen Recht oder zum Privatrecht; Zusammen- oder Auseinanderfallen von Zuschlagsentscheidung und Vertragsabschluss).[36]

---

[33] Vgl. dazu BGH NZBau 2012, 380; *Kins/Zimmermann* VergabeR 2014, 641.

[34] Vgl. zum Vollstreckungsrecht *Bischoff* VergabeR 2009, 433.

[35] Teilweise wird auch von „de-facto-Vergabe" gesprochen, was weniger treffend ist, weil de jure auch hier ein Vertragsschluss erfolgt, dem aber kein förmliches Verfahren vorausgegangen ist; zur Terminologie vgl. *Dreher/Hoffmann* in: Burgi/Dreher, GWB, § 134 Rn. 47 f.

[36] Vgl. hierzu die Beiträge in *Treumer/Lichère*, Enforcement, sowie als europarechtliche Einschätzung *Treumer*, a.a.O., 32 f.; vgl. z. B. für Italien *Caranta*, 53 ff., oder für das Vereinigte Königreich *Trybus*, 201 ff.; hierzu ferner *Jenkins* in: FS Marx, 337 ff.

Im deutschen Recht sind diese Vorgaben mit der **GWB-Novelle** 2009 (damals in 29
den §§ 101a u. 101b) endgültig umgesetzt und Unsicherheiten unter der vorherigen
Rechtslage (nach § 13 VgV a.F., der eine zeitlich nicht eingegrenzte Nichtigkeitsfol-
ge bei gleichzeitig fehlender Regelung der Direktvergabe enthalten hatte)[37] überwunden worden.[38] Obwohl es sowohl bei der Informations- und Wartepflicht (seit
2016 in § 134 GWB) als auch bei der sowohl hierauf wie auf den Fall der Direktvergabe bezogenen Unwirksamkeitsbestimmungen des § 135 GWB um die Sicherung
eines effektiven Rechtsschutzes geht, handelt es sich nicht um prozessrechtliche Regelungen. Vielmehr erweitert die Informations- und Wartepflicht des § 134 GWB
das Arsenal der dem Auftraggeber auferlegten verfahrensbezogenen Pflichten und die
Unwirksamkeitsbestimmungen des § 135 GWB stellen in der Sache Vertragsrecht
dar. Die Reform 2016 hat kleinere Anpassungen an die neuere Rechtsprechung bewirkt.

b) Informations- und Wartepflicht. Gemäß § 134 Abs. 1 GWB muss der Auftrag- 30
geber alle Bieter informieren, deren Angebote nicht berücksichtigt werden sollen,
ferner diejenigen Bewerber, die noch keine Information über die Ablehnung ihrer
Bewerbung erhalten haben, und zwar jeweils in **Textform** (schriftlich, per Telefax
oder per E-Mail). Die Information muss den Namen des für die Zuschlagserteilung
vorgesehenen Bieters, die Gründe für die Nichtberücksichtigung der informierten
Bieter und den frühesten Zeitpunkt des geplanten Vertragsschlusses beinhalten. Gemäß § 134 Abs. 2 GWB muss der Auftraggeber sodann 15 Kalendertage warten
(nach Absendung der Information), bis er den Zuschlag erteilen darf. Diese Frist verkürzt sich auf 10 Kalendertage wenn er die Information per Telefax oder elektronisch versendet hat.[39] In § 134 Abs. 3 GWB ist für den Fall des Verhandlungsverfahrens und bei verteidigungsspezifischen Aufträgen ohne vorherige Bekanntmachung
„wegen besonderer Dringlichkeit" (→ § 13 Rn. 15 f.) eine Ausnahme vorgesehen.

c) Unwirksamkeit des Vertrages. In § 135 Abs. 1 Nr. 1 GWB ist vorgesehen, dass 31
„ein Vertrag von Anfang an unwirksam" ist, wenn der Auftraggeber gegen die Infor-
mations- und Wartepflicht verstoßen hat. Infolgedessen kann den unterlegenen Bietern nicht der Verweis auf den Grundsatz „pacta sunt servanda" entgegengehalten
werden. In § 135 Abs. 1 Nr. 2 GWB ist die gleiche Rechtsfolge für den Fall der
Direktvergabe vorgesehen. Hier hat der Auftraggeber also nicht gegen die Informa-
tions- und Wartepflicht verstoßen, sondern den noch viel schwerwiegenderen, ja
gravierendsten Verstoß begangen, andere Unternehmen überhaupt nicht zu beteiligen. In der Rechtsprechung des EuGH steht seit langem fest, dass solche Verträge
europarechtswidrig sind.[40] Bis zur GWB-Novelle 2009 waren aber die sich hieraus
konkret ergebenden Rechtsfolgen unklar.

---

[37] Vgl. zu den Diskussionen jener Zeit *Burgi* NZBau 2003, 16.
[38] Zu Bedeutung und Inhalt der GWB-Novelle 2009 vgl. *Bulla/Schneider* VergabeR 2011, 664; *Peters* NZBau 2011, 7.
[39] Zu den Einzelheiten vgl. neben der Kommentarliteratur *Dreher/Hoffmann* NZBau 2009, 216, sowie aus der Rechtsprechung EuGH C-161/13, VergabeR 2014, 655 m. Anm. *Rosenkötter;* OLG Koblenz NZBau 2013, 63; OLG Frankfurt a.M. VergabeR 2014, 62 m. Anm. *Krist;* OLG Schleswig VergabeR 2015, 228 m. Anm. *Goldbrunner.*
[40] Vgl. zuletzt EuGH NZBau 2010, 326, (Müllverwertungsanlage Bonn).

32 „Unwirksam" im Sinne von § 135 Abs. 1 GWB bedeutet, dass etwaigenfalls gewährte Leistungen nach § 812 Abs. 1 Alt. 1 BGB rückabzuwickeln sind, weil die Unwirksamkeit ex tunc eintritt. Voraussetzung hierfür ist allerdings, dass sie in einem **Nachprüfungsverfahren** geltend gemacht und festgestellt worden ist. Dies ist in § 135 Abs. 2 GWB geregelt. Danach sind die Bieter, die sich auf die Unwirksamkeit berufen wollen, aufgefordert, innerhalb von „30 Kalendertagen" nachdem sie informiert worden sind, jedoch „nicht später als sechs Monate nach Vertragsschluss" die Unwirksamkeit vor der Vergabekammer geltend zu machen.[41] Hat der Auftraggeber die Auftragsvergabe immerhin im Amtsblatt der Europäischen Union bekanntgemacht, endet die Frist 30 Kalendertage nach jener Veröffentlichung. Neu ist in § 135 Abs. 3 GWB vorgesehen, dass der Auftraggeber die Unwirksamkeit vermeiden kann, indem er dann, wenn er explizit eine Vergaberechtspflicht nicht gegeben sieht, die Absicht des Vertragsabschlusses im Amtsblatt der EU bekundet und zehn Tage abwartet.[42]

33   Das Erfordernis der Einleitung eines Nachprüfungsverfahrens bedeutet, dass der betreffende Vertrag im Zeitraum zwischen Vertragsschluss und Feststellung eines Verstoßes im Nachprüfungsverfahren **schwebend wirksam** ist, während dieses Schwebezustands daher seine volle Wirksamkeit entfaltet und beide Vertragsparteien zur Leistung verpflichtet.[43] In dem auf Feststellung der Unwirksamkeit gerichteten Nachprüfungsverfahren besteht die sonst eingreifende Rügeobliegenheit nicht (so ausdrücklich § 160 Abs. 3 S. 3 GWB). Allerdings muss auch hier eine materielle Beschwer, d.h. die Möglichkeit der Verletzung in eigenen Rechten (näher hierzu → Rn. 36 f.) geltend gemacht werden; ein Unternehmen kann also nicht lediglich geltend machen, dass es nicht informiert worden sei, wenn es im Übrigen gar keine Aussichten auf die Erteilung des Zuschlags gehabt hätte.[44]

34 Bei Erfolg eines solchen Nachprüfungsantrags stellt die Vergabekammer mithin die Unwirksamkeit eines bereits abgeschlossenen Vertrages fest, was dazu führen kann, dass möglicherweise dringend benötigte Güter nicht zur Verfügung stehen und eine unaufschiebbare Verwaltungsaufgabe (beispielsweise die Versorgung von Patienten in einem staatlichen Krankenhaus mit Arzneimitteln) nicht erfüllt werden kann. In einer solchen Situation ist es dem Auftraggeber gestattet, seine Beschaffungsnotlage durch einen befristeten Interimsauftrag ohne europaweite Ausschreibung zu überbrücken.[45]

III. Zulässigkeit des Nachprüfungsantrags

1. Schema für die Zulässigkeitsprüfung

35 In den §§ 155 ff., 160 ff. GWB sind verschiedene Voraussetzungen für die Zulässigkeit eines Nachprüfungsantrags vor der Vergabekammer normiert, die nachfolgend in einem Schema zusammengestellt werden sollen. Besonderer Aufmerksamkeit bedür-

---

[41] Zur ausnahmsweisen Verwirkung vgl. OLG München VergabeR 2013, 893 m. Anm. *Schabel*.
[42] Nahegelegt durch EuGH C-19/13, NZBau 2015, 175, Rn. 42 (Fastweb) m. Anm. *Henzel* NBau 2016, 148.
[43] Überzeugend begründet von *Dreher/Hoffmann* NZBau 2010, 201; ausführlich zu allen zivilrechtlichen Konsequenzen *Bauer,* Vergaberechtswidrige Verträge aus zivilrechtlicher Sicht, 2013.
[44] Vgl. ausführlich *Shirvani* VergabeR 2013, 669.
[45] Ausdrücklich OLG München VergabeR 2013, 750, m. Anm. *Trautner*.

fen die Zulässigkeitsvoraussetzungen der Antragsbefugnis nach § 160 Abs. 2 GWB und der Rügeobliegenheit nach § 160 Abs. 3 GWB.

1. **Eröffnung des Nachprüfungsverfahrens** (d.h. es geht um die „Vornahme oder das Unterlassen einer Handlung in einem Vergabeverfahren"; §§ 156 Abs. 2, 155 GWB → Rn. 22);
2. **Richtige Antragsart** (im Gegensatz zum Verwaltungsprozess gibt es nicht verschiedene Klagearten, denen unterschiedliche Zulässigkeitsvoraussetzungen korrespondieren würden; zu beachten ist lediglich, dass gemäß § 168 Abs. 2 S. 1 GWB der Zuschlag nicht aufgehoben werden kann, weswegen in diesem Fall ebenso wie bei der Aufhebung oder der Einstellung des Vergabeverfahrens in sonstiger Weise der Antrag gemäß § 168 Abs. 2 S. 1 GWB auf Feststellung des Vorliegens einer Rechtsverletzung zu richten ist;[46] Voraussetzung hierfür ist ein bereits begonnenes Nachprüfungsverfahren).[47]
3. **Beteiligungs- und Handlungsfähigkeit** gemäß §§ 11 und 12 VwVfG (Verfahrensbeteiligte sind gemäß § 162 GWB jedenfalls der Antragsteller und der Auftraggeber. Bei Letzterem handelt es sich gemäß § 99 GWB um eine juristische Person, d.h. um den Rechtsträger der jeweils handelnden Vergabestelle. Seine Beteiligungs- und Handlungsfähigkeit richtet sich mithin nach §§ 11 Nr. 1, 12 Abs. 1 Nr. 3 VwVfG).[48]
4. **Antragsbefugnis** gemäß § 160 Abs. 2 GWB (→ näher 2);
5. Beachtung der **Rügeobliegenheit** nach § 160 Abs. 3 GWB (→ näher 3);
6. **Form und Begründung** gemäß § 161 GWB (Schriftform und näher spezifizierte, unverzüglich zu erstellende Begründung);
7. **Frist** gemäß § 160 Abs. 3 S. 1 Nr. 4 GWB (nach Eingang der Mitteilung des Auftraggebers, einer Rüge nicht abhelfen zu wollen, ist der Nachprüfungsantrag innerhalb von 15 Kalendertagen zu stellen).[49]
8. **Zuständigkeit** der angerufenen Vergabekammer gem. §§ 158, 159 GWB (→ Rn. 12).

2. Antragsbefugnis

Gemäß § 160 Abs. 2 GWB ist „jedes Unternehmen, das ein Interesse am Auftrag hat 36 und eine Verletzung in seinen Rechten nach § 97 Abs. 6 durch Nichtbeachtung von Vergabevorschriften geltend macht", antragsbefugt (S. 1). Ferner ist darzulegen, dass dem Unternehmen durch die behauptete Verletzung der Vergabevorschriften ein Schaden entstanden ist oder zu entstehen droht (S. 2). Im Hinblick auf die Geltendmachung einer Rechtsverletzung sowie eines kausal hierdurch entstandenen Schadens genügt ebenso wie bei der Bestimmung der Klagebefugnis nach § 42 Abs. 2 VwGO die „Möglichkeit". Das **BVerfG** hat im Jahre **2004** ausdrücklich festgestellt,

---

[46] Näher → Rn. 22.
[47] Anders als im Verwaltungsprozess (dort in analoger Anwendung von § 113 Abs. 1 S. 4 VwGO) ist also ein Feststellungsantrag *nach* wirksamer Zuschlagserteilung (d.h. nach Vertragsabschluss) unzulässig; hingegen bleiben Nachprüfungsanträge nach Aufhebung einer Ausschreibung möglich (näher § 13 Rn. 8 f.). Der Antragsteller wird in Situationen der erstgenannten Art prüfen, ob ein Nachprüfungsverfahren zur Feststellung der Unwirksamkeit des Vertrags nach § 135 Abs. 2 GWB in Betracht kommt (→ Rn. 32).
[48] Bei Beschaffungsvorgängen im Zusammenhang mit Aufgaben der sog. Bundesauftragsverwaltung nach Art. 85 GG ist das jeweilige Land als Auftraggeber anzusehen, da die Beschaffungstätigkeit in diesem zugeordnete sog. Wahrnehmungskompetenz fällt (vgl. zu den damit zusammenhängenden Fragen die etwas verschachtelte Sachverhaltskonstellation, die dem Beschluss des OLG Celle vom 8.11.2012, VergabeR 2013, 455 m. Anm. *Schranner*, zugrunde liegt; ferner BGH VergabeR 2014, 538; OLG München NZBau 2015, 446 m. krit. Anm. *Herrmann* VergabeR 2015, 531). Folgerichtig ist gemäß § 159 Abs. 2 GWB die Vergabekammer dieses Landes zuständig. Gegen Entscheidungen einer von mehreren Ländern eingerichteten Vergabestelle ist Rechtsschutz gegen dasjenige Land zu suchen, für das der Auftrag erbracht werden soll (OLG Düsseldorf VergabeR 2017, 68 m. Anm. *Noch*).
[49] Hierauf ist in der Auftragsbekanntmachung hinzuweisen (*Dirksen* VergabeR 2013, 410). Noch zuvor hat der Antragsteller die rügebezogenen Fristen nach § 160 Abs. 3 Nrn. 1–3 GWB zu beachten.

dass an den Nachweis und die Darlegung der Rechtsverletzung und des Schadens keine „überzogenen" bzw. keine „sehr hohen" Anforderungen gestellt werden dürfen, um nicht in Konflikt mit der Rechtsschutzgarantie nach Art. 19 Abs. 4 GG zu geraten (→ Rn. 8).[50]

37   Das erste Merkmal („**Interesse** am Auftrag") kann problemlos von denjenigen „Unternehmen" (u. U. auch Nachunternehmer)[51] erfüllt werden, die ihrerseits Angebote abgegeben haben bzw. sich hieran wegen einer diskriminierenden Leistungsbeschreibung gehindert gesehen hatten. Auch die Erfüllung des zweiten Merkmals (Verletzung in „**Rechten**") ist regelmäßig anzunehmen, da bereits festgestellt worden ist (→ Rn. 6 f.), dass die das subjektive Recht der Bieter begründende Norm des § 97 Abs. 6 GWB pauschal sämtlichen „Bestimmungen über das Vergabeverfahren" den Schutznormcharakter zuerkennt. Selbst die auf den ersten Blick formalen Bestimmungen über die Dokumentationspflichten lassen sich beispielsweise auf den Transparenzgrundsatz und damit auf eine Ausprägung materiellrechtlicher Vorgaben des Europa- wie des Verfassungsrechts zurückführen.

38   An die Behauptung eines durch die Rechtsverletzung kausal hervorgerufenen **Schadens** (Merkmal 3) sind ebenfalls keine strengen Anforderungen gestellt. Es genügt, „wenn ein Schadenseintritt durch die geltend gemachte Rechtsverletzung ursächlich und nicht offensichtlich ausgeschlossen ist".[52] Die Vergabekammer ist also nicht zur Prüfung berechtigt oder gar verpflichtet, ob bei korrekter Durchführung des Vergabeverfahrens dem Angebot des Antragstellers der Zuschlag gebührt hätte. Während § 160 Abs. 2 S. 2 GWB die dahingehende Geltendmachung genügen lässt, ist in der Begründetheitsprüfung danach zu fragen, ob der Vergaberechtsverstoß tatsächlich zu einer Schlechterstellung des Antragstellers geführt hat.

39   Teilweise wird aus einer Zusammenschau verschiedener OLG-Entscheidungen ein allgemeiner „Kausalitätsvorbehalt" abgeleitet, welcher (zu Recht) in Konflikt mit den europa- und verfassungsrechtlichen Vorgaben geriete.[53] Bei näherer Betrachtung zeigt sich aber, dass sich die Rechtsprechung bislang noch innerhalb der vorgezeichneten Bahnen bewegt. So wurde etwa die Antragsbefugnis wegen fehlender Geltendmachung eines Schadenseintritts zu Recht verneint, wenn ein Bieter selbst bei ordnungsgemäßer Wertung seines Angebots bei insgesamt über fünf Angeboten lediglich vom letzten auf den vorletzten Platz rücken würde.[54] Auch im Beschluss des OLG Düsseldorf vom 16. 12. 2009[55] wurde zutreffend die Geltendmachung eines kausal verursachten Schadens verneint; hier hatte der Antragsteller die Unvollständigkeit des Teilnahmeantrags eines Konkurrenten in einem Verhandlungsverfahren gerügt, während sein eigener Teilnahmeantrag ebenfalls nicht vollständig gewesen ist. Daher hätte der Antragsteller auch nach einer möglichen Aufhebung des betroffenen Verfahrens mit Überleitung unmittelbar in ein neues Verhandlungsverfahren nicht die Chance auf Abgabe eines neuen und verbesserten Angebots gehabt.[56] Abgesehen hiervon ist unter Berücksichtigung der Aussagen des EuGH in

---

[50] VergabeR 2004, 597. Dies unterschätzt der eine angeblich zu bieterfreundliche Rechtsprechungspraxis kritisierende Beitrag von *Sporleder-Geb/Klepser* DÖV 2009, 844.

[51] Zur „Antragsbefugnis des Subunternehmers im vergaberechtlichen Nachprüfungsverfahren" vgl. die gleichnamige Arbeit von *Wichmann,* 2006.

[52] So BVerfG VergabeR 2005, 597; BGH VergabeR 2010, 210.

[53] So *Müller-Wrede* NZBau 2011, 650; diff., *Herrmann* VergabeR 2011, 2, jeweils m.w.N.

[54] So (vereinfacht) der Sachverhalt des Beschlusses des OLG München vom 10. 12. 2009, VergabeR 2010, 246; vgl. zu einem Fall dieser Art auch *Dicks* in: Ziekow/Völlink, § 107 GWB Rn. 34.

[55] OLG Düsseldorf IBR 2010, 292.

[56] Weitere Fälle sind referiert bei *Steiff* in: Heuvels/Höß/Kuß/Wagner, VergabeR, § 107 GWB Rn. 40 ff.

der Rechtssache „Hackermüller" auch in Fällen dieser Art Zurückhaltung bei der Verneinung der Antragsbefugnis (trotz auf allen Seiten fehlerhaften Angeboten) zu üben.[57]

3. Beachtung der Rügeobliegenheit

Gemäß § 160 Abs. 3 GWB ist ein Antrag unzulässig, soweit der Antragsteller Verstö- **40** ße gegen Vergabevorschriften nicht rechtzeitig gerügt hat. Dies bedeutet, dass er mit einem entsprechenden Vorbringen entweder ganz oder teilweise „präkludiert" ist; im Fall der vollständigen Präklusion ist der Antrag insgesamt als unzulässig abzulehnen, im Fall der teilweisen Präklusion nur im Umfang der hiervon betroffenen Gründe. Diese Rügeobliegenheit dient der **Verfahrensbeschleunigung** und soll unnötige Nachprüfungsverfahren vermeiden, indem dem Auftraggeber die Gelegenheit eröff- net wird, auf die Rüge den betreffenden Fehler eigenständig zu beheben. Dies dient zugleich den Interessen des Antragstellers, der ein regelmäßig zeit- und kostenauf- wändigeres Nachprüfungsverfahren vermeiden kann.[58]

Innerhalb des § 160 Abs. 3 S. 1 GWB ist danach zu unterscheiden, ob der Antrag- **41** steller den infrage stehenden Verstoß im Vergabeverfahren „erkannt" hat (Nr. 1) oder ob der Vergabeverstoß „aufgrund der Bekanntmachung" (Nr. 2) bzw. nach Lektüre der „Vergabeunterlagen" für ihn „erkennbar" war (Nr. 3). In den beiden zuletzt ge- nannten Fällen dürfen keine übersteigerten Anforderungen gestellt werden, insbeson- dere kann nicht die Rüge eines Verstoßes erwartet werden, der sich auf der Grundla- ge einer noch in Entwicklung befindlichen Rechtsprechungsänderung ergeben würde (Beispiel: Betreffend die angebliche Vermischung von Eignungs- und Zu- schlagskriterien im Jahre 2012; → § 16 Rn. 4 f.).[59]

Gegenstand wiederholter Bemühungen einer einschränkenden, konkret europa- **42** rechtskonformen Auslegung war die Festlegung der Vorgängervorschrift § 107 Abs. 3 Nr. 1 GWB a.F., wonach der Antragsteller einen erkannten Verstoß gegen Vergabe- vorschriften „unverzüglich" rügen musste. Bekanntermaßen bedeutete dies nach deutschem Verständnis „ohne schuldhaftes Zögern" (vgl. § 121 BGB) und mithin die Orientierung an einem durchaus unsicheren Maßstab. Die im Anschluss an zwei Ur- teile des EuGH vom 28. 1. 2010[60] teilweise behauptete Unanwendbarkeit der Pflicht zur „unverzüglichen Rüge"[61], ist von der Rechtsprechung zwar nicht anerkannt worden. Mit der Novelle 2016 hat aber der Gesetzgeber reagiert. Die Rügeoblie- genheit bleibt im Grundsatz zwar bestehen, mit einer Dauer von „10 Kalendertagen" wird aber die **Frist** konkretisiert, innerhalb derer der Antragsteller nach Erkennen den im Nachprüfungsverfahren geltend gemachten Verstoß gerügt haben muss. Nach Einreichen des Nachprüfungsantrags erkannte Vergaberechtsverstöße unterliegen weiterhin keiner Rügeobliegenheit.

---

[57] EuGH C 249/01, Slg. 2003, I_6319, Rn. 27 (Hackermüller); fortführend EuGH C 100/12, NZBau 2013, 589 (Fastweb); EuGH C-689/13, EuZW 2016, 431 m. Anm. *Schröder*.
[58] Vgl. *Jaeger* NZBau 2009, 558.0.
[59] Dazu OLG Karlsruhe NZBau 2013, 528.
[60] EuGH Rs. C-406/08, Slg. 2010, I_817 (Uniplex), und EuGH Rs. C-456/08, Slg. 2010, I_859 (NRA).
[61] *Krohn* NZBau 2010, 186; *Stoje* VergabeR 2012, 667; *Stumpf* EuZW 2014, 337. Vgl. zur Dokumentation der von der Rechtsprechung insoweit verfolgten Linie *Dicks* in: Ziekow/Völlink, § 107 GWB Rn. 46 f.; zum neuen Recht *Horn/Hofmann* in: Burgi/Dreher, GWB, § 160 Rn. 40 ff.

IV. Verfahrensrecht

1. Rechtsrahmen

43 Wie bereits einleitend festgestellt, hat sich der GWB-Gesetzgeber für eine Mischung verschiedener Elemente des Privatrechts (BGB und ZPO) und des Verwaltungsrechts (VwVfG und VwGO), kombiniert mit einigen eigens für die Vergabeverfahren geschaffenen Regelungen, entschieden. Da das Nachprüfungsverfahren vor der Vergabekammer gemäß § 168 Abs. 3 S. 1 GWB durch „Verwaltungsakt" endet, handelt es sich bei ihm um ein „Verwaltungsverfahren" i.S.d. § 9 VwVfG. Demzufolge ist in Abhängigkeit davon, ob die Vergabekammern des Bundes oder die der Länder tätig werden, gemäß § 1 VwVfG des Bundes dieses Gesetz oder das jeweilige VwVfG auf Landesebene anwendbar. Dies wirkt sich in der Praxis nicht aus, da die Landes-VwVfGs und das Bundes-VwVfG nahezu identisch sind. Vorrangig gegenüber jenen allgemeinen verwaltungsverfahrensrechtlichen Bestimmungen sind die in den §§ 160 bis 170 GWB getroffenen spezifischen Regelungen (dazu sogleich 2). Gemäß § 170 GWB dürfen die Gesetzgeber auf Landesebene hiervon auch in Zukunft nicht abweichen.[62]

2. Spezifische Verfahrensregelungen im GWB

44 Während die zu III vorgestellten Zulässigkeitsvoraussetzungen in den §§ 160 bis 161 GWB geregelt sind, enthalten die **§§ 162 bis 167 GWB** Regelungen über den Verfahrensablauf. Die Einzelheiten können anhand der Kommentarliteratur vertieft werden. Von übergreifender Bedeutung ist der in § 167 GWB normierte Beschleunigungsgrundsatz. Er verpflichtet nicht nur die Vergabekammer dazu, ihre Entscheidung schriftlich innerhalb einer Frist von fünf Wochen (!) ab Eingang des Eintrags zu treffen, sondern auch die Beteiligten dazu, ihr gesamtes Verhalten am Ziel der Förderung und des raschen Abschlusses des Verfahrens auszurichten; insoweit kann ihnen die Vergabekammer auch Fristen setzen, nach deren Ablauf weitere Vorträge unbeachtet bleiben (§ 167 Abs. 2 GWB).

45 Hinsichtlich der übrigen Verfahrensbestimmungen ist in aller Kürze auf folgendes hinzuweisen: § 162 GWB ermöglicht die aus dem Verwaltungsprozess (§ 65 VwGO) bekannte sog. Beiladung. Typischerweise beigeladen wird der Bieter, dessen Chancen sich durch ein von einem Konkurrenten eingeleitetes Nachprüfungsverfahren im Erfolgsfalle verschlechtern würden. Gemäß § 13 S. 2 VwVfG *müssen* andere Unternehmen beigeladen werden (sog. notwendige Beiladung), wenn die zu erwartende Entscheidung bei ihnen unmittelbar zu einem Rechtsverlust führen würde (Beispiel: Der Antragsteller erstrebt den Ausschluss eines Mitbewerbers von der Wertung)[63]. § 163 GWB unterwirft das Nachprüfungsverfahren dem vom Verwaltungsprozess (dies im Unterschied zum Zivilprozess) her bekannten Untersuchungsgrundsatz.[64] Seit der GWB-Reform des Jahres 2009 sind im Interesse der Effektivität des Verfahrens Grenzen gezogen (Abs. 1 S. 2 und 3). Insbesondere ist der Vergabekammer eine sog. ungefragte Fehlersuche verwehrt, d. h. es sind nur diejenigen Aspekte aufzuklären, die unmittelbar im Hinblick auf das Rechtsschutzbegehren des Antragstellers aufklärungsbedürftig sind.[65] Von großer praktischer

---

[62] Näher zum Rechtsrahmen *Brauer* NZBau 2009, 297.
[63] OLG Düsseldorf, VergabeR 2001, 59 (61).
[64] Daher ist ein Anerkenntnis nach § 93 ZPO nicht möglich (OLG Frankfurt a.M. NZBau 2015, 794).
[65] Näher *Horn/Hoffmann,* in: Burgi/Dreher, GWB, § 163.

Relevanz ist die Regelung des § 165 GWB zur Akteneinsicht, die deutlich weiter als die entsprechende Vorschrift des VwVfG (§ 29) ist. So normiert § 165 Abs. 1 GWB den Grundsatz der unbeschränkten Akteneinsicht, der nur unter den in den Absätzen 2 und 3 geregelten Voraussetzungen, d.h. ausnahmsweise, durchbrochen werden kann.[66] Im Zusammenhang damit steht die Pflicht zur Aufbewahrung vertraulicher Unterlagen und zur Geheimhaltung gemäß § 164 a GWB. Die Vergabekammern sind zusätzlich mit Begehren von Nicht-Verfahrensbeteiligten auf Informationszugang nach dem Informationsfreiheitsgesetz des Bundes bzw. des jeweiligen Landes[67] sowie mit Presseanfragen[68] konfrontiert. § 166 GWB sieht schließlich vor, dass aufgrund einer „mündlichen Verhandlung", die sich aber regelmäßig auf einen Termin beschränken soll, zu entscheiden ist. Die Verhandlung ist in entsprechender Anwendung des § 68 Abs. 1 S. 1 VwVfG nicht öffentlich.

V. Begründetheit des Nachprüfungsantrags

Richtiger Antragsgegner ist „der Auftraggeber" i.S.v. § 99 GWB, mithin nicht die **46** Vergabestelle, sondern deren Rechtsträger. Der Antrag ist begründet, wenn die Vergabekammer zu der **Feststellung** gelangt, dass der Auftraggeber gegen Vergabevorschriften (→ § 6 Rn. 21) verstoßen hat und der Antragsteller hierdurch in seinen Rechten verletzt worden ist; hiervon ist regelmäßig auszugehen, d.h. eine Prüfung der Kausalität zwischen Vergaberechtsverstoß einerseits und Rechtsverletzung bzw. Schaden andererseits sind keine hohen Anforderungen zu stellen (vgl. bereits → Rn. 37 f.). Der Kontrollauftrag der Vergabekammer reicht soweit, wie der Auftraggeber rechtlich gebunden ist, d.h. sie endet dort, wo diesem ein Ermessens- bzw. Beurteilungsspielraum[69] eingeräumt worden ist.

Erweist sich der Nachprüfungsantrag als zulässig und begründet, stellt die Vergabe- **47** kammer dies durch **Verwaltungsakt** gemäß § 168 Abs. 3 S. 1, Abs. 1 S. 1 GWB fest. Ferner trifft sie die „geeigneten Maßnahmen, um eine Rechtsverletzung zu beseitigen" (→ Rn. 25). Dabei ist sie an die Anträge des Antragstellers nicht gebunden (§ 168 Abs. 1 S. 2 GWB).

Vertiefungsliteratur:
Noch, Vergaberecht und subjektiver Rechtsschutz, 1998; *Wolf,* Der Eilrechtsschutz im Vergaberecht, 2003; *Lück,* Vorläufiger Rechtsschutz und Vergaberecht, 2003; *Klingner,* Die Vorabinformationspflicht des öffentlichen Auftraggebers, 2005; *Prieß/Niestedt,* Rechtsschutz im Vergaberecht, 2006; *Schneider,* Primärrechtsschutz nach Zuschlagserteilung bei einer Vergabe öffentlicher Aufträge, 2007; *Goebel,* Gesamtwirtschaftliche Aspekte im vorläufigen Vergaberechtsschutz, 2008; *Leibohm,* Einstweiliger Rechtsschutz im Vergabeverfahren unterhalb der Schwellenwerte in Deutschland und Frankreich, 2012; *Germelmann,* Die Vergabekammern im System des vergaberechtlichen Rechtsschutzes, DÖV 2013, 50; *Eiermann,* Primärrechtsschutz gegen öffentliche Auftraggeber, Teil 1, NZBau 2016, 13; Teil 2, NZBau 2016, 76; *Shirvani,* Optimierung des Rechtschutzes im Vergaberecht, 2016; *Neun,* Kapitel 9: Rechtsschutz, in: Gabriel/Krohn/Neun, HdbVergabeR, §§ 40 ff.

---

[66] Vgl. OLG Frankfurt a.M. NZBau 2015, 514; OLG München NZBau 2016, 591 und OLG Düsseldorf NZBau 2017, 619 (zur Abwägung zwischen dem Geheimnisschutz und dem Offenlegungsinteresse); BGH NZBau 2017, 230 (233 f.: Die Vergabekammer hat hierüber in einem Zwischenverfahren zu entscheiden).
[67] Vgl. zum gesamten Komplex *Losch* VergabeR 2008, 739; *Glahs* NZBau 2014, 75.
[68] Hierzu *Lux* VergabeR 2010, 899.
[69] Vgl. hierzu im Zusammenhang der Verfahrensvorschriften (→ § 13 Rn. 19) bzw. der Prüfung und Wertung (→ § 18 Rn. 14 f.).

§ 21. Sekundärrechtsschutz

Übersicht

1 In Anknüpfung an die verwaltungsrechtliche Terminologie geht es beim Sekundärrechtsschutz um die Gewährung von Schadensersatz, insbesondere zugunsten unterlegener Bieter. Die einschlägigen Bestimmungen hierfür finden sich im GWB seit der Reform (inhaltlich unverändert) in den §§ 179 Abs. 1 und 181 GWB (zuvor: §§ 124 Abs. 1 und 126). Weitere potenzielle Anspruchsgrundlagen finden sich in der allgemeinen Rechtsordnung (I u. II). Für bestimmte (seltene) Konstellationen regelt § 180 GWB einen Schadensersatzanspruch zugunsten des öffentlichen Auftraggebers (III).

I. Bedeutung und Verhältnis zum Primärrechtsschutz

2 Angesichts des differenzierten und in vergleichsweise kurzer Frist durch fachlich spezialisierte Instanzen zu erlangenden Rechtsschutzes im Nachprüfungsverfahren spielen Schadensersatzansprüche im GWB-Vergaberecht eine deutlich **kleinere Rolle.** Die europäischen Richtlinien schreiben indes seit jeher vor, dass es Schadensersatzansprüche geben muss.[1] Aus der Sicht eines Bieters, der erfährt, dass er den Zuschlag nicht erhalten wird und der sich daraufhin nicht den Mühen und Unwägbarkeiten des Nachprüfungsverfahrens unterziehen will, kann es durchaus interessant sein, zumindest die Kosten der Angebotsvorbereitung erstattet zu bekommen.

3 Dies wirft die Frage auf, ob ein Bieter sich von vornherein hiermit begnügen darf, oder ob er verpflichtet ist, zunächst den Weg des Nachprüfungsverfahrens zu beschreiten. Dies würde bedeuten, dass der im Staatshaftungsrecht bekannte Grundsatz „Vorrang des Primärrechtsschutzes" auch im Vergaberecht gelten würde und ein „Dulde und liquidiere" ausgeschlossen wäre.[2] Freilich fehlt hierfür jeder Anhaltspunkt im GWB; der deutsche Gesetzgeber hat offensichtlich von der ihm durch Art. 2 Abs. 1 UAbs. 2 der Richtlinie 92/13/EWG (bzw. Art. 2 Abs. 6 der Richtlinie 2007/66/EG) insoweit eingeräumten Ermächtigung nicht Gebrauch gemacht. Scha-

---

[1] Seit Art. 2 Abs. 1 lit. c) der Richtlinie 89/665/EWG; fortgeführt durch Art. 2 Abs. 1 lit. d) der Richtlinie 92/13/EWG. Die Rechtsmittelrichtlinie 2007/66/EG (→ § 3 Rn. 49) hat insoweit keine relevanten Änderungen gebracht.

[2] Dafür u. a. *Hertwig,* Praxis, Rn. 426; dagegen u. a. *Losch* in: Ziekow/Völlink, Vergaberecht, § 126 GWB Rn. 37 f. m.w.N. Eine dahingehende Bestimmung in Österreich hat der EuGH nicht grundsätzlich verworfen, solange die Effektivität der Schadensersatzdurchsetzung nicht beeinträchtigt würde (EuGH C-166/14, EuZW 2016, 140 m. Anm. *Vorwalter*).

densersatzbegehren scheitern demnach *nicht* am Einwand „Vorrang des Primärrechtsschutzes" und ebensowenig gibt es mangels einer die Regelung des § 160 Abs. 3 GWB (→ § 20 Rn. 40 f.) für anwendbar erklärenden Vorschrift eine Art Rügeobliegenheit. Ist freilich (wie im Regelfall) vor der Geltendmachung von Schadensersatzansprüchen ein Nachprüfungsverfahren durchgeführt worden und hat dieses zu einer bestandskräftigen Entscheidung der Vergabekammer oder einer rechtskräftigen Entscheidung des OLG geführt, so ist das mit dem Schadensersatzanspruch befasste (ordentliche; vgl. dazu sogleich) Gericht gemäß § 179 Abs. 1 GWB hieran gebunden; gleiches gilt für eine etwaige Entscheidung des BGH nach Divergenzvorlage.

II. Anspruchsgrundlagen und Zuständigkeiten

1. Schadensersatzanspruch nach § 181 S. 1 GWB

a) Anspruchsinhalt. Jedes an einem Vergabeverfahren teilnehmende Unternehmen 4 kann unter den in § 181 S. 1 GWB geregelten Voraussetzungen „Schadensersatz verlangen". Die Vorschrift nennt beispielhaft die „Kosten der Vorbereitung des Angebots oder der Teilnahme an einem Vergabeverfahren". Es geht mithin um den Ersatz des **Vertrauensschadens** (des sog. negativen Interesses), und zwar nach näherer Maßgabe der §§ 249 ff. BGB (des allgemeinen Schadensersatzrechts). Es liegt auf der Hand, dass allein angesichts der Komplexität der vergaberechtlichen Vorschriften, zu denen regelmäßig Vorgaben aus dem jeweiligen Recht betreffend die Verwaltungsaufgabe, zu deren Erfüllung eingekauft wird, hinzutreten, bei den Bietern bzw. den Teilnehmern an Verhandlungsverfahren erhebliche Kosten entstehen. Dazu können unter bestimmten Umständen auch die Personalkosten gehören.[3]

Seinem Inhalt nach handelt es sich bei § 181 S. 1 GWB um eine **sonderdelikti-** 5 **sche Anspruchsgrundlage,** die die Durchsetzung des subjektiven Rechts nach § 97 Abs. 6 GWB auf der sekundären Ebene flankiert. Damit dient sie ebenso wie das Nachprüfungsverfahren sowohl den Interessen der betroffenen Bieter als auch dem objektiven Interesse an der Rechtmäßigkeit des Auftraggeberhandelns. Zuständig sind die ordentlichen Gerichte. Gemäß § 87 S. 1 GWB sind innerhalb der ordentlichen Gerichtsbarkeit ausschließlich die Landgerichte zuständig. Dies gilt auch für die Geltendmachung der sogleich (2) vorgestellten weiteren Anspruchsgrundlagen (z. B. nach den Grundsätzen der c.i.c.), weil auch sie in der Sache die „Anwendung dieses Gesetzes" (des GWB) betreffen.

b) Anspruchsvoraussetzungen. Nicht erforderlich ist das Vorliegen eines Verschul- 6 dens. Dies entsprach bereits der früheren, freilich teilweise kritisierten Rechtsprechung des BGH[4] und wurde sodann durch ein Urteil des EuGH[5] auch europarechtlich fundiert, d.h. ein etwaiges Verschuldenserfordernis würde dem europäischen

---

[3] Näher hierzu *Prieß/Bonitz* NZBau 2013, 477; auch vergebliche Aufwendungen zur Vorbereitung der Leistungsausführung vor der Zuschlagserteilung (z.B. die Führung von Personaleinstellungsgesprächen für später benötigte Mitarbeiter) können u.U. ersetzt werden (instruktiv OLG Naumburg VergabeR 2014, 85 m. Anm. *Kus*).
[4] BGH VergabeR 2008, 219; krit. *Alexander* in: Pünder/Schellenberg, Vergaberecht, § 126 GWB Rn. 40 f.
[5] EuGH C-314/09, VergabeR 2011, 71 m. Anm. *Kaiser* (Stadt Graz/STRABAG); vgl. ferner hierzu *Prieß/Hölzl* NZBau 2011, 21.

Richtlinienrecht widersprechen. Schadensersatz nach § 181 S.1 GWB kann bei Vorliegen der folgenden Voraussetzungen verlangt werden:

7   1. **Verletzung einer Vorschrift des Vergaberechts** im Sinne der Formulierung des § 97 Abs. 6 GWB, d.h. gegen eine der Bestimmungen des GWB, der VgV oder der Vergabeordnungen (→ § 20 Rn. 6 u. 7).
2. Geltendmachung einer „**echte Chance**" auf die Zuschlagserteilung. Dies bedeutet einerseits, dass der klagende Bieter (anders als bei den Ansprüchen nach c.i.c.-Grundsätzen (vgl. dazu sogleich 2) nicht geltend machen muss, dass der Zuschlag an ihn hätte erteilt werden müssen. Andererseits kann aber auch eine „echte Chance" erst nach Erreichen eines schon fortgeschritteneren Stadiums des Vergabeverfahrens beurteilt werden, weswegen zumindest eine hypothetische Wertung bereits möglich sein muss.
3. **Kausalität** und Einwand rechtmäßigen Alternativverhaltens; wäre der öffentliche Auftraggeber mithin zur Aufhebung der Ausschreibung berechtigt gewesen bzw. schließt dies einen Schadenersatzanspruch aus.[6]

2. Weitere Anspruchsgrundlagen

8   Die sonderdeliktische Spezialvorschrift des § 181 GWB erklärt in S. 2 explizit „weitere Ansprüche auf Schadensersatz" für „unberührt". Dies betrifft nicht nur Anspruchsgrundlagen, über die mehr als das negative Interesse geltend gemacht werden kann, sondern auch Anspruchsgrundlagen mit vergleichbarem Inhalt wie der Anspruch nach § 181 S. 1 GWB, aber mit anderen tatbestandlichen Voraussetzungen.[7] Da die Handlungen im Zusammenhang mit Vergabeverfahren nicht dem Öffentlichen Recht, sondern dem **Privatrecht** zugeordnet sind (→ § 2 Rn. 9 f.); kommen Amtshaftungsansprüche nach Art. 34 GG i.V.m. § 839 BGB nicht in Betracht. Die grundsätzlich denkbare Eigenhaftung eines für den öffentlichen Auftraggeber handelnden Beamten im statusrechtlichen Sinne nach § 839 BGB wird regelmäßig am Eingreifen der Subsidiaritätsklausel nach § 839 Abs. 1 S. 2 BGB scheitern; danach sind Ansprüche gegen andere (hier: gegen den Auftraggeber selbst nach § 181 GWB bzw. den sogleich dargestellten Anspruchsgrundlagen) vorrangig.

9   **a) §§ 311 Abs. 2, 241 Abs. 2, 280 Abs. 1 BGB (früher: c.i.c.).** Der Anspruch nach c.i.c.-Grundsätzen ist anders als der Anspruch nach § 181 S. 1 GWB nicht auf den Ersatz des negativen Interesses beschränkt. Daher kann über ihn (allerdings auch nur ausnahmsweise) Schadensersatz in Höhe des Erfüllungsinteresses geltend gemacht werden, wenn der Bieter bei ordnungsgemäßer Durchführung des Vergabeverfahrens den Zuschlag hätte erhalten müssen.[8] Anders als nach § 181 S. 1 GWB besteht für jenen Anspruch **grundsätzlich** ein **Verschuldenserfordernis,** wobei zugunsten des klagenden Bieters das Verschulden des öffentlichen Auftraggebers vermutet wird. Infolge der zu → Rn. 7 referierten EuGH-Rechtsprechung kann das Verschuldenserfordernis nicht mehr aufrechterhalten werden, soweit nur der Ersatz des negativen Interesses geltend gemacht wird.[9] Anders als es im Allgemeinen bei den c.i.c.-An-

---

[6] BGHZ 120, 281 (285 ff.); BGH, NJW 2000, 661 (663).
[7] So BT-Drs. 15/3640, S. 35.
[8] Instruktiv BGH NZBau 2010, 387.
[9] Wenn der Ersatz des positiven Interesses geltend gemacht wird, würde der Anspruch ein Surrogat für die Geltendmachung von Primärrechtsschutz bilden, wofür der c.i.c.-Anspruch vom deutschen Vergaberechtsgesetzgeber aber nicht konzipiert worden ist. Vielmehr ging es ihm um ein die Ansprüche von Bietern

sprüchen der Fall ist, ist bei ihrer Geltendmachung in Vergabesachen nicht mehr erforderlich, dass der klagende Bieter auf die Einhaltung der vergaberechtlichen Vorschriften durch den Auftraggeber vertraut hat. Ausreichend ist vielmehr allein die Missachtung jener Vorgaben. Dies hat der BGH explizit festgestellt[10] und bedeutet, dass mit der Einleitung eines Ausschreibungsverfahrens bereits schutzwürdiges Vertrauen entsteht und sich daraus entsprechende Rücksichtnahmepflichten der Vergabestelle ergeben, ohne dass zusätzliche Vertrauenselemente gefordert werden können.

b) Deliktische und kartellrechtliche Ansprüche. Unter jeweils spezifizierten, in 10 der Praxis der vergangenen Jahre kaum mehr eingetroffenen Umständen können Ansprüche nach § 823 Abs. 2 BGB (i.V.m. den vergaberechtlichen Vorschriften als „Schutzgesetze"), nach § 823 Abs. 1 BGB sowie nach § 826 BGB (Sittenwidrigkeitshaftung) in Betracht kommen. Sie alle können allenfalls dann relevant sein, wenn der Anspruch nach § 181 S. 1 GWB daran scheitert, dass nicht einmal eine „echte Chance" auf den Zuschlag geltend gemacht werden kann bzw. der Anspruch nach c.i.c.-Grundsätzen deswegen nicht möglich ist, weil noch gar keine ein vorvertragliches Verhältnis begründende Verfahrenskonstellation entstanden ist.[11] Infolge der Kodifizierung des Vergaberechts oberhalb der Schwellenwerte im GWB spielen auch die früher teilweise in die Bresche gesprungenen kartellrechtlichen Anspruchsgrundlagen nach §§ 33 Abs. 1 i.V.m. 20 GWB (wegen Missbrauchs einer marktbeherrschenden Stellung durch den öffentlichen Auftraggeber) keine große Rolle mehr.[12] Einen Anspruch darauf, die Verwendung bestimmter als vergaberechtswidrig erachteter Vergabebedingungen in etwaigen zukünftigen Vergabeverfahren zu unterlassen, vermitteln die allgemeinen bürgerlich-rechtlichen Vorschriften nicht.[13]

III. Schadensersatzansprüche des Auftraggebers

§ 180 GWB sieht in zwei verschiedenen Konstellationen einen Schadensersatz zu- 11 gunsten des öffentlichen Auftraggebers vor. Insoweit geht es nicht um die Durchsetzung von Bieterrechten, sondern darum, missbräuchlichen bzw. ungerechtfertigten Anträgen in einem Nachprüfungsverfahren oder in einem Beschwerdeverfahren vor dem OLG entgegenzuwirken. Dahinter steht das Anliegen, die Auftragsvergabe (und mit ihr die Erfüllung von Verwaltungsaufgaben) nicht übermäßig und unnötig zu blockieren. Daneben sind weitere Anspruchsgrundlagen denkbar, wobei die Frage einer etwaigen Sperrwirkung des § 180 GWB ungeklärt ist.[14]

Die **Voraussetzungen** für den Erfolg eines Schadensersatzanspruchs des Auftrag- 12 gebers ergeben sich einerseits aus § 180 Abs. 1 und Abs. 2 und andererseits aus § 180

---

vollständig auf der Primärebene bewältigendes Konzept. Entscheidet sich ein Bieter somit für die Geltendmachung des Erfüllungsinteresses nicht auf dieser Ebene, sondern ausschließlich auf der Schadensersatzebene, so muss er in Kauf nehmen, dass hierfür das Verschuldenserfordernis weiterhin eingreift (a.A., jedoch teilweise unklar *Bitterich*, Vergabeverfahren, 803 f.).

[10] BGH JZ 2012, 314 m. Anm. *Bitterich* = VergabeR 2011, 703 m. Anm. *Krist*.
[11] Vgl. zu diesen Ansprüchen im Einzelnen ausführlich *Gesterkamp* in: Müller-Wrede, Kompendium, Kap. 32, Rn. 54 f.; *Antweiler*, in: Burgi/Dreher, GWB, § 181 Rn. 29 ff.
[12] Vgl. zu ihnen *Alexander* in: Pünder/Schellenberg, Vergaberecht, § 126 GWB Rn. 97 ff.; ferner zu den (ebenfalls nicht mehr relevanten) lauterkeitsrechtlichen Anspruchsgrundlagen (Rn. 85 ff.).
[13] BGH NZBau 2012, 652 (653).
[14] Vgl. dazu *von Wietersheim* in: FS Marx, 835 ff.

Abs. 3 GWB.[15] Die erste Variante setzt einen ungerechtfertigten Nachprüfungsantrag bzw. eine ungerechtfertigte sofortige Beschwerde voraus (d. h. einen unzulässigen oder unbegründeten Antrag bzw. eine entsprechende sofortige Beschwerde), der bzw. die überdies durch einen „Missbrauch" nach näherer Charakterisierung in § 180 Abs. 2 GWB gekennzeichnet ist. In der in § 180 Abs. 3 GWB geregelten zweiten Variante geht es um den sehr selten praktisch werdenden Fall eines Schadens des Auftraggebers nach einer von der Vergabekammer getroffenen vorläufigen Maßnahme aufgrund eines von Anfang an ungerechtfertigten Antrags im Verfahren des einstweiligen Rechtsschutzes nach § 169 Abs. 3 GWB (→ § 20 Rn. 20).

Vertiefungsliteratur:
Irmer, Sekundärrechtsschutz und Schadensersatz im Vergaberecht, 2004; *Arztmann,* Schadensersatz im Vergaberecht in Deutschland und Österreich, 2005; *Alexander,* Vergaberechtlicher Schadensersatz gemäß § 126 GWB, wrp 2009, 28; *Gröning,* Mögliche Tendenzen der nationalen Rechtsprechung zum Vergaberecht, VergabeR 2010, 762; *Burgi,* in: Fairgrieve/Lichère, Public Procurement Law: Damages as an Effective Remedy, 2011, 19 ff.; *Bitterich,* Vergabeverfahren und Bürgerliches Recht, 2013, 732 ff.; *Wirner,* Ausgesuchte Probleme der Schadensersatzhaftung öffentlicher Auftraggeber bei vergaberechtlichen Pflichtverletzungen im Spiegel der EuGH-Rechtsprechung, in: FS Marx, 857. Als rechtsvergleichendes Werk mit Berichten über zahlreiche Jurisdiktionen: Fairgrieve/Lichère (Hrsg.), Public Procurement Law: Damages as an Effective Remedy, 2011; *Freytag* in: Gabriel/Krohn/Neun, HdbVergabeR, § 38.

---

[15] Zu den Voraussetzungen im Einzelnen vgl. *Antweiler* in: Burgi/Dreher, GWB, § 180 Rn. 11 ff.

§ 22. Rechtsschutzsituationen außerhalb des Vergaberechts und andere Kontrollmechanismen

Übersicht

I. Vergaberecht als Vorfrage in anderen Rechtsgebieten

Verschiedentlich gibt es Situationen, in denen in einem anderen Rechtsgebiet infolge **1** einer Anknüpfung an das Ob oder Wie eines Vergabeverfahrens Rechtsfolgen ausgelöst werden (vgl. bereits → § 2 Rn. 27 f.). Die wichtigsten Beispiele bilden das EU-Beihilferecht, das Abgaben- und das Zuwendungsrecht. Die Gemeinsamkeit aller drei Gebiete (und mit dem Vergaberecht) besteht darin, dass es um die Finanzierung von **Dienstleistungen im öffentlichen Interesse,** typischerweise um Infrastruktur im weiteren Sinne geht. Nicht betrachtet werden hier rein sanktionsbezogene Rechtsgebiete wie das Vertragsrecht, das Deliktsrecht[1], das UWG[2] und das Strafrecht[3].

Beispiel: Anstatt einen öffentlichen Auftrag für den Bau und die Errichtung einer Senioren- **2** wohnanlage zu vergeben, entschließt sich eine Gemeinde dazu, einem privaten Bauherren und Betreiber hierfür finanzielle Zuwendungen zu gewähren. Dabei verpflichtet sie diesen, bei der Einschaltung von Bauunternehmern sowie späteren Dienstleistern die Vorschriften des Vergaberechts zu beachten. Kommt es nun zu einem Verstoß, stellt sich die Frage, ob die Gemeinde die Zuwendung zurückfordern kann; in dem gegen ein etwaiges Rückforderungsverlangen geführten Prozess geht es dann inzident um die Beachtung des Vergaberechts.

Was den Umgang mit dem Vergaberecht als Vorfrage in jenen anderen Rechtsge- **3** bieten schwierig macht, ist der mittlerweile erreichte Stand seiner **Komplexität** und die Multipolarität seiner Zwecksetzung (Erfüllung von Verwaltungsaufgaben, Wettbewerb, fiskalische Zwecke; → § 6 Rn. 2 ff.). Dass das Vergaberecht aus der Sicht von Rechtsanwendern, die nicht permanent mit ihm befasst sind, durchaus auch als verschachtelt, teuer und fehlerträchtig erachtet werden kann, liegt auf der Hand. In den vergangenen Jahren sind infolge des Ausbaus der strategischen Nutzung zur Verfolgung ökologischer oder sozialer Zwecke einschließlich etwa der Förderung des

---

[1] Vgl. zur etwaigen Relevanz eines Vergabeverstoßes als Vorfrage bei der Ermittlung der Schadenshöhe zulasten eines Unfallverursachers, der (daher zu teure) Reinigungsarbeiten auf der Straße verursacht hatte, BGH VergabeR 2017, 545 m. Anm. *Kaiser.*
[2] Insoweit kann ein Verstoß gegen Vergabevorschriften zugleich einen Verstoß gegen §§ 3, 4 Nr. 11 UWG darstellen (OLG Köln NZBau 2006, 69).
[3] Zur etwaigen Untreuestrafbarkeit bei unterlassener Ausschreibung *Feldmann,* VergabeR 2017, 571.

Mittelstands weitere normative Herausforderungen hinzugekommen.[4] Nachfolgend wird die Bedeutung des Vergaberechts als Vorfrage im Zuwendungsrecht aufgrund von dessen enormer praktischer Bedeutung ausführlicher thematisiert (II).

4   Im **EU-Beihilferecht** (→ § 3 Rn. 33) bildet die Beachtung vergaberechtlicher Vorschriften bei der finanziellen Förderung eines Erbringers von Dienstleistungen „von allgemeinem wirtschaftlichen Interesse" nach dem immer wieder verfeinerten Ausgangspunkt des EuGH in der Rechtssache „Altmark Trans"[5] eine von vier Voraussetzungen zur Erlangung einer Erleichterung, die darin besteht, dass bei Durchführung einer „offenen, transparenten und diskriminierungsfreien Ausschreibung" vor Gewährung der finanziellen Förderung die Annahme des Beihilfetatbestandes nach Art. 107 Abs. 1 AEUV ausschließt.[6] Ein vergleichbares Anknüpfungssystem besteht im Falle der Veräußerung von Grundstücken oder Unternehmensanteilen nach den Grundsätzen der sog. Grundstücksmitteilung der EU-Kommission[7], die mittlerweile in der sog. Beihilfenbekanntmachung aufgegangen ist[8] und in seither durch die Kommission und die Rechtsprechung niedergelegten Grundsätzen (keine Beihilfe, wenn Ermittlung von Käufer und Kaufpreis in einem sog. Bieterverfahren).[9]

5   In beiden Situationen hat die Nicht-Qualifizierung als Beihilfe zur Konsequenz, dass der die finanzielle Leistung gewährende Mitgliedstaat von der Pflicht zur Durchführung eines sog. Notifizierungsverfahrens nach Art. 108 AEUV und zur Beachtung der dort an die Genehmigung von Beihilfen durch die EU-Kommission geknüpften materiellen Anforderungen befreit ist. Eine dritte Situation, in der das Beihilferecht an die Beachtung vergaberechtlicher Vorschriften anknüpft, ergibt sich im Falle der etwaigen Anwendbarkeit der Privilegierungsvorschrift nach Art. 106 Abs. 2 AEUV, wonach das eigentlich eingreifende Beihilferegime ausnahmsweise dann nicht beachtet werden muss, wenn die Erfüllung von vergaberechtlich korrekt übertragenen Aufgaben dadurch „rechtlich oder tatsächlich verhindert" würde.[10] Erklärte **Ziele** der Behandlung des Vergaberechts als Vorfrage im EU-Beihilferecht sind Offenheit, Transparenz und Diskriminierungsfreiheit, während Mittelstandsförderung oder politische Sekundärfestlegungen keine Rolle spielen.

6   Bei der Wahl zwischen den verschiedenen Verfahrensarten herrscht ein großes Maß an Flexibilität. So heißt es in der Kommissionsmitteilung[11] ausdrücklich, dass „auch bei nichtoffenen Verfahren ... das ... vierte Altmark-Kriterium erfüllt sein (kann), es sei denn, interessierten Betrei-

---

[4] Vgl. ausführlicher *Burgi* NZBau 2013, 601 (603).
[5] EuGH C-280/00, Slg. 2003, I_7747. Der aktuelle Stand der diesbezüglichen Anforderungen lässt sich dem sog. Almunia-Paket der EU-Kommission in den Jahren 2012 und 2013 entnehmen. Wichtig ist vor allem die „Mitteilung über die Anwendung der Beihilfevorschriften der EU auf Ausgleichsleistungen für die Erbringung von Dienstleistungen von allgemeinem wirtschaftlichen Interesse" (ABl. EU 2012 Nr. C 8, S. 2, Rn. 42ff., 62ff.; instruktiv hierzu *Sonder/Bühner* BayVBl. 2013, 296).
[6] Alternativ soll der Nachweis der geringsten Kosten für die Allgemeinheit durch einen Leistungsvergleich mit einem durchschnittlichen, gut geführten und mit den notwendigen Mitteln angemessen ausgestatteten Unternehmen geführt werden können.
[7] ABl. EG 1997 Nr. C 209, S. 3.
[8] ABl. EU 2016 Nr. C 261, S. 1, Rn. 89ff., 229; *Thiel* ZVBR 2017, 561.
[9] Zuletzt niedergelegt in der Rechtssache „Bank Burgenland" (EuG verb. Rs. T-268/08 u. T-281/08, Beck RS 2012, 80426; näher *von Bonin* EuZW 2013, 247) und in der soeben zitierten Mitteilung zum Beihilfenbegriff, Rn. 89ff.; zur weiteren Vertiefung vgl. *Burgi* in: FS Hüffer, 2010, 63ff.; *Wollenschläger* in Birnstiel/Bungenberg/Heinrich, Europäisches Beihilferecht, 2013, Kap. 1, Rn. 468ff.
[10] Näher hierzu die bereits in Fn. 3 erwähnte Kommissionsmitteilung, Rdnr. 11ff.
[11] A.a.O., Rdnr. 66.

bern wird es ohne stichhaltige Begründung versagt, Angebote einzureichen." Deutlich spürbar wird das Bemühen der EU-Kommission, die inhaltlichen Anforderungen aus dem Zweck der Anknüpfungsgrundlage (d. h. aus Art. 107 Abs. 1 AEUV) abzuleiten. In der Summe ist hier ein differenziert-abgestuftes Anknüpfungssystem entstanden, das insoweit durchaus Vorbildwirkung gegenüber dem sogleich zu erwähnenden Abgabenrecht und insbesondere gegenüber dem Zuwendungsrecht besitzt.

Im **Recht der öffentlichen Abgaben** spielt das Vergaberecht vor allem als Vor- 7 frage bei der Beurteilung der Rechtmäßigkeit von Beitragsbescheiden (etwa zur Finanzierung von Erschließungsanlagen nach § 132 ff. BauGB oder zur Herstellung von Abwasserbeseitigungs- oder Abfallentsorgungsanlagen nach Maßgabe des jeweiligen Kommunalabgabengesetzes des Landes) eine wichtige Rolle.[12] In all diesen Infrastruktursektoren sind häufig private Dritte mit herstellungs- oder anderen projektbezogenen Leistungen betraut, deren Entgelt über die Beiträge der (typischerweise) Grundstückseigentümer refinanziert werden soll. Nach dem die bisherige Rechtsprechung bestätigenden Urteil des BVerwG vom 30. 1. 2013[13] soll der Einwand eines Beitragsschuldners im Erschließungsbeitragsrecht, wonach bei der Herstellung der Erschließungsanlage (etwa einer Straße) infolge eines Verstoßes gegen vergaberechtliche Vorschriften erhebliche Mehrkosten entstanden seien, freilich nicht ohne weiteres beachtlich sein. Voraussetzung dafür, dass eine vergaberechtlich nicht korrekte Beschaffung sich auf die Rechtmäßigkeit des Beitragsbescheids auswirken kann, sei vielmehr, dass die Mehrkosten „eine grob unangemessene Höhe" erreicht haben, und zwar in einer für die beitragserhebende Stelle erkennbaren Weise. Hier bildet die Beachtung des Vergaberechts („durch den öffentlichen Auftraggeber") also nur unter ganz bestimmten, durchaus eingeschränkten Voraussetzungen einen relevanten Faktor für die Rechtmäßigkeit des Auftraggeberverhaltens als Verwaltungsbehörde.

Durch das Abgabenrecht werden keine zusätzlichen vergaberechtlichen Pflichten begründet, 8 wohl aber würde nicht zuletzt vermittels der dessen Anwendung kontrollierenden Verwaltungsgerichtsbarkeit ein zusätzliches Sanktionsinstrument bereitgestellt, das das GWB-Rechtsschutzregime ergänzen könnte. Vor der Rechtsfolge der Unangemessenheit (und damit der Rechtswidrigkeit der Beitragserhebung) soll nun aber ein von den Verwaltungsgerichten (ohne jeden expliziten Anhaltspunkt in den Kommunalabgabengesetzen oder in den kommunalen Satzungen) selbst entwickelter Filter zum Einsatz kommen, der im Erfordernis der „groben Unangemessenheit" der Kosten besteht. Das Anknüpfungssystem des Abgabenrechts ist mithin durch eine bemerkenswerte Großzügigkeit gekennzeichnet (ganz im Unterschied zu dem sogleich zu behandelnden Zuwendungsrecht), und dies wohlgemerkt zugunsten von Stellen, die sowieso zur Beachtung des Vergaberechts verpflichtet und hinsichtlich ihrer Kompetenzausstattung hierzu auch in der Lage sind. Dies geht zulasten der beitragspflichtigen Bürger, denen Kosten auferlegt werden, die bei strengerer Handhabung des Sanktionsinstrumentariums seitens der Verwaltungsgerichte durch den Gemeindehaushalt zu tragen gewesen wären.[14]

Eine Reform seitens der Gesetzgeber müsste dahingehen, im jeweiligen KAG explizit diejeni- 9 gen Vergabeverstöße zu benennen, die wirtschaftlichkeitsrelevant und nicht primär wettbewerbs- oder sekundärpolitisch motiviert sind. Nachzudenken wäre ferner über eine zeitliche

---

[12] Vgl. zu seiner Bedeutung im Recht der Gebühren *Mager,* Vergaberecht und Gebührenrecht, 2007.
[13] BVerwG NVwZ-RR 2013, 479 = DVBl. 2013, 863; zur früheren Rechtsprechung vgl. *Schabel* VergabeR 2012, 333; *Braun* in: FS Marx, 39 (44 f.); strenger im Anwendungsbereich des KAG SH OVG Schleswig NZBau 2016, 453.
[14] Ähnlich *Schabel* VergabeR 2012, 802 (816).

Begrenzung der Anknüpfung, um zu verhindern, dass angebliche Vergabeverstöße im Rahmen des Streits über die Beitragserhebung noch nach Jahren inzident geprüft werden müssten. Läge aber ein Verstoß im vorgeschlagenen Sinne vor, dann würde er zur Rechtswidrigkeit des Beitragsbescheids wegen überhöhter Kosten führen. Dies wäre für die Praxis beherrschbarer als das gegenwärtige Merkmal der „groben Unangemessenheit".

II. Rechtsschutz im Zusammenhang mit Zuwendungsbescheiden

1. Überblick

10   Im Zuwendungsrecht geht es ebenso wie im EU-Beihilferecht (der Begriff stammt aus der Tradition des nationalen Haushaltsrechts; in der Sache bestehen keine wichtigen Unterschiede) um die finanzielle Unterstützung privater Leistungserbringer. Empfänger sind typischerweise privatwirtschaftliche Unternehmen oder gemeinnützige Träger, die gemeinwohlwichtige Leistungen erbringen, insbesondere auch im sozialen, karitativen oder kulturellen Bereich (Beispiel: Förderung einer Seniorenwohnanlage, eines Krankenhauses oder einer freien Theaterbühne). Nach §§ 23 und 44 BHO bzw. der jeweiligen LHO können sie hierbei mit staatlichen Haushaltsmitteln finanziell unterstützt werden. **Förderzweck** ist die Erbringung der jeweils infrage stehenden Leistung, an der regelmäßig ein vom jeweiligen Zuwendungsgeber formuliertes Gemeinwohlinteresse besteht.

11   Auch die EU hat zahlreiche Fördertöpfe, aus denen Mittel nach Maßgabe der „Leitlinien der EU für die Festsetzung der Finanzkorrekturen, die bei Verstößen gegen die Vorschriften für die öffentliche Auftragsvergabe auf die durch Strukturfonds und Kohäsionsfonds co-finanzierten Ausgaben anzuwenden sind" fließen.[15] Diese enthalten auch Regelungen über die Rückforderung im Falle von Vergabeverstößen.[16] Dem kann hier nicht nachgegangen werden.

12   Im Geltungsbereich des nationalen Haushaltsrechts werden Zuwendungen regelmäßig mit einer Verpflichtung zur Einhaltung vergaberechtlicher Bestimmungen verbunden. Dies geschieht im Wege einer **Auflage** nach § 36 Abs. 2 Nr. 4 VwVfG, bei deren Nichterfüllung gemäß § 49 Abs. 3 Satz 1 Nr. 2 VwVfG der Zuwendungsbescheid widerrufen werden kann. Daran anknüpfend besteht gemäß § 49a VwVfG die Pflicht zur Erstattung der bereits erbrachten finanziellen Leistungen nebst einem durchaus saftigen Zinsanspruch zugunsten der öffentlichen Hand. Mit jener die Pflicht zur Beachtung vergaberechtlicher Vorschriften, zumeist konkret in Gestalt des jeweils ersten Abschnitts der VOB/A bzw. der VOL/A, begründende Auflage werden die sog. „Allgemeinen Nebenbestimmungen für Zuwendungen zur institutionellen Förderung" (ANBest-I) bzw. „zur Projektförderung" (ANBest-P) zum Bestandteil des Zuwendungsbescheids.[17] Diese Allgemeinen Nebenbestimmungen sehen

---

[15] COM (2013) 9527 endg.

[16] Zu den Einzelheiten vgl. *Braun* NZBau 2010, 279; *Stoje/Walliczek* in: FS Marx, S. 742. Vgl. ferner EuGH C-465/10, NZBau 2012, 125 = EuZW 2012, 152 m. Anm. *Erdmann* (Ministre de l'Intérieur, de l'Outre-mer, des Collectiviales et de l'Immigration/Chambre de commerce et d'industrie de l'Indre); ferner EuGH C-115/12, VergabeR 2014, 140 m. Anm. *Reidt* (Frankreich/Kommission); EuGH C-261/14 u. NZBau 2016, 701 (Neamt u. Bacau).

[17] Den Sonderfällen der Verankerung der Vergaberechtspflicht in einem öffentlich-rechtlichen Vertrag oder in einem privatrechtlichen Vertrag kann hier nicht näher nachgegangen werden (vgl. hierzu OLG Düsseldorf VergabeR 2011, 257; BGH NZBau 2012, 132, und *Mager* NZBau 2012, 281; *Müller*, in Byok/Jaeger, Vergaberecht, C Rdnr. 42).

unter ihrer jeweiligen Nr. 3.1. vor, dass bei der Vergabe von Aufträgen bei einem Gesamtbetrag der Zuwendung von mehr als 100.000 EUR die genannten vergaberechtlichen Bestimmungen zu beachten sind.[18] Aus vergaberechtlicher Sicht bietet dieser Rückforderungsmechanismus eine effektive Sanktionsperspektive, wohingegen der Förderzweck durch eine strenge Rückforderungspraxis durchaus gefährdet sein kann (und mit ihm der jeweils verfolgte Gemeinwohlbelang, so wenn beispielsweise die Seniorenanlage gar nicht gebaut werden kann).

Die Ausübung des **Widerrufermessens** wird auf Bundes- bzw. Landesebene **13** durch Erlasse gesteuert, die jedenfalls bei Vorliegen eines „schweren Verstoßes" den Widerruf für grundsätzlich angezeigt erklären. Das BVerwG hat nun mit einer Entscheidung im Jahre 2013 der sich auf diesen Grundlagen verfestigenden Verwaltungspraxis bescheinigt, dass damit ein Beitrag zur Sicherung des „haushaltsrechtlichen Kerngebots der Wirtschaftlichkeit und Sparsamkeit" geleistet werde. Namentlich ein Verstoß gegen die Bestimmungen über die Vergabeart sei „wegen der damit verbundenen Gefährdung der haushaltsrechtlichen Gebote der Wirtschaftlichkeit und Sparsamkeit im Regelfall als schwerwiegend zu charakterisieren".[19]

Interessanterweise bildet die Rechtsgrundlage für die per Auflage verfügte Pflicht zur Beach- **14** tung des Vergaberechts mithin weder ein Gesetz noch eine Verordnung, sondern eine Verwaltungsvorschrift. Anders als innerhalb des GWB- oder des Haushalts-Vergaberechts (→ § 25 Rn. 6) werden über diese Brücke in erster Linie private Unternehmen, Vereine und Einzelpersonen, die sonst nie mit dem Vergaberecht konfrontiert sind, zu seiner Anwendung verpflichtet. Besteht eine Vergaberechtspflicht bereits aus vergaberechtlichen Vorschriften (insbesondere für Zuwendungsempfänger aus dem kommunalen Bereich, die nach § 99 Nr. 1 GWB öffentliche Auftraggeber sind), wird die Vergaberechtspflicht gleichsam gedoppelt. Dies führt zu einer Erweiterung des Sanktionsarsenals.

2. Rechtsschutz gegen Rückforderungsbegehren

Da die Ausübung des Widerrufsermessens nach § 49 VwVfG durch Runderlasse ge- **15** steuert wird, die jedenfalls bei Vorliegen eines „schweren Verstoßes" den Widerruf für grundsätzlich angezeigt erklären, handelt es sich um ein sehr strenges Rechtsfolgenregime, das nun vom BVerwG abgesegnet worden ist, solange nur aufgrund bestimmter konkreter Umstände des Einzelfalls von der in den Erlassen enthaltenen generalisierenden Regelbeurteilung abgewichen werden könne.[20] Nicht nur die Rechtsprechung, auch die hieran im Schrifttum geübte Kritik konzentriert sich ganz auf die sog. **Rechtsfolgenebene.** Fast schon resignativ geht es zumeist nur noch um

---

[18] Freilich bestehen erhebliche Unterschiede zwischen den einzelnen Bundesländern; zu ihnen *Hildebrandt/Conrad* ZfBR 2013, 130 (139). Übersichtlich zur „Prüfung der Vergabe und Bewirtschaftung von Zuwendungen" (2. Aufl. 2017) der Band 10 der Schriftenreihe des Bundesbeauftragten für Wirtschaftlichkeit in der Verwaltung. Mit den vergaberechtlichen Bestimmungen greifen übrigens auch deren Ausnahmetatbestände ein, etwa im Hinblick auf die interkommunale Zusammenarbeit (nach § 108 GWB; näher *Hövelberndt* NZBau 2016, 9). Zur Orientierung im Zuwendungsrecht vgl. Müller/Richter/Ziekow (Hrsg.), Zuwendungsrecht, 2017.

[19] BVerwG NVwZ 2013, 1082 m. Anm. *Burgi* bzw. *Krist* NZBau 2013, 481; vgl. ferner OVG NRW VergabeR 2017, 785; BayVGH NZBau 2017, 692 m. Anm. *Pinkenburg/Zawadke* NZBau 2017, 693. In der weiteren Folge können u.U. private Berater, Architekten und Projektsteuerer des Zuwendungsempfängers diesem gegenüber schadensersatzpflichtig sein; vgl. OLG Düsseldorf VergabeR 2014, 837 m. Anm. *Stolz.*

[20] BVerwG NVwZ 2013, 1082 Dabei kann auch eine Mitverantwortlichkeit der Bewilligungsbehörde relevant sein; VGHBW DVBl. 2014, 321.

die Qualifizierung des infrage stehenden Vergaberechtsverstoßes als „schweren" Verstoß.[21] Selbst insoweit wird entweder ganz abgelehnt, dass eine trotz Vergabeverstoßes wirtschaftliche Mittelverwendung sich zugunsten des Zuwendungsempfängers auswirken könnte[22] bzw. wird dies offen gelassen.[23]

3. Noch zuvor: Rechtsschutz gegen die die Vergaberechtspflicht begründende Nebenbestimmung

16   Der soeben geschilderte Mechanismus von Widerruf und Rückerstattung nach §§ 49, 49a VwVfG wird überhaupt erst dadurch ausgelöst, dass per Nebenbestimmung i.S.d. VwVfG innerhalb des Zuwendungsrechtsverhältnisses (jedenfalls gegenüber privaten und gemeinnützigen Empfängern) konstitutiv vergaberechtliche Pflichten begründet werden. Nun setzt die Rechtsfolge des Widerrufs nach § 49 Abs. 3 S. 1 Nr. 2 VwVfG voraus, dass eine mit dem Zuwendungsbescheid verbundene Auflage durch den Begünstigten nicht fristgemäß erfüllt worden ist. Es kommt damit nicht auf die Rechtmäßigkeit der Auflage, sondern lediglich auf ihre Wirksamkeit an. In allen der bisherigen Rechtsprechung zugrunde liegenden Fällen war die jeweilige Auflage bereits bestandskräftig geworden, so dass die Gerichte keinen Anlass hatten, ihre Rechtmäßigkeit zu überprüfen. Die eigentlich primär zu klärende Frage nach der **Rechtmäßigkeit der Verpflichtung** privater Wirtschaftsunternehmen und gemeinnütziger Träger zur Beachtung des Vergaberechts, blieb daher unbeantwortet. Wenn sich der Zuwendungsempfänger (verständlicherweise) nicht traut, die ihm auferlegte Auflage innerhalb eines Monats (isoliert)[24] anzufechten, kann er später nur noch auf „Milde" bei der Ausübung des Widerrufsermessens hoffen, und damit auf eine spätestens seit dem Beschluss des BVerwG aus 2013 kaum mehr vielversprechende Option.

17   M.E. bestehen erhebliche **Zweifel** an der Rechtmäßigkeit jener Auflagen in Zuwendungsbescheiden. Aus der Sicht von Zuwendungsempfängern, die sonst gar nicht mit dem Vergaberecht konfrontiert sind, bewirken sie vom ersten Tag des Umgangs mit den Zuwendungsgeldern Pflichten erheblicher finanzieller und rechtlicher Dimension. Daher müsste bereits auf der Tatbestandsebene eine Differenzierung nicht nach der Schwere des Vergabeverstoßes, sondern nach der Reichweite des Anknüpfungszwecks der sparsamen Mittelverwendung vorgenommen werden. Gegenwärtig bezieht sich eine eher dünne Anknüpfung (in haushaltsrechtlichen Verwaltungsvorschriften) auf einen Gegenstand, der in hohem Maße durch Komplexität und Intensität gekennzeichnet ist (das Vergaberecht). Eine Überschneidung zwischen den vergaberechtlichen und den zuwendungsrechtlichen Zwecken besteht allein im Zweck der Sicherung der haushaltsrechtlichen Gebote der Wirtschaftlichkeit und Sparsamkeit, während die das Vergaberecht ja zusätzlich prägenden Wettbewerbs- und politischen Sekundärzwecke private Zuwendungsempfänger schlicht nichts angehen.

---

[21] So zuletzt *Laumann/Scharf* NZBau 2013, 208 (212 f.).
[22] *Attendorn* NWVBl. 2007, 293 (298).
[23] OLG Düsseldorf VergabeR 2011, 257 (263).
[24] Dazu allgemein *Maurer/Waldhoff*, Allgemeines Verwaltungsrecht, 19. Aufl. 2017, § 12 Rn. 22 ff.

Bei der Intensität, mit der sich die Verwaltungsgerichte an den Text der ANBest klammern, 18
gerät übrigens auch der Förderzweck, also der Grund dafür, warum überhaupt Zuwendungen
geleistet worden sind, aus dem Blick. Er kann durch eine überstrenge Rückforderungspraxis
durchaus gefährdet werden und gemäß § 36 Abs. 3 VwVfG müssen Auflagen eigentlich primär
diesem Förderzweck dienen. M.E. handelt es sich bei den ANBest um Anlagen zu einer sog.
norminterpretierenden bzw. ermessensleitenden Verwaltungsvorschrift, nämlich den Verwaltungsvorschriften zur BHO/LHO.[25] Als solche können sie sich nur innerhalb des durch Gesetz
gezogenen Rahmens bewegen. Dieser Rahmen wird beispielsweise im Geltungsbereich der
LHO NRW durch die §§ 44, 23, 55 und 67 gebildet, die Anforderungen an die Gewährung
von Zuwendungen und an eine diesbezüglich wirtschaftliche und sparsame Mittelverwendung
formulieren. Für das Verhältnis von Gesetz und Verwaltungsvorschrift gilt aber nach allgemeinen Grundsätzen die rechtsstaatliche Regel vom Vorrang des Gesetzes. Die Verwaltungsvorschrift ist daher als alleinige Brücke zu schwach, um gegenüber privatwirtschaftlichen Zuwendungsempfängern derart intensive zusätzliche Verhaltenspflichten begründen zu können, wie
dies im Hinblick auf das Vergaberecht geschieht.[26] Von Verfassungsrechts wegen kann daher
nur an diejenigen vergaberechtlichen Pflichten angeknüpft werden, deren Zweck die Sicherung der Wirtschaftlichkeit und Sparsamkeit bildet. In ihrer gegenwärtigen Fassung (regelmäßi-
ge und vollständige Verweise auf die gesamten ersten Abschnitte von VOB/A und VOL/A,
künftig wahrscheinlich UVgO (→ § 4 Rn. 26)) sind die ANBest daher zu weit und zu unspe-
zifisch gefasst. Herausgenommen werden müssten als erstes die mittelstandsbezogenen Losver-
gabe-Vorschriften (die die Wirtschaftlichkeit zudem ja eher schwächen als stärken)[27] und auch
das Verbot von Nachverhandlungen. Deutlich kleiner ist interessanterweise der Katalog der in
Bezug genommenen vergaberechtlichen Vorschriften im EU-Sonderzuwendungsrecht (vgl. bereits Rn. 11).

III. Andere Kontrollmechanismen

Außerhalb der Kontrolle des Auftraggeberhandelns durch Vergabekammern und Ge- 19
richte gibt es selbstverständlich Kontrollmechanismen auf der behördlichen Ebene,
ganz abgesehen davon, dass Vergabeverfahren auf der lokalen, teilweise auch auf der
bundesweiten Ebene vielfach kritisch (und damit durchaus auch kontrollierend) von
den Medien begleitet werden.[28]

1. Von der EU veranlasst

Außerhalb des regelmäßig aufwendigen Vertragsverletzungsverfahrens nach Art. 258 20
AEUV (→ § 3 Rn. 16 f.) geben die Vergaberichtlinien der Kommission die Möglich-
keit, schwere Verstöße gegen unionales Vergaberecht per Mitteilung gegenüber der
Bundesregierung zu rügen (**Herkömmliches Korrektur- und Schlichtungsver-
fahren**). Dies setzt daraufhin gemäß § 183 GWB ein innerstaatliches Verfahren in
Gang. Freilich bestehen hierbei erhebliche Spielräume, und unterlegene Bieter kön-

---

[25] Allgemein zu diesen Kategorien *Maurer/Waldhoff,* Allgemeines Verwaltungsrecht, § 6 u. 14, § 24 Rn. 11.
[26] Näher begründet bei *Burgi* NZBau 2013, 606.
[27] Ebenso bereits *Mayen* NZBau 2009, 98 (102).
[28] Aus verwaltungsrechtswissenschaftlicher Sicht geht es um die „retrospektive Abweichungsanalyse, durch
die die Kontrollinstanz steuernd zur Steigerung der Sachrichtigkeit der Entscheidung auf das Kontrollob-
jekt einwirkt und die regelmäßig mit einer Anpassung des Kontrollgegenstandes, insbesondere mit dessen
Berichtigung … verkoppelt ist"; vgl. ausführlich *Kahl* in: Hoffmann-Riem/Schmidt-Aßmann/Voßkuhle
(Hrsg.), Grundlagen des Verwaltungsrechts III, 2009, § 47.

nen ein etwaiges Untätigbleiben der Kommission gegenüber dem betroffenen Mitgliedstaat nicht mit der Untätigkeitsklage nach Art. 265 AEUV geltend machen.[29]

21 In der VRL sind in den Art. 83 ff. verschiedene Maßnahmen vorgesehen, um „wirksam eine korrekte und effiziente Umsetzung" des europäischen Vergaberechts durch die Mitgliedstaaten sicherzustellen (sog. **Governancemechanismen**). Hierher gehören insbesondere die Zusammenarbeit zwischen der Kommission und den Mitgliedstaaten und die Erhebung statistischer Informationen (Art. 85), umgesetzt durch § 114 GWB und die VergStatVO ($\rightarrow$ § 13 Rn. 6). Diese in der Sache weitgehend selbstverständlichen Vorgaben bleiben weit hinter den ursprünglichen Plänen der EU-Kommission zurück, wonach in jedem Mitgliedstaat eine übergeordnete nationale, und überdies „unabhängige" Vergabeaufsichtsinstanz hätte eingerichtet werden müssen.[30]

2. Im nationalen Recht begründete Mechanismen

22 Neben der allgemeinen Behörden- (innerhalb des Bundes bzw. des Landes) sowie der Staatsaufsicht (im Verhältnis gegenüber Kommunen und verselbstständigten sonstigen Verwaltungseinheiten)[31] spielt die Finanzkontrolle durch den Bundesrechnungshof bzw. die Landesrechnungshöfe sowie durch mit der Rechnungsprüfung befasste spezialisierte Stellen auf kommunaler Ebene eine große Rolle. All diese Maßnahmen wirken überdies präventiv, d. h. die Furcht vor späterer Kontrolle fördert die Beachtung der vergaberechtlichen Vorschriften bereits zu Beginn des Vergabeverfahrens. Unter Umständen kann sie freilich auch zu (in der Sache oft unbegründeter) Bedenkenträgerei oder gar zur Lähmung des Beschaffungsprozesses führen.

Vertiefungsliteratur:

Mayen, Durchführung von Förderprogrammen im Vergaberecht, NZBau 2009, 98; *Aulbert,* Staatliche Zuwendungen an Kommunen, 2010; *Schabel,* Vergaberechtskontrolle außerhalb der Nachprüfung nach §§ 102 ff. GWB, VergabeR 2012, 333; *Braun,* Ausschreibungen vor dem Verwaltungsgericht, in: FS Marx, 2013, 39; *Burgi,* Das Vergaberecht als Vorfrage in anderen Rechtsgebieten, NZBau 2013, 601; *Gass,* Zurückforderung und Verzinsung von Zuwendungen, APF (Ausbildung – Prüfung – Fachpraxis) 2013, 225 ff., 265 ff., 321; *Hildebrandt/Conrad,* Rechtsfragen der Rückforderung von Zuwendungen bei Verstößen gegen das Vergaberecht, ZfBR 2013, 130; *Stoje/Walliczek* in: FS Marx, Die Rückforderung von Zuwendungen als Damoklesschwert, 2013, 741; *Dietlein/Fandrey,* in Gabriel/Krohn/Neun, HdbVergabeR, § 9; *Troidl,* Vergaberecht und Verwaltungsrecht, NVwZ 2015, 549; *Etscheid,* Die Rückforderung von Zuwendungen wegen Vergaberechtsverstößen, DÖV 2017, 403; *Gass,* Die Bindung von Fördermittelempfängern an das (neue) Vergaberecht – vom Risiko der Rückforderung, GewArch 2018, 55.

---

[29] EuGH, C-387/08, NZBau 2009, 468 08 (VDH und Edeka).
[30] Sehr kritisch hierzu *Burgi* NZBau 2012, 601 (608 f.).
[31] Eingehende Erörterung bei *Burgi,* Kommunalrecht, 5. Aufl. 2015, § 8 Rn. 26 ff.

Drittes Kapitel: Weitere EU-Vergaberegimes im Überblick

§ 23. Thematische Sonderregimes

Übersicht

Ein vom Auftragsvergaberecht der VRL abweichendes Sondervergaberecht existiert 1 nicht nur mit Blick auf die Vergabe von Konzessionen, die sich von den öffentlichen Aufträgen in struktureller Hinsicht unterscheiden (→ § 24), sondern auch in Bezug auf bestimmte Gebiete mit **sachlichen Besonderheiten,** für die jeweils gesonderte Regelwerke bestehen. Dies betrifft die Bereiche des Verkehrs, der Trinkwasser- und der Energieversorgung, die sog. Sektoren (I), ÖPNV-Dienste auf Schiene und Straße (II) sowie den Verteidigungs- und Sicherheitsbereich (III). Nachfolgend sollen die normativen Grundlagen und die wichtigsten Abweichungen dieser Sondervergaberegimes skizziert werden.

I. Vergaben in den Sektoren Wasser, Energie und Verkehr

1. Sondervergaberecht in den Sektoren

Die Schaffung eines Sondervergaberechts für Tätigkeiten (vgl. § 102 GWB) in den 2 Bereichen Wasser, Elektrizität, Gas, Wärme, Förderung und Exploration (Energieversorgung) sowie Verkehrsleistungen, Häfen und Flughäfen[1] beruht ausweislich der Richtlinie 2014/25/EU (→ § 3 Rn. 41) vor allem auf den Besonderheiten der in den Mitgliedstaaten auf diesen Gebieten vorfindlichen Märkte. Trotz prinzipieller wettbewerblicher Öffnung bestehen hier nach wie vor erhöhte Möglichkeiten der **politischen Einflussnahme** und gewisse **Marktabschottungen,** da die Mitgliedstaaten auf die in den betreffenden Bereichen tätigen Unternehmen vielfach noch

---

[1] Der in der Richtlinie 2014/25/EU ebenfalls enthaltene Sektor der Postdienste wurde in Deutschland wie schon bisher wegen bereits erfolgter Liberalisierung nicht aufgenommen.

beherrschenden Einfluss ausüben oder ihnen besondere oder ausschließliche Rechte für die Erbringung der betreffenden Daseinsvorsorgeleistungen gewähren. Die Möglichkeiten anderer Unternehmen, entsprechende Tätigkeiten auszuüben, sind deswegen potenziell größeren Beeinträchtigungen ausgesetzt als in Bereichen der „normalen" Privatwirtschaft.

3   Vor diesem Hintergrund erklären sich die sachlichen Besonderheiten des sektorenspezifischen Vergaberechts. Im Sektorenbereich werden zusätzlich zu den regulären Auftraggebern im Sinne von § 99 GWB auch **privatwirtschaftliche Unternehmen** dem Vergaberecht unterworfen, sofern diese ihre Tätigkeiten aufgrund entsprechender besonderer oder ausschließlicher Rechte wahrnehmen oder unter beherrschendem staatlichem Einfluss stehen. Neben den nachfolgend noch im Einzelnen zu benennenden **flexibleren Verfahrensregeln** liegt hierin ein wesentlicher Unterschied zum klassischen Auftragsvergaberecht.

4   Mit der **Richtlinie 2014/25/EU** besteht schon auf der Ebene des Unionsrechts ein eigenes Regelwerk für den Sektorenbereich. Das deutsche Recht setzt die daraus folgenden Vorgaben auf zwei Regelungsebenen um. Das **GWB** definiert zunächst den Begriff der Sektorenauftraggeber in § 100 GWB, unter Anknüpfung an die in § 102 GWB näher beschriebenen Sektorentätigkeiten. Für die Sektorenauftraggeber greift gemäß § 136 GWB das Sondervergaberecht in den Sektoren (Abschnitt 3, Unterabschnitt 1), wenn und soweit es um die Vergabe von Aufträgen oder die Ausrichtung von Wettbewerben „zum Zweck der Ausübung einer Sektorentätigkeit" geht. §§ 137 bis 140 GWB enthalten sodann sektorenspezifische Ausnahmen vom Anwendungsbereich des Vergaberechts. Die übrigen GWB-Vorschriften betreffen schließlich die im Sektorenbereich verfügbaren Verfahrensarten (§ 141 GWB) und die anwendbaren Verfahrensvorschriften (§ 142 GWB), wobei weitgehend auf die Vorschriften über die Auftragsvergabe verwiesen wird. Die Einzelheiten der Vergabe im Sektorenbereich werden in der **SektVO** weiter konkretisiert ($\rightarrow$ § 4 Rn. 27). Diese beruht ebenso wie die VgV auf der Ermächtigungsnorm des § 113 GWB.

2. Sektorenauftraggeber und Sektorentätigkeiten

5   Zu den unter das sektorenspezifische Vergaberegime fallenden Auftraggebern („Sektorenauftraggebern") zählen gemäß § 100 Abs. 1 Nr. 1 GWB zum einen **reguläre öffentliche Auftraggeber** im Sinne des § 99 Nr. 1 bis 3 GWB ($\rightarrow$ § 8 Rn. 3 f.), wenn sie Sektorentätigkeiten nach § 102 GWB ausüben. Zum anderen werden aber auch **natürliche und juristische Personen des Privatrechts** erfasst, wenn sie die Voraussetzungen des § 100 Abs. 1 Nr. 2 lit. a) i.V.m. Abs. 2 GWB („Tätigkeit auf der Grundlage von besonderen oder ausschließlichen Rechten") oder des § 100 Abs. 1 Nr. 2 lit. b) i.V.m. Abs. 3 GWB („Ausübung eines beherrschenden Einflusses" durch Auftraggeber im Sinne des § 99 GWB) erfüllen. Wichtige Sektorenauftraggeber sind z.B. Stadtwerke-Unternehmen, die mit der Trinkwasser- und/oder Energieversorgung betraut sind, die Betreibergesellschaften von See-, Binnen- und Flughäfen sowie kraft beherrschenden Einflusses des Bundes auch die Deutsche Bahn AG, soweit es etwa um die Beschaffung von Schienenfahrzeugen geht.[2]

---

[2] Vgl. zum letztgenannten Beispiel detailreich *Peppersack* in FS Ehlers, 2015, 655 (662 f.).

Eine Ausnahme vom persönlichen Anwendungsbereich des Sektorenvergaberechts **6** sieht § 100 Abs. 2 S. 2 GWB speziell für die Fälle privatwirtschaftlicher Tätigkeit aufgrund besonderer oder ausschließlicher Rechte vor. Wurden diese besonderen oder ausschließlichen Rechte demnach im Wege eines **wettbewerblichen Verfahrens** gewährt, das auf objektiven Kriterien beruht und bei dem eine angemessene Publizität gewährleistet wurde, besteht kein sachliches Bedürfnis mehr für die Anwendung des Sektorenvergaberechts auf die betroffenen Wirtschaftsunternehmen. Dies gilt insbesondere etwa für Dienstleistungsaufträge, die auf der Grundlage des Art. 5 Abs. 3 der Verordnung (EG) Nr. 1370/2007 des Europäischen Parlaments und des Rates vom 23. Oktober 2007 über öffentliche Personenverkehrsdienste auf Schiene und Straße[3] vergeben wurden (→ Rn. 15 ff.).[4]

3. Sektorenspezifische Ausnahmetatbestände

Neben den allgemeinen Ausnahmetatbeständen (§§ 107 und 108 GWB) sowie eini- **7** gen Ausnahmen, die auch für die reguläre Auftragsvergabe gelten (vgl. die Verweise in § 137 Abs. 1 GWB auf § 116 GWB), sieht zunächst § 137 GWB bestimmte sektorenspezifische Ausnahmetatbestände vor. Diese betreffen insbesondere Aufträge zur Beschaffung von Wasser im Rahmen der Trinkwasserversorgung (§ 137 Abs. 1 Nr. 7 GWB) oder von Energie im Rahmen der Energieversorgung (§ 137 Abs. 1 Nr. 8 GWB), also Beschaffungsvorgänge im Bereich der **Hauptaktivität der Sektorenauftraggeber,** die für die Sektorentätigkeit schlichtweg konstituierend sind.[5]

Weitere spezielle Ausnahmen enthalten §§ 138 und 139 GWB, die neben den Re- **8** geln über die Inhouse-Vergabe und die Verwaltungskooperationen nach § 108 GWB Anwendung finden (→ § 11 Rn. 13 ff.). § 138 GWB betrifft das **sektorenspezifische Konzernprivileg** für die Auftragsvergabe an ein verbundenes Unternehmen im Sinne des § 138 Abs. 2 GWB, d.h. ein Unternehmen, dessen Jahresabschlüsse gemäß den Bestimmungen der Richtlinie 2013/34/EU ("Bilanzrichtlinie")[6] mit denen des Auftraggebers konsolidiert werden. § 139 GWB sieht eine **Joint Venture-Privilegierung** vor, wenn ein Auftrag an bzw. durch ein Gemeinschaftsunternehmen vergeben werden soll. Als sachlichen Grund für diese Ausnahmetatbestände spricht Erw. 39 der Richtlinie 2014/25/EU den Umstand an, dass viele Sektorenauftraggeber konzernartig strukturiert sind und einzelne Unternehmen dieser Wirtschaftsgruppen ihre Dienstleistungen, Lieferungen und Bauleistungen nicht am Markt anbieten, sondern hauptsächlich für die eigene Unternehmensgruppe bzw. für kooperierende Auftraggeber erbringen.[7] In solchen Fällen ist eine Behandlung parallel zu den Fällen des § 108 GWB angezeigt, d.h. es gilt auch insoweit der Grundsatz der Ausschreibungsfreiheit der Eigenerledigung.

Der Ausnahmetatbestand des § 140 Abs. 1 GWB knüpft an den Grundgedanken **9** des Sektorenvergaberegimes an, nämlich die dort typischerweise bestehenden Marktabschottungen, und nimmt eine Tätigkeit vom Anwendungsbereich des Sektoren-

---

[3] ABl. Nr. L 315 S. 1.
[4] Vgl. BT-Drs. 18/6281, S. 68.
[5] Vgl. *Müller* in Soudry/Hettich, Das neue Vergaberecht, 2014, 105 (129).
[6] ABl. Nr. L 182 S. 1.
[7] Vgl. *Drömann* NZBau 2015, 202 (203); *Greb* VergabeR 2016, 303.

vergaberechts aus, wenn der betreffende Sektorenauftraggeber hier **unmittelbar dem Wettbewerb auf Märkten ausgesetzt** ist, die keiner Zugangsbeschränkung unterliegen. Die Entscheidung über das Vorliegen dieser Voraussetzungen steht ausschließlich der Europäischen Kommission zu (vgl. § 3 SektVO).[8]

10   Die Anwendung des Sektorenvergaberechts setzt ungeachtet der Sektorenauftraggebereigenschaft stets einen **Bezug des konkreten Beschaffungsvorgangs zur Sektorentätigkeit** voraus, wie sich aus § 136 GWB („zum Zweck") und § 137 Abs. 2 Nr. 1 GWB ergibt. Der unter § 100 GWB fallende Betreiber eines Flughafens[9] etwa muss nach Maßgabe des Sektorenvergaberechts die Aufträge zum Betrieb der Start- und Landebahnen und der Sicherheitsflächen, zur Gewährleistung der Sicherheit des Flughafens und des ungehinderten Verkehrs sowie zur Abwicklung des Frachtverkehrs und zur Gepäckabfertigung ausschreiben, nicht dagegen Aufträge zur Wartung der Flugzeuge oder über das Anbieten von Hoteldienstleistungen; diese letztgenannten Vorgänge sind aus dem Anwendungsbereich des Sektorenvergaberechts ausgenommen und nur dann (nach regulärem Auftragsvergaberecht) ausschreibungspflichtig, wenn der Flughafenbetreiber auch Auftraggeber im Sinne des § 99 GWB ist.

4. Besonderheiten bei der Verfahrensgestaltung

11   Im Sektorenbereich können die Auftraggeber frei zwischen dem offenen und dem nicht offenen Verfahren, dem Verhandlungsverfahren mit Teilnahmewettbewerb und dem wettbewerblichen Dialog wählen (vgl. § 141 Abs. 2 GWB). Hierin äußert sich eine gesteigerte Beschaffungsautonomie; in prozeduraler Hinsicht kann dasjenige Verfahren gewählt werden, das im Einzelfall am effizientesten erscheint. Durch diese **Wahlfreiheit** unterscheidet sich das Sektorenvergaberecht grundsätzlich vom regulären Auftragsvergaberecht, das in § 119 Abs. 2 S. 1 GWB lediglich eine Wahlmöglichkeit zwischen offenem und nicht offenem Verfahren vorsieht (→ § 13 Rn. 19). Dies bedeutet auch, dass die Wahl der Verfahrensart keiner besonderen Dokumentation bedarf und nicht im Wege eines Nachprüfungsverfahrens angegriffen werden kann. Im Übrigen entsprechen die Ausgestaltungen des Verfahrens, auch in der SektVO, im Wesentlichen den Verfahrensmodalitäten der regulären Auftragsvergabe (→ § 13 Rn. 2 ff.).

5. Besonderheiten bei der Bieterauswahl

12   Die gesteigerte Flexibilität der Sektorenauftraggeber bei der Wahl der Verfahrensarten setzt sich im Rahmen der Auswahl der Bieter fort. In Abweichung von den Bestimmungen in § 122 Abs. 1 und 2 GWB, wonach die **Eignungskriterien** für die gewöhnliche Auftragsvergabe im Detail und abschließend vorgeben sind (→ § 16 Rn. 7 ff.), wählen die Sektorenauftraggeber die Unternehmen „nur" anhand objektiver Kriterien aus, solange diese allen interessierten Unternehmen zugänglich sind (§ 142 Nr. 1 GWB und § 46 SektVO). Grenzen finden die Spielräume der Sekto-

---

[8] Diese hat zuletzt den Strom- und Gaseinzelhandel freigestellt (vgl. *Tugendreich/Heller* NZBau 2017, 387).
[9] Vgl. zum folgenden Flughafenbeispiel m.w.N. *Schulz* in Gabriel/Krohn/Neun, HdbVergabeR, § 49 Rn. 13.

renauftraggeber freilich in den allgemeinen Grundsätzen aus § 97 GWB (→ § 6 Rn. 14 ff.), d.h. die Eignungskriterien dürfen insbesondere keine übermäßigen Anforderungen an die Bieter stellen (§ 97 Abs. 1 S. 2 GWB), müssen transparent (§ 97 Abs. 1 S. 1 GWB) und nicht diskriminierend (§ 97 Abs. 2 GWB) gestaltet sein und überdies mit dem Auftragsgegenstand in sachlichem Zusammenhang stehen.

Für die privaten Sektorenauftraggeber nach § 100 Abs. 1 Nr. 2 GWB modifiziert **13** § 142 Nr. 2 GWB außerdem die Rechtsfolgen bestimmter **Ausschlussgründe.** Demnach werden die zwingenden Ausschlussgründe nach § 123 GWB zu fakultativen Ausschlussgründen abgeschwächt.

6. Zuschlagskriterien, Auftragsausführung und Rechtsschutz

Mit Blick auf die Zuschlagskriterien und den Rechtsschutz ergeben sich im Sekto- **14** renbereich keine nennenswerten Unterschiede gegenüber dem Auftragsvergaberecht. Insoweit kann auf die allgemeinen Ausführungen zur Zuschlagserteilung (→ § 17) sowie zum Nachprüfungsverfahren (→ § 20) verwiesen werden. Mit Blick auf die Phase nach Zuschlagserteilung enthält lediglich § 142 Nr. 3 GWB eine abweichende, großzügigere, da nicht auf 50% des ursprünglichen Preises beschränkte Regelung bezüglich des zulässigen Umfangs einer ausschreibungsfreien **Auftragsänderung** wegen zusätzlicher Dienstleistungen (dazu allgemein → § 10 Rn. 10 ff.).[10]

II. ÖPNV-Dienste auf Schiene und Straße

1. Sondervergaberecht im ÖPNV-Bereich

Der sachliche Grund für die Existenz des an Komplexität kaum zu übertreffenden **15** Sonderrechts für die Vergabe von Verkehrsdienstleistungen (durch öffentliche Auftraggeber im Sinne von § 99 GWB) im ÖPNV-Bereich liegt vor allem in dem unionsweit dort typischerweise zu beobachtenden **Marktversagen.** Nahverkehrsdienstleistungen bedürfen noch immer vielfach der Subventionierung durch die öffentliche Hand, um eine hinreichende Quantität und Qualität der entsprechenden Angebote und ihre Preisgünstigkeit gewährleisten zu können. Das subventionsgeprägte Regime soll durch ein vergleichsweise moderat ausgestaltetes Ausschreibungsregime behutsam in Wettbewerbsstrukturen überführt werden.[11]

Den Ausgangspunkt jeder Annäherung an das Regelungsgeflecht, das sich dem **16** Rechtsanwender bei der Vergabe eines Auftrags bzw. einer Konzession über Nahverkehrsdienstleistungen im Sinne der GWB-Bestimmungen stellt, bildet die unmittelbar anwendbare **Verordnung (EG) Nr. 1370/2007 über öffentliche Personenverkehrsdienste, die zum 24. 12. 2017 teilweise novelliert worden ist** (→ § 3 Rn. 51)[12]. Mit der Verordnung sollen, unionsweit möglichst einheitlich, die Weichen für die beschriebene sanfte Überführung der Nahverkehrsmärkte in den Wettbewerb

---

[10] Weiterführende allgemeine Literatur zum neuen Sektorenvergaberecht (Stand 2017): *Müller* in Soudry/ Hettich, Das neue Vergaberecht, 2014, 105; *Opitz* VergabeR 2014, 369; *Prieß/Stein* NZBau 2014, 323; *Janitzek/Kirch* VergabeNews 2016, 50; *Schulz* in: Gabriel/Krohn/Neun, HdbVergabeR, Kap. 10. Ferner enthalten mehrere der Kommentierungen zum Vergaberecht eigene Abschnitte zur SektVO.
[11] Vgl. *Fehling* in Kaufmann/Lübbig/Prieß/Pünder, VO (EG) 1370/2007, 2010, Einleitung Rn. 1.
[12] Durch die VO 2016/2338 (ABl. EU Nr. L 354, S. 22, und hierzu *Linke* NZBau 2017, 331.

gestellt werden. Aus den Vorschriften der Verordnung ergibt sich die grundsätzliche Unterscheidung nach Verkehrsleistungen mit Bussen und Straßenbahnen einerseits und Eisenbahnverkehrsleistungen andererseits, für die jeweils unterschiedliche Regelungskomplexe gelten. Auch nach der Novellierung eröffnen sich für Deutschland keine neuen Direktvergabetatbestände; Änderungen betreffen den Zugang zu geeignetem Eisenbahn-Rollmaterial, zum Arbeitnehmerschutz, zu Auskunftspflichten und zur Loslimitierung.

17   Art. 5 Abs. 1 S. 2 VO 1370/2007 ordnet zunächst die Anwendung der Vergabe- und der Sektorenrichtlinie an,[13] soweit es um die Vergabe von Aufträgen über **Personenverkehrsdienstleistungen mit Bussen und Straßenbahnen** geht (dazu 3). Für diese Dienstleistungen enthalten die Bestimmungen in § 8a und § 8b PBefG die entscheidenden Verknüpfungen der VO 1370/2007 mit dem deutschen Recht:[14]

– **§ 8a PBefG** betrifft dabei die Vergabe von Aufträgen über Verkehrsdienstleistungen und verweist auf die GWB-Vorschriften, soweit ein öffentlicher Auftrag im Sinne von § 103 GWB vorliegt.

– **§ 8b PBefG** gestaltet den v. a. für die Konzessionsvergabe weiterhin allein maßgeblichen Art. 5 Abs. 3 VO 1370/2007 aus. § 149 Nr. 12 GWB nimmt die Vergabe von Dienstleistungskonzessionen über die Beförderung von Personen im Sinne des § 1 PBefG dementsprechend von Teil 4 des GWB aus.

18   Für den nicht von der Verweisung in Art. 5 Abs. 1 S. 2 VO 1370/2007 erfassten **Eisenbahnverkehr,** einschließlich des S-Bahn- und Regionalverkehrs (dazu sogleich 2), gelten dagegen grundsätzlich die Vorgaben aus Art. 5 Abs. 2 bis 6 VO 1370/2007. Dies bedeutet allerdings nicht, dass die GWB-Vorschriften hier keine Anwendung finden würden. Zwar nehmen Art. 10 lit. i) der VRL, Art. 21 lit. g) der Richtlinie 2014/25/EU und (weitergehend) Art. 10 Abs. 3 der Richtlinie 2014/23/EU Aufträge und Konzessionen über öffentliche Personenverkehrsdienste auf Schiene oder per Untergrundbahn vom Anwendungsbereich der Richtlinien aus. Das GWB enthält solche Ausnahmen indes nicht (und muss es nach Erw. 27 der VRL sowie Erw. 35 der Richtlinie 2014/25/EU auch nicht). Da vor allem in Art. 5 Abs. 3 VO 1370/ 2007 lediglich Rahmenvorgaben getroffen werden und Art. 5 Abs. 6 VO 1370/2007 unter dem Vorbehalt steht, dass nationales Recht einer Direktvergabe nicht entgegensteht, kommen auch hier die Vorschriften des GWB-Vergaberechts zur Anwendung, mit einigen Modifikationen in § 131 GWB (ggf. i.V.m. § 142 GWB im Sektorenbereich und § 154 Nr. 3 GWB mit Blick auf die Konzessionsvergabe).[15]

2. Eisenbahnverkehr („Schiene")

19   Für die Vergabe von Aufträgen und Konzessionen über Personenverkehrsdienstleistungen im Eisenbahnverkehr (z. B. die Ausschreibung von S-Bahn- oder Regionalbahnnetzen durch Nahverkehrsträger wie etwa den Verkehrsverbund Rhein-Ruhr

---

[13] Vgl. zur verständigen Auslegung dieses Verweises nach der Vergaberechtsmodernisierung im Jahre 2014 die Mitteilung der Europäischen Kommission über die Auslegungsleitlinien zu der VO (EG) Nr. 1370/ 2007 über öffentliche Personenverkehrsdienste auf Schiene und Straße vom 29. 3. 2014, 2014/C 92/02.

[14] Vgl. zum Folgenden kompakt BT-Drs. 18/6281, S. 114 f.

[15] Vgl. BT-Drs. 18/6281, S. 114 f.; zur Anwendung des Vergaberechts auf die Auftragsvergabe im Schienenverkehr bereits BGH NVwZ 2011, 175 (179).

oder die Bayerische Eisenbahngesellschaft) besteht nach den Maßgaben der Verordnung regelmäßig die Möglichkeit entweder zur Vergabe im Wege eines wettbewerblichen Vergabeverfahrens im Sinne von Art. 5 Abs. 3 VO 1370/2007 oder der sog. regulären Direktvergabe ohne vorangehenden Wettbewerb nach Art. 5 Abs. 6 VO 1370/2007. Im Ergebnis kommen freilich vor allem die vergaberechtlichen Regelungen zur Anwendung, modifiziert nach Maßgabe der §§ 131, 142 und 154 Nr. 3 GWB.

Die Möglichkeit zur Durchführung einer **regulären Direktvergabe** nach Art. 5 **20** Abs. 6 VO 1370/2007 hat der BGH mit seinem Beschluss in Sachen *Abellio Rail* praktisch ausgeschlossen. Demnach stehe das deutsche Recht der Direktvergabe insoweit entgegen, als die Vergabe der betreffenden Leistungen in den Anwendungsbereich des GWB-Vergaberechts falle.[16] Die in Art. 5 Abs. 6 Hs. 1 VO 1370/2007 genannte Voraussetzung („[s]ofern dies nicht nach nationalem Recht untersagt ist, […]“) dürfte daher im deutschen Recht grundsätzlich nicht gegeben sein.

Es bleibt den Auftraggebern daher regelmäßig nur die Durchführung eines **wett-** **21** **bewerblichen Verfahrens** nach Art. 5 Abs. 3 VO 1370/2007. Die maßgeblichen Regeln hierfür ergeben sich im oberschwelligen Bereich, wie §§ 131, 142 und 154 Nr. 3 GWB zeigen, vor allem aus dem GWB, mit folgenden Modifikationen:
- Die Modifikationen gegenüber der regulären Auftrags- bzw. Konzessionsvergabe betreffen zunächst die in § 131 Abs. 1 GWB vorgesehene, gemäß § 154 Nr. 3 GWB aber nicht für die Konzessionsvergabe geltende weitgehende **Wahlfreiheit** bezüglich der Verfahrensarten.
- Gemäß § 131 Abs. 2 S. 1 GWB tritt an die Stelle der Ausnahmevorschrift des § 108 Abs. 1 GWB der **spezielle Inhouse-Tatbestand** nach Art. 5 Abs. 2 VO 1370/2007.[17]
- § 131 Abs. 3 GWB betrifft schließlich Fälle des **Betreiberwechsels** und die Einhaltung von Sozialstandards nach Maßgabe des Art. 4 Abs. 5 VO 1370/2007; aufgrund einer Stellungnahme des Bundesrates[18] hat diese Vorschrift eine letztlich arbeitnehmerfreundlichere Fassung erhalten.

Unberührt von der Anwendung der GWB-Vorschriften bleibt gemäß § 131 Abs. 2 **22** S. 2 GWB allerdings die Vorschrift des Art. 5 Abs. 5 VO 1370/2007. Diese betrifft **Notmaßnahmen** im Falle einer (drohenden) Unterbrechung des Verkehrsdienstes und erlaubt ausnahmsweise auch die Direktvergabe der betreffenden Verkehrsdienstleistung.

3. Verkehr mit Bussen und Straßenbahnen („Straße")

Für die Vergabe von **Aufträgen** über Personenverkehrsdienstleistungen mit Bussen **23** und Straßenbahnen ist § 8a PBefG maßgeblich, der im Einklang mit Art. 5 Abs. 1 S. 2 VO 1370/2007 auf die Vorschriften des GWB verweist, soweit es die Abs. 2 bis 5 der VO betrifft, welche also im Übrigen, konkret auch hinsichtlich der Statthaftig-

---

[16] BGH NVwZ 2011, 175 (182); zuletzt *Mutschler-Siebert/Dorschfeldt* VergabeR 2016, 385.
[17] Zu ihm die aktuellen Vorabentscheidungsersuchen des OLG Düsseldorf an den EuGH; OLG Düsseldorf NZBau 2017, 756; OLG Düsseldorf NZBau 2017, 759.
[18] BR-Dr. 596/15. Zu § 131 Abs. 3 GWB vgl. *Reidt/Stickler* VergabeR 2016, 708; *Bayreuther* NZBau 2016, 459.

keit eines Selbstausführungsgebotes maßgeblich bleibt.[19] Die vorgelagerte Frage, wann überhaupt ein solcher Auftrag im Einzelfall zu vergeben ist, wird in Art. 3 Abs. 1 VO 1370/2007 beantwortet. Werden einem Verkehrsbetreiber demnach ausschließliche Rechte und/oder Ausgleichsleistungen gleich welcher Art für die Erfüllung gemeinwirtschaftlicher Verpflichtungen gewährt, so hat dies im Rahmen eines öffentlichen Dienstleistungsauftrags zu erfolgen.

24   Mit dem Verweis auf „gemeinwirtschaftliche" Verpflichtungen in Art. 3 Abs. 1 VO 1370/2007 ist die Differenzierung zwischen **eigenwirtschaftlich und gemeinwirtschaftlich erbrachten Verkehrsleistungen** angesprochen, die auch den Regelungen in § 8a PBefG zugrunde liegt.[20] § 8a Abs. 1 S. 1 PBefG setzt nämlich voraus, dass eine ausreichende Verkehrsbedienung nicht entsprechend § 8 Abs. 4 S. 1 PBefG möglich ist, d.h. nicht eigenwirtschaftlich erbracht werden kann. § 8a PBefG gilt mithin nur für gemeinwirtschaftlich erbrachte Verkehrsdienstleistungen, zumal nur diese gemäß Art. 3 Abs. 1 VO 1370/2007 im Rahmen eines Auftrags zu vergeben sind. Die damit entscheidende Grenze zwischen eigenwirtschaftlichen und gemeinwirtschaftlichen Verkehren zieht das PBefG wie folgt:

25   **Eigenwirtschaftlich** werden Verkehrsleistungen gemäß der Definition in § 8 Abs. 4 S. 2 PBefG erbracht, wenn der dazu aufgebrachte Aufwand gedeckt wird durch (1) Beförderungserlöse, aber auch durch (2) Ausgleichsleistungen auf der Grundlage von „allgemeinen Vorschriften" nach Artikel 3 Abs. 2 und 3 VO 1370/2007 sowie durch (3) sonstige Unternehmenserträge, soweit diese keine Ausgleichsleistungen für die Erfüllung gemeinwirtschaftlicher Verpflichtungen nach Artikel 3 Abs. 1 VO 1370/2007 darstellen und keine ausschließlichen Rechte gewährt werden. Der Kreis eigenwirtschaftlicher Verkehrsleistungen wird dadurch relativ weit gezogen und erfasst insbesondere auch Fälle nach Art. 3 Abs. 2 und 3 VO 1370/2007, in denen die öffentliche Hand zur Gewährleistung erschwinglicher Preise bestimmte Höchsttarife im Wege allgemeiner (gemeint ist wohl: abstrakt-genereller) Vorschriften festlegt und den Verkehrsbetreibern die damit verbundenen Mindereinnahmen in Form von Ausgleichsleistungen erstattet. Hier zeigt sich eine Ausprägung der eingangs beschriebenen typischen Subventionierungen im Nahverkehrsbereich.

26   Eine demgegenüber gemäß § 8a Abs. 1 und 2 PBefG nach Maßgabe der GWB-Vorschriften ausschreibungspflichtige Erbringung von Verkehrsleistungen liegt vor, wenn einem Verkehrsbetreiber nach Art. 3 Abs. 1 VO 1370/2007 ausschließliche Rechte und/oder Ausgleichsleistungen gleich welcher Art für die Erfüllung einer Verkehrsleistung gewährt werden, die sich im Sinne von Art. 2 Buchst. e) VO 1370/2007 als **gemeinwirtschaftlich** erweist. Gemeinwirtschaftliche Verpflichtung meint dabei eine behördlich festgelegte oder bestimmte Anforderung, die der Betreiber unter Berücksichtigung seines eigenen wirtschaftlichen Interesses nicht (zu den gleichen Bedingungen) ohne Gegenleistung übernommen hätte, also z.B. die Einhaltung bestimmter Qualitätsmerkmale der Beförderung oder Anforderungen an die Fahrpläne.[21] Werden diese Anforderungen im Einzelfall, also nicht in Gestalt „allgemeiner

---

[19] EuGH C-292-15, NZBau 2017, 48 (Hörmann) m. Anm. *Lenz/Jürschik* NZBau 2017, 205.
[20] Vgl. zum Zusammenspiel zwischen §§ 8a und 8b PBefG und der VO 1370/2007 eingehend *Fehling* in Heinze/Fehling/Fiedler, PBefG, 2. Aufl. 2014, § 8a Rn. 1 ff.
[21] Vgl. *Kaufmann* in Kaufmann/Lübbig/Prieß/Pünder, VO (EG) 1370/2007, 2010, Art. 2 Rn. 21.

Vorschriften" nach Art. 3 Abs. 2 oder 3 VO 1370/2007, angeordnet, greifen die Vorgaben des Art. 3 Abs. 1 VO 1370/2007 und des § 8a PBefG mit der Folge, dass grundsätzlich die Vorschriften des GWB zur Anwendung kommen, § 8a Abs. 2 PBefG. Hervorhebung verdienen dabei wiederum die in § 8a Abs. 3 und 5 PBefG vorgesehenen Möglichkeiten zur Direktvergabe nach Art. 5 Abs. 2 (Inhouse)[22] und Abs. 4 (Unterschwellenbereich) VO 1370/2007. Zur Verfolgung sozialer Zwecke werden in mehreren Landesvergabegesetzen in teilweise verfassungsrechtlich problematischer Weise ÖPNV-bezogene Mindestlohnregelungen normiert (→ § 19 Rn. 16).

Jenseits der Vergabe von Aufträgen über Verkehrsdienstleistungen, die zugleich unter den Auftragsbegriff in § 103 GWB fallen, findet § 8b PBefG i.V.m. den Vorschriften über das wettbewerbliche Verfahren nach Art. 5 Abs. 3 VO 1370/2007 Anwendung. Dies betrifft vor allem die Vergabe von **Dienstleistungskonzessionen,** die von dem Verweis in Art. 5 Abs. 1 S. 2 VO 1370/2007 explizit ausgenommen sind. Während sich Art. 5 Abs. 3 VO 1370/2007 auf die Vorgabe allgemeiner Grundsätze („muss allen Betreibern offen stehen, fair sein und den Grundsätzen der Transparenz und Nichtdiskriminierung genügen") beschränkt, konkretisiert § 8b PBefG diese Vorgaben näher, wenn auch mit weitreichenden Spielräumen für die Vergabestellen.[23] In § 8b PBefG werden insbesondere Vorgaben zu Form und Inhalt der Bekanntmachung (Abs. 2), zur Leistungsbeschreibung (Abs. 3), zur Bieterauswahl (Abs. 4 S. 1) und zur Zuschlagsentscheidung (Abs. 4 S. 2) getroffen, ferner zur Unterauftragsvergabe (Abs. 5) und zur Dokumentation (Abs. 6).[24]

III. Vergaben in den Bereichen Verteidigung und Sicherheit

1. Sondervergaberecht in den Bereichen Verteidigung und Sicherheit

Die spezifischen vergaberechtlichen Regelungen in den Bereichen Verteidigung und Sicherheit sind vor dem primärrechtlichen Hintergrund des **Art. 346 Abs. 1 Buchst. b) AEU** (früher: Art. 296 EG) zu betrachten. Diese Bestimmung ermöglicht es den Mitgliedstaaten, „für die Wahrung ihrer wesentlichen Sicherheitsinteressen" Vorbehaltsregeln aufrechtzuerhalten bzw. einzuführen.

Um die daraus folgenden Zielkonflikte mit dem Binnenmarkt sekundärrechtlich einzufangen, wurden neben der Mitteilung der Kommission über die Anwendung von Art. 296 (ex) EG im Verteidigungssektor vom 7. 12. 2006[25] in einem „Defence Package" zwei Richtlinien erlassen, nämlich die Richtlinie 2009/43/EG („Transferrichtlinie" zur innergemeinschaftlichen Verbringung von Verteidigungsgütern)[26] sowie die **Richtlinie 2009/81/EG** über die Koordinierung der Verfahren zur Vergabe

27

28

29

---

[22] Vgl. dazu OLG München VergabeR 2016, 613 m. Anm. *Najdenova* u. von *Lenz/Jürschik* NZBau 2016, 544.

[23] Vgl. eingehend *Knauff* DVBl. 2014, 692 (693).

[24] Weiterführende allgemeine Literatur zur Vergabe im ÖPNV-Bereich: Kaufmann/Lübbig/Prieß/Pünder, VO (EG) 1370/2007, 2010; von Wietersheim (Hrsg.), Vergaben im ÖPNV – Novellierung des PBefG, Umsetzung der VO 1370/2007, 2013; *Otting/Olgemöller/Tresselt* in Gabriel/Krohn/Neun, HdbVergabeR, Kap. 13; *Fehling* in Heinze/Fehling/Fiedler, PBefG, 2. Aufl. 2014, §§ 8a und 8b; *Knauff* DVBl. 2014, 692; *Wagner-Cardenal/Dierkes* NZBau 2014, 738; *Röbke* NZBau 2015, 216.

[25] KOM (2006) 779 endg.

[26] ABl. 2009 Nr. L 146/1.

bestimmter Bau-, Liefer- und Dienstleistungsaufträge in den Bereichen Verteidigung und Sicherheit[27]. Die letztgenannte Richtlinie enthält besondere vergaberechtliche Vorschriften, die bestimmte verteidigungs- und sicherheitsspezifische Aufträge erfassen (→ § 3 Rn. 42). Mit Blick auf diese Aufträge geht sie dem allgemeinen Auftrags- und dem Sektorenvergaberecht vor; im Übrigen finden die VRL und die Richtlinie 2014/25/EU aber auch im Verteidigungs- und Sicherheitsbereich Anwendung (vgl. Art. 15 bis 17 der VRL und Art. 24 bis 27 der Richtlinie 2014/25/EU). In Anbetracht dieser Sonderregelungen zum Ausgleich der mitgliedstaatlichen Sicherheitsinteressen und -bedürfnisse mit den Wettbewerbszielen des Binnenmarktes dürfte ein Rückgriff auf Art. 346 AEU nur noch ganz ausnahmsweise in Betracht kommen.[28]

30   Im deutschen Recht enthält zunächst **§ 104 GWB** eine Beschreibung verteidigungs- und sicherheitsspezifischer Aufträge, für die in den **§§ 144 bis 147 GWB** Sonderregelungen vorgesehen sind (Abschnitt 3, Unterabschnitt 2). Es handelt sich dabei um eben jene bereichsspezifischen Aufträge (z. B. über die Lieferung von Militärausrüstung oder Verschlusssachenaufträge), die in Art. 2 der Richtlinie 2009/81/ EG erfasst werden. Für diese Aufträge existieren auch auf untergesetzlicher Ebene spezielle Vorschriften, die seit 2012 weitgehend in der **VSVgV** zusammengefasst sind. Für verteidigungs- und sicherheitsspezifische Bauleistungen gelten außerdem die Bestimmungen der **VOB/A-VS** (als 3. Abschnitt der VOB/A). Die Vergaberechtsreform 2016 hat in Bezug auf dieses Sonderregime keine inhaltlichen Änderungen bewirkt.

2. Verteidigungs- und sicherheitsspezifische Ausnahmetatbestände

31   Neben der allgemeinen Ausnahmevorschrift des **§ 107 Abs. 2 GWB,** die einen (in Anbetracht des speziellen Vergaberegimes unter der Richtlinie 2009/81/EG wohl nur noch selten in Betracht kommenden) unmittelbaren Rückgriff der Vergabestelle auf Art. 346 AEU erlaubt, enthält vor allem **§ 145 GWB** einige verteidigungs- und sicherheitsspezifische Ausnahmetatbestände. § 145 Nr. 1 GWB etwa betrifft Aufträge zu Zwecken nachrichtendienstlicher Tätigkeiten. § 145 Nr. 2 GWB erfasst die Auftragsvergabe im Rahmen von Kooperationsprogrammen z. B. zur Entwicklung aufwändiger neuer Militärtechnologien und Waffensysteme. Ausschreibungsfrei möglich ist ferner die Vergabe von verteidigungs- und sicherheitsspezifischen Aufträgen an andere Staaten nach Maßgabe des § 145 Nr. 4 GWB.

3. Verteidigungs- und sicherheitsspezifische Verfahrensgestaltung

32   Im Unterschied zum allgemeinen Auftragsvergaberecht stehen den öffentlichen Auftraggebern und den Sektorenauftraggebern das nicht offene Verfahren und das Verhandlungsverfahren mit Teilnahmewettbewerb nach ihrer Wahl zur Verfügung (§ 146 S. 1 GWB). Darüber hinaus stehen das Verhandlungsverfahren ohne Teilnahmewettbewerb und der wettbewerbliche Dialog zur Verfügung, soweit die besonderen gesetzlichen Voraussetzungen dafür vorliegen (§ 146 S. 2 GWB). Die Struktur und der Ablauf der Verfahren gleichen im Wesentlichen denjenigen des allgemeinen Auftrags-

---

[27] ABl. 2009 Nr. L 216/76.
[28] So auch *Conrad* in Gabriel/Krohn/Neun, HdbVergabeR, § 56 Rn. 5.

vergaberechts, mit einigen Besonderheiten, die hier nicht nachgezeichnet werden können.[29] Spezifische Regeln zur Gewährleistung der Vertraulichkeit und zum Schutz von Verschlusssachen sind in §§ 6 und 7 VSVgV enthalten.

4. Besonderheiten bei der Bieterauswahl

Grundsätzlich gelten für die Eignungs- und Ausschlussprüfung die allgemeinen Re- **33** geln (→ § 16). § 147 GWB führt als fakultativen Ausschlussgrund zusätzlich die Möglichkeit ein, ein Unternehmen auszuschließen, wenn es nicht die erforderliche Vertrauenswürdigkeit aufweist, um Risiken für die nationale Sicherheit auszuschließen.

5. Zuschlagskriterien, Auftragsausführung und Rechtsschutz

Auch mit Blick auf die Zuschlagskriterien und die Auftragsausführung (→ §§ 17 und **34** 19) verweist § 147 GWB prinzipiell auf die allgemeinen Regeln. Im Rahmen der Rechtsschutzvorschriften erfahren die Verteidigungs- und Sicherheitsinteressen teilweise besonderes Gewicht, etwa im Hinblick auf die Besetzung der Vergabekammern (§ 157 Abs. 2 S. 5 GWB) oder die Gestattung der Zuschlagserteilung schon vor Abschluss des Nachprüfungsverfahrens (§ 169 Abs. 2 S. 2 2. Hs. GWB).[30]

---

[29] Vgl. zu den Besonderheiten kompakt *Conrad* in Gabriel/Krohn/Neun, HdbVergabeR, § 58 Rn. 29 f.

[30] Weiterführende Literatur zur Vergabe in den Bereichen Verteidigung und Sicherheit: *Gabriel* VergabeR 2009, 380; *Wagner/Bauer* VergabeR 2009, 856; *Höfler/Petersen* EuZW 2011, 336; *Weiner* EWS 2011, 401; *Byok* NVwZ 2012, 70; *Scherer-Leydecker* NZBau 2012, 533; *Roth/Lamm* NZBau 2012, 609; *Hölzl* VergabeR 2012, 141; *Rosenkötter* VergabeR 2012, 267; *Voll* NVwZ 2013, 120; *Conrad/Krohn* in Gabriel/Krohn/Neun, HdbVergabeR, Kap. 11; *Trybus,* Buying Defence and Security in Europe, 2014; Mössiger/Thomas (Hrsg.), Verteidigungs- und Sicherheitsvergabe, 2014; *Höfler* NZBau 2015, 736 (einschließlich beihilfenrechtlicher Bezüge); *Eßig* ZfBR 2016, 33; ferner die Kommentarliteratur, stellv. Leinemann/Kirch (Hrsg.), VSVgV (mit VOB/A-VS), 2013; *Hölzer* Vergaberecht im Verteidigungs- und Sicherheitsbereich der EU, 2017.

§ 24. Konzessionsvergabe

Übersicht

1 Das EU-Richtlinienpaket 2014 beinhaltet neben einer umfassenden Überarbeitung der schon bisher bestehenden Vergaberichtlinien auch eine neue Richtlinie über die Konzessionsvergabe (Richtlinie 2014/23/EU). Hierdurch wird ein Bereich, für den bisher auf Unionsebene nur Regelungsansätze bestanden, erstmalig kodifiziert. Während Baukonzessionen nach Art. 56 ff. der VKR schon länger immerhin vom europäischen Sekundärrecht erfasst worden sind, war die Vergabe von Dienstleistungskonzessionen trotz ihrer erheblichen praktischen Bedeutung seit 2004 gem. Art. 17 VKR sogar explizit von deren Anwendungsbereich ausgenommen.[1] Allerdings waren bei der Vergabe von Dienstleistungskonzessionen immerhin die vom EuGH aus dem AEUV abgeleiteten Maßstäbe des Primärrechts zu beachten (→ § 3 Rn. 21 ff.).

I. Erscheinungsformen und normativer Rahmen

2 Der Unterschied zwischen einer Konzession und einem Auftrag besteht darin, dass es sich beim öffentlichen Auftrag um einen vertraglich geregelten „Einkauf" von Leistungen handelt, dem ein entgeltlicher Vertrag zwischen einem öffentlichen Auftraggeber und einem (privaten) Auftragnehmer zugrunde liegt. Die Gegenleistung gegenüber dem Konzessionär besteht hingegen in der (exklusiven) Einräumung eines (Nutzungs-)Rechts zur wirtschaftlichen Verwertung der eigenen Leistung über einen bestimmten Zeitraum. Nicht der öffentliche Auftraggeber, sondern die Nutzer der Leistung, also Dritte, entrichten hierbei Entgelte an den Konzessionsnehmer, der somit das Risiko trägt, seine Leistung refinanziert zu bekommen (→ Rn. 14).

1. Praktisch wichtige Beispiele für Bau- und Dienstleistungskonzessionen

3 Konzessionen finden sich im Baubereich insbesondere bei Investorenprojekten. Im Dienstleistungsbereich sind Konzessionen in den verschiedensten Feldern und auf allen Ebenen anzutreffen. Allerdings liegt derzeit und wohl auch künftig das größte Potential im kommunalen Bereich und hier in der (entgeltlichen) Daseinsvorsorge, soweit dort ein Wandel von der Leistungs- hin zur **Ausschreibungs- und Ge-**

---

[1] Dies beruhte auf der Sorge der Mitgliedstaaten um den Fortbestand der betroffenen Bereiche von besonderem politischen Stellenwert; näher dazu *Ullrich* ZVgR 2000, 85 (93).

währleistungsverwaltung erfolgt ist.[2] Zu nennen sind dabei vor allem die Bereiche der kommunalen Infrastruktur (hier insbesondere die Aufgaben der Abfallentsorgung und Wasser-/Abwasserwirtschaft sowie des öffentlichen Personennahverkehrs) und der sog. Stadtmöblierung (Infotafeln, Buswartehäuschen, Infotainment in Bahnen etc., die über Werbung finanziert werden). Betroffen sind ferner der Betrieb kommunaler Einrichtungen (z. B. Schulkantinen oder öffentliche Parkhäuser) sowie der Kulturbereich im weiteren Sinne. Schließlich bestehen entsprechende Konstellationen im Sozialwesen inkl. Rettungsdienst (→ § 15 Rn. 11 ff.).[3]

Die in der Praxis wichtigsten **Konzessionsgeber** sind mithin die Kommunen. 4 Der Begriff des Konzessionsgebers ist in § 101 GWB legaldefiniert und umfasst folgende Gruppen von Auftraggebern: Zunächst sind dies öffentliche Auftraggeber i.S.d. § 99 Nr. 1 bis Nr. 3 (nicht Nr. 4) GWB (→ § 8 Rn. 3 f.), ferner Sektorenauftraggeber nach § 100 Abs. 1 Nr. 1 GWB und solche nach § 100 Abs. 1 Nr. 2 GWB, die jeweils eine Sektorentätigkeit gemäß § 102 Abs. 2 bis 6 ausüben (→ § 23 Rn. 5).

2. Grundvoraussetzungen und Ausgrenzungen

Entsprechend der allgemeinen Funktion des Vergaberechts als Rechtsrahmen für Ver- 5 teilung und Beschaffung (→ § 2 Rn. 23 ff.), fällt nicht jede denkbare Verteilungsentscheidung des Staates bzw. der Kommunen im Rahmen des Konzessionswesens unter das Konzessionsvergaberegime. Vielmehr ist jeweils notwendig, dass für den Konzessionsgeber etwas geleistet wird (Beschaffungselement, vgl. § 105 Abs. 1 Nr. 2 GWB), d. h. es genügt nicht, dass durch den Staat irgendetwas, im Falle der Konzession ein Nutzungsrecht, verteilt wird (Verteilungselement).[4] Vor diesem Hintergrund sind beispielsweise Wegekonzessionen nach § 46 Abs. 2 EnWG mangels Beschaffungselements[5] von vornherein aus dem Konzessionsvergaberegime auszuscheiden.[6] Die EnWG-Gesetzgeber hat in diesem Bereich ein spezielles Regime mit gesetzlichen Leistungspflichten der Energieversorgungsunternehmen geschaffen (vgl. etwa § 36 EnWG);[7] die Wegekonzession betrifft die bürgerlich-rechtliche Sondernutzung der jeweiligen Straße, also die bloße pachtähnliche Verteilung von Nutzungsrechten am kommunalen Vermögensbestand. Rechtsstreitigkeiten gehören daher vor die ordentlichen Gerichte.[8]

---

[2] Vgl. nur *Burgi* DVBl. 2003, 949; *Schoch* NVwZ 2008, 241.

[3] Zu den zahlreichen nunmehr von den Bestimmungen erfassten Sachverhalten vgl. *Diemon-Wies* VergabeR 2016, 162 (162); *Braun* in: Soudry/Hettich, Das neue Vergaberecht, 2014, 155 (157); die wohl umfassendste Aufzählung ist zu finden bei *Opitz* NVwZ 2014, 753 (754 Fn. 16).

[4] Vgl. auch Erw. 11 der Richtlinie 2014/23/EU; so auch *Opitz* NVwZ 2014, 753 (756). Zum Kreis der infrage kommenden Verteilungsregimes bei der Konzessionierung von Freizeitflächen am Ufer des Gardasees EuGH C-458/14 u. C 67/15, EuZW 2016, 657 (Promoimpresa) m. Anm. *Stickler.*

[5] Teile der Literatur sowie der BGH bejahen hingegen den Beschaffungscharakter, da die Kommune als „Nachfrager von Infrastrukturdiensten" auftrete; vgl. BGH NZBau 2014, 303; *Donhauser/Hölzlwimmer* VergabeR 2015, 509 (511 f.); *Hofmann/Zimmermann* NZBau 2016, 71 (72).

[6] Ähnliches gilt – mangels bedarfsdeckungsorientierten Zwecks – auch für Volksfeste und Weihnachtsmärkte (→ § 2 Rn. 26). So auch *Opitz* NVwZ 2014, 753 (756). Der je einzelne Standbetreiber erbringt keine Leistung für die den Markt veranstaltende Gemeinde, da deren Aufgabe das Veranstalten des Marktes, nicht aber der Verkauf von Bratwürsten oder Karussellfahrten ist. Erst recht ist die Marktfestsetzung nach § 69 Abs. 1 GewO keine Vergabeentscheidung (OVG LSA, 23. 8. 2016, 1 L30/16).

[7] So auch *Krönke* NVwZ 2016, 568 (575) mit Verweis auf BT-Drs. 18/7318, S. 291 ff.

[8] BVerwG, NVwZ 2017, 329.

6 Bislang war umstritten, nach welchem Rechtsregime sich die Vergabe von Wegenutzungsverträgen gem. § 46 Abs. 2 EnWG richtet. Die Anwendbarkeit des GWB-Vergaberechts wurde (m.E. zutreffend) verneint. Allerdings hatte die Rechtsprechung alle relevanten Fragen zu Kriterien, Verfahren und Rechtsschutz (vor den ordentlichen Gerichten!) befriedigend gelöst, teilweise übrigens sogar strenger als überwiegend unter dem GWB-Vergaberecht (keine Inhouse-Ausnahme, wie sich aus § 46 Abs. 4 EnWG ergibt; vgl. demgegenüber § 108 Abs. 1 GWB). Die Grundlage hierfür bildete der Gesetzestext des § 46 EnWG, interpretiert im Lichte des EU-Primärrecht.[9] Aus Erw. 16 der Richtlinie 2014/23/EU ergibt sich nun endgültig, dass diese nicht einschlägig ist und ebenso wenig sind es GWB und KonzVgV.[10]

7 Auch wenn das Vergaberecht somit ohne ein Beschaffungselement keine (unmittelbare) Anwendung findet, kann es sich gleichwohl auch für diese Verteilungsverfahren zu einem dogmatischen Orientierungsrahmen, zu einem Allgemeinen Teil eines „Verteilungsverwaltungsrechts" entwickeln (→ § 2 Rn. 28 f.).

3. Normenbestand

8 Die Konzessionsvergabe wird nunmehr grundsätzlich umfassend von der **Richtlinie 2014/23/EU** erfasst, die in großem Umfang an die bisherige Rechtsprechung des EuGH anknüpft. Teile der Rechtswissenschaft hatten schon länger Forderungen nach einer Kodifizierung aufgrund von Rechtssicherheits- und Funktionsgerechtigkeitserwägungen erhoben;[11] hieran anknüpfend ist es nun Ziel des Unionsgesetzgebers besseren Zugang zu den nationalen Märkten für Wettbewerber aus anderen Mitgliedstaaten zu schaffen, die Rechtssicherheit bei der Konzessionsvergabe zu verbessern und den unterlegenen Bewerbern und Bietern analog zur Auftragsvergabe Rechtsschutz zu gewähren.[12]

9 Die Regelungen zur Konzessionsvergabe finden sich nunmehr im **GWB** (im Abschnitt 3, Unterabschnitt 2) und sodann in der **KonzVgV** (→ § 4 Rn. 27),[13] während die VOB/A-EU insoweit nicht einschlägig ist. Für Konzessionen über soziale und andere besondere Dienstleistungen gelten §§ 153 GWB, 21 KonzVgV (→ § 15 Rn. 15). Die für die Konzessionsvergabe anwendbaren GWB-Vorschriften (sowie die ihnen vorausliegenden Normen der Konzessionsrichtlinie) orientieren sich inhaltlich im Wesentlichen an den Regelwerken zur Vergabe öffentlicher Aufträge, sind jedoch weniger streng ausgestaltet, d.h. die Spielräume des Konzessionsgebers sind größer

---

[9] BGH NZBau 2014, 303; BGH NZBau 2014, 514; hilfreich für die Praxis: Gemeinsamer Leitfaden von Bundeskartellamt und Bundesnetzagentur zur Vergabe von Strom- und Gaskonzessionen und zum Wechsel des Konzessionsnehmers v. 15.12.2010; kritisch aus kommunaler Sicht u.a. *Hellermann* EnWZ 2013, 147.

[10] So auch *Schwab/Giesemann* VergabeR 2014, 351 (366); a.A. *Stein* in: Pünder/Prieß, Vergaberecht im Umbruch II, 2015, S. 101 (112); *Weiß* NVwZ 2014, 1415 (1419); *Hofmann/Zimmermann* NZBau 2016, 71 (73 ff.). Mittlerweile ist § 46 EnWG abschließend novelliert worden (durch G.v. 27.1.2017, BGBl. 2017 I S. 130). Zur davon nicht erfassten „Ausschreibung von Fernwärmenetzen" vgl. die gleichnamige Untersuchung von *Körber/Kühling,* 2016.

[11] Vgl. u.a. *Burgi* DJT-Gutachten 2008, S. 87 f.; *ders.* BauR 2010, 1362 (1365 ff.); a.A. bis zuletzt noch *Prieß/Marx/Hölzl* NVwZ 2011, 65. In Deutschland hatte sich der Bundesrat mehrfach ausdrücklich gegen eine Konzessionsvergaberichtlinie ausgesprochen und am 2.3.2012 sogar eine Subsidiaritätsklage nach Art. 12 lit. b EUV erhoben (siehe BR-Drs. 874/11); vgl. zum Ganzen *Opitz* NVwZ 2014, 753 (753 f.).

[12] Vgl. Erw. 1 der Richtlinie 2014/23/EU; *Siegel* VergabeR 2015, 265 (266); *Stein* in: Pünder/Prieß, Vergaberecht im Umbruch II, 2015, S. 101 (103) m.w.N.

[13] Diese verdrängen als speziellere Regelungen selbstverständlich die Vorschriften des VwVfG, was *Müller* NVwZ 2016, 266, verkennt.

als diejenigen des Auftraggebers bei der klassischen Auftragsvergabe.[14] Dies gilt insbesondere für die Zuschlagskriterien sowie mit Blick auf den fehlenden Numerus clausus der Verfahrensarten. Die **geringere Regelungstiefe** hat ihren Grund darin, dass das Wesen der Konzession, wirtschaftliche Risiken auf den Konzessionsnehmer zu übertragen und die damit häufig verbundene rechtliche Komplexität, für einen großen Gestaltungsspielraum bei der Festlegung und Durchführung des Konzessionsvergabeverfahrens sprechen.[15] Gleichwohl ist nunmehr insbesondere im Rechtsschutz, aber auch in einigen anderen Bereichen ein Gleichklang zwischen Auftragsvergabe- und Konzessionsvergaberegime zu beobachten.

Nach § 106 Abs. 1, Abs. 2 Nr. 4 GWB ergibt sich der jeweilige **Schwellenwert** 10 aus Art. 8 der Richtlinie 2014/23/EU. Wird der Schwellenwert überschritten, so sind die GWB-Vorschriften zur Konzessionsvergabe einzuhalten. Bei Konzessionsvergaben unterhalb des Schwellenwerts greifen weiterhin die Maßstäbe des Vergabeprimärrecht ein.[16] Dem recht hohen Schwellenwert (5.548 000 EUR) darf mithin nicht die Wertung entnommen werden, eine Binnenmarktrelevanz sei unterhalb dieses Wertes nicht gegeben. Je niedriger allerdings die Auftragssumme ist, desto schwieriger ist die Feststellung eines grenzüberschreitenden Bezugs. Insoweit verbleibt es daher bedauerlicherweise bei der bestehenden Rechtsunsicherheit und ist weiterhin zu befürchten, dass Kommunen die Entscheidung zwischen einer Verwaltungshilfe (durch Auftrag) und einer Konzessionierung (→ § 11 Rn. 29) weniger aus aufgabenbezogenen Gründen, sondern zwecks Vermeidung des vergaberechtlichen Rechtsschutzsystems treffen. Nach Art. 9 der Richtlinie 2014/23/EU überprüft die Kommission alle zwei Jahre den in Art. 8 genannten Schwellenwert auf seine Übereinstimmung mit dem Übereinkommen über das öffentliche Beschaffungswesen der WTO für Baukonzessionen und legt ihn gegebenenfalls neu fest.[17]

Der **Rechtsschutz** bei der Konzessionsvergabe deckt sich nunmehr mit demjeni- 11 gen bei der Auftragsvergabe (§§ 155 ff. GWB). Damit verbindet sich auch das Eingreifen der Informations- und Wartepflicht nach §§ 134, 135 GWB. Dies stellt eine grundlegende und für die Praxis äußerst wichtige Änderung gegenüber der alten Rechtslage dar, wonach Rechtsschutz nicht vor den Vergabekammern, sondern vor den ordentlichen (bzw. den Verwaltungs-)[18] Gerichten gesucht werden musste.[19]

---

[14] *Siegel* VergabeR 2015, 265 (272) weist darauf hin, dass man auch diesbezüglich (wie schon bislang betreffend das Primärvergaberecht; → § 3 Rn. 26) von einer Art „Vergaberecht light" sprechen könne.

[15] Vgl. Erw. 2 der Richtlinie 2014/23/EU; näher *Burgi* BauR 2010, 1362 (1367 ff.).

[16] Dies wird aller Voraussicht nach für einen Großteil der Dienstleistungskonzessionen der Fall sein, vgl. *Portz* Bayerischer Gemeindetag 2016, 75 (76 f.).

[17] Näher *Braun* in: Soudry/Hettich, Das neue Vergaberecht, 2014, 155 (170).

[18] Der Verwaltungsrechtsweg war nach § 40 Abs. 1 S. 1 VwGO dann eröffnet, wenn der Konzessionsvertrag öffentlich-rechtlichen Charakter hatte, vgl. BGH NZBau 2012, 248 m. Anm. *Braun* NZBau 2012, 251.

[19] Der EuGH hatte in der Teleaustria-Entscheidung (EuGH C-324/98, NZBau 2001, 148, Rn. 62) klargestellt, dass unterlegene Bieter zumindest die Möglichkeit haben müssen, die Konzessionsentscheidung überprüfen lassen zu können. Nicht vorgegeben wurde jedoch die konkrete Ausgestaltung dieser Nachprüfungsmöglichkeit; vgl. *Knauff/Badenhausen* NZBau 2014, 395 (401).

II. Begriffsbestimmung und Abgrenzung zum Auftrag

1. Konzessionsbegriff

12 Die **Dienstleistungskonzession** als Schlüsselbegriff in Abgrenzung zu sonstigen öffentlichen Dienstleistungsaufträgen war bislang in Art. 1 Abs. 4 VKR als Vertrag definiert, der von öffentlichen Dienstleistungsaufträgen nur insoweit abweicht, als die Gegenleistung in dem Recht zur Nutzung oder in diesem Recht zuzüglich der Zahlung eines Preises besteht. Das GWB enthält in § 105 Abs. 1 nunmehr eine Legaldefinition des Konzessionsbegriffs, die Art. 5 Nr. 1 der Richtlinie 2014/23/EU vorgegeben hatte. Die in der EuGH-Rechtsprechung entwickelten Voraussetzungen und Abgrenzungskriterien wurden darin teilweise übernommen und präzisiert.[20] Konzessionen sind nach **§ 105 Abs. 1 GWB** entgeltliche Verträge, mit denen einer oder mehrere Konzessionsgeber ein oder mehrere Unternehmen entweder (Nr. 1) mit der Erbringung von Bauleistungen betrauen *(Baukonzessionen)* oder (Nr. 2) mit der Erbringung und der Verwaltung von Dienstleistungen, die nicht in der Erbringung von Bauleistungen nach Nr. 1 bestehen *(Dienstleistungskonzessionen);* dabei besteht die Gegenleistung entweder allein in dem Recht zur Verwertung der Dienstleistungen oder in diesem Recht zuzüglich einer Zahlung.

13 „Betrauen"[21] bedeutet, dass der öffentliche Auftraggeber eine ihm obliegende Aufgabe auf einen Dritten überträgt, damit dieser die Aufgabe für den öffentlichen Auftraggeber erledigt.[22] Dabei kann es sich um Leistungen handeln, die dem öffentlichen Auftraggeber unmittelbar selbst zugutekommen, aber auch um Leistungen, die der öffentliche Auftraggeber einfordert, weil er damit ihm obliegende Pflichten gegenüber der Bevölkerung erfüllen kann.

14 § 105 Abs. 2 GWB widmet sich explizit der Abgrenzung der Konzessions- zur Auftragsvergabe, namentlich bei Dienstleistungen, die aufgrund der unterschiedlichen Schwellenwerte (5.548.000 EUR vs. 221.000 EUR) weiterhin erhebliche Konsequenzen zeitigt.[23] Maßgeblich ist danach für die Annahme einer Konzession anknüpfend an die bisherige EuGH-Rechtsprechung[24], dass das Betriebsrisiko (Nachfrage- oder Angebotsrisiko) auf den Konzessionär übergeht.[25] Dies ist dann der Fall, wenn (Nr. 1) unter

---

[20] Vgl. insbesondere EuGH C-451/08 NZBau 2010, 341 (Müller); vgl. zu den bislang in deutschen Rechtsprechung gebräuchlichen Formeln *Braun* in: Soudry/Hettich, Das neue Vergaberecht, 2014, S. 155 (162) m.w.N. aus der Rechtsprechung.

[21] *Knauff/Badenhausen* NZBau 2014, 395 (396) weisen darauf hin, dass das Betrauenselement – zumindest ausdrücklich – erst durch die Richtlinie 2014/23/EU Eingang in die Begriffsmerkmale der Konzession gefunden hat.

[22] Wichtig ist, dass der Konzessionsvertrag „wechselseitig bindende Verpflichtungen" enthalten muss, wie sich aus Erw. 14 der Richtlinie 2014/23/EU ergibt. Der Konzessionsnehmer ist demnach nicht nur berechtigt, eine bestimmte Leistung auf dem Markt zu erbringen, sondern hierzu auch verpflichtet. Insoweit besteht ein entscheidender Unterschied zu gewerberechtlichen Erlaubnissen; vgl. *Opitz* NVwZ 2014, 753 (756f.); im Anschluss daran auch *Krönke* NVwZ 2016, 568 (575).

[23] *Diemon-Wies* VergabeR 2016, 162 (163), die zutreffend darauf hinweist, dass die fehlerhafte Einordnung eines Vertrages als Konzession, obwohl eigentlich ein Auftrag vorliegt, einen Fall der sog. de-facto Vergabe (→ § 20 Rn. 27) darstellt; so auch BGH NZBau 2012, 586 (588).

[24] Etwa EuGH C-458/03 NZBau 2005, 644, Rn. 40 (Parking Brixen); dem folgend auch BGH NZBau 2011, 175; vgl. *Ruhland* in: Gabriel/Krohn/Neun, HdbVergabeR, 2014, § 63 Rn. 39 und *Opitz* NVwZ 2014, 753 (754) jeweils m.w.N. aus Rechtsprechung und Literatur.

[25] Die Begriffe des Nachfrage- und des Angebotsrisikos sind in Erw. 20 der Richtlinie 2014/23/EU definiert. „Nachfragerisiko" ist demnach das Risiko der tatsächlichen Nachfrage nach den Bau- oder Dienstleistungen, die Gegenstand des Vertrags sind. „Angebotsrisiko" meint das mit der Erbringung der Bau- oder Dienstleistungen, die Gegenstand des Vertrags sind, verbundene Risiko, insbesondere das Risiko, dass die bereitgestellten Dienstleistungen nicht der Nachfrage entsprechen.

normalen Betriebsbedingungen nicht gewährleistet ist, dass die Investitionsaufwendungen oder die Kosten für den Betrieb des Bauwerks oder die Erbringung der Dienstleistungen wieder erwirtschaftet werden können, und (Nr. 2) der Konzessionsnehmer den Unwägbarkeiten des Marktes tatsächlich ausgesetzt ist, so dass potenzielle geschätzte Verluste des Konzessionsnehmers nicht vernachlässigbar sind. Der Konzessionär muss die Verantwortlichkeiten und Risiken übernehmen, die üblicherweise vom Konzessionsgeber getragen werden (vgl. Erw. 68 der Richtlinie 2014/23/EU).[26] Maßgeblich ist insoweit das sog. Verlustrisiko.[27] Risiken, die im Zusammenhang mit Missmanagement, vertraglichen Ausfällen des Wirtschaftsteilnehmers oder höherer Gewalt stehen, sind für die Einstufung als Konzession jedoch nicht ausschlaggebend, da sie jedem Vertrag innewohnen.[28]

Zur Höhe des vom Konzessionsnehmer zu übernehmenden Betriebsrisikos finden sich im 15 GWB keine konkreten Ausführungen. § 105 Abs. 2 S. 1 Nr. 2 GWB ist lediglich zu entnehmen, dass – absolut gesehen – potenzielle geschätzte Verluste des Konzessionsnehmers nicht vernachlässigbar sein dürfen. Gleichwohl sind dem Gesetzestext parallel zur Richtlinie – in relativer Hinsicht – keine Hinweise darauf zu entnehmen, dass der Konzessionsnehmer den „wesentlichen" oder „überwiegenden" Teil des Betriebsrisikos übernehmen muss.[29] Das übernommene Risiko hat demnach lediglich substantiell zu sein, muss den Teil des Risikos des Konzessionsgebers aber nicht übersteigen.[30] Überschneidungsfragen und gemischte Verträge sind in §§ 110 bis 112 GWB geregelt.

2. Weitere Anwendungsvoraussetzungen und anwendbare Vorschriften

Das GWB sieht vielfältige **Ausnahmen** vom Anwendungsbereich des Konzessions- 16 vergaberegimes vor. Diese können in allgemeine Ausnahmen (§§ 107, 108 GWB) und besondere Ausnahmen (§§ 149, 150 GWB) unterschieden werden. Allgemeine Ausnahmen betreffen sowohl die Auftrags- als auch die Konzessionsvergabe, so dass diesbezüglich auf die Ausführungen zur Auftragsvergabe verwiesen werden kann (→ § 11 Rn. 2). Hinzuweisen ist im Kontext der Konzessionsvergabe insbesondere auf die Bereichsausnahme nach § 107 Abs. 1 Nr. 4 GWB, die Rettungsdienstleistungen mit Ausnahme des Einsatzes von Krankenwagen zur Patientenbeförderung, erfasst (→ § 15 Rn. 11 f.).

Die besonderen Ausnahmen nach §§ 149, 150 GWB betreffen allein die Konzessi- 17 onsvergabe. Neben den Bereichsausnahmen für die Bereitstellung oder den Betrieb öffentlicher Kommunikationsnetze bzw. die Bereitstellung elektronischer Kommunikationsdienste (§ 149 Nr. 8 GWB), für Lotteriedienstleistungen (§ 149 Nr. 10 GWB) und Konzessionen im Bereich der Luftverkehrsdienste (§ 149 Nr. 12 GWB) ist vor

---

[26] Für die deutsche Rechtslage besonders interessant ist überdies Erw. 19 der Richtlinie 2014/23/EU, wonach unter Bestätigung der jüngeren Judikatur des EuGH (EuGH C-206/08 NZBau 2009, 729 [Eurawasser]), die Einstufung als Konzession nicht dadurch ausgeschlossen wird, dass das wirtschaftliche Risiko des Konzessionärs (z. B. durch Anschluss- und Benutzungszwang) von vornherein beschränkt ist.

[27] *Opitz*, NVwZ 2014, 753 (756); *Stein* in: Pünder/Prieß, Vergaberecht im Umbruch II, 2015, 101 (108).

[28] So Erw. 20 der Richtlinie 2014/23/EU, der seinerseits die Rechtsprechung des EuGH kodifiziert, vgl. EuGH C-348/10 NZBau 2012, 183 (185), Rn. 49 (Norma-A).

[29] Zur Richtlinie und der bisherigen Rechtsprechung des EuGH *Opitz*, NVwZ 2014, 753 (756); anders *Knauff/Badenhausen*, NZBau 2014, 395 (396).

[30] Vgl. *Stein* in: Pünder/Prieß, Vergaberecht im Umbruch II, 2015, 101 (110); a.A. *Braun* in: Soudry/Hettich, Das neue Vergaberecht, 2014, 155 (164), der ein substanzielles Risiko allein nicht ausreichen lassen will; zum Ganzen *Ruhland* in: Gabriel/Krohn/Neun, HdbVergabeR, 2014, § 63 Rn. 39 ff.

allem die Ausnahme für **Trinkwasserkonzessionen** (§ 149 Nr. 9 GWB) zu nennen. Diese Bereichsausnahme wurde erst infolge politischen Drucks aus Deutschland sowie öffentlicher Proteste entgegen dem Kommissionsvorschlag für die Konzessionsrichtlinie durchgesetzt[31] und wird nunmehr mit dem hohen Stellenwert, den die Wasserversorgung für alle EU-Bürger habe, begründet.[32] Eine Rolle hat hierbei auch die (erste erfolgreiche) EU-Bürgerinitiative „Right2Water" gespielt.[33] Allerdings ist diesbezüglich zu beachten, dass die Richtlinie 2014/23/EU in Art. 53 i.V.m. Erw. 84 auf einen Revisionsbericht verweist, in dessen Rahmen unter anderem die Ausnahme zum Wasserbereich evaluiert werden soll. Dieser ist dem Europäischen Parlament und dem Rat bis zum 18. April 2019 von der Kommission vorzulegen.[34] Überdies entfaltet auch diese Ausnahme keine „Sperrwirkung" gegenüber dem EU-Primärrecht.[35] Vielmehr ist bei der Vergabe von Konzessionen in diesen Feldern weiterhin das Vergabeprimärrecht zu beachten.

18   Im Rahmen der Konzessionsvergabe sind ebenso wie bei der Auftragsvergabe die **Grundsätze des § 97 GWB** zu beachten, mit Ausnahme der Mittelstandsklausel des § 97 Abs. 4 GWB, die sich ihrem Wortlaut nach nur auf die Auftragsvergabe bezieht. So gelten für das Konzessionsvergabeverfahren die Grundsätze des Wettbewerbs und der Transparenz, der Wirtschaftlichkeit, der Verhältnismäßigkeit und der Gleichbehandlung (§ 97 Abs. 1 und 2; → § 6 Rn. 17 ff.). Ferner finden auch die Regeln für die Verfolgung ökologischer und sozialer Zwecke Anwendung (§ 97 Abs. 3; → § 7). Auf weitere Vorschriften des Auftragsvergaberechts verweist § 154 GWB.

19   Nach § 3 Abs. 1 S. 1 KonzVgV ist die **Laufzeit** der Konzessionen – entgegen der bisherigen Rechtslage in Deutschland[36] – beschränkt. Sie wird vom Konzessionsgeber je nach geforderter Leistung geschätzt (Art. 3 Abs. 1 S. 1 KonzVgV). Zusätzlich bestimmt § 3 Abs. 2 KonzVgV, dass die Laufzeit bei Konzessionen mit einer Laufzeit von über fünf Jahren nicht länger sein darf als der Zeitraum, innerhalb dessen der Konzessionsnehmer nach vernünftigem Ermessen die Investitionsaufwendungen zuzüglich einer Rendite wieder erwirtschaften kann. Im Rahmen dieser Laufzeitbeschränkung muss der Konzessionsgeber allerdings bedenken, dass die Amortisierung von Aufwendungen bei Konzessionen gerade nicht garantiert wird.[37]

III. Verfahren, Eignungskriterien und Ausschlussgründe

20 Ausgangspunkt der Gestaltung des Vergabeverfahrens ist § 151 GWB, wonach im Grundsatz Gestaltungsfreiheit herrscht. Nach dem Wortlaut des § 151 S. 2 GWB kann

---

[31] Vgl. Erw. 5 der Richtlinie 2014/23/EU; vgl. dazu *Mitterlehner* RuP 2015, 29 (29 u. 32).
[32] Erw. 40 der Richtlinie 2014/23/EU.
[33] http://www.right2water.eu/de; vgl. hierzu den Erw. Nr. 40 der Richtlinie 2014/23/EU; ausführlich zur Bürgerinitiative selbst *Sule* EuZW 2014, 725.
[34] Vgl. zur Ausnahme für die Wasserwirtschaft etwa *Sudbrock* KommJur 2014, 41; *Schwab/Giesemann* VergabeR 2014, 351 (367).
[35] Vgl. Erw. 6 und 1 der Richtlinie 2014/24/EU und (→ § 3 Rn. 44); aus der Literatur *Knauff/Badenhausen* NZBau 2014, 395 (398); *Sudbrock* KommJur 2014, 41 (42); *Schwab/Giesemann* VergabeR 2014, 351 (367); *Lotze/Dierkes* RdE 2017, 165; *Schröder* NVwZ 2017, 504; a.A. *Jacob/Schmidt* RdE 2016, 114.
[36] Vgl. dazu *Braun* in: Soudry/Hettich, Das neue Vergaberecht, 2014, 155 (179).
[37] So auch *Stein* in: Pünder/Prieß, Vergaberecht im Umbruch II, 2015, 101 (124) im Anschluss an *Opitz* NVwZ 2014, 753 (759).

der Konzessionsgeber das **Verfahren** „frei ausgestalten".[38] Der Konzessionsgeber ist mithin nicht an die in § 119 GWB genannten Vergabearten gebunden, auch ist kein Regelverfahren vorgegeben. Entsprechend bestimmt § 12 Abs. 2 KonzVgV, dass das Verfahren ein- oder mehrstufig durchgeführt werden (S. 1) und der Konzessionsgeber mit den Bietern und Bewerbern Verhandlungen führen kann (S. 2). Gleichwohl dürfen Konzessionsgegenstand, die Mindestanforderungen an das Angebot und die Zuschlagskriterien nicht geändert (§ 12 Abs. 2 S. 2 KonzVgV) sowie Bewerber und Bieter nicht diskriminiert werden (§ 12 Abs. 3 KonzVgV). §§ 13, 14 KonzVgV statuieren weitere Grenzen des Grundsatzes Gestaltungsfreiheit. Nicht zuletzt treffen den Konzessionsgeber umfangreiche Bekanntmachungspflichten (§§ 19 ff. KonzVgV).[39]

Die gesetzlichen Anforderungen an die **Leistungsbeschreibung** bei der Konzes- 21 sionsvergabe entsprechen weitgehend denen bei der Auftragsvergabe, da § 152 Abs. 1 GWB die entsprechende Anwendung großer Teile der in § 121 GWB zu finden-den Regelungen anordnet (zu § 121 GWB → § 12 Rn. 7 f.). Die Anforderungen an die Leistungsbeschreibung bei der Konzessionsvergabe konkretisiert auf Verordnungsebene § 15 KonzVgV.[40]

Mit Blick auf die **Eignungskriterien** enthält § 152 Abs. 2 GWB einen Vollver- 22 weis auf § 122 GWB, d. h. auf die Eignungskriterien für die Auftragsvergabe. Danach sollen die in § 122 GWB für öffentliche Aufträge geregelten Anforderungen an die Eignung (→ § 16 Rn. 7 f.) für Konzessionen entsprechend zur Anwendung kommen. Nähere Regelungen finden sich insbesondere in §§ 24, 25 KonzVgV.

Die für die Auftragsvergabe in §§ 123 bis 126 GWB (→ § 16 Rn. 15 ff.) normier- 23 ten **Ausschlussgründe** werden von § 154 Nr. 2 GWB nahezu modifikationslos in Bezug genommen. Während § 154 Nr. 2 lit. b) GWB auf den Bereich Verteidigung und Sicherheit rekurriert, erklärt § 154 Nr. 2 lit. a) GWB, dass Konzessionsgeber nach § 101 Abs. 1 Nr. 3 GWB ein Unternehmen unter den Voraussetzungen des § 123 GWB (im Unterschied zur Auftragsvergabe) ausschließen können (fakultativer Ausschlussgrund), aber nicht müssen (obligatorischer Ausschlussgrund).

IV. Zuschlagskriterien

Hinsichtlich der Zuschlagskriterien hat der Bundesgesetzgeber im Anschluss an das 24 Unionsrecht einen im Vergleich zur Auftragsvergabe von vornherein systematisch anderen Zugriff gewählt, weil das dort dominierende Kriterium des „Preises (→ § 17 Rn. 5 f.) hier mangels Entgeltlichkeit keine Rolle spielen kann. Dabei ist grundsätzlich vom Bestehen eines Entscheidungsspielraums („Wahlfreiheit") auszugehen. Freilich bleibt die Verwaltung auch in ihrer Rolle als „Ausschreibungsver-

---

[38] Zu beachten ist, dass sich die Freiheit im Rahmen der Konzessionsvergabe auf die Gestaltung des Vergabeverfahrens bezieht und nicht nur, wie bei der Auftragsvergabe im Sektorenbereich (§ 146 S. 1 GWB), auf die Wahl der Vergabeart.

[39] Eingehend zu den Bekanntmachungspflichten aus der Richtlinie 2014/23/EU *Prieß/Stein* VergabeR 2014, 499 (507). Zu den Dokumentationspflichten sowie weiteren Verfahrensvorgaben nach der Richtlinie 2014/23/EU vgl. *Knauff/Badenhausen* NZBau 2014, 395 (400).

[40] Im Übrigen erweist sich hinsichtlich der Anforderungen an die Leistungsbeschreibung die Regelungstiefe auf Verordnungsniveau im Bereich der Konzessionsvergabe im Vergleich zur klassischen Auftragsvergabe als geringer. So finden sich in der KonzVgV im Gegensatz zur VgV insbesondere keine spezifischen Vorgaben zur Art der Formulierung der Merkmale des Auftrags- bzw. Konzessionsgegenstands in der Leistungsbeschreibung (§ 31 VgV) und zu Gütezeichen (§ 34 VgV).

waltung" (→ § 2 Rn. 28) zur Erfüllung ihrer Gemeinwohlverantwortung verpflichtet.[41] Dies bedeutet, dass der **Entscheidungsspielraum** des Konzessionsgebers
durch die fortbestehenden verfassungsrechtlichen (insbesondere Art. 3 Abs. 1 GG)
und fachgesetzlichen Bindungen (etwa Vorschriften für eine geordnete Schüler-
versorgung) eingeschränkt wird, denen der Konzessionsgeber als Träger der sog.
Gewährleistungsverantwortung unterliegt. Die nunmehr in § 152 Abs. 3 GWB statuierten vergaberechtlichen Anforderungen dienen auch der Umsetzung jener Verantwortung.

25   Da bei der Konzessionsvergabe im Gegensatz zum Bau- oder Dienstleistungsauftrag **kein Entgelt** entrichtet wird, scheidet eine unmittelbare Anwendung des Wirt-
schaftlichkeitskriteriums (§ 127 Abs. 1 S. 1 GWB), innerhalb dessen regelmäßig das
Kriterium des Preises den Bezugspunkt bildet, aus. Der Unions- (Art. 41 Abs. 1 der
Richtlinie 2014/23/EU) und in der Folge auch der Bundesgesetzgeber (§ 152 Abs. 3
S. 1 GWB) haben sich dafür entschieden, dass der Zuschlag von „objektiven Kriteri-
en" abhängig gemacht werden muss, die sicherstellen, dass die Angebote unter
„wirksamen Wettbewerbsbedingungen" bewertet werden, so dass ein „wirtschaftlicher Gesamtvorteil" für die Konzessionsgeber ermittelt werden kann.

26   Als Leitbegriff bei der Zuschlagserteilung im Zusammenhang der Konzessionsvergabe fungiert der Terminus des **„wirtschaftlichen Gesamtvorteils",** der bislang
noch keine klaren Konturen erlangt hat. Wie im Anschluss an die frühere Rechtsprechung des EuGH[42] nunmehr auch Erw. 20 der Richtlinie 2014/23/EU zu entnehmen ist, können im Rahmen der Zuschlagskriterien alle Faktoren berücksichtigt
werden, „die aus Sicht des Auftraggebers den Wert des Angebots beeinflussen und es
ihm ermöglichen, einen wirtschaftlichen Gesamtvorteil zu ermitteln".

27   § 152 Abs. 3 S. 1 GWB erfordert ferner, dass der Zuschlag aufgrund **objektiver**
Kriterien erteilt werden muss, die sicherstellen, dass die Angebote unter „wirksamen
Wettbewerbsbedingungen" bewertet werden. Diese objektiven Kriterien dürfen dem
Konzessionsgeber keine uneingeschränkte Wahlfreiheit einräumen (S. 2), d. h. sie
müssen willkürfrei sein. Folglich sind Kriterien wie „zur Zufriedenheit des Auftraggebers" oder „für den Auftraggeber optimal" unzulässig.[43] § 152 Abs. 3 S. 2 GWB
verlangt einen Zusammenhang zum jeweiligen Konzessionsgegenstand.[44] Mit Blick
auf Erw. 64–66 der Richtlinie 2014/23/EU liegt allerdings nur bei Fehlen jedweden
Zusammenhangs mit dem Konzessionsgegenstand eine Verletzung von § 152 Abs. 3
S. 2 GWB vor. Neben rein wirtschaftlichen Faktoren können nach § 152 Abs. 3 S. 3
und § 97 Abs. 3 GWB schließlich auch qualitative, umweltbezogene und soziale Belange berücksichtigt werden.[45]

---

[41] Die Vergabe von Dienstleistungskonzessionen als Privatisierungsoption bedeutet keinen vollständigen
Rückzug des Staates. Sie stellt keine Aufgabenprivatisierung, sondern eine Erscheinungsform der sog.
funktionalen Privatisierung dar; vgl. → § 11 Rn. 29.

[42] Vgl. u. a. EuGH C-513/99, NVwZ 2002, 1356 (1358), Rn. 55 (Concordia Bus Finland); EuGH C-448/
01, NZBau 2014, 105 (107), Rn. 30 ff. (Wienstrom).

[43] So die Beispiele in den Erläuterungen der EU-Kommission für die Konzessionsvergaberichtlinie: – Begriffsbestimmung: Was ist eine Konzession? – Zuschlagskriterien – Laufzeit – Ausnahmen – Verfahrensga-
rantien – Berechnung des Werts einer Konzession, S. 3.

[44] § 152 Abs. 3 S. 2 GWB geht seinerseits auf die Rechtsprechung des EuGH zurück; vgl. EuGH C-234/03,
NZBau 2006, 189 (192 f.), Rn. 69 f. (Contse SA („Insalud")).

[45] Vgl. zu den diesbezüglichen Vorgaben der Richtlinie *Schröder* NZBau 2015, 351 (354); ferner → § 17
Rn. 17 f.

Dort, wo durch die konzessionierende Stelle neben dem Verwertungsrecht noch ein 28
Zuschuss gewährt wird, kann dessen Höhe ein Zuschlagskriterium sein, d.h. je
niedriger der vom Konzessionär verlangte Zuschuss, umso besser wird das Angebot
bewertet.[46] Seit längerem umstritten und weder durch den Richtlinien- noch den
Gesetzestext des GWB beantwortet ist die Frage, ob der Konzessionsgeber die Höhe
des vom späteren Endnutzer an den Konzessionsnehmer zu entrichtenden Entgelts
im Wege der Festsetzung als Zuschlagskriterium bestimmen kann. Das Interesse des
Konzessionsgebers an solchen Festsetzungen speist sich entweder aus dem Bedürfnis,
den eigenen rechtlichen Bindungen hinsichtlich der Preisgestaltung oder der dem
Konzessionsgeber obliegenden Gewährleistungsverantwortung nachzukommen.[47] Für
die Verwendbarkeit eines solchen Zuschlagkriteriums spricht, dass im Rahmen einer
Bewertung unter „wirksamen Wettbewerbsbedingungen" das höhere Maß an Qualität, Umweltfreundlichkeit oder Sozialverträglichkeit eines der Angebote teilweise
erst dann aussagekräftig wird, wenn auch die damit verbundenen Mehrkosten Berücksichtigung finden.[48] Die Entgelthöhe ist somit durchweg als zumindest zulässiges
Zuschlagskriterium anzusehen und dies insbesondere überall dort, wo die konzessionierende Stelle die Preisgestaltung zu Steuerungszwecken beeinflussen möchte.[49]

Eine **Pflicht** zur Statuierung eines „Entgeltkriteriums" kann hingegen nur in Bereichen mit 29
monopolistischen Strukturen bestehen, sei es als Zuschlagskriterium oder als Ausführungsbedingung.[50] Für öffentliche Monopoleinrichtungen im Versorgungs- und Entsorgungsbereich hat
der BGH seit jeher festgestellt, dass private Unternehmen, die innerhalb eines unverändert in
kommunaler Letztverantwortung stehenden Aufgabenfelds tätig werden, den „Grundsätzen des
öffentlichen Finanzgebarens" unterworfen sind,[51] und zwar auch dann, wenn die fragliche öffentliche Einrichtung im Rahmen eines privatrechtlichen Benutzungs- und Entgeltverhältnisses
nicht unmittelbar durch die öffentliche Hand selbst dargeboten wird, sondern durch einen privaten Dienstleistungskonzessionär.[52]

V. Ausführungsbedingungen

Hinsichtlich der Ausführungsbedingungen findet sich in § 152 Abs. 4 GWB ein 30
Vollverweis auf §§ 128, 129 GWB. Nachdem in der Sache keine Unterschiede zwischen Ausführungsbedingungen für öffentliche Dienstleistungs- oder Bauaufträge
und Ausführungsbedingungen für Dienstleistungen oder Bauleistungen im Rahmen
einer Konzessionsvergabe ersichtlich sind, können die Vorschriften über die Ausführungsbedingungen für öffentliche Aufträge gemäß §§ 128, 129 entsprechende An-

---

[46] So auch *Jennert* in Müller-Wrede, Kompendium, Kap. 10 Rn. 55.
[47] So betont etwa *Ruhland*, Die Dienstleistungskonzession, 109, dass die öffentliche Hand für eine Leistungserbringung zu sozialverträglichen Preisen sorgen müsse.
[48] *Groth*, Die Dienstleistungskonzession im europäischen Vergabe- und Beihilfenrecht, 142.
[49] So auch *Nettesheim* EWS 2007, 145 (153).
[50] Weiterführend *Burgi* NZBau 2005, 610 (616); *Groth*, Die Dienstleistungskonzession im europäischen Ver-
gabe- und Beihilfenrecht, 143.
[51] St. Rspr., vgl. etwa BGH NJW 1992, 171 (173).
[52] *Burgi*, NZBau 2005, 610 (616). Im Falle der Erhebung privatrechtlicher Entgelte durch die öffentliche
Hand selbst ist seit jeher in Rechtsprechung (BGHZ 91, 84 [95 ff.]; 115, 311 [318]; jüngst BGH NJW
2015, 3564 [3656 f.]) und Literatur (*Burgi* NVwZ 2001, 601 [606]; *Bohne/Heinbuch* NVwZ 2006, 489
[493]) anerkannt, dass dies nichts an der grundsätzlichen Geltung der „Prinzipien öffentlichen Finanzgebarens" ändert, weswegen privatrechtliche Entgelte weitgehend den gleichen Anforderungen unterliegen
wie die Erhebung öffentlich-rechtlicher Abgaben.

wendung finden.[53] Da auch die KonzVgV hinsichtlich der Ausführungsbedingungen keine gesonderten Regelungen vorsieht, kann an dieser Stelle auf die Ausführungen zur Auftragsvergabe verwiesen werden (→ § 19 Rn. 6 ff.).

Vertiefungsliteratur:

Burgi, Die Vergabe von Dienstleistungskonzessionen, NZBau 2005, 610; *Ruhland,* Die Dienstleistungskonzession. Begriff, Standort und Rechtsrahmen der Vergabe, 2006; *Burgi,* Die Vergabe von Dienstleistungskonzessionen: Regelungsnotwendigkeit und Regelungsinhalte, BauR 2010, 1362; *Groth,* Die Dienstleistungskonzession im europäischen Vergabe- und Beihilfenrecht, 2010.

Schwerpunktmäßig zum neuen Recht:

Braun, Die neue Konzessionsrichtlinie, in: Soudry/Hettich, Das neue Vergaberecht, 2014, 155; *Knauff/Badenhausen,* Die neue Richtlinie über die Konzessionsvergabe, NZBau 2014, 395; *Opitz,* Die Zukunft der Dienstleistungskonzession, NVwZ 2014, 753; *Prieß/Stein,* Die neue EU-Konzessionsvergaberichtlinie, VergabeR 2014, 499; *Mitterlehner,* Grünes Licht für eine Konzessionsrichtlinie – Was kommt auf uns zu?, RuP 2015, 29; *Schröder,* Das Konzessionsvergabeverfahren nach der RL 2014/23/EU, NZBau 2015, 351; *Siegel,* Der neue Rechtsrahmen für die Vergabe von Dienstleistungskonzessionen, VergabeR 2015, 265; *ders.,* Das neue Konzessionsvergaberecht, NVwZ 2016, 1672; *Stein,* Mehr Regeln (und Ausnahmen): Die neue Konzessionsvergaberichtlinie, in: Pünder/Prieß, Vergaberecht im Umbruch II, 2015, S. 101; *Diemon-Wies,* Vergabe von Konzessionen – Überblick über die neuen Regelungen im GWB-Entwurf, VergabeR 2016, 162; *Krönke,* Das neue Vergaberecht aus verwaltungsrechtlicher Perspektive, NVwZ 2016, 568, sowie die Kommentierungen von *Bergmann, Burgi/Wolff, Germelmann* und *Wollenschläger* zu den GWB-Konzessionsvorschriften in: Burgi/Dreher, Beck'scher Vergaberechtskommentar, 2017; *Goldbrunner* VergabeR 2016, 365; *Ruhland,* in: Gabriel/Krohn/Neun, HdbVergabR, Kap. 12.

---

[53] BT-Drs. 18/6281 v. 8.10.2015, S. 131 f.

Viertes Kapitel: Haushaltsvergaberecht
(Vergaberegime für Aufträge unterhalb der EU-Schwellenwerte)

Sind die sich aus § 106 GWB ergebenden Schwellenwerte unterschritten, sind die **1** EU-Vergaberichtlinien und demzufolge auch die §§ 97 ff. GWB sowie die VgV und die VOB/A-EU nicht anwendbar. Die dann geltenden Vergaberegeln sind nicht Teil des bundesweit geregelten Wirtschaftsrechts, sondern ergeben sich in Abhängigkeit davon, ob der Bund, ein Land oder insbesondere die Kommunen Auftraggeber sind. Niedergelegt sind die einschlägigen Regeln in den jeweils für diese Auftraggeber geltenden Haushaltsgesetzen. Der Eindruck, dass man es hier mit einer sehr zersplitterten Rechtslage zu tun habe, trügt aber, weil die jeweiligen Haushaltsgesetze weitgehend übereinstimmend auf die **jeweils ersten Abschnitte der VOL/A bzw. der UVgO und der VOB/A** verweisen (→ § 4 Rn. 8 f.). Interessanterweise entfalten also diese im Ursprung ja teilweise privat gesetzten Regelwerke (→ § 4 Rn. 24 f.) einen unitarisierenden Effekt. Freilich fehlt die das GWB-Vergaberecht zentral prägende Einräumung eines subjektiven Rechts auf die Einhaltung der Vergabevorschriften (vgl. demgegenüber § 97 Abs. 6 GWB). In der Konsequenz dessen gibt es auch keine Regelungen über ein Nachprüfungsverfahren. Rechtsschutz muss vor den ordentlichen Gerichten gesucht werden (→ § 26). Nach Schätzungen erfolgen 90 % der Auftragsvergaben unterhalb der Schwellenwerte![1]

Die sich hieraus ergebende **Zweiteilung** des Vergaberechts ist seit langem Gegen- **2** stand intensiver Kritik, obwohl das BVerfG mit Beschluss vom 13.6.2006 (→ ausführlich § 4 Rn. 7 f.) die Zweiteilung verfassungsrechtlich akzeptiert hat.[2] *Dreher* spricht besonders einprägsam von der „hellen Welt des Vergaberechts oberhalb der Schwellenwerte" im Kontrast zur „dunklen Welt des Vergabewesens unterhalb"[3]. Aus der Perspektive der an Aufträgen in diesem Bereich interessierten Unternehmen ist diese Sichtweise mehr als verständlich. Betrachtet man freilich den Umstand, dass der Großteil der Vergaben unterhalb der Schwellenwerte bei den Gemeinden stattfindet, die dabei oftmals nicht unmittelbar auf juristischen Sachverstand zurückgreifen können, ist auch verständlich, warum vor allem Länder und Kommunen bislang an der Zweiteilung festgehalten haben, zumal der Bereich oberhalb der Schwellenwerte durchaus Anschauungsmaterial für die mit einem ausgebauten Rechtsschutzsystem verbundenen Verzögerungs- und Verteuerungseffekte bereit hält. Letztlich ist es eine politisch zu entscheidende Frage, ob man Bedenken dieser Art zugunsten eines einheitlich subjektivrechtlich verfassten Beschaffungsraumes überwinden möchte.

Die nachfolgende Darstellung gilt zunächst dem Normenbestand und den bei der **3** Vergabe von Aufträgen unterhalb der Schwellenwerte geltenden Regeln (§ 25). Bemerkenswerterweise wird diese materiellrechtliche Ebene vergleichsweise selten thematisiert, obwohl sie in ihrem Kernbestand eine schon weit länger als das EU-Recht bestehende Regelungsmaterie darstellt, die seither immer wieder fortgeschrieben und

---

[1] So das vom Bundeswirtschaftsministerium am 15.6.2010 vorgelegte Diskussionspapier „Rechtsschutz unterhalb der EU-Schwellenwerte", S. 2.
[2] BVerfG NZBau 2006, 791.
[3] BVerfG NZBau 2002, 419.

weiterentwickelt worden ist. Im Mittelpunkt wird dabei das neue Regime der UVgO stehen. Erst im Anschluss daran kann es um den Rechtsschutz gehen (in § 26).

§ 25. Normenbestand und Regime

Übersicht

I. Betroffene Vergaben

4 Das nachfolgend dargestellte nationale Haushaltsvergaberecht ist dann anwendbar, wenn die durch das EU-Recht vorgegebenen Schwellenwerte nicht erreicht werden. Diese ergeben sich aus § 106 GWB i. V. m. § 3 VgV und sind in → § 10 Rn. 8 f. dargestellt worden. Als Faustregel kann gelten, dass der Schwellenwert für Bauaufträge bei rund 5,5 Mill. EUR, für Liefer- und Dienstleistungsaufträgen bei rund 220.000 EUR liegt. Daneben gibt es verschiedene andere sog. Wertgrenzen, an deren Erreichen jeweils bestimmte Rechtsfolgen innerhalb des nationalen Vergaberechts geknüpft sind. So gibt es eine Art Untergrenze dahingehend, dass eine Vergabe ohne ein förmliches Verfahren unterhalb bestimmter Auftragswerte möglich ist, so etwa im Baubereich für Aufträge bis zu einem Auftragswert von 10.000 EUR ohne Umsatzsteuer (vgl. § 3a Abs. 4 S. 2 VOB/A). Weitere Wertgrenzen bestimmen die Anwendbarkeit der jeweiligen Verfahrensart, z. B. die Wahl der „Beschränkten" statt der „Öffentlichen Ausschreibung" (vgl. § 3a Abs. 2 Nr. 1 VOB/A) etc.[4] Ein besonderer Schwellenwert (750.000 EUR; vgl. Art. 4 lit. d) VRL) gilt seit der Umsetzung der Vergaberechtsreform 2016 für die Beschaffung von „sozialen und anderen besonderen Dienstleistungen". Da für diese Aufträge oberhalb jenes Schwellenwerts ein teilweise erleichtertes Regime gilt (gemäß § 130 GWB) als es sich aus den Regelungen der VOL/A (erster Abschnitt) ergibt, sind insofern die Haushaltsgesetzgeber aufgefordert, auch unterhalb des Schwellenwertes hieran bzw. an die UVgO, aber nicht mehr an die VOL/A anzuknüpfen.

5 Auf Bundes- wie auf Landesebene wurden durch Verwaltungsvorschriften im Rahmen des sog. Konjunkturpakets II, mit dem den Auswirkungen der Wirtschafts- und Finanzkrise 2008/2009 begegnet werden sollte, diese Wertgrenzen abgesenkt (dadurch, dass in die jeweilige Verweisungsnorm auf die VOL/A bzw. die VOB/A Abweichungen aufgenommen wurden). Dies

---

[4] Einen Gesamtüberblick über sämtliche Wertgrenzen auf dem Stand von Ende 2013 gibt *Krohn* NZBau 2014, 20 ff.

führte zweifelsohne zu einer beschleunigten Auftragsvergabe insbesondere bei kleinen und mittleren Bauvorhaben, wovon insbesondere die mittelständische Wirtschaft im fraglichen Zeitraum (und damit wohl auch die Gesamtkonjunktur) profitiert hat. Aufgrund der sich daraus freilich für Wettbewerb und Wirtschaftlichkeit (und damit zu Lasten der öffentlichen Haushalte) ergebenden Nachteile, die der Bundesrechnungshof beschrieben hat[5], sind die entsprechenden Regelungen im Bund und in den meisten Ländern aber nicht verlängert bzw. wieder deutlich abgeschwächt worden. Möglicherweise dürften im Zuge der ab Ende 2017 in Gang gekommenen Neufassung der Anknüpfungen im Haushaltsrecht der Länder neue bzw. veränderte Wertgrenzen festgelegt werden, insbesondere mit Blick auf den kommunalen Bereich.

Öffentliche Auftraggeber i.S.d. Haushaltsvergaberechts sind Bund, Land und 6 Kommunen, also die in § 99 Nr. 1 GWB für die Auftragsvergaben oberhalb der Schwellenwerte adressierten Gebietskörperschaften. Alle sonstigen Einrichtungen (Anstalten des öffentlichen Rechts, GmbHs in staatlicher bzw. kommunaler Trägerschaft etc.) können nur bei Hinzutreten besonderer Umstände in den Anwendungsbereich des Haushaltsrechts fallen. Solche Umstände können sich ergeben aus dem Zuwendungsrecht (Verpflichtung zur Beachtung des Vergaberechts auch unterhalb der Schwellenwerte durch Nebenbestimmung zu einem Zuwendungsbescheid, sogar gegenüber „echten" privaten Empfängern (→ näher § 22 Rn. 10)), aus § 105 BHO (Bundesunmittelbare juristische Personen des öffentlichen Rechts), § 112 BHO (Sozialversicherungsträger bzw. Unternehmen in öffentlich-rechtlicher Form)[6], § 113 BHO (Sondervermögen); teilweise werden auch in den Landesvergabegesetzen Pflichten zur Beachtung vergaberechtlicher Regeln unterhalb der Schwellenwerte auf die oberhalb der Schwellenwerte von § 99 Nr. 2 GWB erfassten Einheiten (insbesondere öffentliche Unternehmen in Privatrechtsform) erstreckt.[7] In **sachlicher Hinsicht** sind Aufträge und (mit einem spezifischen Regime) Baukonzessionen erfasst (vgl. § 23 VOB/A), nicht hingegen die Vergabe von Dienstleistungskonzessionen.

II. Zwecke und Rechtsrahmen

1. Zwecke

Primärer Regelungszweck auch des nationalen Haushaltsvergaberechts ist es, eine er- 7 folgreiche Erledigung der jeweils betroffenen Verwaltungsaufgaben zu ermöglichen (→ § 2 Rn. 31). Gleich dahinter rangiert wesensmäßig der **fiskalische Zweck** eines möglichst kostengünstigen Einkaufs (in der Formulierung von § 2 Abs. 1 Nr. 1 VOB/A: einer Beschaffung „zu angemessenen Preisen"). Im Laufe der Entwicklung haben aber auch hier die Grundsätze der Nichtdiskriminierung (vgl. § 2 Abs. 2 VOB/A), der Transparenz und des Wettbewerbs Einzug gehalten, die jedoch stärker in ihrer dienenden Funktion (im Hinblick auf den Zweck einer kostengünstigen Beschaffung) begriffen werden. Die Verfolgung politischer Zwecke, insbesondere ökologischer und sozialer Art, ist dem Haushaltsvergaberecht fremd; § 2 Abs. 3 UVgO

---

[5] BT-Drs. 17/8671 vom 9.2.2012; kritisch auch *Thormann* NZBau 2010, 14; *Prieß* WiVerw 2010, 11; positive Einschätzung bei *Erdmann* VergabeR 2009, 844.
[6] Zur diesbezüglichen Begriffsbestimmung und zur Konsequenz der Nichtanwendbarkeit des Haushaltsvergaberechts ausführlich *Burgi* DÖV 2015, 493.
[7] Z.B. durch § 2 Abs. 4 TVgG NRW.

knüpft aber inhaltlich und terminologisch nun an § 97 Abs. 3 GWB an. Die einschlägigen Bestimmungen in den Landesvergabegesetzen (→ § 4 Rn. 31 f.) gelten durchgehend aber auch für den u. U. abgestuften Bereich unterhalb der Schwellenwerte.

2. Rechtsrahmen

8 Wie bereits im 1. Kapitel ausführlich dargestellt (→ § 4 Rn. 29 f.), ist die Regelungsstruktur auf Bundes- wie auf Landesebene weitgehend parallel, basierend auf § 30 HGrG, der als „Grundsatz" für die Haushaltswirtschaft in Bund und Ländern dazu verpflichtet, dass dem Abschluss von Verträgen über Lieferungen und Leistungen „eine Öffentliche Ausschreibung oder eine Beschränkte Ausschreibung mit Teilnahmewettbewerb (seit August 2017)[8] vorausgehen (muss), sofern nicht die Natur des Geschäfts oder besondere Umstände eine Ausnahme rechtfertigen." Auf der Ebene des Bundes ist hieran mit **§ 55 BHO,** auf der Ebene der Länder mit den entsprechenden Bestimmungen in den jeweiligen Haushaltsordnungen angeknüpft worden. Die Einzelheiten ergeben sich aus „einheitlichen Richtlinien" (so § 55 Abs. 2 BHO), d. h. aus den Verwaltungsvorschriften zur BHO/LHO, die das jeweilige Finanzministerium erlässt. Auf der Gemeinde- und Kreisebene findet sich eine entsprechende Regelungsstruktur, basierend auf einer Grundlage im Gesetz (vgl. z. B. Art. 123 Abs. 1 S. 2 Nr. 3 BayGO), die durch eine Bestimmung in der jeweiligen Kommunal-Haushaltsverordnung konkretisiert wird. In allen drei Bereichen wird hierdurch eine **Verweisung** auf die ersten Abschnitte der VOB/A bzw. der VOL/A und künftig der UVgO bewirkt. Diese enthalten 20 (VOL/A), 54 (UVgO) bzw. 23 (VOB/A) Paragrafen mit detaillierten Bestimmungen zu Verfahren und Kriterien bei der Vergabe von Aufträgen unterhalb der Schwellenwerte (dazu sogleich III).

9   Während die Grundrechte des GG seit dem eingangs erwähnten Beschluss des BVerfG vom 13. 6. 2006 lediglich in Gestalt des dem Art. 3 Abs. 1 GG entnommenen Willkürverbotes, und somit nur mit sehr schwacher Intensität, wirken, folgen aus dem **EU-Primärrecht** mehrere konkrete Vorgaben für die Auftragsvergabe unterhalb der Schwellenwerte. Diese Vorgaben hat der EuGH in mittlerweile ständiger Rechtsprechung aus den Grundfreiheiten des AEUV abgeleitet. Sie sind dann einschlägig, wenn an dem betreffenden Auftrag ein „eindeutiges grenzüberschreitendes Interesse" besteht.[9] (→ ausführlich § 3 Rn. 24 f.). Die EU-Kommission hat diese (freilich primär zur Vergabe von Dienstleistungskonzessionen, nicht zur Vergabe von Aufträgen unterhalb der Schwellenwerte ermittelten) Vorgaben in ihrer „Mitteilung zu Auslegungsfragen in Bezug auf das Gemeinschaftsrecht, das für die Vergabe öffentlicher Aufträge gilt, die nicht oder nur teilweise unter die Vergaberichtlinien fallen" (vom 23. 6. 2006)[10] konkretisiert (näher hierzu ebenfalls → § 3 Rn. 25).

---

[8] BGBl. 2017 I S. 3122. In Satz 2 wird näher definiert, was ein „Teilnahmewettbewerb" in diesem Sinne ist. Dem Gesetzgeber ging es hierbei um den durch die UVgO (in § 8 Abs. 1; → Rn. 15) bewirkten Wegfall des früheren Vorrangs der „Öffentlichen Ausschreibung" (vgl. → § 13 Rn. 21 f.); dieser besteht freilich unter der VOB/A weiterhin fort (vgl. § 3a Abs. 1).
[9] Seit EuGH C-507/03, Slg. 2007, I_9777; zuletzt EuGH C-278/14 (Enterprise Focused Solutions), VergabeR 2015, 555 m. Anm. *Ortner.*
[10] ABl. C 179 S. 2.

Danach müssen bei Eröffnung des Anwendungsbereichs der **Grundfreiheiten** das 10
Diskriminierungsverbot beachtet werden, Transparenz hergestellt werden und eine
verhältnismäßige Beziehung zwischen der Definition des Beschaffungsgegenstandes
und den Anforderungen an die Auftragsinteressenten hergestellt werden. Ferner muss
(ohne dass dies näher konkretisiert würde) die Möglichkeit der Nachprüfung eröffnet
werden (→ auch hierzu näher § 3 Rn. 25).

In neuerer Zeit sind diese Grundsätze im Hinblick auf Einzelfragen bei der Vergabe unterhalb 11
der Schwellenwerte konkretisiert worden. So hat der BGH[11] festgestellt, dass daraus nicht die
Verpflichtung folgen würde, die bestehenden Anforderungen an die Zulassung von Nebenangeboten zu verschärfen. Der EuGH hat mit Urteil vom 18. 12. 2014[12] festgestellt, dass ein Ausschluss von Bietern nach rechtskräftig festgestelltem Verstoß gegen Wettbewerbsrecht (vgl.
→ § 16 Rn. 23) unterhalb der Schwellenwerte möglich sein müsse. Mit Urteil vom 16. 4.
2015[13] hat er schließlich gefordert, dass auch unterhalb der Schwellenwerte Angebote nur aus
Gründen, die bereits in der Bekanntmachung vorgesehen waren, abgelehnt werden dürften
und nachträgliche Änderungen an Leistungsbeschreibung und Zuschlagskriterien ausgeschlossen
seien. Das Urteil vom 10. 5. 2016 betraf den (erleichterten) Umgang mit Unterkriterien und
Nebenangeboten.[14] Der EuGH schränkte schließlich mit Urteil vom 5. 4. 2017 das sog. Selb-
stausführungsgebot (→ § 9 Rn. 14) auch unterhalb der Schwellenwerte ein.

III. Das Vergaberegime im Überblick

Im Hinblick auf die in der VOB/A, der VOL/A und erst recht in der UVgO[15] in 12
den jeweils ersten Abschnitten enthaltenen Regelungen sind bislang keine Anhaltspunkte für eine etwaige Unvereinbarkeit mit den Vorgaben des EU-Primärrechts ersichtlich. Erfolgreiche Beanstandungen vor der europäischen oder nationalen Gerichtsbarkeit sind nicht bekannt. Die europarechtliche Problematik besteht insoweit
nicht im Normenbestand, sondern in der **Anwendung auf den Einzelfall.** Hinzu
kommt das schwach ausgeprägte Rechtsschutzsystem (→ § 26). Unverändert, d.h.
trotz des Bemühens, den europarechtlichen Vorgaben sowohl in den „Grundsätzen"
(vgl. §§ 2 UVgO bzw. VOB/A) als auch in den einzelnen Regelungen gerecht zu
werden, verstehen sich die Vergabeordnungen eben nicht in erster Linie als Umsetzung der primärrechtlichen Vorgaben und sind daher auch nicht an Begriffsbestimmung und Systematik der sog. Unterschwellen-Mitteilung der EU-Kommission orientiert. Die aus europarechtlicher Sicht entscheidende Tatbestandsvoraussetzung des
„eindeutigen grenzüberschreitenden Interesses" taucht dort gar nicht auf, was die
Rechtsanwender zusätzlich vor die Herausforderung stellt, beispielsweise im Hinblick
auf die Wahl des Bekanntmachungsmediums (örtliche Tageszeitung, Internet etc.) je
nach Situation die entsprechenden Einschätzungen selbst vornehmen zu müssen
(→ dazu noch Rn. 15). Immerhin enthält die UVgO insoweit nun Vorgaben (in
§ 28 Abs. 1).

---

[11] BGH NZBau 2012, 46 m. Anm. *Emme/Schrotz* NZBau 2012, 216; ebenso sowie zur fehlenden Pflicht
zur vorherigen Bekanntgabe der Gewichtung der Zuschlagskriterien OLG Nürnberg VergabeR 2015, 723
m. Anm. *Gielen.*
[12] EuGH C-470/13, VergabeR 2015, 561 m. Anm. *Losch* (Generali).
[13] EuGH C-278/14, VergabeR 2015, 555 m. Anm. *Ortner* (SC Enterprise Focused Solutions SRL).
[14] BGH VergabeR 2016, 747 m. Anm. *Mantler.*
[15] EuGH C 298/15, VergabeR 2017, 448 (Borta) m. Anm. *Reidt.*

1. Struktur und Unterschwellenvergabeordnung

13 Das Vergaberegime ergibt sich nach dem Vorstehenden aus den jeweils ersten Abschnitten von VOL/A bzw. aus der UVgO und der VOB/A. Wie in der VOB/A
zusätzlich durch die Abschnittsüberschrift „Basisparagrafen" zum Ausdruck gebracht,
handelt es sich um ein strukturell mit den Regelungen des zweiten Abschnitts vergleichbares Rahmengerüst, d. h. auch hier gibt es Bestimmungen über den Anwendungsbereich, das Verfahren, die Kriterien und über das Verhalten nach getroffener
Entscheidung. Eine zentrale Zielsetzung dieses Regelungskonzepts bestand her-
kömmlich darin, dem Praktiker, der sowohl mit Vergaben oberhalb als auch unterhalb der Schwellenwerte befasst ist, einen vertrauten Zugang zu eröffnen. Vor allem
bei Auftraggebern, bei denen Vergaben oberhalb der Schwellenwerte weitaus seltener
vorkommen, erscheint die Unterteilung zwischen **Basisparagrafen und EU-Para-**
grafen (früher als a – Paragrafen geführt) durchaus sinnvoll. Umgekehrt ist aber auch
zu beobachten, dass die in den zweiten Abschnitten (d. h. für Vergaben oberhalb der
Schwellenwerte) immer wieder erforderlichen Anpassungen an das EU-Recht auch
Auswirkungen auf System und Inhalte der ersten Abschnitte entfaltet haben.

13a   Das Bundesministerium für Wirtschaft und Energie, das bereits die Federführung
bei der Reform des Vergaberechts oberhalb der Schwellenwerte innegehabt hat, legte
am 31. 8. 2016 einen Diskussionsentwurf einer **„Unterschwellenvergabeordnung**
(UVgO)" vor, mit dem Ziel, damit den ersten Abschnitt der VOL/A für Vergaben
außerhalb des Baubereichs unterhalb der Schwellenwerte abzulösen. Nach verschiedenen kleineren Änderungen konnte dieses Regelwerk am 7. 2. 2017 im Bundesanzeiger[16] veröffentlicht werden, zusammen mit einigen „Erläuterungen".[17] Nach ausdrücklicher Zielsetzung des Ministeriums orientiert sich die UVgO strukturell an der
für öffentliche Aufträge oberhalb der EU-Schwellenwerte geltenden VgV. Damit
unterscheidet sich die UVgO strukturell von vornherein von der VOB/A, die gerade
durch eine fortgesetzte Orientierung an der bisherigen Welt der Vergabeordnungen
charakterisiert ist. Ebenso wie die VOB/A (und auch die VOL/A) handelt es sich bei
der UVgO aber um ein Regelwerk, das nicht aus sich heraus Geltung beansprucht
und insbesondere nicht den Charakter einer Rechts*verordnung* trägt. Auch insoweit
bedarf es mithin eines Tätigwerdens des jeweiligen Haushaltsgesetzgebers.

13b   Aufgrund des Anliegens der Orientierung an der Rechtslage oberhalb der Schwellenwerte ist die UVgO gänzlich anders aufgebaut als die VOB/A und wesentlich
umfangreicher als diese sowie als die VOL/A. Insgesamt besteht sie aus 54 verschiedenen Vorschriften mit Unterabsätzen. Sie ist in vier Abschnitte unterteilt. In § 1
Abs. 2 UVgO werden die im GWB vorgesehenen Ausnahmen, u. a. die für vertikale
und horizontale Kooperationen für anwendbar erklärt. § 47 UVgO enthält erstmals
für den Unterschwellenbereich auch eine ausdrückliche Regelung über den Umgang
mit Auftragsänderungen (in weitgehender Orientierung an § 132 GWB). In § 50
UVgO wird im Hinblick auf freiberufliche Leistungen festgestellt, dass diese „grundsätzlich im Wettbewerb zu vergeben" seien. Hierbei handelt es sich um eine vergleichsweise schlanke Regulierung, die dennoch erstmals die ausdrückliche Erfassung

---

[16] BAnz AT 07. 02. 2017 B1.
[17] BAnz AT 07. 02. 2017 B2.

der freiberuflichen Leistungen unterhalb der Schwellenwerte bewirkt, da die früher insoweit geltende VOF unterhalb der Schwellenwerte nicht anwendbar war.

2. Verfahren

Die in § 2 **VOB/A** genannten Verfahrensarten unterscheiden sich nach Bezeichnung 14 und Voraussetzungen für ihren Einsatz von den entsprechenden Vorgaben in § 119 GWB. In der VOB/A wird unterschieden zwischen „Öffentlicher Ausschreibung" und „Beschränkter Ausschreibung", die wiederum nach und ohne Teilnahmewettbewerb erfolgen kann. Im Unterschied zum reformierten GWB-Vergaberecht ist hier unverändert der Vorrang der öffentlichen Ausschreibung (vgl. § 3a Abs. 1 VOB/A) normiert. Sodann gibt es die „freihändige Vergabe", bei der „Bauleistungen ohne eine förmliches Verfahren vergeben" werden können. Diese Verfahrensart ist nur bei Vorliegen einer der in § 3 Abs. 4 VOB/A genannten Voraussetzungen zulässig, u. a. bei besonderer Dringlichkeit (Nr. 2) oder wenn die Leistung „nach Art und Umfang vor der Vergabe nicht so eindeutig und erschöpfend festgelegt werden kann, dass hiernach vergleichbare Angebote erwartet werden können" (Nr. 3). „Freihändige Vergabe" bedeutet aber nicht, dass man es mit einem rechtsfreien Raum zu tun habe, vielmehr gelten auch hier die in § 2 VOB/A genannten allgemeinen Grundsätze von Wettbewerb, Transparenz und Gleichbehandlung sowie (bei „eindeutigem grenzüberschreitenden Interesse" (→ § 3 Rn. 24)) die primärrechtlichen Vorgaben.[18] Die Anforderungen an die „Bekanntmachung" sind in § 12 VOB/A geregelt. Bei Vorliegen eines „eindeutigen grenzüberschreitenden Interesses" kann die gebotene EU-weite Transparenz regelmäßig nur durch eine Bekanntmachung in der Ausschreibungsdatenbank TED (→ § 13 Rn. 14) hergestellt werden, was (wie bereits erwähnt; → Rn. 12) im Normtext nicht betont wird. Überhaupt weist die elektronische Bekanntmachung gegenüber einer Bekanntmachung etwa nur in der regionalen Tageszeitung erhebliche Transparenzvorteile auf.[19]

In der **UVgO** liegt ein gewisser Regelungsschwerpunkt beim Vergabeverfahren 15 (§§ 8–48), das in sehr weitem Umfang am Verfahren nach dem GWB und der VgV orientiert wird. So wird erstmals eingeführt die „Verhandlungsvergabe" (§§ 8 Abs. 1, 12 UVgO), es entfällt der Vorrang der Öffentlichen Ausschreibung nach § 8 Abs. 2 S. 1 UVgO und es wird auch das Verfahren des sog. Direktauftrags (§ 14 UVgO) näher konkretisiert. Parallel zum GWB-Vergaberecht wird auch für den Unterschwellenbereich der Weg in Richtung E-Vergabe eingeschlagen, in zeitlich allerdings teilweise großzügigerer Stufung. Die Einzelheiten sind in den §§ 37 und 38 UVgO zu finden. Weitere Vorschriften im Verfahrensabschnitt der UVgO betreffen die Nebenangebote (§ 25), die Unteraufträge (§ 26 UVgO) und den Umgang mit Angeboten. Selbst die „besonderen Methoden und Instrumente im Vergabeverfahren" wie etwa die dynamischen Beschaffungssysteme, werden für den Unterschwellenbereich eingeführt (in den §§ 15 ff.), obwohl sie dort voraussichtlich keinen großen Einsatzbereich finden werden.

---

[18] Stellv. *Völlink* in: Ziekow/Völlink, § 3 VOB/A Rn. 18.
[19] Vgl. zu den Einzelheiten wiederum *Völlink* in: Ziekow/Völlink, § 12 Rn. 5 ff.

3. Prüfung und Wertung

16 Auch unterhalb der Schwellenwerte gibt es Eignungskriterien bzw. Ausschlusskriterien (vgl. §§ 6a, 16 **VOB/A**) und Zuschlagskriterien (vgl. § 16d VOB/A). In den besonders wichtigen Bestimmungen über die „Prüfung" bzw. „Wertung" der Angebote (§§ 16c u. 16d VOB/A) ist in vier Stufen (Ausschluss, Eignung, Prüfung, Wertung) in einer für die Praxis gut nachvollziehbaren Weise der Entscheidungsablauf normiert.

16a Die UVgO regelt die Eignungskriterien in den §§ 31 Abs. 1 und 2 sowie 33 und 35 einschließlich der insoweit relevanten Nachweise und den Umgang mit diesen. In § 31 Abs. 2 werden die Vorschriften über die Ausschlusskriterien nach den § 123 und 124 GWB sowie 125 und 126 GWB für entsprechend anwendbar erklärt. Eine Abweichung gegenüber der Rechtslage oberhalb der Schwellenwerte statuiert § 31 Abs. 2 S. 5 UVgO. Während im Anwendungsbereich des GWB die Auftraggeber nur unter vergleichsweise strengeren Voraussetzungen dazu berechtigt sind, aus einer früheren mangelhaften Vertragserfüllung nun negative Schlüsse zu ziehen, d. h. einen fakultativen Ausschlussgrund anzunehmen und ein Unternehmen nach § 124 Abs. 1 Nr. 7 GWB auszuschließen (→ § 16 Rn. 23), bestimmt § 31 Abs. 2 Satz 5 UVgO, dass § 124 Abs. 1 Nr. 7 GWB nur mit der Maßgabe „entsprechende Anwendung (findet), dass die mangelhafte Vertragserfüllung weder zu einer vorzeitigen Beendigung des Vertrags, noch zu Schadensersatz oder einer vergleichbaren Rechtsfolge geführt haben muss"; die genannten Voraussetzungen müssen oberhalb der Schwellenwerte jeweils erfüllt sein. Auf der Verfahrensstufe der Zuschlagskriterien übernimmt § 43 UVgO in den ersten beiden Absätzen die Regelungen der §§ 58 Abs. 1 u. 2 VgV, d. h. auch hier hat die Ermittlung des wirtschaftlichsten Angebots auf der Grundlage des besten „Preis-Leistungs-Verhältnisses" stattzufinden.

Vertiefungsliteratur:
Dragos/Caranta (Hrsg.), Outside the EU Procurement Directives – Inside the Treaty? (Rechtsvergleichende Berichte aus mehreren EU-Ländern), 2012; *Pache,* in: Pünder/Schellenberg, Vergaberecht, § 55 BHO; *Zeiss,* Sichere Vergabe unterhalb der Schwellenwerte, 2015; *Siegel,* Das Haushaltsvergaberecht – Systematisierung eines verkannten Rechtsgebietes, VerwArch 107 (2016), 1. Vgl. ferner die zahlreichen Kommentare zur VOB/A und zur VOL/A.

Zur UVgO:
Lausen NZBau 2017, 3; *Probst/Winters* VergabeR 2017, 311; Müller-Wrede (Hrsg.), VgV/UVgO, 217; *Schaller,* UVgO und VOL/B, 2018.

§ 26. Rechtsschutz

Übersicht

Unter- wie oberhalb der Schwellenwerte gibt es Kontrollmöglichkeiten über die **1**
Rechts- und Fachaufsichtsbehörden, die Rechnungshöfe und (extern) über die Medien. Gemäß § 21 VOB/A ist die Einrichtung und Benennung von sog. Nachprü-
fungsstellen vorgesehen (in vielen Ländern auch VOB-Stellen genannt), die regelmäßig der Rechts- und Fachaufsichtsbehörde zugeordnet sind und behördenintern eine
Kontrollfunktion ausüben. Was aber fehlt, ist die Einräumung eines subjektiven
Rechts nach dem Muster des § 97 Abs. 6 GWB, und es gibt weder spezifische Regeln noch Institutionen, vor denen Nachprüfungsanträge nach dem Muster der
§§ 155 ff. GWB gestellt werden könnten. Immerhin ist Sekundärrechtsschutz mit der
Berufung auf die auch oberhalb der Schwellenwerte bestehenden Anspruchsgrundlagen (mit Ausnahme der wiederum hierauf beschränkten Anspruchsgrundlage des
§ 181 S. 1 GWB) gegeben. Diesem kommt aufgrund der Defizite des Primärrechtsschutzes hier sogar eine größere Bedeutung zu.

I. Kritik und Reformdiskussion

1. Höherrangiges Recht

Bestandteil der vom EuGH aus den Grundfreiheiten des AEUV abgeleiteten und von **2**
der EU-Kommission in der sog. Unterschwellen-Mitteilung (→ § 3 Rn. 25) niedergelegten Anforderungen an die Vergabe von Aufträgen bei „eindeutig grenzüber-
schreitendem Interesse" ist das Bestehen von Möglichkeiten der **„Nachprüfbarkeit".** Das EuG hat mit Urteil vom 20. 9. 2011[1] festgestellt, dass hieraus folge, dass
die abgelehnten Bieter von dem Zuschlag und der Entscheidung zu unterrichten sei-
en und der Unterzeichnung des Vertrags „eine angemessene Frist" vorausliegen müsse. Das Recht auf einen „effektiven gerichtlichen Rechtsschutz" beinhalte sowohl
eine Begründungspflicht als auch das Erfordernis der Gewährung „vorläufigen
Schutzes ..., wenn er für die volle Wirksamkeit der Entscheidung der Sache erforderlich ist". Gegenstand dieser Entscheidung war freilich kein Fall aus Deutschland
und bislang ist (soweit ersichtlich) die hiesige Rechtsschutzsituation von offizieller
EU-Seite nicht beanstandet worden. Erfolgt ein Verstoß gegen Unterschwellenverga-

---

[1] EuG T-461/08, Rn. 121 und 122.

berecht im Zusammenhang mit der Verausgabung von EU-Fördergeldern, können von EU-Rechts wegen förderrechtliche Konsequenzen entstehen.[2]

2. Defizite

3 Nichtsdestoweniger bestehen verschiedene Defizite: Infolge der Zuordnung des Rechtsschutzes zu den ordentlichen Gerichten (vgl. II 1) finden die Rechtsuchenden eine bundesweite zersplitterte Zuständigkeit vor und landen (typischerweise) bei den Landgerichten, in deren sowieso schon überaus weitem Kreis von Zuständigkeiten das Vergaberecht verständlicherweise einen Randplatz einnimmt. Dies führt teilweise zu problematischen, durch die unzutreffende Orientierung an den Grundsätzen ganz anderer Rechtsgebiete geprägten Entscheidungen. So wurde etwa ein Verstoß gegen das „Willkürverbot" oder gar unredliches, wenn nicht vorsätzliches Handeln der Vergabestelle als zwingende Voraussetzung für Unterlassungsansprüche nach §§ 1004 bzw. 823 BGB verlangt.[3] Zumindest die aus der **Zuständigkeitszersplitterung** resultierenden Probleme könnten vergleichsweise einfach dadurch beseitigt werden, dass in jedem Bundesland nur ein Landgericht für zuständig erklärt wird und die Rechtsmittel gegen dessen Entscheidungen bei dem für das Vergaberecht oberhalb der Schwellenwerte zuständigen OLG-Senat gebündelt werden. Solche Entscheidungen könnten auf der Grundlage der Öffnungsklausel aus § 13a GVG durch Landesrecht getroffen werden.

4   Zwar ist in den §§ 19 VOL/A bzw. § 46 UVgO ebenso wie in VOB/A eine Information der nicht berücksichtigten Bieter vorgesehen. Diese Vorschriften dienen aber nicht der Effektuierung des Rechtsschutzes (wie oberhalb der Schwellenwerte; hier besteht die Regelung des § 134 GWB), sondern sollen den Unternehmen die Möglichkeit eröffnen, ihre Kapazitäten auch für andere Aufträge einsetzen zu können. Insbesondere ist keine Wartepflicht vorgesehen und weder eine **unterlassene Information** der Bieter noch die sofortige Zuschlagserteilung und auch nicht die vollständig fehlende Durchführung eines (erforderlichen) Vergabeverfahrens (oberhalb der Schwellenwerte sog. de facto-Vergabe genannt; → § 20 Rn. 27) lösen Sanktionen aus.[4] Anders als nach § 169 Abs. 1 GWB löst ein Antrag auf Erlass einer einstweiligen Verfügung bzw. die Erhebung einer Klage vor den ordentlichen Gerichten kein Zuschlagsverbot aus[5], allerdings ist mittlerweile anerkannt, dass das ordentliche Gericht im Rahmen eines Verfahrens der einstweiligen Verfügung (→ sogleich II 2) im Wege eines sog. Hängebeschlusses nach § 938 Abs. 1 ZPO die Zuschlagserteilung vorläufig untersagen kann, bis nach mündlicher Verhandlung durch Urteil entschieden ist.[6]

5 Allerdings bestehen im Unterschied zu den Verfahren nach den §§ 160 ff. GWB (§ 165 Abs. 1) und zum verwaltungsgerichtlichen Verfahren (vgl. § 100 VwGO) keine Akteneinsichtsrechte zugunsten der ein Rechtsschutzbegehren erwägenden unterlegenen Bieter. Immerhin lässt es die Rechtsprechung mittlerweile genügen, dass ein Bieter „plausibel" darlegt, dass ein Vergabe-

---

[2] EuGH C 206/14, EuZW 2016, 592.
[3] Die wichtigsten Entscheidungen referiert *Dreher* in Immenga/Mestmäcker, vor §§ 97 ff. GWB, Rn. 76 f.
[4] Zu den Einzelheiten vgl. *Shirvani*, Optimierung, 381 ff., 411 ff.
[5] Erneut *Shirvani*, a.a.O., 398 ff.
[6] Zu den Einzelheiten vgl. *Dicks* VergabeR 2012, 531 ff.

verstoß stattgefunden habe; sodann obliegt dem Auftraggeber die Pflicht, dies dezidiert zu widerlegen (sog. sekundäre Darlegungslast).[7]

3. Reformvorschläge

a) Überblick. Wie bereits bei der Darstellung des materiellen Rechtsrahmens unter- **6** halb der Schwellenwerte festgestellt (→ § 25 Rn. 8), ist die gegenwärtige Rechtslage Gegenstand steter Kritik, in deren Verlauf der Ruf nach dem Gesetzgeber stärker wird. Das Bundeswirtschaftsministerium hatte im Jahr 2010 ein **Diskussionspapier** „Rechtsschutz unterhalb der Schwellenwerte" vorgelegt, in dem 4 Modelle eines Unterschwellenrechtsschutzes vorgestellt werden. Dies hat verschiedene Stellungnahmen im Schrifttum ausgelöst.[8] Neuen Schwung erhielt die Diskussion durch die in den Jahren 2015/2016 zu bewirkende Umsetzung der VRL, die zwar diesen Bereich nicht unmittelbar betrifft, aber doch ein insgesamt reformgeneigteres Klima schafft.[9] In dem zum Auftakt des Umsetzungsprozesses am 7.1.2015 verabschiedeten Papier „Eckpunkte zur Reform des Vergaberechts" des Bundeskabinetts heißt es zum Ende des Abschnitts III: „Nach Umsetzung der EU-Vergaberichtlinien wird zeitnah der Anpassungsbedarf für Vergaben unterhalb der EU-Schwellenwerte geprüft.".

Diese Forderungen sind im Hinblick auf die soeben beschriebenen Defizite des **7** bisherigen Rechtsschutzes nicht unberechtigt. Das größte und insbesondere europarechtlich problematischste Defizit besteht im Fehlen einer **echten Informationspflicht.** Hier könnte durch eine relativ einfach zu bewirkende Ergänzung der bislang rudimentär gehaltenen §§ 19 VOL/A bzw. VOB/A Abhilfe geschaffen werden. Die Vergabestellen wären aufgrund der Verweisungen aus dem Haushaltsrecht in die ersten Abschnitte der Vergabeordnungen sodann dazu verpflichtet, den Zuschlag erst nach Ablauf einer bestimmten Zeitspanne zu erteilen. Während dieser Zeitspanne könnte der bereits jetzt für den Fall des noch nicht erteilten Zuschlags eröffnete Rechtsschutz durch die ordentlichen Gerichte im Wege der einstweiligen Verfügung (vgl. sogleich II.) gewährt werden.

Erfreulicherweise sind **in einigen Ländern** erste, gute Schritte zur Verbesserung der Rechts- **8** schutzsituation unterhalb der Schwellenwerte unternommen worden. § 19 ThürVgG sieht eine Informations- und Wartepflicht sowie ein Beanstandungsverfahren mit Nachprüfungsmöglichkeit bei der Vergabekammer vor, eine ähnliche Regelung findet sich in § 86 SächsVergG und in § 19 LVG LSA. Das Vergabegesetz Mecklenburg-Vorpommern kennt ebenfalls eine Wartepflicht, aber ohne Nachprüfungsmöglichkeit (§ 12); noch dahinter zurückbleibt § 20 HesVergTVG mit der Möglichkeit der Aussetzung der Zuschlagserteilung bis zu 15 Tage.[10] An diesen Regelungen könnten sich die anderen Länder orientieren; der Bund hat dies im Zuge seiner haushaltsrechtlichen Anknüpfung an die UVgO (→ § 25 Rn. 1) leider nicht getan. Eine

---

[7] OLG Düsseldorf NZBau 2008, 599.
[8] Vgl. u. a. *Krist* VergabeR 2011, 163; *André/Sailer* JZ 2011, 555, und *dies.*, NZBau 2011, 394.
[9] Entsprechende Forderungen sind erhoben worden von *Shirvani* Optimierung, 419 (mit Tendenz zum Verwaltungsrechtsschutz); vgl. sodann *Jansen/Geitel* VergabeR 2015, 117; *Pünder* VergabeR 2016, 693. *Wollenschläger* NVwZ 2016, 1535, unternimmt es, aus dem Kammerbeschluss des BVerfG zur diskriminierenden Preisgestaltung durch ein kommunales Freizeitbad (BVerfG NVwZ 2016, 1553) Schlüsse auf die angeblich auch verfassungsrechtliche Notwendigkeit der Schaffung von Primärrechtsschutz zu ziehen (vgl. aber → § 4 Rn. 10).
[10] Dazu *Tegerle* VergabeR 2015, 402 (407); eingehende Würdigung der anderen Landesgesetze bei *Janssen/Geitel* VergabeR 2015, 127 ff.; *Conrad* ZfBR 2016, 124.

weitere bereits konzipierte Reformoption auf Landesebene könnte die Einrichtung von sog. Vergabeschlichtungsstellen (als durchaus im Zuge der allgemeinen Rechtsschutzdebatte liegende moderne Form der alternativen Streitbeilegung)[11] sein.

9 **b) Zur Gesetzgebungskompetenz des Bundes.** Auch der **Bund** ist jedenfalls (und zwar in seiner Eigenschaft als Haushaltsgesetzgeber für die Vergabestellen im Anwendungsbereich der BHO) dazu berufen, entsprechende Verbesserungen in Gang zu setzen. Als Adressat für Reformvorschläge, die über verwaltungsinterne Nachprüfungsmodelle, haushaltsrechtliche Bestimmungen für die Bundesverwaltung bzw. über rein prozessuale Regelungen (auch in der ZPO oder der VwGO) hinausgehen, kommt der Bund nach einer umfangreichen verfassungsrechtlichen Untersuchung aus dem Jahre 2011 wegen fehlender Gesetzgebungskompetenz aber nicht in Betracht.[12] An diesem Ergebnis ist festzuhalten,[13] es dürfte den Bund auch mit davon abgehalten haben, eine „Verordnung" für den Unterschwellenbereich zu schaffen.

10 Da eine durchgreifende Reform des Rechtsschutzes unterhalb der Schwellenwerte die Ausgestaltung der Beschaffungsrechtsverhältnisse als Außenbeziehungen und die Schaffung subjektiver Bieterrechte voraussetzt, müssten ebenso wie oberhalb der Schwellenwerte (→ § 4 Rn. 1) die Voraussetzungen des Kompetenztitels für die konkurrierende Gesetzgebung nach Art. 74 Abs. 1 Nr. 1 GG („gerichtliches Verfahren") und Art. 74 Abs. 1 Nr. 11 GG („Recht der Wirtschaft") vorliegen. Art. 109 Abs. 4 GG trägt nicht, da er lediglich „Grundsätze" (für das Haushaltsrecht) in die Bundeszuständigkeit überführt. Im Falle des Art. 74 Abs. 1 Nr. 11 GG hat dies zusätzlich das Eingreifen der sog. **Erforderlichkeitsklausel nach Art. 72 Abs. 2 GG** zur Folge. Deren Voraussetzungen sind durch das BVerfG durch das sog. Altenpflege-Urteil im Jahre 2002[14] deutlich verschärft worden. In nachfolgenden Entscheidungen, zuletzt zum Betreuungsgeldgesetz,[15] hat das Gericht diese Grundsätze, die die Länder in ihrem politischen Freiraum stärken sollen, bestätigt und bekräftigt. Im Hinblick auf die hier diskutierten Reformvorschläge (die freilich jeweils im Einzelfall betrachtet werden müssten) ist kaum vorstellbar, dass eine der drei Voraussetzungen nach Art. 72 Abs. 2 GG vorliegt.

11 So kann m.E. nicht behauptet werden, dass die gegenwärtige Zweiteilung des Vergaberechts dazu führt, dass sich „die Lebensverhältnisse in den Ländern in erheblicher, das bundesstaatliche Sozialgefüge beeinträchtigender Weise auseinander entwickelt haben oder sich eine derartige Entwicklung konkret abzeichnet" (so aber die Umschreibung des ersten Merkmals, „zur Herstellung gleichwertiger Lebensverhältnisse im Bundesgebiet erforderlich"). Auch die zweite Al-

---

[11] Vgl. im Einzelnen *Burgi* VergabeR 2010, 403 (mit Vorstellung eines Konzepts).
[12] *Burgi* NVwZ 2011, 1217.
[13] Trotz der Kritik von *Dreher* in: Immenga/Mestmäcker, vor §§ 97 ff. GWB, Rn. 81 in Fn. 174, der die Erforderlichkeitsklausel nach Art. 72 Abs. 2 GG mit freilich notwendigerweise sehr knapper Begründung für erfüllt hält (vgl. demgegenüber im Text). Die gleichfalls sehr knappe Kritik von *Jansen/Geitel* VergabeR 2015, 131, dass der Kompetenztitel des Art. 74 Abs. 1 Nr. 11 GG („Recht der Wirtschaft") und mit ihm die Erforderlichkeitsklausel nach Art. 72 Abs. 2 GG gar nicht einschlägig sei, krankt an der bereits in → § 25 Rn. 13 diagnostizierten Unterschätzung des materiellen Rechtslage; die Schaffung eines (wie gefordert) ausgebauten Rechtsschutzsystems setzt eben zuvor die Einräumung subjektiver Rechte und damit die Überführung der Materie vom Binnenrecht des Haushaltswesens in das Außenrecht des Wirtschaftsleben voraus.
[14] BVerfGE 106, 62.
[15] BVerfG NJW 2015, 2399.

ternative (erforderlich „zur Wahrung der Rechtseinheit im gesamtstaatlichen Interesse") ist m. E. nicht erfüllt, denn das „gesamtstaatliche Rechtsgut der Rechtseinheit" wird verstanden als „Erhaltung einer funktionsfähigen Rechtsgemeinschaft", während im vorliegenden Zusammenhang „unzumutbare Behinderungen für den länderübergreifenden Rechtsverkehr" nicht belegt sind[16], auch deswegen nicht, weil infolge des länderübergreifend stattfindenden Verweises auf die Vergabeordnungen ja bereits eine stark unitarisierende Wirkung erfolgt (vgl. → § 25 Rn. 1). Eine bundesgesetzliche Regelung ist schließlich auch nicht „zur Wahrung der Wirtschaftseinheit im gesamtstaatlichen Interesse" erforderlich. Denn die gegenwärtige Situation ist ja dadurch geprägt, dass es überwiegend in den Ländern noch gar keine spezialisierten Regelungen über den Rechtsschutz unterhalb der Schwellenwerte gibt, weswegen die Wirtschaftseinheit jedenfalls nicht durch unterschiedliche landesrechtliche Regelungen oder darauf beruhenden tatsächlichen Verschiedenheiten beeinträchtigt wird. Weder sind Tatsachen geltend gemacht für erhebliche Effizienzverluste für die Gesamtwirtschaft[17] bzw. für soziale Verwerfungen, noch können erhebliche Transaktionskosten für die Wirtschaftsteilnehmer belegt werden. Das Vergaberecht unterhalb der Schwellenwerte bietet nach all dem ein Anwendungsbeispiel dafür, dass es trotz der Weite des Kompetenztitels „Recht der Wirtschaft" unter der föderalen Ordnung des GG überhaupt noch Bereiche unterschiedlichen Inhalts geben kann und geben muss. Der (in der Sache durchaus zu Recht geforderte) Sprung aus dem Recht der Haushaltswirtschaft zum Recht der Gesamtwirtschaft liegt mithin bis auf Weiteres in der Verantwortung der Länder. Wagt man eine Prognose im Hinblick auf ein etwaiges diesbezügliches Entscheidungsverhalten des BVerfG, so ist auch zu bedenken, dass dieses in seinem erst im Juli 2006 erlassenen Beschluss zur Verfassungskonformität der Zweiteilung des deutschen Vergaberechts[18] jedenfalls keinen Verstoß gegen die Grundrechte der Wirtschaftsteilnehmer erblickt hat, weswegen nun kaum ein Tätigwerden des Bundesgesetzgebers mit dem angeblichen Entstehen erheblicher Nachteile für die Gesamtwirtschaft infolge eines Untätigbleibens der Länder begründet werden könnte.

II. Bestehender Rechtsschutz vor ordentlichen Gerichten

Wie bereits erwähnt (→ Rn. 3 f.), sind der Zugang und die nähere Ausgestaltung des 12 Rechtsschutzes infolge fehlender gesetzlicher Normierung uneinheitlich. Dennoch hat sich in den vergangenen Jahren eine Linie herausgebildet, die Anfang und Kontur durch die Entscheidung des **OLG Düsseldorf** vom 13.1.2010 erhalten hat.[19] Den ordentlichen Gerichten ist gegenwärtig der Auftrag zugewiesen, das europarechtlich geforderte „Maß an Nachprüfbarkeit" auf unspezifischer und teilweise defizitärer normativer Grundlage bereitstellen zu müssen.

1. (Unzutreffende) Nichteröffnung des Verwaltungsrechtsweges

Gem. § 40 Abs. 1 VwGO wäre der Verwaltungsrechtsweg eröffnet, wenn der 13 Rechtsstreit Normen des Öffentlichen Rechts zuzuordnen ist. Wie oben (→ § 25 Rn. 8 und → § 4 Rn. 28 ff.) näher begründet worden ist, ist dies der Fall, da die Normen, nach denen die hier in Frage stehenden Rechtsstreitigkeiten materiell-

---

[16] A.A. *Knöbl*, Rechtsschutz bei der Vergabe von Aufträgen unterhalb der Schwellenwerte, 2009, 154 f.

[17] Die oberhalb der Schwellenwerte die Gesetzgebungskompetenz des Bundes rechtfertigen (→ § 4 Rn. 1), weil die Schwellenwerte eine Art Typisierung der gesamtwirtschaftlichen Relevanz der Materie darstellen.

[18] BVerfGE 116, 135.

[19] OLG Düsseldorf NZBau 2008, 599; nachfolgend OLG Düsseldorf NZBau 2012, 382. Zuletzt OLG Saarbrücken VergabeR 2015, 623 m. Anm. *Dausner;* OLG München VergabeR 2017, 682. Weitere Entscheidungen sind u.a. dokumentiert bei *Janssen/Geitel* VergabeR 2015, 121 f.

rechtlich zu beurteilen sind, dem Haushaltsrecht entstammen, welches eindeutig als „Sonderrecht" der Verwaltung zu qualifizieren ist. Nachdem aber das Bundesverwaltungsgericht mit Beschluss vom 2.5.2007[20] im Vergabewesen „keinen Anknüpfungspunkt für eine erste Stufe" (der Entscheidung des Ob der Vergabe) gesehen hat und somit ausschließlich darauf abstellt, dass im Ergebnis ein privatrechtlicher Vertrag abgeschlossen wird, ist für die Anwendungspraxis von der **Zuständigkeit der ordentlichen Gerichte** auszugehen.

2. Verfahrensrechtliche Ausgestaltung: Einstweilige Verfügung

14 Da nach erfolgter Zuschlagsverteilung wegen des Grundsatzes „pacta sunt servanda" und des Fehlens einer Unwirksamkeitsregelung nach dem Muster des § 135 GWB kein Rechtsschutz mehr möglich ist, geht es darum, die Zuschlagserteilung (also den Vertragsabschluss) zu verhindern. Dies geschieht durch eine Kombination von **Sicherungs- und Regelungsverfügung** nach den §§ 935, 940 ZPO. Der Hauptauftrag zielt auf den Erlass einer Regelungsverfügung nach § 940 ZPO mit dem Inhalt, der Vergabestelle die Zuschlagserteilung zu untersagen. Dies führt zur Zurücksetzung des Vergabeverfahrens in den zu einer Beseitigung der geltend gemachten Mängel geeigneten Stand, es kommt mithin nicht zu einer Vorwegnahme der Hauptsache. Um zu verhindern, dass die Vergabestelle dennoch den Zuschlag erteilt (weil eine dem § 169 Abs. 1 GWB entsprechende Regelung über ein Zuschlagsverbot fehlt), ist zusätzlich eine Sicherungsverfügung des Inhaltes zu beantragen, dass das Gericht ein befristetes Zuschlagsverbot erlassen soll.

15 Beide Anträge bedürfen der Geltendmachung eines Verfügungsanspruchs (gerichtet auf Unterlassen des Zuschlags wegen einer Abweichung der Vergabestelle von den materiellen Regeln des Haushaltsvergaberechts) und eines Verfügungsgrundes. Dieser besteht regelmäßig darin, dass die Gefahr der Zuschlagserteilung und damit der Vereitelung des Rechtsschutzes besteht. **Verfügungsanspruch** wie **Verfügungsgrund** müssen nach den allgemeinen Regeln der ZPO glaubhaft gemacht werden nach §§ 920 Abs. 2, 936 ZPO. Dies wird durch das fehlende Recht auf Akteneinsicht (→ Rn. 5) freilich erschwert.

16 Nicht erforderlich ist das Bestehen einer „echten Chance" des Verfügungsklägers auf Zuschlagserteilung (wie bei dem Anspruch nach § 181 S. 1 GWB; → § 21 Rn. 7), wohl aber darf eine Schädigung oder Beeinträchtigung der Chancen des Verfügungsklägers auf den Auftrag nicht bereits von vornherein ausgeschlossen sein. Noch nicht geklärt ist, ob die oberhalb der Schwellenwerte bestehende Rügeobliegenheit (nach § 160 Abs. 3 GWB) analog auch für die Zulässigkeit eines Antrags im Verfahren der einstweiligen Verfügung unterhalb der Schwellenwerte zu fordern ist.[21]

3. Grundlagen und Voraussetzungen des Verfügungsanspruchs

17 Als Grundlagen für den Anspruch auf Unterlassung der Auftragsvergabe zieht die sich mittlerweile immer weiter verfestigende Rechtsprechung der ordentlichen Gerichte sowohl die Grundsätze der sog. culpa in contrahendo (§§ 241 Abs. 2, 311

---

[20] BVerfG NVwZ 2007, 820 (krit. hierzu → § 4 Rn. 7 f.).
[21] Dafür OLG Saarbrücken VergabeR 2015, 623 m. Anm. *Dausner;* ablehnend u. a. *Wollenschläger* in: Müller-Wrede, Kompendium, § 26 Rn. 67.

Abs. 2 Nr. 1, 280 Abs. 1 BGB), und zwar i.V.m. der VOL/A bzw. VOB/A (jeweils erster Abschnitt) als auch die Bestimmungen über den Umgang mit unerlaubten Handlungen nach § 823 Abs. 2 BGB i.V.m. einem Schutzgesetz und § 1004 BGB analog heran. Als Schutzgesetz kommt hier Art. 3 Abs. 1 GG (vermittels des Gedankens der Selbstbindung der Verwaltung an die Bestimmungen der VOL/A bzw. VOB/A) in Betracht. Bei Vorliegen eines „eindeutig grenzüberschreitenden Interesses" treten mit den Grundfreiheiten des AEUV als Diskriminierungsverbote und Transparenzgebote weitere **Schutzgesetze** hinzu. Dabei findet sowohl mit als auch ohne Binnenmarktbezug nicht lediglich eine Willkürkontrolle statt, vielmehr genügt es (nach der mittlerweile vorherrschenden Rechtsprechungslinie; vgl. demgegenüber noch → Rn. 3), wenn ein „normaler" Verstoß gegen Vergabevorschriften glaubhaft gemacht werden kann.

Vertiefungsliteratur:

Huerkamp/Kühling, Primärrechtsschutz für Unterschwellenvergaben aus Luxemburg?, NVwZ 2011, 1409; *Scharen,* Rechtsschutz bei Vergaben unterhalb der Schwellenwerte, VergabeR 2011, 653; *Dicks,* Nochmals: Primärrechtsschutz bei Aufträgen unterhalb der Schwellenwerte, VergabeR 2012, 531, 545; *Dragos/Caranta* (Hrsg.), Outside the EU procurement directives – inside the treaty? (mit rechtsvergleichenden Beiträgen aus mehreren europäischen Staaten; vgl. insoweit auch jeweils die Antworten auf Frage 6 im Tagungsband zum XXVI. FIDE-Kongress 2014 [Hrsg.: *Neergard* u.a.]), 2012; *Janssen/Geitel,* „Rügen und richten auch außerhalb des Kartellvergaberechts", VergabeR 2015, 117; *Wollenschläger,* Primärrechtsschutz außerhalb des Anwendungsbereichs des GWB, in Müller-Wrede, Kompendium, Kap. 26; *Shirvani,* Optimierung des Rechtsschutzes im Vergaberecht, 2016; *Siegel,* Das Haushaltsvergaberecht – Systematisierung eines verkannten Rechtsgebietes, VerwArch 107 (2016), 1; *Pünder,* „Dulde und liquidiere" im Vergaberecht?, VergabeR 2016, 693.

Übungsfälle mit Lösungen

Zu § 6:

Die Reinigungsfix-AG ist ein Unternehmen im weltweiten Konzernverbund der Cleaning-AG. Beide bewerben sich mit jeweils eigenen Angeboten für denselben Auftrag, ohne dass innerhalb des weltweit verzweigten Konzernunternehmens hierüber Kenntnis besteht. Wie hat sich die Vergabestelle zu verhalten?

Zu § 7:

Das Bundesinnenministerium schreibt die Bewirtschaftung von 100 Kaffeeautomaten in seinen Gebäuden im offenen Verfahren europaweit aus. Unter der Überschrift „Zuschlagskriterien" ist in der Ausschreibung festgelegt, dass der Zuschlag auf das „wirtschaftlich günstigste Angebot" erteilt werden solle, wobei u. a. berücksichtigt werde, ob der von den Bietern verwendete Kaffee den (in den Vergabeunterlagen ausführlich beschriebenen) „Anforderungen" an das „Fairtrade-Siegel oder einem gleichwertigen Siegel zum Nachweis, dass der gelieferte Kaffee aus fairem Handel stammt", entspricht. Ist diese Gestaltung der Zuschlagskriterien statthaft?

Zu § 8:

Das Studentenwerk X in Land Y finanziert sich zu 60 % aus Erlösen der Wohnheime und Mensen und zu 40 % aus Beiträgen (öffentlichen Abgaben), die die Studierenden auf Grund des Studentenwerksgesetzes entrichten müssen. Der von dem Verwaltungsrat des Studentenwerks ausgewählte Geschäftsführer muss vor seiner Ernennung durch das Landesministerium bestätigt werden. Hat das Studentenwerk beim Bau eines neuen Mensagebäudes die §§ 97 ff. GWB anzuwenden?

Zu § 9:

Der Speditionsunternehmer X transportiert seit vielen Jahren im Auftrag der Deutschen Post AG Briefe zum nächstgelegenen Sortierzentrum der Post. Vergleichbare Tätigkeiten erbringen außer ihm hunderte weiterer Speditionsunternehmen in häufig wechselnder Besetzung im ganzen Bundesgebiet, vielfach eingekauft auf dem sog. Spot-Markt, eine Art Börse für Frachtleistungen. Neuerdings verlangt die Justizverwaltung im Verfahren über die Vergabe von Zustellungsaufträgen (betreffend Gerichtsurteile etc.) von den Bietern Verfügbarkeitserklärungen und Nachweise betreffend jene Speditionsunternehmer. Die Deutsche Post AG hält dies für unzumutbar.

Zu § 10:

In einer Gemeinde soll durch einen privaten Unternehmer ein großer Verbrauchermarkt errichtet werden, wofür teilweise Flächen im Eigentum der Gemeinde benötigt werden. Im Wege eines umfangreichen Vertragswerks wird der Unternehmer u. a. dazu verpflichtet, eine bestimmte Zahl von Stellflächen zu Benutzung durch die Allgemeinheit zu errichten, für die er eine Kompensationszahlung erhält. Ferner soll neben dem Verbrauchermarkt in einem Erweiterungsbau eine Nutzung durch die Gemeindeverwaltung (Bürgeramt) ermöglicht werden. Ein Teil des Vertrages betrifft den Übergang der bisherigen Gemeindegrundstücke auf den Investor. Ist das GWB-Vergaberecht hier anwendbar?

Zu § 11:

Der Landkreis München, dessen Landratsamtsgebäude sich im Gebiet der Stadt München befindet, plant eine Neuordnung der Reinigungsdienstleistungen in diesem Gebäude. Der bisher mit einem europaweit tätigen Privatunternehmen geschlossene Vertrag läuft aus und der Landkreis möchte „wegen permanenter Probleme und vielfach monierter Schlechterfüllung" nicht erneut mit einem Privatunternehmen zusammenarbeiten. Der Kreis kann sich sowohl die Gründung einer neuen Tochtergesellschaft bei der bisher vorwiegend mit Versorgungsaufgaben befassten „Kreiswerke-GmbH" vorstellen als auch eine Zusammenarbeit mit der Stadt München, die für die vorzügliche Reinigung ihrer Verwaltungsgebäude allseits gerühmt wird. Ist eine Neuvergabe der Reinigungsdienstleistungen durch den Landkreis München ohne europaweite Ausschreibung möglich, obwohl der Auftragswert über 400.000 EUR liegt? In jedem Fall möchte der Kreis in die Leistungserbringung seine eigenen Hausmeister einbeziehen, um eine verbesserte Verzahnung zwischen Gebäudeunterhaltung, -nutzung und -reinigung zu erzielen.

Zu § 12:

Die Polizei des Bundeslandes N hatte im Jahr 2010 ein Gesamtsystem für die Vermittlungstechnik erworben, zu dem u. a. ein von dem Unternehmen X entwickeltes grafisches Informations- und Einsatzleitsystem gehört. Im Jahr 2015 wurde die Entscheidung getroffen, eine softwareseitige Erweiterung des bestehenden Vermittlungs- und Dokumentationssystems um die Bereiche „Notrufvermittlung und Sprachdokumentation" vorzunehmen. Die Vergabestelle der Landespolizeidirektion möchte das bereits vorhandene Einsatzleitsystem auch nach der Erweiterung beibehalten und nicht durch ein neues Teilsystem ersetzen müssen und möchte daher die Nutzung einer bestimmten Softwarekategorie (Soft-Y) vorschreiben. In anderen Ländern sind teilweise andere Softwaresysteme im Einsatz, deren Hersteller bekanntermaßen auch an einer Ausdehnung der Geschäftsbeziehungen in das Bundesland N hinein interessiert sind. Kann die Vergabestelle der Landespolizeidirektion ihre Vorstellungen im Einklang mit dem Vergaberecht realisieren?

Zu § 13:

Die Landesstraßenbauverwaltung beabsichtigt die Vergabe des Neubaus einer Kabelschutzrohranlage auf einer Strecke von 100 km entlang der Straße. Ausweislich der Niederschrift des Eröffnungstermins vom 29. 6. 2016 wäre der Bauunternehmer A Bestbietender gewesen. Die Landesstraßenbauverwaltung teilte ihm und den anderen Bietern allerdings mit Schreiben vom 25. 7. 2017 mit, dass das Verfahren nach § 17 VOB/A-EU aufgehoben werde, weil „die Vergabeunterlagen grundsätzlich geändert werden müssten." Als Begründung führte die Verwaltung (zutreffenderweise) an, dass es bei den telekommunikationsrechtlichen Rahmenbedingungen Änderungen mit gravierender Auswirkung auf die Nutzung der Straßen durch Provider gegeben habe (wovon die Verwaltung seit 2016 Kenntnis gehabt hat). Es sei daher beabsichtigt, zu einem späteren Zeitpunkt mit einer infolge der telekommunikationsrechtlichen Gegebenheiten veränderten Leistungsbeschreibung ein offenes Verfahren durchzuführen. Nach Rüge beantragte A vor der Vergabekammer die Aufhebungsentscheidung aufzuheben, hilfsweise, festzustellen, dass die Aufhebung des Vergabeverfahrens rechtswidrig war. Sind die Anträge begründet?

Zu § 14:

Die Putz-GmbH hat sich seit längerem auf die Durchführung von Glasreinigungsarbeiten bei Hochhäusern spezialisiert und hofft nun auf einen Auftrag für die Reinigung der Glasflächen an mehreren städtischen Verwaltungsgebäuden. Die Stadt S schrieb europaweit die „Unterhalts- und Glasreinigungsarbeiten für öffentliche Gebäude (vor allem Schulgebäude und Kindergärten)" aus. Die zu reinigenden Flächen betragen rund 87.000 m^2 bei der Grundreinigung und rund 94.600 m^2 bei der Glasreinigung, welche zweimal jährlich durchzuführen ist. Die Gebäude wurden ferner nach räumlichen Gesichtspunkten zu vier Teillosen zusammengefasst. Kann die Putz-GmbH mit Erfolg die fehlende Bildung eines Fachloses „Glasreinigung" rügen?

Zu § 16:

Ein OLG sucht einen Postdienstleister, der die Versendung sämtlicher Dokumente einschließlich die Zustellung von Urteilen und Beschlüssen übernehmen soll. Um zu vermeiden, dass ständig wechselnde geringfügig Beschäftigte zum Einsatz gelangen, plant das OLG zu verlangen, dass mindestens 70 % der eingesetzten Mitarbeiterinnen und Mitarbeiter der Sozialversicherungspflicht unterliegen. Ist dies mit § 122 GWB vereinbar?

Zu § 17:

Die Datenzentrale des Landes Y, die für Polizei und Justiz ein gemeinsames Landesdatennetz betreibt, beabsichtigt die Errichtung eines technologisch und wirtschaftlich optimierten Sprach- und Datennetzes als sog. Next Generation Network. Die Wertung der Angebote soll zu 60 % qualitätsbezogen sein, der Angebotspreis soll mit 40 % bewertet werden. Innerhalb der qualitätsbezogenen Prüfung sollen konzeptionelle Aspekte im Vordergrund stehen. Dabei wird mit 30 % bewertet die „Personelle Verfügbarkeit – Darstellung der personellen Ressourcen und deren Verfügbar- bzw. Erreichbarkeiten". Mit 20 % wird innerhalb des Konzepts die „Qualifikation und Erfahrung des bei der Errichtung eingesetzten Personals" bewertet. Das Start-Up-Unternehmen X, dass erst seit kurzem in diesem Bereich tätig ist und nur über wenig feste Mitarbeiter verfügt, fragt sich, ob es die solchermaßen bekannt gemachten Zuschlagskriterien rügen kann?

Zu § 20:

(1) Der Abfallunternehmer A ärgert sich darüber, dass nach Auslaufen seines Vertrages über das Einsammeln und Verwerten des Hausmülls in der Gemeinde G kein erneutes Vergabeverfahren stattgefunden hat, an dem er sich hätte bewerben können. Stattdessen hat die Gemeinde G mit ihrer Nachbargemeinde eine „öffentlich-rechtliche Vereinbarung" auf der Grundlage des Landesgesetzes über die kommunale Zu-

sammenarbeit geschlossen. Danach soll das der Nachbargemeinde zu 100% gehörende Tochterunternehmen „Müllfix GmbH" in den kommenden fünf Jahren die bisher dem A übertragenen Tätigkeiten übernehmen.

(2) Das Landeskrankenhaus L schrieb am 22.7.2017 europaweit „Verpflegungsleistungen für das Krankenhaus" aus. In der Leistungsbeschreibung wird dazu aufgefordert, den Personalkostenbedarf möglichst genau zu kalkulieren und die voraussichtlich anfallenden Lohn- und Lohnnebenkosten anzugeben. Das an der Übernahme dieses Auftrags interessierte Verpflegungsunternehmen V gab am 15.9.2017 ein Angebot ab. Mit Schreiben vom 10.12.2017 teilte ihm das Landeskrankenhaus mit, dass auf sein Angebot der Zuschlag nicht erteilt werden könne, weil es nach betriebswirtschaftlichen Gesichtspunkten eine zu hohe Budgetdarstellung im Bereich Personalkosten enthalte. Die Antragstellerin rügte am 17.12.2017, dass diese Begründung „zu pauschal" sei. In ihrem Nachprüfungsantrag vom 23.12.2017 machte die Antragstellerin schließlich zutreffend geltend, dass in den Ausschreibungsunterlagen keinerlei Angaben zum vorhandenen Personalbestand gemacht worden seien (welcher aber nach § 613a BGB (sog. Betriebsübergang) mindestens für ein Jahr übernommen werden muss), weswegen die Mitbieter wohl viel zu niedrig kalkulierte Angebote (nämlich ohne Berücksichtigung dieses ersten Jahres) abgegeben hätten. Kann A mit diesem Vorbringen im Nachprüfungsverfahren durchdringen?

Zu § 21:

Der Reinigungsdienstleistungsunternehmer U möchte die ihm unstreitig entstandenen Aufwendungen bei der Kalkulation und Erstellung eines sehr umfangreichen Angebots erstattet bekommen. Er ist sich sicher, dass er für einen Teil der Arbeiten den Zuschlag bekommen hätte, wenn der Auftraggeber i.S.v. § 97 Abs. 4 GWB (→ 14 Rn. 10 ff.) eine Aufteilung des Gesamtauftrags in Lose vorgenommen hätte. In der Tat war U der einzige mittelständische Unternehmer, der sich an der Ausschreibung beteiligt hatte. Den Zuschlag erhielt letztlich eines der sich ebenfalls beteiligenden Großunternehmen.

Zu § 22:

Der Evangelische Diakonieverein hat vom Land Zuwendungen im Umfang von 1 Mill. EUR für den Bau eines Altenpflegeheims erhalten. Der Zuwendungsbescheid enthält eine Auflage, mit der unter Verweis auf die ANBest zur Beachtung der jeweils ersten Abschnitte von VOB/A und VOL/A bei der Auftragsvergabe verpflichtet wird. Der Diakonieverein fordert mehrere Bauunternehmen schriftlich zur Angebotsabgabe auf und wählt den unstreitig kostengünstigsten Bauunternehmer aus. Unstreitig ist ferner, dass eine europaweite offene Ausschreibung insgesamt höhere Kosten verursacht hätte. Die zuwendungsgewährende Behörde prüft Rückforderungsansprüche gegen den Diakonieverein. In einem „Runderlass" des Landes wird der Widerruf bei Vorliegen eines „schweren Verstoßes" für zwingend erklärt.

Zu § 25:

Das Umweltbundesamt plant den Neubau eines Bürogebäudes. Der Auftragswert beläuft sich auf rund 2,5 Mill. EUR. Die zuständige Abteilungsleiterin möchte wissen, ob sie sich an bestimmte Regeln halten muss.

Zu § 26:

Die Stadt S möchte ein Mehrzweckgebäude errichten mit einem Auftragswert unterhalb der Schwellenwerte. Die Leistungsbeschreibung sieht als Außenfassade eine Pfosten-Riegel-Konstruktion aus Stahl vor. Hier sind Bewerbungsbedingungen beigefügt, in denen es u. a. heißt: „Der Auftraggeber verfährt nach der Verdingungsordnung für Bauleistungen, Teil A (VOB/A)... 3.3. Das Angebot muss vollständig sein, unvollständige Angebote können ausgeschlossen werden... 4.3. Nebenangebote sind nur in Verbindung mit einem Hauptangebot zuzulassen." Der Bauunternehmer B reicht kein Hauptangebot ein, da er technische Bedenken gegen die Konstruktion hat. Stattdessen reicht er nur ein Nebenangebot mit einer Fassade aus Holzfenstern ein. Dann erfährt er, dass der Bieter C den Zuschlag erhalten soll. Kann B dies verhindern?

Lösungen

Zu Übungsfall § 6:

Konkrete Vorschriften für den Umgang mit dieser Situation finden sich weder im GWB noch in der für Reinigungsdienstleistungen anwendbaren VgV. Ein Verbot der hier vorliegenden sog. Doppelbewerbung könnte sich aus dem Wettbewerbsgrundsatz nach § 97 Abs. 1 S. 1 GWB, ergänzt durch den Gleichbehandlungsgrundsatz nach derselben Vorschrift ergeben. Denn durch die Konzernverbundenheit könnten die Mitglieder Kenntnis von dem jeweils anderen Angebotsinhalt besitzen und ihre eigenen, dann konkurrierenden Angebote darauf einstellen. Daher sind Angebote, die derselbe Bieter gleichzeitig abgibt und Angebote, die auf nachgewiesener Kenntnis eines anderen Angebots beruhen, auszuschließen. Im hier vorliegenden Falle der doppelten Bewerbung konzernverbundener Unternehmen dürfen die betroffenen Bieter nach der neueren Rechtsprechung des EuGH hingegen nicht ohne weitere Prüfung durch die Vergabestelle als wettbewerbswidrig aus dem Vergabeverfahren ausgeschlossen werden, selbst wenn sie sich einer gemeinsamen Konzernrechtsabteilung bedienen. Vielmehr muss Ihnen (ebenso wie im vergleichbaren Fall der Teilnahme als Einzelbieter einerseits und als Mitglied einer Bietergemeinschaft andererseits) der Nachweis möglich sein, dass im Einzelfall eine wettbewerbsverzerrende Kenntnisnahme der Angebotsinhalte des konzerninternen Konkurrenten ausgeschlossen war (→ § 6 Rn. 20). Sollte hier der Nachweis gelingen, würde § 124 Abs. 1 Nr. 4 GWB die Grundlage für den Ausschluss aus dem Vergabeverfahren bilden, wobei der Wettbewerbsgrundsatz des § 97 Abs. 1 S. 1 GWB eine weite Auslegung der dort normierten Tatbestandsmerkmale bewirken würde.

Zu Übungsfall § 7:

Die Statthaftigkeit dieses erkennbar auch zur Verfolgung ökologischer Zwecke formulierten Zusatzkriteriums beurteilt sich nach den §§ 97 Abs. 3, 127 Abs 1 GWB. Während lange Zeit die Verfolgung solcher Zwecksetzungen als „vergabefremd" angesehen worden ist, erklärt § 97 Abs. 3 GWB, dass „umweltbezogene Aspekte nach Maßgabe dieses Teils" berücksichtigt werden können. Dabei sind zunächst (als Bestandteil des Allgemeinen Teils) der Grundsatz der Verhältnismäßigkeit zu beachten (vgl. § 97 Abs. 1 S. 2 GWB) und sodann die Voraussetzungen betreffend die Verfolgung ökologischer Zielsetzungen auf der Verfahrensstufe der Zuschlagskriterien nach § 127 Abs. 1 GWB. Ein Verstoß gegen den Verhältnismäßigkeitsgrundsatz ist nicht erkennbar, weil die den Bietern auferlegten Anforderungen zur Verbesserung der Nachhaltigkeit geeignet sind, mildere Mittel insoweit nicht zur Verfügung stehen und die Erfüllung jener Anforderungen auch zumutbar ist.

Der EuGH hat sich im Urteil in der Rechtssache „EKO und MAX HAVELAAR" (→ § 7 Rn. 13) noch auf der Grundlage der VKR mit den Voraussetzungen der Berücksichtigung von ökologischen Aspekten als Zuschlagskriterium auseinandergesetzt. Dabei hat er insbesondere die Notwendigkeit der Vereinbarkeit mit dem (auch unter der VRL weiterhin beachtlichen) AEUV betont. Diese Voraussetzungen lauten: Transparenz und Diskriminierungsfreiheit. Erstere Voraussetzung ist hier er-

füllt, da das BMI die Forderung nach dem „Fairtrade-Siegel" von Anfang an bekannt
gemacht hat. Dies geschah auch diskriminierungsfrei, da die Vorlage eines „gleichwertigen Siegels" möglich ist. Gemäß § 127 Abs. 3 GWB muss das Zuschlagskriterium ferner „mit dem Auftragsgegenstand in Verbindung stehen". Dies ist neuerdings
nach ausdrücklicher Regelung des Satzes zwei dieser Vorschrift bereits dann anzunehmen, wenn sich (wie hier) das Kriterium „auf Prozesse im Zusammenhang mit
der Herstellung, Bereitstellung oder Entsorgung der Leistung … oder auf ein anderes
Stadium im Lebenszyklus der Leistung bezieht" (hier: des Kaffees). Jedenfalls geht es
im vorliegenden Fall nicht um eine Einflussnahme auf die allgemeine Unternehmenspolitik der Kaffeeanbieter, sondern es besteht eine konkrete Verbindung zum
Auftragsgegenstand. Auch das weitere, in § 127 Abs. 4 GWB aufgestellte Erfordernis,
dass die „Möglichkeit eines wirksamen Wettbewerbs gewährleistet wird" und eine
„wirksame Überprüfung möglich ist", ist erfüllt. Gemäß § 58 Abs. 3 VgV müsste allerdings in der Auftragsbekanntmachung angegeben sein, mit welcher Gewichtung
jenes Kriterium in die Wertungsentscheidung eingeht. Die Möglichkeit der Nachweisführung durch das „Fairtrade-Siegel", einem Gütezeichen i.S.v. § 34 VgV, ist
durch § 58 Abs. 4 VgV ausdrücklich in Bezug genommen.

Zu Übungsfall § 8:
Voraussetzung für die Anwendbarkeit der §§ 97 ff. GWB ist die Qualifizierung als
öffentlicher Auftraggeber. In Betracht kommen § 99 Nr. 2 GWB oder § 99 Nr. 4
GWB, wenn der Mensabau zu über 50 % durch Subventionen finanziert werden soll
(was dem Sachverhalt nicht zu entnehmen ist). Innerhalb des § 99 Nr. 2 GWB handelt es sich um eine „juristische Person des öffentlichen Rechts", die im Allgemeininteresse liegende Aufgaben (soziale Förderung der Studenten) nach näherer Maßgabe des StudentenwerkG erfüllt und hierbei auch „nichtgewerblich" handelt. Die
sodann erforderliche „besondere Staatsgebundenheit" könnte sich zunächst aus der
(lit. a)) überwiegende Finanzierung ergeben. Dies ist angesichts der konkreten Umstände zu verneinen, weil auch nach den Grundsätzen der EuGH-Rechtsprechung
(→ § 8 Rn. 11 f.) die mittelbare Finanzierung (auf Grund landesgesetzlicher Verpflichtung zur Zahlung der Beiträge durch die Studierenden) nicht überwiegt. Das
Merkmal der Aufsicht über die Leitung (lit. b)) müsste näher geprüft werden. Nach
den Studentenwerksgesetzen besteht im Allgemeinen nur Rechtsaufsicht und können
konkret die einzelnen Beschaffungsmaßnahmen durch das Land nicht beeinflusst
werden. Die bloße Bestätigung der Wahl des Geschäftsführers reicht schließlich nicht
aus, um die Var. nach lit. c) (Bestimmung von mehr als der Hälfte der Mitglieder des
zur Geschäftsordnung berufenen Organs) annehmen zu können. Das Studentenwerk
ist mithin nicht als öffentlicher Auftraggeber anzusehen, weswegen die §§ 97 ff.
GWB nicht eingreifen.

Zu Übungsfall § 9:
Die Verfügbarkeitserklärung und die Pflicht zur Vorlage von Nachweisen betreffen
die Prüfung der Eignung des Bieters (hier: der Deutschen Post AG). Die erstgenann-
te Pflicht ist für Dienstleistungen geregelt in § 47 Abs. 1 S. 1 VgV, die zweitgenann-
te Pflicht in § 47 Abs. 2 S. 1 VgV. Beide Vorschriften betreffen aber nur den Fall der

sog. Eignungsleihe. Die Speditionsunternehmer könnten zunächst als Nachunternehmer anzusehen sein. Nachunternehmer ist derjenige, der in einem direkten vertraglichen Verhältnis zum Auftragnehmer steht und für diesen Teilleistungen aus dem Vertrag erbringt (→ § 9 Rn. 8 f.). Dieser funktionale Nachunternehmerbegriff umschließt nicht mehr solche selbständigen Teilleistungen, die in keinem unmittelbaren sachlichen Zusammenhang mit den geschuldeten Postdienstleistungen (dem eigentlichen Zustellvorgang) stehen. Die Speditionsunternehmer sind nicht in den eigentlichen Zustellungsvorgang eingebunden und daher nicht Nachunternehmer. Die genannten Erklärungen und Nachweise können daher nur verlangt werden, wenn die „technische Leistungsfähigkeit" des eigentlichen Postdienstleisters hiervon abhängt. Dann wären die Speditionsunternehmer Eignungsleihgeber i.S.v. § 47 VgV. Auch dies ist wegen des Fehlens eines „unmittelbaren" sachlichen Zusammenhangs nicht der Fall. Die geforderten Nachweise dürfen daher nicht verlangt werden.

Zu Übungsfall § 10:
Die Frage, ob bei diesem städtebaulichen Vertrag nach §§ 11 und 12 BauGB das Vergaberecht anwendbar ist, hängt davon ab, ob es sich um einen „öffentlichen Auftrag" nach § 103 Abs. 1 GWB handelt. Die Begriffsmerkmale „Vertrag" und „Entgeltlichkeit" liegen vor, da der Charakter des städtebaulichen Vertrages als öffentlich-rechtlicher Vertrag i.S.d. § 54 VwVfG nichts an der Anwendbarkeit des Vergaberecht ändert. Problematisch ist aber das Erfordernis eines Beschaffungszwecks, weil weder der Verbrauchermarkt noch die Parkplätze der Gemeinde unmittelbar wirtschaftlich zugutekommen. Die insoweit beachtlichen Grundsätze hat der EuGH in seinem Urteil in der Rechtssache „Helmut Müller" (→ § 10 Rn. 4) niedergelegt. Ob ein Bauauftrag vorliegt, beurteilt sich zudem nach § 103 Abs. 3 S. 2 GWB 2016. Danach liegt ein Bauauftrag „auch" dann vor, „wenn ein Dritter eine Bauleistung gemäß den vom öffentlichen Auftraggeber oder Sektorenauftraggeber genannten Erfordernissen erbringt, die Bauleistung dem Auftraggeber unmittelbar wirtschaftlich zugutekommt und dieser einen entscheidenden Einfluss auf die Art und Planung der Bauleistung hat." Daran könnten Zweifel bestehen, wenn eine Baupflicht lediglich im Hinblick auf die Stellplätze vereinbart worden wäre. Denn dann wäre die Bauverpflichtung nach dem Schwergewicht des Vertrages von untergeordneter Bedeutung, weswegen ein „unmittelbares wirtschaftliches Eigeninteresse" der Gemeinde an dem Gesamtprojekt wohl abgelehnt werden müsste. Tritt allerdings die Verpflichtung zur Realisierung eines Erweiterungsbaus hinzu, sieht es anders aus. Denn diese Pflicht ist aufgrund der zivilrechtlichen Regelung im Kaufvertrag einklagbar, und da der Erweiterungsbau vom Rest des Projekts nicht tatsächlich getrennt werden kann, führt eine wertende Gesamtbetrachtung auch insoweit zur Annahme des Vorliegens eines öffentlichen Auftrags. Daher ist die Durchführung eines Vergabeverfahrens notwendig, der Vertrag kann nicht einfach so mit dem Investor geschlossen werden.

Zu Übungsfall § 11:
Da es sich um einen entgeltlichen Vertrag zwischen einem öffentlichen Auftraggeber (dem Landkreis) und einem Unternehmen (entweder der Tochtergesellschaft der Kreiswerke-GmbH oder der bei der Erbringung von Reinigungsdienstleistungen ih-

rerseits unternehmerisch tätigen Stadt München) handelt, liegen die Voraussetzungen für die Anwendbarkeit des Vergaberechts gemäß §§ 99 und 103 Abs. 1 GWB vor. Der sich aus § 106 Abs. 2 Nr. 2 GWB i.V.m. Art. 4 lit. c) VRL ergebende Schwellenwert für Dienstleistungsaufträge ist deutlich überschritten. Die Durchführung eines europaweiten Vergabeverfahrens kann allerdings von Rechts wegen entbehrlich sein, wenn einer der Ausnahmetatbestände des § 108 GWB eingreift. Mit dieser Vorschrift wurde die langjährige Rechtsprechung des EuGH zur sog. Inhouse-Vergabe (vertikale Zusammenarbeit von Verwaltungsträgern mit insbesondere eigenen Tochtergesellschaften) und zur interkommunalen Zusammenarbeit (horizontale Kooperationen, typischerweise zwischen benachbarten Kommunen) auf eine gesicherte Rechtsgrundlage gestellt. Dabei wurde die Rechtsprechung teilweise übernommen, teilweise modifiziert.

Im Falle der Zusammenarbeit mit der Tochter-GmbH der eigenen Kreiswerke-GmbH kommt die sog. Inhouse-Ausnahme nach § 108 Abs. 1 GWB in Betracht (als „Single-Inhouse-Ausnahme"). Voraussetzung hierfür ist, dass der Landkreis München über diese Tochtergesellschaft „eine ähnliche Kontrolle wie über seiner eigenen Dienststellen ausübt", was insbesondere dann anzunehmen ist, wenn i.S.v. Nr. 3 dieser Vorschrift „keine direkte private Kapitalbeteiligung besteht". Sollte es sich bei der Tochtergesellschaft (welche i.S.v. § 108 Abs. 2 S. 2 GWB wiederum von der Kreiswerke-GmbH kontrolliert wird), also mithin um eine sog. Eigengesellschaft handeln, und diese überdies mehr als 80 % ihrer Tätigkeiten für den Kreis München erbringen, würde dieser Ausnahmetatbestand eingreifen.

Bei der angestrebten Zusammenarbeit mit der Stadt München würde nach den Regeln des Gesetzes über die kommunale Zusammenarbeit in Bayern (Art. 7 ff.) eine sog. Zweckvereinbarung als öffentlich-rechtlicher Vertrag abgeschlossen. Vergaberechtlich änderte der Charakter als öffentlich-rechtlicher Vertrag nichts am Eingreifen des Regimes (→ § 10 Rn. 2). Hier käme aber die ebenfalls durch die GWB-Novelle 2016 kodifizierte Ausnahme für sog. horizontale Kooperationen unter den Voraussetzungen des Abs. 6 in Betracht. Diese Regelung knüpft (ebenso wie die Richtlinienbestimmung in Art. 12 Abs. 4 VRL mit Erw. 33) an die grundsätzliche Anerkennung eines solchen Ausnahmetatbestandes durch den EuGH in der Rechtssache „Stadtreinigung Hamburg" (→ § 11 Rn. 35) an. Allerdings hatte der EuGH in seinem Urteil in der Rechtssache „Piepenbrock" (→ § 11 Rn. 37) konkret einem Reinigungsvertrag zwischen zwei Kommunen insoweit eine Absage erteilt, weil keine „gemeinsame Aufgabe" zugrunde liege und sich der „Beitrag" des einen Vertragspartners (in unserem Fall: des Landkreises München) primär in der Zahlung eines Entgelts erschöpfe. Mit Inkrafttreten des neuen Rechts kann freilich nicht ohne weiteres die bisherige Rechtsprechung fortgeführt werden. Vielmehr muss der unmittelbaren Entstehungsgeschichte der VRL ebenso Rechnung getragen werden wie dem primärrechtlichen Hintergrund. Demnach ist es jedenfalls künftig unschädlich, dass es sich bei Reinigungsdienstleistungen nicht um Hoheitsaufgaben, sondern um Aufgaben von lediglich mittelbarem öffentlichen Interesse handelt (vgl. § 108 Abs. 6 Nr. 2 GWB), ferner die etwaige Qualifizierung als Delegation oder Mandatierung i.S.d. Kommunalrechts (→ § 11 Rn. 40). § 108 Abs. 6 Nr. 1 GWB verlangt allein, dass die von der Stadt München zu erbringenden öffentlichen Dienstleistungen „im Hinblick auf die Erreichung gemeinsamer Ziele ausgeführt werden". Richtigerweise genügt hier die Bestimmung der zu erbringenden Dienstleistungen im angestrebten Vertrag, zumal die durch den Landkreis München „beigesteuerten" Hausmeister ein zusätzliches Leistungselement einbringen und mithin durchaus von einem „kooperativen Konzept" i.S.d. Erw. 33 der VRL gesprochen werden kann. Dass der Landkreis München darüber hinaus keine weiteren Dienstleistungen erbringt und sich seine Verpflichtung primär in der Zahlung des Entgelts erschöpft, spricht jedenfalls nach dem Wortlaut der einschlägigen Vorschriften nicht gegen die Annahme des Ausnahmetatbestands, zumal ein anderslautender früherer Regelungsvorschlag der EU-Kommission im parlamentarischen Verfahren auf EU-Ebene gerade verworfen worden ist (→ § 11 Rn. 41). Auch dieser Ausnahmetatbestand würde daher eingreifen können, wenn die beteiligten Partner auf dem Markt weniger als 20% der von der Zusammenarbeit erfassten Tätigkeiten erbringen (vgl. § 108 Abs. 6 Nr. 3 GWB).

Zu Übungsfall § 12:
Gemäß § 121 Abs. 1 GWB hat die Vergabestelle den Auftragsgegenstand so zu beschreiben, dass die Beschreibung für alle Unternehmen im gleichen Sinne verständlich ist und die Angebote miteinander verglichen werden können. Nähere „Merkmale" betreffen hier das einzusetzende Softwaresystem. Dabei ist nach § 31 Abs. 6 S. 1 VgV (weil es sich um einen Liefer- und Dienstleistungsauftrag handelt) der sog. Grundsatz der Produktneutralität zu beachten. Demnach darf in der Leistungsbeschreibung grundsätzlich nicht „auf eine bestimmte Produktion oder Herkunft oder ein besonderes Verfahren" verwiesen werden, wenn „dadurch bestimmte Unternehmen oder bestimmte Produkte begünstigt" und andere ausgeschlossen werden. Hiervon ist allerdings eine Ausnahme möglich, wenn es „durch den Auftragsgegenstand gerechtfertigt ist". In der VgV ist damit eine langjährige Rechtsprechungslinie (→ § 12 Rn. 4f.) kodifiziert worden (der Übungsfall orientiert sich teilweise an OLG Karlsruhe NZBau 2014, 378). Im vorliegenden Fall ist die Überlegung des Auftraggebers, sein vorhandenes Einsatzleitsystem beibehalten und weiterhin nutzen zu wollen, ein sachlicher, auftragsbezogener Grund, der eine Durchbrechung des Grundsatzes der Produktneutralität ermöglichen kann. Angesichts dessen ist die Vergabestelle nicht verpflichtet, Marktforschungen anzustellen, ob die in anderen Ländern vorhandene bzw. eingesetzte Technologie ebenfalls in Betracht käme. Die Entscheidung, was beschafft wird, obliegt grundsätzlich dem Auftraggeber, und zwar im Rahmen eines weiten Entscheidungsspielraums. Wenn die Vergabestelle ihre Überlegungen im Vergabevermerk (→ § 13 Rn. 7) dokumentiert und näher begründeten, als es im Rahmen dieser Lösungsskizze möglich ist, kann sie ihre Zielsetzung somit verwirklichen.

Zu Übungsfall § 13:
Der Hauptantrag ist auf die Aufhebung der auf § 17 VOB/A-EU gestützten Aufhebungsentscheidung gerichtet. Diese Vorschrift trägt bieterschützenden Charakter, weswegen sich A grundsätzlich darauf berufen kann. Nach dem Grundsatz der Beschaffungsautonomie (→ § 12 Rn. 4f.) kann die Straßenbauverwaltung aber nicht dazu gezwungen werden, einen Auftrag für eine Baumaßnahme zu erteilen, die sie

so nicht mehr verwirklichen will. Dies gilt auch dann, wenn keiner der Gründe des § 17 Abs. 1 VOB/A-EU erfüllt ist. § 97 Abs. 6 GWB gibt den Bietern keinen Anspruch darauf, dass der Auftrag auch erteilt und demgemäß die Vergabestelle das Vergabeverfahren mit der Erteilung des Zuschlags abschließt. Etwas anderes gilt nur dann, wenn überhaupt keine sachlichen Gründe ersichtlich sind und es sich mithin um eine sog. Scheinaufhebung handelt. Hierfür bestehen im vorliegenden Fall keine Anhaltspunkte. Der Hauptantrag ist daher unbegründet.

Der auf Feststellung der Rechtswidrigkeit der Aufhebung gerichtete Hilfsantrag ist begründet, wenn keiner der in § 17 Abs. 1 VOB/A-EU geregelten Aufhebungsgründe vorliegt. Nach der Schilderung des Sachverhalts käme der Aufhebungsgrund nach Nr. 2 in Betracht („wenn die Vergabeunterlagen grundlegend geändert werden müssen"). Zwar scheint dieser auf den ersten Blick erfüllt zu sein, jedoch aus Gründen, die der Vergabestelle zuzurechnen sind. Die nun von der Vergabestelle beschlossene Reduzierung des Beschaffungsbedarfs auf einen Ausbaustandard, der für ihre eigenen Zwecke erforderlich ist, stellt sich als eine in ihre Sphäre fallende Motivationsänderung dar (näher begründet in dem dem Fall zugrunde liegenden Beschluss der VK Südbayern 20.7.2015, Z3-3-3194-1-17-03/15). Die im vorliegenden Fall erfolgte Aufhebung ist zwar somit wirksam, aber rechtswidrig und schadensersatzbegründend. Unter Berufung auf den die Rechtswidrigkeit feststellenden Beschluss der Vergabekammer kann A nun Schadensersatzansprüche vor einem ordentlichen Gericht geltend machen; da er als Bestbieter feststand, dürfte sein Anspruch auf das positive Interesse gerichtet sein, d.h. er kann den ihm durch die Aufhebung des Verfahrens entgangenen Gewinn geltend machen, gestützt auf die §§ 280 Abs. 1 BGB i.V.m. 241 Abs. 2, 311 Abs. 2 Nr. 1 BGB.

Zu Übungsfall § 14:
Eine erfolgreiche Rüge setzt einen Verstoß gegen eine der Vorschriften über das Vergabeverfahren i.S.v. § 97 Abs. 6 GWB voraus. In Betracht kommt ein Verstoß gegen die mittelstandsfördernde Vorschrift des § 97 Abs. 4 GWB, die auch bieterschützenden Charakter besitzt. Die hier infrage stehende Pflicht zur Losvergabe ist ein Instrument der Verfahrensgestaltung, das nicht zu einer Bevorzugung des Mittelstandes führt, sondern zum Zwecke der Beseitigung von strukturellen Benachteiligungen der kleinen und mittleren Unternehmen diese erst „auf Augenhöhe" zu den größeren Unternehmen bringt. Der Einsatz dieses Instruments ist zunächst durch § 97 Abs. 4 S. 1 GWB legitimiert, wonach mittelständische Interessen bei der Vergabe öffentlicher Aufträge „vornehmlich" zu berücksichtigen sind. Sodann statuiert § 97 Abs. 4 S. 2 GWB grundsätzlich die Pflicht zur Aufteilung in Teillose und/oder Fachlose. Im vorliegenden Fall ist lediglich eine Aufteilung in Teillose (nach regionalen Aspekten, d.h. nach sog. Gebietslosen) erfolgt, hingegen nicht nach Art oder Fachgebiet. Die erfolgte Teillosvergabe bedeutet nicht schon, dass der Pflicht zur Berücksichtigung mittelständischer Interessen in hinreichendem Umfang Genüge getan ist. Stellen Unterhalts- und Glasreinigungsarbeiten Gegenstände voneinander abgegrenzte Märkte dar, und ist es daher den auf dem Markt für Glasreinigung typischerweise agierenden kleineren und mittleren Unternehmen unmöglich, sich an entsprechenden Ausschreibungen mit eigenen, konkurrenzfähigen Angeboten zu beteiligen, würde dies

einen Verstoß gegen die Pflicht zur Losvergabe darstellen (in Anlehnung an OLG Düsseldorf VergabeR 2012, 658). Allerdings könnte sich die Stadt auf § 97 Abs. 4 S. 3 GWB berufen, wenn „wirtschaftliche oder technische Gründe" einen Verzicht auf die Fachlosvergabe „erfordern". Die für eine Gesamtvergabe sprechenden Gründe müssen dabei nicht nur anerkennenswert sein, sondern überwiegen. Typische Folgen einer Fachlosvergabe wie die Koordinierungsschwierigkeiten mit einer Mehrzahl von Auftragnehmern in einem Gebäude oder die Unmöglichkeit, durch Flüssigkeit verursachte Schäden insbesondere im Fußboden nicht ohne weiteres einem Einzelunternehmen zuordnen zu können, reichen hierfür nicht aus. Die Annahme eines Vergaberechtsverstoßes durch die Stadt S hängt letzten Endes davon ab, ob sich diese in besonderer Weise mit dem Gebot einer Fachlosvergabe und den dagegen sprechenden Gründen auseinandergesetzt hat (und ihre diesbezüglichen Überlegungen überdies dokumentiert hat). Dabei stünde ihr dann ein Beurteilungsspielraum zu.

Zu Übungsfall § 16:
Hier geht es nicht um das Vorliegen etwaiger Ausschlussgründe nach §§ 123, 124 GWB, sondern um die Eignungskriterien, die in § 122 GWB geregelt sind. Dabei sind die Kriterien „Betätigung und Erlaubnis zur Berufsausübung" und „Leistungsfähigkeit" zu unterscheiden. Im vorliegenden Fall könnte die Leistungsfähigkeit in „technischer und beruflicher" Hinsicht (§ 122 Abs. 2 S. 2 Nr. 3 GWB) infrage stehen. Das Vorhandensein eines fachlich qualifizierten Mitarbeiterstammes bildet die personelle Verkörperung der Leistungsfähigkeit in technischer und beruflicher Hinsicht, strukturell vergleichbar einem leistungsfähigen Maschinenpark. Grundsätzlich handelt es sich daher bei Anforderungen an den Personalstamm um legitime inhaltliche Charakterisierungen des Eignungskriteriums der Leistungsfähigkeit. Bei der näheren inhaltlichen Bestimmung ist eine Relation zum Beschaffungsgegenstand, wie er durch die Leistungsbeschreibung konkretisiert worden ist, notwendig. Es kommt also darauf an, ob das Vorhandensein einer bestimmten Zahl sozialversicherungspflichtiger Mitarbeiter *erforderlich* ist, um die Leistungsfähigkeit für die Versendung von Gerichtsdokumenten darstellen zu können. Dies erscheint kaum vorstellbar. Ausgeschlossen wäre es jedenfalls, ausschließlich den Einsatz solcher Mitarbeiter zu verlangen, weil auch die Fähigkeit, Mitarbeiter kurzfristig neu einzustellen, den Anforderungen der Geeignetheit und Erforderlichkeit entsprechen kann und weil es im Bereich der Leistungsfähigkeit allein um das Vorhandensein eines kompetenten Mitarbeiterstamms, nicht aber um das sozial- und volkswirtschaftspolitische Argument der Verantwortung für eine geordnete Sozialversicherung in der Gesellschaft gehen kann. Letzterer Aspekt gehört in den Bereich der Verfolgung sozialer Zwecke und müsste (was vorliegend nicht infrage steht) etwaigenfalls mit Hilfe des Instruments der „Ausführungsbedingungen" (nach § 128 Abs. 2 GWB; → § 19 Rn. 11 f.) verfolgt werden. Das OLG Düsseldorf (NZBau 2013, 329 m. Anm. *Schwabe* NZBau 2013, 753) gelangt daher bezogen auf die Beschaffung von Reinigungsdienstleistungen zur Unstatthaftigkeit der Forderung nach sozialversicherungspflichtigem Personal als Eignungskriterium. Übrigens sieht es hierin auch eine nicht statthafte Ausführungsbedingung, weil die gemäß (nach heutigem Recht) § 128 Abs. 2 GWB erforderliche „Verbindung" mit dem Auftragsgegenstand fehle.

Zu Übungsfall § 17:

Zunächst ist zu prüfen, ob es sich bei den beiden genannten Kriterien überhaupt um Zuschlags-, oder nicht etwa um Eignungskriterien handelt. Um ein Zuschlagskriterium handelt es sich fraglos bei dem zweiten Kriterium („Qualifikation und Erfahrung des eingesetzten Personals"), weil hierbei mehr verlangt wird als lediglich das Vorhandensein eines „leistungsfähigen" Personalstamms, was gemäß § 122 Abs. 1 u. 2 GWB ein Eignungskriterium darstellen würde. Nicht ebenso eindeutig ist die Zuordnung des Kriteriums „personelle Verfügbarkeit". Im Anschluss an das OLG Naumburg VergabeR 2012, 749 mit insoweit kritischer Anm. *Benedict,* kann aber davon ausgegangen werden, dass sich dieses Kriterium nicht auf die abstrakte personelle Leistungsfähigkeit und somit nicht auf die personellen Ressourcen des Bieters im Allgemeinen bezieht (dann handelte es sich um des Eignungskriterium der „Leistungsfähigkeit" nach § 122 GWB). Vielmehr geht es der Datenzentrale um die Erreichbarkeit kompetenter Ansprechpartner für die Mitarbeiter des Auftraggebers und damit um die leistungsbezogene Bewertung der Ausführung der Unterstützungsleistungen. Für die Bieter ist erkennbar, dass ein Angebot in seinem Inhalt (und nicht die Person des Bieters) als qualitativ hochwertiger bewertet werden soll, das eine ständige oder zumindest zeitlich umfangreiche Ansprechbarkeit umfasst. Somit handelt es sich hierbei um ein Zuschlagskriterium ohne sachlichen Bezug zum Eignungskriterium der Leistungsfähigkeit.

Wie bereits erwähnt, stellt allerdings das weitere Kriterium der „Qualität und Erfahrung des eingesetzten Personals" ein Zuschlagskriterium dar, das in der Sache auf ein „Mehr an Eignung" zieht. Unter der Geltung des früheren Vergaberechts war umstritten, ob ein solches Zuschlagskriterium statthaft ist. Mit der GWB-Novelle 2016 wurde (im Rahmen der VRL) in § 58 Abs. 2 S. 2 Nr. 2 VgV ausdrücklich für statthaft erklärt, als Zuschlagskriterium u. a. die „Qualifikation und Erfahrung des mit der Ausführung des Auftrags betrauten Personals" zu formulieren. Voraussetzung hierfür ist, dass die „Qualität des eingesetzten Personals erheblichen Einfluss auf das Niveau der Auftragsausführung haben kann". Dies dürfte im Hinblick auf die hier infrage stehenden hochkomplexen und technologisch wie wirtschaftlich innovativen Tätigkeiten bei der Errichtung des Network der Fall sein.

Gemäß § 127 Abs. 1 GWB ist der Zuschlag auf das Angebot mit dem „besten Preis-Leistungs-Verhältnis" zu erteilen. Im vorliegenden Fall ist eine Kombination aus finanziellen (Angebotspreis) und leistungsbezogenen Kriterien gewählt worden. Das Abfragen von Konzepten ist ein funktionales Element im Rahmen der Leistungsbeschreibung nach § 121 GWB. Dieses schlägt sich auf der Ebene der Zuschlagsprüfung als leistungsbezogenes Kriterium nieder, so dass die Kombination jener Kriterien hier statthaft war. Anhaltspunkte dafür, dass die Gewichtung des Preises mit 40 % zu niedrig angesetzt war, bestehen nicht.

Die beiden leistungsbezogenen, auf die „Qualität" des Angebots abzielenden Kriterien müssen den materiellen Anforderungen nach § 127 Abs. 3 (im Zusammenhang mit dem Auftragsgegenstand) und nach § 127 Abs. 4 GWB entsprechen (Wettbewerbsorientierung und wirksame Überprüfbarkeit). Auch diese beiden Anforderungen sind ebenso erfüllt wie die sich aus § 127 Abs. 5 GWB ergebende formelle Anforderung, wonach die Zuschlagskriterien und ihre Gewichtung in der Auftragsbekanntmachung aufgeführt werden müssen.

Die von dem Unternehmen Y erwogene Rüge hat daher keinen Erfolg.

Zu Übungsfall § 20 (1):

Da gar kein Vergabeverfahren durchgeführt worden ist, könnte der Rechtsschutz im Nachprüfungsverfahren vor der Vergabekammer ins Leere gehen. Denn in § 156 Abs. 2 GWB ist geregelt, dass es um die Durchsetzung von Ansprüchen „gegen öffentliche Auftraggeber, die auf die Vornahme oder das Unterlassen einer Handlung in einem Vergabeverfahren gerichtet sind", geht. Hier handelt es sich um einen sog. Fall der Direktvergabe (auch De-facto-Vergabe genannt). Überdies ist bereits eine vertragliche Vereinbarung mit einem „Konkurrenten" (der Nachbargemeinde) zustande gekommen. Insoweit regelt § 168 Abs. 2 S. 1 GWB, dass ein „wirksam erteilter Zuschlag" nicht aufgehoben werden kann („pacta sunt servanda"). Allerdings könnte die abgeschlossene öffentlich-rechtliche Vereinbarung gemäß § 134 Abs. 1 Nr. 2 GWB unwirksam sein. Voraussetzung hierfür ist, dass ein öffentlicher Auftrag „ohne vorherige Veröffentlichung einer Bekanntmachung im Amtsblatt" vergeben worden ist. Ob diese Voraussetzung vorliegt, hängt materiellrechtlich davon ab, ob die Ausnahme für horizontale Kooperationen gemäß § 108 Abs. 6 GWB erfüllt ist (→ § 11 Rn. 34 ff.). Dies könnte in einem Nachprüfungsverfahren geklärt werden, das gemäß § 135 Abs. 2 GWB „innerhalb von 30 Kalendertagen nach Information der betroffenen Bieter „ eingeleitet werden muss. Bis dahin ist die abgeschlossene öffentlich-rechtliche Vereinbarung „schwebend wirksam". Hat der A mit seinem Nachprüfungsantrag Erfolg, dann würde die Unwirksamkeit des Vertrages festgestellt und die Auftraggeberin (die Gemeinde G) müsste dann ein Vergabeverfahren einleiten, um ihren Hausmüll ordnungsgemäß entsorgen zu können.

Zu Übungsfall § 20 (2):

Eine der wichtigsten Zulässigkeitsvoraussetzungen für Nachprüfungsanträge ist die Rügeobliegenheit gemäß § 160 Abs. 3 GWB. Im vorliegenden Fall geht es um eine angeblich inhaltlich unvollständige und damit fehlerhafte Leistungsbeschreibung (→ dazu § 18 Rn. 3). Die Rüge, dass hier fiktive Angebote ausgeschrieben worden seien, d. h. mangels Mitteilung über den vorhandenen Personalbestand möglicherweise keine korrekte Personalkostenkalkulation möglich war, betrifft den Inhalt der Vergabeunterlagen (konkret die dort enthaltene Leistungsbeschreibung). Gemäß § 160 Abs. 3 S. 1 Nr. 3 GWB muss der Antragsteller diesen Verstoß daher „spätestens bis zum Ablauf der in der Bekanntmachung benannten Frist zur Angebotsabgabe" rügen. Mit seinem Schreiben vom 17.12.2016 hat der Antragsteller diesen Punkt aber nicht gerügt, vielmehr erst mit seinem Schreiben vom 23.12.2016. Da sein Angebot vom 15.9.2016 datiert, war dies deutlich zu spät.

Zu Übungsfall § 21:

Zunächst könnte ein Anspruch nach § 181 S. 1 GWB (Ersatz des negativen Interesses) in Betracht kommen, der sonderdeliktischen Anspruchsgrundlage. Wichtigste Voraussetzung hierfür ist neben einem Verstoß gegen Vergabevorschriften (hier: § 97

Abs. 4 GWB) die Geltendmachung einer „echten Chance". Der damit möglicherweise relevante Verstoß ist allerdings in einem so frühen Stadium des Verfahrens (in dem die Leistungsbeschreibung formuliert und ggf. eine Losaufteilung stattfindet) aufgetreten, dass zu diesem Zeitpunkt eine hypothetische Wertung dahingehend, dass ohne den Verstoß das Angebot des U eine echte Chance gehabt hätte, nicht möglich ist. Daher scheidet ein Anspruch nach § 181 S. 1 GWB aus. Denkbar ist aber ein Anspruch nach c.i.c.-Grundsätzen sowie ein Anspruch nach § 823 Abs. 2 BGB i.V.m. der Bestimmung über die Losvergabe nach § 97 Abs. 4 GWB als „Schutzgesetz". Hierfür müsste allerdings geltend gemacht werden, dass der U ohne den Vergaberechtsverstoß gegen die Pflicht zur Losvergabe den Auftrag hätte erhalten „müssen". Auch insofern gibt der Sachverhalt nicht genug her. Der Fall illustriert, dass es aussichtsreicher ist, ein Nachprüfungsverfahren einzuleiten. In diesem würde die Vergabekammer den Auftraggeber dazu zwingen, den Auftrag erneut (bei Vorliegen der Voraussetzungen nach § 97 Abs. 4 GWB) und unter Beachtung der Pflicht zur losweisen Vergabe auszuschreiben.

Zu Übungsfall § 22:
Rückforderungsansprüche kommen in Betracht, wenn der Rechtsgrund für das Behaltendürfen des Geldes, der Zuwendungsbescheid, aufgehoben werden kann. Dies richtet sich nach dem allgemeinen Verwaltungsrecht (vgl. § 49a VwVfG). Erfüllt ist der Widerrufsgrund nach § 49 Abs. 3 S. 1 Nr. 2 VwVfG (Nichterfüllung einer Auflage), so dass ein Widerruf nach Ermessen möglich ist. Nach ständiger und zuletzt vom Bundesverwaltungsgericht (→ § 22 Rn. 7) bestätigter Rechtsprechung stellt der Erlass der Landesregierung eine zulässige Konkretisierung des Widerrufsermessens dar. Im vorliegenden Fall wurde gegen die Verfahrensvorschriften (Vorrang der offenen Ausschreibung gemäß § 3 Abs. 2 VOB/A) verstoßen, was als „schwerer Verstoß" anzusehen ist. Der Zuwendungsbescheid darf daher widerrufen werden, und der Diakonieverein muss die Mittel zurückerstatten, obwohl sein Verhalten dem haushalts- und vergaberechtlichen Zweck der Wirtschaftlichkeit und Sparsamkeit nicht widersprochen, ja eigentlich entsprochen hat.

Zu Übungsfall § 25:
Mit einem Auftragswert von 2,5 Mill. EUR liegt dieser Auftrag gemäß § 106 GWB i.V.m. § 3 VgV unterhalb des Schwellenwerts für Bauleistungen, so dass die Vorschriften des GWB-Vergaberechts nicht anwendbar sind. Die Vergabe erfolgt aber keineswegs im rechtsfreien Raum. Vielmehr sind die Bestimmungen der VOB/A (erster Abschnitt) anzuwenden. Ihre Anwendbarkeit ergibt sich aus § 55 Abs. 2 BHO i.V.m. den Allgemeinen Verwaltungsvorschriften zur BHO, dort konkret aus den Bestimmungen zu § 55 Abs. 2 BHO.

Zu Übungsfall § 26:
Ein Nachprüfungsverfahren nach § 160 GWB kommt nicht in Betracht, da es um eine Auftragsvergabe unterhalb der Schwellenwerte geht; dort hätte bereits der bloße Nachprüfungsantrag das Zuschlagsverbot nach § 169 Abs. 1 GWB ausgelöst. In der Rechtsprechung haben sich aber mittlerweile einige Grundsätze herausgebildet, mit

deren Hilfe jedenfalls vor der Zuschlagserteilung (wie hier) unterhalb der Schwellenwerte Rechtsschutz gewährt werden kann, und zwar durch einen Antrag auf Erlass einer einstweiligen Verfügung nach §§ 935 ff. ZPO. Die ordentlichen Gerichte sind zuständig, weil das streitige Rechtsverhältnis einheitlich dem Bürgerlichen Recht zugeordnet wird. Sachlich zuständig ist regelmäßig das Landgericht als Gericht der Hauptsache gem. §§ 937 Abs. 1, 943 Abs. 1 ZPO i.V.m. §§ 23 Nr. 1, 71 Abs. 1 GVG.

Der Hauptantrag ist auf Erlass einer sog. Regelungsverfügung gerichtet. Hierbei bedarf es eines Verfügungsgrundes, der in der Gefahr der Rechtsvereitelung durch Zuschlagserteilung an den C liegt, und eines Verfügungsanspruchs. Beides ist glaubhaft zu machen. Der Verfügungsanspruch besteht im Anspruch auf Unterlassen der Zuschlagserteilung an C, und er kann gestützt werden sowohl auf die Grundsätze der cic (nach §§ 241 Abs. 2, 311 Abs. 2 Nr. 1, 280 Abs. 1 BGB) i.V.m. VOB/A als auch auf die §§ 823 Abs. 2 BGB i.V.m. einem Schutzgesetz, § 1004 BGB, wobei als Schutzgesetze Art. 3 Abs. 1 GG i.V.m. dem Gedanken der Selbstbindung der Verwaltung an die VOB/A, bei bestehender Binnenmarktrelevanz auch die Grundfreiheiten des AEUV fungieren. Zusätzlich kann durch den Erlass einer Sicherungsanordnung ein vorläufiges Zuschlagsverbot erwirkt werden.

Voraussetzung für den Erfolg des Antrags des B ist aber, dass eine Verletzung von Vergabevorschriften vorliegt. Hier bemängelt B, dass die Leistungsbeschreibung infolge technischer Mangelhaftigkeit zu einer fehlenden Vergleichbarkeit der Angebote führe; § 7 Abs. 1 VOB/A. Hingegen geht es bei dieser Bestimmung nicht darum, den Auftraggeber selbst vor wirtschaftlich oder technisch unsinnigen Beschaffungen zu bewahren. Vergleichbar bleiben die Angebote auch bei einer Leistungsbeschreibung, gegen deren Realisierbarkeit technische Bedenken bestehen. B war daher nicht daran gehindert, ein Hauptangebot abzugeben, es liegt kein Vergabeverstoß vor, weshalb sein Antrag auf Erlass einer einstweiligen Verfügung abgelehnt würde.

Sachregister

Die fett gedruckten Zahlen markieren den jeweiligen Paragrafen, die Standardzahlen verweisen auf die jeweilige Randnummer im Text.

Sachregister